인터뷰
The Inter-Views
한국
인문학
지각
변동

인터뷰 한국 인문학 지각변동

초판1쇄 펴냄 2011년 1월 20일
초판2쇄 펴냄 2022년 5월 16일

기획·인터뷰·정리 김항, 이혜령
펴낸이 유재건
펴낸곳 (주)그린비출판사
주소 서울시 마포구 와우산로 180, 4층
대표전화 02-702-2717 | **팩스** 02-703-0272
홈페이지 www.greenbee.co.kr
원고투고 및 문의 editor@greenbee.co.kr

편집 이진희, 구세주, 송예진, 김아영 | **디자인** 권희원, 이은솔
마케팅 육소연 | **물류유통** 유재영, 류경희 | **경영관리** 유수진

ISBN 978-89-7682-743-2 03300

學問思辨行: 배우고 묻고 생각하고 판단하고 행동하고

독자의 학문사변행을 돕는 든든한 가이드 _그린비 출판그룹

그린비 철학, 예술, 고전, 인문교양 브랜드
엑스북스 책읽기, 글쓰기에 대한 거의 모든 것
곰세마리 책으로 크는 아이들, 온가족이 함께 읽는 책

이 저서는 2007년도 정부재원(교육과학기술부 학술연구조성사업비)으로 한국연구재단의 지원을 받아 연구되었음
(NRF-2007-361-AL0013)

인터뷰
The Inter-Views
한국
인문학
지각
변동

기획·인터뷰·정리

김항, 이혜령

그린비

머리말 _ 인터뷰들, 사이에서-보기

이 책은 고려대학교 민족문화연구원 HK(Humanities Korea: 인문한국) 한국 문화연구단 내 기획연구팀 '세기말 한국인문학의 지각변동'의 결과물이다. 이 연구단은 '한국문화의 동역학'(Korean Cultural Dynamics)이라는 아젠다 아래 한국학 연구 패러다임의 심화·확장을 모색하고 있으며, 다양한 인문·사회과학 분과의 통섭, 한국학 관련 연구지역의 공간적 확장, 그리고 전통과 근대를 잇는 통시적 시야의 확보 등을 통해서 한국학을 여러 인문학 연구가 교차하고 중첩되는 장으로 자리매김하는 일을 목표로 삼고 있다. 따라서 '한국문화의 동역학'이란, 한편에서는 한국문화를 일국적 경계 안에서 다루는 정태적 관점에서 벗어나 시공간적 교차의 장으로서 그 역동성을 포착하려는 관점이며, 다른 한편에서는 'dynamics'의 어원에 충실하게 한국문화의 '잠재태'(dynamis)를 시공간적 확장 속에서 재생시키려는 방법론이다. 그런 의미에서 한국문화의 동역학이란 시공간적으로 '경계'(boarder)에 서서, 달리 말해 '사이'(in-between)에서 한국문화를 바라보는 것을 가장 기본적인 인식 태도로 삼는다. 안정적 울타리 안에서 한국문화의 본질 따위를 보듬어 가꾸는 온실 속 화초 가꾸기 같은 손길은 과감하게 거절하고, 한국문화 형성 과정의 혼종성과 다원성으로부터 눈을 돌리지 않고 과감하게 그 격랑 속에 몸을 내맡기는 것이 이 연구단의 임무인 셈이다.

이 기획연구팀의 문제의식은 이러한 연구관심으로부터 출발했다. 이렇게 말하면 뭔가 거창한 이론적 전제 위에서 시작한 일 같은 인상을 줄지도 모르겠다. 그러나 시작은 아주 사소한 대화였다. 2007년 11월에 출범한 이 연구단에서 이 책의 두 편자는 처음으로 만났다. 한 사람은 시작부터 연구단에 참여했고, 다른 한 사람은 2008년 2월에 합류했기에 처음 만난 두 사람이 기획 연구를 함께 논의하기 시작한 것은 2008년의 늦은 여름 정도였다. 기획 연구를 끝까지 함께하지 못했던 한 사람을 더하면 세 명이서 시작한 셈이다. 낯선 사람들이 생소한 장소에서 만나면 으레 그렇듯이 이들도 서로를 알기 위해 조심스레 이력과 편력을 탐색하는 절차를 밟았다. 전공·관심·성별·삶의 태도 등 많은 것이 달랐지만 넓게 중첩되는 경험이 이들 사이에 가로놓여 있음을 서서히 알아 갔던 것 같다. 80년대 후반에서 90년대 초반을 대학에서 보냈고, 이 시기에 이뤄진 모종의 변화 혹은 변환의 영향 아래 연구자로의 길을 선택했다는 점에서 비슷했으며, 무엇보다도 이 변화나 변환이 무엇인지 몸으로 기억하고 알고 있지만 명확한 형태로 언어화할 수 없는 무능을 공유하고 있음을 알았다. 이 스스로의 무능에 혼자가 아니라 함께 대면하고 싶었던 것이 시작이었다.

소련 및 동구권의 붕괴, 맑스주의의 위기, 포스트 담론의 창궐, 근대성 논의의 홍수, 민족주의 비판과 파시즘 논의의 등장, 문화연구와 페미니즘, 학술진흥재단(학진)의 전면화, 이른바 인문학의 국제화라는 드라이브 등, 이 20년 동안 한국 인문·사회과학은 이전에 겪어 보지 못한 큰 변화와 변환을 경험했다. 이 기획 연구를 가능케 해준 물적 토대인 HK사업은 대학이라는 제도 내에서 이 일련의 변화와 변환이 낳은 하나의 귀결이라고 볼 수 있다. 분과통섭적 연구 아젠다라는 내용적 측면뿐만 아니라 막대한 국가예산이 투입되었다는 형식적 면에서도 HK사업단은 이 20년간 한국 인문·사회과학계가 겪은 파란만장한 변화의 흐름을 축약하고 있는 것이다. 물론 그렇다고 이 기획 연구를 HK사업단이란 무엇인가를 파악해 보고자 시작한 것은 아니다. 우연히 HK사업단에 몸을 담게 된 편자들이 자신이 현재 처한 상황을 어떻게든 맥락화하고 역사화해 보고 싶었던 것이 주된 동기였다. 즉 저 20년 동안의 지각변동 속에서 학문 연구를 시작하여 훈련을 받았고, 본격적인 연구 활동을 그 지각변동의 제도적 압축물 속에서 시작하게 된 연구자들의 자기성찰이 이 기획 연구의 출발이었던 것이다.

그런데 자기성찰이라고 해도 편자들은 어찌할 도리가 없이 무능했다. 강단과 선배들로부터 배웠던 유·무형의 지식이 그때까지의 지반을 상실하여 도처에 커다란 심연이 열렸을 때, 포스트라는 수식어를 단 달콤한 유혹에 휘둘림과 동시에 근대성 비판이라는 묵직한 망치 아래에서 속수무책이었던 이들이 자기성찰을 위한 용어와 개념을 구비하지 못했음은 당연한 일이었기 때문이다. 물론 몇 가지 대표적인 문헌을 읽고 시간을 추적하여 그럴싸한 연표를 만들어 낼 수는 있었다. 그리고 그 연표에 덧붙여 갖가지 의장(意匠)을 구사한 해석적 언사를 선보일 수도 있었을 것이다. 그러나 그것은 자기성찰이 아니다. 성찰이 '반사'(反射, reflection)를 토대로 하는 것이라면, 자기성찰은 자기가 끝나는 곳에 다다랐을 때 비로소 가능하다. 즉 자기성찰이란 '나'라는 동일성이 끝나는 지점에서 어떤 벽과 같은 것에 부딪혀야 시작되는 반사의 운동인 것이다. 그래서 자기성찰이란 역설적이게도 자기로부터 시작될 수 없다. 그것은 반드시 미지의 벽으로부터 반사되어 나오는 타자의 목소리를 필요로 한다. 그래서 그 목소리를 들으려 했다. 편자들이 선택하고 주조한 의장으로 저 지각변동을 포착하여 성찰하는 것이 아니라, 다른 이의 목소리에 귀를 기울임으로써 편자들에게 되돌아오는 성찰의 빛을 붙잡아 보고 싶었던 것이다.

그런데 이 벽과 같은 타자들이란 누구이며 어디서 만날 수 있는 것일까? 자기성찰을 가능케 하는 타자의 자리에 누구를 위치시킬 것인가? 혹시 편자들의 자의로 선택된 이들이 결국은 또 다른 의장, 그것도 인격적이라

더욱 고약한 의장인 것은 아니었을까? 다시 말해 자기성찰이라는 허울 좋은 말 아래에서 결국 편자들은 저 지각변동을 대표하는(정확히는 대표한다고 여겨진) 이들을 '모셔 온' 것이 아닐까? 기획 단계에서 편자들의 머리를 아프게 한 것은 이런 물음이었다. 그리고 그 물음은 이 책이 출간되는 지금까지도 명쾌한 답을 만나지 못했다. 다만 편자들은 '인터뷰'라는 형식 속에서 어렴풋한 답을 찾았다고 말할 수 있을 것 같다. '인터뷰'(interview), 곧 '사이에서-보기'(inter-view)가 지각변동을 대표하는 의장이 아니라 자기성찰의 타자와 만나는 일을 가능케 해주었던 셈이다.

그 까닭을 말하자면 이렇다. 처음에는 심포지엄이나 연속 콜로키움을 기획해서 발표를 의뢰하고 그것을 책으로 엮을 생각이었다. 장을 마련하여 '선수'들을 모은 다음 이야기를 수집하는 방식, 여전히 유효하고 널리 채택되고 있는 방식으로 진행하고자 했던 것이다. 그러나 직감적으로 이런 방식은 편자들의 의도에 걸맞지 않을 것임을 알아차렸다. 논리적으로 설명하라고 하면 힘들지만, 그렇게 장을 마련하여 정제된 언어로 지난 20년을 회고하는 글을 모으는 것은 적절치 않은 것으로 여겨졌다. 이 책에 등장하는 고유명사들이 한자리에 모이는 일이 현실적으로 어렵거니와, 만약 그런 글을 의뢰한다면 각자 이 시기의 변화에 대한 조감도를 그려 올 것이 눈에 선했기에 그렇다. 거기에는 지각변동을 체험한 자의 목소리가 아니라 조망하는 자의 시선만이 덩그러니 남았을 것이다. 그렇다면 그 조감도의 질적 차이를 괄호쳐 뒀을 때(물론 이 질적 차이는 엄청난 것이겠지만!), 편자들이 연표를 만들고 해석을 가미하여 작성된 것과 그리 다르지 않을 것이며, 그것은 결국 지각변동을 설명하는 의장의 리스트를 늘리는 일에 지나지 않을 것이기에 그렇다. 즉 각자가 한 번 두 번, 수십 번 되새겨 정리했을 훌륭하고 말끔한 조감도가 아니라, 기억과 의식과 발화 사이에서 미세하게 어긋나기 마련인 일회적 목소리를 듣고 싶었던 셈이다. 갑자기 찾아가 묻고 듣는 일, 이것이 편자들이 생각한 '이상적인' 자기성찰의 방법이었던 것이다.

그래서 이 책에서 진행된 인터뷰는 다양한 의미에서의 '사이에서-보기'였다. 그것은 조감도를 작성하는 저 상위의 시선이 아니라, 지각변동의 한가운데에 머물면서 어긋남의 당혹감을 의식하고자 한 혼란스런 시선이었다. 또한 선배들과 동세대 연구자들 사이에 어떤 단절과 연속이 촘촘하게 엮여 있는지를 추려 보고자 한 감별의 손길이기도 했다. 비단 지금 활발하게 연구 활동을 펼치고 있는 선배들과 동세대들 사이에 머물고자 한 것은 아니다. 인터뷰에서 드러나겠지만 여러 연구자들은 편자들과 인터뷰를 진행하면서 자신의 선후배들과 자신만의 인터뷰를 진행하고 있었기 때문이다. 때로는 비판하고 때로는 회고하며 때로는 회한에 잠기면서, 이 책에 등장하는 고유명사들은 모두 나름의 '사이'를 인지하고 확보하려는 모습을 보여 주었다. 그렇기에 이 인터뷰는 마땅히 '인터뷰들'(inter-views)이라고 명명되어야 하겠다. 많은 이들의 인터뷰가 모여 있기에도 그렇지만, 무수한 '사이에서-보기'가 실행되고 전개되어 있는 까닭에 그렇다.

그렇게 진행된 인터뷰들은 과연 편자들에게는 자기성찰의 빛이었다. 무언가를 깨달았다는 의미에서가 아니라, 저 20년 동안의 변화와 변환의 과정이 갈수록 오리무중의 나락으로 빠졌기에 그렇다. 아마 인터뷰가 아니라 심포지엄이나 콜로키움 등을 통해 정리된 연표나 해박한 조감을 얻었더라면 사정은 달랐을 것이다. 그것은 20년이란 짧다면 짧고 길다면 긴 시간의 흐름을 정리하고 넘어가게 해주는 효과를 주었을 것이기에 그렇다. 그러나 이 책에 담긴 인터뷰에서 그런 연표나 조감을 얻기 바란다면 아쉽게도 기대에 미치지는 못할 것이다. 왜냐하면 이 인터뷰들은 여전히 그 지각변동이 현재 진행형임을, 그래서 과거와 현재와 미래의 어긋남이 어떤 기울기를 보일 것인지를 열어 둔 채로 남겨 두어야 함을 알려주기 때문이다. 이때 얻을 수 있는 자기성찰이란 하나의 벽에서 튕겨져 나온 빛을 붙잡는 것이 아니라, 다양한 빛의 난반사 속에서 하나하나의 궤도를 어디에도 환원시키지 않은 채 따라가 보는 일에 다름 아니다. 그렇기에 이 성찰은 끝날 수가 없다. 그것은 끝날지 모르는 '사이에서-보기'의 중첩이기에 그렇다. 이 인터-뷰를 중단없이, 게다가 수없이 증폭시키는 일, 아마 그것이 20년 동안의 지각변동을 화석화하는 것이 아니라 현재화하는 일이 될 터이다. '한국문화의 동역학'이란 이 증폭과 현재화 속에서 한국문화에 대한 앎을 다변화하고 정제하는 일이고 말이다. 그래서 이 인터뷰는 중간결산도 모종의 출발점도 아니다. 그저 '사이'를 확보하고 그곳에서 '듣고 보는' 일, 사람들 사이, 세대 사이, 지역 사이, 분과 사이, 어디에든 열릴 수 있는 사이에서 성찰을 시작하고 끝내지 않는 일, 이 인터뷰는 그 일이 진행되고 있음을 알리는 보고서이다. 부디 많은 이들의 '사이'가 이 인터뷰에 덧붙여져 무한증식해 나가길 바란다.

아무튼 책이 나오기까지 많은 시간이 흘렀다. 20명이 넘는 연구자들의 인터뷰 자체가 1년 넘게 진행되었고, 그 원고를 가다듬는 데 또 1년이 걸렸다. 편자들의 게으름이 가장 큰 원인이었다. 게다가 그러는 동안 편자 중 한 사람이 터전을 다른 곳으로 옮겼기에 공동작업에 어려움을 가중시켰다. 이 모든 사정을 이해하느라 가슴이 타들어갔을 그린비출판사 박재은 팀장께 진심으로 고마움의 인사를 전하고 싶다. 잘 들리는 말이었으되 종이 위에서는 날것인 말들을 가다듬어 읽을 수 있게 만들어 준 것은 전적으로 그의 공로이다. 또한 끝까지 함께할 수 없었지만 기획 단계와 초반 인터뷰 작업에 참여했던 김수림 형, 여러 모로 모자란 부분을 채워 주신 김신현경 형과 이박혜경, 신상숙, 후지이 다케시 선생님 그리고 좌담회 기획을 함께 해주신 천정환 선생님, 덕분에 이렇게나마 책으로 묶일 수 있게 되었음을 보고 드리면서 우애의 인사를 전한다.

애초에 이 '무모한' 기획 연구를 승인해 주셨고 묵묵히 지켜봐 주신 고려대 민족문화연구원의 김흥규 원장님과 조성택 부원장님께 감사의 말씀을 올린다. '민족문화연구원'이라는 다소 고색창연한 명칭을 가진 탓에 딱딱하고 답답한 조직이라는 인상을 줄 수도 있겠지만 한국의 인문학 연구 조직 중에 '민연'만큼 유연하고 자율적인 조직은 찾기 힘들 것이라 생각한다. 구성원 개개인의 연구 활동은 물론 실험적이고 창의적인 기획연구를 적극적으로 장려해 주시고 지원을 아끼지 않으시는 두 분의 역량 없이 이 책은 빛을 보지 못했을 것이다. 이 작업이 민연이라는 '연구집단'에 누를 끼치지 않았으면 하는 바람에 욕심을 내어 소망을 하나 더 보태고 싶다. 모쪼록 이 책이 민연의 연구활동이 얼마나 넓고 깊은 외연을 가졌는지를 확인 가능하게 하는 작업이 되었으면 하는 소망을 말이다.

전부터 여러 장면에서 마주쳤던 분들도 계셨고 생면부지인 분들도 계셨지만, 흔쾌히 미숙한 편자들의 인터뷰에 응해 주신 여러 선생님들께 감사의 말씀을 올린다. 그저 목소리를 듣고 싶었지만 적절한 청자였는지는 자신이 없다. 다만 이 많은 목소리들을 한데 모아 난반사되는 스펙트럼으로 만들었다는 점에서, 편자들의 무능도 쓸모없는 것만은 아니었다는 생각이 든다. 그저 고견을 구하고 정리하는 것이라면 편자들은 적절치 못한 청자들이었을 것이다. 고견이 아니라 목소리를, 정리가 아니라 분산을, 편자들에게 허락해 주신 인터뷰이와 좌담회 참석자들께 다시 한 번 고개 숙여 감사의 마음을 전한다.

2010년 12월
김항·이혜령

차례

머리말 | 인터뷰들, 사이에서-보기 5

1부 지각변동의 징후 15

01 김철: 한글세대와의 단절 _ 16
02 정근식: 사회과학의 시대, 그 속살과 결 _ 46
03 백영서: 방법으로서의 동아시아 _ 88

2부 근대성·자본주의·문화 133

04 조한혜정: 자본주의적 신체의 감각과 지식생산 _ 134
05 강내희: 문화/과학 이론의 정치성 _ 164
06 황종연: 종언 없는 비평 _ 186

3부 내셔널리즘 비판과 비교사의 관점 227

07 임지현: 일상에서 국가까지, 역사학의 모험 _ 228
08 이성시: 역사학의 역사성을 생각한다 _ 270

4부 암중모색의 역사학 307

09 윤해동: '회색지대'의 역사학 _ 308
10 이영훈: 탈이론, 탈신화의 경제사 _ 336
11 양현아: 모든 이론은 역사로부터 _ 384

5부 인문학 연구의 지평 확장 419

12 천정환: 지식생산의 탈위계화를 위해 _ 420
13 진태원: 맑스주의의 전화와 현재적 과제 _ 456

6부 인문학자의 정치성과 정체성 505

14 김영옥: 지식인의 몸과 언어 _ 506
15 김진석: 근본주의와 싸우는 상식의 철학 _ 534
16 좌담회: 김영미·김원·신지영·이현우 사이의 대화 _ 576

1부
지각변동의 징후

⁰¹ 김철
한글세대와의 단절

김철은 연세대 국문학과를 졸업하고 동대학원에서 박사학위를 받았다. 한국 교원대 교수를 거쳐 현재 연세대 국문학과 교수로 재직 중이다. 지은 책으로 『국문학을 넘어서』(2000), 『문학 속의 파시즘』(공저, 2001), 『'국민'이라는 노예』(2005), 『해방전후사의 재인식』(공저, 2006), 『복화술사들』(2008), 『식민지를 안고서』(2009) 등이 있으며, 옮긴 책으로 『언더우드 부인의 조선 견문록』(2008)이 있다.

김철은 우리의 첫 인터뷰 상대였다. 내셔널리즘 논쟁이 한국 인문학계의 꾸준한 화두인 이상, 90년대 초반 신경향파 및 카프 연구로 시작하여 『실천문학』의 편집인을 거쳐 『국문학을 넘어서』, 『문학 속의 파시즘』, 『해방 전후사의 재인식』에 이르기까지, 자신이 속한 분과학문의 역사적 기원과 이데올로기를 심문하면서 이 논쟁의 곤혹스러운 심연을 보여준 김철이 첫번째 인터뷰이(interviewee)로 선정된 것은 자연스러운 일이었다. 또한 젊은 세대에게 허심탄회하고 소탈한 모습을 보여 온 그였기에, 어설픈 인터뷰어들의 인터뷰를 마실 온 친구 대하듯 할 것 같다는 기대가 있었다. 그래서였을까? 그의 방문을 두드리기 전까지 이 작업에 임하는 우리의 발걸음은 가벼웠던 것 같다. 그러나 우리가 듣게 된 것은 무겁고도 진지한 성찰이었다.

　　김철은 그간 자신이 펼쳐 온 작업이 한국 인문학의 개척자들인 '한글세대'에 대한 저항이었던 것 같다는 소회(素懷)를 들려 주었다. 한국 인문학의 역사에서 아직 자기심문을 해본 적 없는 어린 세대인 우리에게는 두고두고 곱씹을 만한 고백이었다. 그는 또 언제나 독학자처럼 부족함과 막막함을 느낀다고도 이야기했다. 지나간 역사와 사회 상황은 한국 인문학을 거리에서 살지게 만들었다. 그 거리가 비워졌을 때, 인문학자는 어디에 임하고 있는 것일까. 우리도 거리에 있는 것일까. 광장의 촛불이 스러져 가던 해의 끝자락에 우리는 김철과 대화를 나누었다. 그리고 생각했다. 우리 세대에게도 그런 사무치는 거리가 있었던 것일까?

7080, 거리의 인문학

이혜령 김철 선생님, 이렇게 저희의 첫 인터뷰에 응해 주셔서 감사합니다. 인터뷰에 대한 어떤 훈련도 없는 저희들로서는 무척 서툴겠지만 설레기도 합니다. 메일로 보내드렸듯이, 첫번째 질문은 다음과 같습니다. 이 책을 준비하면서, 저희는 한국 인문학의 변동은 아마도 1989년 베를린 장벽의 철폐와 함께 시작되지 않나 생각하게 되었습니다. 그것이 가시화된 때가 1990년대 초반이고, 학술적으로는 '근대성'이라는 아젠다로 제시된 것이 아닌가 싶은데, 선생님께서 한번 회고해 주셨으면 합니다.

김철 맑스주의의 위기, 사회주의의 몰락, 근대성, 이런 키워드들이 부상한 것에 대해서 당신이 겪은 대로 얘기를 해달라, 하는 뜻으로 질문을 이해했습니다. 그런데 제가 무슨 한국 인문학 전체를 대변하거나 조감할 수 있는 능력이 있는 것도 아니고, 일반화할 수 있는 것도 아니니까, 결국은 제 자신의 좁은 체험밖에는 할 얘기가 없을 것 같습니다. 저는 스스로를 인문학자라든가, 한국문학 연구자라든가 이렇게 부르는 것에 늘 깊은 자괴감을 갖고 있어요. 뭐랄까, 정식으로 학교를 안 다닌 독학자(獨學者) 있잖아요? 검정고시 쳐서 졸업장 따거나 방송강의 같은 것 듣고 공부한 사람 같은 느낌, 공부와 관련해서는 늘 그런 느낌을 갖고 있습니다. 유독 저만 그런 기분을 갖고 있는지는 모르겠는데…….

저는 1970년에 대학에 입학했어요. 그런데 우리는 학교 다니는 동안 한 번도 체계적인 학문 수련을 할 기회가 없었어요. 학부 때는 4년 내내 시위 때문에 문 닫고, 폐교하고, 휴업하고 그런 상태였습니다. 그렇게 70년대 유신통치 시절에 대학을 다니고 대학원에 진학을 했지만, 역시 학문적 트레이닝을 받을 기회는 전혀 없었어요. 강의실보다는 술집에서 선후배들과 어울려 울분도 토하고, 뒤죽박죽이지만 논쟁도 하고, 반정부 시위에도 참가하고, 그러는 과정에서 더러 책도 찾아 읽고 그랬던 게 전부지요. 70년대 세대는 대개 그렇지 않았을까 생각됩니다.

대학교 2학년 땐가, 백낙청 선생의 「시민문학론」(『창작과비평』 14호, 1969)을 읽고 굉장히 큰 충격을 받았어요. 한국 현대문학으로도 이렇게 공부를 할 수 있고, 이런 글을 쓸 수도 있구나, 하는 놀람을 맛보았고, 나도 이런 공부를 해보고 싶다는 열망을 가지게 되었습니다. 그 다음에, 김윤식 선생의 『근대문예비평사연구』(한얼문고, 1973)가 나온 게 73년인가요? 이어서 김현 선생하고 같이 쓴 『한국문학사』(민음사, 1974)도 다음해인가에 나왔습니다. 한국현대문학 연구가 대학의 국문과라는 제도 안에서 하나의 학문분과로서 당당한 시민권이랄까 하는 것을 이 두 권의 저서를 통해 비로소 얻기 시작한 것이 아닐까, 저는 그렇게 생각합니다. 그런 점에서 한국현대문학 연구자로서 김윤식 선생의 업적은 결코 잊어서는 안 된다고 봅니다. 제가 대학원에 진학했을 때는, 연세대만 그랬는지는 모르겠지만, 현대문학 전공자는 뭔가 제대로 된 학문을 하는 인간들이 아니라는 식의 분위기가 있었습니다. 현대문학 전공교수들이 학자들이 아니라 작가들로만 구성되어 있었기 때문에 더 그랬는지도 모르지요. 그러니 앞서 말씀드린 독학자적 경향이 더욱 심해졌지요. 지금으로서는 백낙청 선생의 「시민문학론」이나, 김윤식·김현 선생의 저서 등에 여러 가지 이의제기를 한다거나 한계를 얼마든지 말할 수 있는 것이지만, 당시로서는 그것들의 영향은 막

대한 것이었지요. 또 한편, 우리 세대가 받은 지적 자극이나 감화를 말할 때에, 유종호 선생과 김우창 선생 역시 빼놓을 순 없지요. 김우창 선생의 『궁핍한 시대의 시인』(민음사, 1977)이나 유종호 선생의 비평들은 현대문학 전공자들의 교과서 같은 것이었지요.

맑스주의 얘기가 나왔으니 말인데요. 우리 세대에게 맑시즘은 물론 굉장히 깊은 영향을 끼쳤어요. 저의 경우, 저 자신의 사유의 기본틀을 형성하는 데 가장 깊은 영향을 끼친 것을 들라고 하면, 맑시즘과 불교라고 생각해요. 대학생 때 한때는 출가해서 중이 될까 하는 생각도 한 적이 있습니다. 도저히 끝까지 계율을 지킬 자신이 없어서 포기하고 말았지만요(웃음). 그렇긴 하지만, 불교적 사유는 저에게 굉장히 깊은 영향을 끼쳤고 지금도 그렇습니다. 맑시즘에 대해 말하자면, 아시다시피, 우리가 학교 다닐 때 맑시즘은 아예 접근불가능의 금기였지요. 맑시즘 책은 읽을 수도 없었고, 볼 수도 없었죠. 그런데 맑스주의 비판 서적은 아주 많았어요. 그걸 거꾸로 읽는 방식으로 맑스주의를 흡수했달까, 그랬지요. 그러니 제대로 알 리가 없고 얼치기가 될 수밖에 없었지만, 그런 만큼 오히려 영향력은 더 강력했다고 봅니다.

저는 대학원에 입학하자마자 시위에 연루되어 제적당하고 강제징집되어 학교를 떠났어요. 늦게 군대를 갔다가 제대를 하니, 나이 서른이 다 됐죠. 박정희가 죽고 '서울의 봄'(1980) 때, 대학원에 복학을 했어요. 대학원이 많이 달라졌더라고요. 우선 현대문학 연구자들이 많이 늘어났어요. 제가 학교를 다녔던 70년대 초중반에는 서울 시내 대학원을 통틀어도 현대문학 연구자가 손가락으로 셀 수 있을 정도였어요. 그런데 80년대가 되니까 우선 대학원의 규모가 커졌어요. 현대문학 연구자가 엄청 늘어나고, 공부하는 방식들도 달라졌어요. 함께 모여 세미나도 하구요. 저도 그때부터 공부라는 거를 흉내 내서 하기 시작했던 것 같아요.

그런데 80년대라는 게 아시다시피 어디 보통 시대인가요? 참, 그런 시절은 세계 역사상 다시 안 올 거 같아요. 캠퍼스가 곧 전쟁터였잖습니까? 강의실에서는 수업이 진행 중인데 바깥에서는 학생이 분신해서 떨어져 죽는 그런 시절이었습니다. 캠퍼스 잔디밭에 백골단 애들이 벌러덩 드러누워 있다가는 시위가 벌어지면 후다닥 뛰어나가서 학생들을 피투성이가 되도록 두들겨 패서 질질 끌고 가는 일들이 일상적으로 벌어지던 때였습니다. 그런 분위기 속에서 학술운동이란 말이 처음 나왔던 거 같아요. 학문 연구도 정치투쟁의 일환이라는 사고가 그때 우리를 지배했지요. 그러다 보니까 이른바 '정치적 올바름'이 모든 것에 우선하는 그런 경향이 생겨났어요. '정치적 올바름'이 학문적 진실성을 보증한다는 식의 사고가 80년대를 지배했던 것 같아요.

한편 80년대는 한국에서의 인문·사회과학이 규모에 있어서나 다른 여러 가지 면에서나 폭발적인 성장을 이룩한 시대가 아니었을까 생각합니다. 학술단체협의회(이하 '학단협')라는 것도 그때(1988) 처음 생겼죠. 특히 인문·사회과학 쪽 소장 연구자들이 연구조직을 결성해서 연구를 하는 한편, 현실 정치운동이나 사회운동에 직접 연결되는 현상도 많이 나타났습니다. 1986년에 박원순 변호사가 사재를 털어서 역사문제연구소를 설립했는데, 거기 문학사 연구모임이 결성되어 좋은 후배들을 많이 만났지요. 그래서 그 팀에서 카프 연구를 했어요. 2~3년 공부한 결과를 『카프문학운동연구』(역사비평사, 1990)로 냈는데, 정말 열심히 했죠.

어쨌든 공부하다가 뛰어나가서 최루탄 맞으면서 돌 던지고 하는 게 일상적으로 벌어지는 그런 시절이니까요. 이념적으로는 물론 맑스주의가 가장 강력하게 자리 잡고 있고, 아까도 말했듯이 정치적인 올바름, 더 나아가서는 계급성·당파성을 확보하는 것이 학문적으로도 올바른 것이라는 데에 아무런 의심도 하지 않았어요. 그런 과정에서 사회구성체 논쟁(사구체논쟁)도 벌어졌죠. 20세기를 '혁명의 세기'라고 부른다면 아마 그것의 마지막 불꽃은 80년대 한국에서 타올랐던 것 같아요. 사상 논쟁도 어마어마하게 벌어지고 그랬잖아요? 맑스의 원전 같은 것도 그때 처음 접했던 것 같아요. 어쨌든 카프 문학 세미나를 그때 열심히 했는데, 지금 생각하면, 가장 올바른 정치적 노선이 무엇인지를 먼저 전제하고 나머지를 거기다 연역하는 방식, 그런 방식의 연구였다는 생각이 듭니다. 아무튼 시대가 시대였으니까요.

학술운동의 공과, 맑스주의의 위기?

<u>이혜령</u> 마지막 불꽃이라면 사그라들기 시작하는 시점도 있었겠군요?

<u>김철</u> 제 생각에는 87년 대선이 결정적인 분기점이었던 거 같아요. 아시다시피, 한국의 모든 진보운동이 87년 대선에 말 그대로 올인을 했어요. 저도 김대중 씨가 여의도에서 연설하는 날 나가서 피켓 들고 서 있고 그랬습니다. 그런데 결과가 노태우 집권으로 나왔단 말이지요. 곧 이어서 사회주의권의 붕괴라는 세계적 변화에 부딪혔지요. 모두 굉장히 큰 충격을 받았다고 생각합니다. 저 역시 엄청난 충격을 받았습니다. 그 충격의 정체를 깨닫는 데에 시간이 상당히 오래 걸린 거 같아요. 관성이라는 게 있으니까요. 아무튼 87년 대선에서 한국의 진보세력들이 패배한 것, 그리고 곧 이어서 사회주의권의 몰락을 접하게 되는 것, 이것이 지금 첫번째 질문에서 말하는 것들, 즉 맑스주의의 키워드가 잠수하고 새로운 담론들이 떠오르는 현상의 결정적인 계기가 되었다고 보이고요. 물론, 저 자신도 다를 바 없었다고 생각합니다.

　　그 시기를 인문학 연구라는 관점에서 정리를 해보자면 우선 그때는

중요한 연구활동이 대부분 대학 바깥에서 이루어졌다고 생각됩니다. 학술 조직이든 학단협이든 이게 다 대학제도 바깥에서 이뤄진 것이거든요. 소장 연구자들이 대학 바깥에서 학술조직들을 만들고, 그것을 직접 사회운동하고 연결시키면서 연구 활동들을 수행하고 있었단 말입니다. 긍정적으로 보자면 상당히 자생적인 인문학의 역량이 갖추어졌다는 의미를 부여할 수 있겠지요. 다시 말해서, 해방 후부터 80년대까지 한국의 대학제도가 40년 정도의 역사인데, 사실 그동안에 인문학 연구의 축적이란 것이 매우 초라하지요. 우선 식민지시대의 학문적 전통과 완전히 단절되었고, 해방 후 첫 세대인 이른바 한글세대의 작업이라는 게 ——여기에 대해서는 나중에 말씀드리겠습니다만—— 아무튼 좀 빈약했던 건 사실이지요. 그런데 80년대 이후 대학제도 바깥에서 상당한 규모의 연구활동들이 조직적으로 이루어지고 자기 목소리를 내기 시작했다는 것, 여기에 80년대의 어떤 학문사적 의미를 찾을 수 있지 않을까 생각합니다.

그런데 여기서 문제점은 뭐냐 하면, 아까도 얘기했듯이 뭐랄까. 아주 급속도로 관념화되고, 정치주의에 빠지고 하는 걸 제어할 길이 없었다는 것이지요. 극단적 관념론이나 정치우선주의가 횡행하는 것을 막을 수 없었던 그런 상황이었죠. 사구체논쟁이 그걸 제일 잘 보여 주는 것 같아요. 저 개인적으로는 그게 제일 갑갑했어요. 정치적인 급진성과 학문 연구에서의 진실성이랄까, 성실성이랄까 그런 것들은 분명히 층위가 다른 건데, 그게 구분 없이 한꺼번에 동일시되는 게 저로서는 늘 갑갑하고 답답했습니다.

그러다가 90년대를 맞으면서 어떤 시각 전환이 일어난 거지요. 질문에서 '맑스주의의 위기'라는 말을 썼는데요. 제가 보기엔 맑스주의의 위기라기보다는 한국의 인문학이 이런 변화에 대처하는 능력 즉, 자기갱신을 해낼 수 있는 능력이 부족한 데서 어떤 한계에 부딪힌 거라고 봐요. 또 한편으로는 80년대까지의 진보적 사고 안에 강력하게 내장되어 있던 내셔널리즘이 문제였다고 생각됩니다. 내셔널리즘의 자폐적인 속성 때문에 변화하는 세계를 능동적으로 조정할 수 있는 능력이 80년대의 한국 인문학 안에서 자라지를 못했다는 거지요. 그게 마치 맑시즘의 위기인 것처럼 생각됐다는 말입니다. 위기는 자기 자신한테 있었던 거지요.

그래서 문제는 맑스주의의 위기라기보다는 맑스주의의 가치나 이상을 사회주의의 몰락 이후에 어떻게 새롭게 실현할 것인가라는 거였다고 생각합니다. 저는 맑스주의의 가치나 이상이 사라졌다고는 생각하지 않아요. 그것들을 사회주의 몰락 이후의 세계 속에서 실현할 수 있는 방안에 관한 사유가 한국 인문학 내부에서 미약했던 것 아닌가. 그게 80년대 말~90년대 초의 상황이라고 보입니다. 그걸 마치 맑스주의의 위기처럼 인식했던 거죠. 어떤 점에서는 그런 상황이 새로운 인문학적 사유나 인문학 연구의 발전을 위해서는 아주 좋은 기회였다고 생각해요. 여러 가지 새로운 담론들, 근대성이라든가 파시즘, 민족주의에 대한 반성들, 젠더적인 관점. 이런 것들이 다양하게 쏟아져 나오는 게 지금 말씀하신 그 시기 아닙니까? 그런 점에서는 오히려 발전적인 시기였다, 좋은 기회였다고 봅니다. 좋은 기회였는데, 성과는 과연 어땠는가, 그건 아직 모르는 일이지요. 대체로 첫번째 질문에 대한 내 생각은 그런 정도예요. 얘기가 비슷합니까?

이혜령 제가 미처 생각하지 못한 얘기들을 해주셨는데요. 한국에서의 인문학이란 것이 이런 영역이다 하는 것을 드러내 준 것은, 제도 바깥의 방식인 자생적인 학술운동의 움직임 덕분이었다는 말씀이잖아요? 그리고 바로 그것이 어떤 한계로 작용한 것이라고 볼 수 있다, 그걸 맑스주의의 위기라고 얘기들을 해왔지만.

김철 80년대 말에 사회주의의 몰락을 목격하면서 맑스주의가 안고 있는 본질적인 문제가 무엇이었는지, 왜 그것이 실패할 수밖에 없었는지에 관한 논의들이 나오기 시작했지요. 그런데 알고 봤더니 그런 논의는 이미 60~70년대에 유럽에서 다 하고 있었다는 거죠. 우리가 많이 늦은 거지요. 그런데 오히려 80년대 유럽의 일부 사회주의자들은 한국에서 혁명이 일어나는 줄 알고 있었습니다. 당시 87년 노동자대투쟁에 고무되어 한국이야말로 세계 혁명의 마지막 기지라는 식으로 흥분하는 유럽 학자의 글을 읽은 적도 있습니다. 이 착각이 풍선 꺼지듯이 팍 꺼지니까, 뭔가 다시 돌아보지 않을 수 없게 되었지요. 뭐를 돌아보게 되는가? 그건 저마다 다르겠지요. 나로서는 뭘 돌아보게 되었는가. 맑스주의보다는 내셔널리즘이 진짜 문제구나 하는 생각을 하게 되었습니다.

이혜령 맑스주의를 지향했으면서도 내적인 구조는 폐쇄적이었다는 말씀이시죠?

김철 그렇지요.

김항 진리 추구로서의 인문학이라고 하는 것이 정치적 올바름을 괄호 친 상태에서 어떻게 보면 독자적으로 길을 걸어 나가야 되는 거 아니냐는 문제의식에 대해 말씀하신 걸로 저는 받아들였는데요. 그런 의미에서 '한국 인문학'이라는 것이 얘기될 수 있으려면 90년대에 정치적 올바름과의 단절이 비로소 이루어졌을 때, 인문학의 자기성찰이 생기지 않았나, 선생님 말씀을 들으면서 그런 생각을 하게 됩니다.

이혜령 선생님은 학술운동이라는 것을 통해 인문학 영역이 처음으로 가시화되었다가 공교롭게도 바로 87년 대선의 실패와 맞붙어 버리게 된 상황을 말씀하셨어요. 학술운동의 진행 과정 속에서 운동이 전체 사회·정치운동과 맞물리고, 세계사적 조건과 맞물리면서 곧바로 위기의 지점이 드러났을 때, 이게 세계사적인 문제이기도 했지만 한국 인문학의 자기대응 능력의 문제를 드러내기도 했다는 말씀이시죠? 특히 그 이후에도 정치적 올바름이나 입장이 곧 학문적 진리를 보장하듯 생각하는 상황이 지속된 문제랄까……. 한편으로 이게 선생님께서『해방전후사의 재인식』(책세상, 2006, 이하 『재인식』)을 간행하신 이유와도 관련이 있지만, 여하튼 선생님은 학술운동을 한국에서의 학술사적 기원의 어떤 성과로 생각하고 계신 거죠?

김철 그렇죠. 돌이켜 생각하면, 과도한 정치주의나 관념성 등 여러 가지 문제들을 안고 있긴 했지만, 대학제도 바깥에서 연구자들이 그런 식으로 자생적으로 뭉쳐서 연구를 진행하고, 그걸 바로 사회운동으로 환원하려고 하는 노력들이 한국 역사상 없었잖아요? 그런데 이렇게 될 수 있었던 몇 가지 물적 조건도 잊지 말아야 한다고 봅니다. 이 물적 조건은 뜻밖에도 전두환 정권이 제공했어요. 우선 맑스주의 서적 해금을 들 수 있겠지요. 이건 아주 중대한 역사적 의미를 지닌 사건입니다.

이혜령 1987년에 이뤄졌지요. 88년부터 관련서들이 출간되기 시작했죠.

김철 네. 그리고 그 다음에 대학의 규모를 키웠어요. 졸업정원제 시행과 함께 대학 정원이 엄청나게 늘었지요. 이 제도가 대학을 망치기도 했지만 또 한편으로는 연구자를 많이 양산할 수 있는 구조를 갖추는 계기도 됐지요. 그런 점에서 80년대가 사회운동의 차원에서나 인문학 연구에서나 굉장히 중요한 단절적인 변화들을 만들어 낸 건 사실인 거 같아요.

　　대학 국문과라는 제도 안에서 현대문학 분야가 학문적인 자기 아이덴티티를 보다 분명히 갖게 되는 것도 80년대부터라고 봐요. 우선 현대문학 연구자가 급증했습니다. 70년대에는 그렇지 않았거든요. 현대문학 연구자가 별로 없었고, 그런 속에서 연구의 수준이나 규모에 아무래도 한계가 있을 수밖에 없었지요. 김윤식 선생의『근대문예비평사연구』에 관해서는 아까 말씀드렸습니다만, 아시다시피, 이 책의 바탕을 이룬 방법론은 이기백 선생이나 김용섭 선생 같은 한국사 학자들을 중심으로 한 식민사관 비판이나 자본주의 맹아론 같은 60년대 말 역사학계의 논쟁에서 나온 것이지요. 그러니까 방법론이나 관점의 다양성이라는 것은 아무래도 이전 시기의 현대문학 연구에는 기대할 수 없는 것이었습니다. 그런 점에서 본다면 80년대는 기왕의 그런 관행들이 점차로 깨져 나가는 출발점이었다고 할 수 있겠습니다.

민족민중문학을 넘어서

김항 80년대에 변화를 겪고, 90년대에 어떻게 보면 또 한 번 요동을 치게 되는 건데요. 그때 선생님께서 고유하게 잡으신 문제의 영역이 내셔널리즘입니다. 이제는 상식이 되었습다만, 선생님은 국문학이란 내셔널리즘에 의해 형성된 것이자 그것을 떠받치는 '제도'이자 '실천'이라는 점을 지적하시면서, 문학사 서술에 있어서는 내셔널리즘이 자민족중심주의의 폐쇄성과 근대주의의 결합 양태로 나타났다고 주장하셨습니다. 나아가 이것을 한국의 내셔널리즘에 내재해 있는 파시즘적 계기로 보셨습니다. 왜 선생님의 씨름 대상이 파시즘과 내셔널리즘이었는가에 관해서 말씀 부탁 드립니다.

김철 앞서 말씀드렸듯이, 80년대 말~90년대 초의 세계사적 변화와 그 충격 속에서 저 자신도 아주 심한 갈등을 겪었습니다. 제가 한국교원대에서 연세대로 직장을 옮긴 것이 1996년인데요, 그전에 한 몇 년 저는 글을 한 편도 쓰지 못했어요. 그리고 무엇보다도 강의를 하기가 힘들었어요. 그전에는 내가 강의를 아주 잘한다고 생각했고, 학생들하고도 호흡이 잘 맞는다고 생각했는데, 점점 강의를 못하겠더란 말입니다. 간단히 말해, 민족문학사 같은 걸 더이상 못 가르치겠더라는 말이에요. 그 담론 자체에 내가 깊은 회의가 드는데 어떻게 학생들한테 그걸 가르치겠어요? 아, 정말 죽겠습니다. 뭔가 깊은 물속에 콱 처박혀 있는 것처럼 답답하고 숨이 막히고 그랬습니다. 확실하다고 생각했던 전제나 개념들에 심각한 회의가 생기니까 수업을 할 수도 없고, 글도 못 쓰겠더라고요. 한 2년? 글을 한 줄도 못 썼어요. 문학평론가랍시고 이름을 내걸고 있었는데, 그것도 다 집어치웠어요.

이혜령 이전에 『실천문학』에는 얼마 동안 참여하셨죠?

김철 『실천문학』 편집위원을 한 5~6년 했지요. 비평가로서도 낙제였지만, 문학 연구자로서의 나 자신에 대해서도 심각한 회의가 들기 시작했어요. 맨날 똑같은 소리를 반복하고. 내가 쓴 글을 내가 봐도 영 생경스럽더라고요. 기존의 민족민중문학사적 이해라는 게 간단히 말하면 유물사관에다 제3세계론을 플러스한 거죠. 그게 내 안에서 균열이 일어나는 겁니다. 이걸로는 도저히 연구자로서의 나를 지탱할 수 없다는 절박한 심정에 이르렀지요. 그런 절박한 심정에서 쓴 게 「국문학을 넘어서」(『현대문학의 연구』, 한국문학연구학회, 1998)란 논문입니다. 98년에 학회에서 발표하고, 학회지에 냈는데, 아무도 보지도 않더라고요. 그 논문에서 저는 자본주의 맹아론이나 자생적 근대화론을 바탕으로 한 역사 인식이 타당한 것인가에 대한 의문을 표현했습니다. 또 하나는 제도 문제였는데요. 국문학을 연구한다면서 제도에 대한 연구들을 왜 안 했을까? 그게 참 한편 생각하면 아주 이상한 거지요. 여기에 대해 질문을 했던 겁니다. "지금 우리가 딛고 서 있는 땅이 단단한 게 아니다. 조만간 무너져 내릴 것"이라는 얘기였습니다. 어떤 분한테서 너무 과격하다는 지적을 받은 기억이 있습니다.

질문지를 받고 나서 그 논문을 일부러 다시 읽어 봤더니 좀 과격하긴 하더군요. 생각이 정리가 안 된 상태에서 이것저것 의문을 제기하다 보니까 다소 과격하게 나갔던 듯합니다. 그런데 모더니티 연구로 연구의 방향을 새로 잡아야 한다는 논의는 이미 90년대 초부터 많이 나왔던 것 같아요. 저도 그런 관점에서 어떻게 할까 모색 중이었는데, 파시즘을 연구하지 않으면 안 되겠다는 쪽으로 생각이 모여 가고 있었지요. 그러나 뭘 어떻게 해야 할지 막연하게 세월만 보내고 있었는데, 마침 그때 연대 박사과정 재학 중이던 김현주·차승기·백문임·권명아·김예림, 이런 후배들이 "선생님, 우리 파시즘 세미나 같이합시다" 하고 찾아왔어요. 98년의 일입니다. 지금 얘기지만, 참 하늘에서 내려온 동아줄 같았어요. 그래서 그 친구들하고 파시즘 세미나를 2~3년 집중적으로 했지요.

파시즘 연구 무렵의 조건들

이혜령 제가 합류한 게 2년 후 그 세미나 팀이 확대 재편될 때인 셈이로군요.

김철 그 팀에서 파시즘 관련 외국 이론서들을 함께 읽어 가는 한편으로, 저는 혼자서 일본어 공부를 시작했어요. 나이는 40대 후반, 벌모레 50인데 매일같이 학원에 나가 공부를 하자니 고초가 막심했습니다. 아무튼 파시즘 세미나를 하면서 뭔가 조금씩 새로운 길이 보이는 듯한 느낌을 받았습니다. 매주 모여서 같이 책을 읽고 토론을 하기를 3년 동안 해서『문학 속의 파시즘』(삼인, 2001)을 출간했어요. 그리고 그 세미나가 확대가 되어 '사이 세미나'라는 이름으로, 말씀하신 대로 이혜령 선생도 참여하고 해서, 정말 좋은 후배들을 많이 만나 연구자로서는 참 행복한 시절을 보냈습니다. 그리고 또 하나, 일본문학 세미나가 있지요. 이 세미나는 일본문학 세미나라고도 하고, '한일문학연구회'라고도 하고, 그냥 '수요회'라고도 하는데,

아무튼 매주 수요일 저녁에 모여서 일본 관련 텍스트들을 읽는 모임인데 벌써 10년 넘게 한 주도 빼지 않고 계속하고 있습니다. 같은 과 동료인 이경훈 교수를 비롯해서 많은 연구자들이 참여하고 있습니다. 여기서도 많은 걸 배웠습니다. '비판과 연대를 위한 동아시아 역사포럼'(이하 '동아시아 역사포럼') 이야기도 빼놓을 수 없겠습니다. 2001년 임지현·윤해동·박환무 선생 등이 주도해서 일본 학자들과 함께 만든 모임인데, 여기서도 참 많은 걸 배우고 훌륭한 학자들을 많이 만났습니다.

이건 조금 다른 얘긴데요. 1990년대 후반 또는 2000년대 초의 시점에서 우리가 겪은 연구환경 변화에 대해 잠깐 말씀드리고 싶습니다. 다름 아니라, 인터넷 얘기입니다. 인터넷이 한국사회에서 일상화되고 보편화되는 것은 아마 90년대 후반이나 2000년 무렵이 아닐까 합니다. 그리고 그것은 제가 파시즘 세미나를 하던 시기와 겹치는데요, 인터넷이 어마어마한 도움을 주었다는 말을 하려는 겁니다. 그때까지 파시즘에 관한 국내 연구라는 것은 거의 없다고 해도 과언이 아니었어요. 그런데 인터넷으로 외국 문헌들을 찾아보니까 그 목록만 수십 페이지가 나오는 거예요. 그 목록에 나온 문헌들을 다시 하나하나 검색을 하는 데에만 한 학기가 걸릴 정도였어요. 저로서는 놀라운 경험이었습니다. 물론 그 책들을 다 읽는다는 건 불가능한 일이고 그럴 필요도 없지요. 중요한 것은, 내가 관심을 갖고 있는 주제와 관련해서 해외에서 현재 어떤 연구가 어떻게 진행되고 있는지를 실시간으로 파악할 수 있다는 것이었고, 그것은 정말 놀라운 경험이었습니다. 예컨대, 미국 컬럼비아대에서 바로 그 해에 나온 파시즘 관련 박사학위 논문을 서울의 내 연구실에 앉아서 받아 볼 수가 있었단 말이지요. 이건 정말 중요한 연구환경의 변화라고 생각합니다. 바깥을 실시간으로 접하고 정보를 얻게 되는 과정에서 자기 자신을 객관화하고 상대화할 수 있는 눈이 열리는 거지요. 달리 말하면, 한국문학 연구의 폐쇄성, 자기중심성 등을 벗어날 수 있고 시야가 보다 넓게 확보되는 계기가 되었던 거지요. 이것은 인터넷이 가져온 긍정적인 효과라고 생각합니다. 물론 그 세계라는 것이 영어권으로 한정되어 있다는 한계가 있기는 하지만, 그래도 국문학 연구자로서는 새로운 경험을 하게 된 것이지요.

외국 학자들하고의 교류도 이때부터 자주 하게 됐습니다. 미국·일본 등지의 뛰어난 학자들을 많이 만날 수 있었던 것은 참 큰 행운이었습니다. 그런 과정에서 내셔널리즘적 사유를 넘어 한국문학이나 식민지를 상대화하고, 또 그런 관점에서 나 자신을 바라보는 비전도 얻을 수 있었어요.

그런데 아시다시피 그 무렵은 한국문학 연구나 한국 인문학 전체에서 탈민족주의적인 경향의 담론들이 급속하게 나타나기 시작했던 시기죠. 파시즘 연구를 하다 보니까 자연히 내셔널리즘으로 관심을 돌리지 않을 수 없었고, 그러다 보니까 결국 식민주의나 식민성 문제에 천착하지 않을 수 없지요. 기왕의 민족저항사적 관점이라든가 민족문학사적 관점으로는 전혀 해소될 수 없는 문제들——가령 만주국 성립 이후, 만주를 무대로 한 한국소설을 어떻게 이해할 것인가 등——이 등장하고, 그러다 보니 좀 다른 방식의 발언을 하게 되었지요. 그것이 아마 기존의 내셔널리스트들에게는 심히 마음 불편한 것이었을지도 모릅니다.

이혜령 선생님의 연구가 당시에 호응을 얻었던 것 같아요. 임지현 선생님과 윤해동 선생님의 작업도 호응을 얻었고 세 분의 교류도 꽤 잦았던 시기로 기억하는데요, 저희가 이 인터뷰를 준비하면서 선생님들의 연구가 탈근대주의나 탈민족주의라는 레테르로만 범주화되면서, 연구의 영역과 대상으로서 식민지를 생각한다는 것이 갖고 있던 다른 문제의식이 좀 사상(捨象)된 것은 아닌지 하는 생각이 들었습니다.

김철 범주화라는 게 다 그렇죠. 사람들이 범주화하기를 참 좋아해요. 딱지

붙이는 것도 좋아하고요. 우리가 어떤 주장을 할 때 미리 무슨 범주를 생각하고 하는 건 아니잖아요? 그런데 무슨 말을 하면 곧바로 딱지가 붙고, 경계가 생겨납니다. 경계를 넘자고 하는 얘긴데, 경계를 넘자는 사람이라고 경계를 만들어 버리는 식의 범주화가 계속 일어납니다. 어느 날 보니까 내가 탈민족주의자가 되어 있고, 탈근대주의자가 되어 있더라고요. '이상하다' 생각했지만 별 도리가 없지요. 그런 걸 전제하거나 주장하려고 한 건 아니었는데 아무튼 그렇게 되었어요. 그런 방식으로 상대방에게 일단 딱지를 붙여 놓아야만 사고가 작동되는 사람들이 있어요. 대체로 경찰이나 정보기관에서 일하는 사람들이 그렇지요(웃음).

'한글세대'와 한국 인문학의 아비투스

김항 선생님의 시도는 그 경계를 자유롭게 하자는 거였다는 의미에서 근본적인 비판이었는데, 그 시도를 다시 정치주의의 연장에서 범주화하게 되는 상황이 벌어졌다, 이런 말씀이지요?

김철 문제를 찾아내고 관점을 달리해 보는 것이 인문학이지, 결론을 제시하고 해답을 만들어 주는 게 인문학은 아니잖아요? 제 딴에는 그렇게 해 본다고 한 것이었는데 반응은 결국 그런 식이었습니다. 그것은 80년대 정치주의의 나쁜 유산일 수도 있고, 자기 자신에 대한 불안일 수도 있어요. 또는 문제를 제기하는 쪽의 잘못일 수도 있지요. 그런 경우도 전혀 없다고는 할수 없습니다. 문제제기를 명료하게 잘해야 되는데, 자기도 혼란스런 상태에서 하다 보니까 오해도 불러일으키고, 엉뚱한 라벨도 붙여지고 하는 경우가 있지요. 그런 점에서 저도 반성을 많이 하고 있지만, 한국사회에서 인문학의 토양은 너무나 척박한 것이 아닌가, 하는 생각도 자주 합니다.

그럼에도 불구하고, 90년대에 새롭게 등장한 이른바 탈민족주의적 경향에 학술사적 관점에서 의미를 부여하자면, 이것은 이른바 '한글세대'를 어떻게 위치 지을 것인가 하는 문제와 관련이 있다고 봅니다. 한글세대란 해방 후에 제도교육을 받은 사람들을 말하는 거지요. 4.19세대이기도 하고요. 이 사람들은 일본 교육을 받지 않았고, 그것은 이들 한글세대의 어떤 자긍심이랄까, 하는 것의 밑바탕을 이룬다고 생각합니다. 요컨대 식민지로부터 오염되지 않았다는 프라이드가 강하게 작동하고 있는 거지요. 거기다가 4.19의 주역이 되었습니다. 그런 점에서 저는 한글세대의 핵심은 역시 내셔널리즘이라고 생각합니다. 이전 세대의 내셔널리즘이 어떤 열등감으로부터 출발한 것이라면, 이들 세대의 내셔널리즘은 아주 긍지에 찬 것이라는 차이가 있겠지요. 4.19가 그 긍지를 더욱 키웠지요. 김윤식·김현 선생의 『한국문학사』는 그 프라우드 내셔널리즘(proud nationalism)이 낳은 한 성과가 아닐까, 저는 그렇게 생각합니다. 그리고 그게 도전받는 게 90년대라고 생각해요.

이혜령 저희가 정말 생각해 보지 않았던 시각이네요.

김철 방금 말씀드렸듯이 한글세대의 특징은 '식민지하고의 단절'입니다. 식민지적 오염으로부터 자유로울 수 있던 최초의 세대이며, 일본어가 아니라 영어나 다른 유럽어에서 지적 자양분을 흡수했던 최초의 세대이죠. 다시 말해, 서양의 지식을 일본을 거치지 않고 직접 수용해서 사용할 수 있었던 사람들입니다. 그리고 저 같은 70년대 학번은 이분들로부터 교육받았지요. 70년대를 풍미했던 해외 이론들, 예컨대 구조주의나 프랑크푸르트 학파의 이론들을 우리가 접할 수 있었던 것은 전부 이 세대의 지적 노력의 결과였지요. 식민지 콤플렉스로부터 해방된 한글세대가 긍지에 찬 내셔널리즘을 기반으로 이룩해 낸 성과가 70~80년대 한국 인문학의 주류를 이루었다고 보입니다.

그런데 문제는 바로 그 식민지하고의 단절입니다. 한글세대에게는 식민지의 기억이 존재하지 않는 것처럼 보입니다. 자본주의 맹아론이나 자생적 근대화론에서 명백히 드러나듯이, 식민지적 흔적을 지우고 민족주체의 내러티브만으로 역사를 설명하려는 욕구가 한글세대를 지배했던 것이라고 생각합니다. 문제는 여기서 시작되었다고 봅니다. 식민지를 괄호 치거나 건너뛰고서 민족사를 구성하기, "한국문학은 개별문학이다"(김윤식·김현,『한국문학사』)라는 선언에서 드러나듯, 한국근대문학의 식민성을 지우고 자신을 하나의 보편으로 상승시키기, 한글세대의 내셔널리즘은 이러한 지적 궤도나 욕망을 따라 움직이고 있었다고 생각됩니다.

그런데 뭐가 문제냐? 식민주의의 실체를 알 수 없게 되어 버린다는 것이 문제지요. 한글세대의 앞 세대, 즉 식민지를 겪은 세대들에게 식민지의 기억은 아주 깊이 억압되어 있고 말해지지 않습니다. 그런가 하면 한글세대는 식민지에 대해 상대적으로 무지합니다. 알 필요도 없고요. 그렇게 해서 이제 우리 세대쯤에 오면 식민지는 아예 사라지고, 말 그대로 "오인(吾人)은 이 강토에 강림한 신종족(新種族)"이 되는 거죠. 이런 상황이 80년대까지도 지배적이었다 생각합니다. 90년대 등장한 탈민족주의적 관점은 이러한 흐름에 대한 반동으로서의 학문사적 의미를 지니고 있다고 봅니다.

문학 비판과 텍스트 읽기

김수림 자연스럽게 한글세대를 키워드 삼아서 얘기를 진행하셨는데요. 내셔널리즘을 상상력의 한 형태라고 할 때 문학적 상상력이야말로 내셔널리즘의 중요한 동력인 듯해요. 한글세대의 '국문학'이 식민지에 오염되지 않은 내셔널리즘이나 감수성이라고 표현하셨는데요. 김철 선생님의 개인적인 작업에 비춰서 본다면 내셔널리즘 비판과 국문학·문학 비판이라는 것이 왜 자연스럽게 겹쳐질 수밖에 없었는지에 대한 얘기로도 들립니다. 그 부분에 대해서도 국문학 비판이라는 측면에서 좀더 얘기를 들어보고 싶습니다.

이혜령 선생님의 「국문학을 넘어서」라는 테제는 문학을 역사화하면서 그것의 해체를 예비한 글이기도 한데……. 최근에 선생님께서는 텍스트가 실종되는 것이 아닌가 우려하시는 것처럼 보이기도 합니다. 사실 1993~94년 『창작과비평』에 실린 백낙청 선생님이나 최원식 선생님 글에서 한국의 근대성에 대한 논의는 문학 이야기로 점철되어 있거든요. '한국의 모더니티를 얘기할 때에는 왜 문학 얘기가 이렇게 중심적인 것이 되는가? 토픽이 되는가?'에 대해 말씀 부탁드립니다.

김철 내셔널리즘 비판이 소위 국문학 비판으로 이어지는 것은 당연한 것 아닐까요? 내셔널리즘을 가장 완벽하게 구현하는 게 소위 국어나 국문학이라는 점을 생각하면 말이지요. 그런데 제가 국문학의 해체랄까 하는 얘기를 기껏 꺼내 놓고는 학생들이나 후배들한테는 "텍스트는 어디로 갔냐?"고 묻는다는 게 좀 이상하기는 하지요. 그런데 제 뜻은, 문학이나 텍스트라는 개념에 대해서 의문을 갖는 것이 텍스트를 면밀하게 읽는 행위와 양립할 수 없는 건 아니라는 말입니다. 문학을 제도로서 바라보고 그런 관점에서 연구를 한다고 해서 문학 텍스트를 텍스트로 읽고 분석하는 작업을 게을리하거나 무시해도 좋다는 뜻은 아니지요. 그런데 최근 한국문학 연구가 매우 다양한 형태로 진행되다 보니까, 학생들이 작품은 안 읽어도 된다고 생각하는 경향까지 있는 것 같아서 주의를 좀 줄 필요가 있다고 생각한 겁니다. 대학원 수업시간에는 이론서보다는 소설 읽기를 주로 합니다. 텍스트 환원주의라는 비판을 받을지도 모르지요.

김항 선생님께서 최근 나오는 발표라든가 연구에 대해서 많이 우려를 하시는 부분에 저는 공감이 많이 갑니다. '텍스트와 마주한다'는 인문학의 최소한의 행위에 대한 문제제기를 하시는 것 같다는 생각이 들어요. 저희들만 하더라도 대학원 공부를 시작하는 무렵이 이미 탈민족·탈근대의 분위기이다 보니까 내셔널리즘과 한번 진지하게 대면해 보지도 않고, 일단 내셔널리즘이라 하면 넘어서는 데서부터 출발해야 된다는 전제가 있었습니다. 텍스트를 바라보는 시각에 대한 선생님의 문제제기는 아마도 내셔널리즘을 대면하는 저희 세대 연구자들의 잘못되거나 편향된 전제에 대한 우려인 것 같기도 합니다. 어떻게 보면 선생님께서 말씀하신, 레테르를 갖다 붙이는 관성이 문제인 것 같아요.

김철 연구자에게는 좋은 것, 나쁜 것이 따로 있지 않다고 생각해요. 연구대상을 무엇으로 설정하느냐의 문제이지, 좋은 텍스트, 나쁜 텍스트가 미리 정해져 있는 건 아니지 않겠습니까?

이혜령 김항 선생님 이야기는 연구의 대상조차 안 되는 텍스트들이 이미 확정이 되었다는 말이죠.

김철 내셔널리즘을 연구하려면 내셔널리스트여서는 안 된다고 말한 사람은 베네딕트 앤더슨(Benedict Anderson)이었죠? 연구자 자신의 정치적 이념과 연구대상은 엄격히 구별할 수 있어야 할 것 같아요. "내셔널리즘은 틀렸다. 그러니까 내셔널리즘의 텍스트는 볼 것도 없다"라고 한다면 연구자로서는 실격이겠지요. 김항 선생의 말씀은 그것에 대한 지적이라고 생각됩니다.

이혜령 텍스트에 대한 규정이 한쪽으론 균질화되어 버린 상황이 발생한 것 같아요.

김철 텍스트주의를 넘어서 텍스트들 사이의 연관이나 전체를 보자는 것을 마치 텍스트는 버려도 된다는 주장으로 생각하는 경향이 보이는 듯해요.

『해방전후사의 재인식』 출간 전후

김항 텍스트에 관한 얘기를 지금까지 해왔는데, 그 문제가 선생님이 같이 편저자로 참여하신 『재인식』에서도 똑같은 양상으로 반복된 것 같습니다. 말하자면 『재인식』을 텍스트로 대하는 것이 아니라 하나의 정치적 선언서로 대하게 되는 문제가 있었다고 생각하는데요. 물론 이 책을 과도하게 정치적으로 해석될 수밖에 없는 맥락이 있지만, 조금 전에 말씀하신 텍스트를 대할 때의 문제가 첨예하게 드러난 사례라고 생각합니다.

김철 이 질문 받고 참 착잡했어요. 『재인식』 관련해서 공개적으로 말하는 것은 이번이 처음입니다. 할 말이 많다면 많은데……. 그렇지만 그냥 입을 다물고 있는 게 낫지 않을까 하는 생각도 있고, 아무튼 심정이 좀 복잡합니다. 기왕에 얘기가 나왔으니 해보긴 하겠습니다.

『재인식』 출간을 계기로 한국 학계나 지식사회에 대한 저의 실망감은 더욱 깊어졌습니다. 제가 소위 탈민족주의적 관점에서의 문제제기랄까 발언을 계속하다 보니 뜻밖의 경험을 자주 하게 됐어요. 예전에 가깝게 지냈던 소위 진보진영의 친구들이나 선후배들로부터 인간적으로 참 섭섭한 경우를 당한 적도 많습니다. 덕분에 저는 저대로 깨달은 바가 많죠. 80년대에는 서울 시내에만 레닌이 3,000명이라는 우스갯소리가 있었는데, 2000년대가 되니까 그 레닌들이 죄다 내셔널리스트들이더란 말이에요. 대단한 진보주의자인 줄 알았더니 실은 케케묵은 완고하기 이를 데 없는 내셔널리스트였구나, 하고 다시 보게 된 사람들이 한둘이 아닙니다.

2002년에 대선이 있었지요. 그때 저도 노무현 씨한테 투표를 했어요. 다른 대안이 없어 하기는 했지만 뭔가 마음 한편이 심하게 불안했어요. 선거가 끝난 직후 안식년으로 미국에 갔는데 2003년 3월에 코넬대에서 열린 워크숍에 초청을 받아서, 『문학 속의 파시즘』에 썼던 총론을 일부 수정해서 발표를 했습니다. 그때 한국사회에 대해 느끼고 있던 어떤 불안감을 그 논문의 결론 부분에서 이렇게 썼습니다. 장황하지만 한번 읽어 보겠습니다. "한국에서의 새로운 대통령의 집권이 그 나름의 긍정적이고 진보적인 의미를 지니는 것은 부정할 수 없는 사실이다. 그러나 이와는 상관없이, 또는 이와 더불어, 집단적 국수주의의 정치적 확산 역시 오래도록 지속될 것이다. 그것은 파시스트들의 직접지배 시기와는 또 다른 양상의 지배가 될 것이며 그런 점에서 지금까지의 반파쇼 투쟁과는 전혀 다른 투쟁을 요구할 것이다. 그것은 안과 밖이 없는 싸움일 것이며 경계가 불투명한 싸움일 것이다. 그러므로 그 싸움의 희생자들은 과거 영웅서사의 주인공들이 되지 못할 것이다."

저는 정치평론가나 사회평론가가 아니지만, 당시 한국사회의 앞날에 대해서 제 나름으로는 매우 암울한 전망을 가지고 있었어요. 이 '안팎이 불투명한 싸움'의 희생자 중 하나가 다름 아닌 내가 될 것이라는 불길한 예감까지도 들었습니다. 이미 비슷한 경험을 많이 하고 있었으니까요.

불길한 예감은 역시 적중도가 높은 모양입니다. 『재인식』은 저 개인적으로는 그 불길한 예감이 아주 충실하게 실현된 책이 아닐까, 그렇게 생각합니다. 이 책을 편집하는 단계에서 이미 이 책의 운명은 어느 정도 예상되고 있었습니다. 이 책이 어떤 정치적인 프레임 속에 놓일 거라는 건 불 보듯 뻔한 일이었지요. 한국사회에서 좌파니 우파니 진보니 보수니 하는 말이 얼마나 허망하고 위선적인가, 하는 점을 저는 뼈저리게 느끼고 있습니다만, 이런 허깨비 말장난으로 세월을 보내는 이른바 지식인들도 대단히 많고, 『재인식』이 이런 사람들의 좋은 먹잇감이 되리라는 점도 충분히 예상할 수 있는 것이었습니다. 그럼에도 불구하고, '한번 해보자' 하고 생각했던 건 편집자로서 이 책에 실린 논문들의 수준과 내용에 대해서 자신이 있었기 때문입니다. 총 스물여덟 편의 논문들이 모두 한국 인문·사회과학의 현 단계를 대표할 만한 최고 수준의 것이라는 자신이 있었고, 그러니 만큼, 정치적 '편 가르기'에 잠시 휘말리는 걸 피할 수는 없겠지만, 책을 읽고 나면 생각들이 달라질 거다, 뭔가 건전하고 생산적인 논의가 이루어질 수 있을 거다, 하는 저 나름의 기대랄까, 소망 같은 것이 있었지요. 한국 학계나 지식사회에 대한 일말의 기대, 희망 같은 것을 갖고 있었습니다.

그게 터무니없는 오산 내지 착각이었다는 걸 깨닫는 데는 시간이 오래 걸리지 않았습니다. 우선 책을 편집하는 과정에서 정말 어이없는 일을 겪었어요. 이 책이 출판되기까지 모두 세 군데의 출판사를 거쳐야 했는데요. 처음에 책을 출판하기로 했던 출판사에서 갑자기 출판을 못하겠다는 통보를 해 왔어요. 할 수 없이 다른 출판사로 옮겼는데, 여기서도 편집이 다 끝나고 표지 인쇄만 남겨놓은 상태에서 출판을 포기하겠다는 연락을 해 왔어요. 그동안에 출판사가 들인 비용의 손해를 다 감수하고라도 출판을 포기하겠다는 겁니다. 출판사 편집자가 책의 내용에 동의할 수 없어서 그랬다면 그건 얼마든지 이해할 수 있는 일이지요. 그러나 출판사의 편집자는 처음부터 이 책의 내용에 동의했고 그래서 출판계약을 맺었던 것이지요. 문제는 이 책이 출판된다는 소문을 들은 어떤 학자들이 출판사에 압력을 가해서 출판을 포기하게끔 했다는 겁니다. 그 사람들이 누군지는 모릅니다. 그러나 그런 압력이 있었고 그 때문에 두 출판사가 출판을 포기했다는 것은 분명히 밝히고 싶은 사실입니다. 저는 아직까지도 그 사람들이 어떻게 책의 내용을 보지도 않고 이 책이 출판되어서는 안 된다고 생각했는지, 입만 열면 진보니 정의니를 외치는 사람들이 어떻게 이런 행동을 할 수 있었는지, 그것이 궁금합니다.

결국 편집을 시작한 지 오랜 시간이 지나서 가까스로 책이 나왔는데요. 역시 내가 너무나 순진했다는 걸 절감하게 되었습니다. 책이 나오기도 전에 "'뉴라이트 해방전후사' 나온다"라는 제목의 기사가 어떤 신문에 나왔어요. 하도 기가 막혀서 해당 기자와 데스크에 항의를 했더니 미안하다고, 잘못했다고 하더군요. 그러더니 그 다음주에 책이 나오자 이번에는 "'뉴라이트 해방전후사' 나왔다"라는 기사가 나왔어요. 이런 사람들하고는 어떻게 해볼 도리가 없죠. 그냥 질 수밖에 없죠. 그 다음의 일은 길게 얘기하고 싶지 않습니다. 한국의 매스미디어에 대한 불신과 혐오, 공부는 뒷전이고 매스컴에 얼굴 내밀기에만 기를 쓰는 엉터리 학자들에 대한 혐오, 그리고 일이 이렇게 돌아갈 줄 모르고 비판적이고 생산적인 토론이 어쩌구저쩌구 했던 내 자신의 어리석음에 대한 자탄, 대체로 이런 심정으로 나날을 보냈습니다.

책이 나오자마자, "보수 우파"라느니 심지어 "일본 우파 같은 소리"라느니 하는 등의 비난이 쏟아지기 시작했습니다. 두 권 합쳐 1,500페이지나 되는 책을 그렇게 단숨에 읽고 그런 주장들을 할 수 있는 비법이 대체 어떤 건지, 지금도 그 사람들에게 묻고 싶어요. 그런가 하면, 이 책의 출간은 "인공기를 불태우고 성조기를 흔드는 것에서 나아가 일장기까지 등장한 날이 그리 멀지 않은 것"이라는 무시무시한 농담을 신문에 발표하신 학자분도 계십니다. 학계에 의외로 개그맨들이 많다는 걸 깨달았지요(웃음).

가장 끔찍했던 건, 어떤 신문이 『재인식』에 관한 기사를 쓰면서, 필자들의 사상적 계보를 계통수(系統樹) 같은 걸로 그려 놓았다는 건데요(「『재인식』 필진, 반개혁 위해 적과의 동침」, 『한겨레』, 2006년 3월 4일자). 저는 직접 보지는 않았어요. 누군가 보고 얘기를 해주었는데 직접 보았다가는 토할지 몰라서 안 보았습니다. 그 얘기를 듣고 옛날 생각이 났습니다. 70년대에는 신문 일면에 '무슨무슨 간첩단 일망타진' 어쩌고 하는 기사가 자주 실리곤 했습니다. 정보기관이 검거한 간첩단의 조직도를 동그랗게 얼굴 사진을 곁들여 도표로 제시해 놓은 건데, 우리 학생 시절에는 그런 기사를 자주 보았어요. 아침에 그런 기사 보면 으시시하지요. 그것이 연상되어 기분이 아주 안 좋았어요. 사람을 이런 식으로 분류해서 그림을 그리는 게 얼마나 무서운 폭력인지 그 사람들은 정말 모르는 것 같아요. 이런 기사를 쓰는 사람들이 이른바 진보주의를 표방한다니, 정말 끔찍하더군요. 그 밖에도 참 별의별 얘기들이 많지만, 그만두지요. 아무튼, 학문적 성실성보다는 정치적 급진성을 우선시하는 오래된 나쁜 습성, 자기가 듣고 싶은 대로만 듣고, 보고 싶은 대로만 보는 무책임한 언론매체, 그리고 이런 저널리즘의 천박함에 편승해서 명망이나 얻으려는 소위 지식인들, 이른바 인문학의 위기는 여기서 시작되는 것이라는 점을 다시 한 번 절감했습니다.

당연한 말이지만, 편집자의 한 사람으로서 저는 『재인식』에 실린 모든 글들에 동의하는 건 아닙니다. 실은 오히려 제가 반론을 쓰고 싶은 글도 있습니다. 그러나 또 한편으로는 제가 동의할 수 없었던 그 글들에서 많은 것을 배우고 제 자신의 시각을 조정하기도 했습니다. 나하고는 생각이 크게 다르지만, 그래도 무슨 말을 하는지 들어보고 거기서도 배울 게 있으면 배우고, 따질 게 있으면 따지고, 그래야 인문학이니 뭐니 할 수 있는 거지, 아예 말도 못하게 가로막고, 책을 못 내게 훼방을 하고, 일본 우파니 뭐니 사람을 매장을 하려 들고, 이래서야 무슨 학문이 됩니까?

진지한 토론을 기대했건만, 토론은커녕 욕설 수준의 막말이나 듣고 엉뚱한 헛소동이 벌어지는 걸 보면서 말할 수 없이 씁쓸하더군요. 이 사태를 계기로 저는 식민지란 무엇인가? 하는 주제를 더욱 깊이 생각하게 되었습니다. 식민성의 핵심은 무엇일까? 수탈과 억압이 식민성의 핵심일까요? 저는 그렇게 생각하지 않습니다. 수탈과 억압은 언제 어디서나 있는 현상이지요. 그렇다면 무엇이 식민지의 문제일까? 식민지를 넘어설 수 있는 상상력을 불가능하게 하는 것, 그것이 식민지의 가장 큰 해악이 아닐까, 저는 그렇게 생각합니다. 식민지의 구조 자체를 바깥에서 바라볼 수 있는 상상력, 식민지는 피식민자로 하여금 그런 상상력을 갖지 못하게 하는 메커니즘을 지니고 있고, 바로 그것이 식민성의 핵심이라는 말입니다. 피식민자가 그 메커니즘의 포로가 되는 순간, 그는 피폐하기 이를 데 없는 상상력의 회로 속에 갇히고 맙니다. 예컨대, 식민지의 역사를 오로지 저항이니 협력이니, 민족이니 반민족이니, 친일이니 항일이니 하는 따위의 선악 이분법으로밖에는 보지 못하는 사유, 이것이야말로 식민지의 삶이 강요한 피폐한 상상력의 대표적인 사례입니다. 이런 사유로는 피식민자는 절대로 자립적 주체가 될 수 없고, 그러는 한 식민지의 구조는 절대로 깨지지 않죠.

그런데 보다시피, 역사에 대한 선악의 이분법이나 도덕주의는 오늘의 한국사회에서도 가장 큰 힘을 발휘하고 있지요. 그런 의미에서 한국사회는 여전히 식민지를 살고 있고, 『재인식』을 둘러싸고 벌어졌던 저 일련의 소동들도 그것의 연장이라고 생각됩니다. 이 점과 관련해서 다케우치 요시미(竹內好)가 「근대란 무엇인가?」(近代とは何か, 1948)라는 글에서 루쉰(魯迅)에 관해 언급하면서, "구원하지 않는 것이 노예에게는 구원"이라고 했던 그 문장은 참 두고두고 음미할 만한 명문이라고 생각해요.

김항 노예가 주인이 되는 게 해방이 아니다, 이 말이었던 거죠. 선생님이 매혹적인 테제를 말씀해 주셨습니다. "식민성이란 상상력의 파괴다. 상상력의 불가능."

이후, 식민성이라는 과제

이혜령 『재인식』에 대한 논의로 인문학의 가능성이나 여태까지 90년대 이후 해온 동력을 나름대로 되돌아본 것 같습니다. 앞으로의 전망이랄까, 과제를 어떻게 두고 계신지요. 마지막 질문이 될 듯한데요.

김항 텍스트성에 관해서 말씀하셨던 게 선생님의 본능적인 전망이기도 하고, 지금의 식민성에 대한 예민한 후각이기도 하다는 생각이 언뜻 스치고 지나갔는데요. 그 부분과 관련하여 『재인식』에 관해서는 『재인식』을 텍스트로 읽으라는, 굉장히 기초적이고 어떻게 보면 요청 안 해도 될 것을 요청해야 하는 깊은 식민성. 이런 거죠. 그 부분하고 연관해서 말씀해 주시면 더 좋겠습니다.

이혜령 덧붙여 질문하자면, 80년대에 학술운동은 제도 밖에서 이루어진 것이지만, 지금은 대학제도가 그때와는 상황이 다른 것 같습니다. 그간 중요한 연구들이 축적되었고 또 자료들에 대한 접근성이 높아져서 요즘 대학원생들은 공부할 양이 너무 많아졌고, 그래서 공부하기가 좀 힘들잖아요.

김철 공부할 양보다도 현실적인 조건이 너무 나쁘니까요. 우선 인문학 연구자들의 취업이 안 되니 암담하죠. 공부 열심히 하는 후배들이나 학생들을 보고 있으면 가슴이 답답할 때가 한두 번이 아닙니다. 상황은 이렇게 나빠졌는데도, 최근 10여 년 사이에 괄목할 만한 연구성과들이 아주 많이 생산되었습니다. 뛰어난 연구자들도 많이 배출되었고요. 우리 때하고 비교하면 한국현대문학 연구의 질적·양적 성장은 정말 엄청나다고 생각됩니다.

　　얘기가 나왔으니 말인데, 학진 시스템이 아주 문제가 많아요. 저는 현재의 학진 시스템이 한국 학문의 발전에 심각한 장애를 초래하는 한 요인이라고 생각합니다.[*] 물론 좋은 일도 더러 하지만, 폐단이 너무나 큽니다.

---

[*] 2009년 6월 학술진흥재단과 한국과학재단·국제과학기술협력재단이 통합된 '한국연구재

모든 연구자들이 그것을 느끼고 있지요. 학진의 근본적인 존재 이유가 연구환경을 개선하고 연구자를 서포트하기 위한 것일 텐데, 지금은 본말이 전도되어도 한참 전도되어 있습니다. 한국의 모든 연구자는 학진이 요구하는 시스템과 제도에 종속되어 오로지 학진이 요구하는 틀 안에서만 연구를 해야 합니다. 학진 시스템으로부터 벗어난 연구자는 연구자로서 살아갈 수 없습니다. 이 학진 중심의 연구 시스템이 개혁되지 않으면 창의적 연구는 심각한 어려움에 봉착할 것이 분명합니다. 그런데 현재로서는 개선의 여지가 전혀 보이지 않을뿐더러, 개인으로서는 꼼짝할 수 없을 만큼 학진 권력이 막강해졌습니다. 학자로서의 긍지나 자부심은 사라지고 모든 연구자들이 일종의 논문기계로 전락해 버린 것이 오늘의 현실입니다.

이혜령 마지막 질문입니다. 요즘에는 어떤 공부를 하고 계신지요?

김철 국가를 넘어선 공동체는 어떻게 가능할 것인가, 하는 문제가 저에게는 언제나 가장 큰 화두지요. 증오와 분노를 재생산하고 그것을 통해서 유지되는 사회 체제를 어떻게 바꿀 것인가, 하는 주제에도 관심을 가지고 있습니다. 뭔가 그럴싸한 걸 만들어 내고 싶은 욕심도 없지는 않지만, 가진 밑천이 빈약하니 공연히 욕심 부릴 일이 아니라는 생각이 듭니다. 또 한편, 공(公)과 사(私)의 문제를 본격적으로 한번 천착해 보고 싶다는 생각은 오래전부터 하고 있습니다만, 이건 워낙 큰 문제인 데다, 실속은 없이 입방정부터 떠는 버릇 때문에 여기저기 소문만 내고 여태 아무것도 못하고 있습니

단'이 출범하였으나, 이 책에서는 2000년대 '학진'의 역할을 고려하여 모두 '학진'으로 언급하였다. 한편, 2010년 9월 한국학술단체협의회에서 인문·사회과학자 394명을 대상으로 한진행한 설문조사에서는 '한국연구재단'의 출범 뒤 인문·사회 분야 학술정책의 변화를 묻는질문에 응답자의 68.8%가 '과거보다 지원이 취약해졌다'고 답했다.

다. 그 전에 안식년으로 미국에 갔을 때는, 한 5년만 젊었으면 그냥 눌러 앉아서 다시 학생이 되고 싶다는 생각을 했었지요. 젊어서 허송세월했던 게 그렇게 억울할 수가 없어요. 일본이나 미국의 우리 또래 학자들을 보면 아주 기초가 딱 잡혀 있는 것 같은 인상을 받곤 해요. 괜히 그렇게 보이는 걸까요?

김항 괜히 그렇게 보이는 게 맞을 겁니다(웃음).

김철 그렇다면 좀 안심이구요(웃음). 아무튼 공부할 건 많아지는데 아는 건 없고 시간도 별로 없고 참 큰일 났습니다.

이혜령 오늘은 여기까지 하고, 다음에 혹시 한글세대의 학술사적 성과와 공과의 문제에 대해서 한번 더 기회가 있으면 찾아뵙겠습니다.

김철 쓸데없는 소리를 너무 많이 한 것 같아서 은근히 후회가 됩니다. 적당히 새겨서 들어주시면 감사하겠습니다.

⁰² 정근식
사회과학의 시대,
그 속살과 결

정근식은 서울대 사회학과를 졸업하고 동대학원에서 박사학위를 받았으며, 전남대 사회학과 교수를 거쳐 서울대 사회학과 교수로 재직 중이다. 주요 논저로 『근대주체와 식민지 규율권력』(공편, 1997), 『축제, 민주주의, 지역활성화』(공저, 1999), 『생활 속의 식민지주의』(공저, 2007), 『경계의 섬, 오키나와』(공저, 2008), 『기지의 섬, 오키나와』(공저, 2008), 『지역 민주주의와 축제의 관계』(공저, 2010), 『식민지 검열:제도·텍스트·실천』(공편, 2011) 등이 있다.

언제가 다른 자리에서 "광주에 있으면서 서울에서 벌어진 사구체논쟁에 참여하지 못한 것이 그때는 큰 콤플렉스였어"라 했던 그의 말에 이끌려, 우리는 정근식의 프로필을 좀더 자세히 들여다보았다. 스승 김진균과 나란히 편자로 이름을 올린『근대주체와 식민지 규율권력』, 이 책은 도대체 그에게 어떤 책이란 말인가? 소록도와 광주, 기억과 재현, 식민지 검열 등…… 종횡무진으로도 보일 수 있는 그의 연구들의 실타래는 어디서부터 어떻게 풀어져 나온 걸까?

그를 찾아간 우리는 두어 시간 동안 거의 듣기만 했다. 아마도 가장 많은 고유명사가 등장한 인터뷰였으리라. 어지러울 정도로 다이나믹한 역사·공간 여행이었다. 식민지 시대 일본인이 경영하던 공장에서, 지리산으로, 엄혹한 유신 시절 중요한 만남이 있었던 광화문 근처 어느 다방으로, 또 오키나와로 말이다. 광주와 소록도와 오키나와에서 역사의 그늘을 살았던 이들이 사회를 이해하는 데 있어 어떤 실마리를 쥐고 있는지를 보여 주고자 한 그의 연구가 이제는 보통명사가 되어 버린 '식민지 근대성'이라는 테제로 간단히 수렴된다면, 애석한 일이다. 그의 작업은 신체와 기억에 새겨진 상처와 과거를, 자신의 삶으로 살아 낸 존재들에게 말을 어떻게 걸어야 하는 것인가에 대해 오래도록 생각하게 만들었다.

1980년대 사회과학의 시대

이혜령 정근식 선생님, 오늘 인터뷰를 준비하면서 '사회과학'이 인문학에 끼친 영향 및 위상의 변화에 주목하게 되었습니다. 선생님께서 전남대 사회학과에 부임하신 1985년은 한국사회구성체 논쟁(이하 '사구체논쟁')이 시작된 해입니다. 이 논쟁이 펼쳐지던 시기에 국내적으로는 광범위한 계급·계층·사회운동 세력이 일구어 낸 민주화운동이 87년의 승리를 얻어냈으며, 1988년에는 진보적인 연구소와 학회들이 모여 학술단체협의회를 결성하기도 했습니다. 대학제도의 안팎을 가로질러 당대의 사회동향과 한국사회의 모순에 민감하고도 주체적인 대응을 보여 준 1980년대 학술운동의 중심에는 '사회과학'이 있었습니다. 이때 지면을 제공했던 각종 문예지는 민족문학주체 논쟁으로 사구체논쟁을 이어 가기도 했습니다. 사구체논쟁이 한국 자본주의의 역사적 성격과 변혁 패러다임에 집중된 만큼 비판적 사회이론을 추구한 사회과학자들 그리고 각 정파의 운동진영 내의 이론가들이 주도적으로 참여한 것 같습니다만, 80년대 '사회과학'의 위상이랄까, 성격에 대해 선생님께서 들려주셨으면 합니다.

정근식 지금 와서 생각하면 1980년대를 '사회과학의 시대'라고 부르는 것은 그럴 듯합니다. 그것은 수많은 지식인들과 젊은 학생들이 한국사회의 기본 성격이 무엇인가, 우리는 우리가 살고 있는 이 사회를 어떻게 변혁시켜야 하는 것인가라는 물음에 '사회과학적 대답'을 하려고 노력했거나 그에 관심을 가지고 있었기 때문입니다.

이런 시대적 문제의식은 물론 1980년 광주의 죽음과 실패가 가져다 준 역사적 결과이기도 했습니다. 이 사구체논쟁은 한국사회의 민주화가 점진적·개량적 방법으로는 불가능하며, 불가피하게 '변혁'의 방식에 호소할 수밖에 없다는 인식에 기초한 것입니다. 동시에 그에 대한 답을 '과학'에 의거하여 찾으려 했다는 점이 중요합니다. 이런 인식은 사회운동권뿐 아니라 학계와 문화계에도 널리 퍼져 있었고, 이를 뒷받침한 것이 이 시기에 급격하게 성장한 인쇄출판 문화에요.

한길사 김언호 사장도 언젠가 저에게 '사회과학의 시대'에 관하여 말을 하면서, 이에 관해 심포지엄이라도 열었으면 좋겠다는 희망을 피력한 적이 있습니다. 우리나라를 이끌어 가고 있는 유명 출판사들을 그룹 짓자면, 첫째는 해방 후 민족문화 건설에 이바지했던 출판사들이고 두번째는 1970년대 후반~80년대 초반기에 설립된 운동지향적 출판사들이죠. 전자는 일제가 물러났기 때문에 생긴 출판계의 공백을 메운 뜻있는 소규모 민족자본들이었고, 후자는 1970년대 후반의 인쇄·복사 테크놀로지의 발전에 의존하여 형성된 출판자본들이었습니다. 당시는 출판자본이라고 말하기 민망할 정도의 소규모 출판사들이었지만, 한 세대가 지난 현재에는 한국의 중견 출판사들이 되었습니다.

사구체논쟁과 출판문화의 변동과 함께 또 한 가지 지적되어야 할 문화적 현상이 대학가를 중심으로 한 복제문화의 형성입니다. 1970년대 박정희 유신독재에 대항하여 학생운동이 어려운 저항을 해나가고 있을 때, 의사표현과 전달의 매체는 손으로 등사한 유인물이었지만, 1970년대 후반 들어서서 습식 복사기가 출현하면서 이른바 허가를 받지 않은 영인본들이 대량으로 보급되기 시작했어요. 읽기와 쓰기 문화가 변화되고, 이것이 민주화운동의 하나의 중요한 수단으로 출판운동과 결합했습니다. 해방

전후사에 대한 관심의 고양과 함께, 영어나 일본어판 사회과학 서적들을 복제하여 판매하는 영세 출판사들이 많이 설립되었습니다. 이런 과정에 의해 종속이론이나 세계체제론, 그리고 변증법 철학이 소개되면서 이른바 사회과학의 시대가 1980년대에 전개된 겁니다.

그런 사회적 배경 속에서 사회과학과 인문학의 분화가 학계를 중심으로 진행되었습니다. 이를 얘기하려고 하면 우리나라의 교육제도, 특히 고등교육제도의 변화에 관해 생각해 봐야 합니다. 해방 직후에 '국립'대학으로 출범한 서울대학교를 비롯하여, 일제하에서 전문학교였던 교육기구들이 대학으로 전환되었고, 뒤이어 지방에는 국립대나 민족교육운동의 일환으로 설립된 대학들이 있었으나, 연구의 실질적 기반은 사실 1970년대 중반에나 갖추어졌다고 보아야 합니다. 특히, 서울대학교가 동숭동에서 관악 캠퍼스로 옮겨 가고, 문리대가 인문대·사회대·자연대로 분리되면서, 비로소 사회과학이 분과학문들의 추상적 범주가 아니라 제도적 의미를 지닌 교육 및 연구의 범주가 되기 시작했습니다. 이것은 동시에 '인문학' 또는 '인문과학'이 성립하는 계기이기도 했지요. 이 시기에 연구중심기구로서의 대학원이 일부 대학에서 제도화되기 시작했습니다. 이른바 구제 박사와 구별되는 신제 박사제도*가 도입되고, 대학원이 최고 교육과정으로 모습을 갖추게 되지요. 흥미로운 것은 1980년대 초반 외국 유학, 특히 미국 유학이 증가하지만, 그와 동시에 '제대로 연구를 하려면' 국내에서 연구를 하는 것이 바람직하다는 생각들이 인문·사회계를 중심으로 형성되었다는 점입니다. 이들이 박사학위를 취득하기 시작하는 1980년대 후반이 바로

---

* 1971년도 12월 31일 개정 교육법으로 대학원 과정을 이수하지 않은 박사학위 취득이 가능해져 이를 구제(舊制) 박사라 한다. 이 제도는 1975년 2월 25일에 폐지되어 이후 대학원 정규과정을 이수한 자만으로 박사학위 취득이 제한된다. 이를 신제(新制) 박사라 하며, 현재까지 대학원 제도로 자리 잡고 있다.

한국에서 대학원 제도가 본격적으로 모습을 갖추는 시기입니다. 그런 점에서 지식생산 국가로서의 한국은 불과 한 세대 정도의 역사를 가졌다고 할 수 있습니다.

말했다시피, 한국에서 인문학과 사회과학을 구분하는 모델은 1975년 서울대학교에서 이루어진 문리대의 폐지와 인문대·사회대의 출범에 제도적 기반을 두고 있습니다. 이 구분 모델은 점진적으로 다른 대학에도 파급되었습니다. 내가 있던 전남대학교의 경우 인문학과 사회과학이라는 범주의 분리는 문리대의 폐지와 인문사회대의 설립과, 그에 이은 1987년 인문사회대의 인문대와 사회대로의 분리의 두 단계로 진행되었습니다. 그런데 어떤 학문이 인문학이고, 어떤 학문이 사회과학인가를 정의하는 것은 순전히 학문 내적인 것이 아니라 우연적 요소가 개입되기도 합니다. 재미있는 에피소드인데, 역사학이 인문학인가, 사회과학인가를 결정한 것은 학문의 고유한 속성이 아니라, 제도적 우연이었습니다. 1974년 서울대학교의 종합화를 앞두고, 역사 3과, 즉 국사학과·동양사학과·서양사학과 교수들이 어느 대학에 소속할 것인가를 놓고 투표했는데, 한 표 차이로 인문대 소속으로 결정되었다고 합니다. 그 후 역사학은 인문학이라는 인식이 강화되었지요. 인문학은 문·사·철(文史哲)로 구성된다고 말하지만, 실제로는 사회과학이 아닌 범주라는 소극적 규정에 의해 규정되는 측면도 있어요.

사구체논쟁 문제로 돌아가면, 우선 이 논쟁이 시작되기 전인 1970년대 후반~1980년대 전반의 학계와 학생운동권의 동향을 주목할 필요가 있습니다. 한국의 진보적 학술운동은 1980년대 전반기에 만들어진 산업사회연구회(이하 '산사연')의 출범에 의해 시작되었습니다. 1984년 산사연의 출범은, '1980년 5월의 교수 해직사태'와 밀접하게 연결돼 있습니다. 1970년대 중반, 유신체제에 반대하는 교수들의 해직이 1차 해직사태, 1980년 5월 광주항쟁의 결과에 따른 교수들의 해직은 2차 해직사태입니다. 이들의 일부는 1970년대 후반기에 '분단시대론'을 제창하기도 했고, 다산 연구를 매개로 해서 주체적 학문을 지향하기도 한 학자들이지요. 1980년의 해직교수들은 크게 서울 지역과 호남 지역으로 구분됩니다. 해직교수들의 핵심그룹이 만들어지는 것은 1978년 전남대를 중심으로 이루어졌던 '국민교육헌장 비판', 즉 '〈우리교육지표〉 선언 사건'이죠. 전체적인 조직과 연락은 연세대 성내운 선생이 맡고 그 초안은 서울대 백낙청 선생이 마련했다고 합니다. 서울의 교수들과 광주의 교수들이 서로 연락을 하여 준비해 가는 도중에 비밀이 새어 나가서 서울 지역의 교수들은 이를 중단하고, 전남대 교수들은 이를 그대로 발표했지요. 이들은 구속되고 해직당했습니다. 교수들이 그렇게 잡혀가고 잘리니까 학생들이 들고 일어났어요. 그때 들고 일어난 학생들이 80년 5월에 광주 전남대 학생회 재건에 나섭니다. 광주의 80년대 비판적 지식인들은 그 사건을 통해 만들어졌습니다.

물론 이런 비판적 지식인들의 연결망을 당시에 제가 알 수 있는 위치는 아니었고, 1988년에 비로소 알기 시작했습니다. 당시 전남대 송기숙 선생이 한국현대사사료연구소를 광주에 개설하고, 광주항쟁에 참여했던 사람들을 인터뷰해서 당시의 상황을 알리기 위한 작업을 시작했지요. 저는 그때 이 연구소의 운영에 참여하면서 한편으로는 조사원들의 교육을 담당하고 다른 한편으로는 대학원생들과 함께 지역현대사 연구에 착수했습니다. 500여 명의 광주항쟁 참여자의 경험을 증언받아 채록한 결과가 『광주오월민중항쟁사료전집』(풀빛, 1990)입니다. 이때의 경험이 5.18 연구와 구술사 연구로 나를 이끌기도 했지만, 또한 한국의 비판적 지식인들의 네트워크를 이해하기 시작하는 계기도 되었습니다. 이 연구소의 소장은 송기숙 선생이었지만, 이사장에 리영희 선생, 그리고 이사에 강만길·김진균·김세균 선생, 그리고 부산의 황한식, 대구의 이수인, 전주의 김의수 선생 등이 계셨죠. 저는 특히 서울에 계신 선생님들이 광주의 연구소에 적극적으로 협조를 해주시는 모습이 1980년 5월에 대한 '부채의식'의 발로라고 어렴풋이 짐작했는데, 나중에 알고 보니 그런 마음의 부담감들이 실질적으로는 1978년 사건에서 비롯되었더라구요. 저는 송기숙 선생뿐 아니라 저의 스승이셨던 김진균 선생을 통해 이분들의 관계를 자주 듣곤 했습니다. 그 후 광주가 고향인 박현채 선생, 그리고 1980년대 후반에 광주대 총장으로 오셨던 성내운 선생을 통해서도 이런 진보적 지식인의 고민과 우정을 확인할 수 있었지요.

1980년대 초반에 이루어진 지식인운동에서 해직교수들의 투쟁과 함께 중요한 것이 '상도연구실'이라는 조그만 연구공간입니다. 이 연구실은 서울대 사회학과의 교수로 재직하다가 1980년 5월의 소용돌이에서 해직된 김진균 선생의 개인연구실 겸, 그 제자들의 세미나 공간으로 출발했습니다. 선생이 해직당한 후 서울대 연구실에 나오시질 못하고 댁에서만 지내시게 하는 것도 모습이 좋지 않아서 당시 대학원에 재학 중이던 제자들이 상의하여 상도동에다가 연구실을 하나 마련했어요. 임영일·조희연 등이 중심적인 역할을 하였고, 저도 참여하였습니다.

일단 상도연구실을 만들자, 대학원생들이 모여들어 세미나를 하고, 또 몇 명은 여기에서 자리를 잡고 공부를 하기 시작했습니다. 그러다가 점차 참여하는 사람들이 늘어나자 월례발표회를 개최하였고, 1983년 말부터 이런 움직임이 커져서 '산업사회연구회', 즉 산사연이라는 것이 만들어져요. 그러다 마침 1984년에 해직교수들이 복직을 했지요. 그러나 복직 후에도 이 연구실은 그대로 유지되었습니다.

산사연에는 사회학뿐 아니라, 정치학·경제학·지리학 등 여러 분야의 젊은 연구자들이 참여했는데, 여러 분야의 연구자들을 한데 묶는 데에는 당시 출판사 일에 관계했던 조희연의 역할이 컸습니다. 여러 대학에서 누가 어떤 연구를 하는가를 잘 알았기 때문입니다. 산사연은 『산업사회연구』라는 잡지 또는 무크지도 발간했습니다. 창간호에서는 주체적·역사적 실천의식을 가진 학문을 지향한다는 문제의식이 뚜렷하게 제시되었습니다. 그후 산사연에 참여했던 사회학과 이외의 성원들, 또는 이 연구회에 참여하지 않았던 젊은 연구자들이 모여 정치학·역사학·철학·지리학 등을 중심으로 별도의 연구회들을 만들어나갔습니다. 이른바 '비판적 학술단체'들이 확산되기 시작한 거죠. 한국정치연구회, 한국역사연구회, 구로역사연구실, 사회경제학회, 한국철학연구회, 공간환경연구회 등이 1987년을 전후로 하여 결성됩니다.

산사연은 이런 비판적 학술단체들의 모델이 되었고, 또한 사구체논쟁의 산실이었습니다. 산사연 심포지엄에서 사구체논쟁이 시작되었습니다. 산사연의 중요한 성원이었던 서관모 교수가 1984년말에 한국의 계급구성론, 특히 프티부르주아지의 분해 양상에 관한 발표를 한 것이 계기가 되었습니다. 이런 계급구성론에 대하여 한국의 현대를 만들어 낸 미국과 식민지주의의 영향을 강조하는 비판적 견해가 제기되고 이것은 곧 박현채 선생을 중심으로 하는 민족경제론, 나아가 일제하의 식민지반봉건사회론을 논쟁의 장에 끌어들였습니다.

1980년대 중반에 본격적으로 사구체논쟁이 진행될 때 여기에 참여한 사람들은 한국사회의 주요 과제가 '변혁'이라는 점에 동의를 했지만, 이것의 핵심적 내용과 운동노선의 설정을 둘러싸고 입장이 나뉩니다. 한국사회가 식민지반(半)자본주의인가, 국가독점자본주의인가로 견해가 구분되었고, 후자를 지지하는 사람들은 대한민국 내부에서의 경제성장 결과로 발생하는 계급적 분화에 주목하였습니다. 한국사회의 상황을 외세 지배하에 있다고 보는 관점, 식민지나 반식민지 상황에 대한 문제의식은 사구체논쟁 내에서는 역사학자들의 문제제기가 아니라 박현채 선생의 민족경제론에 공명하는 학자들의 문제제기였습니다. NL이라고 약칭된 민족해방론은 점차 북한의 시각에 동조하는 입장과 이에 반대하는 입장으로 또다시 분화됩니다. 1987년 6월항쟁 이후 '북한바로알기운동'이 형성되었는데, 이 과정에서 월북작가의 작품들이 해금되고, 또 북한의 '전집'류가 비합법적으로 유통되기도 했습니다. 그러면서 일부는 북한의 입장을 무비판적으로 수용하기 시작했어요. 주사파의 형성이 그것이지요. 그러면서 논쟁이 점차 남한사회의 내부 문제를 다루는 것으로부터 벗어나 외부의 시각이나 자료를 수용하는 문제로 비화되었다고 할까요. 논쟁이 과열되자 박현채 선생이 불필요한 논쟁을 하지 말자는 제안도 했지요.

이혜령 주체사상 그룹을 오히려 외재적 혹은 외부적 시각에 의존한 그룹으로 봐야 한다는 말씀이시죠?

정근식 엄밀하게 말하면 그런 거죠. 사회 내부에 경험적으로 뿌리박지 않은 이론은 극단적 주장과 주장 사이에서 동요를 합니다. 대한민국이라는 틀 안에서 보면 지식을 외부에서 수입하여 판매하는 부류의 학자들이 있는데, 서구이론 의존그룹이 다수이지만, 이때 또 하나의 외부의존 그룹이 생겼다고나 할까요. 이들은 현장에 뿌리를 두고 차분하게 연구하는 그룹들은 아니죠.

상도연구실 시절의 세미나와 연관하여 한 가지 재미있는 에피소드가 있어요. 그때 김진균 선생이 1984년도인가 세미나에서 발표하시면서 이런 말을 하셨어요. "생각을 해보니까 한국의 독점재벌이 말이야, 남북교류가 되고 또 통일의 국면으로 가면 민족자본으로서 기능할 수도 있겠어." 이에 대해 대부분의 제자들이 "에이, 선생님, 그게 말이 됩니까"라고 하자, "아니야, 생각을 한번 해봐. 북한이 중국처럼 경제발전정책을 취할 경우,

경제개발에 필요한 돈을 누가 대겠나. 남한 재벌이 내지 않겠나." 이러시더라니깐요. 당시로서는 파격적인 발상이지만, 혜안이 있었지요.

이혜령 그러네요. 89년 임수경 방북사건, 문익환 목사 방북사건이 있고 나서, 정주영 회장이 소떼를 몰고 북한을 방문하고, 특히 통일그룹이나 정주영 회장이 북한에 투자를 한 것을 보면, 그렇지요. 그런데 사구체논쟁을 선생님은 어떻게 보셨나요?

정근식 나는 본격적인 사구체논쟁으로 넘어가기 전인 1985년 3월 전남대에 취직이 되어서 광주로 내려갔어요. 당시 광주의 분위기는 처참했어요. 5.18의 패배로 교수들은 연구보다는 술을 더 많이 마시고, 나는 이런 술자리에 자주 불려 나갔지요. 그때 술집에서 처음 들었던 노래가 여순사건 때 불렀던 노래입니다.

　사구체논쟁이 진행될 때 나는 이에 대한 관심도 있었지만, 일종의 열등감 같은 것을 가지고 있었어요. 1~2년만 늦게 광주에 내려왔어도 이 논쟁을 좀더 가까이 지켜보고, 직접 참여했을 텐데 하는 아쉬움, 또는 이른바 '이론'에 대한 열등감 같은 것이 생겼지요. 사구체논쟁이 실천적인 문제를 다루고 있으면서도 굉장히 이론적인 논쟁이잖아요. 지금 와서 생각해 보면 여기에 개입하지 않고, 지역현실을 파고 들어간 것이 다행입니다만.

　사실 1980년대 초반, 대학원 시절에 학생운동의 방향을 둘러싸고 운동권 내부의 논쟁이 치열할 때, 동료들 사이에서 이를 차분히 검토하자는 제안이 있었고, 조희연 교수가 중심이 되어 이런 자료들을 모아서 읽어보고 정리하는 세미나를 했어요. 1980년대 중반의 사구체논쟁의 뿌리는 1980년대 초반의 무림·학림 논쟁으로 거슬러 올라갑니다. 운동권의 논쟁이 학계의 논쟁으로 번진 측면이 있지요.

　아까 말한 대로 사구체논쟁을 촉발시킨 것은 서관모 선생의 「현대 한

국사회의 계급구성: 쁘띠부르주아지의 추세를 중심으로」(『한국사회학연구』 7호, 서울대 사회학연구회, 1984)라는 글이죠. 그 논문을 확대하여 책을 출판했는데, 이에 대한 찬반과 함께 사회적 의미가 무엇인가를 둘러싸고 논쟁하고, 거기에 박현채 선생이 개입을 하면서 신식민지 국가독점자본주의, 식민지반자본주의와 같은 개념들이 본격적으로 논쟁의 장으로 나오게 되죠. 아무래도 크게 보면 사회학과 소장그룹은 국가독점자본주의론에 기울었고, 그것의 근거지의 하나가 상도연구실의 후신이었던 서울사회과학연구소입니다.

사구체논쟁이 진행되어 가면서 상도연구실은 주요 성원이 모두 바뀌고, 연구실이 상도동에서 봉천동으로 이사하면서 연구실도 서울사회과학연구소(이하 '서사연')로 개칭되었습니다. 원래의 상도연구실 그룹은 대부분 지방의 대학에 자리를 잡아 떠난 상태였습니다. 주요 성원도 서관모·윤소영 교수와 80년대 초반 학번들로 바뀌었지요. 연구소의 새로운 성원들은 초기 성원들과는 달리 이른바 '신식민지 국가독점자본주의론'을 심층적으로 연구하였고, 그 연구 결과를 주로 새길출판사를 통해 발표했는데, 그게 소위 말하는 PD진영입니다.

1980년대 후반, 소련에서 고르바초프의 주도로 페레스트로이카가 시작될 무렵, 한국의 운동권은 소위 레닌주의와 주사파가 격돌하기 시작합니다. 나는 그때 광주에 있어서 잘 모르지만, 당시에 페레스트로이카를 둘러싼 논쟁이 있었습니다. 당시에 한국의 지식인들은 현실사회주의가 망하고 있는지를 확실히 알지 못했고, 따라서 페레스트로이카를 사회주의를 고양시키기 위한 거라고 거꾸로 해석하기도 했습니다. 1990년 한국과 러시아가 수교하고 1992년에는 한국과 중국이 수교했는데, 당시 운동권은 이 의미를 충분히 몰랐습니다. 사구체논쟁은 한편으로 세계사회주의가 붕괴하고, 다른 한편으로는 '서사연 사건'(1991)이 터지면서 끝을 내립니다.

노태우 정권은 정치적 위기상황에서 공안정국을 조성하고 서사연에서 활동하는 서관모 선생과 일부 젊은 연구자들을 연행하거나 구속하려고 했습니다. 서사연은 이를 사상탄압·학문탄압이라고 저항했지만, 이 사건으로 큰 타격을 받았습니다.

지금 생각해 보면, 한국의 학계는 진보나 보수를 막론하고, 사회주의 붕괴와 탈냉전이라는 세계적인 흐름을 거의 알지 못했고, 국내적인 맥락에 갇혀 있어서 관념론적 오류를 많이 범했다고 생각합니다. 1988년 서울올림픽이 가진 의미도 충분히 인식하지 못했지요. 북한에 대한 인식도 실상을 전혀 모른 채, 냉전적·관념론적 사고에 사로잡혀 어둠 속을 헤메는 형국이었다고나 할까요. 그러나 한국사회를 이해할 때, 남한을 하나의 단위로 분석할 것인가, 아니면 남북한을 동시에 시아에 넣어 사고할 것인가, 북한 변수를 어떻게 이해할 것인가라는 근본적 질문을 사구체논쟁이 제기하였다고 생각합니다.

사구체논쟁과 광주에서 본 인문학

이혜령 선생님이 전남대에서 서울대로 옮길 때 한 강연에서, "나를 키운 건 팔할이 광주였다"고 말씀하셨는데, 광주에서 어떻게 연구하셨는지, 들어봐야 할 순서인 것 같습니다.

정근식 나는 1980년대 중반에 박사과정을 끝내고 전남대에 막 갔어요. 지금으로 보면 매우 젊은 나이에 대학교수가 되었는데, 그것은 1980년대 전반기 전국의 대학들이 급속히 팽창하여 교수 인력이 절대적으로 부족했던 특수한 상황 덕분입니다. 그때 전남대 사회학과에는 여러 분의 교수들이 계셨지만, 학부에서 사회학을 공부한 분이 없었어요. 그래서 학생들이 환영식 술자리에서 "진짜 사회학을 공부한 분이 오셨다!" 그랬어요. 지금 생각하면 그때는 아무것도 모르는 상태에서 강단에 선 거지요. 지금은 박사학위 받고 한참 지나도 대학 교수자리를 얻기 어려운데, 1983~85년에는 박사과정만 끝내면 교수가 됐으니까요. 내가 석사논문을 헤겔 사회철학으로 썼어요. 그래서 일찍부터 인문학 쪽의 친구들이 있었습니다. 1980년대 초반에는 맑스를 읽을 수 없어서 대신 헤겔 철학을 공부했는데, 변증법에 대한 관심이 컸지요. 지금도 헤겔의 『정신현상학』이나 『대논리학』에 나오는 논리들은 매력적인 주제들이라고 생각합니다. 그런데 광주에 가서 보니까 그걸로 계속 연구하면 안 되겠더라구요. 지방의 현실을 공부해야하겠다는 생각이 컸습니다. 그래서 처음 손을 댄 게 지역사회의 물적 토대로서의 산업적 기반을 찾는 작업이었고, 광주의 경제적 토대를 구성하고 있던 방직공장들의 역사적 기원을 생각하기 시작했지요. 종연방적(鐘淵紡績, 일명 '가네보') 연구는 일제시대의 면업, 제사공장과 방직공장 그리고 이곳의 노동운동에 대한 일련의 연구로 이어집니다.

운이 좋았던 게 훌륭한 정보 제공자를 만난 겁니다. 그때 종연방적과 그 후신인 일신방직에서 퇴직한 '이정윤 할머니'가 나를 찾아와서 아주 좋은 자극을 주었거든요. 자신은 일제 말기 근로정신대로 일본에 끌려갔다가 너무 어리다고 돌아와 광주의 종연방직에서 일했는데, 일제로부터 받지 못한 강제저축과 임금을 어떻게 받을 수 있겠는가를 물어왔지요. 또 6.25때 폭격을 받아 방직공장이 다 깨져 버렸는데, 자신을 포함한 노동자들이 그 기계를 다 수리를 해서 재건을 했다는 겁니다. 그래서 회사에서 공로주라는 것을 줬는데, 나중에 공로주를 인정 안 하고, 재산을 나눠 주지 않고 있으니, 이를 어떻게 해결할 수 있겠는가라고 물었어요. 나는 그때 해방 직후의 노동자 자주관리운동, 전평(조선노동조합전국평의회) 노동운동에 관심이 있었으므로, 이 문제를 붙들었지요. 알다시피 이 사업체는 일제시대 전남의 산업화와 노동운동, 그리고 해방 직후 노동운동의 핵심 사업장입니다. 해방 이후 미군정하에서 종연방적 광주공장의 관리인이었던 김형남과 전평계 노동운동과의 투쟁, 그리고 한국전쟁 직후의 불하 과정이 흥미있는 연구거리였습니다. 1952년, 김용주·김형남 등이 결합해서 종연방적 전남공장을 인수했지요. 귀속재산 불하(적산불하)죠. 근데 그 귀속공장 불하를 둘러싸고 상황이 복잡했어요. 고(故) 김성수와 창평의 고씨자본, 그러니까 무등양말을 창업한 창평 고씨가문도 그걸 불하를 받으려고 애를 썼거든. 그런데 귀속재산 불하 전인 미군정 시절에 관리인으로 왔던 김형남이 그 기득권으로 불하를 받은 건데, 그 뒤에 연세대 총장 백낙준과 이승만 대통령이 있었어요. 이승만-백낙준-김형남으로 이어지는, 이른바 기독교 배경의 국가권력과 호남의 토착자본 계열인 김성수-창평 고씨 그룹과 치열하게 경쟁한 거지요. 불하 후인 1961년에 김형남과 김용주는 이 방직공장을 나누어 오늘날의 일신방직과 전남방직이 탄생했어요. 연구를 해보니까, 지역사회의 변동이 어떻게 이루어지는가를 알게 되었고, 지방의 귀속사업체 문제와 중앙의 권력이 어떻게 연결되었는가를 이해하게 되었습니다. 이 시기에 지역경제사 연구, 크게 보면 넓은 의미의 사회사 연구를 한 것이죠.

이정윤 할머니가 해방되고 나서 '가네보', 그러니까 일본의 종연방적으로부터 편지를 받은 적이 있다고 하시더라고요. 그렇다고 하면 광주공장의 노동자들에 관한 서류가 일본에 있을 텐데, 이들의 서류를 구할 수만 있다면 더 큰 연구를 할 수 있겠다고 생각했지만, 80년대 후반만 해도 일본으로의 자료수집 여행이 어려워서 그 주제는 더 이상 연구하기를 포기했지요. 그 대신 학생들과 '사회조사연습'이라는 수업을 하면서 얻은 주제로 박사논문을 썼어요. 처음 전남대에서 강의를 하는데, 신참이니까 다른 분들이 하기 싫어하는 '사회조사연습' 과목을 맡게 되었어요. 젊은 교수가 오니까 "맡아라" 해서 맡았는데, 그게 학생들하고 호흡할 수 있는, 너무나 좋은 기회였어요. 강의를 어떻게 했냐 하면, 수강생들을 몇 개의 소집단으로 나누고, 각 조가 연구할 주제를 학생들 스스로 지역사회에서 구하게 하고, 공동으로 조사해서 레포트를 쓰게 하는 겁니다. 현지조사를 하는 과정에서 내가 직접 학생들과 조사를 하기도 했지요. 질적연구방법과 역사적 연구를 가미하는 현장 연구를 수행한 것인데, 그렇게 몇 년 하니까 제가 지역현실에 눈뜨게 되었습니다. 학생들이 지역에서 중요한 문제들을 조사를 하게 되면 저도 큰 공부가 되잖아요. 저는 학부와 대학원에서 신용하 선생으로부터 '한국사회사'를 배웠기 때문에, 역사적인 시각으로 지역사회를 바라보는 데에 비교적 익숙했어요.

결국 저개발 지역이던 전남에서 진행된 개발 프로젝트들, 즉 주암댐 건설, 영광 원자력발전소 건설, 하남공단 건설, 그리고 광양제철 건설과정에서 전개된 지역주민운동에 관한 비교 연구가 학위논문 주제가 된 거죠. 우리나라에서 본격적인 의미의 주민운동 연구가 시작되었다고 할 수 있을 겁니다. 주민운동이나 사회운동을 연구하는 것은 지금은 매우 흔하나 당시에는 낯선 것이었습니다. 유신체제하에서는 오늘날 우리가 흔히 사용하는 학문적 개념들을 자유롭게 거론하지 못했습니다. 놀랍게도 사회학과에서 사회학의 기본개념의 하나인 '계급'이나 '사회운동'이라는 개념을 못 썼지요. 사회운동론이나 혁명론이나 이런 것들은 수업에 다룰 수 없는 금지된 용어였어요. 그런데 김진균 선생이 이 분야에 관심이 많아서 1980년 해직 직전에 대학원에서 강의를 하셨고, 이 강의에서 쓴 사회운동 관련논문들을 저에게 정리해 보라고 하셔서 번역 작업한 결과가 『혁명의 사회이론』(한길사, 1984)이란 책입니다. 이 책을 통해 혁명이라는 용어가 학계에서 복권된 것이지요. 이 책이 출간되기 전에 『사회의식과 계급구조』(인간사, 1981)라는 오소프스키(Stanisfaw Ossowski)의 책을 번역 출간한 적이 있어요. 이 책은 원래 제 친구인 이기홍 교수가 번역을 한 것을 대학원생이던 제가 손을 봐서 출판을 한 것인데, 1981년에 그 책은 제목 때문에 판금을 당했어요. 내용은 완전히 고전적인 사회학 이론서인데도 말이죠.

하여튼 전남대에 부임한 초창기에 내가 한 일은 학생들하고 같이 지역을 돌아다니고, 답사 다니고 그런 일인데, 박사논문을 마치고, 그 다음 손을 댄 게 도서 지역 연구입니다. 1991년 무렵에 목포대에 있던 이해준 교수가 이 대학에 도서문화연구소를 만들면서 나한테 섬 연구를 같이 하자고 연락이 왔어요. 목포대에는 사회학과가 없으니까 전남대에 있던 저에게 참여하라고 한 것이지요. 그래서 이해준 교수 덕택에 소안도 연구에 참여했지요. 소안도 연구를 하면서 내 연구의 지평을 크게 넓히게 되었지요. 도서 지역이 육지와는 기본적으로 다른 생활공간입니다. 특히 양식어장에 대한 공동체적 관리가 흥미로왔습니다. 그래서 공동체란 무엇인가에 관심을 갖게 되었습니다. 또 소안도에는 항일운동 기념탑이 있는데, 이를 학문적 화두로 삼아서 역사와 기억을 연구주제로 삼게 되었습니다. 소안도에서 기념비에 대한 문화사회학적 해석의 가능성을 얻었어요.

저의 1980년대 후반기를 정리해 보면, 사구체논쟁에 참여하지 못하는 것에 대한 이론적 콤플렉스를 지역사 연구와 현장 연구를 통해 메워 가는, 그리고 학생들로부터 배우는 기간이었지요. 광주항쟁 참여자 증언채록 사업으로부터 구술사적 접근의 의미를, 1990년대에 본격적으로 전개된 5월운동에 대한 실천적 관심으로부터 기억과 기념, 그리고 축제에 대한 관심을 갖게 되었고, 이를 학문적 연구주제로 만들어 가기 위한 노력을 했습니다. 이들은 모두 다 대학과 강의실에서 이론적으로 배운 것이라기보다는 광주라는 독특한 도시, 그리고 호남의 생활현장에서 체득한 도전적인 연구주제들이었습니다.

김항 기억과 기념 문제가 광주에서 출발했나요?

정근식 맞아요. 우리나라에 5.18과 관련된 조사·연구가 1988년도부터 시작되고, 1989년에 처음으로 전남대에서 제1회 5.18심포지엄이 열렸어요. 그러고 나서 1990년에는 제2회 심포지엄을 서울에서 개최했는데, 이의 배경이 흥미롭습니다. 1988년 선거로 국회에서 여소야대 상황이 나타나고, 광주청문회와 5공청문회가 열리잖아요? 그러고 나서 노태우 대통령이 정치적 위기를 타개하고자 보수대연합으로 3당합당을 하잖아요? 그러니까 광주의 지식인들은 큰 위기의식을 갖게 되었어요. 1980년처럼 광주를 고립시키고 고사시킨다는 위기감이지요. 그래서 5.18심포지엄을 서울에서 개최하자는 제안이 성사되어 연세대학교에서 제2회 5.18심포지엄을 열죠. 이때 내가 심포지엄 실무조직 책임으로 거론되다가 내가 사회학과라고 PD쪽 입장에 편향될 위험이 있다고 일을 맡기지 않았어요. 누군가가 송기숙 선생한테 말하기를 "정근식한테 맡겨 놓으면 심포지엄 조직이나 내용을 PD들이 주도하게 된다"고 말을 했는지, 김진균 선생이 나한테 광주에서 너무 일을 많이 벌리지 말고, 또 너무 깊숙하게 개입하지 말라고 충고했죠. 당시 광주는 역시 NL쪽 입김이 셌고, 지금도 그런 분위기가 약간 남아 있지요.

그후로 광주는 진상규명이나 학살자 처벌 등을 내걸고 5월운동을 매년 5월마다 힘차게 진행했고, 그때마다 5.18전야제와 5월 심포지엄 등 행사를 치렀는데, 이것이 한국의 민주화에 어떤 의미를 갖는가, 왜 과거는 계속 기억되어야 하는가라는 질문을 제기하지 않으면 안 되도록 하였지요. 그래서 저는 오늘날 유행하는 기억과 기념 문제를 광주에서 이끌어 냈다고 봅니다.

이혜령 광주민중항쟁이 과거의 사회운동과도 연결되나요?

정근식 내가 처음 광주에 내려가 지역사회운동 연구를 하면서 식민지하에서 그리고 해방 직후~한국전쟁기에 활동했던 분들을 여러 명 만났습니다. 이분들은 자신들의 활동과 5.18을 연결해 설명하곤 했습니다. 노령의 사회운동가들은 한국전쟁기에 지리산이나 백아산 등에서 이루어졌던 결정들이 여전히 유효한 것으로 생각하는 경향이 약간 남아 있었다고 봅니다.

이혜령 조정래 선생이 『태백산맥』(한길사, 1989)에 그려 놓은 상황과 비슷하네요?

정근식 조정래 선생이 그런 얘기를 쓴 거죠. 내가 그때 뭐 알았겠어요. 5.18 증언 채록을 시작했을 때, 어떻게 증언을 채록할 것인가를 넘어서서 한국의 장기적 역사 속에서 5.18은 무엇인가, 5.18정신이라는 것이 단지 관념적 정신사 속에서가 아니라 현실 속에서 정말로 살아 있거나 계승되는 것인가, 이런 질문들을 갖게 된 거죠.

1980년대 중반, 내가 전남대에서 부임했을 때 얘기를 한 가지 빼먹었어요. 내가 광주에 가니까 여러 선배, 그 전에는 몰랐던 분들이 나를 반겨 주었습니다. 제대로 지역사회에 대한 공부를 한번 해보자는 모임인데, 그 모임에 전남대 상대에 있던 조담 교수·박광서 교수·정기화 교수, 그리고 광주보건전문대학에서 한국사를 가르쳤던 이종범 교수 등이 공동연구팀을 만들었지요. 미술사를 하시는 이태호 교수가 선배여서 아주 친하게 지내면서 미술사도 배웠습니다. 우리들이 어떻게 보면 학제적 공동 연구를 출범시킨 팀입니다. 1986년도에 모여서 지역사회 연구를 제대로 해보자는 의도하에 전남 무안군 망운 지역을 선정하여 연구를 했어요. 저는 이 연구가 학제 연구의 기념비적인 의미를 갖는다고 생각하는데, 우리는 지역

토착기업, 농지소유구조, 교육구조, 식민시대와 해방 이후의 연관관계를 종합적으로 연구하기로 했어요. 나는 초등학교의 학적부를 통한 일제시대의 근대교육 연구를 했고, 이종범 교수가 이 지역의 토지대장을 정리하여 컴퓨터에 입력하여 토지소유구조를 밝히는 무모하지만 방대한 연구계획을 세웠지요. 그런데 그 연구가 당시에 조선토지사업 연구를 하던 경제사 연구들에 영향을 미칩니다. 조석곤 교수나 미야지마 선생 등 한국경제사 연구팀이 어떻게 컴퓨터를 이용해서 토지대장을 분석할 수 있는가를 문의해서 설명하는 일도 있었죠. 그때 우리 사회는 퍼스널컴퓨터의 시대가 막 열리는 무렵이었어요. 당시 조담 교수가 워드프로세서를 자랑했는데, 서울올림픽을 지나면서 대우나 삼보에서 120만 원에 PC를 대량 보급하여 나도 대우 컴퓨터를 처음으로 구입했지요.

이혜령 토지대장을 컴퓨터에 다 입력하셨던 거죠?

정근식 토지대장 전체를 입력한 다음에 거기에서 전체 토지소유구조의 변동을 파악하자는 것이 우리 아이디어였죠. 그리고 지역사회 연구할 때, 토지소유구조뿐 아니라 토착기업 연구, 농촌금융 연구를 하고, 교육을 통한 지역사회의 변동까지 연구한 거죠. 조담 선생이 1930년대 금융을 연구하면서 농협의 기원을 추적했죠. 이종범 교수가 토지대장을 연구했고, 내가 학적부를 통해서 망운 지역의 근대식 학교를 연구했어요. 어떻게 종합적으로 지역이 변동하는지를 봤죠.

이혜령 그 이후에 지역에 대한 연구는 계속되었나요?

정근식 망운 프로젝트가 끝나고 나서 두번째로 하남공단에 관한 공동 연구를 했죠. 이때는 미술사를 하시는 이태호 선생이 결합해서 집집마다 돌아다니면서 생활 속에서의 일상문화연구, 예컨대 각 집에서 집 안의 공간 이용방식, 그림과 글씨, 가족사진 등을 어디다 걸고 있는가 이런 걸 조사했어요. 그때만 하더라도 지방이니까 출판사와 연결이 안 되어 연구 결과가 단행본으로 나오지는 못했어요.

　지방에서 이루어진 학제간 연구의 흐름은 당시의 시대정신, 지방의 재발견 프로젝트와 관련이 됩니다. 1987~88년 무렵에 대구와 부산, 전주에서도 지역 현안을 다루려는 움직임이 생겼어요. 1988년은 87년 대선에서 나타난 지역균열과 그에 따른 영호남 지역감정 문제로 홍역을 치른 시기입니다. 이런 상황에서 지방에 있는 지식인들이 이를 넘어서려는 노력을 많이 했습니다. 전주·대구·부산·광주 4개 지역 연구자들이 지리산 피아골에서 만나 모임을 했죠. 모임에서 이태호 선생이 한국미술사 강연을 하고, 나는 망운 연구결과를 발표하였습니다. 이 모임이 계기가 되어 지역별로 연구자들이 서로 모여서 연구회를 만들었지요. 호남사회연구회, 전남사회연구회, 부산지역사회연구회, 그리고 대구사회연구회. 그렇게 4개 단체의 연합모임으로 지금도 한국지역사회연구회가 남아 있어요. 전주는 1994년 동학농민전쟁 100주년을 준비하는 모임으로 연결되었고, 대구의 연구소는 이정우 선생이나 김형기 선생 등이 이로부터 15년 후인 노무현 정권 출범기에 균형발전이라는 화두를 국가의 정책으로 발전시켰습니다.

　이 기간에 학제간 공동 연구에서 가장 어렵게 생각하는 것이 한국전쟁 연구입니다. 망운 연구를 할 당시 처음으로 6.25의 비극과 지역사회 내의 갈등구조를 알았어요. 망운에는 조선시대에 목장(牧場)이 있었고, 감목관(監牧官)이 주재했는데, 이 지역에서 목내(牧內)와 목외(牧外)의 동네 간 싸움이 한국전쟁 기간에 발생했더라구요. 그러나 이 무렵만 해도 6.25 연구를 제대로 못할 때죠. 이에 관한 내용을 물어 보면 주민들이 누구나 쉬쉬

했어요. 그래서 우리 공동 연구에는 그 주제가 안 들어갔죠.

이에 대한 미련은 1991년 한국사회학회의 한국전쟁 심포지엄의 발표로 연결되었습니다. 한완상 교수가 한국사회학회 회장이 되어서 1991년에 '한국전쟁과 사회변동'이란 제목으로 한국전쟁에 관한 심포지엄을 처음으로 열었어요. 당시 한국전쟁 연구는 브루스 커밍스(Bruce Cumings)의 연구에 크게 자극을 받고 있었는데, 사회학계에서 처음으로 한국전쟁 문제를 다루었지요. 이때 발표자로 참여한 사람이 나와 강정구·김동춘·김귀옥 선생이죠. 내가 그 심포지엄에서 발표한 것은 완도 지역을 중심으로 해서 1956년도 선거, 63년도 선거에서 드러난 한국전쟁과 관련된 지방사회의 갈등 문제였어요(「한국전쟁과 지방사회의 갈등」, 한국사회학회 편, 『한국전쟁과 한국사회변동』, 풀빛, 1992). 그리고 이 심포지엄의 문제의식이 훗날 집단학살(genocide) 연구로 내려왔죠.

이혜령 저희가 대학원에 들어간 1994~96년 무렵부터 ——아주 본격화되지는 않았지만—— 일상사라든가 지역사 연구가 있었던 것 같습니다.

정근식 일상사는 그때 없었어요, 지역사는 있었지만. 지역사회에 대한 연구는 1990년대 초중반에 지방자치제가 부활하면서 부상했어요. 계명대의 신현직 선생이나 김형기 선생 등이 주축이 되어 대구 지역을 중심으로 진보적인 군수들 모임도 하고. 지금 생각해 보면 이 시기가 지방학계의 전성기가 아닌가 싶어요. 이런 분위기는 각 분야별 전문주의, 고립주의가 아니라 사회과학 전체, 나아가 인문학 전체를 아우르는 밑으로부터의 흐름에 의해 조성된 것입니다. 이런 흐름이 1990년대 후반, 즉 세계화의 흐름 속에 지역이 편입되면서 다시 쇠퇴하는 듯합니다. 그런 점에서 지방학계의 활성화가 중요합니다. 지방의 연구 역량은 서울에 비해 상대적으로 취약하지만, 여러 분야의 연구자들이 서로 가깝게 있다는 점이 장점입니다. 지방대학은 학제간 공동 연구를 유리하게 이끌어 가는 배치를 갖고 있습니다. 그런 점에서 서울의 구심력에 의해 지방학계가 고사되지 않도록 하려면 어떤 정책이 필요할 것인지 숙고해야 하지요.

이혜령 선생님 말씀을 들어보면 사구체논쟁도 논쟁이지만, 지방에서 자생적인 학술운동이 있었네요.

정근식 사구체논쟁은 관념적인 거고, 지방에서의 학술운동은 좀더 토착적이고 현실에 밀접한 주제들을 다루지요. 광주나 대구의 지역 문제에 대한 민감한 감수성은 1970년대의 불균형적 산업화의 결과이자 80년 5월의 실패에서 나와요. 소위 말하는, 지역을 통한 광주의 서울 포위. 이게 우리나라의 민주화나 변혁의 올바른 정답이냐, 광주를 통한 지방의 재발견이라든가 밑으로부터의 움직임을 통해서 서울을 포위하는 방법, 그것이 한국적 변혁의 길이 아니겠느냐는 생각들이 술자리에서 터져 나오곤 했지요. 지역감정 문제의 바탕에는 영남 패권주의나 호남 민족주의를 어떤 식으로 다시 재해석하느냐는 질문들이 있었다고 생각됩니다. 그 문제하고 내가 말한 여러 가지 문제들이 겹치죠. 어떻게 보면 구술사나 주변·변방 문제에 대한 재발견, 그 다음에 기념상징 문제에 대한 재발견. 이게 모두 1988~92년 시기에 이뤄지죠.

　여기에서 구술사 연구방법론을 좀 언급해야 합니다. 송기숙 선생이 광주에 한국현대사사료연구소를 만든 가장 기본적인 이유는 어떻게 하면 5.18의 진상을 우리나라 전 국민과 세계의 모든 주민들에게 알릴 것인가? 진실을 알리면 세상이 변할 것이라는 전제에 입각하고 있는 것인데, 1987년 12월 대통령 선거를 지내고 보니까 문제가 그렇게 간단치 않더군요.

1988~89년도에 송기숙 선생의 입장은 정확하게 육하원칙에 의해 사실을 기록해야 한다는 것이었습니다. 그런 작업의 결과로 나온 게『광주오월민중항쟁사료전집』입니다. 500여 명의 증언을 받은 자료집이죠. 그때 이에 필요한 경비를 조달하느라고 송기숙 선생이 엄청나게 고생했어요. 그러나 증언이나 사진전이나 다큐멘터리를 통해 광주의 진실을 알게 되었다 하더라도 사람들이 모두 사회정의를 추구하게 되지는 않더군요. 그래서 구술이란 무엇인가에 대한 문제의식이 생겼죠. 나는 구술이 갖는 현장성과 시의성에 주목했어요. 육하원칙에 의해서 말하고 적는 것이 아니라 사람마다 실제 경험한 여러 기억을 저장하는 방식이 다르므로, 사람들이 자기 생각을 좀더 적나라하게 드러내는 방식으로 면접과 기록이 이루어져야 하는 게 아닌가 했죠. 그런 문제의식이 일본군 위안부 구술채록 프로젝트에서 다시 나타납니다. 이 구술 증언자료집은 1단계하고 2단계가 다르지요. 2단계 자료집에는 구술자뿐 아니라 증언채록자 자신의 주가 붙습니다. 증언의 절대성보다는 상대성을 주목한 것이지요.

한편 한국현대사사료연구소가『광주오월민중항쟁사료전집』을 낸 후, 나는 젊은 연구자 및 대학원생들과 지역현대사를 연구하는 팀을 만들어서, 지역자료를 조사하고, 이를 기초로『광주일보』에 50회 연재를 했어요. 그것의 부수적인 성과가『근현대의 형성과 지역 엘리트』(새길, 1995),『근현대의 형성과 지역사회운동』(새길, 1995)이라는 책입니다.

이혜령 그 작업에서 어떤 점을 배우셨나요?

정근식 내가 만나 뵌 분 중에 1930년대에 일어난 '전남노농협의회 사건' 관계자들이 있었어요. '전남노농협의회 사건'의 핵심적인 인물인 이기홍 선생(1912~1996)이라는 분인데, 그분은 90년대까지 살아 계셨죠. 이분을 만나 보니까 한국 사회주의 운동의 복잡한 경로와 굴절이 보이더라구요. 전향 여부도 문제이고, 해방 직후 남로당파와 반(反)남로당파 간의 갈등, 한국전쟁에서 핍박을 당했던 사회주의자 그룹 등 계보가 복잡하더라고요. 사구체논쟁에 참여하지 않은 덕분에, 나는 지역현실에 가까이 갈 수 있었고, 그것들이 부끄럽지만, 학문적 성과로 남았지요.

김항 서울의 감각으로 보면 사구체논쟁 혹은 맑시즘 계열의 사회과학 논쟁이 그 후 포스트모던이나 민족주의 비판론으로 흘러가는 것 같은데, 지방에서 보자면 사구체논쟁과 전혀 무관하게 지역사 연구나 구술사 연구로부터 토착적인 연구가 90년대에 이뤄졌던 셈이군요.

정근식 지방학계에서는 실제 있는 대로 한국사회를 보자는 의식이 있었습니다. 특히 서울과 지방의 차이를 늘 느끼니까 이것이 큰 자극이 되기 때문입니다. 자기들 필요에 의해서, 좀 다른 의미에서 이론을 추구했지요. 지방학계의 활성화에는 중심적인 지도자의 역할이 더 크게 느껴집니다. 학문적 중심을 잡는 지도자가 존재하느냐 존재하지 않느냐에 따라 지방학계의 연구 분위기가 크게 달라지지요.

이혜령 선생님이 광주로 내려가신 다음에 이루어진 일련의 연구들은 그런 맥락에서 이해할 수 있겠네요.

김항 서울에서 공부하신 사회학 이론들이 연구 대상을 선정하는 데 많은 영향을 미쳤나요?

정근식 '나를 키운 건 8할이 광주'라는 표현은 좀 우습기는 하나 정확하게 맞는 표현이라고 생각합니다. 1980~90년대의 광주는 우리가 몰랐던 문제들을 연구자들에게 던져 주었고, 이에 성실하게 응답할 때 의미 있는 연구가 되었습니다. 이론보다 늘 현실이 앞서갔다고 하는 게 정확할 듯합니다. 서울에서 유행되는 이론과는 거리가 있지요.

이혜령 그때와 비교했을 때, 서울중심성이라는 게 지금 훨씬 더 강해졌다고도 볼 수 있겠네요?

정근식 그렇죠. 지금은 지방중심성은 많이 약화되었어요. 거의 죽어 버렸죠. '80년 광주의 존재'라고 하는 것이 한국의 정치뿐 아니라 한국의 학계, 특히 지방학계에서는 아주 강력하게 작동을 했고, 광주 문제를 해결해 가는 과정에서, 이론적 함의를 갖고 있는 수많은 주제들이 많이 튀어나왔다고 볼 수 있을 것 같습니다.

이혜령 선생님이 말씀하신 연구들이 이루어지던 80년대 중후반, 90년대 초반에 한국에서 자생적인 이론이랄까 방법론이 개발되고 있었던 시대라는 생각이 드네요.

정근식 한국의 학자들이 자기가 살고 있는 땅을 처음으로 본격적으로 대면하기 시작한 것이 그때라고 생각해요.

김항 그건 서울이 아니라 지방에서 먼저…….

정근식 아무래도 그렇지요. '광주'라는 화두는 한국적 사회과학이나 인문학에서 매우 중요한 상상력을 제공합니다. 이것은 80년 광주뿐만 아니라 이후의 5월운동에 해당되는 이야기이죠. 1993년에 김영삼 대통령이 취임하고 나서 광주 문제에 대한 해결책을 제시하면서, 최종적인 평가는 '역사의 심판에 맡기자'라고 했지요. 이에 대한 반발로 넓은 의미에서 과거청산의 5원칙이 만들어지고, 그 원칙에 의해서 1995년에 두 전직 대통령 처벌을 가능하게 한 '5.18특별법'이 제정되었습니다('5.18민주화운동 등에 관한 특별법', 1995. 12. 21). 5.18행사와 광주 모델은 한국 민주화의 모델이자 이후에 4.3 문제 해결을 위한 에너지를 제공합니다. 민주화로의 이행이 가시화되면서 매년 발생하는 기념의 문제, 축제의 문제 같은 것들이 시야에 들어오게 되지요. 2000년이 광주항쟁 20주년이었는데, 그때 이런 문제들이 크게 부각되었습니다. 민주주의를 둘러싼 기억투쟁이라는 주제가 거기에서 나오지요.

또한 2000년부터 한국의 국민국가 형성 과정에서의 민간인학살 문제가 쟁점으로 부각됩니다. 80년 5월의 시민학살과 이에 대한 보상 문제는 정치적 민주화와 함께 '기억의 민주화'를 동반해, 한국전쟁기의 양민학살 문제를 학계의 화두로 불러왔습니다. 그 매개고리가 4.3이죠. 광주 문제가 풀리고, 거기에 힘을 입어 4.3 문제가 진행되고, 4.3 문제와 연결되어 전쟁기 민간인학살 문제가 나옵니다. 이 문제는 정치 문제였을 뿐 아니라 학계의 중요한 연구주제가 되었습니다.

김항 노근리 문제를 포함하여 1990년대 후반의 기억투쟁이란 결국에는 지방에서 1980년대 후반부터 쭉 이어져 온 흐름이 다시 중앙에서 제기되는 과정이라 볼 수 있겠네요.

정근식 많은 경우에 그렇죠. 학문적인 의제를 우리 사회에서 만들어 가는 힘은 서울보다는 지방에서 나오는 경우가 많았다고 생각합니다.

'식민지 근대'라는 문제의식과 『식민지 규율권력과 근대주체』

이혜령 저희에게는 '서울과 지방의 차이'라는 감각보다는 '한국이다, 한국 상황은 서울이 잘 보여 준다'는 인식이 지배적이었던 것 같습니다. 근대성 논의와 연관된 방법론이 서구의 아날학파나 문화연구 등과 닿아 있는 것으로 이해하고 있는데, 그런 '기억', '로컬리티' 같은 요즘에 많이 거론되는 방법론적 개념들이 이미 1980년 대에도 형성되고 있었던 셈이네요.

정근식 물론 그런 개념들의 발견이 항상 지방에서 이루어졌다고는 할 수 없지요. 프랑스 아날학파의 상상력은 1980년대 초반, 한국사회사연구회에서 배운 것들입니다. 1980년에 사회학과의 신용하 선생을 중심으로 해서 영국 토지제도사나 프랑스 토지제도사를 같이 읽고, 사회사라는 영역을 학문적으로 세워 보려는 노력이 시작되었지요. 그런 가운데 『사회사와 사회학』(신용하 엮음, 창비, 1982)이라고 두꺼운 책으로 브로델과 아날학파의 논문들을 번역하여 출판했지요. 아마도 그런 작업이 서양사학과에서 이루어진 작업보다 조금 빨랐거나 거의 같은 시기였을 겁니다. 아날학파로부터 배운 것이 많습니다. 이후 사회사연구회는 특유의 학문적 생산력으로 많은 논문들을 만들었어요.

김항 문학과지성사에서 나온 '한국 사회사연구회 논문집'(이하 '사회사 논문집') 시리즈 말씀이시죠?

정근식 그래요. 1982년에 창비에서 『사회사와 사회학』이 먼저 출판되었어요. 신용하 선생을 중심으로, 아날학파에 대한 소개와 함께 아날파뿐만 아니라 독일의 위르겐 코카(Jürgen Kocka) 같은 사회사학자의 글도 같이 번역해 넣었지요. 그후에 문학과지성사의 도움으로 연구회 논문집을 매년 2~4권씩 냈으니까요.

이혜령 나름대로의 학문적 방법론의 틀을 세울 수 있었던 것은 5.18 광주 덕분인 셈인가요?

정근식 그건 현실에서 일어난 것이고, 서울대 사회학과를 중심으로 말한 다면, 김진균 선생을 중심으로 해서 사회운동론이나 노동 연구가 발전했고, 이와는 별도로 신용하 선생을 중심으로 해서 한국사회사라는 영역이 1985년부터 본격적으로 연구회의 틀을 갖추면서 발전하였습니다. 문학과 지성사에서 1985년도부터 '한국사회사연구회 논문집' 시리즈를 시작했어요. 나는 이 두 그룹 모두에 속해 있었어요. 어쩌면 학문적으로 많은 것을 상속받은 부자에 속합니다. 사회학과는 학문적 엄격함보다는 유연성이 더 많이 허용되었던 공간이었습니다.

김항 '사회사 논문집'의 학문적 성과는 무엇인가요?

정근식 '사회사 논문집'은 단행본과 저널의 중간 형식으로 발행되었고, 그 것이 50집까지 발행된 후 본격적인 저널 형태로 『사회와 역사』가 출간되 었습니다. 이름과 형식은 바꾸었지만, 권호는 이어서 51호로 붙였죠. '사회 사 논문집' 시리즈를 『사회와 역사』 체제로 전환하는 시기에, 내가 학회의 운영위원장과 편집위원장을 연속해서 담당했어요. 제 논문도 이 시기에 많이 발표했지요. 96년과 97년은 저에게 특별한 의미가 있었던 시기로 기 억됩니다. 제가 1993~94년 시기에 하버드 옌칭연구소에 1년간 방문학자 로 가 있었는데, 이 경험이 많은 도움이 되었어요. 이때 저는 홍만 질소비료

공장 연구와 한국한센병사(史) 연구라는 두 가지 주제를 연구하러 미국에 갔는데, 전자는 당시에 일어난 북한 핵위기로 제대로 연구를 하지 못하고, 후자를 주로 연구했지요. 미국 전역에 흩어져 있던 한국에서 활동한 선교사들의 가족들을 찾아 자료를 모으고, 하버드대 도서관에서 자료를 찾고 그러면서 내 마음속의 이론적 콤플렉스를 극복했지요. 1년간의 미국 체류에서 자신감을 얻었는지, 이후 약 3년간 그런대로 읽을 만한 논문들을 썼던 것 같습니다.

이 기간에 오랫동안 단절되었던 서사연의 후배들과 같이 세미나를 재개했습니다. 특히 식민지시대의 근대성에 관한 연구를 했지요. 서사연은 1991년 이후 소강 상태에 있었고, 이를 다시 일으켜 보려는 생각이 있었지요. 그래서 2주에 한번씩 식민지 경험에 관한 세미나를 했고, 마침 학술진흥재단의 도움을 받았지요. 그렇게 해서 묶어 낸 책이『근대주체와 식민지 규율권력』(문화과학사, 1997, 이하『규율권력』)입니다. 이 책은 김진균 선생과 제가 편자로 나와 있는데, 약간 모순적이지만, 김 선생의 회갑기념으로 출판된 것이기도 합니다. 처음에는 별다른 의미없이 출판했는데, 나중에 보니 이 책이 미친 영향이 크더라고요. 역사학계에도 영향을 미치고, 또 일본과 미국의 한국학계에도 상당한 영향을 미쳐서, 나를 보면『규율권력』을 거론하는 일이 많았습니다. 많은 사람들이 이 책을 보고 푸코의 이론을 한국에 적용한 것이라고 하는데, 후배들은 푸코 연구를 하면서 식민지 경험을 연구했으나, 저는 꼭 그런 것은 아닙니다. 역사적 연구에 더 충실하게 접근했지요. 김진균 선생이 교육사회학에 관심이 많았거든. 그래서 내가 서사연에서 세미나를 이끌어가면서 학교 규율에 대해 연구를 했지요.

이 시기가 저로서는 몇 가지 점에서 중요합니다. 우선 내가 학진에서 주는 연구비를 받아서 박명규·김필동 선생 등과 함께 중앙아시아 한인 연구를 했어요. 우즈베키스탄이랑 카자흐스탄을 돌아다니면서 연구를 했죠.

이때 한국 근대에서의 디아스포라 문제와 사회주의의 실체를 많이 생각했지요. 여기에는 특별히 사회학을 의식한 것이 아니라 연구대상의 특성을 포착하는 데 힘을 기울였죠. 우즈베키스탄 국가 형성에서의 상징 문제나 사할린 한인 연구를 통해 이런 문제의식을 이어 갔습니다.

두번째는 미국에서부터 연구한 자료를 통해 식민지시대의 한센병사에 관한 글을 썼는데, 이 논문에서 조선총독부와 서구 선교사들간의 관계를 두고 '헤게모니 경쟁'이라는 틀을 만들었어요. 그러고는 논문의 부제로 '식민지적 근대' 또는 '식민지 근대성'이라는 개념을 사용했지요. 당시 경제사 쪽에서 식민지 근대화론의 아이디어를 내고 있었고, 신용하 선생이 이에 대해 매우 비판적이었으므로, 용어 사용에 신중하지 않을 수 없었지만, 고심 끝에 이 개념을 쓰기로 했지요. 아마도 미국의 타니 발로(Tani Barlow)라는 학자와 거의 비슷한 시기였을 것 같고, 신기욱 교수와 로빈슨 교수는 약간 늦게 이 개념을 사용하였습니다. 하여튼 새로운 개념을 사용하는 것이 얼마나 어렵고 또 중요한가를 알게 되었습니다.

세번째로는 '기억'의 사회사에 관한 것입니다. 말했지만, 소안도 연구에서 기념비 문제에 주목하고 이것을 문화사회학적으로 해석하는 작업을 하면서 뒤르켕 학파의 알박스(Maurice Halbwachs)가 발전시킨 집단기억에 주목했습니다. 이에 관해서는 대구대 김영범 교수가 훌륭하게 정리했지만, 아마도 이 논문이 우리 학계에서 이 분야를 열었던 개척적인 글일 거예요. 처음에 역사학계에서는 기억 연구에 대해 냉소적이었지요. "사실은 사실대로 다루는 학문이 역사학이고, 기억·구술은 과학적 근거가 별로 없다"는 반응을 보였습니다만, 실제로 사회현실에서 역사는 집단적 기억으로 존재한다는 생각이 있었거든요. 지금은 역사학자들도 기억이나 기념에 관한 연구를 인정하고 많이 하고 있지요.

__이혜령__ 그런 생각들이 『규율권력』에 들어가 있군요.

__정근식__ 그 책에 관한 이야기를 조금 더 하면, 그 책은 약 2년간 서사연에서 여러 전공의 대학원생들과 세미나를 한 결과입니다. 세미나 그룹에는 건축과·미학과·과학사 등 여러 분야의 대학원생들이 참여했는데, 나중에 책으로 정리를 할 때, 다른 전공의 친구들은 빠지고, 사회학과 출신들 중심으로 논문을 작성했습니다. 김진균 선생님이 드문드문 세미나에 오셨지만 연구주제를 제안하시기도 하셨고, 그런 의미에서 편자로 이름을 올리셨지요. 그렇지만 내 문제의식을 모두 담은 것은 아니에요.

__이혜령__ 신기욱·마이클 로빈슨 선생이 1999년에 하버드대 출판부에서 펴낸 『한국의 식민지 근대성』(*Colonial modernity in Korea*, 도면회 옮김, 삼인, 2006) 서문에도 이 책이 언급되었죠.

__정근식__ 일본에서도 이 책을 의미 있는 연구로 받아들인 모양입니다. 하여튼 『규율권력』이 나온 이후 우리가 정력적으로 연구한 주제가 근대적 시공간 체제에 관한 연구죠. 이에 관해서는 서울과학기술대의 박태호 교수가 이미 중요한 아이디어를 발표했어요. 나는 이에 관한 논문을 한두 편 발표했지만, 서사연의 내부 문제로 그 연구결과는 한 책으로 묶지 못했어요. 서사연이 더 이상 활동을 하지 않고, 일부 성원들은 다시 학교로 돌아와 학위논문에 전념하고, 나머지 성원들은 '수유+너머'라는 연구공간에서 활동을 이어 갔습니다. 말하자면 살림을 따로 차린 건데, 내가 가장 아끼는 후배 중 한 명이자 '이진경'이라는 필명으로 더 유명한 박태호 교수가 이 '수유+너머'를 설립하고 운영하는 데 있어서 고미숙 선생과 함께 중심적인 역할을 하였죠.

이혜령 그런데 『규율권력』이 일으킨 반향은 식민지 연구, 한국역사에 대한 연구이기 때문인 듯도 합니다. 그러면 이 식민지 근대 연구가 갖는 세번째 질문이랑 바로 이어서 하자면요.

정근식 식민지 근대(Colonial modernity)라는 말도 설명할 필요가 있어요. 그때 당시만 하더라도 신용하 선생의 강력한 설명틀인 수탈론과 그에 맞서는 소위 근대화론——그걸 식민지 근대화론이라고 하는 말로 이름을 나중에 붙였지만요. 자기들이 식민지 근대화론이라고 하는 말을 잘 안했거든——사이에서 식민지의 현실을 어떻게 표현할 것인가를 두고 고민을 했지요. '식민지적 근대' 또는 '식민지적 근대성'이라고 하는 말을 쓸 수 있는지, 사실 '식민지 근대'라고 하는 말을 처음으로 쓴 논문은 『규율권력』에는 안 실렸고, 1997년 『사회와 역사』 51호에 한센병사를 다루면서 부제로 '식민지적 근대와 신체의 정치'라고 썼던 것입니다. 푸코적 상상력이 많이 영향을 미치기는 했지만, 앞서 말했듯이, 푸코 이론을 의도적으로 '한국 식민지에 적용'한 것은 아닙니다. '식민지적 근대'와 '식민지적 근대성'은 비슷하지만 다르지요. 하나는 역사적 시기 구분의 문제로, 다른 하나는 사회 성격에 관한 범주죠. 아직도 약간 모호하지요.

김항 그때 '식민지 근대'도 문제지만, 근대라고 하는 말을 연구의 중심 개념으로 삼자고도 하셨나요?

정근식 그것은 서사연에서 세미나 하다가 나온 결과죠. 서사연에서 월터 미뇰로(Walter Mignolo) 같은 라틴아메리카 학자들이 남미에서의 근대는 뭐냐고 논의한 것을 공부했어요. 근대성에 관한 관심과 식민지성에 관한 관심이 결합되어 있고, 이를 비교의 맥락에서 파악하는 것이 중요하지요.

이혜령 저희의 세번째 질문인데요. 식민지 연구가 오늘날 한국사회 연구에서 갖는 위치라고나 할까요.

정근식 한국에서 식민지시대 연구는 단순히 식민지 연구로 끝난 게 아니고 엄밀하게 말하면 오늘날의 문제를 해명하기 위한 것이죠. 나는 요새 점점 그런 생각이 많이 드는데, 연구의 범위랄까 지평이 중요해요. 세계체제론이 주는 함의도 무시하지 못하지요. 한국사회는 오래 전부터 세계체제 속에서 작동해 왔잖아요. 일국사적인 설명의 경우 우리는 남한을 일국으로 설정하지만, 남북한을 포함하는 단위를 무엇이라고 불러야 하는가라는 질문에 속수무책이죠. 19세기 후반부터 우리나라의 문제를 다루려고 하면 남한이라는 국민국가와 세계체제라는 추상적 단위 사이에 중간 영역이 필요하더군요. 우리가 오래 전부터 '중범위 이론'(middle range theory)의 필요성이나 강점을 배웠지만, 구체적으로 중범위를 설정하기란 쉽지 않지요. 로버트 머튼(Robert Merton)의 중범위이론이라는 개념이 주는 풍부한 상상력을 적용한다면, '동아시아'라는 수준, 그리고 한국과 남한을 구별하는 방법론이 필요해요. 추상이론과 아주 구체적이고 개별적인 사실의 중간적인 수준에서 새로운 이론적 개념을 구성하고, 이를 통해 역사적·사회적 사실들을 해석하는 감각이랄까? 아무래도 역사학이나 문학보다는 사회학자들이 이런 문제에 대해 좀더 민감한 것 같아요.

김수림 그런 의미에서 1980년대 지역 연구의 문제의식과 식민지 연구의 문제의식이 상당히 유사하게 느껴지는데요.

정근식 신용하 선생이 '사회사'라는 학문적 영역의 유산을 주셨다면, 김진균 선생도 굉장히 역사성을 많이 강조하셨죠. 그러면서 한국 현실을 설명하는 새로운 개념의 발견을 굉장히 강조하셨어요. 그게 '연줄망'이라고 하는 개념이죠. 김진균 선생의 「한국 사회학, 그 몰역사성의 성격」(리영희·송건호 편, 『한국 사회연구 1』, 한길사, 1983)라는 논문에 잘 나타나요. 김진균 선생과 신용하 선생은 서로 친구였지만, 학문적인 토론은 그리 많이 나누진 않았던 관계예요. 저는 늘 두 분을 염두에 두고 작업을 하지요.

또한 사회학이라는 학문분야에 매달리지 않고 밀스(Charles Wright Mills)가 언급한 대로, 개인과 사회, 그리고 역사의 관계를 생각하면서, 그것이 문학이든 문화든 관계없이 사고하는 버릇이 있지요. 때로는 아마추어적인 감각이 노출되지만, 또한 세계체제적 수준의 문제와 일국사적 수준의 문제, 그리고 지방적인 수준의 문제를 사고하려고 노력합니다. 광주가 준 선물인데, 광주에서 보면 서울중심적 시각과 사각지대가 잘 보이죠. 서울에서는 늘 서울이 곧 대한민국이라고 생각을 하는 병폐가 있어요. 우리나라를 최소한 3차원으로 나누어 보는 게 좋아요. 서울 사람들은 서울의 특수성에 관해 생각해 볼 기회가 거의 없습니다.

근대적 시공간 연구 이후를 좀더 얘기를 하면, 나하고 친한 친구인 공제욱 교수가 규율권력 이후를 준비해야 한다고 자꾸 이야기하여 그 친구하고 나하고 주도해서 수행한 것이 일상생활 연구죠. 도요타재단에서 약간의 지원을 받아 수행했습니다.

이혜령 그 연구 결과인 『식민지와 일상』(문화과학사, 2006)은 훨씬 뒤에 나왔잖아요. 식민지 검열에 관한 연구도 많이 하셨고.

정근식 식민지시대 사회사 연구를 하는 대학원생들과 문화연구를 하는 강내희 선생, 유선영 선생, 역사학의 신주백 선생 등이 참여하여 좀더 탈사회학적인 팀을 구성하고 세미나를 하였고, 그 결과를 묶는 데 한 3년 걸렸습니다. 이 연구를 미국 코넬대의 마이클 신 교수와 함께 검토하는 워크샵도 열었습니다. 이 책이 나온 이후에 식민지 일상 연구를 심화시키느냐, 아니면 식민지 시기와 해방 이후의 연속과 단절의 문제를 좀더 연구하느냐라는 문제가 출현했지요. 식민지 연구의 경우 식민자-피식민자 이분법 모델을 넘어서는 헤게모니 경쟁 모델, 그리고 식민지 비교 연구를 진전시켜야 하는 과제를 안고 있어요. '헤게모니 경쟁'과 식민지 국가효과 개념도 생각해 볼 만한 주요한 개념이지요.

식민지 검열에 관한 연구는 제가 사회학과 역사학 사이에 있다가 사회학과 역사학, 그리고 문학이라는 트라이앵글로 들어가는 계기였어요. 이에 대한 관심은 사실 시카고대의 최경희 교수가 권유하고 추동한 것이죠. 2000년을 전후하여 식민지 검열에 관한 이야기를 시작했는데, 제가 2001년부터 2002년 사이에 교토대에서 연구를 할 때 본격적으로 자료를 찾기 시작했어요. 교토대에서의 주된 연구과제는 '신체규율'에 관한 것이었으나, 일본의 대학도서관에서 식민지 검열에 관한 경찰자료를 찾았지요. 한국에 돌아온 후 검열의 기원이나 검열제도에 관한 논문을 썼습니다. 물론 본격적인 문학 관련 검열을 문학 연구자들에게 맡기고 나는 이 문제의 제도적 틀을 파악하는 데 주력하여 이를 문학 연구자들과 공유하려는 생각이었어요. 그래서 2004년부터 한기형·한만수·박헌호 교수 등과 함께 '검열연구회'라는 모임을 만들고, 성균관대·동국대·서울대를 번갈아 가면서 매년 의미 있는 심포지엄을 했고, 그때마다 새로운 연구성과들이 쌓이는 기쁨을 맛보았지요. 문학과 사회학의 경계 또한 절대적인 것은 아니라는 걸 확인하고, 이 연구는 일본이나 다른 나라의 연구자들에게 상당한 자극을 주고 있는 상황입니다. 아마도 최근의 한국학계에서 의미 있는 발전을 거둔 분야가 이 분야 아닐까요. 곧 이 연구 성과를 묶은 책이 나오지요(『식민지 검열』, 소명출판, 2011).

내가 한 가지만 더 말한다면, 검열 연구를 문학자들과 같이하면서 얻은 중요한 성과가 '텍스트의 재발견'입니다. 역사학자들이나 사회사학자들은 텍스트라는 개념이 약하고, '자료원'으로 바라보지요. 사료 비판이 있지만, 사회학자들에게는 텍스트보다는 개념과 이론이 중요하지요. 문학자들에게는 텍스트가 중요하지요. 텍스트가 갖고 있는, 그 자체의 고유한 생명력의 문제를 인정하고, 사료로 읽거나 자료원으로 읽거나 그냥 정보를 담은 하나의 그릇으로만 보면 안 되는 측면이 있구나 하는 걸 문학자들과의 검열 연구를 통해서 내가 깨닫게 되었어요.

한국적 발전모델의 이론화를 위하여

이혜령 인문학과의 대화나 소통의 측면에서 앞으로의 사회과학 연구를 어떻게 전망하시나요?

정근식 나는 '식민주의 연구'와 함께 한국의 국민국가 형성과 민족국가 문제가 중요한 과제라고 봅니다. 우리나라는 식민지 경험과 분단 상황에 있는 사회죠. 그래서 내셔널리즘을 '큰 내셔널리즘'과 '작은 내셔널리즘'으로 구별해서, 이를 각각 민족주의와 국민주의로 번역해야 한다는 입장입니다. 내셔널리즘을 민족주의로만 번역해서는 안 된다는 것이죠. 국민주의와 민족주의를 혼동해서 헛다리 짚은 경우가 너무나 많아요. 어떻게 하면 국민주의와 민족주의의 문제를 통일적으로 파악할 수 있을 것인가? 식민지 체제와 탈식민 체제 또는 분단 체제, 탈분단 체제를 생각하면서 어떻게 그 문제를 풀어 가야 하는가? 이걸 대충 정리하고 나면, 그 다음에 또 한 가지 풀 것으로 식민지배와 근대지식의 문제가 있지요. 지금까지 연구가 별로 진전되지 않은 경성제대 연구고, 하나는 검열과 선전 연구죠. 이 문제가

1945년 이후에 어떻게 작동하고 있었는가? 식민지 근대의 틀이 1945년 이후에 어떻게 변형되고 작동하고 있는가? 이 문제를 해명하지 않고는 한국 사회과학이 세계적인 무대에 가서 발언할 수 없다고 봅니다. 박정희시대 문제를 세계적 냉전의 틀에서 재해석하고, 한국적 발전모델을 어떤 식으로 이론화할 것인가? 동남아시아나 아프리카에서 우리나라에서 배우려고 하는 것이 식민지 경험보다는 박정희시대의 산업화와 민주화 문제잖아요? 이 문제를 어떻게 통일적으로 설명할 수 있고, 그것이 어떻게 한국적 모델로 정립되는가? 이 문제를 해명하지 않으면 식민주의 연구의 의미가 반감됩니다. 이런 과제는 역사학자들과 사회과학자들이 서로 협조하여 풀어야 하고, 또는 상상력의 세계까지를 포함하여야 하므로, 문학 연구자들과도 협조를 해야 하지요. 현재와 같은 학문간 고립주의와 자기 영역 확장하기로는 해결불가능하지요.

　　나는 한국사회를 바라보는 데 있어서 세계사적 수준과 일국사적 수준 사이에서 ── 문학이나 역사학이나 사회과학이나 마찬가진데 ──그 중간적 범위로서의 동아시아 체제론, 그러니까 중화 체제로부터 일본제국주의 체제로, 일본제국주의 체제로부터 전후 냉전 체제로, 그리고 더 나아가면 탈냉전의 문제를 통일적으로 포착해야 하는 거 아닐까 생각합니다. 1945년 이후의 체제는 분단 체제로 특징지어지고, 이후의 장기적 체제는 통일 후 체제겠지요. 1945년 이후 현재까지는 두 단계로 구분이 됩니다. 1972년도를 기점으로 해서 동아시아는 동아시아 분단 체제에서 벗어나는 국면이지요. 1972년을 전후로 하여 오키나와의 일본 반환, 미국과 중국의 수교, 베트남 전쟁의 종전, 거기에 대한 반동으로서의 한국의 유신 체제 성립과 해체. 이런 변화가 일어났고, 1972년부터 그 이후 그림이 하나 더 그려집니다. 세계적 탈냉전, 동아시아에서의 탈냉전의 지연이라고 하는 간극이 크지만, '동아시아 분단 체제론'이 가능할 것 같아요.

두번째로 민족과 국민의 문제를 어떻게 설명할 수 있는가? 거기로부터 국가와 사회의 관계를 어떻게 파악을 해야 하는가? 그 틀 속에서 시민권과 인권의 문제를 어떻게 국민-됨의 문제로 연결시킬 수 있는가? 이게 우리나라의 인문·사회과학의 최대 과제입니다. 그것이 어느 정도 윤곽이 잡혀야만 세계 학자들과 함께 이론적 수준에서 서로 얘기할 수 있고, 그쪽 모델과 우리 모델이 어떻게 같이 갈 수 있는가 말할 수 있는데, 우리 모델에 대한 생각이 없으면 미국이나 서구의 이론을 따라가기만 하게 되죠. 프랑스 모델이나 영국 모델 갖고 우리 모델을 설명하려고 하는데, 그렇게 되면 안 되죠.

우리가 한국의 분단과 통일을 생각하게 되면 민족주의 문제가 계속 나오는 거고, 다른 한편으로 대한민국이라는 국가가 갖고 있는 폭력성의 문제 때문에 국민주의 문제가 계속 나오게 되죠. 그런데 이 두 가지 다 내셔널리즘이라고 이름 붙여서 혼동해 버리면 엉망이라 이거죠. 서양적인 내셔널리즘이라는 개념을 무분별하게 갖다 쓰니까 국민과 민족 사이의 엄청난 간격을 못 보는 거죠. 우리가 국민주의적인 측면에서 국가폭력의 문제나 일국중심적인 시각에 대해서 비판을 하긴 해야죠. 우리의 경우에는 한편으로 보면 여전히 국가의 힘이 세고, 다른 한편으로 보면 아직도 국가가 안 만들어져 있고 하는 모순적인 상황에 놓여 있고, 이 모순적인 상황을 포착할 수 있는 개념을 외부의 이론으로 설명하기는 어렵지요.

세계의 중요한 사회발전론이나 근대화론을 접할 때 한국 모델의 문제를 항상 생각하게 됩니다. 서구나 아프리카나 남아메리카나 이런 사회와는 구별되는 한국 모델, 식민지 경험과 분단, 발전 모델, 한국의 통일 모델 이런 것들에 관한 개념이나 이론들이 제대로 나와야만, 쉽게 말해서 한국의 사회이론이 세계적 시민권을 획득하는 건데, 지금은 이와 거리가 멀지요. 세계 학계에서 한국에 대한 수요가 명백하게 있고, 요구가 있지만, 충분히 대답을 못하고 있는 것이죠. 그런 상황에서 인문학과 사회과학의 경계를 나누고 자기 영역을 고집하는 건 사치스러운 짓이죠. 해외에 널려 있는 인적 자원들을 적극적으로 끌어 안아야 합니다. 그래서 좁은 의미의 인문학의 위기가 아니라 넓은 의미에서 한국학의 위기로 의제가 설정되어야 하고. 그럴 때 그 인문학 위기의 핵심적인 본질이 뭐냐, 뭐랄까, 관념적이고 추상적인 이론의 적용이 아니라 우리의 경험을 바탕으로 해서 서양에는 없는 개념들을 어떻게 만들어 내고, 그 개념과 개념을 어떻게 연결해서 이른바 이론이라는 걸로 부를 수 있느냐 이런 문제가 아닐까. 이렇게 나는 생각해요.

김항 마지막으로 제가 드리고 싶은 질문은 인문·사회과학에서 80년대와 90년대 이후가 상당한 단절이 있는 것이 아닌가라는 건데요. 그것을 선생님 말씀하고 연관시켜서 이야기하신다면 어떻게 정리될 수 있을까요?

정근식 그건 넓은 의미에서 보면 단절이겠지만, 부분적으로는 80년대의 문제의식이 살아 있기 때문에 완전히 단절이라고 말하기 어려운 것 아닌가요? 물론, 내가 아까 말한 대로 우리나라에서 제대로 된 아카데미즘이라고 하는 것은 80년대 후반에 성립했어요. 그 전에도 중요한 선배들의 학문적 업적이 있지만, 그것은 제도가 아니라 개인의 노력으로 나온 저작들이고, 제도적으로 학계가 성립하고 있는 것은 87~88년 무렵 대학원이 제대로 틀을 갖추게 되는 시기죠. 사실은 한국 인문학, 인문·사회과학은 30년밖에 안 된 거죠. 대학원이 제대로 운영되고, 박사논문들이 국제적으로 인정받으며, 이것으로 세계의 유수한 대학에 취직할 수 있는 상황이 되어야 제대로 된 학문의 성숙이라고 할 수 있지 않을까요?

김항 국내의 대학원이 박사과정까지 틀을 잡고, 그 위에서 박사논문 쓰기 시작하는 거는 확실히 80년대 학번들 이후인 것 같아요.

정근식 미국이나 일본 수준에 걸맞는 질적 수준이 확보되는 것은 최근 일이죠. 물론 어떻게 보면 급속도로 우리나라 학계의 수준이 올라가고 있어요.

김항 양적으로도 팽창하고, 질적으로도…….

정근식 우리나라에서 작성된 박사논문을 영어로 잘 옮기면 미국에 있는 박사논문에 못지않아요. 그러나 이것은 학문분야 별로, 대학 별로 상당한 차이가 있는 듯합니다. 좁은 의미의 인문학은 자족적인 시장이 있기 때문에, 특히 문학이나 역사학 논문들은 훌륭한 것들이 많지요. 그 논문들을 사회과학자가 읽어도 아무 문제가 없고, 또 사회과학 분야에서 나온 논문들을 인문학자들이 읽어도 아무런 저항 없이 읽히고, 소통될 수 있는 보편적 수준의 논문들이 많이 나와야 하지요. 글 쓰는 스타일이나 전공의 차이를 문제 삼는 것은 옳지 않아요. 박사논문 수준에서 어떤 글을 쓰고 서로 커뮤니케이션하는가가 중요한 거죠. 그 논문이 국문과에서 나왔건 역사학과에서 나왔건 그런 거 하나도 안 따지고, "이거 참 잘 썼네" 할 수 있는 풍토가 중요합니다.

　궁극적으로는 우리의 역사학적 안목과 문학적 상상력, 사회과학적인 개념이나 이론이 서로 어울릴 때 비로소 한국학계가 있어야 할 자리를 찾게 되는 거죠. 박사논문이나 어떤 중요한 저작들은 그 사람이 무슨 과를 졸업했느냐가 중요한 게 아니고, 그 사람이 얼마나 잘 썼느냐가 중요해요. 최근에 그런 연구성과들이 상당히 보이고 있어요. 일장기 사건을 다룬 천정환 교수의 『끝나지 않는 신드롬』(푸른역사, 2005) 같은 책은 대표적인 사례지요. 사회과학과 역사학, 문학이 서로 어울려서 아주 별다른 지장 없이 소통이 가능하잖아요.

이혜령 오늘 말씀 감사히 잘 들었습니다. 그래도 마지막 질문은 약간 강조점이 있는 질문이었는데……. 저희가 여기서 과거사 청산의 문제, 선생님이 아까 말씀하신 큰 내셔널리즘과 작은 내셔널리즘의 차원 사이에서 사실 과거사 청산이라는 문제도 굉장히 격돌하는 이슈잖아요. 지금도 그런 것 같아요. 오늘 저희 질문에 훨씬 포괄적인 전망을 갖고 답변을 해주셨습니다. 저희가 굉장히 많은 상황을 알게 되었습니다. 감사합니다.

⁰³백영서
방법으로서의 동아시아

백영서는 서울대 동양사학과를 졸업하고 동대학원에서 박사학위를 받았다. 한림대 사학과 교수를 거쳐 현재 연세대 사학과 교수와 국학연구원의 원장이자 HK사업단 단장을 맡고 있다. 계간 『창작과비평』의 편집주간을 맡고 있다. 저서로 『동아시아의 귀환』(2000), 『동아시아의 지역질서』(공저, 2005), 『동아시아 근대 이행의 세 갈래』(공저, 2009), 『동아시아인의 '동양' 인식』(공편, 2010) 등이 있다.

어느새 동아시아란 용어는 국제정치나 지역학의 영역을 넘어 인문학 담론의 중심 주제로 시민권을 획득했다. 동아시아는 단순히 지도상의 일정 지역을 지시하는 기표를 넘어, 두 터운 질감을 지닌 역사적이고 문화적인 매트릭스로 자리 매김되었으며, 보편적 인간이해 로 나아가는 인문적 탐구의 주제영역이 된 것이다. 이런 변환을 주도한 이를 꼽으려면 단 연 백영서라는 이름을 떠올리게 된다. 중국사 전공자이자 '창비'의 주도적 지식인으로서 백영서는 한국의 인문적 탐구가 동아시아라는 맥락 속에서 새롭게 전환되어야 함을 역설 해 왔으며, 그것도 타이완이나 오키나와 등 주변으로부터 동아시아를 사유하는 가운데에 서 이뤄져야 함을 설득력 있게 제시해 왔다. 『창작과비평』 지면을 중심으로 동아시아를 역사적으로도 규범적으로도 한국 인문학의 주요 아젠다로 설정한 것이다.

　　백영서에게 인터뷰를 요청한 것은 이런 맥락에서였다. 동아시아라는 지역 혹은 개 념 혹은 범주가 주요 아젠다가 됨으로써 한국 인문학이 어떻게 변화했는지를 묻고자 했 던 것이다. 그런데 이 문제를 묻고 답을 듣는 일은 의외로 품이 많이 드는 일이었다. 애초 예상으로는 서구 이론 중심의 이식 학문이나 미국 지역학 중심의 오리엔탈리즘에 대한 비판 등이 이론적 배경으로 등장할 터였는데, 70년대와 80년대 한국 인문학과 민주화운 동의 숨은 이야기가 가장 중요한 배경이었음을 인터뷰에서 알 수 있었다. 물론 이론의 단 순한 이식과 오리엔탈리즘도 백영서가 제기한 동아시아 담론의 중요한 배경을 이루지만, 오히려 이른바 '창비 담론'의 연속선상 속에서 동아시아라는 아젠다는 제출된 것이며, 그 런 의미에서 한국 근대성과 민주주의에 대한 물음으로부터 제기된 문제설정임을 명료하 게 인식하게 된 인터뷰였다.

87년 전후의 민주화, 탈냉전의 내적 요인

이혜령 백영서 선생님, 첫번째 질문은 지난 세기말 한국사회와 인문학에 큰 변화요 인이었던 사회주의권의 몰락과 맑스주의의 위기라는 현상을 선생님께서 어떻게 보고 계셨는지에 관한 것입니다. 89년에 천안문 사태가 있었고, 동구권이 몰락했습니다. 분단국가인 한국에서 중국 근현대사를 공부하신 선생님께서는 이 일련의 사건들을 더 복잡하게 해석하시지 않았을까 하는 생각이 들어서요.

백영서 그 질문에 답하기 전에 하나 질문의 전제에 대해서 말할 필요가 있어요. 89년 이후에 우리의 지식인 사회 내지 좁게는 인문·사회 분야에 지각변동이 있었고, 어떤 지적인 상황이 바뀌면서 패러다임이 바뀌었다는 그 관찰은 맞습니다. 그 원인을 들자면, 물론 일차적으로 89년 이후에 냉전질서가 깨진 것을 중요하게 얘기할 수 있겠지요. 물론, 그것에 대해서도 동아시아는 냉전이 유지되고 있기 때문에 전 세계적인 냉전하고 동아시아 냉전하고는 시차가 있다는 얘기까지도 할 수 있지만, 그거 자체를 여기서 얘기하고 싶은 것은 아니고요. 또 하나는 "국내적 요인이 있다", 그러니까 '87년 체제'라는 개념으로 창비 그룹 등이 설명하는 요인이 있습니다. 그에 대한 본격적인 얘기를 않고서라도 87년 전후한 시기부터 진행된 한국의 민주화라는 요인은 아주 중요합니다. 1987년 6월항쟁으로 시작된 민주화 이행은 구체제를 제대로 청산한 이행이 아니라 구체제와의 타협에 기초한 이행이었지만 그것이 내포한 긍정적 동력은 한 시대의 전환점을 이루었어요. 물론 그 동력이 차츰 소진되면서 나중에 여러 사회세력간에 일진일퇴를 거듭하는 '나쁜 교착상태'에 이르게 되었지만요. 어쨌든 세계사적인 변화인 냉전이 깨지는 탈냉전만 인문학 지각변동에 작용한 게 아니고, 그것을 받아들이기 좋은 내부적인 계기랄까, 요인으로 내부 민주화가 있었다는 거지요. 이래서 두 가지가 상승 작용을 해서 70~80년대의 우리 인문·사회과학을 주도하고 있던 지배적인 담론이랄까요, 민중에 대한 관심 또는 민족에 대한 관심 같은 것을 돌아보게 되었는데, 즉 그것이 과연 계속 유효한 것인지를 반성하게 되었지요. 이혜령 선생님 질문대로라면 외부적인 요인 하나만 얘기하는 게 아닌가 싶습니다. 외부 요인을 쉽게 받아들일 수밖에 없게 한 내부적인 요인이 있었다고 생각할 수 있어요.

한 가지 예를 들면요. 제가 정확한 날짜나 연도가 기억이 안 나지만, 이미 돌아가신 조영래 변호사가 민주화운동 열심히 하던 분이고, 여러분 다 아시다시피 전태일 사건을 발굴한 분이고, 끊임없이 운동한 분이고 그렇잖아요. 그분이 89년이 되기 전에 해외여행을 하고 돌아와서 "이미 크게 변하고 있다. 외부도. 우리도 내부적인 민주화가 되는 과정에서 더 변해야 된다. 외부적인 요인을 적절히 받아들여서." 이런 얘기를 일간지 칼럼에서 썼어요. 그런데 사람들이 그 얘기는 별로 귀를 안 기울였어요. 그때 많은 사람들이 외국을 가지 않았을 뿐만 아니라 외부 요인의 변화를 절감하지도 못했고, 내부적으로 민주화가 진행되면서 내부의 분파들이 심해져서 사회주의권의 변화를 충분히 꿰뚫어볼 수가 없었어요. 그럼에도 불구하고 이미 그런 예언이랄까, 예감들을 하고 있었던 것처럼 내부 요인과 외부 요인을 같이 봐야 되는 게 아닌가가 먼저 제가 하고 싶은 얘기고요.

다음으로 제가 하고 싶은 얘기는, 89년에 천안문 사건에 대해서 어떻게 생각하고 그것이 우리에게 어떤 영향을 미쳤냐는 질문에 대해서입니다. 어떻게 보면 방금 얘기한 거랑 관련이 돼요. 87년에 민주화가 진행되면서 급진적인 인문·사회과학 진영이랄까가 분화되기 시작했죠. 분화를 잘 보여 주는 예로 천안문 사태에 대한 반응을 들어보죠. 광화문 세종문화회관 뒤쪽에 —— 지금은 없어졌습니다만 —— '논장'이라는 서점이 있었는데, 당시에 운동권들이 거기에 가서 자료를 구하거나 책이나 복사본을 샀어요. 거기서 운동권 팸플릿들도 많이 사고 그랬는데, 그때 어느 진영에서 낸 팸플릿에 보면 —— 저는 지금도 가지고 있어요. 나중에 글 쓸 때 활용하려고 —— 천안문 사태를 보고 뭐라고 논평을 했냐면, 자기네 팸플릿, 자기네 정파 이름을 내건 그 그룹의 팸플릿에서 공산당 무(無)오류설, 말하자면 교황 무오류설처럼 공산당 무오류설을 제기하면서 공산당이 그럴 리가 없다 이거야.

이혜령 학살했을 리가 없다는 거예요?

백영서 뭔가 보도가 잘못 됐든가 아니면 그럴 만한 이유가 중국공산당에게 있었을 것이란 얘기를 한 거죠. 당시에 대개는 양비론으로 가고 이랬는데, 이런 주장을 하는 그룹도 있었어요. 그 자료를 제가 지금도 갖고 있으니까.

이혜령 그 그룹 이름이 뭐죠?

백영서 지금 기억을 못하겠어요. SR인가 그랬어요. 그때가 바로 이런 그룹까지 있는 상황이었단 말이에요. 그러다가 동구권이 무너지면서 물론 직격탄을 맞지. 그런 점에서 보면 그 사람들은 상당히 오래 갔죠. 천안문 사태를 지켜보면서 저 자신도 좀 곤란스러웠지요. 솔직히 말하면 제가 지금 얘기한 예처럼 그런 입장도 있고 저런 입장도 있고 다양한 입장이 있죠. 주류

신문의 일부는 자유주의 입장에서 무조건 "공산당이란 게 그렇다. 인민의 군대가 아니었다." 이런 식의 반공적인 입장에서 비판한 경우도 많죠. 그렇지만 정반대의 극단도 있는, 수많은 관점의 스펙트럼이 아주 혼란스러웠어요. 그 속에서 저도 사실은 당황했었다고 얘기할 수 있어요. 당황했지만, 제가 돌이켜보건대 중국사 연구자로서 ─ 제가 훈련받은 서울대의 민두기 교수의 얘기와 연결하자면, 그분은 "연구대상과 일정한 거리를 둬야 된다. 연구대상과 자기를 너무 쉽게 일치시키는 건 적절치 않다"는 얘기를 했는데, 그런 입장을 받아들여 기본으로 깔고 있는 ─ 저의 입장에서는 아까 얘기한 공산당 무오류설은 도저히 받아들일 수 없었죠. 이건 문제가 있는 거라고 생각을 했는데, 정확한 진상은 그 당시 상황에서는 알 수가 없었어요. 다만 공산당에 대해서 전면적으로 비난하기는 부담스러운 상황이었다고 얘기할 수가 있겠어요.

천안문 사태와 동아시아 탈냉전

백영서 제가 90년 여름에 미국을 갔어요. 하버드대 옌칭연구소에 갔는데, 천안문 사태가 난 바로 1주년 뒤죠. 가서 내가 생각하고 있던 것하고 미국에 와서 보는 거하고 시차가 있구나라는 걸 절감했어요. 미국에 간 건 내 박사논문을 써야 된다는 목적도 있었지만, 그동안 보지 못했던 소위 좌파 서적, 공산당에 관한 거라든가 다른 좌파 서적을 본격적으로 보고 싶다는 목적도 있었어요. 그 당시에 하버드 스퀘어(보스턴 지하철의 하버드역 앞의 광장) 앞에 '레볼루션'이란 서점(Revolution Books)이 있었어요. 지금도 있는지 모르겠지만. '레볼루션' 서점에 가면 좌파 서적들을 다 살 수 있었어요. 그 당시 한국 학자들은 하버드 대학이 있는 케임브리지에 가면 두 군데를 으레 들른다고 하는 얘기가 돌았어요. 하나는 '레볼루션' 서점에 가서 그런 책을 사는 것이고, 또 하나는 보스턴 시내 차이나타운에 포르노 보러 가는 것이죠. 둘 다 한국에서는 금기시되는 것이어서 그 두 곳을 가는 게 보통 코스였다 해요.

이혜령 그 매치가 참 절묘하네요.

백영서 저도 두 곳을 다 가 봤는데, 그 중에 먼저 간 것이 레볼루션 서점이었죠. 그리고 나서 '하버드 북 스토어'라고 하는 대형 서점에 가보니까 내가 보고 싶었던 중국 관계 책들은 이미 헌책방에서나 살 수 있는 책들이 되었죠. 신간으로 깔린 책들은 대부분 천안문 사태를 주도했던 사람들이 막 미국에 망명와서 "나는 홍위병이었다"라든가 "나는 뭐였다"라든가 하는 식으로 쓴 책들, 공산당을 비난하는 개인 수난사를 다룬 책들이죠. 그런 책들이 약간 잘 팔리는 책으로 마케팅되어서 팔리고, 내가 보고 싶었던 책은 헌책방에서나 볼 수 있더군요. 그래서 '야, 이거 정말 심각한 상황이구나. 이렇게 변화가 심하구나'라는 생각을 하게 됐어요. 하나만 더 얘기하면 지금 말씀드린 89년, 90년이 민감한 시기이기 때문에, 제가 하버드 옌칭 돈을 받아서 미국을 갈 때만 해도 부담을 느꼈었어요. 미국 돈 받아서 가는 거에 대한 부담이 있었는데, 갔다 오니까 사람들이 확 변했어, 많은 사람들이 그 돈 받고 가고 싶어 하더군요. 어떡하면 옌칭 돈을 받을 수 있는가를 저한테 묻고.

김항 돌아오신 게 몇 년도죠?

백영서 90년 여름에 가서 91년 여름에 돌아왔어요. 90년에서 91년도 사이에 지식인 사회가 확 변하는데, 이를테면 좌파 경제학자인 선배가 하이에크(Friedrich von Hayek)를 읽어야 된다고 얘기하더라고요. 실명을 대면 다 알만한 분인데, 그런 식으로 급변하더라고. 나는 딱 1년 만에 돌아왔는데, 하이에크가 갑자기 뜨더라고요. 요즘 아감벤이 뜨는 식으로 갑자기 하이에크가 뜨더라니까. 70~80년대에는 하이에크 책은 『노예의 길』 등등해서 반공서적이라고 생각했었거든요. 그런데 그게 뜨더라고. 새로운 해석을 해야 된다고. 이미 시작이었죠. 급변하는 분위기였고, 저도 급변하는 분위기에서 많은 것을 고민하게 되었다, 이렇게 얘기할 수 있겠네요.

이혜령 87년 전후의 민주화가 진보적인 지식인 그룹들이 갖고 있었던 개념들, 민중이라든가 계급이라든가 이런 것들을 상대화시키는 데 기여했다는 말씀이신 거죠?

백영서 시작이 되었어요. 시작했는데, 분파적으로 시작이 된 거지. 그러다가 90~91년 들어오면서부터는 외부 영향을 받아서 전반적으로 변화가 생기는 거죠. 그러나 이미 내부적으로 분화가 되면서 ── 조영래 변호사 얘기도 했듯이 ── 이미 자기성찰들이 시작이 되었다. 그러나 그것이 전면화되고 확실하게 변하게 된 것은 역시 탈냉전을 보면서부터다, 라고 얘기할 수 있겠죠.

김항 타이밍이 굉장히 절묘한 것 같습니다. 87년에서 91년 사이에 한편에서는 사상통제가 어느 정도 풀려 사회주의 사상에 접할 수 있게 되고, 또 외국에 나가서 사회주의를 직접 체험할 수 있는 시점이었고, 다른 한편에서는 사회주의가 전 세계적으로 비판을 받는 시점이었으니까요. 두 가지가 동시에······.

이혜령 천안문 사태를 계기로······.

백영서 완전히 바뀌더라고요. 저는 미국 가서도, 그런 변화를 보면서 그것도 아니라고 생각은 했어요. 왜냐면 천안문을 수난자의 시각에서만 보더라고요. 문혁(文革)에서 천안문으로 이어지는 수난자의 입장에서만 중국혁명을 보는 거예요. 내가 너무 '뉴레프트'(New left) 입장에서 문혁을 보던 것도 문제였고. 근데 뉴레프트는 헌책방에만 있는 입장이 되어 있었고. 그렇다고 천안문 사태의 희생자 내지는 문혁의 희생자라는 시각, 문혁에서 탄압받은 사람들의 입장에서 지식인들이 "나는 홍위병이었다"라는 식으로 증언하는 것만이 중국 현대사를 다 설명하는 건 아니지 않은가, 양자의 균형을 잡아야 하는 게 아닌가 하는 고민이 들었어요. 중국도, 중국의 현실도 상대적으로 봐야 한다는 거죠.

김항 그 고민, 그 감각을 그전까지 선생님께서 계속 몸담아 오셨던 한국 인문학계로 역투사해서 보시면, 어떤 부분이 변화했다는 실감 같은 게 있겠지요?

백영서 이런 거죠. 예를 들면 70~80년대만 해도, 특히 80년대 들어오면 민중민족주의가 부상했죠. 그러다가 민중민족주의에서도 민족이 좀 탈락되죠. 민족을 얘기하면 '쁘띠부르주아지적'이라고 비난을 하고. 누가 민중이고, 누가 더 계급적이냐 가지고 논쟁을 한 거거든요. 그 절정의 하나가 문학판에서는 이른바 PD계열의 노동해방문학의 출현이잖아요? 그리고 알다시피 주사파 그룹엔 『녹두서평』이 있었고, 그렇게 양극이었단 말이야. 그래서 그 사이에서 다양한 스펙트럼이 나오기가 참 어려웠어요. 양 극단밖에 없는 것 같은 상황에서 어디에 조금 더 가까우냐 아니냐로 이분법화됐다고 할까. 그러나 적어도 87년을 지나면서는 그게 여전히 큰 영향을 미쳤지만, 더 많은 스펙트럼이 벌어지기 시작한 면이 있었어요. 스펙트럼이 벌어진다는 건 "다 맞는 건 아니구나. 뭔가 다 문제가 있겠구나"라는 걸 이미 알게 되는 거지. 상대화해서 보는 거죠. 민중민족주의 문제만 해도 예를 들면 창비에서 민족민중문학을 줄곧 얘기하고 그러면 계속 젊은 친구들은 '쁘띠부르주아지'라고 비난했지요. 그런 상황에서 89년에서 시작해서 90년대 지나면서부터는 그 중에 급진적인 것들은 가라앉게 되는 거고, 중간에 있던 주장들이 다시 뜨는, 그런 양상이 생겼어요. 저는 분화 자체가 이미 상대화하는 과정이 아닌가 하고 보는 거죠. 그것이 민주화 덕이고, 그것을 전면적으로 표출시킨 거는 외부의 탈냉전이라 할 수 있죠.

이혜령 저희는 이전까지 선생님이 분화라고 얘기한 것을 정파난립이라고 이해하고 있었는데, 이것을 분화라고 본다면 오히려 그 이전에 경직되어 이론화되거나 얘기되지 못하던 것들이 이야기되기 시작한 것이라고, 그것이 민주화를 겪은 경험의 소산이라고 봐야 된다는 말씀으로 정리하면 될 거 같아요.

민주화운동의 부채와 대학제도

김항 지금까지 선생님이 보충해 주신 부분이 넓은 의미에서의 진보진영, 혹은 세대적으로 선생님까지 포함하신 그 시기의 젊은 세대들의 문제였다면, 다른 한편에서는 제도권 학문과의 연관성은 어땠나요?

백영서 그 당시의 학술사나 지성사에 대해 지금 제가 하는 HK연구단(연세대 국학연구원 인문한국사업단)에서도 연구 대상으로 삼을 수 있고, 다른 분들도 같이 하면 좋은데……. 당시의 학술사나 지성사를 돌아보면 담론의 헤게모니는 거의 비제도권에 있었다고 봐요. 누구죠, 김원인가? 그가 쓴 책을 보면 운동권이 도덕적인 정당성을 가지고 있었기 때문에, 대학가나 지식인 사회에서 운동권이 담론의 헤게모니를 잡고 있었다는 게 잘 분석되어 있어요. 그때 제도권 교수라는 사람들은 물론 힘 ——제도권 내에서의 인사권이니 교수채용권 —— 은 가지고 있었지만, 실제 담론에선 아무런 힘이 없었어요. 서양이론이거나 반공 아니면 근대화론에서 크게 벗어나지 못했기 때문에 그냥 '학문을 위한 학문'이 중요하다, '학문은 순수해야 한다'는 원론을 주장하는 것 말고는 설득력 있는 주장이 없었어요.

실제로는 저는 주의 깊게 보는 것 중에 하나가 그 당시 70~80년대 학번들이 미국 유학을 가도 미안해 하면서 가는 분위기였고, 이쪽에서 뭘 요구하면 다 보내주게 되어 있어요. 늘 그런 미안한 감정, 부채감을 갖고 있었다는 거지요. 말하자면 현장에서 도망가는 느낌이었죠. 굳이 공부를 하고 싶으면 학술운동을 하고, 학술운동을 택하려면 국내에서 대학원을 가야지, 외국을 간다 ——특히 미국을 간다 그러면 엄청 죄의식을 느끼는 거예요. 평생 부채감을 느끼고 있어요. 노무현 정권 말기, 대선 와중에 이대 정치학과 교수 한 분이 칼럼을 쓰면서 한 말이 기억나요. 뭐라고 썼냐면, 청와대에 들어가 있는 비서관 친구 한 명을 거론하면서 자기는 "미국 가서 공부하면서도 늘 그 친구한테는 부담을 느꼈다. 지금은 부담을 털었다." 이거야. 그 친구가 청와대 비서관 하다가 부패해서 돈을 많이 먹었다 이거야. 그게 결국 그놈도 "권력을 장악하기 위해서, 권력 가까이 가기 위한 한 방법이었지, 도덕적으로 정당할 이유가 없다. 이제 나는 걔한테 떳떳하다. 나는 나대로 해왔다." 그런 얘기를 했어요. 칼럼을 보고서 저는 이해가 갔어요. 그 사람 설명이 이해가 간다는 게 아니고, 그동안 얼마나 오랫동안 부채감을 느꼈을까 하는 거죠. 그런 정서를 그 당시 사람들이 가지고 있었다는 하나의 예인 셈이죠.

그렇기 때문에 비제도권 담론이 정당성을 확보하고 있었다, 그리고 그것이 제도화된다고 할까? 제도 안으로 진출될 가능성도 꽤 있었어요. 선명하게 기억나는 게 당시 일부 대학에서는 대학원생들이 과목을 선정할 수가 있었어요. 한두 과목은 자기들이 개설하고 원하는 교수를 불러다가 할 수 있었죠. 저 보고도 한번은 중국혁명에 대한 강의를 해달라고 했는데 ─내가 안 했지만─ 아무튼 그런 일도 있었어요. 그게 발전해 유학과 교수 하나 뽑으면 국내 교수파 하나 뽑는다는 게 90년대 전반기까지는 유지가 되었어요. 서울대 사회학과는 그 여파로 ─지금은 깨졌습니다만, 그게 90년대 전반까진가는 그랬어요─ 정확하게 기억은 안 나는데, 국내 박사가 임용된 경우가 있어요. 물론 그것이 결정적으로 중요한 요인은 아니지만 외국 박사 하나에 국내 박사 하나 균형을 잡으려고 했던 작은 예였고, 나중에 좌절되고 말았지만, 80년대에 그런 분위기가 있어서 제도 안으로 진출될 여지는 있었다는 말이죠. 그런데 그것이 집단적인 형태로는 제도화가 성공하지 못한 상태에서 각 개인이 약진해서 제도로 들어간 거죠. 저처럼 교수가 된다든가 하는 식으로. 그래서 제도 안에 편입된 것처럼 되어 버린 모양이 됐지만 말입니다.

이혜령 선생님 말씀 듣고 보니까 ─제가 89학번이거든요─ 제가 대학 다닐 때가 교양과목이 지금보다 훨씬 많았어요. '민중생활과 문화', '사회주의의 이해' 그런 식의 과목이 많았던 것 같네요.

백영서 전공으로 과목을 못 맡아도 교양과목은 했고, 연대 사학과만 하더라도 2008년에 돌아가신 방기중 교수가 ─저보다 후배입니다만─ 시간강사 할 때, 강의 내용을 학생이 집에 가서 얘기했는데, 그 내용 일부가 문제가 돼서 조사받고 이런 적도 있거든. '교양한국사' 강의에서 말이죠. 80년대의 젊은 학자 그룹들이 대학에 막 시간강사로 진출하는 시기에 일어난 사건이죠.

근대성과 중국: 70년대 근대극복 모델로서의 중국의 부상

이혜령 선생님, 이제 근대성 연구에서의 중국이란 무엇이었는가에 대해서 이야기를 좀더 듣고 싶습니다. 한국 인문학 전체 차원에서 근대성 논의의 참조틀은 으레 일본이지 않았습니까?

백영서 일반적으로는 그렇죠. 일반적으로 주류적인 학계, 인문학계나 사회과학계의 주류에서는 중국이 참조대상은 되지 않았죠. 그건 저도 인정을 해요. 그런데 제 경험을 돌아보면 오히려 명료한 근대성 논의가 나온 건 90년대 이후예요. 사회주의가 몰락한 이후에 근대성 자체를 다시 봐야 한다고 생각한 거죠. 그게 중요한 이유는 우리는 이미 역사발전 단계에서 근대 이콜(=) 부르주아 사회, 자본주의 사회로 보고, 사회주의 사회로 넘어가는 건 근대 이후라고 본 거죠. 사회주의화 되면 근대 ──용어를 현대라고 부르든 당대라고 부르든 관계없는데 ──의 문제는 이미 넘어선 사회 ──포스트모던이랄까 ──로 들어간 것으로 이미 다 전제하고 있었어요. 근대성이란 논의를 할 필요가 없었던 것이지요. 근대는 좁은 의미의 근대화론 비슷한 것, 자본주의화라고 생각한 거죠. 근대 이후에 대해서는 "늘 생각했다. 그건 답이 있어. 사회주의야. 간단해." 이렇게 하나의 과제가 있다고 단계론적 생각을 했어요. 단 거기서 차이가 뭐가 있냐면, 적어도 중국에 관심 갖는 사람들은 제도권 학계에서 중국학 한다는 좁은 의미가 아니라 진보적인 사회과학계의 사람들이죠. 지금 우리 또래에서 중국을 공부하기로 결정한 사람들의 상당수는 "소련 모델은 아니다. 물론, 근대 이후를 생각하기 때문에 근대를 넘어서야 되는데 ──그건 사회주의 단계인데 ──소련 모델은 아니다"라고 봤어요. 그건 서구의 변형이라고 봤고. 중국 모델, 즉 중국혁명 모델은 근대를 넘어서는 다른 방식이라고 봤어요. 그래서 문혁에 빠졌어. 문혁에 빠지도록 만든 서양의 뉴레프트들이 많았고, 이름을 대면 알 만한.

　우리나라에서 최초로 엮인 대표적인 책이 리영희 선생의 『8억인과의 대화』(창작과비평사, 1977)예요. 그 책에 래티모어(Owen Lattimore)에서부터 페르피트(Alain Peyrefitte) 같은 여러 사람의 글을 모아 놓은 게 단적인 예지요. 문혁이야말로 '인류의 새로운 실험'이라고 봤고. 예를 들면 동서가 만나고 전통과 근대가 만나며 정신노동과 육체노동이 결합하여 새로운 걸 이루는 것은 중국이라고 봤어요. 의학을 얘기해도 한의학과 양의가 결합해서 동서화합을 한 의약을 만들어 낸 게 문화대혁명이고, 또 도시 중심으로 한 소련식 모델과 달리 마오쩌둥의 모델은 농촌이 도시를 포위하는 거 잖아요. 실제로 인민공사 같은 집체화를 통해서 도시와 농촌의 문제가 해결됐다고 봤어요. 소련 모델이 근대를 넘어섰다고 하면서도 서구문명의 패러다임에 갇혀서 해결하지 못한 많은 문제를 문혁은 해결했다고 봤어요. 그걸 서구 사람들이 증언하고 있었고, 개인과 집단의 문제나 물질주의와 도덕의 이분법도 지양할 수 있다는 기대를 중국에 걸었기 때문에 저 자신도 중국을 공부하게 됐고.

　이렇게 중국이 근대극복의 한 모델이라고 생각을 했기 때문에 80년대 한국에서는 중국 얘기가 지배적이었어요. 나중에 80년대 중반 넘어서면서는 ─ 시기를 정확히는 기억 못하겠는데 ─ 중국의 개혁개방의 실상에 대해서 잘 알아서라기보다는 중국은 대안이 아닌 것 같다는 분위기가 번지면서 중국보다는 북한 쪽으로 쏠리는 경향이 강해졌죠. 주사파가 나타나면서 주류화되고 극소수의 PD그룹은 중국보다는 소련을 선호하고 그랬죠. 그렇게 갈라지기 전에는 모든 지식인들은 중국 쪽이었다고 할 수 있죠.

이혜령 리영희 선생님의 등장이 상징적이었네요.

백영서 우리 정서에 맞았어요. 도시 모델도 아니고, 국가주도 모델도 아닌 식으로 인민주의 요소가 있었죠. 그래서 중국 얘기가 지배적이었어요. 책도 판금에 아랑곳없이 엄청나게 팔리고.

김항 그때가 중국 내부에서는 문혁이 이미 비판되고 있던 시점이죠?

백영서 지금 보면 그렇지. 지금 돌아보면 시차가 있는 거죠.

김항 중국 내부에서 청산이랄까, 문혁에 대한 역습이 있고 난 다음인데, 남한 지식 사회에서는 문혁에 대한 판타지가······.

백영서 그렇게 간단히 말할 수는 없어요. 적어도 80년대 중반 이후는 중국의 변화(78년 이후의 개혁개방)에 대한 소식이 들려왔으니까 조심스럽게 말해야 할 거예요. 그래서 다른 게 없나 하다가 북한이나 소련으로 눈이 가는 건데, 그럼에도 불구하고 많은 사람들이 중국혁명에 대해서 뭔가 존경이랄까 외경하는 마음이 있었기 때문에 아까 말한 대로 89년에 천안문 사건에 대해 공산당 무오류설까지 말하는 그룹이 존재할 수 있었던 것이겠지요. 어찌 되었든 70년대 중반서부터 한국의 전반적인 분위기는 중국 모델에 대한 지향이 강했죠. 그러니까 소련 모델에 대해서는 이미 많은 사람들이 스탈린을 비판한 게 있으니까, 환상이 일찍이 깨졌죠. 반공 교육장에서도 흔히 들을 정도였지요. 그래서 흔들리다가 '그러면 중국 이건 맞다, 우리의 모델이다'라고 생각을 했어요.

이혜령 중국 모델의 퇴각과 주사파의 등장을 함께 말씀하시니 참 재밌네요.

백영서 중국 좋아하는 사람이 주사파 하기 쉬워요. 모두 동아시아적 근대 극복의 모델이거든. 심정적으로 가깝죠.

김항 김지하 시인이 막걸리, 고무신 정서하고 중국 모델이 어울린다고 했다지요?

백영서 잘 어울려요. 나도 75년에 감옥에 있을 때 영등포교도소에서 김지하 시인과 함께 있었어요. 내가 대학 3학년이고, 서울대에서 동양사 공부하고, 중국혁명에 관심 있다, 했더니 그분이 "나가서 너는 중국을 계속 공부해라. 중요하다. 우리의 나아갈 길을 찾는 데 중요한 모델이고, 그러니까 너는 전문적으로 공부해라"라고 하면서 나가서 만나야 할 사부님이 계시다 하고 소개해 준 게 바로 리영희 선생이지요. 나는 감옥에서 나오자마자 선생을 찾아가서 따로 배우기도 하고 『8억인과의 대화』 만드는 데 도와드리기도 하고, 말하자면 제도 바깥에서의 사제 관계를 맺은 거죠.

김항 이런 말씀은 다른 지면에서 하신 적 없으시죠?

백영서 없지요. 이제 말하는 거죠.

중국혁명사, 공산당사에서

이혜령 선생님, 근대성 논의가 중국 근현대사 연구의 지형을 어떻게 변모시켰는지에 대해서도 묻고 싶습니다. 이전에 중국 모델이라고 하는 게 근대 극복, 탈근대에 대한 전망을 제시해 준 것이라고 한다면 선생님이 앞에서 이야기하신 87년의 내적인 변화, 89년 지나고 90년대에 들어가면 세계사적으로 역력해진 변화 속에서 중국 근현대사에 대한 연구도 많이 변했을 거라고 생각하거든요. 국내 학계에서도요. 그런 변화들은 무엇이었는지를 설명해 주시면 좋겠습니다.

백영서 중요하지만, 대답하기 만만치 않은 문제군요. 저도 이런저런 글도 써 보고 그랬는데. 돌아보면 80년대 냉전의 그런 분위기에서 한국에서의 중국사 연구, 중국의 근현대사 연구는 자유주의적인 입장에서 연구할 수가 없었어요. 거의 보면 반공적 입장, 국민당의 역사관에 입각해 중국사를 보는 게 주류였어요.

중국 근현대사 연구자는 적지만 있었죠. 대개 대만에서 공부하고 온 사람들이라 중국 근현대사, 많이 내려오진 않더라도 19세기 후반에서 20세기 전반의 역사는 대개 국민당 사관에서 보는 게 주류였어요. 그걸 새롭게 보려고 하면 자유주의적인 시각에서 보는 거고. 대표적으로 민두기 선생이 그런 분인데. 그러나 젊은 사람들은 그런 게 마음에 들 리가 없잖아요. 아까 얘기한 대로 『8억인과의 대화』 같은 책을 읽고 혁명사를 공부하고 싶은데, 대학 강의를 들으면 시시하고 혁명은 얘기도 안 하고 20세기 전반기 조금 하다 말고, 대학원 가도 그런 거 하지 말라고 하고. 독자적으로 스터디 그룹들을 만들어서 제도권 바깥에서 따로 공부를 많이 했죠. 그런 분위기가 대학 안에 영향을 미치게 되잖아요. 80년대 학번들 보면 전반적으로 혁명을 공부하고 싶은 거야. 공산주의 운동사를 공부하고 싶고, 이런 사람들이에요. 그 당시 사람들 분위기, 지금 40대 후반~50대 초반 사람들의 석사 논문 같은 걸 보면 주석에 레닌도 인용하고 하는 사람이 많았어요. 그렇게 다 혁명을 연구하는 분위기였고 계급분석을 얘기하고 사구체논쟁 얘기하고 하는 그런 분위기였어요. 그러니까 교수들하고는 안 맞는 거지, 교수들은 (학생들 보고) 이런 놈들이 있나 이렇게 되고. 서울대에서 늘 싸웠어요. 교수들하고 학생들하고 갈등이 심하고 그랬죠.

그런데 민두기 교수는 학문적인 자신감이 강하기 때문에 학생들 관심사를 있는 그대로 허용하지는 않지만, 살살 유도를 해나가는 거예요. 구체적인 얘기를 해야 실감날 수 있겠지요. 예를 들면, "바로 공산당 연구하려고 하지 마라. 오히려 공산당이 공격했던 대상부터 연구해라. 그게 역사를 구조적으로 이해하는 데 훨씬 더 도움이 된다. 그러니 군벌부터 연구한다든가 해라. 그런 지배층이 자기 나름대로 어떻게 해나갔는지 분석해라. 또는 현대사를 새롭게 보기 위해 국민당 좌파 연구를 해라." 이렇게 지도했어요. 그건 일본 학계의 흐름도 비슷했어요. 78년 이후에 일본 지식인 사회에서 마오쩌둥 사관이 무너지면서 바로 나온 사람들이 억압당한 제3의 길에 관심을 갖죠. 국민당 좌파라든가, 30년대에 나타났다가 억압당한 사회민주주의 경향, 국민당과 공산당 사이에서 억압당했던 제3의 길에 대한 관심을 갖게 하고, 그걸 통해서 국민당 사관이나 공산당 사관 양쪽을 재수정하는 방향으로 나아가라고 권장해 주었죠.

그래서 그런 주제를 연구한 사람들도 있고. 아니면 그 당시 대두한 한국의 민중운동에 촉발되어 20세기 전반기 중국의 농민·노동자·학생·여성 같은 사회세력을 연구 대상으로 삼아 중국혁명을 새롭게 보려는 사람들도 나왔죠. 그래서 80년대 학번들 보면 중국사의 경우 어느 학교 출신이건 거의 그렇게 1920년대의 국민혁명, 연합전선으로서의 국민혁명이고 국민당 좌파든가 사회집단 연구들을 많이 했죠. 그게 제3의 길 찾는 거하고도 관계가 됐지만, 또 하나는 나중에 세계 학계의 흐름하고도 연결이 돼요. 90년 여름에 미국을 갔더니 시민사회(civil society) 연구가 새로운 붐이었죠. 89년 냉전 종식에서 나온 게 자유노조(Solidarity)운동이니 뭐니 시민혁명으로 본 거 잖아요. 시민사회나 시민단체들의 대두를 보면서 이게 어떤 맥락에서 나온 거냐, 역사적 배경 없이 돌출된 건 아니지 않냐 해서 시민사회 연구가 나왔는데, 중국사 분야도 마찬가지예요. 천안문 사태가 어떻게 갑자기 튀어나왔을까, 또 그 한계는 뭘까, 이것을 역사적으로 설명해야 되는 거 아니냐고 하는 거죠. 10년간은 그게 유행이었어요. 지금은 가라앉아 버렸는데. 공론장(public sphere)이나 시민사회 논의 그것과도 결과적으로 보면 관련이 되더라고요.

다양한 사회집단들 ──정당만 연구하는 게 아니고── 의 대두가 그런 정도로 이루어졌는데, 한국에서는 논의의 한계라고 할까, 달리 말하면 논의의 특징이 근대성 자체 문제를 깊이 파고드는 데까지 가진 않았다는 거예요. 역사 자체가 그렇기도 하지만 다른 나라 학계와 달리 그것에 대한 사실 규명하고 재구성하는 데까지만 갔지, 그 당시 공산주의 근대 모델로 혁명을 생각했던 게 무너진 다음에는 근대 자체에 대한 탐구로 좀더 깊이 들어갔어야 하는데 그렇게는 가질 못했어요. 지금까지도 그래. 그런 논의는 잘 안 해. 오히려 문학, 중국문학이나 이런 데서는 다른 나라 연구들 영향을 금방금방 받아서 중국에서 근대라는 게 뭐냐, 이런 논의들을 조금씩은 하고 있지요. 요즘 경향을 보면 중국적 근대를 묻는 건 다분히 전통과 연결시켜서 설명하고 중화제국이랄까 그 제국성에 대한 물음으로 이어지죠. 그래서 논의가 좀더 복잡해지는 그런 면이 있죠.

이혜령 정작 묻고 싶은 질문을 선생님께서 먼저 꺼내셨습니다. 김철 선생님이나 임지현 선생님이 제기한 근대성 논의 이후 진행 과정들에 대해서는 어떻게 생각하시는지요?

백영서 탈근대 논의 말이죠?

김항 다케우치 요시미(竹內好)에 빗대어서 생각해 보면 선생님께 중국은 '방법으로서의 중국'이었던 것 아닐까 생각합니다. 선생님께서는 중국을 통해서 한국에서의 90년대 이후 근대성 논의에 대한 근본적인 문제제기를 시도하셨고, 이후에 동아시아론으로 이어지는 궤적이 나오는 것 아닌가요?

이혜령 이렇게 이어지지 않나 합니다. 국민국가 비판론이 어떻게 보면 국민국가에 대한 재현성을 더 강화시키면서도, 한편으로는 그것으로부터 벗어난 주체가 가능한 것처럼 하는 양상이 있었다고 봅니다. 선생님께서는 '단위로서의 국민국가'라고 하는 문제를 중국 국민혁명을 통해 이야기하셨고, 그 다음에는 20세기 초반 한국과 중국에서의 근대에 대한 상상이 왜 국민국가의 상상으로 제출되었는가를 비교하셨고, 그건 선생님이 말씀하신 근대극복이라고나 할까, 아니면 탈근대라고나 할까, 그런 지향과 만나는 것 같아요. 그런데 최근 국민국가 비판론은 과연 근대 극복의 상상이 있었는가, 이런 차원에서 한번 두루 얘기를 해주시면 좋을 것 같아요.

백영서 정리해 볼게요. 두세 가지로 얘기할 테니까 연결시키고 싶으면 해보세요. 우선 중국 연구자로서 저는 중국 현대사에서 시작해서 동아시아로 넓혔다, 이렇게 스스로 정체성을 정리하는데, 중국 현대사 연구자들은 그런 논의에 별로 끼어들질 않아요. 역사 연구자들이 대체로 그래요. 한국사도 그렇고. 학문 자체가 엄격하다랄까, 엄숙주의가 있어서. 중국 현대사 하는 사람들도 드러내 놓고 하진 않았지만, 혁명을 연구했던 그룹들은 서양적인 근대를 극복한 모델로 중국을 택했고, 그러니 가야 할 모델, '목적으로서의 중국'이었죠. 90년 지나가면서 '이건 아닌 것 같아'라는 생각이 나왔단 말이죠. 그러면서 더 움츠려든 거죠. 이렇게 쉽게 목표를 정하면 안 되겠다는 생각도 하게 되고.

　중국 자체를 목적으로 삼으면 안 되겠다 하면서 학문으로 후퇴하는, 학문주의로 가는 거지요. 아카데미즘처럼 거리를 두고 본다든가, 그러다가 요즘은 동북공정에 대한 논의에 자극받아 제국에 대한 관심으로 가는 그런 정도의 논의가 이루어지는 거죠. 그리고 '다원적 근대'의 일환으로 중국적 근대가 있다는 얘기가 주류일 거예요. 중국사 하는 사람들은 그래서 '모던 상해'(modern Shanghai)도 있고, 뭐도 있고 하는 식으로 가는 게 요즘은 주류예요. 멀티한 모던이란 시각에서 중국의 모더니티를 얘기하는 것일 뿐, 그 이상으로 깊이 들어가진 않아요.

그 다음에 일반적인 중국 현대사 연구 분위기와 달리 저 같은 경우에는 90년대 초부터 국민국가 문제를 가지고 논의했어요. 근대의 표지(標識) 중 중요한 것 하나가 국민국가인데, 그때 저는 그런 생각을 했지요. 제 나름대로 근대성 논의에 참여했다거나 개입했달까 할 수 있는데, 나중에 글로 이렇게 정리를 했어요. 한국 근대의 이중 과제 ──'근대의 적응과 극복'이라는 게 동시에 이루어지는 하나의 과제 ──이것은 창비의 담론과 맥을 같이하는 것인데, 이와 관련해 저는 제가 감당할 수 있는 중국의 국민국가 논의를 하면서 '20세기의 국민국가는 해방과 억압의 기능이 동시에 있었다, 이 양면을 동시에 봐야 된다'고 생각을 했어요. 중국 현대사에서의 국민국가 형성 과정을 통해서 이 양면성이 어떻게 나타나는가에 대해서 글을 쓴 적이 있고, 그런 주장을 했는데, 그런 정도로 국민국가 논의에 개입했다는 생각이 들어요.

그게 다른 사람들하고 어떤 차이점들이 있는가 하면, 첫번째 차이점은, 중국사 하는 분들도 그러려니와 한국사 하는 분들도 아직도 보면 민족주의 또는 국민국가 단위의 관점을 붙잡고 있는 분들이 많아요. 물론,『역사비평』같은 경우를 보면 예전처럼 그렇게 강한 민족주의나 민족사관을 강조하지 않고, 앞에 수식어를 붙이죠. '열린 민족주의', '개방적 민족주의'라고 하는데, 마음의 방향, 지향은 알겠어. 뜻 지 자 지향(志向)은 알겠는데, 그러면 어디만큼 열려 있냐라는 건 늘 문제가 되거든. 의도는 알겠는데, 논쟁의 여지가 늘 있지요. 자칫 지적 긴장을 강하게 가지고 있지 않으면, 본래로 돌아가기 쉽거든. 저는 그런 면은 비판을 해요.

그러면 임지현 교수 같은 그룹과는 어떻게 다르냐면 탈국민국가는 아니라는 거죠. 저는 국민국가가 일방적으로 억압적인 기능을 했다고 보지도 않아요. 19세기 말~20세기 초에 아시아인이 민족주의를 주창하고 국민국가 형성을 위해 사람들이 민족해방운동을 하고 목숨을 걸잖아요? 그러는 데에는 그 나름대로 시대적인 요구가 있다는 점에서 국민국가가 그 시대 여건에서 어느 정도의 해방적인 기능도 하기 때문에 많은 사람이 원했던 거다. 그러나 그와 동시에 억압적인 기능을 하는 양면성이 있다고 얘기를 하면서 임지현 교수와는 구별을 하려고 해요. 동아시아론도 마찬가지예요. 임지현 교수와 똑같지는 않지만, 크게 보면 그 흐름에 있되 약간 비켜 서 있는 김기봉 교수도 동아시아 얘기를 해요. 그 그룹하고 저하고의 차이는 바로 국민국가 역할을 어느 정도까지 인정하느냐, 자본주의는 접어두고라도 국민국가의 역할을 어떻게 규명하고 인식하느냐는 데 차이가 있다고 저는 생각을 해요. 이 정도만 이야기하지요. 더 설명이 안 된 게 있으면 얘기하시고.

김수림 저는 문학 전공이라 일본의 압축적 근대 모델에 친숙합니다. 문학 연구에서는 항상 일본과의 관계 속에서 식민지 문학을 다뤄 왔구요. 그런데 반면에 같은 시기 중국의 근대문학이나 근대 경험이라는 것 자체는, 일차적으로 무지해서겠지만, 어떻게 이해해야 되는가가 늘 불투명하다는 인상을 받았어요. 말하자면 같은 시기에 다른 방식으로 근대를 경험했던 중국의 역사를 한국과 일본의 근대 경험과 어떻게 연관시킬 수 있을지를 정말 묻고 싶습니다. 그런 문제에 대해서는 공백이 있었던 것은 아닌가 하는 생각도 들었습니다.

이혜령 김수림 선생의 질문을 다시 해보면, 국문학과에서는 근대성 논의를 하면서 일본의 국민국가론, 즉 가라타니 고진에서부터 니시가와 나가오, 사카이 나오키 선생이라든가 그런 논의들에 강하게 공명을 해왔어요. 그런데 제 주변에 중국 문학이나 중국 현대사 하시는 분들의 논문을 읽어 보면서, 중국을 참조했다면 한국의 모더니티를 이해하는 느낌이 다를 수 있었겠다, 이런 생각을 하게 됩니다. 특히, 선생님께서도 다루신 적이 있는 거 같은데, 3.1운동 이후 1920년대에 중국과 식민지 조선과의 관계는 많이 연구되지 않았지만, 굉장히 많은 지식인들이 동경으로도 유학을 갔지만, 사실 상해나 중국으로도 많이 갔잖아요. 그런 것이 규명되지 않았을 때, 식민지 모더니티의 문제가 동경 쪽을 향해 있는 모더니티로만 얘기된다는 거죠. 만약에 이 시기 역사적 문화적 관계망이나 지적인 관계망들을 연구한다면 식민지 근대성의 문제가 좀 다른 구도로 잡힐 수도 있었겠다는 생각이 들었어요.

백영서 재미난 얘기네요. 뭐 하나 써도 되겠네요.

이혜령 저는 못 쓰죠. 중국 쪽은 몰라서.

백영서 저 같은 중국 연구자가 써야겠죠. 재밌는 얘기예요. 큰 질문들인데, 이렇게 한두 가지만 간단하게 답해 볼 테니까 또 한 번 얘기를 해봅시다. 저도 생각을 정리해 볼 테니까. 첫째는 지금 얘기 들어보면 한국의 중국학계에는 상대적으로 중국이 우리한테 미친 영향이라든가 우리에게 중국이 뭐냐라는 문제에 대해 일정하게 공백이 있어요. 연구의 공백이 있고, 인식의 공백이 있어요. 결정적으로 냉전의 영향이 커요. 냉전 시기에는 중국과 접촉도 안 해봤고, 49년서부터 80년대 사이 30년간은 중국에 대해서는 아예 괄호를 쳐 버렸어요. 서로 얘기를 안 했거든. 그래서 잘 몰라. 그러다 보니까 1920년대 전반 그 많은 지식과 사람의 교류 자체에 대해 전혀 관심

갖지 못했다, 그래서 그게 발굴되면 발굴될수록 더 많은 얘기를 할 수 있을 것이다, 라는 얘기를 나는 분명히 해요. 실제 지금 발굴하고 있고 그에 대해 얘기하고 있지요. 그건 정치적 노선하고 관계가 되죠. 임시정부의 정통성 승계를 김구가 아니라 이승만이 했고, 그 이후 근대화 노선은 미국과 일본 위주였고요. 중국 쪽 경험은 거의 괄호 쳐져 있었던 겁니다. 19세기 구한말만 하더라도 ── 학자마다 논쟁은 있어서 꼭 그렇지 않다고 하기도 하지만 ── 개화파 중에 급진 개화파는 일본 모델, 즉 메이지유신 모델이고, 김윤식 등의 온건파는 청나라 말기 변법운동 하는 그룹들을 모델로 삼은 경향이 있어요. 그런 차이도 있고, 그 이후에도 중국과 많은 영향을 주고받았죠. 상대적으로 북한은 중국의 영향을 엄청 받았어요. 단적인 예인데 어휘에서도 영향을 많이 받았어요. 그런데 이런 부분들이 전혀 언급되어 있지 않다, 무시되어 있다는 점에서 드러내야 할 사실은 많아요.

　두번째로는 우리가 근대를 생각할 때, 다분히 일본식 모델을 떠올린다는 거죠. 우리의 근대는 압축적 근대라는 거고, 압축 근대의 전형은 일본이잖아요. 그러니 일본에 대해서 많이 얘기하게 되고. 또 식민지 경험도 있고. 최근에 일본 이론도 많이 받아들이고 해서 더욱 그런 게 아닌가 해요. 그런데 일본의 압축 근대를 말하자면 따옴표를 붙여 '성공했다'고 보면, 중국은 그에 비하면 '실패한' 것처럼 보이게 되잖아요? 그러나 21세기 초인 지금 입장에서 보면 거의 비슷해지지 않았나요? 오히려 일본이 압축적 근대를 하다가 종전 이후에 실패도 하는 과정을 겪어 왔다면, 중국은 자기들 나름의 방식으로 근대를 실현해 상당히 성과를 올리고 있는 거 아니냐. 이걸 중국 나름대로의 '중국적 근대'라고 이름 붙일 수도 있겠지요. 중국적 근대라는 말은 많이 쓰고 있으니 안 쓴다 치면 논쟁의 소지가 있겠지요. 그러나 저는 그 용어를 쓰고 싶지 않아요. 왜냐하면 근대가 다양한 거냐, 저는 그렇게 생각하지 않기 때문에요. 저는 자본주의 세계체제에서 단일한 '전지구적 근대'(global modernity)만 있을 뿐이라는 입장을 취하고 있어요. 전지구화가 진전되면서 자본주의가 전과 달리 지역적·문화적 다양성을 과시하기는 하지만, 그렇다고 해서 '다양한 근대'를 설정하고 나면 현재 전 세계를 지배하고 있는 단일한 자본주의 세계체제의 존재를 망각하거나, 이 체제의 대안은 없다고 손쉽게 포기하고 그 안에서 그야말로 다양하고 부분적인 대안 찾기에 그치기 쉽다고 봅니다. 이런 시각에서 보면 중국은 느리게 진행되어서 그렇지 여기까지 오고 있는 게 아니냐. 시간과의 경쟁에서 아주 빨리 압축적으로 진행해 왔냐 느리게 했냐에 따라 차이는 있겠지만, 그 차이가 질적인 차이는 아니지 않은가. 다케우치 요시미 식으로 일본적 근대와 중국적 근대의 질적 차이를 얘기할 수도 있겠지만, 저는 거기까지 깊이 개입하지는 못하겠고요, 빠르고 느린 것이나 문화적 차이가 절대적으로 질적 차이를 가른다고 하지 말고, 그것에 대해서 좀더 진지하게 생각을 해볼 필요가 있지 않냐는 정도로 문제제기하는 데 그치고 싶다고 얘기할 수 있겠네요.

김항 지금까지 이야기를 정리해 본다면, 한반도의 근대성을 동남쪽에서가 아니라 서북쪽이나 황해를 중심으로 보면 전혀 다른 시야가 도출될 수 있다는 말씀으로 이해했어요. 일본 모델을 중심으로 본 동아시아론과 선생님의 동아시아가 차이 나는 지점은, 어쩌면 선생님이 중국을 선생님 고유의 필드로 갖고 계신 강점이나 가능성 덕분이라는 생각이 듭니다. 여기서 제가 드리고 싶은 질문은 91년 소련 붕괴와 중국의 개혁개방 이후의 중국은 아까 말씀하신 것처럼 더 이상 목적이자 모델로서의 중국은 아닌 것 같고, 그러면 제 상식으로는 그 이전에 목적으로 중국을 사유할 때보다는 연구 동력이 확 떨어질 것 같은데, 선생님은 그렇지 않고 오히려 진화를 해오셨단 말이에요. 그 동력은 어떤 것인지요?

동아시아론에 이르는, 동아시아론의 시간과 공간

백영서 80년대 중국을 하나의 모델로 또는 목적으로 삼아서 공부할 때 굉장히 힘이 있었어요. 많은 사람을 끌어들였고. 그게 목적이 아니라고 모델이 아니라고 할 경우에 연구의 추동력이 떨어질 수 있죠. 그럴 때 할 수 있는 선택은, 미조구치 유조(溝口雄三)의 용어인 '방법으로서의 중국'과 혼동될 우려가 있어 그대로 빌리지 않는다면 '수단으로서의 중국'이나 '소재로서의 중국'이라고 생각하는 길이 있어요. 중국이 연구의 방법이나 수단 아니면 소재라는 뜻인데, 사학계에서 말하는 실증적인 연구와 통하지요. 왜 연구하냐, 무엇을 위해 연구하냐가 아니라 지식을 추구하는 것 자체를 즐거워한다 ──어떻게 보면 보수적인 태도랄까 ──그렇게 생각하는 한국 연구자들이 특히 사학계에서는 많다고 얘기할 수 있어요. 그러면 말 그대로 '직업으로서의 학문', 직업으로서의 중국사 연구자가 되는 거죠. 이틀 전에 50대의 후배 교수하고 술 먹는데 그러더라고요. "글 쓰는 태도가 달라져야겠다. 이렇게 연구해서 학진 등재지에 논문 내 점수 많이 따고 하는 게 무슨 의미가 있는가." 바로 그런 질문이 자연스럽게 나오게 되는 거죠. 물론 대개는 그런 거 신경 안 쓰고도 목적 없이 방법으로서의, 직업으로서의 중국사 연구를 하는 경향이 있고. 그러면 새로운 주제를 찾아서 연구사의 공백을 찾아서 연구할 가능성이 많지요.

그런데 저는 그 대신 동아시아라는 걸 발견을 했다는 생각이 들어요. 동아시아를 발견하게 되는 과정의 에피소드들은 필요하면 나중에 재미 삼아 얘기할 수 있지만, 지금 얘기와 연결시킨다면 왜 동아시아를 발견했는가를 설명해야겠죠. 중국사 연구자로서 얘기한다면 중국을 '목적'으로 삼다가 이제는 가만히 보니까 중국을 왜 목적으로 삼았을까, 라고 다시 물으면 결국은 한국을 제대로 보기 위해서 또는 한국의 발전 모델을 찾기 위해서 중국을 본 게 아닌가 돌아보게 된 거죠. 다시 말해 중국을 목적이 아닌 방법으로 삼을 수 있다는 거예요. 그러면 목적이 뭐냐. 미조구치 유조는 중국을 방법으로 삼을 경우 목적은 세계라고 얘기해요. 세계 역사를 다시 보기 위해 중국을 본다 얘기하거든요. 중국 자체를 목적으로 하지 않고, 그런데 저 같은 경우는 바로 그렇게 가지 않아요. 중국을 방법으로 삼은 것은 한국을 잘 보기 위해서고, 그걸 거쳐서 세계를 가는 거죠. 물론 중간이 있죠, 동아시아라는. 미조구치 유조도 일본 얘기를 하기 위해서 하는 거지만, 나는 중국을 방편으로 한국을 본다는 점을 강하게 얘기하고 싶었다고 할 수 있어요.

그런데 그렇게 말하다 보면, 중국을 방법으로 하면서 한국을 목적으로 삼는 것은 결국 목적이 민족주의로 수렴되는 거 아니냐 질문을 받을 수 있죠. 여기서 저는 한국도 방법이긴 한데, 한국이 방법이란 문제의식에서 세계로 바로 가지 말고 동아시아를 거쳐 가자, 이렇게 해서 중간매개항인 동아시아적 시각에서 중국을 보게 된 거죠. 동아시아적 시각에서 한국이나 중국을 방법으로 삼거나 상대화해서 보는 거죠. 상대화할 때 뭐 안에 놓고 보냐. 동아시아 안에 놓고 본다고 생각을 해서 동아시아 얘기를 하고 그러면 거기에 자연스럽게 일본도 들어가고 중국도 들어가고 한국도 들어가는 이런 식으로 해서 한국 민족주의에 빠지는 것도 피하고 중국을 목적으로 하는 것도 피하자는 것입니다. 일본식 근대화에 매몰되어 일본 성공담론에 빠지는 통속적인 논의에서도 벗어날 수 있는 것이 동아시아 시각에서 보는 장점이 아닌가라는 생각을 했어요.

그래서 그 다음에 동아시아를 얘기할 때 제 나름대로 키워드 몇 개를 정리했죠. 99년에 얘기한 게 동아시아는 '지적 실험으로서의 동아시아'다라는 거였어요. 어떻게 보면 뜻은 고야스 노부쿠니(子安宣邦)의 '방법으로서의 아시아', 쑨거(孫歌)가 가끔 얘기했던 '기능으로서의 아시아'와 통하는 얘기들이에요. 첸광싱(陳光興)이 '아시아를 방법으로 삼다'라고 말을 바꿔 봤는데, 크게 보면 같은 얘기죠. 아시아가 절대 목적은 아니다, 이게 핵심이지요. 저는 처음에 '지적 실험으로서 동아시아'라는 말을 꺼냈었고, 그 다음에 2~3년 지나서는 '주변'이라는 얘기를 많이 강조했어요. 동아시아가 세계사 속에서 주변으로 다뤄져 왔고, 동아시아 자체 안에도 중심과 주변의 위계질서가 있다, 그래서 '이중적 주변'의 시각에서 보자는 거예요. 이 얘기는 세계의 주변인 동아시아, 그리고 동아시아 안의 주변의 시각에서 동시에 보자는 거죠. 한국도 주변일 수 있고, 대만도 주변일 수 있고, 또는 국가를 제대로 못 이룬 지역의 문제라거나 디아스포라 같은 집단, 이런 주변적 지역, 주변적 집단주체들 시각에서 중국도 보고 한국도 보고 동아시아도 보고 이렇게 하자고 주장했어요. 이렇게 단계적으로 지적 실험으로서의 동아시아, 이중적 주변의 시각 같은 것들을 제가 주장하게 된 겁니다. 그러다 보니 중국 연구할 때도 훨씬 더 힘을 얻고, 보람도 느끼고, 그것 때문에 주목도 받게 되었어요. 동아시아를 얘기함으로써 저는 연구자로서 지식인으로서 훨씬 활력을 얻고 사람들의 공감도 얻었다고 생각을 해요.

김항 말하자면 중국이 목적 혹은 모델로 설정이 돼 있을 때는 근저에 깔려 있는 틀이 국민국가라는 범주였는데, 그것이 더 이상 모델로 기능을 안 하기 시작하면서 자연스럽게 국민국가 중심으로는 바라볼 수 없었던 어떤 역사나 의미, 주체들이 보이기 시작하셨다는 거네요. 자연스럽게 다음 질문으로 이어지는 것 같습니다.

이혜령 이어서 이야기하면 선생님이 얘기하신 '지적 실험으로서의 동아시아'라든가 '이중적 주변으로서의 동아시아'라는 것은 사실 대안적 세계라고나 할까요, 근대극복이나 탈근대의 구상을 어떻게 할 것인가를 말씀하시는 듯해요. 한국에서 중국 근현대사를 연구하는 학자로서, 그리고 20세기 후반 격동의 세계사를 성찰한 지식인으로서 내놓은 과제로 이해됩니다. 그런데 그 핵심에는 여전히 한국이 분단체제 국가라는 현실이 놓여 있는 것 같습니다. 동아시아라는 문제틀과 분단체제하의 한국이라는 국민국가를 어떻게 관련지어 생각해야 하는지 말씀해 주세요.

'창비' 동아시아론, 그 비판들과 입장

백영서 이 점에서 제 얘기를 본격적으로 하기 위해서 다른 사람들이 제 얘기를 어떻게 보고 있는가, 그걸 얘기하면 설명이 더 잘 될 수 있을 것 같아요. 제가 동아시아론을 얘기하고 근대의 극복과정을 분단체제와 연결시킬 때 이 논의에 대한 몇 가지의 비판들이 있었어요. 지금 이야기된 맥락과 관련된 것만 꺼내서 얘기한다면, 하나는 역시 제 논의가 아직도 국민국가의 틀을 벗어나지 못한다거나 한국 민족주의의 틀에 갇혀 있다는 비판이 아닐까요. 예컨대 아직도 백영서 등 창비 그룹은 국가경영전략 같은 면이 있다는 거죠. 맞아요. 제가 국민국가를 벗어나자고 말하는 건 국가를 완전히 무시하자는 게 아니라 국민국가의 적응과 극복을 동시에 하자는 거지, 국민국가를 벗어나서 '방법론적 개인'만을 강조한다든가 개인이 바로 세계시민과 연결된다는 생각은 하지 않거든요. 국가의 역할은 여전히 중요하고 무시할 수 없기 때문에 그것을 어떻게 민중의 참여를 극대화하는 방향으로 통제하면서 넘어설 건가에 대해 관심을 가지고 있어요. 그런 데서 차이가 있는 거죠. 그런데 이와 정반대로 역사학 쪽에서는 동아시아론 얘기는 완전히 탈민족주의고, 탈근대다, 따라서 비현실적이고 비역사적이다, 이렇게 비난들을 가하기도 해요.

이혜령 하나는 아주 리얼한 차원에서 비난하는 거고, 하나는 관념적이라고 비난을 하는 거네요.

백영서 예, 그렇게 양쪽에서 다 비난을 해요. 그리고 특히 동양사 쪽에서는 '민족주의 내지 서구중심주의에 대한 반성과 일국사의 상대화"에 기여했다고 지지하는 측도 있는 반면에 비판하는 측도 있지요. 어떻게 비판을 하냐면 당신이 말하는 동아시아는 '이념으로서의 동아시아'를 설정한 거다. 방법이 아니라 또 하나의 목적이라고 생각하는 거죠. "대안적 문명, 대안세계에 대해 말하는 거 아니냐. 그건 역사학자가 할 일은 아니다. 너는 역사학을 넘어선 거다." 이런 식의 비난이죠. 그런 사람들이 말하는 동아시아 역사는 국가끼리의 관계나 지식의 교류 범위로서의 동아시아, 즉 역사연구 소재로서의 동아시아를 얘기하는 거지요. '미래의 프로젝트로서의 동아시아'를 얘기하는 건 아니란 말이에요. 과거의 연결망들, 어떤 유동하고 교류하고 있는 동아시아, 무정형의 동아시아를 얘기하는 거지요. "백영서가 이념화된 동아시아를 얘기하고 있는 건 옛날에 중국을 목적으로 삼았던 것처럼 동아시아를 미래의 프로젝트로 말하는 거다. 역시 운동권 출신으로서 계속 뭔가 그런 쪽으로 가는 거 아니냐"라는 혐의를 거는 사람들이 있어요. 부분적으로 그렇게 보일 만한 면이 있을 수 있겠다고 생각해요. 그러나 그게 전부는 아니지요. 어쨌든 그런 차이점들을 거론하면서 저와의 차이를 설명하면 제 얘기가 좀더 명료해지지 않을까요. 제가 동아시아 문제를 왜 고민하게 됐냐를 중국과 연결해 설명했는데, 제일 중요한 거는 한국 현실 때문이라고 봐요.

90~91년에 미국 갔다 와서부터 동아시아 얘기를 꺼냈는데, 『창작과 비평』의 특집하고도 연결되어 있고, 최원식 선배하고 저하고 작업을 많이 같이 해왔어요. 개인적인 이유를 들자면 미국 가서 겪은 몇 가지 에피소드들이 있어요. 학자로서의 독창성을 갖기 위해서는 한국 사람이 중국사 연구하는 것에 대한 자기정체성이 명료하지 않으면 안 되겠더라고요. 대표적인 예만 간단히 얘기하면, 내가 체류할 당시에 하버드 대학에서 중국 현

대사 하는 사람을 뽑는다고 해서 세 명의 후보가 와서 시험 강연을 했어요. 그 중에 하나가 두아라(Prasenjit Duara)였어요. 그 사람 강연을 들으러 갔더니, 나중에 자기 책으로 나왔는데 ─ 만주국의 종교 문제 가지고 책을 하나 냈어요 ─ 그 중의 일부 내용을 강연하면서 그런 얘기를 하더라고요. "내가 인도 출신으로서 종교에 대해 민감한 이해력이 있다. 그래서 그 강점을 살려 만주의 종교 문제를 연구한다. 그걸 가지고 중국을 보는 게 유리하다." 이거예요. 그 얘기하는 거 듣고 '그래 맞아 이거야' 한 거죠. 요즘 말로 바꾸면 국제적인 경쟁력 내지는 독창성을 발휘하는 데도 자기 경험이 중요하다.

그런 고민이 왜 팍 머리에 왔냐면, 미국 갔는데 영어도 잘 못하지만 부지런히 사람들 만나서 얘기했단 말이에요. 그런데 사람들이 나한테 물어보는 게 중국 문제가 아니에요. 바로 민주화가 진행되는 한국의 87년 이후의 변화에 대해 그들은 궁금한 거예요. 남북 문제도 궁금하고. 나는 그럴 때마다 "저는 중국 전문가라 한국 잘 모릅니다"라고 답할 수밖에 없었어요. 내가 훈련받은 서울대에서는 민두기 교수도 비교사를 하지 말라고 했고, 한국사나 이런 거 신경 쓰지 말라 가르쳤거든요. "중국 자체만 연구해라, 깊이." 그래서 진짜 잘 몰랐어요. 그런데 한국사를 물어보고 한국 현실을 물어본단 말이죠. 한국 현실은 답할 수 있지만, 한국사는 지식이 짧았거든요. 가만 생각해 보면 그들이 맞아요. 중국 자체를 왜 나한테 물어보겠어요? 당시는 천안문 사건 직후라 중국에서 온 사람도 많았거든요. 그래서 고민이 많았어요. 연구자로서 내가 뭘 어떻게 해야 되나 고민하던 차에 두아라 발표를 들으니까 이거다 생각했죠. 역사적이고 현실적인 한국의 경험을 활용해서 중국을 보는 거고, 일본어도 할 줄 알고, 자연스럽게 일본까지도 연결해서 얘기할 수 있으니까, 내가 할 것은 동아시아가 아닌가 생각하게 됐죠.

그러고 나서 91년도에 돌아와 보니까 아까 두 분이 얘기한 대로 패러 다임이 변하고 있더라고요. 그러면서 운동권 안에서 일부는——김지하 같은 분은 조금 뒤지만——"대안은 문명밖에 없다. 동아시아 문명이다. 서양 맑스주의도 포함해서 서양은 이제 끝났고, 동아시아 문명만이 우리의 변혁의 새로운 방향이다." 이러는 거죠. 지금까지도 그런 사람 많아요. 기 수련, 명상하는 사람들의 상당 부분이 운동권 출신들이에요. 그들이 많이 변했지요. 이와 더불어 우리 현실도 변했죠. 외국인 노동자들이 몰려와 같이 생활하게 되고, 불법체류자도 생기고. 우리도 동남아에 진출하고, 92년에 중국과 소련과 교류하고 이러면서 지리적 상상력이 확 달라지는 거죠. 그런 사회현실을 보면서 동아시아 단위로 얘기하는 것이 필요하다는 얘기인 거예요. 다시 말하면 민족주의나 민중주의를 다시 봐야 된다는 90년대 초의 자기성찰적 문제의식이 변화하는 지정학적 현실과 결합해 동아시아 담론을 빚어 냈다고 할 수 있는 거죠.

그런데 그 동아시아 얘기는 결국은 우리 사회현실, 특히 제가 참여하는 창비에 의하면, 우리 사회현실의 변혁론 구상과 관련이 되어 있는 건데, 예전 식으로는 하지 않다 보니까 동아시아론 얘기를 하게 된 거죠. 제가 특히 국민국가에 대한 얘기를 '적응과 극복'이란 키워드로 얘기하면서 미래의 과제는 복합국가라는 얘기를 하거든요. 복합국가라는 얘기는 제가 처음에 꺼낸 것은 아니고 백낙청 선생도 얘기했지만, 우리가 분단을 넘어 통일을 하더라도 그 옛날 45~48년 시점에서 요구하고 바라던 '하나의 민족이 하나의 국민국가를 만드는' 건 아니지 않느냐, 이미 그건 틀린 거 아니냐 이거죠. 사실상 존재하는 하나의 민족과 두 개의 국민국가를 실체로 인정하면서 두 개의 국민국가의 결합을 고민해야 된다고 하면 국가 간의 결합은 사전적으로 말하면 복합국가가 되는 거예요. 복합국가의 하부에는 유형이 여러 가지가 있어요. 식민지형에서부터 연합 단계, 연방제 단계 여러 가지가 있어요. 그런 걸 다 포함해서 국가결합의 형태를 고민하기 위해서 복합국가란 발상이 필요하죠. 그런데 이제는 한반도는 남북만 가지고 되는 게 아니라 이 복합국가를 잘 활용하면 동아시아 공동체를 만드는 지역공동체까지도 갈 수 있지 않냐는 생각을 하는 거죠. 분단의 통일 과정 속에서 복합국가와 지역 공동체 문제와 결합하는 게 제 동아시아론에서 가능하다는 거죠. 남북의 분단이 존재하는 한 아무리 FTA니 뭐니 해도 지역주의가 형성되기 어려워요. 불안정성이 너무 강하죠. 또 중국과 우리 사이에 규모 차이가 많이 나는 데서 비대칭성도 심하고요. 이 비대칭 속에서 한반도의 역할이 굉장히 중요하죠. 균형자라고까지 말하진 못하더라도 동아시아 공동체를 만드는 촉진자 역할은 할 수 있다고 생각해요. 우리가 통일을 어떤 식으로 하느냐에 따라서. 그런 점에서 분단체제 극복의 논의와 동아시아 담론 또는 동아시아 공동체 논의는 연결이 될 수밖에 없다고 생각을 하지요.

김항 지금까지 말씀해 주신 선생님의 동아시아론은 '대동아공영권'이라는 일본만의 동아시아론이나 미국의 지역학적인 상상력에서의 동아시아라는 실체화된 범주와는 다르게, 굉장히 리얼하면서도 아이디얼한 것 사이의 중간 상태에서 균형을 잡아 나가기가 관건인 것 같습니다. 그래서 긴장을 내포하고 있을 수밖에 없고요. 여하튼 중국이라는 대상성부터 동아시아까지 뭔가 자연스럽게 흘러온 것 같으면서도, 제 생각에는 뭔가 단절점이 있지 않은가, 이질성이 있지 않은가 해요.

목적으로서의, 모델로서의 중국을 얘기하셨을 시점은 한국이라는 국내적인 현실성, 독재라든가 계급모순이 굉장히 심화되고 말 그대로 폭압적인 자본주의가 활개를 치던 그런 현실 안에서 국내적인 문제에 고민의 중심이 있었다면, 동아시아론은 이 연속선상에 있긴 하지만 단절이 있다고 느껴지거든요. 동아시아론을 말씀하시면서 굉장히 외교적이고 국제정치적인 문제설정으로 나아가는 것 같아요. 다시 말하면 한국이 어떻게 동아시아 안에서 자리를 잡을 것이냐 하는 국가전략 문제로 이야기가 나아갔다는 느낌이 드는 겁니다. 그 부분에서 선생님 안에서 단절이 있지 않나요? 즉 어느 시점에선가 굉장히 국가전략적인 담론으로 넘어가고 있는 것이 아니냐 하는 것이죠. 물론 그 국가전략이 보통 얘기하는 싱크탱크에서 나온 듯한 사회공학적인 얘기는 아니지만요. 바탕에는 물론 인문학적 상상력이 깔려 있기는 하지만, 방점이 찍히는 곳이 변화하지 않았는지요?

백영서 나는 그렇게 의식하지 못했는데, 그렇게 보인다면 한번 따져볼 필요는 있겠죠. 이정훈 교수가 언젠가 쓴 글에서 창비가 국가경영전략에 너무 신경 쓴다고 비판했지요. 또 다른 사람은 한국 민족주의의 확대판이라고 비판했고요. 저는 그렇게 보자면 그렇게 보일 수도 있겠다 싶으면서도, 그게 정확한 지적이라고 받아들여지진 않아요. 저는 제 작업 또는 창비가 하는 작업이 바람직하다고 생각하고 있어요. 왜냐하면, 제가 국가전략에 관심을 갖지만, 그것은 국가전략을 짜는 관리나 외교관의 입장에서는 물론 아니죠. 제 연구가 실천의 함의를 갖는 영역은 역시 민간 지식인을 포함한 학술운동 내지는 민간 연대운동이에요. 그런데 또 그걸 가지고 "밑으로부터의 아시아가 아니다. 백영서나 창비가 하는 건 지식인 운동이지, 노동자들의 연대운동은 안 한다"라고 박노자는 비판하더라고요. '온건한 동아시아'다 이렇게 얘기하는데, 그가 실제 어떻게 실천하고 있는지 모르겠지만, 하여튼, 온건한 것으로 보일 수도 있겠지요. 지금 김항 박사 질문에 초점을 맞춰 답하자면 얘기를 두 가지로 쪼개 볼 수 있어요. 하나는 국가간의 관계 차원에서 얘기만 하는 거 아니냐는 지적이겠지요. 국내 모순이랄까 국내 갈등에 대해서 동아시아 담론이 어떻게 유용한지, 달리 말해 각각 자기가 처한 사회나 국가 내부의 문제와 관계없이 국제 ——민제(民際)든 국제(國際)든 ——문제만 관심갖는 것 아니냐는 비판이라고 봅니다.

저도 가끔 그런 자세를 비판할 때가 있어요. 이런 점과 관련해서는 동아시아적 관점을 강조하는 일본의 어떤 교수에 대해 '에어포트 프로페서' (airport professor)라는 말로 비판하는 얘기가 떠오르네요. 국경을 넘나들며 활동하는 사람들을 에어포트 교수라 하잖아요. 고공전(高空戰) 하는 거 아니냐, 땅굴을 파 국경을 가로질러야지, 높은 하늘로 날아다니면서 좋은 얘기만 얘기하는 걸 비판하는 거지요. 저도 국제회의 많이 다니는 편이니 그런 비판 받을 소지가 없는지 돌아보면서 '지금 내 얘기가 그렇게 들릴 수도 있겠다. 나도 그래선 안 된다' 생각해요. 그래서 저는 동아시아를 얘기하더라도 국제간의 문제, 국경을 넘어서 생기는 문제에 대해서도 일정한 비판과 영향력이랄까, 대안을 제시해 줄 수 있어야 되고, 동시에 자기 내부의 문제에 대해서도 비판적인 힘을 가지고 있어야 된다고 강조해요. 그걸 정확히 쌍방향성으로 표현하지요. 동아시아 지역을 구성하는 국민국가의 밖에서 이뤄지는 국가 간 통합 과정과 국가 안에서 구성원 개개인의 참여를 극대화하는 방향으로의 내부개혁 과정이 쌍방향적으로 추동해야 한다고 본다는 얘기예요. 이 쌍방향성이 작동되지 않으면 동아시아 담론이 실천적인 힘을 갖기 힘들 게 분명하지요.

인문학의 사회성 복원

백영서 다른 하나는, 제 동아시아 담론의 국가전략적 성격이 실천 단위로서의 한반도의 남쪽 문제를 중시한 것과 관련이 있어요. 그러다 보니 누구는 "한국을 너무 특권화한다. 뭐든지 한국에서부터 문제를 풀어 가려고 한다"라고 하더군요. 저는 그것에 대해서는 당당하게 얘기할 수 있어요. 일본말로 '겐바'(現場)란 게 있잖아요. 이걸 빌려 말하면, "내 겐바는 여기다", 한반도 남쪽에서 할 수 있는 일을 하는 거, 몇 개의 층위에 현장을 확보하고 거기서부터 실천해 나가면서 그 실천이 다른 데의 동향에 어떻게 연동되는 가를 주시하는 거지요. 그러다보니까 최근 창비 문제와 관련해서 보면, 책을 펴낸다든가 특집을 구성한다든가 할 때 저도 영향을 받지요. 한반도 발전전략이라든가 FTA문제 관련해서 일정하게 생각하는 과정에서 저도 영향을 받고 이러다 보니까 소위 국가발전전략이랄까, 사회발전전략이랄까 하는 것들에 대해 말하고 쓰게 되는 면이 있어요.

그런데 그것이 대개 보면 김대중·노무현 정권과 무관해지지 않게 되더란 말이죠. 김대중 정부 들어서고, 더 직접적으로 노무현 정부 들어선 전후의 시점이 아닌가 싶어요. 왜냐면 저 자신은 내각에 들어가 있거나 위원회에서 적극적으로 활동하진 않았습니다만, "진보진영에 대한 책임감이 있어야 되는 게 아니냐. 그냥 몇 명 정치에 관심 있는 사람들이 들어가서 하는 거라고 해서 내버려 두기에는 너무 무책임한 거 아니냐" 한 거죠. 창비는 그 나름대로 비판하면서도 지지하는 자세를 가진 거예요. 뭔가 우리 나름대로 자유로운 대안을 제시하고 자발적인 싱크탱크로의 역할을 해줘야 되는 거 아닌가 하는 생각을 강하게 하게 된 거 같아요.

그런데 요즘 와서 돌아보면서 앞으로 일을 정할 때, 그것이 인문학적인 논의와도 연결이 돼야 되는데, 그 부분이 좀 소홀했던 거 아닐까, 그런 생각은 들어요. 동아시아 논의를 보면 우리나라에서도 두 갈래가 있어요. 인문학자들이 먼저 시작을 했고, 97~98년도부터는 사회과학자들이 들어왔어요. 사회과학자들은 상대적으로 제도화에 관심이 많았죠. 국가 간의 결합인 동아시아 공동체, 즉 좁은 의미의 동아시아에 대한 생각을 많이 해요. 이에 비해 인문학자들은 넓은 의미의 동아시아 공동체, 즉 동아시아 지역 개개인의 자발적 결합, 즉 (제도 아닌) 네트워크를 중시해요. 저는 이 두 가지가 결합돼야 한다고 봐요. 따로 놀아서는 안 된다고 생각하는데, 제가 그동안 한 작업에서는 양자가 결합이 덜 된 거 아닌가 싶어요. 저 자신도 인문학적인 논의와 지금 애기한 사회발전이나 국가발전전략에 대한 관심이 동아시아론 안에서 어떻게 좀더 잘 결합시키냐에 대해 인문학자로서의 고민과 강점을 더 발휘하는 데에 앞으로 더 신경 써야 하지 않을까 싶어요.

김항 90년대 중반 이후에 연구자가 되리라고 마음 먹고 지금까지 공부를 해온 저로서는 논리적으로 증명해 내거나 실증적으로 증명해 낼 순 없지만, 한국사회에서 ──적어도 제가 학부생일 때까지만 해도 ──사회과학과 인문학이 그렇게 분리되진 않았다고 생각을 하는데, 어느 순간에서부턴가 사회과학자하고 인문학자하고 완벽하게 분리가 되어 버렸다는 느낌이 강합니다.

백영서 거의 벽이죠 뭐.

김항 그러다 보니까 한편에서 옛날에 진보진영 계열에 속했던 분들까지도 국가발전이라든가 자본주의의 판 짜기 등 사회공학적 디자인에 논의를 집중해 버리고, 다른 한편에서 인문학은 자체의 공공성이라고 할까, 그런 동력을 잃어버리고 아카데미즘 안에 갇혀 버렸다는 느낌을 많이 받습니다.

그런데 선생님께서 동아시아론을 통해 주목하고 싶으신 부분은 『제국의 교차로에서 탈제국을 꿈꾸다』(창비, 2008)에서 말하셨듯이 이중의 주변부에서 동아시아를 다시 생각하자는 프로젝트 아닐까 생각하는데요. 위에서 말한 제 느낌과 연관해서 말씀드리자면, 창비에서 최근 7~8년 동안 해오셨던 작업들하고 '제국의 교차로' 라는 키워드로 대변되는 동아시아론 사이의 연결고리라는 게, 마치 인문학과 사회과학이 떨어졌던 것처럼 아직은 많이 탐구가 안 되고 있지 않은가 합니다.

백영서 그렇게 볼 수도 있을 겁니다.

김항 그래서 어떻게 보면 20년 동안 주변부 ── 타자라는 말을 많이 하기도 했지만 ── 그러니까 식민성, 여성, 그리고 90년대 위안부 할머니들로부터 촉발되었던, 역사에서 잊혀진 사례들을 통해 새로운 방법을 만들어 낼 수 있었던 일이 하나의 성과였다면, 이런 성과들이 사회공학적인 논의들하고 연결고리를 상실했다는 것이 다른 한편에서는 한국 인문학이 지난 20년 동안 노정해 왔던 한계였다는 생각이 듭니다. 그 부분에 대해서 말씀을 부탁드립니다.

백영서 지금 얘기를 들어보면 정리가 되는데, 70년대부터의 인문학으로 한정해서 보면 분과학문이 제도 속에서 자리 잡았고, 제도적으로 안착하는 한편으로 그것이 갖는 문제, 즉 산업화와 군부독재의 모순이 들끓는 전환기 한국현실을 비판적으로 분석해 내지 못한다는 한계가 노출되면서, 새로운 급진적인 학문이 요구되었지요. 80년대는 그것이 완전히 대항적 공공권(counter-public sphere)이라는 영역에서 이뤄졌어요. 그 키워드는 민중민족주의였죠. 민족사관·민족문학·민중문학·민족경제까지 나올 정도로 되는 거였는데, 그게 제도적으로 안정되지 못하고 가라앉았어요. 90년대 이후 서서히 분과학문 속에 수렴되었고, 학술진흥재단 체제에 의해서 더욱 더 제도화되어 버렸어요. 지금은, 제 용어로 말하면 '운동으로서의 학문' 형태를 취해 온 우리의 비판적 학문을 아주 세분화된 제도로부터 구해 낼 가능성이 있는가에 대해서 고민할 때가 아닐까요.

그런 점에서 보면, 저로서는 우연이라면 우연이지만 연세대학교 국학연구원장을 맡고, 작년(2008) 말에 HK사업으로 '사회인문학'이라는 프로젝트를 수행하기 시작한 게 이 고민과 맥이 닿죠. 사회인문학이라는 프로젝트는 인문학의 사회성을 회복한다는 거죠. 단순히 인문학과 사회과학의 만남이나 학제 연구하자는 게 아니고. 인문학이라는 게 본래 전통시대부터 넓게 봐서 문·사·철이라고 한다면 학문 전체죠. 전통시대의 학문은 그런 구분이 없지 않았느냐, 그리고 거기서는 분명히 앎과 삶이 통합된 사회성이 있었다는 얘기죠. 그런 것이 근대에 들어와 약화된 게 아닌가. 인문학이 분과학문이 되면서 없어진 무언가를 회복하자는 뜻에서 ——사회인문학이라고 하면 생소한 신조어이긴 하지만 ——그 기치를 내걸고 사회성을 회복하는 통합인문학을 추진하려고 해요.

사회성을 회복하기 위해서는 첫번째는 성찰이 중요하다, 인문학 자체에 대해 돌아보는 게 필요하다고 얘기해요. 1단계 3년간 사업을 통해 인문학 자체에 대해 역사적으로나 현실적인 경험들을 돌아보면서 사회인문학이라는, 인문학의 사회성을 회복하는 데 도움되는 자원들이 뭔지를 탐구해 보려고 해요. 그래서 메타 인문학이죠. 인문학 자체에 대한 역사·담론·제도를 다 보자는 게 하나고, 또 하나의 성찰은 사회에 대한 성찰, 사회에 대한 비판이죠. 인문학이 너무 텍스트에만 매몰되어 성찰을 안 하는 거 아니냐. 원래 모든 사유의 주요한 게 비평인데, 요즘 비평적 기능은 없잖아요. 연구자는 분석만 하지 비평 잘 안 하거든요. 대상에 대한 깊은 관심 속에서 사회현실에 대한 비판을 하는 쪽으로 가야 된다고 생각을 하고 있어요. 그래서 1단계에서 저희는 인문학 자체에 대해 돌아보면서 사회인문학의 가까운 경험들을 추적하고 재구성하는 그런 작업을 70~80년대라든가 몇 가지 포인트에서 해보려고 얘기하고 있어요.

내가 프로젝트 책임자이면서 개인적으로 관심 있는 문제이기도 하고, 시대도 일정하게 요구하고 있는 거 아닌가 생각합니다. 어찌 보면 이 과제는 유행이라고도 할 수 있을지 모르지만 그건 사회적 요구가 있기 때문이죠. 그런데 단순한 유행은 아니죠. 모든 유행은 사회적 배경이 있거든요. 그런 점에서 저희는 저희 나름대로 특색을 잡아서 기여해 보려고 하죠. 이건 창비 역할과도 관련이 있어요. 창비에 대해 요즘 하는 비판들의 하나가 문학잡지였는데 요즘은 사회과학 저널처럼 많은 걸 얘기한다고 해서 변한

게 아니냐고 하지요. 그런데 창비는 창간부터 종합지로서 문학과 정론을 겸한 자세를 견지해 왔어요. 그리고 김박사 표현대로 '사회공학적'으로 보이는 논의만으로는 오래 못 가거든요. 창비는 단기적인 정세론과 중장기적인 담론을 결합시켜 왔다고 할 수 있어요. 근본적으로 인문학 담론으로 풀어 보려고 해왔고요. 그게 창비가 40년 넘게 오래 버텨 온 고유 영역이고, 저 자신도 그 일익을 맡아 왔다 할 수 있지요. 저도 어제 HK연구단 교수들 모임에서 얘기했지만, 옛날에 70~80년대는 역사학이 사회과학이 아닌 것을, 사회과학대학에 속하지 않는 걸 부끄럽게 생각했는데, 지금은 오히려 인문학인 게 얼마나 다행인지 모르다고 생각해요. 잡지도 마찬가지예요, 창비도 인문학에서 출발한 거라는 게 중요하다고 봐요. 그런데 논의를 좀 달리 해보면, 인문학적인 강점과 매력이 뭔지에 대해서는 우리가 소홀한 면이 있어요. 그것에 대해서 말 안 하고 신화화한 경향이 있는 게 아닌가. 무엇이 정말 인문학의 중요한 강점인지, 그러면서 그 강점을 발휘하지 못하게 하는 제도나 담론이 뭔지를, 또는 관행이 뭔지를 드러내 설명할 책임이 있다는 생각은 하고 있는 편이에요.

김항 80년대에는 하나의 총체성을 전제하고 인문·사회과학의 언설이 성립했던 것 같습니다. 거리에 걸어다니는 이들이 시민이든 민중이든 노동계급이든 집합적으로 호명될 수 있었고, 이 집합적 사람들과 세계의 질서가 하나의 총체적인 틀 안에서 사유될 수 있었던 거죠. 그런데 이게 파편화되다 보니까 저기 걸어가는 사람들과 사회의 질서 사이를 연결하는 일 없이 행위와 질서 각각 따로 탐구하게 된 거죠. 인문학과 사회과학의 담론이 아마 이렇게 된 것이 아닐까요?

이혜령 이게 분리되면서 뭔가 지배가, 사회질서가 훨씬 더 자연주의화되어 가고 있다는 느낌이 들거든요. 비평적 기능의 상실은 그런 것과도 맞물려 있는 것 같은데.

이 관계성들을 어떻게 다시 기술하고 회복시키는가가 선생님이 말씀하신 비평적 기능의 몫인 것 같아요.

백영서 인식의 근원과 다 연결되는 거죠. 예컨대 전통시대 선비가 임금님한 테 정책적인 대안을 상소문으로 올릴 때도 경학이나 우주론적인 설명을 쫙 풀어놓거든요. 도덕적인 설명이라고 하지만, 어쨌든 설명하면서 그러니 이런 정책은 시행해야 한다고 설득하지, 그냥 사회공학적인 차원에서 정 책의 옳고 그름을 얘기하는 건 아니거든요. 우리도 모든 사유 과정이 그래 야 되는 게 아닌가, 그게 인문학적인 사유방식이요, 글쓰기 아닌가 싶어요. 모든 것의 근원에 대한 생각, 단순히 철학적 배경이라고 요즘 얘기되는 차 원은 아니죠.

김항 87년 이후에 여러 가지 이야기들이 분화되면서 상대화되고 다양화되고 했는 데, 긍정해야 할 측면이 있지만 다시 봉합해 볼 필요도 있는 것이죠.

백영서 재봉합하는 데 70~80년대 식의 민중민족주의로는 되지 않는 걸 누 구나 알잖아요. 답은 뭘까에 대해서 여러 사람이 탐색해 봐야 되지만. 저도 창비와 관련해서, HK사업과 관련해서 탐구해 보고 싶다, 이런 구상이에요. 그걸 우리만이 하는 것은 아니고. 다른 나라에서도 비슷한 고민들을 할 테 니까 서로 교류하면서 더 잘 찾아볼 수 있지 않을까 하는 거죠.

이혜령 그렇지 않아도 인문학 연구의 새로운 조직인 HK연구소들이 어떤 학문적인 아젠다와 방법론을 제시하고, 어떻게 연대해야 할 것인가에 대해 선생님께 여쭙고 싶었습니다. '방법으로서의 동아시아'란 문제틀을 만들어 온 선생님의 작업 과정은 단지 아젠다의 차원에서만 아니라 연구조직의 성격과 운영, 관계, 인문학 내부의 분과학문간의 소통 등에 대해서도 시사하는 바가 꽤 있는 것 같아요. 어떻게 전망하시는지요?

백영서 쉽진 않을 거예요. 여러 가지 장애들이 너무 많거든요. 지난 20여 년 동안 워낙 굳어졌거든요. 문학 하는 분들도 문학평론보다는 연구자로서의 글쓰기만 익숙해졌지 작품 자체를 보는 데에 관심이 적어졌고, 역사학만 해도 굳어진 관행이 기득권화되어 버려서 모든 걸 성찰하고 변화시키려면 자유로워져야 하는 건데, 귀찮잖아요. 신자유주의적인 경쟁은 너무 압도적으로 누르고 있고.

김항 아까 선생님께서 예전 방법으로는 총체성 회복이 불가능하다고 하셨는데, 이런 맥락에서 선생님께서 주변부에 주목하시는 거죠? 주변부로부터 세계의 총체적 연결망을 다시 재구축해 보는 시도이고, 아마도 중국 연구자로서 대만에 주목하시는 것도 그것 때문인 것 같은데요?

백영서 그렇죠. 그런 면에서 볼 때 대만을 발견한 게 나한테 중요했어요. 대만이야말로 중국이면서도 중국이 아닌 데거든. 아시다시피 대만 독립론자들도 강하고. 제가 처음 대만에 간 게 99년인데, 5.4운동 80주년 기념학술회의 갔다가 '대만이라는 게 중국의 일부가 아니다'라고 본 거죠. 지금도 많은 중국 연구자들이 그렇게 생각해요. 대만은 중국의 일부이고, 하나의 섬이라고 생각하는데. 실제 지금 대만에 가 보면 중국 올림픽도 니들 올림픽이고 우리 거 아니라는 생각이 강해요. 그 사람들은 문화적 아이덴티티하고 정치적 아이덴티가 달라요. 물론 한국도 하나의 사례가 될 수 있고, 오키나와도 얘기하고 했지만, 대만도 그렇다고 봐야 해요. 이건 고정된 게 아니니까, 상대적으로 늘 생각할 거리가 많아요. 대만의 시각에서 그걸 다시 본다는 게 나한테 중요한 경험이었어요. 작년 여름에 대만에서 금문도(金門島)를 가봤어요. 중국어로는 '진먼'이라고 하는데, 금문 고량주로 유명한 지역이죠. 거기가 중국 대륙의 샤먼(廈門) 바로 앞에 있어요. 지리적 위치는 대륙 쪽에 가깝지요. 일제 식민지시대에도 대만이 아니라서 일본 식민지가 되지를 않았어요. 중국 쪽이니까. 그런데 냉전기에 미국이 전략상 바로 중국을 코앞에서 견제하기 위해 또 중국은 그 포위로부터 벗어나기 위해 57~58년까지 서로 전쟁을 했어요. 그러니까 한국에서는 휴전이 되고, 냉전이지만 여긴 열전이었어요. 57~58년까지. 이틀에 한 번씩 폭격을 서로 했으니까. 그 섬에는 특산물이 칼이에요. 폭탄이 하도 많으니까. 포탄을 쇠로 녹여서 만들 수 있는 게 칼이지요. 베트남 하노이의 호치민박물관 가면 폭탄으로 만든 와인잔, 와인병 있는 거랑 비슷하죠.

이혜령 폭탄이 자원이겠네요.

백영서 똑같아요. 그 정도로 금문은 대만의 주변이에요. 또, 대만을 안정되게 발전시키기 위해서 금문이 많은 희생을 치른 점에서 금문과 오키나와를 잇는 것도 재밌어요. 금문을 보면서 대만 자체도 다시 보이게 되고. 이런 경험을 하면서, 중국에 대해서 늘 질문할 수 있는 거예요, 중국이 뭐냐고. 내가 중국을 하나의 방법으로 삼는달까. 목적으로 하지 않도록 긴장하게 만드는 데는 대만의 발견, 대만과의 교류라는 것도 중요했어요.

김항 대만, 오키나와 등 이중의 주변에서 보면 중국·한국·일본 등 기존의 국민국가 중심으로 형성된 총체적 인식, 이미 매우 위태로운 총체적 인식과 다른 총체적 연결망이 생길 수 있을 것 같네요. 인문학과 사회과학의 분리 문제를 풀어 나갈 때 단순히 추상적 차원이 아니라 구체적인 대상으로부터 사고를 해나가야 한다는 측면에서 매우 중요한 지적이라고 생각되고, 오늘 이야기를 그야말로 총체적으로 정리하는 이야기였던 것 같습니다. 그러면 이 정도에서 이만 마치도록 하겠습니다. 긴 시간 동안 감사합니다. 선생님.

백영서 나도 정리하고 좋았습니다.

2부
근대성·자본주의·문화

조한혜정
자본주의적
신체의 감각과 지식생산

조한혜정은 연세대 사학과를 졸업하고 UCLA대에서 인류학 박사학위를 받았다. 연세대 사회학과 교수로 재직하면서, '또 하나의 문화'를 통해 여성문화와 페미니즘 이론에 대한 실천적 담론을 생산해 왔고, '하자센터'를 설립하고 사회적 기업 '노리단'을 발족하는 등 청소년 문화운동과 대안교육 부문에서도 다양한 실험을 해왔다. 저서로『한국의 여성과 남성』(1988),『성찰적 근대성과 페미니즘』(1998),『탈식민지 시대 지식인의 글 읽기와 삶 읽기』(전3권, 1992~1994),『학교를 거부하는 아이, 아이를 거부하는 사회』(1996),『학교를 찾는 아이, 아이를 찾는 사회』(2000),『누구와 함께 살 것인가』(공저, 2003),『경계에서 말한다』(공저, 2004),『가족에서 학교로, 학교에서 마을로』(공저, 2006),『교실이 돌아왔다』(공저, 2009) 등이 있다.

까칠하고 쿨한 페미니스트, 1992년도 강의실에서 만난 조한혜정의 첫인상이었다. 학생회관에서 여학생이 담배를 피웠다고 복학생에게 따귀를 맞았다는 기사가 학보에 실리던 그 시절, 그는 일상에 내재한 가부장적 질서를 학생들로 하여금 민감하게 느끼게끔 날카로운 분석과 비판의 말을 차분히 쏟아냈다. 하지만 그의 언행이 계몽적이지는 않았던 것 같다. 그의 말들은 타인의 행동을 바꾸려는 설득과 독려라기보다는, 스스로의 행동을 낯설게 바라보는 일을 촉구하는 것이기 때문이었다. 그래서 어딘지 모르게 차갑고 까칠했던 그의 언행이 매우 인상 깊게 남아 있었다. 아마 90년대 초반 그를 만난 이들이라면 고개를 끄덕거릴 만한 기억이 아닐까.

그로부터 20년 가까이 세월이 흘렀다는 사실을 생각하지 못했던 것 같다. 인터뷰를 위해 그의 연구실로 향하는 내내 오늘은 좀 어려운 자리가 되겠구나 하고 생각했던 것이다. 그런데 역시 세월의 효과일까, 아니면 20여 년 전의 인상이 틀렸던 것일까? 대면한 조한혜정은 쿨하지도 까칠하지도 않았다. 오히려 자신의 연구이력과 최근의 관심사를 매우 열정적으로 이야기해 주었고, 강의실과 거리와 일터에서 만난 젊은이들에 대한 애정어린 코멘트를 들려주었다. 아마 페미니즘을 위시한 한국의 문화연구가 이렇게 변화해 온 것일까? 날 선 규범과 이론을 앞세워 현실을 재단하는 것이 아니라, 다양한 삶의 형태를 세심하게 보듬어 안고 지금과 다른 삶을 조심스레 전망하는 방향으로 말이다. 20여 년 전 조한혜정의 이런 모습을 감지하기에는 편자가 미숙했던 것일 수도 있고 그가 변화한 것일 수도 있다. 다만 차갑지만도 따뜻하지만도 않은 온도 속에서 사람과 마주하는 공간을 만들어 내는 일, 그것이 한국의 페미니즘과 문화연구가 추구해 온 가치가 아닐까 조심스레 생각해 본 자리였다.

1991, 다시 압구정동에서

이혜령 저희가 여러 선생님들을 인터뷰해 오면서 80년대 말~90년대 초반 한국의 민주화와 사회주의권의 몰락, 소비자본주의 사회의 도래가 동시적이었다는 생각을 하게 되었습니다. 오늘의 인터뷰를 준비하면서 조한혜정 선생님께서는 이미 오래전부터 한국의 근대성을 이해하는 데 있어 이런 이질적인 시간성의 중첩들에 대해 지적해 오셨다는 것을 새삼 깨닫게 되었습니다. 아마 이런 논점이 근대성·탈식민성에 대한 다른 논의와 선생님 논의의 차이를 만들어 내지 않았나 싶습니다.

조한혜정 나도 요새 계속 이 문제를 보고는 있어요. 속도가 빠른 압축 성장에서 너무나 압축적으로 변화한 부분에 대해 얘기를 하는 거죠. 한쪽에서는 근대국가를 형성하는 일, 민주화가 일어나고 있었고요, 다른 한쪽에서는 어차피 경제발달을 해야 되는 거고. 88올림픽을 계기로 ── 마음에 들지는 않지만 ── 국가가 자기과시를 하고 국가주도성이 강해진 그 즈음에, 한편에서는 적어도 군사독재로부터의 민주화를 이뤄 낸 거죠. 그래서 여성 쪽 입장에서 보면 자연스럽게 민중에 여성이 첨가되고, 나 같은 경우엔 90년대 중반에 청소년을 첨가하게 되었죠. 그러다 보면 '명실공히 다원화된 시민성을 가진 근대국가가 형성될 것이다', 그런 신념을 갖고 있었어요.

그 다음에 소비자본주의는 어쩔 수 없이 오는 것이고, 나는 그것을 자기표현의 문제로 바라보았어요. 너무나 봉건적으로 소비 자체를 나쁜 것으로 보는 그런 시각들에 대해 쓴 글을 모아서 『압구정동:유토피아/디스토피아』(강내희·조한혜정 외 지음, 현실문화연구, 1993)를 낸 게 93년이었는데, 이 시기가 소비자본주의를 받아들일 거냐 말 거냐 하는 논쟁적인 시각들이 나온 때예요. 나로서는 이런 시각을 경직된 좌파적 시각으로 본 거죠(「압구정 '공간'을 바라보는 시선들」, 『압구정동:유토피아/디스토피아』). 경제발전하면서 시장이 확대되고, 자본화·소비화되는 건 불가피한 양상이고, 그와 동시에 소비가 개개인의 자기표현이라든가 개인성을 만들어 가는 데 중요한 역할을 담당하는 측면을 갖고 있다고 나는 보았으니까요. 그렇다고 소비자본주의로 가자 하지는 않았지만, 소비에 대해 엄격하게 계속 단죄를 한다거나 규범화해서 얘기를 하는 것 자체가 무능한 걸로 보이는 거죠.

그런 식의 얘기를 하면서 그때 탈근대 내지는 포스트모더니즘 연구를 교수들끼리 좀 했어요. 어느 모임에서 강내희 선생님 쪽에서 '문화과학'을 한다고 얘기할 때, '어떻게 (문화를) 지금 과학이라고 얘기하냐?' 하면서 서구에서 지식생산이 어떻게 되어 왔는가를 보면서, 근대적인 경전주의를 해체하는 것과 문화권력에 관한 문제를 제기했어요. 경전주의는 우리한테 유일한 존재로 자임하던 군사독재에서도 볼 수 있지만, 이것 혹은 저것이 "가장 핵심적이고 유일한 모순이다"라고 얘기하는 운동권의 사유 내지 조직도 그 한 형태라고 볼 수 있어요. 어떻게든 아주 딱딱하게 고정시킨 중심부를 해체해서 다양한 주체들이 살아날 수 있도록 해야 되는 시점이었고, 그런 면에서 근대/탈근대 논의들은 굉장히 유용했습니다.

그래서 그런 논의를 많이 하면서 여성들, 젊은 친구들이 나서서 ─여기 있는 현경씨도 해당되겠지만─ 성정치(gender politics)부터 시작해서 게이 운동까지를 다 포함해서 '존재 자체로 인정을 하라'라는 운동들도 활발하게 일었던 것이지요. 지금 생각해 보면 그 시점의 서양 역사는 공교롭게도 동유럽이 망하면서 자본이 걷잡을 수 없게 나가기 시작한 시점이더라고요. 그 전에는 동유럽의 눈치를 보기 때문에 그 나름대로 하나의 결속된 공동체 비스름한 감각이 있는 거잖아요. 저쪽 편이 없어지니까 자본이 눈치를 하나도 볼 필요 없이 막 나가기 시작했던 거죠. 신자유주의적 전환이 그때 미국 중심으로 시작된 거죠. 미국이라는 국가는 원래 태생부터 시장중심적이고, 개개인의 자기관리와 개개인의 결단에 의해서 움직이는 곳이었죠. 그런 나라가 정말 고삐 풀린 것처럼 가면서 지금 우리가 목격하는 금융자본주의·투기자본주의 형태로 경제가 돌아가고, 뭐든지 돈으로 이뤄지는 거죠. 유럽에서도 그때 복지국가 체제가 워낙 안 돌아가다 보니까 마거릿 대처의 경우 민영화나 금융에서의 국경을 없애는 규제완화와 같은 엄청난 구조조정을 하잖아요.

다른 이야기지만 난 미국하고 유럽을 따로 보는데, 그 두 그룹이 경쟁을 하면서 소위 보다 나은 근대화를 했어야 한다고 생각해요. 미국이 독주를 하고 유럽은 유럽대로 1·2차대전으로 초토화되고 나서 우리끼리라도 숨 쉬고 살자, 이런 식으로 리더 역할을 안 하면서 소련하고 미국이 냉전 체제로 대립하는 구도로 확 가 버렸죠. 그 결과는 우리의 자본주의 인식에도 영향을 미쳤어요. 소련과 대비되는 가운데 자본주의는 곧 자유주의라는 식으로, 한국에서 자본주의에 대한 인식은 유럽처럼 철저하지 않았던 거죠. 유럽에서 자본주의는 시장중심주의를 말하는 것인데, 냉전 체제 아래 미국중심적인 사고의 영향을 받아서 우리는 자유주의를 자본주의 자체를 옹호하는 이데올로기로 보는 거죠. 그래도 사회주의 공산권이 있을 때는 서로 눈치 보면서 자기네 내부의 국민들을 보다 잘살게 하려고 노력도 했죠. 두 개의 거대한 공동체가 경쟁을 하는 거니까. 한쪽이 망하면서 미국은 대국이 되어 버렸죠.

미국이 세계의 폴리스라면 영국은 세계의 양심이라고 이야기하면서 지배를 해오던 것인데, 영국은 유럽도, 미국도 아니면서 미국를 서포트하게 되었죠. 그러나 영국을 제외한 대륙의 유럽은 그 나름대로 복지적으로 자본주의를 수정해 가고자 노력을 해왔던 겁니다. 특히, 1920~30년대에 그런 노력을 쏟는데 결국 실패합니다. 그게 물론, 제국주의적 자본주의다 보니 그렇게 된 거긴 하지만요. 실패하면서 1·2차대전에서 너무 처참한 경험을 하니까 그것을 다시 재건하면서 북유럽 같은 데서는 '내가 덜 가지더라도 평화롭게 살아야 된다', 이런 게 내면화된 사회 시스템을 만들잖아요. 보이지 않는 환대의 감각, 이런 것들을 그나마 많이 갖고 있는 시스템이죠.

그런 나라들이 우리한테는 아무 영향을 주지 않았던 거죠. 그러면서 오히려 1988년 즈음부터 자본주의의 문화가 들어올 때, 완전히 미국적인 문화가 들어오면서 굉장히 신자유주의적으로 갔어요. 우리는 김대중 때나 노무현 때 공기업을 민영화한 사건을 들어 신자유주의가 도래했다고 이야기해 왔지만, 사실은 그 이전부터 시장이 주도해 버리는 자본주의가 들어와서 한쪽에서 완전히 새로운 사회문화적 지형을 만들고 있었던 거예요. 그게 압구정동을 중심으로 한 강남의 문화였던 거죠. 강내희 선생님이 압구정동과 지하철이 통한다는 재밌는 논문(「압구정동의 '문제설정'」, 『압구정동: 유토피아/디스토피아』)을 쓴 거 알고 있죠? 강내희 선생님도 인터뷰하실 거죠? 압구정역에 탁 내리면 현대백화점으로 통하게 되어 있거든. 잠실역은 롯데월드로 통하구.

김항 예전에 『이론』지에 쓰신 거죠.

조한혜정 롯데월드로 쓴 것(「독점자본과 '문화공간': 롯데월드론」)도 『이론』에 실린 게 있을 거고, 아마 책으로는 『공간, 육체, 권력』(문화과학사, 1995)에 실렸을 거예요. 그때 강 선생님이 그런 식으로 완전히 시장이 우리를 장악한다고 얘기했어요. 나는 소비사회는 어쩔 수 없는 거고, 그렇게 재단하는 것에 대해서는 거리를 좀 두고, 일단 답을 내리지 않는 태도를 취하는 글을 썼던 거 같아요. 지금 생각해 보면 88년부터 한국도 자본주의 시장이 주도하고 있었는데 지식인들은 여전히 안일했어요. 그 당시 열심히 했지만, 우리끼리 모여서 한 거죠. 시장은 지식에 관심이 없거든요. 우리가 영향력을 미치려면 시장 자체를 보기 시작해야 했는데 말이죠. 그때는 포스트모더니즘 연구를 하면, 플래카드를 써서 마치 배신하는 것처럼 취급했어요. 포스트모더니즘은 경전주의 같은 것을 해체해야 될 때 쓰는 하나의 방법론인데, 그게 배격의 대상이나 반동으로 인식되었어요. 그 당시 지식사를 연구해 보면 더 자세한 사정을 알 수 있겠지요.

이혜령 자본주의에 투항하는 것이라고 비판되었던 것 같아요.

포스트모더니즘과 한국의 지식사회

조한혜정 포스트모더니즘 연구를 자본주의의 선봉인 것처럼 얘기하는 식으로 소모했다고 생각이 들어요. 그때는 시장이 어떻게 확장되면서 우리 사회를 잠식하는가를 연구해야 되는 시점인데, 내부에서 "포스트모더니즘 공부하지 마라. 위험하다", 이런 식의 얘기를 했다고요. 80년대 운동한 친구들에게는 "이 텍스트는 읽고, 여성학은 나중에 읽고" 이런 식의 정답이 있고, 정답을 정해 주는 '오쏘리티'가 있었다고요. 가부장제적이건 권위주의적이건 이런 식의 문화를 내면화하고 있던 조직이기 때문에 그런 형태로 갔다고 생각해요. 소비자본주의가 한 바퀴 돌면서 콜라텍 같은 게 생겼잖아요. 나도 90년대 초반부터 외국에 1년 갔다 오면 정신이 하나도 없게 한국이 변해 있는 거예요. 이대 앞에 갔는데 음악소리가 어찌나 큰지 생각을 못하게 하면서 물건을 사게 하는 거야. 이게 우리나라인가 할 정도로 스피커로 너무 시끄럽게 하더라고. 콜라텍 같은 데도 생겨서 술을 못 마시는 청소년까지도 음악이 막 시끄러운 데 가서 춤을 출 수 있게 하면서 정말 자본주의의 몸을 만들고 있었는데, 문화연구가들은 그걸 연구 안 했죠. 어느 이론이 더 맞냐, 이런 식의 논의들을 많이 한 거 같아요.

지식인들이 시장의 확장을 제대로 보고 이른바 공동체가 잘 살아가기 위한 논의의 장을 이루었어야 되는 건데, 너무 고상하다 못해 경직되어서 속도에 대한 감각이 없었던 것 같아요. 우리 자신의 몸이 소비적이지 않아서인지 그렇게 급히 온 것에 대한 감각이 없는 거죠. 연구자들도 사람이기 때문에 자기 몸 자체의 한계 이상을 보지 못하잖아요? 그래서 그런 연구를 충분히 못한 거 같아요. 나 같은 사람은 홍대에 가서 놀고 느끼는 걸 되게 좋아하지만, 그건 하나의 주변적 문화이고, 꽃피워야 된다는 내 입장일 뿐이었던 것이죠. 모두가 콜라텍을 가고 하다가 그게 '한류'라는 상품으로 터지고 하는 건 상상을 못했던 거잖아요. 한류가 터졌을 때, 굉장히 보수적인 민족주의자들이 드디어 한국의 문화가 세계를 지배한다는 이상한 민족 중심적인 우월주의 담론을 내놨다면, 이쪽 진영에서도 그걸 사실 어떻게 봐야 될지 모르면서도 자랑스럽게 생각하는 부분들이 있었을 거예요. 사실 지식인이 공헌한 게 아니거든요. 자본주의가 엄청나게 빨리 확산되면서 대중이 몸으로 체득한 어떤 상품에 대한 소비가 이루어졌던 거죠. 소비를 많이 하면 좋은 상품이 나오잖아요. 그 상품이 드라마와 가요로 아시아에 비슷한 과정을 거치고 있는 사람들한테 어필한 거고요. 미국이나 교포들한테는 그게 하나의 프라이드로 공유되는 것이고, 이런 식의 일들이 거대하게 벌어지고 있었던 거죠.

그래서 그런 식의 전체 판을 우리가 계속 보면서 그 논의를 더 할 수 있는 인터랙션 커뮤니티(interaction community)가 있었어야 되지 않았는가 하고 생각하는데요, 그게 한국에서는 굉장히 분열되어, 아니 경직되어 있죠. 그런 점에서는 여자들이 덜 권위주의적이고, 문화나 일상에 대한 감각이 더 있죠. 제도라든가 큰 흐름, 큰 조직, 큰 이념, 이런 것 중심으로 사유하지 않으니까요. 하지만 학문 풍토가 워낙에 남성중심적이기도 한 데다 시대는 동시에 너무 빠르게 갔어요. 그런 상황에서 우리 사회와 시장이 그렇게 가고 있는데 지식인부터 하이퍼텍스트 차원에서 큰 시공간이 어떻게 되고 있는가에 대해서도 인식할 여력이 부족했었고, 인터랙션 커뮤니티를 형성할 여력도 없었던 거죠.

이혜령 선생님, 그래도 90년대 초반에는 꽤 여러 지식인 그룹들이 등장했었는데, 왜 그 흐름이 지속되지 못했을까요?

조한혜정 한국사회를 일본이랑 비교해 볼 때 사이즈가 작은 거 같아요. 일본 정도의 사이즈만 하더라도 지식인이 글을 써서 먹고살 수 있거든요. 그런 지식인들을 먹고살도록 충족시킬 만큼의 규모가 되는 거죠. 잡지가 한번 나오면 꾸준한 편이고요. 한국에서 『문학과 사회』나 『창작과비평』처럼 계속 나오는 것들이 얼마나 되나요? 애들이 콜라텍 가고, 노래를 들으면서 한류를 만들었던 90년대 초반에 엄청나게 잡지가 쏟아졌죠. 그건 서동진 같은 논객들이 굉장히 많은 활동을 하면서 나름 인터랙션 커뮤니티가 만들어져 나온 성과이기도 하고, 그러면서 나름 그 시대를 읽어 가고 그러다가, 3~4년 지나면서 없어진 거죠. 없어지는 거 자체는 나쁜 건 아니지만 그 많은 것 중 일부가 계속 살아남으면서 주도하게 되는데, 한국사회는 그걸 유지할 만큼 충분한 크기가 아닌 것 같아요. 일본이 우리보다 인구가 3배고, GNP는 5배 정도로 크거든요. 그게 한 이유라면, 이유죠.

　다른 이유는 우리가 식민지였기 때문에 ── 식민지일 때는 자생적 언어를 만드는 데 에너지를 쏟기보다는 외부에서 온 대단한 이론에 기대는 경향이 더 있잖아요 ──내부 스토리를 못 만드는 부분도 있죠. 제가 『탈식민지 시대 지식인의 글 읽기와 삶 읽기』(전3권, 또하나의문화, 1992~1994, 이하 『글 읽기와 삶 읽기』) 1~3권을 92~94년에 통탄하면서 쓴 게 그런 아쉬움들 때문인데, 그때는 사이즈가 작다는 생각은 전혀 안 했어요. '어떻게 계속 오퍼상 짓을 하냐. 나 역시 굉장히 혜택을 본 사람이긴 하지만, 다 미국에서 박사를 받아야 교수가 되나? 그런 현실 자체를 우리가 낯설게 바라봐야 한다. 정말 자생적인 이론이라는 건 굉장히 감흥적인 컨셉을 가지고 우리 이야기를 하면서 만들어지는 것이다', 이런 생각이었죠. 서양의 이론도 다 그 사람들의 히스토리컬한 맥락에서 나온 거잖아요? 우리는 우리의 역사적 맥락에서 얘기를 해야 되는데, 계속 맑시즘이라든가 페미니즘이라든가 하는 이론이 없으면 우리의 역사적 맥락을 읽어 내지 못한다고 느끼게 된 경향, 그런 지식인들의 풍토가 바뀌어야 된다고 썼던 거죠. 그때는 「서편제」(임권택 연출, 1993)가 나오고 온 국민이 영화를 보게 되고, 잘살게 됐으니까 실제로 그렇게 될 거라고 나도 어느 정도는 생각했던 거 같아요. 학생들도 그때는 다 그렇게 반성하고 성찰하는 분위기였어요. 지금 이렇게까지 빨리 시장이 확대될 줄 알았으면 좀 다르게 했을 건데, 이런 생각을 하죠. 물론 나 자신도 몰랐으니까 아마 다르게 할 수 없었을 거예요.

시장이 키운 아이들과 지식인

김항 선생님께서 시장의 확대와 함께 달리 보고 있는 것이 무엇이신지요?

조한혜정 예컨대, 요새 우리 학생들은 전부 시장이 키운 애들이라는 걸 요즘 흥미롭게 보고 있어요. 입시가 학교에서 시장으로 옮겨졌죠. 지금 학생들보다는 한 세대 위인 우리 아이들의 경우에는 아침 8시부터 밤 11시까지 학교에 있었죠. 그런 애들하고, 학교에서는 3시에 풀어줬는데 밤 12시까지 학원에 다닌 아이들하고는 다른 거예요. 예전 애들이 학교에 잡혀 있었던 거라고만 생각해서는 안 돼요. 애들을 잡아 둔 학교는 하나의 공동체였어요. 억지로 잡혀 있었고 그래서 '내가 여기서 나가기만 해봐라', '졸업할 때 내가 선생님 차를 부술 거다' 이러면서도 하나의 공동체 속에서 자란 거예요. 그 다음에 '나는 대학 가서 나 하고 싶은 거 다 하고 놀 거다' 이런 감정을 가지면서 사회성원으로서 분노와 그 분노를 표출할 방법들을 고안하면서 대학에 오는 거죠.

그런데 요새 보면 시장이 키운 아이들은 공부를 그냥 즐겁게 한 거예요. 아주 신통하더라니까요. '남들은 학원을 못 가는데, 부모가 보내 주니까 그것만 해도 얼마나 고마운 거야', 그런 생각들이에요. 3시까지만 학교 있으면 되고 학원은 안 가도 되는 건데, 학원을 가는 애들은 선택된 애들인 거고, 그 중에서도 좋은 학원, 백만 원짜리 가는 애는 더 선택된 거라는 거죠. 또 시장이 아이들을 길렀을 때는 교육이 서비스산업이잖아요. 과거에 선생님을 만나는 것과는 다른 일인 것이죠. 그 각자의 경제적 여건과 취향에 따라 선택하는 소비자잖아요. 이른바 성공해서 일류대에 들어온 아이들은 소비자로 대우를 받으면서 공부를 한 거죠. 요즘 내가 우리 수업에서 '나의 공부법'을 쓰라고 했더니 너무 재밌어요. 이거 대단하더라구요. 우리 생각에는 '쟤네 새벽 1시까지 학원에 있고 너무 불쌍하잖아' 하는데, 그게 아닌 거예요. 시장이 만든 애들도 인간이 사회적 동물이라는 걸 보여 줘요. 굉장히 재밌는 케이스는 자기는 "책상에 앉으면 집중이 잘 되는데, 책상에 앉기가 너무 싫다. 그래서 생각해 낸 비법이 세 가지가 있다. 하나는 좋아하는 애를 하나 찍어서 걔한테 잘해 주면서 학원이나 독서실을 계속 간다." 이게 한 방법이구요, 두번째는 학원 갈 때 굉장히 이쁘게 하고 가는 거예요. 그렇게 자기를 '업'(Up)시키는 거죠. 엄마한테 그 얘기를 해서 엄마가 내가 치장하는 데는 돈을 아끼지 않으시기로 했다고 해요. 그 다음에는 이쁜 학용품을 산다. 우리 조교들도 "난 첫번째는 안 했지만, 나머지 두 개는 다 했어요" 하더군요.

인간이 대단한 문화적인 존재예요. 우리 사회는 그 부분을 안 보죠. 특히, 지식인들이 여성학을 하든 포스트모더니즘을 하든 행위자성을 볼 줄 모르는 거예요. 문화연구 하는 사람이 행위자성 얘기를 계속 하면서도 잘 볼 줄 몰라요. 그건 실제로 현장을 가야 되고, 사람 만나서 인터뷰하고 같이 살아봐야 되는 건데, 이론 책 읽느라고 너무 바쁜 거죠. 내가 볼 때 서양은 자기 나름의 현실을 보아 왔죠. 그리스와 히브리 전통에서부터 시작된 서양 인문학은 자기 현실에 대한 인식을 계속 해왔고 모더니티에 관한 생각도 그렇게 해서 나온 거죠. 그게 바탕이 되어 근대국가를 만들고, 자본주의를 만들고, 또 산업화를 하고 하면서 1·2차대전 겪고, 거기서 또다시 반성하면서 포스트모더니즘도 나오고. 우리 같은 경우는 자기 내부를 안 보니까 모더니즘 계속 따라가고, 그 다음에는 그쪽에서 하는 해체주의를 따라가는데, 오죽 어려워요? 오히려 모더니즘 계열 텍스트는 한 주체를 상정하기 때문에 읽기 쉽지만, 데리다 이후는 그냥 메시지만 보게 되는 거지. 그거 제대로 읽으려면 시간을 다 보내니까 현장을 갈 시간이 없지요. 자기가 연구하는 대상, 그람시가 얘기하는 '서발턴'(subaltern)이 스스로 되어 봐야 하는 건데, 그런 게 없는 거죠. 식민지 지식인들의 비극인 셈이죠.

사실 모더니즘 계열 텍스트도 우리 현실하고 정말 안 맞기는 했지만, 계속 읽었어야 됐어요. 지금은 맑스가 얘기하는 자본의 모순을 적나라하게 피부로 느끼잖아요. 돈의 귀신이 어떻게 사람을 괴물을 만드는가. 그렇지만 70~80년대에는 돈의 귀신이 있는 게 아니거든요. 맑스주의는 반독재 투쟁을 하는 데 파워풀한 이념이었죠. 러시아혁명에서도 파워풀한 이념으로 정치적인 차원에서 썼던 것처럼. 우리 삶의 현장은 그것들과 괴리되고 있었던 거죠. 지금 오히려 돈귀신 들린 사람들이 세상을 장악하면 어떻게 되는가? 너무나 잘 보이는데, 그럴 때 맑스주의가 전혀 다르게 보이잖아요. 포스트모던이 아직 느껴지지도 않은 상태에서 그거 막 읽느라 너무 고생을 하고 그러면서 많은 시간들을 보내고 있는 것 같단 생각이 들어요.

그리고 내가 조금 후회가 되는 것은, 어쨌든 내가 포스트모더니즘을 읽고 있었을 때는 국가공동체건 시민사회건 서구중심의 중산계층 남자를 상정하는 경직된 리더십 모델을 해체하자는 거였어요. 그걸 해체하고 여성과 청소년 같은 주체를 살려서 다양한 소리가 살아나는 사회로 가자는 거였는데, 그렇게 됐냐면 오히려 사람들로 하여금 '믿을 건 아무것도 없다' 이렇게 간 것 같아요. 그러니까 지금의 지식인 이슈랑 연결되는 거죠. 지식인의 권위나 중심성은 해체된 거 같은데, 해체의 과정이……. 서양처럼 그래도 기댈 데가 있는 사회에서는 해체를 해도 불안하지 않았을 텐데요.

지금 생각해 보면 포스트모더니즘에 대해 결사적으로 비판하던 입장이 이해가 되어요. 나는 포스트모더니즘이 해체를 위한 하나의 도구라고 항상 생각해 왔고, 해체 이후에는 그게 여성이건 뭐건 내 존재감으로서는 그 다음 게 있거든요. 하지만 실제로 그걸 못 느끼는 사람한테는 해체주의가 진짜 나쁜 이데올로기지. 그 다음번에 어떤 사람이나 존재가 나오느냐가 안 보일 경우에는 해체 이후가 정말 아노미로밖에 안 가는데, 실제로 우리 사회가 시장중심주의가 굉장히 빨리 퍼지면서, 오히려 급격하게 믿을 것도 없고, 지식인도 별 볼일 없고, 리더라는 사람들도 정말 형편없다는 생각을 일반화시키는 효과를 냈던 거 같아요. 이런 것을 우려해서 포스트모더니즘에 대해 그렇게 반대를 했었나 이런 생각이 최근에 들었어요. 최근에 지식인이라든가 국가의 공동체를 계속 염려하는 사람은 사라져 버렸으니까. 그런 사람은 골동품같이 되어 버린 거죠.

이혜령 선생님께서 지금 하신 말씀이 저희의 두번째 질문이기도 합니다. 선생님의 『글 읽기와 삶 읽기』 3부작을 관통하는 것은 지식인의 위치성에 대한 끊임없는 자기의식, 그리고 자신의 일상과 삶을 둘러싼 세계에 말걸기와 글쓰기였다고 생각합니다. 그런데 그 무렵에 근대성·식민주의·내셔널리즘에 대한 비판과 연구가 맹렬했고, 이 흐름은 지식체계와 권위주의적 체계에 대한 반성을 포함하기는 했지만, 한편으로 '지식인'이라는 단어는 그 사이에 없어지거나 조금 뭔가 신뢰가 안 가는 단어가 된 것 같습니다.

조한혜정 지식인, 페미니스트 이런 게 지금 다 완전히 뭐라고 표현해야 되나. 구식 언어에다 기피의 언어가 된 거죠.

이혜령 저희도 스스로를 '지식인'이라 하기보다는 '연구자'로 칭하는 게 더 편한 상황인데요, 선생님은 여전히 지식인이라는 말이 훨씬 더 잘 어울리십니다. 이런 현상 자체가 한국에서 지식인이 지닌 대표성의 기능 해체와도 맞물려 있지만, 선생님이 말씀하신 냉소주의와도 관련 있는 것 같은데 좀더 듣고 싶습니다.

조한혜정 2000년대 들어와서 '우파는 부도덕하고, 좌파는 무능하다'라는 말이 어느 책 앞에 있던 것 같던데요. 좌파를 중심으로 우리가 좀더 반성하면서 간다고 희망이 보일 것 같진 않다는 이야기도 나왔구요. 지식인이라면 나를 포함한 모든 사람을 불쌍하게 보는 그런 상황이 온 것 같은데, 우리 모두가 어떤 상황에 압도되어 버린 거구나, 그런 생각이 들어요. IMF 때 엄청난 충격을 받았던 거죠. 그때부터 정말 믿을 건 아무것도 없어서 엄마들은 엄마들대로 자기 애 하나 챙기려고 했어요. 지금 돌이켜보면 그런 상황이 역사적 아이러니라고 난 생각해요. 이해찬 교육부 장관 시절인 2000년에 우리 국민들을 잘 기르려고 방과 후 학습, 자율학습 금지를 했고 그런 걸 보면서 정말 잘한다고 했었죠. 그때의 엄마들은 —— 여기 있는 현경 씨 어머니도 그러셨을 테고 —— 애들이 까불면 나은 세상, 다른 세상이 오나 보다 했었죠. 대학 나온 엄마들이라 해도 조금 주눅이 들어서 "쟤네들이 다르게 하나 보다" 하고 기대를 했어요. 걔네들도 죽을 둥 살 둥 '난 학교에서 공부해 줬으니까' 똑똑하게 네티즌으로서 활동하고. 이런 식으로 2002년 월드컵까지 그 건강한 국민의 모습을 보여 준 새로운 흐름이 하나 있었던 거야. 그런데 얘네들이 양면을 갖고 있었던 거예요. 소비적인 주체인 동시에 학교에서 구박받죠. 그래서 '나는 좋은 나라 국민이 될 거야. 좋은 학교를 만들 거야' 이런 열망을 갖는 거죠. 부모들이 그런 걸 존중해 준 것 같아요. 하지만 IMF가 지나면서 '애를 이렇게 하다가는 다 굶어 죽겠다, 계급 재생산 전혀 안 되겠다', 이런 식의 인식을 한 부모들이 생기는 찰나에 과외가 위헌으로 판결나게 됩니다. 2001년에 헌법소원인가를 냈죠. 그 즈음 시장이 완전히 교육을 장악하는 거예요. 그렇게 되면서 엄마가 완전히 매니징을 하니까 애들은 여기 있는 현경 씨 세대가 받은 것 같은 엄마의 존중을 못 받죠. 애들도 "나 좋은 사회를 만들 거야. 엄만 그렇게 살아. 나는 그런 사회 안 만들어" 이런 식의 얘기를 할 수 있는 사람이어야지, 정말 아빠랑 엄청나게 싸우더라도 일말의 존경을 받는 거잖아요. 그런데 애들이 "과외 더 비싼 데 보내주세요" 이런다든가, 엄마가 시간 관리를 다 해준다든가 해서는 거의 존중을 못 받아요. 애들이 엄마들한테는 '쟤가 왜 좀더 열심히 안 하지' 하는 느낌을 들게 만드는 약간 신경질 나는 존재가, 무시를 당하는 존재가 되는 거지. 지금 아이들이 자존감이 없는 건 이런 사정이랑 관련이 있을 거예요.

매니저 엄마의 시대 내지는 교육 컨설턴트가 애들을 다 대학을 보내는 시대, 돈이 대학을 보내는 시대죠. 강남에서 나오는 얘기긴 하지만 남편의 재력으로도 안 되니까 할아버지의 재력이 있어야 한대요. 돈이 완전히 주도한 교육계를 여실하게 보여 주는 것이고, 동시에 거기서 자란 아이들은 굉장히 개별화되고 끊임없이 상대적인 경쟁을 하는 애들인 거죠. 일단은 대학 들어가면 되고, 그 다음에는 학점을 두고 서로 알고 있는 스펙 게임을 끊임없이 하는 겁니다. 그런 식의 게임을 계속 하면 배짱 있는 애들이 나올 가능성은 거의 없는 거죠. 거기서 도태된 아이들이 어떻게 될 건지, 이런 게 앞으로 연구가 되어야 되는 부분인데요.

『글 읽기와 삶 읽기』에 나오는 아이들만 해도 ── 그때가 1991년도잖아요 ── 고등학교 때 '나는 정말 제대로 된 지식을, 공부를, 내지는 제대로 된 역사를 이해할 거야' 이런 열망을 품었던 사람들이니 대학 들어온 지 1~2년 만에 확확 바뀌는 거죠. 사람이라는 게 사실 그렇게 바뀌는 거니까요. 지금도 사실 바뀌긴 해요. 이번에 내가 『교실이 돌아왔다』(또하나의문화, 2009)를 냈는데, 그게 '신자유주의 시대 지식인의 글 읽기와 삶 읽기'인 셈이죠. 아까 얘기했듯이 대학원생들도 "나 지식인 아니에요" 하는 상황에서는 그런 제목이 전혀 말이 안 되는 거죠. 대학원생들도 그런데 학생들더러 너희들이 지식인이라고 하면 그런 이상한 말을 왜 나한테 붙이냐고 그러는 거지. 처음에는 『글 읽기와 삶 읽기』의 15년 후 버전으로 하니까 제목을 그렇게 붙여야 할 것 같은데, 도저히 아니다 해서 부제를 '신자유주의 시대 대학생의 글 읽기와 삶 읽기'라고 붙인 거죠. 말씀하신 대로 지식인이 아니고, 연구자고, 학진에서 월급을 받는 월급쟁이고, 주어진 과제를 해야 되는 그런 지식노동자가 된 거죠.

40대 중반의 김현미 선생님 같은 분은 그래도 지식인으로 열심히 하고는 있는데, 상황이 제가 그 나이일 때랑은 달라졌어요. 우리 때는 책을 쓸 수 있었지만, 지금처럼 세계 100위 대학에 들어가자, 라고 해서 계속 SCI 논문 몇 편 내게 하면 책은 전혀 못 내죠. 인문학이라든가 삶이 어떻게 가고 있다든가 이런 걸 하려면 자기탐색하는 시간이 많아야 되는데, 1년에 페이퍼 3편씩 써라. 그러면 절대로 그런 식의 사고를 갖지 못하죠. 논문 제조공장인 거죠. 그건 테크닉으로 쓸 수 있는 거야. 인터뷰 좀 하고, 어디서 이론을 가져와서 거기 대입해서 쓰고, 참고문헌 잘 쓰고. 그렇게 해야만 1년에 3편 ——어떤 사람은 7편도 내는데 —— 을 할 수 있는 거죠.

그래서 이과 쪽에서는 교수는 다 사장이라고 그러더라구요. 연구비 돈따오는 사장으로 각자 업체 하나씩 차린 셈이죠. 나 같은 사람이 정말 좋은 과제를 갖고 재밌게 할 수 있지만, 나 같은 사람은 돈을 안 받죠. 돈 받으면 막 써내야 하니까요. 돈 잘 따는 사람의 노하우는 인문학과는 전혀 다른 능력이라고 생각하는데, 그런 능력을 지닌 사람과 인문학을 잘하는 사람이 만나서 프로젝트를 하면 좋겠죠. 그런데 돈을 잘 따오는 사람이 자기 나름의 아이디어는 있어서 자기 식으로 하려고 들면 박사들은 괴롭죠. 박사들은 괴로운 프로젝트를 그냥 월급쟁이로 할 수밖에 없는 식의 지식노동계가 형성되어 있는 거예요.

그래서 결국 지식인이 없다는 건 정말 시장이 이겼다, 압도했다는 거죠. 91년만 해도 학생들 대부분이 '많이 아는 사람'이 부럽고, 그 사람 근처에 가면 행복하고 이랬는데, 지금은 많이 가진 사람이 부럽고 그 사람 옆에 가면 행복하고 TV도 전부 그런 식으로 확 가 버렸죠. 시장이 주도했을 때 삶이 어떻게 되는가를 분석하고 있는데, 아까 이야기한 시장이 키운 아이들과 같은 것을 들여다보는 게 나는 재밌어요. 재밌다는 말은 좀 그렇긴 하죠. 희망이 별로 없어 보이긴 하지만 절망적이라고 이야기하는 것보다는 일단 들여다봐야 할 것 같아요. 20대들은 TV를 통해 '세계 100대 부자들의 삶', 이렇게 굉장히 화려한 삶만 계속 보고 있고, 대학생이 듣는 음악도 인디음악보다는 굉장히 대중성 있는 것들이죠. 거기서 사람들이 다 같은 걸 공유할 때 문화 작업을 하는 사람들은 어떤 면에서는 그걸 장악함으로써 문화를 바꿀 수도 있기 때문에 잘 보고 있어야 된다는 생각은 합니다.

어쨌든 지식 많은 사람이 부러운 시대는 지나 버렸고, 시장이 다 장악했다 얘기할 수도 있어요. 세상이 정말 심각하게 계속 안 좋아지면 오히려, 지식인을 따라가는 사람도 있게 되잖아요. 그런 지식인은 선각자라기보다는 통찰적인 사람이죠. 그런데 세상이 이제 우리가 생각하는 것보다 훨씬 안 좋아진 것 같아요. 그러니까 과거에 귀를 기울여 들었던 그런 식의 얘기를 했던 사람이 일부 책임이 있다고 느끼게 되니까, 반지식인적·반지성적 분위기가 생겨난 거예요. 예를 들어서 어디 정부기관에서 지식인들이나 아이디어를 가진 사람들에게 자문이나 평가를 청할 때의 태도가 이전과는 달라졌어요. "이제는 너하고 나하고 똑같지 않니?" 이런 거죠. 어떤 의미에서는 모두가 다 해법을 알고 있고, 모두가 신(神)이 된 거죠. 그래서 백래쉬(backlash, 반발) 얘기를 하는 겁니다. 지식인에 대한 반발, 아는 척 하는 사람이 너무 미운 거죠. "누가 너한테 그런 권리를 줬어? 너 뭐 그렇게 대단히 안다고, 그렇게 잘 알면서 세상 망쳐 놨어?" 그렇게 말하면 할 말 없는 거잖아요. 페미니즘도 비슷한 백래쉬를 받고 있는 거죠.

시장을 뛰쳐나오는 아이들과 행복한 지식생산

김항 선생님이 말씀하신 페이퍼 공장이 생겨난 것과 함께 또 하나의 동시적인 현상으로 수도사적인 작업을 하는 사람들도 늘어난 것 같습니다. 특정한 사상가의 저작을 몇 명 안 되는 독자를 위해서 열심히 번역한다든가 하는 일처럼요.

조한혜정 아까 내가 얘기한 것처럼 우리가 지식인 수가 너무 적어요. 한국어 공동체가 북한, 연변 교포를 다 포함시키면 그게 될 텐데, 지금 지식인 집단이 교포까지는 별로 포함시키지 못하고 있죠.

김항 그 시장의 크기가 80~90년대와는 또 성격이 다른 것 같습니다만.

조한혜정 그땐 다 책을 썼죠. 책을 갖고 있으면 행복하다니까. 80~90년대에 우리나라는 엄청나게 책을 팔던 지식인 사회였던 거죠. 지금은 그야말로 지식인의 죽음을 보고 있죠. 나는 지금 칼럼을 별로 쓰고 싶지 않아요. 어떤 때는 할 말이 많아요. 옛날 같으면 글을 읽고 그게 행동으로 옮겨지는 게 보이지만, 읽고 아무것도 못할 거란 생각이 들면서 나 자신도 지식의 유용성에 대해서 굉장한 회의를 갖게 된 것 같아요. 오히려 우석훈 박사나 진중권 씨처럼 유쾌하게, 명랑하게 별로 힘들지 않게 책을 쓰는 소수의 논객만 살아 있는 상태예요. 얘기를 김항 선생이 잘했는데요. 한쪽에서는 거대하게 지식을 생산하는데, 그 생산공장에 있는 사람들은 대기업에 있는 사람처럼 '내가 누구를 위해서 이 짓을 하는가?' 이런 식의 회의를 갖고 있어요. 그래서 전혀 돈이 되지 않는 일을 하죠. 돈을 안 받고 일본 드라마를 번역한다든가 수유+너머처럼 정말 즐거워서 한다든가 하는 전혀 다른 지식생산의 장이 지금 공존하잖아요. 이게 결국 앞으로 지식생산의 장을 바꿔 낼 것인가가 중요하죠.

지금 이른바 글로벌 기업들이 리쿠르팅하는 걸 지켜보고 있거든요. 10년 전부터 시작했는데 이게 변화가 보여요. 10년 전에 정말 우리나라에 반짝반짝한 애들이 많아서 헤드헌터들이 굉장히 많이 오고 그랬는데, 지금은 시들해졌거든요. 오히려 중국에 가서 리쿠르팅을 하겠지. 정말 시간에 따라 이동하는 거잖아요. 헤드헌팅을 할 애들이 어디 있는지 자본은 너무나 잘 알고, 돈이 어디 있는지도 아니까. 지금 삼성에 가겠다 하는 애들은 삼성에 들어간다는 게 뭔지도 다 알고 있어요. 마치 '거대공장에 내가 갈 거냐?', 갔을 때 '몇 년 있을 거냐?', 이런 식의 계산까지도 애들은 하는 것 같아요. 거기 3~4년 있은 애들은 진짜 '결국 소모될 건전지로 내가 살고 있다'는 것을 잘 알고 있었어요. 그런 자기네들의 상황을 자본이 만들어 내는 구조에 대해 잘 알고 있는 거예요. 끝없이 무한경쟁해야 되고, 살아남아야 되고, 승자독식해야 되고, 그런 체제가 만들어 내는 자기는 소모성 건전지이고, 오래 있지 못한다는 걸 다 아는 거죠. 재생산되든 건전지가 되든, 어떻게 해서 재생산되는 사람이 될 건가의 부분에 대해 고민을 하는 거거든요. 그래서 롤러코스터에서 내리는 애들이 나오는 거죠.

요새 커리어우먼 인터뷰를 하고 있는데, 실제로 아주 잘 나가던 30대 친구들이 회사를 딱 그만두고 하자센터에 와서 사회적 기업을 만드는 일을 한다든가 하는 너무 훌륭한 예들이 있어요. 오히려 시장을 완전히 봤기 때문에 미련도 하나도 없죠. 하자센터가 노동이 너무 빡세다고 하는데, 그 빡셈이 저쪽의 빡셈하고는 다르다고들 말하더군요. 왜냐면 이건 아무도 안 간 길을 가는 거니까요. 저쪽은 빡세다 하면서 있어 본 사람은 알지 않느냐고 말해요. 그것은 굉장한 속도로 고속도로를 달리는 것이고 사실 무료함과 무의미함이 따르는 거예요. 자칫하면 사회에 좋은 일을 전혀 하지 않는 생산기구가 된다는 것까지도 그 친구들은 간파를 하고 있었어요. 그런 식의 변화가 지금 있어요. 그래서 나는 성급하게 절망적이라고 하기보다는 학진 돈 있을 때 이렇게 해보고, '이건 정말 아니잖아' 하고 아는 게 안 해보는 것보다는 낫다고 봐요. 나랑 김현미 선생은 그런 일을 안 하니 "우린 참 행복하다" 했지만. 하여튼 많은 사람들이 한번씩 거대한 공장에서 롤러코스터를 타고 있는 거잖아요. 그게 한쪽에 있는 거고, 수도사나 오타쿠들이 뭘 어떻게 할 건지 아직은 별로 안 보이더라도 살아남기 위해서 하는 행위죠.

김항 어떤 방식으로 본능적 위기감이라든가……

조한혜정 자기의 즐거움을 얻는 방식이고. 나는 옛날에 『글 읽기와 삶 읽기』에서도 썼지만 공부만 좋아하는 사람 되게 싫어했거든요. 자기 현실을 볼 줄 모르니까 책만 파고, 공부만 한다고 생각했죠. 그런데 지금은 책이라도 열심히 파고 책을 가까이 하는 애들을 보면 되게 이쁜 거지. 그래서 열심히 하다가 데리다가 환대를 얘기한 것처럼 뭔가 다른 거랑 만났을 때, 전혀 다른 시공간을 만들어 낼 에너지를 비축하고 있지 않을까 해요. 자기를 파괴당하지 않으면서 살아가는 사람들이 많이 생기기 시작하면 뭐가 나오는 게 있을 테고, 그런 현상은 상당히 글로벌한 차원에서 이루어지는 일이겠죠. 하지만 그러기에는 한국이 여전히 굉장히 가부장적이고 민족주의적인 부분인 있어요.

김항 선생님이 처음 말씀하셨던 소비자본주의가 들어왔을 때, 이론만 공부했던 게 현실과 거리가 먼 일이었다면, 최근 인문·사회계에 있는 젊은 연구자들이 이론 공부를 열심히 하는 게 한편에선 해방의 근거죠.

조한혜정 자본에 포섭되지 않겠다는 거겠죠.

김항 그렇게 의식적인 건 아니고요. 내가 이렇게 주어진 제도와 요구에만 맞추어 글을 쓰다가는 위험할 것 같다는 위기감이 있었던 거 같아요.

조한혜정 백번 이해해요. 오히려 그럴 바에는 석학의 논리를 그대로 진수로서 좇아가고 그 사유 속에 있어 보겠다는 건, 내가 나름대로 사유가 살아 있고, 감각이 살아 있는 사람으로 살려는 방법이기 때문에 나는 그렇다고 생각해요.

김항 일종의 이중 생활이나 작업 같은 것들을 할 수밖에 없는 거죠. 이런 상태가 오래 지속될 것 같지 않다는 생각도 많이 들어요.

조한혜정 지금 대졸 아이들이 120만 원을 받고 어디 공기업 같은 데 가서 인턴십을 해요. 이 친구들이 거기서 자기보다 월급을 서너 배 받고 모든 게 안정된 친구들이 하는 일이 너무 아무것도 아닌 걸 다 보는 거예요. 자기도 얼마든지 할 수 있는 일인데, 그 사람들은 정규고용직이 되었다는 이유로 사람을 괴롭히기도 하죠. 그런 상황을 보면서 이 친구는 '나는 정규직도 되고 싶지 않다'는 생각을 해요. 그때 우리가 개선안을 위해 토론하는 자리였는데, "그냥 일주일에 3일만 일하게 해달라. 그 다음에 4일을 내가 마음대로 쓸 수 있으면 나는 120만 원이어도 좋다" 이렇게 얘기를 하는 거예요. 이 거대한 흐름이 모든 걸 소모시키고 소진시키지 않도록 이렇게 우리가 요구를 해야 되는 시점인 거죠. 교수도 마찬가지죠. 정신이 하나도 없잖아요.

결혼해도 애가 없는 사람들은 여유가 있어서 "일자리를 나누자"고 할 수 있지만, 애가 있는 사람들은 과외비를 대야 되기 때문에 집에 대단한 유산이 있는 경우가 아닌 한 이 게임에 적극적으로 동조를 할 수밖에 없어요. 아니면 애들을 전혀 다르게 키우기로 하고, 전혀 학원에 안 보내고, 무학(無學)이지만 행복한 애로 키우겠다, 요리사로 키우겠다는 아주 창의적인 사람 빼놓고는 결국 여기에 동조할 수밖에 없는 거거든요. 그때 안 그런 사람들이 "어차피 결혼들도 안 하고 그러면 난 200만 원이면 된다. 대신 시간을 확실하게 하자" 이렇게 우리 스스로의 조건에 대한 아젠다를 만들어 내는 시점이 오는 것 같아요.

연세대 대학원에서 교책연구원 원장이나 각 연구소 소장들하고 몇 명 선생님 모여서 이 무한경쟁, 적대적 경쟁의 형태로 우리 아이들을 기르면 안 된다, 대학이 변해야 한다는 책을 내려고 시도하고 있어요. 그런 시도가 나오기 때문에 '지금 한 바퀴를 돌긴 돌았구나.' 하는 거죠. 난 연대에서 세계대학 100위 목표를 내세우며 비우호적인 태도를 보일 거라 생각했거든요. 대학도 여전히 이중의 게임을 하고 있는 거죠. 아까 얘기한 비동시성 때문에 우리는 한쪽으로는 100대 대학 어쩌고를 해야 되지만, 한쪽으로는 다른 후기-근대적 해법을 내놔야 되는 때인 거죠. 또한 흥미로워 보이는 것은, 한국이 너무 신자유주의적인 드라이빙을 세게 하니까 유럽 같은 데 가면 다 한국 때문에 죽겠다고 얘기를 해요.

김항 학계에서도 한국발 국제화의 드라이브가 화제가 되고 있는 것 같아요.

이혜령 덕분에 저희가 책으로만 보던 학자들을 한국에서 직접 보게 되었죠.

조한혜정 지난 번에 호미 바바 왔을 때, 심포지엄 봤어요?

김신현경 너무나 성황이어서 동시통역기가 다 떨어졌어요.

조한혜정 '수유+너머'가 좋은 케이스라고 생각하는데, 한국의 경우 자생적으로 뭐가 만들어지고, 그 다음 단계로 지적인 활동을 사회적 기업처럼 해서 먹고살고, 행복하게 지식생산을 하는 그런 모델들이 필요하다고 생각해요. 글 쓰는 사람이 굳이 서울에 있을 필요가 없잖아요. 서울에서는 모여서 토론하는 그런 큰 호스텔 같은 거만 있으면 돼요. 누가 큰 집 하나 빌려주면 되는 거죠. 재미있게 활동하는 아이디어들이 나오면 한국이 굉장히 좋은 의미에서 선진국이 될 것 같은데요. 좀더 못 견딜 때까지 가면 뭐가 되지 않을까?

제도의 지식, 삶의 지식

이혜령 저희의 세번째 질문을 선생님께 꼭 드려야 하는데요. 선생님께서 '또하나의 문화' 동인 그룹으로 활발한 활동을 하실 때인 90년대 초에 저희가 대학에 다녔어요. '또문' 동인지 시리즈를 읽으면서 총여학생회 운동과는 다른 지적 체계로 페미니즘을 접하게 된 것 같아요. 지식 체계로서의 여성학이 그때부터 확산되기 시작한 거겠지요? 그런데 요즘 지식인과 연구자의 어감이 다르듯, 페미니즘과 여성학의 어감이 다르다고 느껴지는 것도 사실입니다. 여성학이 제도적으로 안정화된 것 같은 최근에 그 미래가 무엇이어야 할 건가에 대한 우려들도 나오고 있는 것 같습니다. 페미니즘이 제도 안에 결코 머문 적이 없는 지식 체계지만, 이 아카데미 내의 지식생산 증가가 페미니즘의 확산으로 귀결되었는가와 꼭 비례하는 것만은 아닌 것 같아요. 제가 본 어느 자료에서 선생님께서 "여성학, 여성 분야보다는 교육과 문화에서 더 나은 사회를 만들기 위해 노력하는 사람으로 인식되기를 바란다"라는 얘기를 하셨더라구요. 이건 선생님께서 여성주의와 여성학을 내세우면서 주변성 개념을 확장해 오신 결과이기도 하지만, 지금 제도화된 여성학에 대한 전망도 조금 담고 계신 게 아닌가 싶습니다.

조한혜정 나는 크게 여성학도 우리가 얘기하는 한국의 지식인계하고 거의 똑같은 운명으로 가고 있다고 생각해요. 그건 전혀 나쁜 게 아니고, 무슨 실천적 학문이나 이데올로기, 신념이든 어떤 시점에 막 불이 붙었다가 일정한 목표를 달성하면 사그라지다가 또 그런 (필요한) 시점이 오면 다시 불붙는 거니까요. 여성학이 굉장히 제도화되고, 아까 얘기했던 것처럼 무슨 학진 등재지도 많아졌지만, 이번에 없어졌을 뻔했지만. 무슨 일인지 알죠?

이혜령 네. 2009년에 교육과학기술부에서 국가과학기술 표준분류체계를 재편하면서, 여성학 카테고리를 유지할 건인가, 말 것인가 가지고 논란을 벌인 상황 말씀이시죠? 유지된 것으로 알고 있습니다.

조한혜정 그러고 보면 여전히 여성학이 있어야 되는 모양이더라고요. 그런 제도가 돼서 여성 연구자들도 많아지고, 활약도 많이 하게 되었죠. 또 하나 제도화와 관련된 것은 여성부죠. 한국에서 정부에 여성부(현 여성가족부)가 생긴 것(2001)은 80~90년대 운동의 결과였고 대단한 성공이었죠. 그렇게 위로받았던 것이죠. 지금 주춤거리는 형태로 가긴 하지만, 지금은 그걸 성찰할 때라고 생각하고요. 한국에서만이 아니라 맑시즘 이론에 대해서든 어느 이론에 대해서든 그런 질문을 성찰적으로 하면서 나가는 겁니다. 여성학은 연구원들이 주로 열심히 공부했고, 지금은 굉장히 제도화되었죠. 메인스트림이 만들어지고 여성부 만들 때도 압축적 시간성 때문에 충분한 인력을 만들지도 않은 상태에서 만들어졌고, 충분히 열망을 가진 대중을 만들지도 못한 상태에서 여성학을 만들어 갔고, 어떤 게 정책적 언어일까를 고민하다가 (서구 여성학의) 메인스트림을 받아서 메인스트림이 뭔지 연구하고 그러면서 연구원들도 생기고 한 거죠. 이게 한국이 가는 과정이잖아요. 특히, 여성학이 더 그런 것도 아니고, 새로운 게 수입되고 가는 방향이니까요. 내부에서도 열심히 했고요. 헉헉대면서 그렇게 하는 겁니다.

페미니즘이 센 미국 같은 데가 약간 부러운 건 주디스 버틀러(Judith Butler) 같은 사람들이 있다는 거죠. 그쪽 동네는 레즈비언 같은 다른 포지션을 확실히 갖고 사회를 바라보는 다른 언어를 계속 생산해 냅니다. 우리는 페미니즘을 실천해도 동거도 별로 안 하고, 레즈비언도 없고, 있다 하더라도 하여튼……. 이게 나는 페미니스트 내부의 문제라기보다는 한국이 그만큼 보수적이기 때문이라고 봐요. 나도 활동을 할 때, 내가 결혼을 했고, 애가 있기 때문에 효과가 있었는지도 몰라요. 만약에 독신이었다면 똑같은 말을 했어도 효과가 덜했을 거예요. 그럴 정도로 한국은 굉장히 관계위주적인 곳이죠. 내가 레즈비언이면서 똑같은 소리를 했으면 훨씬 다른 효과를 냈을 것 같아요. 그런 인간은 아니었지만, 그런 생각을 해보곤 했어요.

커리어우먼을 지금 연구하고 있는데, 88학번부터 인터뷰를 해보면요. 정말 여성학의 세례를 받고, '나는 자아실현을 하고, 엄마처럼 살지 않고, 사회적 존재로서 사회를 위한다고 생각하든 아니든 상관없이 다른 삶을 살 거다' 이랬던 거죠. 그 세대들 중에 나름 똑똑한 여학생들이 운동권이에요. 페미니스트는 아니더라도 정말 치열하게 삶을 바꾸려고 노력을 하고 살았더라고요. 직장이 확 열리면서 92, 93학번은 당연히 직장을 가는 거고, 그래서 여성은 차별받았다는 이야기도 들을 필요가 없게 되고, 애들도 한두 명밖에 안 낳죠. 그렇게 알파걸들이 나오면서 차별이니 뭐니 이야기하는 페미니스트라는 사람들이 귀찮은 거죠. 오히려 "왜 저래? 후지잖아?" 이런 이야기가 나와요. 직장에 들어가서 정말 열심히 일을 해서 인정을 받죠. 그러다가 애를 낳고 기르면서 "이게 장난이 아니구나"라고 느끼거나 일을 굉장히 잘하고 있는 독신이더라도 승진을 막 하다가 어느 시점에서 이게 완전히 말도 못할 사냥꾼의 지저분한 게임이란 걸 알면서 한계에 부딪히는 거죠. 그러면서 페미니즘 책을 다시 보고 싶어 하는 것 같아요. 그런데 우리 페미니스트들이 지금 그 책을 못 내고 있어요. 역시 속도가 너무 빠르다 보니까. 이 세대까지는 페미니즘이 개인적인 자아실현 이데올로기로 확산을 한 셈이죠. 그 다음에 신자유주의 시대, 거의 95학번부터는 완전히 성공 이데올로기로 확 나가요. 여성학 쪽에서 볼 때, 재밌는 거는 페미니즘 이데올로기가 신자유주의랑 만나면서 굉장히 성공지향적인 여자를 만나게 돼요. 일본도 '초식남 VS 육식녀' 같은 형태의 현상을 지금 이 현상과 관련지어 이야기하고 있어요. 여자들은 그동안 눌려 살았고, 정말 열심히 해야 될 목적이 있잖아요. 이유가 있는 것이죠. 남자들은 "내가 부인을 먹여 살려야 되는 거야? 왜 그래야 되는 거야?" 하면서 갈수록 거대한 기구 내에서 일을 하기 싫으니까 초식남이 되는 거죠. 뒤로 물러서고, "어떻게 하면 에너지를 조금 쓰고 살까?" 이런 식으로 되는 거죠. 여자들은 여전히 엄마들의 한을 푼다든가, 목적이 있으니까 잘 나가는 알파걸이 되었던 거죠. 지금 연구를 해보면 그 친구들이 성찰의 단계로 들어가는 것 같아요. 그래서 나는 여전히 주변적 존재들이 갖고 있는 잠재력, 그런 부분에 대해서 생각하는 겁니다.

그래서 청소년과 아줌마들이 만났을 때는 달라요. 지금 사회적 기업을 해도 아줌마들이 하는 데는 거의 다 잘 되거든요. 주변적이고 비공식적인 곳에서 창의적일 수 있는 공간이 있는 거고, 그건 계속 돌봄과 소통을 해온 엄청난 힘인 거예요. 시장의 승자독식 체제가 아닌 시공간을 만들어 온 아줌마들 중에는 자기 아이만 성공시키려는 가장 신자유주의적인 엄마들도 있지만, 학습지 교사를 한다거나 체제 밖에서의 아주 다른 경험을 한 분들도 많아요. 그 경험들이 우리가 지금 얘기하는 제4섹터라든가 사회적 기업이라든가 하는, 결국 필요와 자기의 욕구에서 나온 작은 영역을 만들면서 그걸로 사회를 바꾸는 거죠.

지금은 모두 돈의 순환체계 내에서 모든 걸 돈을 보면서 하고, 돈이 보이는 사람 말고는 열심히 하는 사람이 없잖아요. 어디든지 돈이 많이 있으면 사람은 모이거든요. 그런데 이게 더 이상 지속되지 않을 거라고 사람들이 느끼면서 돈의 순환체계가 아닌 사람들의 소사이어티는 없을까 하는 생각을 하게 되죠. 나를 살게 하는, 나를 살리고 살리기 위해서 내가 해야되는 이런 실제의 필요에 의해서 만들어지는 나눔·돌봄의 순환체계, 이런 이야기를 하게 되는 거죠. 아직도 돌봄이라는 단어를 다들 싫어하긴 해요.

하여튼 그런 사냥꾼들이 만들어 낸 체계가 아닌 개더링(gathering)과 케어링(caring)이 만들어 낸 순환체계 속에서 우리 스스로를 살려 가야 하죠. 양다리 걸치는 사람도 있고요. 이건 죽고 이건 살고 하는 식이 아닌 거죠. 지금은 승자독식의 돈의 순환체계가 너무 과도하게 압도한 상태고, 사람들은 자기가 거기서 말살당한다는 위기를 느끼기 시작했어요. 요새 '유튜브' 같은 데 가면 그런 UCC 많이 나오잖아요. 한 명이 이상하게 춤추는데 다들 보고 있다가 어느 순간에 다른 한 명이 일어나서 춤을 추고 나중에 다 일어나서 춤을 춰요. 세계 각 곳에서 「레몬트리」 노래에 맞춰 춤을 추는 플래시몹을 가지고 인류학자가 연구를 한 적이 있어요. 그런 공통의 감각을 확인할 수 있는 기제가 필요한 거죠. 우리가 그렇게 승자독식으로 나만 살겠다고 괴물이 되는 존재는 아니거든요. 그런 고통의 감각이랄까? '삶에는 고통의 나눔이 있어야 그게 즐거운 삶이다'라든가 이런 식의 논의들을 하게 되는 거죠. 환대의 개념이라든가. 난 데리다를 열심히 읽지 않아요. 검색을 해서 '이 친구가 이런 맥락에서 이걸 했구나' 이런 정도밖에 안 읽지만, 외국에서 쓴 것도 가끔은 재밌는 것이 있으니까 보는 거고, 그렇다고 생각하죠.

김신현경 저는 언제나 선생님 글을 읽고 말씀을 들을 때마다 선생님께 시대를 보는 감각을 늘 배우게 됩니다. 저와 같은 세대로, 수가 많지는 않지만 스스로를 페미니스트라 생각하고 여성학 공부를 하면서 어떻게 살 것인가를 고민하고 있는 친구들이 있어요. 국가주도의 여성 아젠다가 강한 시기에 공부를 했기 때문에 인문학적으로 내가 어떤 글을 쓸 것인가도 고민해야 하고, 동시에 정책보고서에서와 같은 지식을 생산하는 데 조력하기도 했기 때문에 고민의 성격이 조금 복잡해요. 공부의 첫 입문은 지식인으로서 페미니스트 선생님들이 동기가 되었는데, 정작 과정에 들어오는 국가 정책생산과 관련한 지식생산에 익숙해진 거죠. 머리로는 국가를 상대화해야 한다고 생각하지만, 정작 박사논문 주제를 선택할 때 이론적이거나 인문학적 주제를 쉽게 선택하게 되지는 못하죠. 아마 다들 그런 문제가 고민일 것 같아요.

조한혜정 요새 여성학 논문 나오는 거 보면 잘 쓴 논문도 많고 나름대로 학문으로도 자리를 잡았다고 봐요. 동시에 아까 우리가 80년대 지식인 얘기한 것처럼 계속 누구를 대변해야 되고, 국가와 싸워야 되는 무거운 부분을 갖고 있는 거잖아요. 그걸 어떻게 해결할 건가? 그것이 정말 맞는 건지? 나는 그런 문제를 해결하는 자리를 비운 지 10년이 됐어요. 어느 시점에서 나 개인으로는 메인스트림 얘기를 할 때, 내가 적절한 사람이 아니라고 생각했던 거예요. 그래서 나는 '청소년'이라는 주체와 만나서 좀 다른, 오히려 '평생'이라든가 '세대'라는 문제로 이동하고 있는 건데요, 우리가 괴물이 되고 있으니까요. 여성학을 하는 사람들이 다 자기 나름의 나이에 따라 다를 텐데, 그런 80~90년대의 운동권들하고 비슷한 양태를 꽤 오랫동안 보이고 있었죠. 그래서 그 부분은 자체적으로 해결을 해야 되는 부분인데, 그걸 못하고 미적거리고 있다고 난 생각해요.

1학년 아이들이 사회학과에 들어와서 페미니즘 수업에서 조모임을 시키면 '편안한 페미니즘 조', 이렇게 이름 붙여요. "페미니즘을 사람들이 다 불편해한다"라고. 자기는 그런 신자유주의 애들이 불편한 존재가 절대로 되고 싶지 않은 알파걸들인데, 페미니즘 이론은 너무 마음에 안 들어서 '편안한 페미니즘 조' 이런 식으로 얘기를 해요. 페미니즘은 정말 남자를 따라할 수밖에 없는, 적하고 싸우기 위해 적하고 비슷해진 그런 과정을 거쳐 온 거지만, 거기서부터 해방될 때도 된 거죠. 그래서 이제는 리액션하는 것으로서의 운동이 아니라 상황을 앞서서 주도하는 프로액티브(proactive)한 운동을 해야 해요. 다른 어떤 존재들과 만나 서로를 구원할 수 있는 영역으로 가야 된다는 거죠. 생태 페미니즘이 진부하지만, 실제로 그런 쪽으로도 가고 아까도 얘기한 돌봄·살림·소통·사회적 기업 이런 쪽으로 가서 페미니스트가 정말 다르구나, 라는 걸 보여 줘야 된다고 생각해요.

그런데 페미니스트들도 굉장히 만남을 못하거든요. 남자하고 거의 비슷하게 에고가 강한 거죠. 그건 남녀 차이가 아닌데, 그것을 해체하지 않으면 굉장히 힘들어요. 구조가 만들어 내는 것이 있어요. 어떤 운동의 끝물에 가면 운동 초반에 모이는 사람과 성향이 달라요. 운동 끝물에 오는 사람들은 운동이 이미 기득권을 가진 운동일 때 온 것이기 때문에 달라요. 나는 그런 것이 보이죠. 그런 얘기까지는 할 필요가 없죠.

김항 오늘 이야기는 여기서 마치도록 해야겠네요. 장시간 동안 정말 감사합니다.

이혜령 좋은 말씀 고맙습니다.

강내희
문화/과학 이론의 정치성

강내희는 서강대를 졸업하고 미국 마켓대학교에서 박사학위를 받은 후, 현재까지 중앙대 영문학과 및 문화연구학과 교수로 재직 중이다. 문화연대 공동대표, 맑스코뮤날레 집행위원장을 맡고 있으며, 계간『문화/과학』과 다언어 문화이론지『흔적』한국어판의 편집인이기도 하다. 저서로는『압구정동 : 유토피아 디스토피아』(공저, 1992),『문화분석의 몇 가지 길들』(공저, 1994),『공간, 육체, 권력』(1995),『지식생산, 학문전략, 대학개혁』(1998),『문화론의 문제설정』(1999),『신자유주의와 문화』(2000),『한국의 문화변동과 문화정치』(2003),『교육개혁의 학문전략』(2003),『신자유주의 시대 한국문화와 코뮌주의』(2009),『촛불 집회와 한국사회』(공저, 2009) 등이 있다.

64호. 이 숫자는 고스란히 한국 '문화연구'(Cultural Studies)의 저울값일 것이다. 이때 '문화연구'란 넓은 의미의 문화연구를 칭하는 보편명사가 아니라, 자본주의 사회의 문화적 형성 및 현상을 비판적으로 논구하는 학문 영역의 고유명사이다. 이렇게 '문화연구'가 문화의 내적 의미를 변경시킨 것은 매우 정치적인 일이었다. 그 정치성은 '문화'란 수련하고 연마하여 획득하는 특정계급의 교양으로서의 가치가 아니라 분석하고 비판해야 할 역사적 매트릭스임을 성찰하는 데 있다.

1992년 창간된 『문화/과학』은 이 '문화연구'의 전통을 자각적으로 받아들여, 문화로부터 자본주의 비판을 구성하는 '문화연구'를 한국에서 처음으로 개시했고, 이후 갈수록 심화되는 자본의 변화무쌍한 자기갱생을 64호에 걸쳐 끈질기게 추적해 왔다. 이 모든 것을 강내희만의 업적이라고 하면 과장일 것이다. 하지만 『문화/과학』 그룹이 한국 '문화연구'의 역사와 현주소라는 사실을 부정할 수 없다면, 강내희와의 인터뷰는 '문화연구'를 조망하기 위한 위치 확보에 필수적인 작업이었다. 그의 말은 짧고 간결했는데, 이 정곡을 찌르는 군더더기 없음이 살아 움직이는 자본주의 비판을 지속하는 비결이 아니었을까. 삶의 내적 의미와 결을 섬세하게 잡아 나가기 위해서는 장황한 연설이나 설교조의 언설이 아니라, 상황을 일거에 파악하고 그 속에 내재한 모순을 정확하게 포착하는 일이 요청된다는 것을 그의 말은 무의식 중에 내장하고 있었던 것이다. 그의 짧고 간결한 말 속에서 자본주의적이지 않은 전혀 다른 삶의 가치가 필요함이 주장되었을 때, 다른 삶에 대한 낭만적 동경이라기보다는 지금 이곳의 삶과 단호하게 절단해야 한다는 결정의 숨결이 느껴졌다.

『이론』과 『문화/과학』 창간

김항 시간 내 주서서 감사합니다. 오늘은 90년대 초반 이후의 이른바 '문화연구'를 주도하신 강내회 선생님께 여러 질문을 드리겠습니다. 선생님께서 동인으로 참여하셨던 『이론』(1992~1996)과 주도적 역할을 담당하신 『문화/과학』(1992~)은 현실 사회주의권의 몰락과 맑스주의의 위기에 대한 대응이었다고 생각하는데, 우선 두 잡지를 창간하게 된 시대의식이나 문제의식에 대해 말씀해 주시면 감사하겠습니다.

강내희 한 번에 쭉 얘기할 수 있을지 모르겠네요. 제가 40대 초반의 일인데요. 우리는, 그러니까 『이론』 동인들은, 70년대 초반 학번이에요. 60년대 말~70년대 초반 학번들이죠. 67학번부터 75학번 정도 되는 사람들이 우리하고 같이 잘 지내는 사람들이었는데, 이런 사람들의 흐름이 하나 있어요. 이 흐름은 386세대하고는 달라요. 우리는 386세대의 선배들인데, 같은 세대 안에서도 개인적으로 기호들이 다 다르잖아요. 한편으로는 제 나이 또래 세대들의 공통경험이 있을 것이고, 개인적인 경험이 따로 있는 거예요. 공통적으로 보면 우리 세대가 80년대 운동을 많이 주도한 것 같진 않아요. 운동을 주도한 건 386세대이고, 우리는 386세대들의 바로 윗선배이면서 그 뒤의 믿을 만한 선배랄까, 후원자 역할을 주로 했지요. 물론 『이론』지에 가담했던 사람들 중의 상당수는 서관모 교수나 윤소영 교수처럼 바로 운동에 직접 관련된 사람도 있어요. 그 위의 김수행 교수나 작고하신 정운영 선생은 바로 운동에 들어간 분들은 아니지만, 『이론』이라고 하는 제목 자체가 『문화/과학』이 보여 주듯이 직접 실천운동에 참여했다기보다는 지식인 중에서도 '이론'이라고 하는 부분이 중요하다고 인식한 사람들이 모여서 작업을 한 셈이죠.

91~92년 정도에 이 작업을 했는데, 그때면 이미 현실사회주의권은 다 붕괴되지 않습니까. 대부분 청산을 한 것 같았죠. 80년대 운동을 하던 사람들이 대부분 손 씻고 항복하거나 청산하거나 하면서 "내가 잘못 생각했다" 그런 식의 발언을 하는 데 대해서 우리는 나름대로 제동을 걸어야겠다고 본 거예요. 청산주의 운동은 운동에 대한 청산이기도 하고, 맑스주의에 대한 청산이기도 하겠죠. 맑스주의를 더 이상 유효하지 않은 것으로 보는 입장에 대해서 "우리는 제대로 맑스주의를 해보지도 않았는데, 무슨 소리냐?"가 나왔던 거예요. 그때 좌파들의 경우 운동을 그만두거나 민중당을 경유해서 정당운동으로 가거나 시민운동으로 갔는데, 이런 식의 민중운동 노선을 청산하는 흐름들이 나오는 분위기에서 『이론』지를 창간한 거예요.

『문화/과학』의 경우는 제가 직접 창간한 것이니까, 개인적인 얘기를 하자면, 저는 70년대 말에 유학을 가서 80년대 후반에 왔어요. 78년에 가서 86년 후반에 왔으니까 한국에서 운동이 상승할 때, 한국에 있지 않았죠. 저는 운동판을 몰랐어요. 몰랐기 때문에 저 개인적으로는 80년대 운동을 어깨너머로 배웠어요. 특히, 제가 87년에 중앙대학교에 임용이 되었는데요 ──86년 여름에 들어와서 한 학기 강사 생활했어요. 그때는 서울 시내 대학의 인문학 교수는 아직 공채를 안 하고 뽑을 때예요. 이를테면 나는 막차를 탄 사람이지 ── 막차로 중앙대에 자리가 있어서 됐는데, 임용된 해가 공교롭게도 87년도였어요. 그때 민교협(민주화교수실천협의회)이 만들어졌거든요. 민교협이 만들어질 때, 제가 처음부터 참여했습니다. 거기에 참여하면서 제가 80년대 운동에서 배우지 못했던 것을 배우기 시작했던 거예요. 민교협의 전체 구성원들이 꼭 다 좌파라고 할 수는 없어요. 거기는 민족주의자도 많고, 자유주의자도 많고, 넓은 의미에서의 개혁적인 사람도 있고 그랬는데, 중앙집행부는 대체로 NL이나 NL좌파 아니면 PD 정도 되는 입장을 가진 분들로 꾸려져 나갔습니다. 그 속에서 지내다 보니까 오염이 되고 감염이 됐죠. 외국에서 공부를 하면 자연스럽게 대체로 민족주의자가 됩니다. 대부분 그렇거든요. PD노선을 취하려면 국내에서 노동운동과 결합을 해야 되는데, 외국에선 노동운동을 하는 게 아니니까 그 안에서 자연히 민족주의자가 돼서 돌아와요. 그래서 저도 알게 모르게 민족주의적인 성향을 가졌던 거 같아요. 외국에서 돌아와 민교협에서 직접 활동하니까 민족주의와 PD노선의 차이를 알게 되죠. 옛날에는 몰랐는데요. 그래서 PD적 성향의 그런 흐름을 갖게 되었죠. 개인적으로는 그렇게 되고요.

김항 아마도 한국 자본주의에 대한 분석적 사유가 그렇게 이끈 게 아닌가 싶어요.

강내희 『문화/과학』 창간은 92년이고, 『이론』도 92년이에요. 비슷한 시기에 나왔어요. 『이론』과 『문화/과학』 창간 전인 91년에 강경대 사태를 지나면서 좌파들이 반성을 많이 했다고 봐요. 저는 원래 문학을 전공한 사람이에요. 영문학 전공자이지만, 돌아와서 어떻게 하다 보니까 이상하게 한국 현대문화 쪽에 관심을 갖게 되었어요. 제 전공은 원래 르네상스 인문학이에요. 상당히 고리타분한 거죠. 그러다가 민교협 활동을 하면서 한국문화 현실에 대해 발언을 해야겠다는 생각이 많이 들게 됩니다. 그러면서 롯데월드에 대한 글(「독점자본과 '문화공간' : 롯데월드론」, 『한길문학』, 1991년 봄호; 『공간, 육체, 권력』, 문화과학사, 1995에 재수록)을 써 본다거나 하면서 한국의 현대문화 현실과 당대문화 현실에 대해 관심을 갖게 되는데, 이런 과정에서 강경대 사태를 지켜봤어요. 저 개인적으로는 임용 직후라 87년 6월 10일에 정신문화원에 신입교원 교육을 받으러 갔죠. 6월 10일 지나고 난 다음에 교수들이 민교협 만들려고 움직이고 해서 6월 27일인가에 민교협을 만들어요. 87년에는 거리에서 제가 크게 왔다갔다 해보질 못했어요. 하지만, 강경대 사태 때는 몇 달 동안 거리에 많이 나와 보기도 하고 했지요.

91년의 거리 경험과 문화연구

이혜령 그렇다면 저희랑 같이 거리에 계셨던 것 같은데요.

강내희 그럴 수 있어요. 김귀정이 사고 났을 때,* 그때 나도 퇴계로에 있었어요. 사고 난 데가 한 100미터쯤 됐을까. 토끼몰이라고 해가지고 경찰들이 밀어붙이고 해서 교수들 몇 명이랑 골목으로 들어갔다가 나오니까 "성대 여학생이 죽었다" 이런 말이 들리더군요. 백병원이 바로 옆에 있었거든요. 우리도 백병원으로 빨리 갔었어요. 나로서는 처음으로 투쟁현장에서 왔다 갔다 해봤는데, 이런 흐름 속에서 밀가루투척 사건과 유서대필 사건을 겪고 정권에서 이걸로 언론플레이하고 이러면서 그렇게 위력적으로 전국적인 운동이 일어났는데도 큰 효과를 못 내고 무너졌잖아요. 이걸 보면서 '문화적인 대응이 없으면 절대 될 수가 없구나' 하고 개인적으로 생각했어요. 그래서 문화라고 하는 것이 운동에서 아주 중요한 부분이라는 걸 깨달았죠. 또는 문화 부분에서의 진보적인 변화가 일어나지 않고서는 운동 전체

---

* 1991년 5월 25일 서울 충무로 대한극장 부근에서 노태우 정권 퇴진과 공안통치 종식을 요구하며 시위 중이던 성균관대 불문과 4년생 김귀정이 경찰의 진압 과정에서 숨졌다. 그녀의 죽음은 4월 26일 명지대생 강경대가 시위 도중 경찰의 쇠파이프에 맞아 죽은 뒤 한 달여간 이어진 죽음들의 맨 뒷자리에 있었다.

가 힘들겠다고 생각해서『문화/과학』을 만든 거예요.『문화/과학』은 그런 문제의식에서 만들어졌어요. 만들면서도 문화가 중요하니 정치경제학은 필요 없다, 즉 맑스주의는 기본적으로 정치경제학 비판이니까 그건 필요 없고 문화 쪽으로 가자, 이렇게 한 건 아니고요. 오히려 맑스주의적 입장에서 문화를 바라보는 입장을 견지하자고 한 게 당시『문화/과학』을 창간한 기본 취지였지요.

　되돌아보면 그 당시에 우리가 직관적으로 그렇다고 생각했던 게 맞았다고 보는데요. 한국의 신자유주의가 그때 본격적으로 가동되기 시작했다고 봅니다. 신자유주의는 전두환 정권 때부터 구체적인 정책으로 펼쳐졌다고요. 문화 쪽에서는 문화자유화 흐름을 탔어요. 문화자유화가 뭐냐면 문화의 시장화거든요. 문화의 자유하고 시장화 흐름이 3S정책으로 가동되었어요. 우리가 폭압적이라고 여겼던 전두환 정권이 문화자유화 정책을 폈다는 건 중요합니다. 그러나 그럼에도 불구하고 정치적으로 억압적일 수밖에 없었기 때문에 한국 자본주의가 군부 권위주의 세력을 가지고 계속 자본주의 또는 신자유주의를 가동해서 가면 갈수록 힘들다고 봤기 때문에 정리가 됐다고 저는 봅니다. 정리되면서 자유주의 세력에게 신자유주의 관리를 넘긴 거예요. 이 흐름이 10년쯤 지나고 나니까 과거에는 문화 분야의 시장이 큰 역할을 안 했는데, 문화의 시장화가 이뤄지다 보니까 87년 이후에는 더 커지고, 매체가 굉장히 넓어졌잖아요.『한겨레신문』만 창간된 게 아니고 그 당시 모든 신문들이 확장됐고, 지면이 넓어졌어요.『국민일보』나『세계일보』도 생겨났잖아요. 그러면서 90년대 초에 이미 문화판이 굉장히 커진 거예요. 그 흐름 속에서 강경대 사태가 일어났던 거죠.

이혜령 어떻게 보면 일종의 '시차적 사건'의 발생이었던 셈이네요.

강내희 예. 강경대 사망 이후 정국을 주도했던 건 구 좌파가 마지막으로 힘을 쓴 건데, 될 수가 없는 거죠. 대중문화의 흐름이 이미 이미지 조성이나 하는 식으로 객관적 조건이 크게 바뀌었기 때문에 그 안에서 과거의 비장한 그 모습을 가지고서는 안 된다는 거죠. 우리 딴에는 그때 그런 비장한 고리타분한 좌파는 안 된다고 해서 『문화/과학』을 만들었는데……

이혜령 제가 성대 출신이고, 89학번인데요. 대학교 3학년 때이기 때문에 그 기억이 크게 남아 있거든요. 그해 여름이 지나고 그 즈음 유행하던 정태춘 음반을 들었죠. 들으면서 정태춘만 변하지 않았다는 느낌이 팍 들더군요. 그런데 91년 말과 92년 1학기가 확 달라지죠. 서태지가 92년에 데뷔하니까요.

김항 최초의 트렌디 드라마 「질투」도 92년이고. 강 선생님 말씀을 간략하게 정리하자면 91년도 사태는 이미 대중문화가 굉장한 지배력을 확보하기 시작했을 때 일어난 사태였는데, 운동권의 대응 자체는 구식으로 아주 비장했다, 이렇게 되겠네요.

강내희 비장했죠. 운동권이 세상 바뀐 줄 모르고, 바뀐 세상에 제대로 대항하지 못했던 거예요. 여전히 과거식으로 운동했던 거죠. 그런 부분을 우리가 뛰어넘어야 된다고 생각하고, 그렇게 하면서 『문화/과학』에서 욕망이니 육체니 공간, 이런 주제들을 들여다본 거죠. 우리가 대안이 있는 게 아니고, 공부를 해야겠다, 그런 생각에서 그런 주제를 잡아서 만든 거죠

김항 한 가지 덧붙이자면, 동시대의 현실사회주의 붕괴는 어떤 영향을 준 거죠?

강내희 전반적으로 현실사회주의의 붕괴 당시에 『이론』이라든가 『문화/과학』을 하려고 했던 사람들의 경우는 맑스주의를 포기한 사람들이 아닌 거

죠. 아닌데, 포기하고 넘어간 것처럼 보여서 상당히 충격을 받으면서 저쪽 (동구권)에 있는 맑스주의가 어떤 맑스주의인가를 새삼스럽게 돌아보게 되죠. 그래서 트로츠키주의자들은 그 맑스주의가 사실은 자본주의였다고 했죠. 혹은 스탈린주의 문제가 뭐냐, 스탈린주의를 넘어서기 위해 뭐가 필요하냐 같은 이런 질문들이나 ── 맑스주의의 포기나 청산의 문제가 아니라 ── 맑스주의에 어떤 문제가 있길래, 내부 문제가 뭐길래 위기에 봉착했을까 하는 반성들이 나왔고요. 아무튼 그 중에 하나는 이거 잘못됐다 청산하자 하는 방법인데, 대부분의 사람들이 그렇게 해버렸죠. 그 다음 하나는 우리가 제대로 안 해서 그렇지 제대로 하면 된다 하면서 꿋꿋이 가려는 맑스주의가 있고요. 또 다른 한편으로는 맑스주의가 위기는 위기인데, 뭐가 위기지 하고 묻는 방향이 있고요. 세번째 질문은 결국, 맑스주의 안의 공백이 뭐냐, 오늘의 위기를 초래하는 내부의 문제가 뭐냐 하는 물음이었고, 이런 문제를 돌아보면서 이야기하던 사람들이 『이론』지에 많이 모여 있었어요. 『문화/과학』도 기본적으로 그런 입장이었던 거예요. 『문화/과학』은 청산주의가 아니었어요. 맑스주의가 모든 것을 다 해결할 수 있다고 본 것도 아니었고요. 이렇게 되니까 자연히 다른 이론에 대한 개방적인 생각을 갖게 되죠. 그래서 페미니즘이라든가 생태주의라든가 이런 데 대해서 맑스주의가 어떻게 대응해야 될까 하는 문제가 중요한 문제로 부각되었죠.

길항 맑스주의와 운동의 갱생, 이미 확장되었던 문화 영역의 이론화, 그리고 맑스주의 내부의 위기를 파악하는 일 등이 커다란 과제였던 거네요.

강내희 목적은 그런 것이었고, 맑스주의의 경우에 여러 가지로 옛날부터 지탄을 받았던 게 경제결정주의라고 하는 건데요. 그 문제를 해결하지 못하면 문화에 대해 대응을 못하잖아요. 문화를 맑스주의적으로 본다고 할 때,

'우리가 사회구성체 안에서 문화를 어떻게 사고해야 될 것인가?' 그러면서 자연히 알튀세르가 말한 문화의 상대적 자율성 같은 부분을 강조하게 되었죠. 문화를 도구론적으로 보는 관점을 자연히 거부하게 되었고요. 문화를 절대시하는 것도 거부하고, '문화'라고 하는 걸 하나의 계기로 삼아서 이 계기를 통해 진보적 운동의 프로젝트를 만들어 가야 된다고 보고 접근해 가게 됩니다. 시간이 지나면, 예를 들어서 '문화연대'라고 하는 문화운동 단체를 만드는데, 과거에 예술운동 하던 분들하고는 다른 방식으로 하게 되는 거죠. 『문화/과학』에서 '과학'이라고 하는 게 거기서 나오는 거죠.

'문화'의 정치성이란?

__김항__ 다음 질문으로 넘어가겠습니다. 선생님이 말씀하신 대로 문화 영역이 사회에서 차지하는 비중이 1980년대 이후 엄청나게 확장된 것 같습니다. 국가의 행정조직에서도 그렇고 인문·사회과학 내에서도 그렇구요. 그런데 '문화'라는 말이 남발되면서 그 말이 내포하고 있는 정치성이랄까, 사회비판의 장으로서의 문화 영역이라는 인식이 희미해져 간 것 같습니다. 이에 대해서는 어떻게 생각하시는지요?

__강내희__ 『문화/과학』을 했을 때, 제가 혼자 주도했다면 말이 안 되고, 최근에 탄압의 표적이 되고 있는 한예종 영상원의 심광현 교수와 공동으로 했습니다. 사실, 심광현 교수가 좀더 중요한 이론가죠. 중요한 이론가로서 역할을 해왔고, 지금도 그렇고요. 그때 우리가 문화를 중심에 두면서 그 다음에 '/과학'이라고 쓴 이유가 있는데, 그건 문화를 절대시하지 말자, 문화를 과학적으로 보자는 그런 입장도 있고, 과학이라는 것을 유물론적으로 보자는 것도 있습니다. 이때 과학은 근대 과학에서 말하는 가치중립적인 과학, 즉 결국에는 과학을 도구시하는 그런 관점이 아니라, 우리가 나름대로 유

물론을 통해 세련화시키고 단련시킨 그런 과학의 개념으로 문화를 보자는 측면이 있고, 다른 하나는 문화와 과학의 관계를 항상 긴장감이라든가 이런 걸 염두에 두면서 우리가 앞으로 일을 하자는 뜻에서 『문화/과학』이라는 표제로 잡지를 만들어 냈습니다.

아까 90년대 이야기를 제가 잠깐 했지만요. 90년대에 문화가 중요해졌다는 이야기는 뭐냐면 한국 자본주의에서 시장경제가 문화화됐다는 걸 의미할 수도 있고, 또는 문화가 상품화됐다고도 말할 수 있어요. 이 두 가지가 서로 맞물리는 현상으로 보입니다. 문화가 상품화됐다는 것은 문화가 타락했다, 문화가 시장에서 돈벌이의 수단이 된다 이렇게도 볼 수 있지만, 자본주의의 축적 전략에 문화가 아주 주요한 역할을 하게 되었다는 그런 말이기도 하다고요. 그렇기 때문에 90년대 이후에 문화라고 하는 말이 남발될 수밖에 없는 객관적인 조건이 만들어진 거예요. 이게 한국 자본주의 성격의 변화인데요. 어찌 보면 90년대 이후부터 한국사회가 고도로 발달한 소비자본주의 단계로 들어섰다고 보여집니다. 선진자본주의 국가들이 대부분 소비자본주의이긴 한데, 한국에서 유독 소비자본주의 역할이 급속도로 급하게 일어났다고 보거든요. 유럽 국가들은 한국처럼 소비자본주의가 그렇게 심하지 않습니다. 한국에서 소비자본주의가 급속도로 발전했다는 것은 사적 소비가 늘어났다는 걸 의미합니다. 유럽의 경우는 공적 소비가 가지고 있는 비율이 많기 때문에 사적 소비 비율은 적잖아요. 유럽 사람들은 사치를 많이 안 한다고 하더라고요. 평소 입는 옷도 지겨울 정도로 입고 다니고, 색깔도 비슷하게 입어요. 그런데 한국 사람들은 하루가 멀다 하고 옷을 바꾸고 한단 말이죠. 이런 게 90년대부터 부쩍 심하게 나타난 현상이란 말입니다. 이건 한국에서 자본의 축적이 문화의 장에서 많이 일어났다는 걸 보여 주는 것 같아요.

『문화/과학』에서 문화를 띄워서가 아니라 90년대의 객관적인 조건이

'문화'라고 하는 프리즘을 통해 세상을 보게 하고, 문화라는 분야에서 한국 자본주의의 재생산이 계속 일어나게끔 만든 것이 아니냐는 거죠. 이때의 문화는 문화산업이 중심이죠. 문화산업을 발전시키면서 소비지향적인 주체 형성을 함으로써 한국에서 신자유주의가 들어올 수 있도록 만들었다고 저는 봅니다. 실제로 신자유주의는 돈 없는 사람을 훨씬 더 많이 만들고, 돈 있는 사람을 적게 만들면 돼요. 부익부 빈익빈인데, 부익부 빈익빈에서도 계속해서 자본 축적이 가능하려면 돈이 없는 사람도 필요 이상으로 돈을 쓰게 만들어야 되잖아요. 그 메커니즘이 소비자본주의를 가동하면서 일어나는 거죠. 소비자본주의보다 더 큰 거는 부동산 정책이고, 또 하나는 교육이라고요. 교육하고 부동산 부문에서 돈을 제일 많이 쓰잖아요. 교육 부문하고 부동산 부문에서 돈이 돌아가기 위해서라도 소비자본주의가 상징적 메커니즘으로 작동해야만 합니다. 이 부분이 저는 문화가 90년대 이후에 중심으로 올라온 가장 큰 이유라고 봅니다.

이리 되니까 당연히 문화라는 말에서 정체성이나 문제성이 탈각될 수밖에 없죠. 기본적으로 자본주의의 지배 메커니즘으로서 문화가 작동되고 있기 때문입니다. 다만 『문화/과학』은 이런 방식으로 문화가 중요해지고 있다는 사실을 유물론적으로, 과학적으로 맑스주의적 입장에서 보려고 하기 때문에 이 안에서 지배가 어떻게 구조화되는가를 우리 나름대로 분석하려고 했던 것이죠. 분석하면서 여기서부터 벗어나기 위한 방안이 뭔가, 그 방안을 찾으려고 한 것이 문화사회를 만들자는 제안이었죠. 『문화/과학』에서 주된 담론으로 만든 것 중에 하나가 문화사회론이거든요. 문화사회를 만든다는 것은 다시 말해서 소비자본주의 메커니즘에서 벗어나 있고 자본주의 메커니즘에서 벗어나는 그런 대안적인 삶의 양식을 추구해야 된다, 이걸로 가지 않으면 계속해서 문제가 있다, 이렇게 보고 가는 거죠.

김항 말하자면 90년대 이후에 자본 축적과 순환의 핵심적 장으로서 문화라는 게 등장했다. 그걸 다른 말로 하면 생산이 계속 가동되기 위해서는 소비가 점점 더 상징적으로도 물질적으로도 확대되어 나가야 되고…….

이혜령 한국에서 문화가 신자유주의적 자본축적을 위한 장이 되었다는 말씀이신데, 선생님께선 부동산이나 교육이 왜 그렇게 파괴적인 경쟁 메커니즘을 내포하게 되었다고 보십니까?

강내희 한국 자본주의는 복지가 없는 자본주의란 말이에요. 공공성이 아주 약한 자본주의예요. 다른 자본주의와 비교해서도 공공 영역이 너무 취약한 자본주의죠. 한국 자본주의만큼 공공성이 취약한 데가 없어요. 모든 게 다 사적 소비에 의존해 있단 말입니다. 한국 사람들이 개인적으로는 돈이 많습니다. 다른 나라 사람을 만나 보면 한국 사람만큼 개인적으로 돈이 많은 사람이 없어요. 전부 개인한테 다 주고, 개인한테 간 돈을 다 쓸어서 빼앗는 방식으로 운영되고 있는 게 한국 자본주의라고요. 그래서 소비자본주의가 급속도로 늘어날 수밖에 없는 거 아닌가 하는 거죠.

김항 『문화/과학』그룹에서 제기를 했던 문화가 자본 축적의 핵심적인 장이며 여기에 정치성이 있다는 말씀이시죠?

강내희 지배적인 문화 형태는 그렇고, 대안문화로 전환되어야 한다고 보는 게 '문화사회론'인 거죠.

김항 소비자본주의나 신자유주의적인 흐름 안에서 문화라는 말이 지배적으로 다용되기 때문에, 어떻게 보면 2000년대 이후 문화연구라고 하는 말이 결국에는 선생님께서 처음 말씀하신 그 정치성을 상실하는 과정도 한편으로 있었던 것 같습니다. 그 부분에 관해서 어떻게 생각하시는지요?

강내희 '문화학'이라는 말을 많이 쓰지, 문화연구라는 표현을 쓰는 데는 제도권에서 별로 없어요. 소수죠. 우리 중앙대학교 문화연구학과가 지금까지 유일하고, 다른 데는 다 문화학과라고 하죠. 문화콘텐츠학과나 문화학과라고 합니다. 그걸 두루뭉술하게 문화연구한다고 볼 수 있는데, 사실은 비판적 문화연구하고는 거리가 먼 이야기들이죠. 그래도 문화연구를 한다고 스스로 말하는 사람의 경우는 그나마 나은 편이에요. 뭐 전공하냐, 그러면 문화학이라고 해요. 아니면 문화콘텐츠학이라고 하고. 문화콘텐츠를 전공하는 사람이 훨씬 더 많죠. 문화연구학과 다니는 우리 대학원생들도 가끔 그래요. "친구가 문화콘텐츠학을 하는데, 만나서 얘기하다 보면 완전히 다르다, 문화연구를 왜 하는지 이해를 못한다"라고 말하더군요.

문화를 콘텐츠화한다는 것은 다시 말해서 문화를 경제의 수단으로 만들면서, 동시에 경제 자체가 문화화되는 과정이기도 하죠. 경제의 문화화 또는 문화의 상품화 두 현상이 같이 맞닿아 가는 게 있죠. 자본주의가 오늘날 지배적인 체제로 군림할 수 있는 가장 큰 이유는 사람들이 살아남아야 하기 때문입니다. 사람을 착취하든 자연을 착취하든 먹여 살리면 자본주의는 굴러갑니다. 소수는 싫어하더라도 대세는 굴러가게 되어 있다고요. 자본주의가 더 이상 더 많은 사람을 못 먹여 살릴 때, 위기가 오는 겁니다. 오늘날이 그런 위기 국면이죠. 오늘날 비정규직을 양산하고, 갈수록 자본주의로부터 배제된, 아감벤(Giorgio Agamben)이 말한 소위 호모 사케르(Homo Sacer) 같은 인간이 더 많아지는 단계가 오늘날이란 말이에요. 오늘날 자본주의에 진짜 위기가 왔다고 저는 봅니다. 그렇지만 여전히 많은 사람들이 자본주의 안에서 먹고살 길이 있을 거라고 생각하잖아요. 그런 사람들은 문화학을 하더라도 문화콘텐츠를 하고, 문화를 수단화하고, 문화를 시장에서 자기가 만든 상품의 부가가치를 높일 수 있는 수단으로 생각하는 사람들이죠. 자본주의가 오늘날 아직도 여전히 지배적인 위상을 갖고 있는 나라는 그런 사람이 더 많을 수밖에 없는 거예요. 그러나 영어로 '컬처럴 스터디즈'(cultural studies)라고 하는, 영국의 CCCS(버밍엄대 현대문화연구소)부터 또는 그 근방에서 비롯되어서 그런 식의 문화연구 하는 사람들은 좀 다르게 말을 하잖아요. 이 사람들이 수가 적죠. 많진 않죠. 그러나 한국에서 그런 사람들, 즉 비판적 문화연구 하는 사람들이 제대로 된 문화연구를 한다고 우리는 보죠. 현재 자본주의 메커니즘 속에서 문화 개념이 어떻게 관리되고 작동하는지를 분석하면서, 그 문화 개념을 어떻게 진보적으로 바꿀 것인가를 고민하면 그것이 제대로 된 문화연구인 겁니다. 그러나 그런 사람들의 수가 적은 건 사실이죠.

김항 선생님께서 고집스럽게 계속 『문화/과학』을 내고 계신데요, 90년대 이후에 『문화/과학』을 필두로 해서 여러 비판적 잡지들이 생겨났고 영향력도 있었는데 요즘은 그렇지 않은 것 같습니다. 여기에 어려움이 있는 것 같아요. 문화연구의 비판적 힘, 즉 '비평'(critique)을 어떻게 유지해 나갈 것인가 하는 문제죠. 문화연구의 비판적이고 실천적 활동이 어떻게 전개되어야 하는지에 대해 여쭙고 싶습니다.

강내희 사실은 그런 게 제일 어려운 거죠. 비평이 살아나려면 아카데미즘의 격식이라든가 하는 통제에서 벗어나야만 가능하다고 봐요. 지금 대부분의 문화연구자를 포함한 지식생산자들이 학진 등재지 논문 내지는 학진에서 인정하는 대학에서 인정하는 공식논문 쓰는 데 시간을 할애하고 있습니다. 잘 아시겠지만, 공식 논문을 쓰는 데 시간이 많이 걸려요. SSCI 논문을 쓰려면 2년 걸린다는 거거든요. 준비해서 보내고 고치고 하는데, 2년 걸려야 게재가 되고 그러잖아요. 그런 일을 하고 또 학교에서 나오는 사역(使役)하고 하면 비평이라든가 우리 현실에 대해 발언할 수 있는 시간 여유가 안 생기잖아요. 그런 점에서 학진이라는 연구재단이 가지고 있는 통제력이 어마어마하게 크다고 봅니다. 그리고 대학에서 지식인들이 비정규직으로 사는 게 너무나 어렵잖아요. 이게 비평을 하려고 하는 에너지를 소멸시켜 버렸는데요. 그런 점에서 학진과 대학으로부터 벗어난, 좀더 자유로운 지식생산의 장을 만들어 내지 못하면 어렵다고 봐요. 두번째는 대학을 다시 확 바꾸든지 대학을 업적이나 실적 위주와는 다른 형태로 존립하도록 바꿔 내지 않으면 어려워요. 양쪽 다 어려워요.

그래서 먹고사는 방식을 바꿔야 됩니다. 대안적 삶을 살아야 된다고 봐요. 아까 제가 소비자본주의 문화 아닌 다른 대안문화를 추구해야 한다고 얘기를 했는데요. 돈 쓰는 방식, 집을 소유하는 방식, 교육하는 방식을 바꿔 나가는 대안을 만드는 운동 없이는 다른 방법이 없는 것 같아요. 개인적으로 혼자 잘나서 글을 잘 쓰면 비평할 수 있겠지. 예를 들면 진중권 같은 사람은 비평을 할 수 있어요. 하지만, 그런 사람 몇 사람밖에 안돼요. 진중권 선생은 나도 좋아. 그런데 진중권 선생 같은 사람만 만들라 그러면 불가능하거든요. 그 개인 혼자가 아니라 공동체 집단이 같이 먹고살 수 있으면서 거기서 활동이 나오고 그 안에서 자유시간이 확보가 되고, 공적인 지식과는 다른 그런 새로운 지식을 생산하는 방안이 나와야 되는데, 그 방안을 만드는 것이 저는 진짜 혁명이라고 봅니다. 이게 세상을 진정으로 변혁시키는 길인데, 이거야말로 너무 어렵죠. 지금 한국의 경우는 거의 전면적으로 자본주의 안에 들어간 것 같거든요.

비평의 여지는 현재의 지배구조에 대한 불만과 문제제기를 전제로 하는데, 문제제기를 하면서 이 불만 대신에 다른 대안을 ——100퍼센트로 가지지 못하더라도—— 나름대로 상정을 하면서 얘기를 해야 되잖아요. 비판할 거리가 있으려면. 다른 데로 갈 여지에 대한 노력 없이 비판을 할 수 없지 않습니까. 이 여지를 만들어 내는 과정이 실험인데, 이 실험을 하기 위한 노력을 우리부터, 저 자신부터 하지는 않은 것 같거든요. 이런 실험을 하지 않기 때문에, 이런 실험을 하는 사람들 수가 줄어들기 때문에 비평이 죽는 거 아닌가, 저는 그리 봅니다.

한국 인문학의 한국학화가 놓치고 있는 것

김항 이와 연관된 다른 질문을 해보겠습니다. '문화연구'라는 패러다임은 '호명' 테제에서 상징되듯이 '주체화' 양식을 비판해 왔고, 이 패러다임이 인문·사회과학 연구에 커다란 영향을 주었다고 생각합니다. 그 전에는 '민족'이나 '계급'을 전제하고 사회현상을 다뤘는데, 거꾸로 그 '민족'이나 '계급'이 어떻게 주체화되었는지, 즉 어떻게 '민족'이나 '계급'으로 '호명'되었는지가 관심의 초점이 된 거죠. 내셔널리즘이나 식민지 근대성 비판도 그런 맥락에서 한국 근대의 '주체화' 과정 비판이라고 할 수 있겠고, 그러다 보니 인문학 분야의 연구가 요즘은 전부 한국학화하고 있는 경향이 있습니다. 그런데 비판적인 성찰에서 시작한 한국 역사/문화의 주체화 논의가 점점 '지역학'화하고 있는 과정인 것 같습니다. 달리 말하자면 현실에 대한 비판이라기보다는, 미국에서 성립하고 통용되는 지역학이라는 분과학문에 한국 인문학이 종속되는 경향으로 가는 거죠. 한국 역사에 대한 천착과 연구가 비판이 아니라 미국의 분과학문 체제로의 종속이라는 역설적 결과를 낳고 있는 이 현상에 대해 어떻게 생각하시는지요?

강내희 사전에 보낸 질문지에서 이 부분이 가장 어려웠는데, 말씀을 들으니까 대충 무슨 말씀을 하고 있는지는 알겠습니다. 당연히 인문학은 역사적이 되어야죠. 그리고 한국화되어야죠. 그런데 그것이 '한국학'화하면서 미국에 종속돼서 우리가 자료를 대 주는 식으로 전개되고 있다는 말씀이시지요? 그런 점이 있죠.

이혜령 이 시기에 한국 역사에 대해 굉장히 많은 연구들이 이루어졌고, 이전보다 훨씬 더 높은 수준의 서술성을 얻은 것 같아요. 그런데 이 과정에서 불어나 독어를 공부해 다양한 학문적 맥락을 접하던 대학원생들은 확 줄어들었습니다. 요즘엔 한국 역사자료 뒤져서 한국학다운 논문 쓰느라 바쁘죠. 그러면서 부지불식간에 미국 지역학의 한 분과인 한국학으로 한국 인문학 연구가 축소된 것이 아닐까 합니다.

강내희 이게 답변이 될지는 잘 모르겠는데요. 언뜻 떠오르는 게 있어요. 4월 13일이 임시정부 수립 90주년 아닙니까. 제가 뜻하지 않게 금년 4월에 임정기념사업회의 요청을 받아서 「임시정부가 꿈꾼 대한민국의 문화와 교육」이라고 하는 글을 써서 발표한 적이 있어요(임시정부기념사업회 간행, 『독립정신』 2009년 11~12월호, 통권 49호). 아까 말한 대로 저는 르네상스 인문학을 전공했고, 한국에서 한국학을 한 사람이 아니잖아요. 제가 그 글을 쓰기 위해 임정에서 마련한 공식 문건들을 봤어요. 거기에 보면 '임시헌장'(「대한민국임시정부 임시헌장」, 1919)이 있어요. 전문가가 아니라서 며칠 안 보면 잊어버리는데요. '건국강령'(「대한민국임시정부 건국강령」, 1941)이라든가 이런 등등의 문건들이 대여섯 개 되거든요. 거기서 말하는 대한민국의 주체가 누구고, 대한민국은 어떤 사회이고, 대한민국이 지향하는 바는 무엇이고, 거기서 지향하는 교육은 무엇이고. 이런 걸 한번 분석을 해봤다고요. 분석하면서 완전히 놀랐습니다. 그때 당시에 그 문건을 준비한 사람들이 보수파들입니다. 완전히 급진파들이 아니에요. 중도보수 정도, 중도우파 정도 되는 그런 분들이죠. 그런데 지금 우리가 알고 있고, 가지고 있는 사회에 대한 발상과 생각의 스펙트럼하고 비교했을 때, 그런 분들이 만든 문건이 지금의 급진좌파들을 훨씬 뛰어넘는 그런 생각을 담고 있어요. 무상교육 실시와 대자본 생산기반을 모두 몰수·압수해서 국가재산으로 한다. 그 다음에 주체가 인민이에요. '임시헌장' 제1조가 '대한민국은 민주공화제로 함', 이렇게 되어 있습니다. 제3조에는 "대한민국의 인민은 남녀 귀천 및 빈부의 계급이 없고 일체 평등하다"라고 규정하고 있습니다. 이 인민이란 뭐냐면 인(人)과 민(民)의 합친 말이거든요. 인이 사대부고, 민이 피지배 계급이에요. 이걸 합친 게 인민이에요. 인민이면 민주(民主)로 볼 수 있겠지요. 인민은 대한민국 구성원 전체를 말한다고 볼 수 있습니다. 그 중에서도 민주공화국이기 때문에 구성원 중에서도 '민'이 중심인 민주공화국이니까, 오늘날의 대한민국과 범위가 다릅니다. 완전히 아래로부터의 민중민주주의라고 할 수 있는 그런 틀로 이야기하고 있어요.

지금 왜 이런 말을 하냐면, 우리가 과거 식민지시대 초기 근대화하는 과정을, 요즘 보면 문화연구 하는 방식으로 하는 게 이른바 한국 근대성 연구잖아요. 아까 말씀하신 게 한국 근대성 연구들이 지금 말한 이런 식의 사상적 풍요로움을 들여다보기 위해서 한 게 아니고, 부분적으로 어떤 구체적 사례 하나만 잘라내서 근대성의 형성을 추적하는 방식이었다는 거잖아요. 물론 막연하게 추상적으로 하는 것보다는 좋은 점도 있겠지요. 하지만 이런 굉장히 위축된 방식으로 해서 과거를 돌아보는 식은, 과거로 돌아가서 과거에서부터 우리가 어떤 희망을 가지고 올 것인가는 생각 안 하고, 다만 오늘의 우리가 미국에 의해 틀 지어진 그런 학문방식과 학문관, 세계관을 가지고 과거에 가서 확인하고 돌아오는 그런 일밖에 안 하기 때문에 문제가 된다고 봅니다. 옛날로 돌아간다는 게 뭡니까? 가령 아감벤은 옛날로 돌아가서 희랍이나 로마에서 호모 사케르가 어떤 의미였는지를 검토한 다음, 이걸 가지고 다시 돌아와서 이야기하잖아요. 푸코도 희랍으로 돌아가죠. 그렇지만 과거로 갔다가 올 때는 다른 방식으로 돌아옵니다. 지금 우리가 과거로 돌아가는 방식은 오늘의 협소한 틀에서 과거에 가서 확인해서 그저 자료를 가져오는 방식이 되기 때문에 문제라고 봐요. 저는 오히려 과거로 돌아가서 충격을 받고 왔어요.

이혜령 한국의 근대성 연구가 과거로 돌아가서 현재와 다르지 않다는 걸 확인하는 경향이 지배적이었죠. 어떻게 보면 인문·사회과학이 과거로 되돌아가는 방법을 제대로 살리지 못하고 있는 셈이죠.

강내희 저는 과거로 가서 너무나 놀랐어요. 이게 진짜로 내가 몰랐던 거예요. 진짜 놀랐어요.

김항 연구자들이 자기 이론을 확인하러 간 것에 급급한 나머지, 정말 이 과거가 현재와 어떻게 차이 나는지, 잘려 나간 상상력을 복원해 내고 되돌아보는 그런 작업들이 소홀했다는 말씀이시죠?

강내희 거의 없는 것 같아요. 그렇게 작업한 사람 거의 없어요. 예를 들어서 저는 보면 물론 이쪽의 전문가가 아니라서 말하기 조심스럽긴 한데요. 유학(儒學)이라고 하는 것이, 공자가 왜 그렇게 동양에서 우러러보는 대상이 되었을까, 그걸 한번 생각해 봐야 된다는 거죠. 유교가 왜 지배했나 보지 말고, 공자가 왜 우러러보는 대상이 되었을까? 정약용 같은 사람 굉장히 중요한 사람이라고 보잖아요. 우리 한국의 역사에서, 사상에서 퇴계라든가 다 중요하게 보지 않습니까. 정약용도 보면 계속 공자 이야기를 해요. 경(敬) 이야기를 한다고요. 왜 그렇게 공자를 주요하게 생각할까요? 쭉 올라가서 보면, 공자가 하라 그랬던 게 나름대로 이상세계를 건설하려고 했던 거란 말이에요. 이상세계가 완벽하게 좋은 거냐고 하면, 그게 완벽하다고 보면

유가(儒家)가 되는 거죠. 그걸 꼭 유가처럼 보지 않는다 하더라도 그런 시도를 했다는 자체. 우리가 기독교 신자가 아니라 하더라도 예수를 위대한 사람으로 보듯이, 공자를 그리 보면 그게 공자가 학문을 어떻게 생각했고 그런 걸 통해 사회를 어떻게 만들려고 했구나를 알 수 있죠. '문명이라는 게 뭐냐?' 여기까지 되짚어 생각할 수 있다고 보거든요. 그런 과거, 옛날로 돌아가서 옛날의 전통을 살펴보라, 그러면 저는 지금 우리가 갖고 있는 것과는 다른, 뭔가 충격을 받고 올 각오를 하고 갔다 돌아와야 한다고 봐요.

학문공동체 내부의 소통

김항 얼마나 다른 상상력을 가지고 있었는지를 보라는 말씀이신 것 같습니다. 오늘 저희 질문이 부족한 점이 많았는데, 선생님께서 간략하고 임팩트 있게 너무 정리를 잘 해주셔서 더 이상 여쭤 볼 게 남아 있지 않은데요. 마지막으로 후배 연구자들이나 학생들에게 오늘의 이슈와 관련해서 말씀을 해주셨으면 합니다.

강내희 학문공동체에 우리가 속해 있다고 봐야 되고요. 학문공동체 속에서는 서로가 서로를 이해하려고 노력하고, 집단적인 연구 노력이라든가 이런 토론의 노력이 필요하다고 봅니다. 학생 때는 교수들이 대단한 것 같아 보이죠. '교수들한테 내가 실례나 하지 않을까? 내가 워낙 모르기 때문에 나를 업신여기지 않을까?' 이런 등등의 생각을 하기 쉬워요. 우리도 그랬으니까요. 하지만 교수는 교수대로, 흔히 말하는 똑똑한 애가 안 나타나면 굉장히 불안합니다. 말하자면 똘똘한 친구가 탁 나타나서 말하면 기분이 좋다고요. 우리가 학문을 위해서 존재할 때 가치 있는 사람인데요. 이게 어느 누가 끌어 주기도 하지만, 일방적으로 지배하는 건 아닌 것 같아요. 일방적으로 가르치는 게 아니라고요. 후학과 선배 후배, 이들 사이에 서로 신뢰관계를 맺어 지내려고 하고, 서로 배우려고 하고. 이런 학문 하는 문화가 필요해요. 그게 지금 갈수록 세대 간 단절, 이런 식으로 사그라지는 게 안타까워요. 80년대 386세대 학번들은 선배를 못 믿었잖아요. 선생을 못 믿고, 선생하고 싸우고. 그거는 기본적으로 선생들이 잘못했기 때문에 어쩔 수 없어요. 지금 90년대 중반 이후로 내려가면 문제의식 자체가 없는 것 같다는 안타까움이 우리한테는 있는 거예요. 공부를 하려 하는지, 학문을 하려 하는지 잘 모르겠다. 그래서 뒤를 돌아보면 너무 썰렁해. 뒤에 후배들이 많이 나와서 우리를 귀찮게 할 정도로, 우리를 도태시킬 정도가 되어야 하는데, 그게 안 보이는 게 우리 시대의 불행 아닐까 싶어요.

이혜령 처음에 말씀하신 게 인상적이었어요. 386세대의 믿음직한 선배로서.

강내희 우리 위에는 선생들이 아무도 없었습니다. 본받을 선생이 거의 없었어요. 지금은 한국 대학의 교수요원들이 상당이 많이 좋아지고, 충실해졌단 말입니다. 그렇잖아요. 이런 사실들을 후배 세대들이 모르는 것 같애. 원래 그런가 보다 하죠. 이거는 굉장한 노력을 통해 축적한 거예요. 축적 능력이라고요. 그런 능력을 발판으로 삼아 더 좋은 성과가 나와야 되는데요. 그러려면 후배들과 선배들, 교수와 학생들 사이에 소통이 잘 돼야 되는데, 소통이 잘 안 되는 게 문제가 되고 있죠.

김항 저희 기획의 문제의식을 잘 설명해 주신 것 같아 감사드립니다. 산만한 저희 질문에 간결하고 깔끔하게 말씀해 주셔서 덧붙일 말이 없습니다. 아무쪼록 이 기획이 선생님께서 말씀하신 학문공동체의 소통에 일조했으면 좋겠습니다. 오늘은 이만 마치겠습니다. 감사합니다.

⁰⁶황종연
종언 없는 비평

황종연은 동국대 국문학과를 졸업하고 동대학원에서 박사학위를 받았으며, 미국 컬럼비아대 대학원에서 수학하였다. 현재 동국대 국문학과 교수로 재직 중이며, 1992년 『세계의 문학』에 「반근대의 정신」, 『작가세계』에 「도시화, 산업화시대의 방외인」을 발표하며 문학평론 활동을 시작하였고, 현재 계간 『문학동네』 편집위원을 맡고 있다. 소천비평문학상, 고석규비평문학상을 수상하였으며, 주요 논저로 「문학이라는 역어」(1997), 「하나의 국문학을 넘어서」(2000), 「탕아를 위한 국문학」(2001), 『비루한 것의 카니발』(2001), 「노블, 청년, 제국」(2005), 『신라의 발견』(편저, 2008) 등이 있다.

지난 십수 년간 황종연의 '문학이라는 역어'만큼 이음매가 가지런한 슈트처럼 딱 떨어진 테제를 만난 적은 없었던 듯싶다. 그러나 그것은 웰메이드한 기성품은 아니다. 리얼리즘·모더니즘 논쟁 등 문학 동네 안팎에서 벌어진 각종 논쟁의 초대에 몸을 피하지 않고 응대했던 비평가가 지닌 역사적 성찰의 소산이라고 보는 것이 타당할 것이다. 근대성을 '비루한 것의 카니발'이라고 이야기한 그에게 현재는 여전히 비루한 시간일까? 20세기 말 이후 우리 사회와 삶에서 '민주화'라는 술어보다 '자유화'라는 술어가 더 긴요하게 쓰이고 있지 않냐고 그는 우리에게 반문했다.

근대문학의 기원, 그 은폐된 역사성을 더듬는 것이 곧 여전히 인간의 창조적·성찰적 언어 활동인 문학의 의의를 부정하는 것으로 오해되어서는 곤란하다고도 그는 말했다. 과거를 붙잡고 씨름하는 역사가보다 지금-여기의 시인이자 예지자이기를 원하는 비평가는 눈길을 주어야 할 곳이 많다. 그래서 머뭇거린다. 그가 기다린 것일까, 아니면 우리가 기다리고 있는 것일까.

89년, 역사철학의 시공간 범주의 붕괴

이혜령 다른 선생님들께도 89년, 90년대 초반 사회주의권의 붕괴와 맑스주의의 전회, 그것과 한국 인문학의 변화에 대해서 여쭤 봤는데 저희가 사전에 보내드린 질문에는 어쩐지 그 문항이 빠져 있네요. 아무래도 맑스주의와는 거리를 두신 입장이시기 때문인지도 모르겠습니다만, 황종연 선생님께도 그 질문을 드리고 싶습니다.

황종연 맑스주의에 대해 어떻게 내가 생각하느냐는 것은 여러 가지 방식으로 대답을 할 수 있는데, 89년을 어떻게 이해하느냐가 중요한 것 같아요. 그것이 나 개인에게 무엇을 의미하고, 내가 속해 있는 학문공동체에 무엇을 의미하느냐, 89년의 의미를 어떻게 파악하느냐에 따라 그 사람의 입장이 상당 부분 정해지는 것이 아닌가 하는 생각을 합니다. 저는 89년에 한국에 없었어요. 이때가 내가 유학을 간 시기예요. 89~90년에 한국에 없었죠. 맑스주의의 전면적인 위기라는 것을 사람들이 겪고 있을 때, 나는 밖에 있었기 때문에 이 사람들의 치열한 고민으로부터 빠져 있었어요. 그것이 사고를 자유롭게 하는 면이 있기도 하지만, 그전 논의의 맥락에서 유리되는 그런 사태를 초래했는지도 모르겠어요.

그렇다고 해서 '베를린 장벽 붕괴'라고 하는 게 나한테 아무 의미가 없었던 것은 아닙니다. 이 점에 대해서는 글을 쓴 적은 없지만, 사석에서나 술자리에서 많이 이야기하는 건데요. 89년이 굉장히 중요한 사건이라고 생각하고, 그것은 단순히 맑스주의 같은 특정 이론이나 이데올로기의 지식 생산 양상이나 이데올로기의 몰락만이 아니라 그 이전까지 사람들의 사고를 지배하고 있던 거대한 범주들의 몰락을 의미한다고 생각해요. 우선 첫째로 베를린 장벽 붕괴는 동구 사회주의의 몰락이지만, 사회주의의 몰락만이 아니고 계몽 이후에 사람들이 갖고 있던 철학적이고 예술적인 모험을 촉진했던 역사에 대한 신념의 붕괴라고 생각해요. 리오타르 같은 사람들이 말한 '대서사(grand narrative)의 붕괴'인 거죠. 사회주의의 몰락은 인류해방을 향한 보편적 진보라고 하는 거대한 내러티브에 대한 신념이 현실에 의해 배반당한 것이라고 생각해요. 단순히 리오타르나 그 외 포스트모던 비평가와 이론가들의 저작을 통해서만 역사에 대한 진보와 믿음을 재고하게 된 것이 아니라, 사회주의 자체의 붕괴에 의해 재고하게 되었습니다. 사회주의라는 것은 '진보 서사' 안에서 성장한 가장 전위적이고 해방적인 신념을 대표했는데, 그것이 붕괴된 거죠. 다시 말하지만 역사에 대해 다시 생각하게 됐다, 시간의 양식을 인식하는 방식에 있어서 굉장한 변동을 가져온 것이라고 생각하고요.

두번째는 시간만이 아니라 공간의 축에서도 마찬가지인데요. 베를린 장벽의 붕괴는 단순히 사회주의권의 몰락만을 의미하는 게 아니라 그 당시까지 비판적 혹은 역사적 사고를 가능하게 한 중요한 공간적 범주, 제1세계, 2세계, 3세계라고 하는, '세계가 3개로 구분되어 있다'고 하는 관념 역시 붕괴한 것이라고 생각해요. 이미 동구 사회주의가 물러가기 전에 ──제3세계 자체가, 예를 들어 한국이 신흥공업국, 즉 닉스(NICS)로 부상하는 시기인데요 ──제3세계가 동질적인 식민지화를 경험했다고 해서 더 이상 동질화할 수 없는 국가들로 이미 분화되기 시작했어요. 그런 상태에서 제2세계라고 하는 것이 소멸한 것이죠. 생각해 보세요. 제3세계라는 것이 그 이전에 한국의 이른바 진보 담론·반헤게모니적인 담론에서 얼마나 중요했어요. 그게 민족주의를 넘어서 보편적인 문제로 한국의 문제를 생각하게 했습니다. 한민족의 제3의 길이죠. 제1세계도 제2세계도 아닌, 자본주의도 사회주의도 아닌 제3의 어떤 가능성에 대한 약속으로 보였던 건데, 그게 사라진 거예요. 굉장히 중대한 문제라고 생각해요. 한국에서 사고하는 것은 어쩔 수 없이 한국이라는 지정학적 위치로부터 자유로울 수 없는데, 그 지정학적 위치를 규정하던 세계의 상이 사라진 거예요. 시간의 축, 공간의 축 양쪽 모두에서 그 이전까지 사람들에게 거점이 되었던 범주들이 무효가 되었다는 거예요. 그러면 당연히 생기는 건 혼란이에요. "역사가 어떤 방향으로 갈지 알 수 없고, 전혀 예측가능하지 않다." 도대체 역사의 이름으로 무엇이 가능한지 알 수 없는 상태, 내가 어느 위치에 있는지, 내가 서 있는 장소에 어떤 실천적 가능성이 있는 건지, 상당히 불투명한 상태에 빠진 거죠. 그게 89년의 충격이라고 생각해요. 단순히 맑스주의가 무력화되기 시작했다는 게 아니라 그 이전까지 사람들의 비판적·실천적 사고를 지배하던 중요한 시공간 범주가 무효화되었다는 것이죠. 제가 돌아와서 실제 사람들과 같이 해보니까 알겠더라고요. 막연히 머릿속으로 큰 사건이다, 세계사적 어떤 전환인 것 같다고 생각했어요.

포스트-민주화, 자유화와 포스트모더니즘

이혜령 선생님께서 보시기에 그런 전환을 한국은 어떻게 겪었나요?

황종연 다행히 유학 기간이 길지 않았기 때문에 돌아와서는 사람들과의 접촉이나 소통에 문제는 없었어요. 그 이전에 같이 공부하던 사람들이나 새로 만난 사람들과 얘기해 보니까 다들 비슷한 종류의 혼란들을 경험하고 있더라고요. 그것은 역시 89년이 가져온 큰 충격입니다. 그렇다면 그냥 혼란의 상태에 빠져 있던 것인가?

공교롭게도 그 시기는 국내적으로 보면 87년 민주화 이후에 변화를 겪고 있던 시기입니다. 그 시기를 우리가 민주화라고 부르지만, 지금에 있어서 그것을 과연 무엇이라 부르는 것이 옳을까에 대해 재고해 봐야 한다고 생각해요. 사회철학·정치철학 하시는 분들에게서 그것이 나왔으면 좋겠어요. 그 당시 한국사회가 내세웠던 슬로건이 민주화고, 대통령 직선제의 회복으로 상징되는 민주정치의 복원이라고 생각했기 때문에 민주화라고 이야기하는데요. 민주주의의 존재방식이 여러 가지인 것처럼 실제 민주주의라는 이름으로 반민주적인 일들이 얼마든지 일어날 수 있다는 것을 우리가 경험했기 때문에 그 민주화가 무엇이냐고 하는 것은 재고할 필요가 있다고 생각해요. 89년이 아니라 87년을 기준으로 해서 한국사회 변화를 이야기하는 사람들이 때때로 간과하고 있는 부분이 있어요. 군사독재 체제의 종식을 가져왔다는 것은 중요하지만, 그 뒤에 무엇을 가져왔는가 할 때 그것을 과연 민주화라고 말하는 것이 합당한가? 저는 민주화보다는 자유화, '리버럴라이제이션'(liberalization)이라는 말이 더 낫다고 생각해요. 이때 자유화라는 것은 정치적으로는 자유민주주의 체제이지만, 경제에 있어서는 자본의 자유로운 활동을 보장하는 체제라는 뜻입니다. 국가의 시장에 대한 규제가 완화된 것이에요. 그러니까 기업 활동들이 자유로워지는 것이고요. 민주화가 되었지만, 그 몇 달 뒤에 노동자대투쟁이 일어나는데, 그때 민주화투쟁에 참여했던 중산층이 노동자대투쟁에 대해서는 완전히 등을 돌렸어요. 기억하실 거예요. 엄청난 대규모의 투쟁이고, 우리나라의 전설적인 투쟁으로 남아 있는데, 그것은 정치적으로 변혁을 가져오지를 못했어요. 다만, 노조 조합원들의 복지향상에 기여했죠. 조합주의적인 형태의 운동에 효과는 있었지만, 그것이 정치적으로 영향을 미치지는 못했다고요. 그렇기 때문에 자본이 활동할 수 있는 공간을 한국사회 내에 더 확대하고, 자본의 지배, 그러니까 경제적인 것이 그 나머지 것에 대한 지배를 강화하는 체제로 전환했다고 생각해요. 자본과 노동의 싸움에서 자본이 이긴 거예요. 노동운동을 축으로 얘기한다면, 이건 굉장히 중요한 거예요. 노동계급의 역사, 노동투쟁의 역사 속에서 보면 70년대 이후 민주화 세력의 중요한 축이 노동자 세력이잖아요, 학생운동과 노동운동인데, 노동운동이 목표로 한 것은 조합주의적 투쟁은 아니었어요. 그것은 정치혁명이었는데, 이른바 '민주화'라는 것을 거치면서 노동자계급이 하나의 정치세력으로서 지녔던 힘을 잃기 시작한 것이죠. 반대로 자본의 힘은 더 강대해졌고요. 다시 아까 얘기로 돌아와서 결국 자유주의 경제체제의 강화라는 방향으로 전개가 되어 왔습니다.

그런데 흥미롭게도 대외적으로는 그게 우리가 '지구화'(globalization)라고 부르는 국경 없는 자본의 이동으로 바뀐 것이잖아요. 민주화라는 게 한국사회를 글로벌한 시장경제 체제로 더욱더 강고하게 편입시키는 그런 변화였다는 것이죠. 내부적으로 사람들의 인권이 향상되었다거나 한 것은 가능하겠지만, 지금 와서 보면 결국 87년과 89년의 변화를 계기로 해서 제1세계 자본주의가 세계를 제패하는 큰 흐름 속에 한국사회가 들어가게 된 것이라고 봅니다. 그 시기에 여러 가지 논의들이 생겨났습니다. 제 기억이 맞다면, 90년대에 접어들면서는 현실사회주의는 붕괴했지만, 사회주의는 아직 유효하다든가 하는 생각을 하는 사람들도 많이 있었어요. 맑스주의가 다 무효화된 것은 아니고, 알튀세르나 그람시 같은 사람들의 맑시즘에 가능성이 있다는 식으로 생각하는 사람들이 있었죠. 그때 그런 말들이 있었지만, 저한테는 별로 설득력이 없었어요. 그 이유는 이후에 다른 얘기하면서 하게 될 텐데, 어쨌든 그렇게 되었어요. 맑스주의 얘기는 나중에 다시 하기로 하겠습니다.

대내적으로 경제적 자유주의 체제가 강화되고 결국 전 지구적 자본주의 체제 안으로의 편입이 더 공고해진 그런 상황 속에서 문화상으로 볼 때, 그 당시에 제일 흥미로웠던 것은 알튀세르나 맑시즘보다는 포스트모더니즘이었어요. 제가 있는 위치가 문학 창작·비평 쪽이기 때문에 알튀세르보다는 포스트모더니즘 이야기가 더 자주 들려서 그랬는지도 모르겠어요. 어쨌든 그 당시 학계에서 포스트모더니즘이 중요한 아젠다가 되어서 굉장히 많은 책들이 쓰였지요. 실제 포스트모더니즘의 중요한 저작들은 번역되지 않았지만, 선집의 형태로 강내희 교수와 정정호 교수가 편집한 포스트모더니즘 논의(『포스트모더니즘의 쟁점』, 터, 1991)라든지, 우리가 기억하다시피 김욱동 교수나 김성곤 교수라든지 굉장히 많은 사람들이 포스트모더니즘에 관한 저술들을 했습니다. 문학을 포함해서 문화생산 현장에서 일하는 많은 사람들이 포스트모더니즘 이론에서 뭔가 창조적인 자원을 찾을 수 있다는 믿음을 가지고 있었어요. 이것은 별개의 현상이 아니라 89년 이후의 자유화 과정 속에서 이해가 가능한 것이라고 생각해요. 전 지구적 자본주의라는 것하고, 포스트모더니즘하고 어떤 면에서는 서로 공모하는 것이 있는 거죠. 이건 나중에 얘기할 기회가 있으면 더 하도록 하겠습니다.

한국에서 포스트모더니즘 논의는 그때 어땠느냐? 제가 그때 갖고 있던 문학의 관점에서 보면 포스트모더니즘이 문학의 새로운 창조적인 노선을 알려 주기도 전에 굉장히 희극적이고 희화화된 형태로 활용이 되고 있었어요. 이런 얘기를 해도 되나 모르겠는데요. 패스티시(pastiche) 같은 것이 대표적인데요. 시인이나 소설가 중에 남의 작품을 표절하고 여기저기서 베껴서 작품 쓰면서 그것을 패스티시라고 말하는 이들이 있었어요. 지금 유명한 사람들이에요. 누구라고 말하지 않겠어요. 포스트모더니즘이라는 것이 무엇이고, 그것이 한국의 맥락 안에서 어떤 가능성을 약속하는 것인가에 대해 진지하게 생각하기도 전에 적지 않은 수의 작가나 평론가들에 의해서 그게 남용되고 오용되고 있었어요. 그것이 우선 문제였어요.

두번째는 좀 전에 한국적 맥락이란 얘기를 했지만, 포스트모더니즘이 과연 한국문학·예술 안에서 미국이나 기타 영어권에서 갖는 것과 같은 의미를 갖는가라는 의문이 들었어요. 한국에서 모더니즘이라는 것이 과연 끝난 것인가? 혹은 한국에서 넘어서야 되는 모더니즘이라는 것이나 혹은 이후로 이월했다는 모더니즘이라는 게 뭔가에 대해 제대로 이야기한 적이 없는데, 그런 상태에서 포스트모더니즘을 얘기하는 것이 무슨 의미가 있는가? 아까 말한 문제가 되는 작가들이나 비평가들의 인정투쟁에는 유용한지 모르겠지만, 굉장히 공허한 수사라는 생각이 들었어요. 다분히 피상적인 문단 풍속과 관련된 이야기지만, 첫번째 오용되었다는 것이고, 두번째 한국적 맥락에서 포스트모더니즘이 무엇인가에 대해 얘기를 했었어야 한다고 봐요. 그런데 그런 이야기가 이뤄지지 않은 상태에서 포스트모더니즘과 관련한 이야기가 범람하고 있었습니다.

그 다음 포스트모더니즘에 제기하는 여러 가지 문제가 있죠. 도정일 선생님 같은 경우, 그 당시에 포스트모더니즘에 비판적 입장을 취하셨는데요. 사실은 도정일 선생님이야말로 포스트모더니즘 이론을 한국에 소개하는 데 상당한 기여를 하신 분이래요. 저는 89년에 없었기 때문에 몰라요. 경희대 영문과 나온 사람들 이야기를 들어 보면, 도정일 선생님이 포스트모더니즘 이론을 수업에서 얘기하고, 포스트모더니스트처럼 이야기했다는 거예요. 그런데 어느 순간 포스트모더니즘을 비판하는 사람으로 바뀌었고, 그렇게 해서 유명해졌다고 하더라고요. 포스트모더니즘에 대한 비판들이 제기되기 시작했는데, 도정일 선생이 제기한 비판을 포함해서 상당히 일리가 있었다고 생각해요. 이를테면 재현의 문제를 비롯해서 문학적으로뿐 아니라 정치적으로도 중요한 문제들이 논의되지 않은 채로 보드리야르나 리오타르에 장단을 맞추는 식으로 논의가 이뤄지고 있었습니다.

김항 그 무렵 선생님께서 모더니즘에 관한 논의를 본격적으로 하셨던 것 같은데요.

황종연 포스트모더니즘이 그렇게 유행하는 상황 속에서 나는 한국에서 모더니티는 뭐고, 한국에서 모더니즘은 무엇인가라는 것을 다루지 않으면 안 된다고 생각했어요. 그런데 여러 가지 여건상 그런 문제를 체계적으로 다룰 수 있는 형편은 못 되었어요. 그때그때 주어진 여건에 따라 의견을 내는 형식으로 쓰게 되는데, 서영채와 이광호의 평론에 대해서 쓴 「근대성을 둘러싼 모험」(『창작과비평』 1996년 가을호; 『비루한 것의 카니발』, 문학동네, 2001에 재수록)이라는 글도 그렇고, 마셜 버먼(Marshall Berman)에 대한 글인 「모더니즘의 망령을 찾아서」(『세계의 문학』 1994년 여름호; 『비루한 것의 카니발』에 재수록)도 그렇고, 그 외 이런저런 글들이 다 관련이 있어요. 마셜 버먼과 관련해서 얘기를 안 할 수 없는데요. 마셜 버먼은 맑시스트예요. 버먼에 대해 글을 쓰게 된 건 우연이에요. 그때 마침 계간 『세계의 문학』 편집위원이 김우창·유종호 선생에서 이광호·우찬제 이런 사람으로 바뀌었을 때예요. 그때 이광호 씨가 아무거나 써 달라 했어요. 뭐든지 써서 달라고 하길래 그럼 서평이나 하나 쓸까 해서 마셜 버먼이 쓴 『현대성의 경험』(윤호병 옮김, 현대미학사, 1994. 원제는 *All That is Solid Melts into Air*)이라는 번역본을 샀는데, 읽어 보니 번역이 너무 엉망이어서 이 책은 리뷰를 할 수 없고, 차라리 버먼에 대해 쓰는 게 낫겠다 해서 그 글을 쓰게 된 거예요. 우연한 계기에 의해서 전혀 의도와 상관없이 쓰게 된 거죠. 물론, 모더니티란 무엇인가, 모더니티·모더니즘의 관계에 대한 관심이 나한테 있었기 때문에 그 책을 고르긴 했죠. 그때 버먼에 대해 이야기하면서 특히 강조했던 부분이기도 하고, 그때 모더니즘과 관련된 내 생각이기도 해요. 모더니티가 가지고 있는 그 양면성에 대한 인식이 모더니즘 이후를 경축하는 것보다 훨씬 더 중요하다는 생각을 그 당시에 갖고 있었어요. '버먼이 지속적으로 모더니티라는 것의 양면에 대해 말하고, 어느 한쪽에 편중된 모더니즘에 대한 비판을 계속하고 있는데, 그 생각은 한국의 맥락에서 유효하다 ——특히, 한국처럼 근대화에 대해 대단히 비판적이고, 배척적인 입장이 주류가 된 사회에서는. 문학의 경우에도 최운식 선생이 언젠가 농본주의적 사회주의라고 했지만, 도시화·산업화에 대해 근본적으로 비타협적 태도를 취하는 문화가 적어도 지식인을 포함해서 한국에서는 깔려 있다. 모더니즘이라는 것이 아직 진지하게 인식되지도 추구되지도 않은 나라에서는 모더니즘에 대한 재인식이 필요하고, 그 재인식 가운데 버먼 식의 모더니즘에 대한 논의가 필요하다. 그렇기 때문에 반대로 쉽게 포스트모더니즘으로 갈 수 없다. 모더니즘 이후에 대해 환영하고 경축할 수 없다. 포스트모더니즘을 마치 모더니즘 이후에 오는 새로운 세계에 대한 복음처럼 받아들일 수 없다.' 그게 그무렵에 제가 가지고 있던 생각이었어요. 지금 생각해 보면 아까 말한 대로 89년이 가져다 준 충격, 내부적으로 자유주의화, 대외적으로 지구화, 그리고 포스트모더니즘 상륙, 이런 흐름 속에서 저로서는 뭔가 근본적으로 사고를 다시 하는, 사고의 출발점을 만들고 찾는 한 방식이었다고 생각해요.

이혜령 바로 버먼의 『현대성의 경험』에 대한 페리 앤더슨의 비판인 「근대성과 혁명」("Marshall Berman, Modernity and Revolution", *A Zone of Engagement*, Verso, 1992)이 『창작과비평』(1993년 여름호)에 게재되었죠. 페리 앤더슨의 비판은 버먼이 가진 근대성의 시간관에는 혁명이라는 단절적인 계기가 없다는 내용이 핵심이었던 것 같습니다. 창비 쪽에서도 근대성 논의를 포스트모더니즘 비판 형태로 제기한 측면이 있죠. 그런데 다시 돌이켜보면, 페리 앤더슨의 글도 1·2차 세계대전 사이의 모더니즘 예술에 대해 이야기하면서 논지를 끌어가는 형태였죠. 당시의 논의가 문학을 통해 근대성을 논의하고 있었고, 근대성 논의 자체가 초창기에는 문학 연구자들이 주도한 측면이 있던 것 같아요. 문학의 근대성을 얘기했다기보다는 모더니티 자체를 이야기하기 위해서 문학을 끌고 다니는 방식인 것 같았는데, 왜 그랬을까요?

황종연 창비를 말씀하시니까 저도 기억이 새로워집니다. 저도 의도한 건 아니에요. 「모더니즘의 망령을 찾아서」는 아까 말씀드린 대로 우연하게 『세계의 문학』 편집위원이 내게 아무 글이나 쓰라고 해서 쓴 건데, 공교롭게도 일치가 된 거죠. 그게 일치가 됐기 때문에 아마 나중에 리얼리즘·모더니즘 논쟁*할 때, 나를 심판대에 올리는 이유가 되기도 했을 거예요. 그때 '왜 문학인가? 왜 문학에서 이니셔티브를 가지게 된 것인가?' 그것은 포스트모더니즘 때문이라고 생각해요. 한국근대사를 연구하는 사람들 내부로부터 '근대란 무엇인가'에 대해 재고해야 된다는 의식이 생겼거나 한국근대문학을 연구하는 사람들이 근대에 대한 재고가 필요하다고 생각했다기보다는 포스트모더니즘이 상륙을 해서 근대라는 것에 대해 재인식을 하지 않으면 안 되는 압력을 넣은 거죠. 그건 틀림이 없다고 생각하고요. 포스트모더니즘을 받아들이는 데 있어서도 포스트(post)라는 것을 어떻게 받아들이느냐에 따라 입장이 달라진다고 생각하는데요. 포스트모더니즘의 '포스트'를 근대극복이라고 받아들이는 사람이 있는가 하면, '모더니즘 이후'로 이해하는 사람들이 있는 거죠. 한국어에서는 어느 쪽인지 애매하잖아요. '창비' 쪽에서는 항상 '근대극복'이라는 용어를 씁니다. 페리 앤더슨도 그렇고, 버먼도 그렇고, 그 사람들이 말하는 것의 중심은 역시 문학과 예술에 관한 논의에 있는 거고, 거기서는 모더니즘 이후에 대한 이야기를 하는

---

* 2001년에 간행된 세 권의 굵직한 문학비평서, 최원식의 『문학의 귀환』, 윤지관의 『놋쇠하늘 아래서』, 황종연의 『비루한 것의 카니발』에 대한 임규찬의 비평 「리얼리즘과 모더니즘을 둘러싼 세 꼭지점」을 통해 촉발되었다. 『창작과비평』 2002년 봄호와 여름호에 각각 윤지관의 「놋쇠하늘에 맞서는 몇 가지 방법」, 황종연의 「모더니즘에 대한 오해에 맞서」 등이 게재되었다.

것이죠. 모더니티로부터 계속 자원을 공급받는 형태의 모더니즘이 영속되는 게 중요한 게 아니라 모더니티를 철폐하게 된다는 것이 앤더슨의 주장이죠. 앤더슨에게는 근대극복도 중요하지만, '모더니즘 이후'에 대해 생각하고 있었던 거고요. 버먼도 마찬가지로 모더니즘에 대해 이야기하는 게 책 내용의 대부분이잖아요. 차이는 있었다고 생각해요. 그렇지만 어쨌든 그 당시에 포스트모더니즘의 충격 속에서 '그렇다면 한국에서의 모더니티가 뭐냐, 모더니즘이 뭐냐'에 대해 다시 생각해야 한다는 압력을 다들 받고 있었습니다. 특히 학자들이 아닌 '창비' 그룹을 비롯한 창작집단에서는 '근대극복' 또는 모더니즘 이후가 무엇인가에 대해 적극적으로 모색해야 한다고 했던 거죠. 그것이 학계의 사안은 아니었던 것 같아요. 적어도 90년대 전반까지는 모더니티 문제가 그랬죠. 대개 평론가들이 그런 사람들이지만, 그런 사태를 기술하고 설명하는 데 필요한 어휘를 많이 만들어 냈죠. '근대극복' 이런 말도 백낙청 선생이 그 당시에 만든 말이잖아요. 그전에 쓴 적이 없었잖아요. 그런 말들을 다 만들어 낸 거죠. 그 이후에 개별 논의는 많이 세분화되고 했을지라도 그런 논의들의 근거가 되는 키워드들을 만드는 일은 분명히 그때 했다고 생각해요. 좀 전에 말한 근대극복부터 시작해서 많은 어휘들을 만들었습니다. 포스트모더니즘이 제가 보기에는 그 당시 중요한 현안이었고, 포스트모더니즘에 대해 어떤 입장을 취하느냐 하는 것이 중요한 문제였습니다. 적어도 문학을 하는 사람들에게는요.

김항 어떤 측면에서 보면 포스트모더니즘 문제란 해프닝이었던 것도 같습니다. 그렇지만 다른 한편에서 말씀하신 대로 반성적인 태도로 포스트모더니즘 담론에 대면하기도 했죠. 그랬을 때 한국의 역사, 즉 '내셔널 히스토리'가 사유의 대상으로 떠오르고, 여기에 모더니티라는 개념이 결합된 형태로 부상하면서 근대성 논의가 한국학으로 가는 계기가 되기도 했죠. 그전에는 한국학, 즉 '코리언 스터디즈'(Korean studies)는 별다른 화두가 아니었다고 생각합니다. 한국학이라는 한 가지 방향타를 역사학이나 문학 ─ 양쪽에 편차는 존재했지만 ─ 에서 갖게 되는 큰 원인이 포스트모더니즘이었다는 생각도 듭니다. 아무튼 중요한 건 선생님이 하시던 작업들을 아마 이 방향성 아래에서 위치 지을 수도 있다는 겁니다. 그건 포스트모더니즘이라는 해프닝에 대한 하나의 진지한 대응이었다고 할 수 있겠죠. 말씀하셨듯이 89년 이후에 세계를 시공간적으로 질서 짓는 범주가 붕괴되고, 91년 언저리부터 포스트모더니즘이라는 언어가 들어왔을 때 ─ 선생님이 말씀하신 그런 흐름과 달리 ─ 보드리야르든, 제임슨이든, 아니면 리오타르든 과연 이 언어들이 붕괴된 카테고리를 재구축해 줄 것이냐라는 물음이 제기되었습니다. 그런데 이건 어떻게 보면 오독이었다고 봅니다. 제 기억으로는 이 오독은 "포스트모더니즘의 실체가 뭐냐?"라는 식의 질문으로 나타났던 것 같습니다. 이를테면 포스트맑스주의, 포스트사회주의 혹은 포스트모더니즘이 주장하는 자본주의 비판의 방향이 무엇이냐는 물음이죠. 제임슨의 후기자본주의 논의도 그런 식으로 읽혔고요. 맑시스트에서 포스트모더니스트라는 식으로 입장이 모호해져 간 일군의 문화비평가들이 취했던 입장들도 이런 질문에 바탕을 두고 있었죠. 많은 이들이 새로운 질서를 축조가능하게 해주는 인식들을 포스트모더니즘에서 찾았는데, 포스트모더니즘의 언어는 그렇게 질서를 이념적으로 구축하는 틀거리 자체를 해체하자는 언어이지 않습니까? 그래서 이념비판의 언어를 이념화하려 했다는 역설이 있었습니다. 제 생각에 '창비' 같은 경우에는 포스트모더니즘 논의에 개입하면서 이 이념비판의 언어를 이념화하는 현상에 대해서는 아무런 비판도 안 했거든요. 말하자면 포스트모더니즘의 정치적 가능성에 대해서는 '없다'고 얘기를 했는데, 보다 근본적으로 포스트모더니즘의 정치적 가능성에 대한 물음 자체가 이상한 물음이 아니냐는 발상이 없었던 거죠. 달리 말하자면 포스트모더니즘을 통해 정치와 같은 기존 범주 자체에 대한 발본적 물음이 제기되어야 하는데, 기존 범주 내에서 포스트모더니즘을 맑스주의나 자유주의와 같은 기존 이념과 동일한 수준으로 취급했던 겁니다. 그래서 그 당시에 포스트모더니즘에 대한 어떤 발본적인 인식틀 자체가 존재하지 않았다고 생각해요. 한국학으로 넘어가거나 '창비'에서처럼 근대극복이라는 새로운 언설의 장들이 만들어지기 이전 『문화/과학』 그룹도 그랬죠. 92년, 93년 언저리 이야기인데요. 제기억으로 언어·욕망 등을 이야기하면서 새로운 정치적 가능성 등을 언급했습니다. 이념비판의 언어를 이념화했던 거죠. 사실 그런 논의가 지금 보면 이상하고 공허한 논의였음에도 상당히 진지한 논의였던 것 같습니다. 문화정치라는 언어로 얘기되던 이 논의들이 어느 순간 문학 담론으로 넘어갔다는 느낌을 갖고 있습니다.

황종연 그 당시에는 포스트모더니즘에 대한 인식이 철저하지 않은 상태에서 이뤄진 것이라는 걸 인정해야 한다고 생각해요. 그 뒤에 90년대가 어느 정도 지나서 사람들이 문헌을 충분히 읽을 만한 여유가 생긴 이후에는 많은 억측과 오해 속에서 포스트모더니즘을 생각했다는 것을 알게 되었죠. 동시에 포스트모더니즘이 가지고 있는 중요한 가능성, 그리고 중요한 계시들을 적어도 한국의 문화생산자들이 너무 일찍 탐구하지도 않고 버린 거 아닌가라는 생각을 하게 됐어요. 그건 뭐냐면 아까 '대서사의 붕괴'라든가 제1세계, 제2세계, 제3세계로 이뤄진 공간 범주의 붕괴라든가, 그 이후에 사실 무엇이 가능한가 하는 것에 대해 포스트모더니스트들이 이야기하고 있었던 것입니다. 그걸 잘 이해를 못하고, 그것을 잘 받아들일 준비가 안되어 있었던 것이라고 봅니다. 그것을 이해하기보다는 포스트모더니즘이 한국에 들어와서 만들어 내는, 아까 말한 대단히 소극적인 현상들에 대한 반감이 먼저 작용했다는 생각이 들어요. 사실, 포스트모더니즘을 둘러싼 중요한 논의들이 한국에선 유실된 감이 있어요. 철학 쪽을 보면 잘 알 수 있습니다. 포스트모더니즘에 관해 많은 논의가 가능한 건 사실 철학 영역인데요. 문학 영역에서 포스트모더니즘을 대표한다는 작가들의 책이 제대로 번역이 되어 있지 않았고, 포스트모더니즘의 문학적·예술적 형태들에 대해 알지도 못하는 상태에서 제임슨 등의 글을 통해 문학 하는 사람들이 포스트모더니즘에 대해 막연히 생각하고 있던 거거든요. 아까 패스티시 얘기도 제임슨 책에 나오는 얘기잖아요. 포스트모더니즘의 독트린 같은 것을 먼저 받아들여 생각을 했지, 실제 문학의 경우에 텍스트를 읽지 않았다, 읽을 형편이 못 됐다는 거죠. 하지만 철학적으로는 사정이 다르다는 말이에요. 철학적으로는 ─ 보드리야르나 리오타르는 포스트모더니스트라고 할 수는 없지만 ─ 적어도 형제간 아니면 사촌간 정도로 생각한 포스트구조주의 저작들이 막 들어오고 그 논의가 되고 있을 때니까 철학 쪽에서 무슨 논의가 있었을 법한데, 사실 별로 진전된 게 없어요. 제가 갖고 있는 책도 몇 권 그런 게 있는데, 계명대 총장을 지내신 이진우 선생님을 중심으로 해서 뭔가 논의가 있었을 법한데* 별로 진전이 안 됐다는 생각이 듭니다.

김항 어떻게 보면 『이론』지의 동인들 안에 철학자들이 있다는 것을 상징정인 예로 들 수 있지 않을지요? 경남대 김재현 선생님이나 맑시즘 계열 철학자들, 미학 하시는 분들이 이른바 철학 영역의 작업을 하셨죠. 사실은 그 이후에 말하자면 저널의 세계 ─ 『문학동네』, 『창작과비평』 ─ 를 다 포함해서 어떻게 보면 인문학의 학제적인 장 안에 철학자들이 등장하는 경우는 굉장히 드물어졌습니다. 이 징후가 아까 이혜령 선생님이 말씀하신 것처럼 문학이 근대성을 논하는 자리가 됐다, 라고 하는 굉장히 큰 징후가 아니냐 하고 저는 생각하고 있는데요. 예를 들어서 들뢰즈 같은 경우는 이정우 선생님이나 이진경 선생님 하실 때는 어쨌든 그의 사유 자체를 대면하고 있는 느낌인데, 이게 문학 텍스트, 한국문학을 비평하는 도구로 쓰이면 특정

---

* 이진우는 『포스트모더니즘의 철학적 이해』(서광사, 1993)를 저술하고, 하버마스의 포스트모더니즘 사상에 대한 입장을 개괄한 『현대성의 철학적 담론』(문예출판사, 1994)을 번역하고, '니체전집' 번역에 참여하는 등 1990년대 초반 포스트모더니즘 수용과 이해에 있어 길잡이 역할을 하였다.

한 사유방식 자체의 외재성은 휘발되어 버린 채 다른 텍스트를 부연하는 술어로 되어 버린다고나 할까요. 문학이나 역사하고 철학의 어감이 완연하게 구분이 됐습니다. 문학으로 가고, 역사로 가는 것도 하나의 현상으로서, 좀 넓게 보면 철학과 역사, 한국학이라고 보통 이야기하는 인문학이 커다란 두 갈래로 구분됐다기보다는 서로의 코드를 맞춰 나가는 게 불가능해진 건 아마 말 그대로 한국에서 89년 이후 질서 체계가 잡힌 인식들을 못 갖는 현상의 가장 큰 징후가 아닐까 합니다.

이혜령 한국문학을 통한 근대성 논의는 처음부터 한국의 근대성으로 수렴되는 논의는 아니었고, 보다 포괄적인 역사 인식에 관한 것이었습니다. 그런데 이 논의가 내셔널리즘이나 국민국가 문제로 이동하면서 선생님께서 말씀하신 것처럼 어떤 사유를 하게 하던 철학적 논의들은 관심의 대상에서 소외된 것 같습니다. 근대성이 재현적인 서술의 대상이 되면서, '한국'에 방점이 찍히기 시작했던 것이죠.

김항 역설적인 것은 말이죠. 근대성 비판이 네이션 비판으로, 근대성에 대한 반성이 네이션·내셔널리즘에 대한 반성으로 가는데요, 근대성 논의가 어느덧 식민지 근대성 논의로 수렴되고, 그걸 한국사 연구자들과 국문학 연구자들이 주도하고 있다는 것은 근대성 논의가 처음 대두되던 때와는 사뭇 다른 양상이라는 거죠. 이것은 인문학 전반, 특히 대학제도 내의 인문학이 내셔널라이즈된 징표랄까요? 이런 경향이 가중되어 안 그래도 대학 내에서 그 입지가 흔들리고 있는 철학은 좀더 소원해지고 있는 것 같습니다.

근대성·네이션·문학

황종연 내셔널리즘과 관련된 얘기에 보태고 싶은 이야기가 있는데요. 『문학동네』를 창간하면서 내가 창간호에 쓴 글이 「민족을 상상하는 문학」(『비루한 것의 카니발』에 재수록)이라는 글이었거든요. 그때가 막 민족주의에 대한 비판적인 논의들이 시작될 때예요. 그때 '한국사회연구회'인가에서 내는 저널에서 심포지엄을 열어서 민족주의에 관한 갑론을박이 있었던 적이 있어요. 지금은 없어졌지만, 『대화』라는 잡지에서 창작하는 사람들, 소설가·평론가·음악 하는 사람을 다 포함해 크게 심포지엄을 한 적이 있어요. 거기에서도 민족주의가 화제였어요. 94년 겨울인가 그래요.

그때 민족주의 문제가 처음 제기되었는데, 그게 제일 중요한 사건이라고 생각해요. 그때 제가 공교롭게도 거기에 관련되었는데요. 그게 처음이에요. 최근에 우리가 말하는 민족주의 비판 이야기를 하자면요. 물론, 70년대로 거슬러 올라갈 수도 있어요. 필요하다면 얘기할 수도 있겠지만요. 왜 그때 그렇게 특히 민족주의 이야기가 많이 나왔냐면 포스트모더니즘 같은 특별한 이즘이나 주의와 관련해서 나온 것은 아니고, 아까 우리가 얘기한 '글로벌라이제이션'이라는 것이 우리에게 어떤 변화를 요구하느냐, 라는 맥락 속에서 나온 얘기예요. "국민국가, 그러니까 네이션 스테이트라는 것이 더 이상 유효한 정치적 모델이 아니다. 자본과 노동의 국경을 넘어서 활발한 이동이 이루어지고 있는 시기에 더 이상 네이션 스테이트를 모델로 해서 정치공동체를 생각하거나 그것을 단위로 해서 역사나 문화를 분석하는 것은 의미가 없다. 창작하는 사람의 입장에서도 민족문화건설을 위한 그런 문학운동, 예술운동은 쓸모가 없다." 그런 이야기를 하기 시작한 때거든요. 그 안에 그 이야기들이 있어요. 아마 94년이었고 『역사비평』(1994년 겨울호)에 그 포럼이 실렸었죠. 그때 역사 하는 사람들 사이에서 본격적으로 논의가 이루어졌어요. 그리고 저쪽 『대화』라고 하는 데에는 주인석이나 그 당시에 대중가요 하는 사람들이 모여서 그 얘기들을 했었는데요. 어쨌든 그때는 다시 말하지만 무슨 주의나 이즘이 아니라 그 당시 김영삼 정권 때인데, 세계화니 지구화니 뭐라고 하는 게 좋으냐 하는 논란이 있을 때였죠. 어쨌든 글로벌라이제이션에 대응해서 문학·정치·역사가 어떻게 변해야 되느냐, 민족국가 모델은 더 이상 유효하지 않다는 데에 대해서 많은 사람들이 동의를 하기 시작한 거죠.

제가 『문학동네』 창간호에 쓴 그 글은 사실 '창비' 진영의 민족 담론을 비판한 글이 아니라 조정래나 이청준 이런 사람들의 소설 속에 들어 있는 민족의 이미지너리(imaginary)를 비판한 거예요. 90년대를 얘기했다기보다 사실 80년대 이전부터 계속 남아 있던 민족주의에 대해 비판적인 논평을 한 건데요. 그 주장의 기본은 민족주의가 중요한 게 아니라 모더니티가 중요하다는 거였거든요. 모더니티의 경험 속에서 민족주의가 자라난 거죠. 근대성의 경험에 철저하지 않으면 안 된다는 거죠. 사실, 결론은 상당히 범박한 글이에요. 다만 그게 민족을 상상하는 소설적인 어떤 관행에 대한 비판이고, 또 잠재적으로는 적어도 문학예술에 있어서 민족주의에 대한 비판이기 때문에 그 글이 어느 정도 파장이 있었던 거 같아요. 그 뒤에 학계가 아니라 『창작과비평』 같은 데 봐도 그 글을 반(反)비판하는 글들이 많아요. 말하자면 '창비'에 대해서 언급하지 않음에도 불구하고 그게 민족문학·민족주의에 대한 문제제기라는 점에서 의미 있는 이의제기라는 생각을 했었던 것 같아요. 그때 민족주의를 비판할 때, 아까 말했지만 저 혼자 개인적인 생각에서만 한 것은 아니고요. 그런 식의 생각이 많이 퍼져 있었다는 거죠.

저는 물론 '글로벌라이제이션'이라는 것을 무슨 축복으로 받아들여서 그렇게 얘기한 것은 아니고, 민족주의라고 하는 그 테두리 안에서 우리나라 소설이 한국사회를 상상하는 방식이 굉장히 정형화되고, 사실은 모더니티의 경험에 대한 사실적인 탐구로부터 멀어지게 한다는 얘기를 했던 거죠. 그때 문학에서 그런 얘기를 한 거고요. 그럼 어떻게 해야 되느냐, 어떤 방식으로 문학창작·비평이 아니라 모더니티의 문제나 내셔널리즘의 문제를 실제 근대문학 연구에서 다뤄야 되느냐 하는 문제에 저 자신이 걸려 있었어요. 처음에 의도한 게 아니라 다 그런 경험들이 있으시겠지만, 이렇게 저렇게 쓰다 보니까 저도 모르게 그 문제에 대해서 뭔가 대답을 해야되는 입장에 처하게 된 거예요. 그래서 그 뒤에 문학의 경우에는, 말하자면 '민족의 이야기'라고 하는 그것도 일종의 거대서사인데, 그 '민족의 서사' 안에서 한국문학의 역사를 제안하는 그런 방식의 연구가 아니라 그야말로 "트랜스내셔널한 지식이나 담론의 흐름 속에서 한국근대문학을 생각하자, 또는 한국문학에 있어서 근대의 성립을 생각하자"라는 그런 제안을 하기 시작했어요. 그런 가운데 쓴 글이 「문학이라는 역어」(『동악어문논집』 제32집, 1997년 12월호)예요. '트랜스내셔널한 정보나 지식의 네트워크 속에서 한국근대문학이 성립했다. 그러니까 그 이전부터 존재했던 어떤 가능성들이 그야말로 전향적으로 발현이 돼서 근대문학이 성립이 됐다는 식으로 내재적 발전을 포함한 이전의 근대문학 사관하고는 다른 어떤 모델을 만들어야 된다'는 생각을 하고 있었어요. 그 과정에서 번역을 통한 문화생산이라는 아이디어를 가지게 돼서 그 글을 쓰게 된 거죠. 민족주의하고 한국근대문학을 분리하는 방법을 생각한 거예요.

김항 지금 생각하면 「문학이라는 역어」 자체가 말 그대로 '트랜스내셔널한 현상으로서의 한국문학'이라는 말을 쓰면 딱 적합한데, 그 당시에는 트랜스네이션이라는 말이 없었잖습니까. 그때는 어떤 용어를 사용하셨죠?

황종연 그 당시에 내가 그 말을 알았으면 좋았을 텐데요. 그때는 이런 말은 있었어요. 우리나라에서 많이 안 쓰는 말이지만, 리디아 류(Lydia H. Liu)라고 하는 사람이 쓴 책(*Translingual Practice*, Stanford Univ. Press, 1995)에 '트랜스링구얼'(translingual)이라는 말이 있어요. 그 말은 나도 번역해서 논문에서 썼죠. 지금 생각하기에 그때 발상 자체는 트랜스내셔널이라고 하는 최근의 이야기하고 매칭이 되는 사유인 것 같습니다.

김항 자연스럽게 두번째 질문 이어가겠습니다. 아까 말씀드렸는데, 다시 한 번 말씀드릴게요. 한국문학의 기원이 트랜스내셔널한 것이라고 밝힌다 하더라도 민족이 여전히 상수(常數)인 것이죠. 이전에는 민족을 전제하고 민족이라는 틀거리 안에서 문학이 연구되던 것을 뒤집어서 ──민족·문학 이 두 가지 모두의 실체를 부정하는 문제가 아니라 ──민족을 어떤 전제가 되는 것이 아니라 말 그대로 트랜스한 외부화와 내부화의 끊임없는 상호작용을 통해 구축된 것이라는 식의, 말하자면 선임 방식의 변동이라고 저는 생각이 되는데요. 그런데 왜 설명하는 게 한국문학이었을까요? 예를 들어서 윤평중 선생님이나 또 제가 어릴 때 가장 많이 읽었던 분이고 가장 기억에 남는 분이 '문지' 쪽의 김진석 선생님입니다. 김진석 선생님 같은 경우가 '김소진론'을 쓰신다거나 김소진 소설집 뒤에 그걸 쓰신다거나(『고와떤 뺑덕어멈』, 솔, 1995에 해설로 실린 「개같이 죽는 인간, 개같이 살아나는 소설」 ;김진석, 『소외에서 소내로』, 개마고원, 2004에 재수록) 일련의 굉장히 독특한 탈변증법을 『초월에서 포월로』 ──지금 3권까지 나왔습니다만 ──에 담는 작업들을 해오셨는데요. 김진석 선생님의 작업은 특정한 사상으로 한국적 상황을 설명하려는 것이기보다는, 어떻게 하면 이 보편적인 포스트모던이라고 하는 철학사조를 한글로 풀어낼 수 있느냐 하는, 어떻게 보면 포스트모던에 대한 토착적인 물음의 방식 중에 희귀한 종류의 물음, 하나의 특이한 예로 존재한다고 생각을 하는데요.

이혜령 김진석 선생님의 작업을 토착화라고 말씀하신 건, '민족'의 서술성을 증가시키는 방향과는 다르다는 말씀이시죠?

김항 그렇죠. 포스트모던 혹은 근대성 논의가 이후에 '네이션으로 간다'는 건 네이션 비판으로도 가지만, 트랜스네이션이든 내셔널리즘이든 왜 사고의 틀거리 자체가 '네이션'이었을까? 저도 그렇고, 저희 세대의 연구자들이 한번 반성을 해야 할 점입니다. 저희 선배 세대들이 그것을 주동하셨지만, 저희도 대학원에서 배운 이래 '네이션' 얘기를 끊임없이 발화해 왔고, 굉장히 자연화되었다는 생각이 많이 들어요. '한국학' 붐이 되면서 사실 가까워진 것은 미국입니다. 한국학은 미국의 지역학 배치에 '코리언 스터디즈'와 링크가 되어 있는데, 왜 그렇게 됐을까요? 이전까지는 안 그랬던 것 같은 느낌이 드는데요.

황종연 '모더니티의 고고학'이라고나 할까. 어쨌든 포스트모더니즘의 충격 하에서 모더니티의 고고학이라는 게 필요해졌는데요. 이게 한국에서 어떤 방식으로 나타나느냐를 생각하는 게 중요합니다. 실제 이 모더니티의 고고학이 철학적 측면에서 사회에서 어떻게 전개되고 있었던가를 참고하면 도움이 될 것 같은데요. 이를테면 모더니티, 포스트모더니티를 철학적인 문제로 받아들이는 논자들이 굉장히 많아요, 그렇죠? 이를테면 모더니티를 이야기할 때, 데카르트로부터 시작을 하든 칸트로부터 시작하든 간에 모더니티를 가능하게 하는 어떤 지식의 조건에 대한 물음으로부터 시작을 해서 논의한 성과들이 아까 말한 포스트모더니즘이 소개된 그 시기에 이미 영미권에서 많이 이뤄지고 있었단 말이에요. 그런데 이런 논의들이 한국학을 하는 사람한테는 별로 영향을 미치지 못했어요.

이를테면 근대적 주체 비판이라고 하는 것은 많이 했는데, 근대적 주체 비판도 결국 그 내용을 보면 근대적인 주체가 네이션으로 번안이 되어 버리는 거야. 그래서 모든 철학적 모더니티에 대한 철학적 담론 ── 하버마스 책도 그때 많이 읽었는데 ── 들을 모르지 않았음에도 불구하고 그 많은 쟁점들을 다 네이션이라고 하는 것으로 수렴시켜서 생각을 하려고 하는 거죠. 90년대를 통과하면서 그런 경향이 있었어요. 이것 역시 두드러진 현상이라고 생각합니다. 아까 문학 얘기했지만, 사실은 한국 학계에서의 근대성에 관한 논의를 역사학, 한국사 하는 사람들이 주도하기 시작하면서 생겨난 변화라고 생각해요. 문학 쪽에서는 아까 말한 대로 모더니티, 포스트모더니티를 이야기하는 많은 키워드들을 상당히 궁색하고 빈곤하지만 만들기 시작했는데요. 실제로 학술적인 차원이나 이론적인 차원에서 그런 논의가 전개되는 과정에서 철학은 탈락이 되었죠. 철학 쪽에서는 그 어떤 개별 사상가나 개별 쟁점에 대해서 해설하거나 논평하는 수준의 글만을 쓴 거고, 역사학 하는 사람 중에 한국사 하는 사람들이 그걸 다시 기존에 자기들이 해왔던 역사학적인 근대사 연구의 영역 안으로 다시 집어넣은 거죠. 그러면서 그 시기에 그야말로 '식민지 근대론'이 부상을 하게 되면서 한국사 쪽에서 굉장히 큰 쟁점이 된 거죠. 그러니까 식민지 근대론이 다시 민족 문제하고 얽혀서 논의들이 많이 커진 거죠. 그게 주류가 됐다는 생각이에요.

김항 예를 들어서 국문학을 생각해 보면요. 제가 국문학 전공은 아니지만, 논의의 장이 네이션으로 옮겨 가면서 석사논문도 그렇고 박사논문도 그렇고 학교에서 생산되는 논문과 쏟아져 나오는 각종 단행본들도 그렇고 문학 연구가 아니라 네이션 연구가 굉장히 많아졌습니다. 오히려 '문학이란 도대체 무엇이냐'라는 보편적인 물음 같은 것들이 좀 흐려지는 현상들이 있었다고 생각합니다. 선생님의 포지션 자체는 그런 의미에서는 도드라졌다고 생각이 되거든요. 선생님의 네이션은, 「문학이라는 역어」에서부터 ── 트랜스네이션이라는 말을 편의적으로 사용을 한다면 ── 그 작업을 하시면서 동시에 끊임없이 중심축은 문학이 아니었나 하는 생각이 드는데요. 그런 지점에서 네이션으로 가는 그 흐름들하고 선생님께서 견지하고 계셨던 문학이란 무엇인가 하는 보편적 물음에 관한 생각이랄까요, 그런 얘기를 듣고 싶습니다.

문화 연구냐, 문학 연구냐

황종연 아까 말씀하시면서 포스트모더니즘과 관련돼서 나타나는 새로운 현상 중에 『문화/과학』 쪽 얘기 잠간 하셨잖아요. 그런데 그것도 사실은 한국학을 하는 사람들이 인정하는 것 이상으로 일정한 임팩트가 있었다고 생각해요. 『문화/과학』 쪽의 입장이 뭐냐는 것은 그분들에게 직접 들으시고요. 어떤 면에서 그 작업들이 학계나 문단에 임팩트를 줬냐 하면, 그분들이 사실은 포스트모던이라고 부르는 현상이 무엇인가에 대해 이론적으로 정비된 인식을 가지고 있었던 거예요. 간단히 얘기하면 '경제에 의한 문화의 복속'이에요. 그러니까 자본에 의해서 아까 말한 글로벌라이제이션, 포스트모더니즘 이런 것들과 다 관련되는 이야기인 건 말할 것도 없고요. 자본에 의한 식민지화, 사회의 모든 삶과 모든 영역의 식민지화라는 사태, 제임슨이 포스트모더니즘에 대해 얘기한 사태죠. 더 이상 경제하고 문화가 구분이 되지 않는 그런 사태가 온 겁니다. 이건 굉장히 중대한 문제였고, 문학을 하는 사람이든 역사를 하는 사람이든 철학을 하는 사람이든 적어도 문화라는 개념을 가지고 뭔가를 사고하는 사람이라면 직시했어야 되는 문제예요. 아까 말한 대로 포스트모더니즘에 관한 논의가 유실됐다고 할 때 유실된 부분 중의 하나가 그거예요.

경제와 문화의 경계가 없어졌다, 그러면 문화라는 게 뭐냐, 문화의 존재방식이 달라졌는데, 문화에 대해서 전통적으로 우리가 가지고 있었던 어떤 관념들, 아까 말한 대로 대서사가 살아 있고 3개의 세계가 살아 있던 그 시기에 가지고 있었던 관념들이 과연 지금도 유효하냐는 생각을 했었어야 됐어요. 그때 생각을 했었어야 되는데, 그때 그 생각을 하고 있었던 그룹이 『문화/과학』 쪽이었다 생각해요. 문학 연구하는 사람 입장에서 얘기를 하면 전통적으로 문학이라고 하는 것을 항상 문학 테두리 안에서 생각하는 사람은 없어요. 대개 문화 테두리 안에서, 인문학이라는 테두리 안에서 문학을 생각하는 거잖아요. 당연히 문화라고 하는 개념이 중요한 참조기준인데요. 전통적으로 문학 연구를 하는 사람, 국문학자뿐만 아니라 문학비평을 하는 사람 ——유종호 선생이건 김우창 선생이건 다 포함해서 ——들이 가지고 있는 문화에 대한 개념이라고 하는 것은 기본적으로 매슈 아널드나 T. S. 엘리엇 계열의 관념이에요. 그야말로 완전성을 연구하고 추구하는, 지금까지 세상에 알려진 가장 최고의 것을 가르치고 연구하는 거잖아요. 그야말로 인문주의적인 문화 개념이 있는 거예요. 휴머니스틱한 문화 개념이 문학을 포함해서 인문학 분야 학문을 하는 사람들에게 굉장히 널리 깔려 있다고 생각해요. 지금도 여전히 그렇다고 생각합니다. 그 다음에 인문학이 아니라 사회과학 쪽에 자리를 잡고 있고 인문학 쪽에 영향을 미친 문화 관념이 하나 더 있어요. 아시는 것처럼 인류학적인 문화 관념인데요. 그거는 완전성, 이런 것들과 관련된 게 아니라 삶의 전체적인 양식이죠. 원시사회에 대한 연구를 통해 만들어진 에드워드 타일러(Edward Tylor), 앨프리드 크로버(Alfred Kroeber)와 같은 사람들이 만들어 낸 인류학적인 문화 개념이죠. 문화인류학이나 문화사회학이나 이런 데 남아 있는 개념이에요. 이런 개념은 제임슨이 관찰한 포스트모던한 어떤 전회가 일어나기 이전 상태의 문화에 대한 관념입니다. 그 이후에 어떻게 된 거냐. 결국 모든 문화가 이제 완전성의 추구나 삶의 전체적인 양식이 아니라 상품 형식으로 존재한다고 하는 사태에 직면하게 된 거예요. 상품 형식을 매개로 하지 않는 문화는 이제 상상하기 어려워진 거죠.

그런 상품 형식의 전일적 지배라고 하는 사태 속에서 문화를 어떻게 생각할 거냐? 전통적으로 문화는 자본의 외부, 경제 외부에 존재하면서 그것에 대해 저항하거나 그것으로부터 배제된 것들을 받아들이거나 하는 영역이었는데, 이제 거꾸로 문화가 자본의 자기증식에 도움이 되는 자원으로 변한 거죠. 이런 사태 속에서 문화에 대해 어떻게 생각해야 될 것인가? 당연히 중요한 고민거리였는데요. 90년대 초반에 포스트모더니즘 얘기가 나오고 글로벌라이제이션 얘기 나오고 할 때, 이런 얘기들에 대해 사람들이 별로 진지하게 생각을 안 했어요. 근데 『문화/과학』 쪽에서 언어·욕망·도시, 이런 이야기할 때에는 사실 배경에 그 문화의 새로운 존재방식에 대한 인식이 있었다고 생각해요. 우리가 지금 문화연구, '컬처 스터디즈'(culture studies)*라고 부르는 새로운 신종 분야인 학문 분과들의 모델이 90년대 후반부터 한국에 소개되고 있습니다. 영문학 쪽에서 『안과밖』(영미문학연구회, 1996~) 같은 데 보면 90년대 후반에 이미 문학 연구할 거냐 아니면 문화연구할 거냐 가지고 논쟁이 벌어지고 그러잖아요(『안과밖』 3호, 1997). 문화연구라고 하는 것은 말하자면 그런 문제의식 속에서 생겨난 영미 인문학의 새로운 패턴이죠. 래디컬한 패턴인데요. '한국에서 어떻게 문화에 대해서 갈 것이냐? 미국식 문화연구로 가야 되느냐? 아니면 아널드적으로 전통적인 휴머니즘에 계속 머물러야 되느냐?' 여기서 상당히 많은 분파가 생기기 시작했고, 지금도 생기고 있다고 봐요. 문학 하는 사람들도 아까 말한 대로 문화 개념이라는 것을 중요한 참조기준으로 삼고 있었기 때문에 문학을 연구하는 사람에게 굉장히 중요한 과제였거든요.

　그때 이론적으로 참조가능한 '문화'에 대한 새로운 사고라고 하는 건 대체로 두 가지 정도가 있었던 것 같아요. 하나는 아도르노의 문화산업론이에요. 문화산업론을 통해서 대중문화 비판으로 가는 방향이 하나 있었다고 생각이 돼요. 그리고 이제 그야말로 상품의 물신숭배라든가 하는 그런 개념들, 아니면 벤야민적인 사유 같은 것들을 통해서 문화에 접근하는 방법이 하나 있었다고 생각하고요. 다른 하나는 알튀세르적인 국가장치,

---

* 이 책의 '강내희와의 인터뷰'에서 소개된 '급진성이 소거된 문화학'을 이른다.

이데올로기적인 국가장치를 통해 문화와 스테이트 관계에 대해서 다시 생각하는 그런 작업이 있을 수 있다고 생각합니다. 그리고 이것과 이론적으로 계통은 다르지만 푸코처럼 '규율권력'과 문화를 연관시켜서 연구하는 방법도 있을 수 있다고 생각해요. 그러니까 비유적으로 말하면 백화점에 초점을 맞춰서 연구하는 방법이 있고, 감옥에 초점을 맞춰서 연구하는 방법이 있고요. 쇼핑과 라이프스타일, 소비 스타일에 초점을 맞추는 방법이 있고, 규율권력에 초점을 맞춰서 연구하는 방법이 있고 하는 식으로 문화를 비판적으로 연구하는 그런 모델들이 우리에게 있었던 거죠. 문학을 연구하는 사람 입장에서 이런 문화에 대한 비판적인 이론과 접합된 어떤 연구에 가능성들은 있었다고 생각해요. 그런 연구들이 실제로 이루어졌는지 안 이루어졌는지 한번 잘 생각해 보세요.

이혜령 근대성 논의가 인문학계에 수렴된 또 하나의 방식이 자본주의 문화현상에 대한 문화연구라고 하신 듯한데, 역사적 과거를 대상으로 한 연구는 민족주의·국민국가론에 대한 논의가 지배적이지 않았나요? 또 근대문학의 역사적 기원에 대한 논의를 해오시면서도 선생님께서는 문학에 대해서, 문학을 통해서 사유하는 것을 옹호하시고 계신데요.

황종연 아까 김항 씨가 얘기했던 것과 관련된 문제인데요. 문화연구라는 새로운 학문 모델이랄까 하는 게 들어온 거죠. 들어와서 아까 민족·네이션으로 다 수렴됐다고 했지만, 사실 한국에서 근대를 연구하는 방식을 보면 그 두 가지 모델이 ──내가 보기에는 어쨌든 너무 단순화되고 통속화되기는 했지만 ──사용은 되고 있는 거예요. 이를테면 한국 식민지시대 얘기할 때 정근식 선생이나 사회학자들이 규율권력 말하잖아요. 학교·공장 연구하는 거요. 푸코적 패러다임으로 식민지에 성립된 한국근대에 대해 심문을 하고 있는 거죠. 그 다음에 상품이나 소비와 관련된 논의를 하는 사람들도 있죠. 식민지시대 대중소비와 관련해서 대중 분야를 연구하는 사람들. 그 사람들이 무슨 생각에서 그렇게 했는지는 모르겠지만, 지금 말한 것처럼 근대 문화에 대한 비판적 논의의 두 가지 모델에서 크게 벗어나지 않는 일을 하고 있는 거죠. 민족·네이션 스테이트의 문제로 다 돌아왔다고 하지만, 그 방법에 있어서 어쨌든 진전은 있는 거죠. 말하자면 89년 이전에 하던 식으로 네이션 스테이트를 다루고 있는 건 아니거든요. 그 차이는 인정하고 식별해 줄 필요가 있지 않나 하는 게 제 생각이에요. 그러면 문학이라는 게 뭔가라는 문제를 생각해 봐야 하겠지요. 아까 말씀드렸듯이 제 입장이 그 점에 있어서 일치하지 않는 것 같습니다.

물론 제가 일하고 있는 조건이나 제가 일과 관련해서 맺고 있는 관계들이 저 자신에게만 해당되는 독특한 것이라고 말하지 않겠어요. 하지만 좀 그런 부분이 있어요. 그건 뭐냐면 학계에서 활동하면서 문단에서 활동하는 거죠. 옛날에는 누구나 이렇다고 생각했지만, 90년대를 거치면서 그렇지 않게 됐어요. 엄청난 간격이 생겼어요. 이제 학계·문단 따로 놀고요, 국문과의 경우 대학원생이 박사수료할 때쯤 되면 현대문학의 경우에 어느 동네에 가서 놀아야 되나 생각한다고요. 그리고 간혹 어느 한 동네에 가서 저쪽에 아직 가지 않은 길이 있다는 식으로 생각은 하지만, 그렇다고 쉽게 크로싱이 안돼요. 지금 그런 상태거든요.

나는 세대가 하나 앞이라 양쪽에 걸쳐 있어요. 그 다음에 한국문학 전공자인데, 한국문학 전공자 중에 어찌 되었든 미국에 가서 정규 대학원 과정을 다닌 거의 유일무이한 사람일 거예요. 그러니 내 레퍼런스는 당연히 유학생들이 대체로 가지고 있는 레퍼런스를 포함하고 있어요. 한국에서 토산품 학자들이 가지고 있는 레퍼런스와 유학생들이 가지고 있는 레퍼런스 두 개가 다 있는 거죠. 양서류적인 삶을 벌써 20년 살고 있는데요. 양서류적인 삶을 살다 보니까 양쪽에서 제기되는 문제나 양쪽에서 거론되는 의제가 항상 일치하는 것은 아니에요. 어떤 거는 저쪽 학계의 문제고, 어떤 거는 문단의 문제고 어떤 건 미국과 연관되어 있는 일반이론과 관련된 문제인 겁니다. 어떤 거는 아주 한국의 구체적인 텍스트나 구체적 경험과 관련된 일이고 그렇거든요. 어떻게 보면 제가 분열적으로 일을 하는 점이 있을지는 모르겠어요. 뭔가 딴 일을 하고 있는 것처럼 보일 수는 있다고 생각하는데, 그게 근본적으로 다르다고 생각하지는 않아요.

<u>이혜령</u> 한국근대문학의 계보를 탐구한 선생님의 연구와 최근 가라타니 고진(柄谷行人)의 「근대문학의 종말」(『문학동네』 통권 41호, 2004년 겨울)에 대한 선생님의 비판, 얼핏 다른 작업인 것 같은데 이 두 작업의 위상을 선생님의 입장 안에서는 어떻게 두고 계신지 듣고 싶습니다.

'근대문학의 종언'에 부쳐: 역사의 결정·잉여·문학

<u>황종연</u> 「문학이라는 역어」라든가 그 뒤에 쓴 「노블, 청년, 제국」(『상허학보』 제14집, 2005) 같은 글은 그야말로 근대문학을 역사화하는 거죠. 역사화하는데, 다시 말씀드리지만 한국사회의 맥락 안에서 역사화하는 게 아니고 트랜스내셔널한 과정 속에서 한국근대의 성립을 보려고 하는 거예요. 처음에는 그런 초국경적인 지식과 담론의 이동이라는 관점에서 생각을 했지만, 나중에 「노블, 청년, 제국」에 오면 제국주의하고 관련시켜서 제국주의의 침탈과 그것에 대응되는 —— 한국 내부에서 '청년'이라고 불린, 나중에 제국의 권력에 타협하는 —— 새로운 세대의 출현이라고 하는 맥락 속에서 근대적인 의미에서 한국에서의 노블형 소설의 발생에 대해 말하고 있는 거잖아요.

이혜령 그 논문에서 '노블'(novel)을 소설이나 근대소설이라는 번역 없이 그냥 노블로 사용함으로써, 그 기원의 외재성을 강조하시려 했던 것 같아요. 낯설게 한 것이죠. 영국과 프랑스의 산출품인 노블이 다른 유럽의 형식들을 밀쳐 내고 유럽시장, 나아가 전 세계를 누비는 상품이 되었다, 유럽 밖 지역에서 그 상품을 토착화시킨 그곳 지식인들의 실천을 우리는 근대문학의 출현으로 이야기한 셈이 된 거죠.

황종연 네, 그렇습니다. 그래서 처음에는 트랜스링구얼한 (문학적) 실천에 대해 얘기한 것이죠. 그런데 뒤에 와서는 제국질서하의 문학에 있어서 근대적인 것의 정치적 맥락성에 대해 얘기를 했다고 생각해요. 이것은 역사화 작업인데요. 사실, 근대문학이라는 것으로부터 어떤 자명함 같은 것을 거둬 내는 그런 일을 다른 사람들이 하고 있고, 나도 그런 일을 했다고 생각해요. 나만 했다고 생각지는 않고요. 그런데 이게 문학이라는 이름으로 우리가 부르는 활동에 대한 전면적인 부정을 의미하는 것은 아니죠. 우리가 ── 노블의 출현으로 대표되는 ── 근대문학이라고 하는 것은 우리가 생각할 수 있는 언어의 창조적인 활용에 있어 한 역사적인 형태지, 그것이 언어의 창조적 활동의 전부는 아니라는 겁니다. 굳이 문학이라는 말을 쓰니까 자꾸 오해가 되기 쉬운데요. 근대문학 이후에도 언어의 창조적인 활용은 있을 수 있고요. 만약 그것을 명확하게 정의하기 위해서 근대문학과 구별되는 어떤 것이라는 것을 정의할 필요가 있다면 그때 가서 문학이 아니라 다른 이름으로 불러도 좋을 것입니다. 분명한 것은 근대문학이 문학의 전부 또는 언어의 창조적인 활용 전부를 대표하는 것은 아니라는 거예요. 그럼 왜 언어의 창조적인 사용이라는 것에 그렇게 집착하느냐? 그렇게 반문이 있을 수 있어요. 그건 이미 제국주의와 다 타협한 거고, 식민주의와 유착한 거고 다 그런 건데, 그거 뭐 굳이 계속 붙잡고 있느냐. 그런 유착은 다시 말하지만 문학의 역사 속에서 보면 식민지라는 시기 안에서 일어난 것이고, 그 특정 시기 안에서 일어난 거죠.

프레드릭 제임슨 같은 경우에 문학 텍스트를 분석하면서 항상 두 가지 면을 생각하잖아요. 대중문화 텍스트를 분석하든, 모더니즘 텍스트를 분석하든 이데올로기의 측면이 있고, 유토피아의 측면이 있는 거죠. 어느 하나만 보는 건 그 문화 텍스트, 또는 문화 구성체에 대한 공정한 인식이 아니에요. 이데올로기적으로 잘 작동하려면 유토피아적인 열망에 대해 호소해야 돼요. 그렇게 하지 않으면 이데올로기적으로 메시지 전달이 안 되는 거죠. 문학 안에서도 마찬가지라고 생각해요. 제국주의와 타협하거나 제국주의·식민주의에 봉사한 측면이 문학에 분명히 있는 거지만, 그게 문학의 전부는 아니거든요. 문학이라고 부르는 글쓰기에 그런 제국주의든 식민주의든 그런 것에 저항할 수 있는 어떤 가능성들이 있었는지 없었는지를 알아보는 것은 중요합니다. 다시 말해서 현재 우리의 정치적·문화적인 목적에 비추어서 이용가능한 자원이 과거의 텍스트 속에 있었는가 없었는가를 알아보는 것은 문학을 연구하는 사람들이 해야 되는 일이라는 겁니다. 그걸 하지 않고, 아까 말씀하신 대로 염상섭 소설에 나타난 식민지 근대에 대해서만 계속 이야기하는 것은 문학 연구가 제일 잘할 수 있는 것은 아닙니다. 이건 결국 문학 텍스트를 읽고 연구하는 일에 대해 얼마나 가치부여를 하는가에 달려 있다고 생각해요. 여전히 문학 텍스트가 정치나 사회·문화의 문제들에 대해서 해석하고 판단하는 데에 중요한 자원이 된다고 믿느냐 믿지 않느냐의 문제예요. 제가 때때로 '문화연구' 스타일의 연구를 하거나 대중주의적인 연구를 하거나 풍속사적인 연구를 하는 사람들에 대해 비판적인 발언을 하게 되는 이유 중의 하나는 그런 역사적·비판적 사고의 중요한 자원으로서의 문학 텍스트에 대한 관심이 너무 적기 때문입니다.

김항 선생님 말씀은 문학이라고 불리는 창조적인 언어활동, 능동적인 언어활동이 역사적인 것임과 동시에 일종의 보편적인 인간 활동, 그것이 정치적이건 문화적이건 경제적이건 간에 '활동'이라고 정의할 수 있는데요. 중요한 건 이게 역사적이기 때문에 항시 어떤 시대를 결정해 놓은 건 아니지만, 어떤 텍스트를 접할 때 과연 그 창조적 언어활동만이 산출해 낼 수 있는 인간세계에 대한 반성을 담아 내고 있느냐를 가늠해야 하고, 그 가늠 속에서만이 문학이라는 것을 가까스로 정의할 수 있다는 입장이신 것 같습니다. 선생님 말씀은 그런 의미에서는 문학이라는 것을 초역사적이라고 본다고 보기보다는…….

황종연 두 가지 면이 다 있죠. 역사적인 것과 초역사적인 면이 다 있죠. 벤야민이 이미 오래전에 얘기한 거예요. 역사에 의해 결정된 면이 있지만, 잉여가 있는 거예요. 그 시대의 결정 범위를 넘어서도 계속 해석을 자극하고 어떤 상상을 촉발하는 힘이 있는 거죠. 그것을 인정하느냐 하지 않느냐가 굉장히 중대한 차이를 만들어 낸다고 봐요.

김항 거기에서 선생님은 크리티크의 가능성, 혹은 존재조건, 혹은 존재이유를 찾는 것이라는 말씀을 하고 계시는 거죠.

황종연 그게 문학 연구의 입장에서는 그래요. 가라타니 선생의 「근대문학의 종말」은 연구에 관한 것은 아니고, 문학 창작에 관한 거죠. 프랙티스의 측면에서 근대문학이라고 불리는 그런 유형의 글, 또는 근대문학의 이념을 근본원리로 하는 글은 "이제 끝난 거다"라는 이야기를 하는 거잖아요. 이거는 창작의 영역이란 말이에요. 이건 이제 단순히 문학독자로서가 아니라 그야말로 창작과 관련된 저널 활동을 하는 평론가로서 답해야 되는 물음이죠. 그리고 이 글이 처음 실린 건 『문학동네』이고, 이 글을 싣자고 한 것도 나예요. 가라타니 선생하고 둘이 얘기해서 실은 것이거든요. 나도 이

테제에 대해 누구 못지않게 공감을 해요. 그러니까 이 글을 싣자고 했죠. 그런데 테제에 공감한다고 해서 전폭적으로 근대문학이 끝났다는 말을, '근대문학 종언론'의 한국 버전을 생산하는 것이 내가 할 일은 아니라고 생각해요. 근대문학이 끝났다, 그거는 좋은 일도 아니고, 나쁜 일도 아니라는 겁니다. 아까 말한 89년에 베를린 장벽과 함께 시공간 카테고리가 붕괴됐어요. 붕괴됐다는 것을 주장하는 건 중요하지 않아요. 그 이후에 무엇을 할 것인가가 중요한 거잖아요. '근대문학의 종언'이라는 건 사실 테제만으로 보면 그렇게 별로 지각변동을 가져올 정도의 테제는 아니에요. 그래도 어쨌든 중대한 문제제기죠.

이혜령 그 종언 테제에 모든 종언들을 담고 있어서 좀 문제이지 않았나 합니다.

황종연 이 글에 대한 저의 입장도 그것은 분명해요. 창조적인 언어활용에 대해 신뢰를 하느냐 안 하느냐에 달려 있는 문제이죠. 그 태도가 못마땅하다는 사람들도 있다는 것 알아요. 일종의 내기잖아요. 도박판에서 내기하듯이 하는 거고, "이건 지적인 담론이 아니다. 근대문학 이후에 뭐가 있을 수 있다고 말하지 말고, 그 이후에 뭐가 있는지에 대해서 말하라"라는 식으로 이야기들을 하는데요. 이제 앞으로 해야죠. 해야 되는 일이죠.

김항 중요한 것은 근대문학 이후에 무엇이 올 것이냐 하는 문제는 아닌 것 같습니다. 과연 선생님께서 말씀하신 문학이라는 건 반드시 필연적으로 크리티크를 내포하고 있다고 생각했는데요, 그것이 계속 가능할 조건들을 선생님께서는 '내기'라고 하셨지만 저는 '기대'라고 하고 싶네요. 선생님께 크리티크는 인격적인 것에 대한 믿음의 형식으로 받아들여지는 것 같아서요.

황종연 이거는 복잡한 얘기인데요. 특히 국문학 하는 사람들이 문학에 대해서 인식하는 게 너무나 자연화되어 있어서 별로 의문에 붙이지 않는 가정이 있어요. 뭐냐 하면 문학사 위주의 문학 인식이에요. 어느 시대에 뭐가 쓰였고, 그 시대와 그 작품 사이에 어떤 관계가 있고 하는 식으로 생각하는 것이죠. 연대기적 순서라는 것을 늘 문학 인식하는 사람들이 전제를 하고요, 그 다음에 항상 텍스트와 컨텍스트의 관계를 놓고 생각하면서 늘 히스토리컬한 어떤 컨텍스트가 텍스트를 결정한다는 식으로 생각을 많이 해요. 그렇죠? 문학사 위주의 그런 문학 인식법을 한국문학을 하는 사람들이 많이 가지고 있는데요. 이건 굉장히 파워풀한 방식인 건 틀림없지만, 문학을 인식하는 하나의 모델로는 19세기에 끝난 거예요.

문학을 가지고 할 수 있는 일은 문학사를 쓴다거나 문학사적으로 접근하는 것 말고도 많아요. 그냥 이론적인 차원에서 문학적인 것이 내포하는 철학적인 글과 다르게 철학적인 것, 문학적인 것 뭐뭐 하는 이런 게 있다면 문학적인 것이 가지고 있는, 이론적이고 철학적인 문제들이 있어요. 그렇잖아요. 문학적인 것 가운데 가장 기본적인 물음, 이를테면 미메시스가 뭐냐라든가, 판타지가 뭐냐라든가 우리가 문학 일반이론 수준에서 다루는 그런 문제들이 있잖아요. 그런 것에 대해 문학 연구하는 사람들이 얼마든지 발언할 수 있거든요. 얘기해야 되는 거고요. 그게 문학을 향수하는 사람들의 입장에서도 상당히 유용한 뭔가가 될 거예요. 그런데 한국문학 하는 사람들은 좀처럼 일반이론 차원에서 한국문학 텍스트를 다루지 않아요. 말하자면 '문학의 철학'이라고 부를 수 있는 그런 작업이 한국문학에 없어요. 아까 주체 얘기 같은 것 나왔다가 그거 금방 다 없어지고 네이션으로 가버렸다고 얘기했지만, 사실 한국문학 안에서 이를테면 주체 또는 자아, 뭐라고 부르든지 간에 모더니티의 철학적 핵심에 해당하는 그 논제를 가지고 얘기하는 사람이 있는지 나는 의문이에요. 나도 못하고 있으니까 누구를 책망하자는 뜻으로 한 건 아닌데요. 말하자면 문학을 가지고 철학적으로 사유하고, 미학적으로 사고하고 하는 그런 활동이 우리 한국문학 연구하는 사람들 중에 너무 적다는 겁니다. 그야말로 '그냥 크리티시즘'이 있는 거예요.

말하자면 그 텍스트가 조선 후기에 쓰였든, 식민지시대에 쓰였든 해방 전에 쓰였든, 해방되고 나서 쓰였든 상관없어요. 어떤 공통의 주제나 어떤 그런 것에 의해서 그냥 시간성과 상관없이 병치될 수 있어요. 한국문학만이 아니라 일본문학도 상관없고 그리스·로마 작품도 상관없어요. 국경이라든가 시간상의 연대기적 순서라든가 이런 거 고려하지 않아요. 문학적이라고 생각되는 텍스트들을 가지고 하는 것은 상당히 유희적으로 보일 수 있지만, 그렇게 함으로써 기존에 우리가 가지고 있던 언어에 대한 생각, 역사에 대한 생각, 국가에 대한 생각들을 반성하게 하는 그런 작업을 할 수 있거든요. 그런 거를 쓰면 우리나라 학계에서 통하지 않죠. 우리나라 국문학계에서는 그걸 학술논문의 요건을 갖췄다고 생각을 안 해요. 그럼 평론에서 그런 걸 실어 주냐? 지금 아는 것처럼 그때그때 쓰여진 작품 따라가면서 뭐라고 한마디씩 하는 게 평론이 하는 일이지, 그런 거 하면 평론이 아니라고 하잖아요. 문학을 가지고 할 수 있는 중요한 많은 일들이 지금 한국문학 하는 사람들 사이에서 이미 많은 구획 때문에 배제가 되고 있는 건 사실이에요.

김항 비교문학이라는 거 자체도 사실 네이션의 구획에 따라 하고 있으니까요. 선생님께서 아까 말씀하셨던 연대기적이고 공간적인 제한을 뛰어넘는 다른 차원의 어떤 규율들을 갖고 하는, 선생님이 철학이라고 말씀하셨던 것을 도출해 내는 작업들이 척박한 것 같습니다.

황종연 아까 그 얘기로 돌아가는데요. 89년의 교훈을 우리가 아직 잘 모르는지 몰라요. 여전히 네이션 스테이트를 중심으로 해서 어떤 내러티브에 대한 집착을 계속 가지고 있는 거고요.

이혜령 오히려 그 내러티브가 더 강력한 거대서사가 되었죠.

황종연 민족주의를 비판하면서 계속 민족에 대한 담론만 상상하는 거예요. 그전에 제가 다른 사람한테 그런 얘기했는데, 몹시 불쾌해하더라고요. 의도가 그게 아닌데 그렇게 받아들이냐고 하는데, 사실 그렇게 하고 있죠. 그 사람의 의도가 뭔지는 모르겠지만요.

김항 제가 일본에 있을 때 한국의 인문학은 한국학이 대표하고 있구나를 느꼈고, 한국을 대상으로 한 '문화연구'라는 게 큰 흐름으로 느껴졌습니다. 내셔널리즘이 문제라기보다는 인문학의 내셔널라이제이션이라 할 만한 현상이고, 한국의 인문학이 미국 지역학의 하위체계가 되어 가는 과정이 아닐까 해요. 89년 혹은 90년대 이전까지는 커다란 패러다임이 내셔널리즘·네이션 중심의 민족주의였다면, 90년대~2000년대 이후에 드러난 것은 민족이 아니라 같은 지정학적 위치를 지닌 지역으로 배치되는 것 같아요. 'from nation to area'라고나 할까요. 미국의 지역학 안에서는 작은 비중을 차지하고 있는 한국학 연구자들이 다른 어느 때보다 한국의 문턱을 쉽게 넘게 된 것도 그 한 현상이죠.

　　물론 이 과정에서 한국에 관한 연구는 일본의 조선학 연구의 전통, 그리고 미국의 동아시아 연구와 만나면서 그 언어적·인적 차원에서나 연구 성과 차원에서나 풍부해졌어요. 한국이라는 대상의 담론이 두꺼워졌다는 것은 인정하지만, 어떤 석연치 않음이 있는데 선생님은 어떻게 보시는지요.

한국 인문학에서 문화연구와 한국학의 현주소

황종연 한국학이라는 것 못지않게 문화연구를 받아들이는 방식, 혹은 문화
연구라는 이름으로 어떤 연구를 하는 방식도 한국에서는 인문학의 변화와
관련해서 중요한 고려사항이라고 생각해요. 한국학 하는 사람만이 아니라
중국사나 일본사 하는 사람, 주로 동아시아라고 하는 어떤 지역주의 담론
을 활용하는 사람들도 대개 보면 인문학 하는 사람들이 문화연구를 많이
표방하는데요. 그 문화연구가 뭐냐는 것에 대해 질문을 해야 된다는 거죠.
아까 얘기한 대로 문화 개념이 바뀐 거죠. 그리고 바뀌는 데 결정적인 역할
을 한 게 아까 말한 대로 경제에 의해서 문화가 복속된 현상이고요. 다시 말
하면 매스컬처라고 하는 것의 출현이 그런 문화 개념을 바꾸게 하고, 문화
텍스트를 다루는 방식도 이론적으로 변경을 가지고 온 거잖아요. 그러니
까 '컬처럴 스터디즈'는 기본적으로 대중문화연구예요. 그런데 이 연구라
는 것이 갖는 정치적으로 굉장히 중요한 측면이 있어요. 다 아시는 것처럼
문화연구의 중요한 이론들은 다 유럽 좌파로부터 나왔잖아요. 그리고 대
중문화연구를, 대중문화라는 이름으로 연구하면서 제일 깊은 관심을 받은
것은 노동계급의 문화 혹은 서발턴 컬처에 대한 연구라고요. 대중문화연
구를 한다는 게 단순히 대중매체에서 생산하는 무슨 텍스트나 대중매체가
생산하는 코드나 패션을 연구하는 게 아니라 노동계급이라면 노동계급 문
화에 대한 연구를 하는 거잖아요.

그런데 한국에서 문화연구라는 이름으로 이루어지는 연구들은 그런
대안적·저항적 실천의 동기가 다 빠져 버렸어요. 그래서 그냥 "대중들이
좋아하는 것에 대해서 발언하자. 고루한 엘리트주의적인 태도를 버려라"
이런 식으로 얘기를 하고, 대중들이 향수하는 것, 대중들이 좋아하는 것에
대해서 관심을 가져야 된다는 식으로 말하는 거죠. 영미에서 문화연구의

발생단계에서부터 90년대까지 지니고 있던 래디컬한 측면들이나 정치적 측면들을 다 버린 거죠. 뭐 '경성비화', '경성야담' 그런 게 다 그런 거잖아요. 결국, 문화연구라는 이름으로 하고 있는 일이 자본에 의해서 포섭된, 말하자면 상품 형태의 지식생산을 하고 있는 거죠. 학자들이 대중문화 생산자가 된 거예요. 학자들 자신이 지금 상품 형식의 텍스트를 생산하고 있는 거라고요. 그걸 자기들은 문화연구라고 부르는 거죠. 이건 좀 곤란하다는 거예요. 그러니까 문화연구가 애초에 가지고 있었던, 아까 말한 대로 아도르노적인 변증법적 비판이든 아니면 푸코적인 계보학적 비판이든 간에 비판적인 예봉을 상실한 형태의 대중문화연구는 대단히 순응주의적인 대중주의에 불과합니다. 문화연구라고 하는 것 그 자체에 대한 점검이 지금 한국 인문학의 어떤 위상 또는 전망에 있어서 불가결하다는 걸 얘기하고 싶고요.

그 다음에 한국학은 문화연구와는 또 다르거든요. 한국학과 관련해서 얘기를 하면 한국학을 어떻게 할 것인가라고 하는 문제에 있어서 결국 한국이라고 하는 네이션, 에스닉 네이션이든 무슨 시빌 네이션이든 간에 한국이라고 하는 것을 기본 분석단위로 하는 그런 연구는 이제 한국학에서도 유효하지 않다고 생각해요. 한국인의 생각, 한국사회의 어떤 현상, 한국문화의 어떤 구조, 이런 걸 연구하는 건 앞으로 유효하지 않고, 전 지구적으로 또는 트랜스내셔널하게 이뤄지고 있는 경험들이 여러 지역 또는 국가 가운데 한국이라는 국가나 지역에서 어떻게 현상되는가, 또는 한국에서 어떻게 변형되는가 하는 측면에서 한국이라고 하는 바운더리가 의미 있다는 거예요. 이를테면 아편에 대해서 연구를 하면서 그 아편이 한국에서는 어떻게 아편중독이 일어나고, 아편과 관련된 산업이 한국에서 어떻게 이해되고 했는가, 또는 무슨 '팜므 파탈'이라고 하는 현상이 한국문화에 와서 어떻게 나타나는가, 다시 말하면 한국이 분석 단위가 아니라 국가나 문학의 경계를 넘어 사람들이 공유하고 있는 그런 어떤 개념이나 어떤 형상(피규어)이나, 이런 것들이 한국이라고 하는 지역에 가서 나타나는 현상들에 대한 연구가 더 중요하다는 겁니다.

이혜령 지역학과는 무슨 관련이 있나요?

황종연 '이성(理性) 같은 개념이 한국어로 번역되면서 어떤 일이 벌어지는가? 이성이라는 개념을 가지고 한국인들이 자신의 삶과 자기 자신의 개인적인 또는 자연적이고 사회적인 삶을 어떻게 조직하는가?' 그런 게 문제가 되는 거지, 한국이 중요한 게 아니라는 거죠. 그러니까 이거는 트랜스내셔널하다고 해도 좋고, 또 글로벌하다고 해도 좋고, 또 아니면 보편주의적이라고 해도 좋은 겁니다. 한국이라고 하는 건 말하자면 일반적으로 중요한 어떤 것, 개념이든 뭐든 그런 것들에 대한 연구의 한 맥락입니다.

이혜령 세계적인 차원에서 의미를 갖거나 중요한 현상과 개념들이 한국에서는 어떻게 발현되었는가에 대한 문제의식은 한국의 연구자들이 이미 갖고 있었던 것 같습니다. 왜 한국에서는 이렇게밖에 되지 않았는가라는 물음의 방식으로 드러나는 보편성에 대한 지향이랄까요? 그런데 현재의 상황은 이전보다 한국에 대한 서술이 자세해지긴 했습니다만, 기지의 것·기성의 것이 보편 지향을 대체한 것 같습니다. 예컨대, 선생님께서 아까 말씀하신 창조적 언어활동으로서의 문학을 어떻게 기술할 것인가, 근대문학이란 개념으로 해결되지 않는 잉여를 어떻게 서술할 것인가 등의 고민과 방법이 더불어 개발되지는 않은 거랄까요?

김항 선생님께서 제일 처음에 말씀해 주신 89년 '범주의 붕괴'라고 하는 것에서 촉발된 다양한 우여곡절을 겪은 끝에 지금 하나의 강력한 방향으로서의 한국학이라는 형태로 인문학이 재편되는 현상으로 드러났을 때, 과연 이것이 89년도에 일어났던 카테고리의 붕괴라고 하는 것에 걸맞은 것일까 하는 의문이 듭니다.

이혜령 선생님이 처음에 꺼내신 이야기로 다시 돌아왔네요. 민주화라고 하면, 지향과 의지의 문제라면, 자유화라는 전 지구적 흐름에 조응하는 구조변동 없이는 한국도 경제적 단위로서의 이 체제를 유지할 수 없다는 상황을 지시하는 게 됩니다.

김항 그런 거죠. 예전에는 국가가 자본을 이용했다면, 이제는 자본이 국가·네이션을 이용하지 않으면 증식되지 않는 체제가 글로벌라이제이션 아닐까요?

이혜령 그러니까 사람들이 미처 생각하지 못했던 드라이브 중 하나였죠.

황종연 이럴 거라고 전혀 생각을 못했습니다.

이혜령 오늘 인터뷰에서 지난 세기말에서 오늘날까지의 변동을 자유화로 보는 시각을 제시해 주신 것이 큰 화두가 될 것 같습니다. 선생님, 고생하셨습니다.

3부
내셔널리즘 비판과 비교사의 관점

⁰⁷임지현
일상에서 국가까지,
역사학의 모험

임지현은 서강대에서 역사학과 철학을 공부하고 맑스와 민족 문제에 관한 연구로 박사학위를 받았다.
1990년대 폴란드 바르샤바대와 크라쿠프 사범대를 오가며 연구 및 강의를 했고, 한양대 사학과 교수이
자 비교역사문화연구소 소장으로 HK사업단 단장을 맡고 있다. 한편, 영국 폴그레이브(Palgrave) 출판사
의 '대중독재 시리즈'(Mass Dictatorship Series)의 책임편집을 맡고 있다. 저서로 『마르크스, 엥겔스와 민
족문제』(1990), 『바르샤바에서 보낸 편지』(1998), 『민족주의는 반역이다』(1999), 『그대들의 자유, 우리들의
자유』(2000), 『이념의 속살』(2001), 『오만과 편견』(공저, 2003), 『국사의 신화를 넘어서』(공저, 2004), 『적대적
공범자들』(2005), 『대중독재와 여성』(공저, 2010) 등이 있다.

'경계 너머'. 이 말은 지난 세기말과 오늘까지 가장 널리 쓰이게 된 우리시대 인문학의 키
워드라 해도 과언이 아니다. 한국사회가 긋고 그어 온 경계 중 경계가 '민족'이라는 것을
깨닫지 않은 자가 없었던 것은 아니겠으나, 그것을 공표하기란 힘든 것이었다. '민족주의
는 반역이다'라는 캐치프레이즈는 인문학계에 '경계 너머'를 기율(紀律)로 만든 첫 깃발이
었다.

　　　임지현이 외국에 가서 박사 하는 것을 부끄러워했던, 한국 인문학의 전설 같은 세
대의, 그것도 서양사를 전공한 국내 박사라는 사실은 탄복스러웠다. 그가 들려 준 '경계
너머'의 여정, 아니 '경계 너머'로 가게끔 만든 여정은 영화 「포레스트 검프」를 떠올리게
만들었다. 그가 발길을 멈춘 정거장마다 대사건이 벌어지고 있었다. 그는 그 현장의 마지
막 목격자일지 모른다는 심정으로 우연히 길거리에서 만난 사람에게도 묻고 또 물었으리
라는 인상을 받았다. 그는 누가 말을 걸어오기를 기다리는 사람이 아니라, 말을 거는 사람
이었다. '우리 안의 파시즘'이 한국현대사의 말 걸기였다면, '대중독재'는 20세기 세계사
의 말 걸기였다.

맑스주의, 민족주의, 그리고 서양사 연구

김항 임지현 선생님, 흔쾌히 인터뷰에 응해 주셔서 감사합니다. 오늘 저희가 네 가지 정도의 큰 질문을 드리겠습니다. 큰 질문을 축으로 해서 사이사이 저희가 각론 격의 질문을 추가하면서 선생님 말씀을 듣는 자리를 갖도록 하겠습니다. 우선 첫번째 질문인데요. 90년대 초반에 대학을 들어온 저희 세대가 독서를 시작하고 세상을 접하는 시기의 가장 큰 사건이라고 하면 현실사회주의권의 몰락, 베를린 장벽과 소비에트 체제의 붕괴를 들 수 있습니다. 그것을 받아서 한국사회에서 맑스주의의 위기라는 현상이 크게 다가왔던 것으로 기억합니다. 그 후에 맑스주의와 관련된 키워드들이 급격하게 물밑으로 가라앉으면서 모더니티 혹은 포스트모더니티, 이어서 식민지성이라든가 파시즘이라든가 민족주의 비판 등이 인문학 연구의 대상과 문제적 개념으로 부상해서 지금까지도 지속중이라고 생각이 됩니다. 이런 맥락 안에서 질문 드리자면요, 선생님께서 1994년 『이론』 10호에 기고하신 「마르크스-엥겔스와 민족문제」라는 논문을 통해 맑스주의 진영 내에서 민족주의 문제를 본격적으로 제기하셨던 것으로 기억합니다. 이 논문으로 선생님의 입장이 선명하게 제시되었다고 생각합니다. 이러한 점들을 감안하셔서 지금 말씀드렸던 한국 인문학계나 대학사회 및 진보운동 전반의 변화에 대해서 선생님 나름의 연구 테마와 관련해서 반추해 주시면 좋겠습니다.

임지현 자기 소개가 약간 필요할 것 같은데요. 저는 77년도에 대학을 들어

갔어요. 한국자본주의의 본원적 축적기였지요. 맑스가 『자본』에서 얘기한 본원적 축적 과정이 한국사회에서는 식민지시대나 김용섭 선생이 말하는 18세기가 아니라, 사실 60~70년대에 일어났다고 봅니다. 대규모 이농 현상이 발생하고 윤흥길의 소설 「아홉 켤레의 구두로 남은 사내」(『창작과비평』, 1977년 여름호)의 사건이 된 광주대단지의 도시빈민 소요가 일어난 시기죠. 저곡가 정책과 저임금을 갖고 수출 드라이브를 하다 보니 싼 임금의 유지가 불가피했고, 싼 임금을 유지하려니까 저곡가 정책이 불가피했지요. 인클로저 운동과 같은 강제적 방식은 아니지만, 한국 나름으로 농민들이 '공동체의 탯줄'에서 떨어져서 도시로 이주하여 노동자가 되는 현상은 굳이 이론적으로 접근하지 않아도 다 느끼는 일이었지요.

그래서 저는 대학에 들어와서 감수성이 예민할 때, 그 축적 과정을 거의 매일매일 일상으로 확인할 수 있었습니다. 어떻게 보면 맑스주의로 경도된 게 하나도 이상하지 않았지요. 서강대가 좋았던 게 다행히 미국 신부들이 총장을 하고 계셨기 때문에 도서관 서가에 영어판 『맑스 선집』이 그대로 꽂혀 있어, 손쉽게 볼 수 있었습니다. 물론 빌려가진 않았죠. 기록이 남으니까요. 하지만 서강대 도서관은 개가식(開架式)이었으니까, 그 시절에도 학교 안에서 『맑스 선집』을 살살 볼 수 있는 그런 세대였습니다. 또 70년대에 연세대 나온 분으로 기억하는데, 광화문에 해적판 가게를 몰래(?) 열어서 돕(Maurice Dobb), 스위지(Paul Sweezy), 휴버먼(Leo Huberman) 등의 맑스주의 원서를 찍어 내는 분이 있었습니다. 유신이 엄혹한 사상통제 사회였다고 얘기하지만, 나름대로 빈 구멍은 있었지요. 우리들은 그런 책들을 살 수도 있었고, 루트만 알면 책을 구해서 보는 건 생각보다 어렵지 않았습니다. 그 다음에 복사기 혁명이 일어난 거죠. 저는 인쇄술 혁명이 유럽 부르주아지에게 했던 역할을 복사기 혁명이 한국 좌파들에게 했다고 생각을 하는데, 복사기 덕분에 더 이상 서적의 통제는 불가능해졌습니다. 또 저희 대학원 다닐 때만 해도 영국문화원에서 런던의 국립도서관에 있는 책을 대여해 주는 시스템이 있었습니다. 그게 외교 파우치로 왔거든요. 그래서 아무 책이나 만 오천 원만 내면 3주 만에 공수받아 볼 수가 있었습니다. 대학원 친구들하고 몇 명이 풀을 형성해 기금을 마련하기도 했지요.

영국문화원을 통해서 『소셜리스트 레지스터』(*Socialist Register*) 같은 잡지도 빌려 보고, 책장수들한테 해적판 찍으라고 돌리기도 했지요. 지금 사람들이 생각하는 것보다는 사실 책들을 많이 볼 수 있었습니다. 물론 번역판은 없었지만요. 그런 70년대~80년대 초를 지냈고요. 80년대 중반이 되면서 학생운동이 조직화되고 프로화되는 과정에서 NL-PD논쟁, 사구체 논쟁들이 벌어졌습니다. 제가 박사논문을 「마르크스-엥겔스와 민족문제」로 쓴 것도, NL-PD논쟁을 나름대로 정리를 하려다 보니까 민족 문제가 자꾸 걸려서 시작한 것이었습니다. 솔직히 많이 당혹스러웠습니다. 왜냐하면 맑스나 엥겔스가 1850~60년대 영국 식민주의의 인도 지배에 대해서 쓴 글들을 보면, 요즈음 용어로 식민지 근대화론의 전형이거든요. 하지만 박사논문 쓸 전후에는 저도 맑시스트적인 입장을 갖고 있었으니까 어떻게 하면 맑스를 구출할 수 있을까를 고민했죠. 사실, 이미 78년도에 사이드의 『오리엔탈리즘』이 나왔는데 이 책을 보면 맑스에 대해서도 오리엔탈리즘의 혐의를 걸고 있지요. 맑스-엥겔스가 특히 1867년을 기점으로 해서 아일랜드 민족운동의 내재적 의의를 발견하기 시작하는데, 그런 변화 등에 초점을 맞추면서 사회주의 내의 오리엔탈리즘, 즉 일종의 '레드 오리엔탈리즘'(red orientalism)으로부터 맑스 구하기 같은 것들이 제 박사논문의 주제였습니다. 러시아혁명 전야의 '인민의지당'(Narodnaya Volya)과 '흑토재분배당'(Chernyi Peredel)의 미르(Mir) 공동체 문제, 사회주의 이행 논쟁에 대한 맑스의 편지 초고, 그리고 아일랜드 민족 문제에 대한 맑스의 생각 등을 결합시켜서 논리적으로 밀고 나가기도 했지요. 제3세계 민족해방운동에 대해 맑스는 표면적인 정치 분석에서는 비판적이었지만, 깊은 심급에서는 사회주의 해방과 연결시켜 발전할 가능성이 있다는 식의 논지들을 펼쳤지요.

제가 논문 쓸 때 구(舊)소련에서는 페레스트로이카·글라스노스트(개혁·개방)가 한창 진행되던 시기였지만, 한국에서는 냉전의 틀을 넘어서는 비판적 판단이 불가능했습니다. 극단적인 냉전 반공주의 체제였기 때문에 우리가 접하는 건 '도 아니면 모'였던 것 같습니다. 블랙 앤 화이트죠. 소련식 사회주의는 유토피아냐 지옥이냐라는 두 가지 시선만 가능했지요. 사상적으로 움직임이 좁은 공간 속에서는 비판적으로 성찰한다는 게 불가능했던 것 같습니다. 저 역시도 그런 데서부터 자유롭지는 못했지요. 이후 세대도 비슷합니다. 제 대학원 학생 중에 트로츠키주의자로 두 번이나 구속되어 몇 년 옥살이도 한 친구가 있는데, 그 학생한테 "너는 왜 트로츠키주의자가 됐냐?"고 물었더니 자기는 완강한 스탈린주의자였는데 소련이 붕괴되고 나니까 여전히 맑시즘적인 틀을 고수하는 집단은 트로츠키주의밖에 없어서 트로츠키주의로 돌았다고 이야기하는 거예요. 트로츠키주의자들은 소련에 대해서 한결같이 국가자본주의라고 비판을 해왔거든요. 1980년대, 이른바 PD계열에 주로 한정된 이야기겠지만, 맑스주의로 경도됐던 남한의 젊은 지식인들의 한 흐름을 보여 주는 게 아닌가 생각합니다.

'주사'의 경우는 좀 다르겠지요. 나는 주사가 박정희의 사생아라고 주사 학생들한테 얘기해 오곤 했는데요, 한국에서 민족주의 교육이 강화된 게 5.16 이후예요. 오히려 미군정 때는 프로그레시비즘(Progressivism, 혁신주의)이 미국의 교육계를 지배하던 때여서 한국 역사교육의 목표도 비판적 시민의식의 양성 같은 거였지요. 이승만 정부 때까지도 그랬는데, 5.16 이후 민족 이야기가 나오기 시작하더니 결정적으로는 68년도에 「국민교육헌장」이 나오고 69년도에 삼선개헌되고 하면서 민족주의적 방향으로 급격하게 확대됩니다. 그래서 민족주체성을 확립하는 것이 한국 역사교육의 목표가 됩니다. 서울대학교에서 '국사'학과가 독립하는 것도 그때지요. 국립인 서울대에 왜 국사학과가 없냐는 것이 박정희 씨의 큰 불만이었어요. 유신은 그야말로 국학·국사의 르네상스를 열었습니다. 국사를 전공하는 박사과정 학생들만 국가에서 장학금도 나오고 했으니까요.

그러니 80년대 주사파 운동권들이야말로 '국적 있는' 교육의 세례를 지겹게 받은 사람들이지요. 적나라한 민족주의 교육을 받고 대학에 들어왔는데, 현대사 책을 보니 박정희는 관동군 장교를 했고, 김일성은 만주에서 싸웠단 말이죠. 이 사람들이 김일성의 추종자가 된 이유가 북한이 사회주의고 인민을 위한 체제여서라기보다는 민족주의 정통성이 만주에서 일본군과 싸운 김일성에게 더 있는 거 아니냐, 그러니까 코드는 그대로 둔 채 머리만 180도 박정희에 대한 충성이랄까 그런 것이 김일성에게로 옮겨 갔던 것이 NL 쪽이 아닌가, 지성사 쪽으로 저는 그렇게 판단하고 있습니다. 맑스의 관점에 서면 그것을 비판하지 않을 수가 없는 거죠. 그런데도 불구하고 80년대의 좌파적 지성사를 지배한 것은 민족모순과 계급모순의 변증법적 결합이라는 상투어였습니다. 돌이켜 보면, 맑스주의가 아니라 마오이즘적인 민족주의와의 이상한 혼합물이었습니다. 아마 그래서 제가 맑스-엥겔스로부터 다시 한 번 민족 문제를 사유하자고 박사논문을 썼던 것 같습니다. 그런 과정에서 저도 조금씩 혼란스럽긴 했지만, 여전히 20대를 살아오면서 강하게 겪었던 것이기 때문에 쉽게 흔들리진 않았습니다.

폴란드라는 지적 충격

임지현 박사논문을 막상 쓰고(1989) 나서 후속 작업으로 『로자 룩셈부르크 전집』을 읽기 시작하는데, 읽다 보니깐 폴란드에서 자꾸 민족 문제 논쟁한 것들이 나오기 시작한단 말이에요. 마침 그때 다행인지 불행인지 베를린 장벽이 무너지고, 서울에 폴란드대사관이 처음 문을 열었죠. 그래서 폴란드대사관을 찾아가서 정무관을 만나 연구계획을 이야기했더니 그 사람이 폴란드 가는 걸 도와줬어요. 한양대에 자리를 잡은 다음이었고, 마침 그때 학진에서 연구비를 200만 원인가 300만 원을 받아서 그 돈을 갖고 겨울방학 석 달 예정으로 무조건 폴란드를 간 거죠. 룩셈부르크 때문에 폴란드를 갔는데, 가 보니까 현실은 완전히 다른 거예요. 내가 로자 룩셈부르크를 읽으니까 대학원생이나 젊은 애들은 뭐 이따위 것을 읽고 있냐는 반응이었어요. 그 다음에 도서관에서 서지 색인들을 검토하다 보니까 의외로 로자 룩셈부르크에 대한 연구가 별로 없는 거예요. 폴란드사회당(PPS), 그러니까 프롤레타리아 국제주의의 대립항이라 할 수 있는 사회애국주의라고 룩셈부르크가 맹렬히 비판했던 '폴란드사회당' 연구는 오히려 굉장히 많았습니다. 이상하다, 로자 룩셈부르크는 폴란드를 대표하는 국제적으로 알려진 맑시스트인데……. 정작 폴란드의 맑시즘이나 사회주의 전통을 얘기할 때, 룩셈부르크는 잘 알려지지 않은 외부자처럼 되어 있고, 과거 좌파 진영에서 파시스트라고 얘기했던 피우수드스키(Piłsudski)는 사회애국주의의 대표적 인물로 높이 평가되니, 이상하다고 생각할 수밖에요.

　폴란드에 처음 갔던 그 겨울, 몇 가지 개인적인 사건들이 있었습니다. 하나는 얀 칸체비츠(Jan Kancewicz)라고 지금은 아흔이 넘은 노(老) 맑시스트 역사가인데 이 양반을 만나게 된 겁니다. 정년퇴직한 교수니까 상대적으로 시간이 많잖아요. 늘 그 양반 집에 폴-영 사전 하나 가져가서 그 양반과 더듬더듬 얘기하면서 폴란드어도 배우고 했어요. 이 사람이 다행히 폴란드어하고 러시아어밖에 못했기 때문에 폴란드어도 더 잘 배울 수 있었지요. 그 양반이 1968년도에 당이 주도했던 반유대주의 캠페인을 얘기하는 거예요. 68년에 당이 주도해서 전쟁 전부터 헌신적이었던 사회주의자-지식인인 유대인 당원들을 쫓아낸 이야기입니다. 그래서 내가 어떻게 맑스주의 정당이 반유대 캠페인을 벌일 수 있느냐, 그건 있을 수 없는 일 아니냐고 했더니 이 양반이 혀를 차면서 그건 권력의 문제지, 이데올로기의 문제가 아니라는 거지요. 그때 완전히 한방 맞았죠. 당시까지는 중국에 대한 스탈린·트로츠키의 논쟁이나 코민테른에서의 사회파시즘론이나 인민전선론이나 여러 논쟁 등을 전부 순수하게 사상사의 관점에서 맑스주의 이론을 어떻게 이해하느냐를 가지고 접근했는데, 그렇다면 이게 아니지 않느냐는 생각이 든 거지요. 반공주의자들이 선전했던 소련의 헤게모니라든가 소련의 국익 문제라든가 이런 부분들도 개입돼 있는 게 아닌가라는 생각을 그때 처음으로 하기 시작했던 거죠.

김항 서울에 계속 계셨다면 진리의 문제로 생각하셨을 부분이 폴란드에 가서 권력의 문제가 된 거군요. 지금 들으면서 독특한 경로라고 생각하는데 당시 운동권에서 사회주의권이 파산하고 이렇게 됐을 때, 로자 룩셈부르크는 누구나 읽을 수 있지만, 읽으면서 선생님처럼 폴란드를 가 보자는 생각은 아무도 안 했을 거 같거든요.

임지현 미친놈이죠. 사실 이유는 간단합니다. 유럽의 사회주의나 사상사를 보면 민족 문제에 대한 논쟁이 거의 없어요. 독일사민당(SPD)도 그렇고 프랑스사회당(PS)도 그렇고요. 폴란드의 경우는 18세기 말부터 러시아·오스트리아·프로이센에 분할점령되어 있었기 때문에 예외적으로 민족 문제 논쟁이 첨예합니다. 80년대 남한의 NL-PD논쟁하고 비슷한 부분이 있었습니다. NL-PD논쟁을 거칠게 요약하면 남한에서 사회혁명이 먼저냐 통일이 먼저냐는 건데요, 당시의 폴란드의 사회주의 논쟁은 독립이 먼저냐, 아니면 사회혁명이 먼저냐는 거였지요. 로자 룩셈부르크 같은 국제주의자들이 사회혁명 편이라면 사회애국주의 노선은 독립 폴란드 건설이 사회주의자들의 의무라고 했습니다.『로자 룩셈부르크 전집』에서 이런 문제의 편린을 보게 되어, 가게 되었던 거죠.

김항 그렇다면 선생님께서는 맑스주의와 민족 문제라고 하는 테마 안에서 서양 사회주의운동사와 80년대 한국의 '주의 논쟁'을 유비해서 보셨던 거군요.

임지현 좀 단순화시켜서 말하면 그렇지요. 저 같은 경우는 서양사지만 유학을 안 간 세대인데, 그때는 그런 게 있었습니다. 지금 생각해 보면 그것도 토착주의 같은 유치한 생각인데요. 한국에서 인문학을 한다는 건 이 땅의 문제의식에 뿌리박아야 된다는 그런 흐름들이 저희들 세대에는 있었습니다. 몇몇 사람들은 의도적으로 안 간 부분도 있고, 갈 돈도 없었지만 굳이 가려고 노력하진 않았습니다. 그리고 저의 경우 석사논문 쓰니까 바로 박사과정 들어오라고 지도교수도 권하니까 더 그랬지요.

이혜령 어떤 의미에서는 행복한 세대였네요.

임지현 인문학이 그런 식으로 해서 계속 자리 잡고 컸으면 되는데, 90년대 이후에 외국 학위 일변도로 나가면서 우리 인문학의 기초 자체가 완전히 무너져 버렸지요. 자기 문제의식을 강조하면서도 공부 안 한 국내파 책임도 물론 큽니다만……

한국 역사학과 맑스주의

이혜령 맑스주의 쪽으로 경향이 있었던 서양 사학자들이 제가 보기에는 민족 문제라는 것을 택해서 연구하진 않았을 것 같고요. 대부분 사회경제사라든가 이런 쪽이었을 텐데요. 선생님께서 민족 문제에 대해서 특별한 관심을 갖게 된 계기가 80년대 학생운동이었을 것 같습니다.

임지현 그랬지요. NL-PD논쟁들을 보면 너무 겉도는 느낌이 들고 하니까요. 우선 처음에는 맑시즘과 민족 문제를 하자고 그러다가 너무 정리가 안 되는 거예요. 또 맑스주의 사상사를 보아도 자기네한테는 중요한 문제가 아니니까 별로 정리가 안 돼 있었지요. 그러다 보니까 맑스-엥겔스와 민족 문제로 거슬러 올라가게 되더군요.

김항 저희 같은 경우는 오히려 서양사 책을 본다 그러면 옛날에 알베르 소불의 『프랑스 대혁명사』(최갑수 옮김, 두레, 1984)같이 최갑수 선생님이 소개하신 프랑스 맑시스트들의 이야기에 익숙해서 맑시즘과 서양사라고 했을 때 민족 문제가 개입될 여지가 없었던 것 같습니다.

임지현 소불이나 프랑스혁명에 대한 맑스주의 해석에도 여러 가지 스토리가 있습니다. 다카하시 고하치로(高橋幸八郎)라고 나중에 '자본주의 이행' 논쟁에도 참여한, 전후 일본의 대표적 맑스주의 경제사가가 있는데, 식민지시대 경성제국대학에 있던 사람입니다. 해방되고 나서 이 양반이 일본으로 급하게 돌아가면서 프랑스혁명에 대한 맑시스트들 책을 10여 권 정도 그대로 연구실에 두고 갔습니다. 돌아가신 민석홍 선생님께서 말씀해주신 건데, 당신은 원래 동양사를 공부하려 했는데 서울대의 1세대 선생님들이 자네는 불어도 잘하고 하니까 서양사를 해보면 어떻겠는가 하셔서 서양사를 하게 됐다는 거지요. 그런데 해방 직후에 유럽에서 나온 원전이나 원서들을 어디서 구했겠어요. 다카하시 고하치로가 남기고 간 책들을 읽으면서 프랑스혁명을 공부했는데, 전부 맑시스트 책이었지요. 민 선생님

이야 정치적으로 좌파라기보다 리버럴한 우파에 가까운 분이셨는데, 정작 프랑스혁명에 대한 해석은 죽을 때까지 맑시스트 관점을 고수하셨어요.

민 선생님이 진보적이라서가 아니라 다카하시 고하치로가 남긴 책 때문이 아니었나 싶어요. 우리 세대의 젊은 서양사 연구자들은 그렇게 해서 프랑스혁명에 대한 맑스주의적 해석을 민 선생님께 배웠고요. 마침 70년대에 대학을 들어간 세대는 한국에서 산업화와 함께 자라난 세대예요. 전태일 사건이 일어난 지 얼마 안 돼서 대학 들어간 세대니까 노동운동에 대한 관심이 컸고, 그런 관심이 프랑스혁명에 대한 급진적이고 좌파적인 해석과 맞은 경향이 있지요. 역사의 우연과 시대적 흐름이 절묘하게 맞아떨어진 거지요.

저는 서강대에서 공부했는데 공식 부문에서는 맑시즘의 세례를 거의 받지 않았습니다. 제가 배운 서양사의 차하순·길현모·이보형 선생님 등은 정치적으로 좌파는 아니었지만 한국사회에서는 아주 드문 리버럴이었습니다. 박사논문 심사 때 이야긴데 당신들끼리 회의를 하더니 저를 부르시더라고요. 길현모 선생님이 주심이니까 심사위원장이죠. "우리는 자네가 맑시스트라는 데 의견의 일치를 봤네" 하시는 거예요. 그래서 어떻게 대답을 해야 하나 당황하고 있는데, 바로 이러시는 거예요. "하지만 홉스봄이라든가 톰슨 같은 훌륭한 맑스주의 역사가들도 많이 있고, 우린 자네가 괜히 겉멋 들지 않고 좀더 진중하게 학술적인 업적을 낸다면 그것에 대해서 개의치 않겠네. 자네가 좋은 맑시스트 역사가가 됐으면 좋겠네." 그런 말씀을 하시면서 오히려 논문에 대해서도 과분하게 평가를 해주어서, 상대적으로 취직도 빨리 된 것 같아요. 취직의 배경에는 다른 측면도 있는 것 같아요. 당시는 학생운동이 여전히 강할 때고 하니까 사학과에서도 '토큰 니그로' 식으로, 왜 있잖아요, 미국에서 자기네 조직이 인종주의적이 아니라는 증거로 흑인 한두 명을 고용했듯이, 토큰 맑시스트가 필요했던 게 아닌가 그

런 생각은 합니다. 기왕 맑시스트를 쓸 바에는 좀더 엄격한 학문적 훈련을
받은 친구를 쓰는 게 낫겠다는 그런 것들도 작동했겠지요.

역사에 있는 권력의 의지

김항 지금 말씀 들어보니까 선생님께서는 폴란드 가셨던 경험이 의미가 컸던 거 같
습니다. 그것을 제 나름대로 정리해 보면, 연구대상 혹은 연구의 목적이 도그마적
진리에서 현실정치의 문제로 변했다고 할 수 있겠지요? 선생님께서 폴란드에서 돌
아오시고 난 다음에 한국에서 한국사를 대상으로 전개하신 연구가 그런 관점에서
이루어졌다고 생각하는데요. 그 후속 작업과 선생님께서 견지하고 계신 맑스주의
라는 것이 어떤 식으로 90년대에 융합이 되어 가는지, 이반을 하는지 하는 부분에
대해서 말씀을 이어서 해주셨으면 합니다.

임지현 거기에는 연속성과 불연속성이 같이 존재하는 것 같아요. 폴란드 남
부에 있는 아우슈비츠를 처음 갔을 때, 바로 그 앞에 붉은 페인트로 휘갈겨
있는 반유대주의 낙서는 큰 충격이었죠. 사회주의를 몇십 번을 겪은 사회
에서, 홀로코스트의 끔찍한 역사적 현장에서 어떻게 이런 반유대주의 낙
서가 나올 수가 있는지, 놀라웠어요. 자모시치(Zamość)라는 폴란드 동부
의 소도시에 있는 로자 룩셈부르크 생가를 갔는데, 구둣방이 영업을 하고
있더군요. 시골의 작은 구둣가게예요. 박물관은 아예 생각도 못하고 그냥
구둣가겐데, "1870년 3월 5일, 로자 룩셈부르크가 여기서 태어났다"고 조
그만 명패만 하나 문앞에 붙어 있는 거예요. 그 외에는 아무런 표식이 없어
요. 그런데 그 명패조차도 1980년 연대노조가 결성된 이후에나 가능했다
는 겁니다. 로자 룩셈북르크는 레닌과 같이 1870년생이기 때문에 생년월
일부터 1871년이냐 70년이냐를 놓고 많은 논쟁이 있어 왔지요.

작은 예지만 폴란드 사회주의 정권은 내가 볼 때 거짓말을 너무 많이 한 체제였어요. 다른 사회주의 체제도 마찬가지였지만……. 이렇게 거짓말을 많이 한 체제가 이만큼 버텨 냈다는 게 오히려 신기할 정도죠. 그런데 생각해 보면 우리도 그랬던 것 같아요. 사회주의적 진보라는 큰 정의를 위해서 작은 정의는 항상 희생될 수 있다는 그런 생각이 우리들 자신에게 있어 왔던 거죠. 저는 이 사람들이 조작했던 심리를 이해할 수 있을 것 같단 말이죠. 문제는 그렇게 큰 정의를 위해서 작은 정의는 얼마든지 희생될 수 있다는 멘탈리티가 너무 오래 지속된 거지요.

과학적 사회주의는 인류사회의 발전 법칙을 과학적으로 이해하고 이 바탕 위에서 정확한 전술·전략을 세웠기 때문에 승리했다고 늘 얘기해 왔는데, 실제로 뚜껑을 열어 보면 과학과 진리의 이름으로 얼마나 거짓말을 많이 한 체제였는가, 그런 것들이 쇼킹하게 다가왔고, 화도 많이 나고, 특히 나 자신한테 화가 많이 나고 했지요. 또 한편으로 생각하는 건 만약에 현실 사회주의가 무너지지 않고 20년쯤 더 갔다면 그래서 내가 마흔이 돼서 현실사회주의를 처음 방문했다면 나는 바뀔 수 있었을까, 오히려 굉장히 보수적인 맑스주의자로 내 일생이 끝나지 않았을까 하는 생각이 들기도 하고요. 오히려 좀더 젊었을 때 이런 현실들을 목격할 수 있었던 것이 개인적으로 저한테는 굉장한 행운이었다는 생각도 들어요. 그 얘기들이 『바르샤바에서 보낸 편지』라고 폴란드에 있을 때, 『지성과 패기』에 연재하던 글들인데, 1998년에 강 출판사에서 책으로 나왔죠.

김항 "노스냐? 사우스냐?"라고 폴란드의 지식인이 물어 왔더니 "노스"라고 말씀하셨던 글인가요?

임지현 '중간'이라고 말했지요. 90년대는 폴란드 역사 공부에 10년을 다 바친 셈인데요. 그러면서 많이 깨졌지요. 틈만 나면 갔고, 첫 안식년을 받았을 때 95년도에 바르샤바에서 1년 있고 또다시 1년을 연장해서 크라쿠프에 있었어요. 합치면 한 3년 정도 될 거예요. 여담이지만 우리 장모가 "임 서방은 폴란드에 애인 있나? 남들은 다 미국 간다, 일본 간다 하는데, 임 서방은 왜 맨날 폴란드만 가나?" 그러시더라구요. 사실, 보통 사람들이 볼 때 대학교수라고 맨날 이상한 나라만 가고 미국이나 일본, 유럽 같은 '선진국'은 한 번도 안 간다 생각할 수 있지요.

김항 폴란드에 가시면서 기존에 가지고 계셨던 부분에 변동이 있었다는 건 실제로 90년대 한국사회에도 ── 굉장히 많이, 특히 인문학 안에서 ── 이른바 '포스트', 이런 자가 붙은 사료들이 들어오면서, 인문학의 뿌리가 변화했다는 것하고 연관이 될 것 같은데요.

임지현 저는 솔직히 포스트 이론을 공부한 사람은 아닙니다. 나중에 알고 봤더니 90년대 초에도 철학하는 분들 중에 푸코로 박사논문 써서 온 사람들도 있고, 영문학 쪽에서는 포스트콜로니얼리즘 공부도 많이들 했더라고요. 저는 90년대 중반까지 푸코를 읽은 적이 없습니다. 데리다도 읽은 적이 없어요. 그런 사람들 얘기가 나오면 아직까지 맑시즘적인 잔재가 많이 남아 있어, 내가 죽을 때까지 대한민국에 합리주의의 폐해가 있는 걸 보고 죽으면 원이 없겠다고 학생들한테 공언하는 식으로 여전히 맑시스트·모더니스트적인 면모가 훨씬 강했던 사람입니다.

이혜령 사실 이때 제일 많이 읽었던 건 푸코지만, 보드리야르, 프레드릭 제임슨과 같은 후기자본주의를 언급한 사람들도 많이 읽었어요. 선생님을 은사들께서는 맑시스트로 보았다고 하셨는데, 학위논문에서 민족 문제를 다루면서 자본주의에 관한 문제들은 뭔가 좀 보이지 않게 되거나 덜 부각된 건 아닐까 하는 생각이 듭니다.

임지현 글쎄요. 나는 민족 문제에 대한 맑스의 관점이 유럽중심주의가 아니라 자본중심적이라고 논문에서는 규정했습니다. 국민국가를 비롯해서 맑스와 엥겔스에게 민족 문제는 사실 자본주의의 한 현상이었으니까요. 그런데 역시 내 논문이 19세기까지 자본주의의 생성에 대한 역사가 중심이 되니까 20세기의 후기자본주의 문제라든지 자본주의의 현재적 문제에 대해서는 상대적으로 취약했지요. 또 내가 사상사 연구자로서 갖는 한계도 있었겠지요.

김수림 폴란드와의 비교사적 연구가 남한에서의 민족주의 문제나 80년대 맑시즘 문제라는 것을 비평적 차원에서 바라볼 수 있었던 계기가 된 것이 아닐지요?

임지현 되돌아보면 그런 것 같습니다. 사실 처음에 폴란드에 갔을 때는 로자 룩셈부르크에 대한 폴란드의 저술 중에 영역되거나 독역된 거 있으면 볼까 해서 갔는데요. 그 사회가 사람을 빠지게 하는 묘한 매력이 있어요. 일간지들을 읽기 시작하고, 19세기 폴란드 민족운동사로 관심이 넓어지면서 보니까 마치 한국의 민족운동사를 읽는 거 같아요. 폴란드의 지적인 풍토가 유럽에서는 가장 민족주의적이라고 얘기할 수 있음에도 불구하고 폴란드 민족운동에 대한 폴란드 역사학계의 서술은 한국 역사학계의 서술보다 훨씬 덜 민족주의적이라는 것을 발견할 수 있습니다. 역설적으로 폴란드 민족운동사를 읽음으로써 한국 민족운동사를 다시 보게 되고, 한국의 민족운동사를 다시 보는 눈으로 폴란드 역사를 보니까 또 다르게 읽히더군요. 그런 것들은 서로 뭐랄까, 더 날카롭게 가다듬어 주는 계기가 됐던 건 분명한 거 같아요. 비교사라는 것도 서유럽을 비교했다면 서유럽이 하나의 모델이 되고, 그 모델에 한국을 맞추는 방식이 됐을 텐데요. 우연찮게 룩셈부르크 때문에 폴란드를 가게 됐지만, 폴란드라는 케이스와 한국의 케이스를 비교할 때는 어느 하나도 서로 보편적인 모델이 될 수 있는 건 아니었다는 게 중요했죠. 현실사회주의가 막 무너진 1990년대 폴란드와 한국이라는 관계에서는 폴란드가 '동양'이고 한국이 '서양'이었으니까요.

『당대비평』과 우리 안의 파시즘

김항 질문 바꿔 보겠습니다. '우리 안의 파시즘'으로부터 이후에 하셨던 '대중독재'에 이르기까지 규율권력, 혹은 일상사 서술, 그리고 그것에 링크되어 있는 탈민족주의의 지향성으로 1999년도 후반부터 2000년대까지의 선생님 작업들을 크게 정리해 볼 수 있을 것 같은데요. 어떤 계기로 이런 의제들을 설정하게 되셨는지 궁금합니다. 또 이어서 1997년에 창간된 『당대비평』이라는 잡지가 한국의 평단계에서 갖는 역사적 지위와 위치라고 하는 게 저는 적지 않다고 생각하는데요. 그 부분에 관한 생각들을 말씀해 주셨으면 좋겠습니다. 이 그룹 내부의 지향과 균열이 80년대 진보운동 그룹 내에 잠재되어 있던 균열을 고스란히 드러내는 것 아니냐는 의견도 있는데요.

이혜령 『당대비평』을 창간하면서 조세희 선생님께서 두 개의 총파업, 프랑스의 총파업과 서울에서의 총파업에 대해 쓰셨고(「무산된 꿈, 희망의 복권」, 『당대비평』 창간호), 때는 바로 김대중 정권이 출범을 했었던 그런 상황이었습니다. 그 다음에 『당대비평』이 '우리 안의 파시즘' 논의와 이분법에 대한 비판, 마이너리티의 문제를 다루는 테마로 가면서, 성격이 달라졌던 것 같아요.

임지현 많이 달라졌죠.

이혜령 그 과정을 같이 말씀해 주셨으면 합니다. 먼저 『당대비평』에 대해서 얘기해 주시면서 선생님께서 제기한 의제에 대해 말씀을 해주시면 시간적인 순서가 맞을 것 같아요.

임지현 '일상적 파시즘'이라는 의제 설정에 대해 말하자면 ——사실 의제라고 할 수 있는지 모르겠지만—— 현실사회주의로부터의 좌절이 컸던 것 같아요. 예컨대 '밀리치아'(Milicja), 그러니까 밀리셔(Militia, 시민군)라는 말을 동유럽 사회주의 국가들에서 쓰는데요. 19세기에 사회주의당 강령에 다 나오잖아요. 정규군을 없애고, 자발적으로 지원하는 의용군을 말하는 거죠. 밀리치아가 우크라이나 같은 곳에서는 경찰을 뜻하는 말로 바뀌고요. 폴란드에서는 헌병이 밀리치아인데, 밀리치아들이 아주 고압적인 자세로 거리에 있는 시민들을 아랫사람 다루듯이 폭력적으로 대하는 광경들을 많이 봤지요. 교통정리라든가 시장이 연설할 때, 사람들을 막대기로 쳐요. 밀리치아라는 것이 어떻게 해서 만들어진 용어인데, 현실사회주의에서 어떻게 하다 이리 되었는가 하는 생각에 기가 막혔지요. 현실사회주의의 역사를 바로 봐야겠다는 생각, 사회주의에 대한 기획이 왜 이런 식으로 이렇게 권위주의적이고 노멘클라투라(nomenklatura, 공산당 특권관료층)가 지배하는 권위체계로 바뀌었는가가 첫번째 문제의식이었습니다. 그 문제의식에서 나온 생각의 가닥이 여러 가지가 있었는데요. 그 중의 한 가닥이 이념적으로는 진보적인 것을 이야기하면서도 실질적으로 일상적 삶 자체는 굉장히 보수적인 관행들이 연속되는 불균형을 어떻게 볼 것인가였지요.

또 하나는 제가 한양대에 89년 7월부터 있었는데, 한양대가 주사파의 아성이었잖아요. 처음에는 운동도 굉장히 조직적이고 당당하고 그래서 부럽고, '확실히 다르구나'라는 경의의 눈으로 쳐다봤는데요. 만나면서 보니까 그게 아니에요. 같은 동기인데도 "회장님"이라고 공대하는가 하면, 전대협 진군식 같은 걸 한양대에서 할 때 가서 보면 이건 완전 뉘른베르크 집회(나치스의 연례 전당대회) 같더라고요. 본능적으로 '이거는 아니다'라는 생각이 들었어요. 학생들하고 굉장히 많이 충돌했습니다. 제가 한양대에서 보수반동으로 찍혔잖아요. 수업시간에 "너희들은 박정희 사생아다"라고 하지를 않나, 전대협 의장님을 모독하지 않나…… . 아무튼 파시스트적인 군대규율이라는 걸 사회주의를 지향하는 애들이 할 수 있는 거냐, 이런 물음들이 현실사회주의의 경험과 맞물려 있었던 것 같아요. '일상적 파시즘' 전에 민음사의 『현대사상』에서 특별증간호로 『1998 지식인 리포트』를 낼 때, 제가 「참을 수 없는 이념의 진보성과 삶의 보수성」이라는 에세이를 썼어요(임지현, 『이념의 속살』, 삼인, 2001에 재수록). 한국의 80년대 진보진영과 현실사회주의를 교차하면서 쓴 건데, 예컨대 이런 거죠. 폴란드 바르샤바대 한국학과에서 한국어를 가르치는 북한 교수를 만났어요. 김형직사범대 출신의 교수인데, 술을 꽤 많이 마셨어요. 같은 교수 아파트에 살았으니까 자주 어울렸고요. 술 마실 때 딸을 데려오는데, 인사도 잘하고 애가 똘똘하고 아주 야무지게 생겼어요. "공부시키면 잘하겠네" 이랬더니 "에미나이가 시집이나 잘 가면 되지, 공부는 무슨 공부야" 하는 거예요. 내가 술이 확 깨면서 "그건 나같이 자본주의 국가에서 온 지식인이 할 말이지, 사회주의 국가의 지식인이 그러면 어떡합니까?" 그랬더니, "야, 다 필요 없어. 에미나이가 시집이나 잘 가면 그만이지" 하는 거예요. 내가 그 얘기를 폴란드 노맑시스트 교수한테 했더니 이 양반이 자기가 50년대 우크라이나 과학아카데미 때 초청되어 갔던 얘기를 해요. 우크라이나–폴란드 역사회의를 끝내고 과학아카데미 소장이 연 만찬에 갔더니, 만찬장이 두 단으로 되어 있는데, 사회 보던 우크라이나 동지가 "남성 역사가들은 윗단으로, 여성 역사가들은 아랫단으로"라고 했다는 겁니다.

그런 것도 하나의 예인데요. 예컨대 통계자료 같은 하드 팩트(hard

fact), 여성취업률 같은 걸 보면 현실사회주의 국가의 여성 지위가 자본주의 국가보다 훨씬 높게 나타날 수밖에 없죠. 하지만 현실은 다르지요. 그렇다면 이 사회의 리얼리티를 보는 방식은 무엇일까, 뭔가 소프트한 것들을 통해 볼 수 있을까라는 고민들을 하기 시작했지요. 그런 와중에서 옛날에 노멘클라투라였다가 새로운 자본가가 된 사람들, 지식인들을 만날 기회가 여러 번 있었어요. 술도 꽤 했지요. 당의 이데올로그였다가 갑자기 추기경의 고문이 된 역사가도 만났죠. 폴란드에서 오만 사람들을 다 만났죠. 이 사람들을 보니까 당시 한국 좌파 지식인들의 미래가 보이는 거예요. 우리가 만약에 사회주의 혁명에 성공했다면 저기 폴란드 구좌파 지식인들이 보였던 행태와 얼마나 다를 수 있었을까라는 고민이 밑바닥에 깔리게 된 거죠.

그때는 그냥 에세이 식으로 이념은 진보적이지만, 삶은 얼마나 보수적일 수 있는가에 대해 썼는데, 문부식 주간이 그걸 읽고 일면식도 없었는데 전화를 한 거예요. 저는 문부식이라 하면 선입견이 있었죠. 난 기억이 안 나는데, 처음에 전화로 얘기하다가 내가 "당신도 반성해야 돼"라고 얘기했다는 거예요. 문부식이 원고청탁 때문에 전화했는데, 나는 못 써주겠다고 하면서 그런 얘기를 했다고 해요. 그러고 나니까 좀 미안하더라고요. 그래도 문부식은 자기실존을 걸고 운동을 한 것이고, 나는 공부한다고 도서관에서 편하게 지냈던 사람이잖아요. 그래서 언제 술이나 한번 먹자 해서 두어 달 뒤에 술을 먹었는데, 얘기해 보니까 사람이 내가 가졌던 선입견과 달라요. 그러면서 그 친구가 "『당대비평』 편집위원을 같이 해줬으면 좋겠다"고 했어요. "하나도 부담되는 것 없다"고. 그래서 이래저래 하다가 거기에 들어가게 됐어요. 그때만 해도 저하고 문 주간하고, 손경목이라고 문학평론하는 분, 홍윤기 선생, 그리고 조세희 선생도 아직까지는 있었는데요. 제가 보니까 『당대비평』이 완전히 주먹구구식으로 움직이는 거예요. 문부식 주간의 스타일이 좀 그렇죠. 이 친구가 기본적으로 좀 문학청년 스타일이에요. '강철'처럼 규율 잡힌 운동가 스타일이 아니라 문청 스타일이에요. 처음에 가서 기획을 뭘 했으면 좋겠냐, 특집을 뭘 했으면 좋겠냐 해서 했던 것들이 '우리 안의 일상적 파시즘' 이런 걸 다뤄 보자, 해서 첫 특집이 '우리 안의 파시즘'이 된 것이죠.

김항 선생님이 들어가시고 나서 일상적 파시즘 논의를 해보자 얘기하셨더니 반응은 어땠어요?

임지현 문 주간은 당장 좋다고 했어요. 『1998 지식인 리포트』에 실린 글 때문에 접촉을 한 바도 있으니까요. "그럼 해보자"고 했죠. 그러면서 김은실 선생, 권혁범 선생 글 등 발표된 것 몇 개를 모았죠. 문 주간이 개인적으로 모은 것도 있고요. 체계적인 특집은 아니었지요. 그래서 '우리 안의 파시즘'이라는 시리즈를 냈는데, 내가 생각했던 것보다 너무 반응이 복합적으로 뜨거웠던 것 같아요. 뭔가 지금까지 얘기했어야 되는데, 안 했던 것을 건드린 것 아니냐는 생각을 갖게 했어요.

이혜령 사회주의권이 몰락하고 나서 나온 이른바 후일담 소설에서 경직화된 남성 운동분자들이라든가 희생하는 여자들을 등장시키긴 했죠. 어떻게 보면 선생님께서 80년대 운동권 경험이나 문제들을 정식화했다는 데서 의미가 있는 것 같아요. 80년대와 90년대를 거쳐 온 사람들, 특히 여기서는 연구자나 학자들이 그것을 의제화했다는 생각이 드네요.

임지현 그래서 양쪽에서 비판을 받았습니다. 하나는 일반 정치적 비판, 왜 큰 파시즘하고 안 싸우고 작은 파시즘하고 싸우느냐는 비판이 하나 있었고요. 또 하나는 이거는 너무 근대주의적인 거 아니냐는 거였어요. 사실, 그 글 읽어 보면 포스트모던의 세례를 너무 안 받았다는 게 느껴집니다. 물론, 거기에 민족주의 비판도 있지만, 또 한편에서 한국의 아비투스(habitus)나 이런 걸 전근대적인 아비투스로 서술한다든가 하는 근대주의자의 관점이 강하지요. 그러니까 또 포스트모던 하는 사람들은 왜 임지현은 푸코도 제대로 안 읽고 이런 거 쓰냐고 비판하더군요. "너는 데리다도 안 읽어 봤다는데, 포스트모더니즘 모르고, 너무 모더니스트적인 관점 아니냐" 이런 식이지요. '내가 왜 푸코와 데리다를 읽어야 하는데?' 하는 오기가 생기더라구요. 맞는 얘기지만, 그게 꼭 비판을 받아야 하는 건지는 모르겠어요.

나는 어떤 패러다임을 빌려서 한국사회를 얘기했던 게 아니라 80년대 여기서 고투하면서 싸우고 대결했던 경험과 90년대 폴란드에서 부딪치면서 느끼고 했던 것들을 그런 식으로 발현한 것입니다. 그게 학술논문은 아니잖아요. 에세이 식으로 형상화되었던 건데, 그런 과정에서 논쟁들이 막 벌어지기 시작했죠. 그때 제가 『조선일보』에 글을 기고했는데 강준만 씨와 논쟁이 벌어졌죠. 그러면서 핵심을 놓쳐 버린 부분이 있는 거 같아요.* 그 논쟁이 좀더 생산적으로 되었다면 한국사회에서 자기성찰하는 데 기여할 수 있었을 텐데요. 나중에는 "『조선일보』에 글 쓴 놈이기 때문에 우파의 혐의를 정당화시켜 준다"는 식으로 논쟁이 갔던 게 아닌가 합니다.

김항 이혜령 선생님이 말씀하셨듯이, 후일담 문학이 '우리 안의 파시즘'보다 먼저 나왔죠. 공지영 씨의 『고등어』(웅진출판, 1994)가 있어요. 제가 대학원 다닐 때 나왔던가요? 거기에 이런 구절이 나옵니다. "그 시절에는 한강을 보고 아름답다고 생각

---

* 2001년 2월, 강준만이 안티조선운동을 전개하면서 『조선일보』에 기고하는 지식인들을 비판하기 시작하는데 임지현도 그 표적이 되었다. 임지현은 『조선일보』에 글을 기고하는 것만으로 비판을 가하는 강준만을 파시스트라고 응수했고, 강준만은 임지현의 조선일보관이야말로 "일상적 파시즘"이라고 응수하는 등 1년 넘게 논쟁이 지속되었다.

하면 안 되는 시절이었지." 전 그 구절도 마음에 확 와 닿지 않았지만, 90년대 초반에서 중후반으로 넘어가면서 운동권들 내부에서의 폭로가 일어나는 맥락에서 '우리 안의 파시즘'은 강력한 반성의 계기가 되었습니다. 그런데 우리 안의 파시즘이 박정희·전두환과 전대협을 같은 선상에 두고 비판하는 건 아니냐는 의구심을 불러일으킨 것도 사실입니다. '우리 안의 파시즘' 논의가 선생님이 말씀하셨던 생산적인 논의가 못 되었다는 것은 기존에 존재했던 대립틀을 해소해서 다른 식의 어떤 정치한 틀을 제기했다기보다 X축에 있던 대립틀을 Y축으로 옮김으로써 기존에 대립축이 갖고 있던 본질적인 부분들은 깡그리 없애 버리게 된 건 아닌가 하는 의구심이 있었기 때문이고, 그래서 이 의구심을 해소시킬 이후 작업이 어떻게 나올까를 지켜봤다고나 할까요.

『우리 안의 파시즘』에서 『대중독재』로

이혜령 이렇게 하신 게 선생님의 '대중독재' 테마로 가는 것이기도 하죠.

임지현 그런 과정에서 설왕설래가 있었어요. 일반적으로 한국의 글쓰기나 한국의 지식인이 말하는 방식에서 내가 가장 큰 불만인 게 뭐냐면 너무 안전빵으로 글을 써요. 먼저 도망갈 구멍을 남겨 두고, 그러니까 기본 전제를 누구나 다 아는 이야기로 먼저 쓰죠. 타협하는 글쓰기가 한국 지식인들에게 많아요. 일본 지식인들도 얘기를 해보면 답답한 느낌이 드는 게, 글쎄요, 일종의 자기검열 체제인지 아니면 퍼스낼리티의 문제인지…… 개인의 기질과도 관계 있겠지요. 그 얘기가 더 맞을 수는 있어요. 제가 포스트모던적인 문제의식을 더 많이 갖고 있었다면 그 축 자체를 해체시키고 재구성하는 방식이 되었을 텐데, 그런 것까지 못 나갔던 것은 틀림없는 것 같아요.

그런데 역으로 생각하면 이론적으로 나간 게 아니라 나의 80~90년대의 한국과 폴란드의 경험이 녹아 있었기 때문에 오히려 육성으로 사람들에게 다가갔다는 건 있었죠. 그 전에 푸코를 얘기했던 사람들이 이런 얘기, 했겠죠. 그래서 포스트모던 얘기한 사람들에게 "당신들이 왜 진작에 이런 거 안 썼냐"고 했죠. "당신들이 포스트모던 열심히 공부했고 박사논문을 썼고, 그러면 이런 문제에 대해 나보다 훨씬 더 잘 이야기할 수 있는 이들이 당신들 아니냐. 당신들은 뭐했냐. '푸코 할아버지가 이렇게 말했습니다'라고 성경 주석 달기처럼 말해 놓고, 한국사회와 완전 동떨어져서 이야기되는 방식은 곤란한 거 아니냐"라는 얘기를 사석에서 했습니다. 여담이지만, 그런 경우 많아요. 영문학 쪽에 포스트콜로니얼리즘 이야기하는 사람 보면 사이드가 이야기한 것, 스피박이 이야기한 거 할 때는 기가 막히게 잘 정리를 하다가 한국 얘기를 하면 졸지에 다시 내셔널리스트가 됩니다. 한국사회를 이해하고 분석하는 틀이 자기가 공부한 것과 달라요. 그 괴리가 정말 많이 느껴집니다. 논문에는 사이드도 하고, 스피박도 하고, 푸코도 썼지만, 한국사회를 얘기하면 한국은 아직 분단이 되어 있고, 한국은 예외주의라고 하면서 한국의 유니크한 상황을 이야기합니다. 한국학문의 오리엔탈리즘과 옥시덴탈리즘이라는 측면에서 한번 살펴볼 필요가 있지요.

그 다음에는 박정희기념관 사건이 있었습니다. DJ가 대선 때 박정희기념관 만든다고 했잖아요. 개인적으로 박정희를 용서하겠다고. 정작 피해자들은 DJ한테 자기 대신해서 박정희 용서해 달라고 요청한 적도 없는데 말이죠. 전형적으로 민중을 전유하는 방식이죠. 박정희 때 고통받고 죽은 사람들을 자기가 어떻게 대신해서 용서할 수 있습니까. 말도 안 되는 소리인데, 거기까지 좋다고 칩시다. 제가 아직 『역사비평』 편집위원을 할 때인가, 그만둘 즈음인가 그런데요. 역사비평사, 역사문제연구소, 한국역사연구회 해서 몇 개 단체가 긴급 심포지엄을 열었어요. 박정희기념관 건립에 반대하는 심포지엄을 열었고, 저도 토론자로서 한마디 거들었죠. 우리는 그때 그러면 『한겨레신문』 같은 데 대문짝만 하게 나오고, 국민여론이 기념관 반대로 확 흐를 거라고 생각했는데요. 그 다음날 보니까 『한겨레신문』에도 겨우 1단기사 하나 나오고, 여론조사 보면 여전히 박정희에 대한 향수는 증대되고 있더라고요. 심지어 『고대신문』에서는 고려대 학생들이 가장 존경하는 인물이 박정희로 나오고, 아! 설문조사에서는 가장 복제하고 싶은 인물 1위인 거예요. 이건 굉장히 쇼킹한 거죠.

이게 단순히 우파 프로파간다나 유신 잔당의 활발한 활동에 의한 거라면 차라리 쉬워요. 유신 잔당 조금 있으면 늙어 죽을 테고, 그때도 현실적으로 별반 힘이 없을 땐데, 그런데 그렇게 생각하면 너무 나이브하다, 독재시대에 대해 뭔가 잘못 생각한 거 아니냐는 생각을 하게 된 거죠. 그래서 그때 급히 『당대비평』에 「파시즘의 진지전과 합의독재」라는 글을 썼는데 (임지현, 『이념의 속살』에 재수록), 더 박살이 났지요. 민중을 적으로 돌리는 논리 등등 해서 박살이 났는데, 내가 볼 때 '이건 아니다' 싶었어요. 우리가 대학이라는 조그만 서클에 갇혀 있었던 거죠. 저항적인 지식인 서클에서 봤을 때는 끔찍한 억압과 압제의 시대였지만, 반공주의자였던 평균적인 한국 중년남성에게도 과연 그럴까, 박정희 시대 경제성장 덕에 일자리를 얻고, 집에는 우리 어렸을 때처럼 어느 날 TV가 생기고 2년 뒤에는 냉장고도 생기고 하면서 자기의 삶이 경제성장으로 인해 점점 나아지는 보통 사람들에게도 박정희는 정말 억압의 시대로 느껴졌을까, "저 빨갱이 죽여라"를 외치던 사람에게도 국가보안법이 그렇게 억압적인 법으로 느껴졌을까 하는 생각이 드는 거예요. 박정희 시대에 대한 우리 역사가들이나 지식인들의 기억이라는 것이 작은 서클의 폐쇄적인 기억이 아닐까라는 생각이 들었어요.

2000년도에 미국역사학대회에 갔다가 나치즘에 대한 새로운 경향의 연구서들을 구입했는데, 내 생각하고 너무 비슷한 주장들이 나오기 시작하는 거예요. 대중의 컨센트(consent, 동의)와 컨센서스(consensus, 합의)를 강조하는 등의……. 사실 독일어로 콘첸스(Konsens) 하면 두 가지가 같이 포함되어 있는 것인데, 그것이 컨센서스로 영역된 거죠. 그때도 '동의독재'로 할까 망설이다가 조금 더 세게 때려 보자, 충격을 주자 해서 '합의독재'라는 말을 쓴 거죠. 동의독재든 합의독재든 욕먹기는 마찬가지일 것 같았어요. 실제로는 놀라운 이야기들입니다. 나치 같은 경우, 전후 1949년도 서독에서 한 여론조사를 보면 50퍼센트가 넘는 사람들이 나치 시대가 평온한 시대였고, 번영하는 행복한 시대였다고 답했다는 결과가 있어요. 2009년 1월 2일부터 열린 '미국역사학대회'의 '대중독재' 세션을 제가 조직해서 나갔는데, 폴 코너(Paul Corner)라는 파시즘 연구자에 따르면, 올해 이탈리아에서 가장 많이 팔린 달력이 무솔리니 사진으로 만든 달력이에요. 앞치마 두른 무솔리니, 스포츠카 모는 무솔리니, 웃통 벗고 농민들하고 추수하는 무솔리니 사진이 21세기의 이탈리아 길거리에서 날개 돋친 듯이 팔린다는 거지요. 그 얘기는 독재에 대한 우리의 이해가 너무 나이브했던 거 아니냐는 거예요. 소수의 나쁜 놈들이 다수의 선량한 민중들을 억압했다, 그건 아닌 것 같아요. 억압에만 의존하는 체제는 통치 비용이 너무 많이 들어 오래 버틸 수 없지요. 고비용·저효율 체제니까요.

야마노우치 야스시(山之內靖) 등이 일본의 총력전 체제에 대해서 펴낸 책을 보니까, 동아시아도 비슷한 측면이 있더군요. 일본 총력전 체제 때 처음으로 최저임금 제도가 도입되고, 복지국가적인 시스템이 만들어졌다고 해요. 이런 것들을 보니까 독재체제라는 게 우리가 생각하는 것처럼 억압과 강제로만 구성되는 건 아니지 않느냐는 의심이 컸지요. 그런데 내가 혼자 그 많은 케이스를 어떻게 다 하겠어요. 그러다 마침 학진에서 공동연구 프로젝트가 만들어졌는데, 처음에 '대중독재'로 냈다가 떨어졌죠. 나중에 알아보니까 도대체 무슨 소리냐고 심사위원들이 일축해 버렸다고 해요.

내가 만든 용어고 또 아직 학문적으로 정립된 것도 아니니, 그럴 만도 했지요. 그래서 그 다음에는 나치즘, 파시즘, 프랑코이즘, 스탈린주의 등등 20세기 유럽의 독재체제에 대한 비교 연구로 해서 내니까 됐어요. 돈 받고 나서 다시 '대중독재'라는 용어로 선회를 했지요.

이혜령 그런데 선생님, 박정희가 그렇게 기억된 것은 IMF 때였습니다. 자수성가가 가능했던 시대로 박정희 시대가 기억되었던 것 같습니다. 그래도 박정희를 기억하는 것과 역사적 실상에는 간극이 있을 것 같은데요.

대중독재 국제 협동기구

임지현 서로 다른 레벨인데, 그걸 합치는 것은 아니냐는 거지요? 물론, 그런 위험성은 늘 염두에 두죠. 그래서 연구를 하자는 것이었지요. 다른 나라의 케이스에 대한 연구는 많았는데, 박정희 연구는 사실 없었죠. 예컨대 지금도 새마을운동본부 중앙연수원 가면 그때 거기에 교육에 참여했던 새마을운동 부녀지도자들 육성모음집이 창고에 쌓여 있거든요. 그런데 그걸 하는 사람이 아무도 없는 거예요. 내가 할 수 있는 것도 아니고……. 나는 서양사로 분류되어 그런 것을 하면 안 되는 거지요. 학진에서 "너는 유럽사인데, 왜 한국사에 끼냐?" 그런 반응이 당장 나올 테니까요.

그런데 기억은 계속 변하는 거예요. 특정한 조건 속에서 생각도 기억도 다 변해요. 하버드의 일본사 전공 교수, 앤드루 고든(Andrew Gordon)한테 들은 이야기인데 2차대전 직후에 미국 주둔군이 일본인들과의 인터뷰를 몰래 녹음한 게 있대요. 패전 직후 녹음기를 감추고 몰래 녹음을 했는데, 많은 사람들이 패전했을 때 "같이 죽지 못해서 억울하고 분하다"고 얘기를 했답니다. 그런데 최근에 다시 들어가서 얘기해 보니까 "그때 일본이 잘 졌죠. 그때 안 졌으면 어쩔 뻔 했어요" 그런다는 거예요. 그래서 40년 전에 녹음한 걸 틀어 주니까, 깜짝 놀라면서 "이게 진짜 나냐?"라고 하더래요. 기억이라는 게 얼마나 불안정하고 상황에 따라 변하는가를 보여 주는 굉장히 좋은 예인 것 같아요. 물론 현실과 기억의 레벨은 구별해야 하고, 또 기억이라는 것도 계속 만들어지고 조작되기도 한다는 점을 염두에 두어야 하지요. 그러니까 IMF 위기 이후에 좋은 기억이 만들어지기도 했지만, 민주화 직후 나쁜 기억이 만들어진 측면도 있다는 거지요.

또 하나는 폴란드에서 현실사회주의에 대한, 과거청산이 논의되는 방식도 내게 굉장히 자극이 되었어요. 체코의 하벨(Vaclav Havel)이나 아담 미흐닉(Adam Michnik) 같은 과거 반체제 인사들의 논의는 참으로 성찰적이고 많은 생각을 던져 줍니다. 97년도에 폴란드에서 『희생자인가, 공범자인가』(*Ofiary czy współwinni*)라는 논문 모음집이 나왔는데요. 거기에 참여한 폴란드 역사가들도 대개 반체제적 저항 역사가들이지요. 아담 미흐닉이나 하벨처럼요. 이들이 현실사회주의를 고민하면서 "우리는 거기에 대해서 저항만 했고, 순교자로 희생만 되었는가?"라는 화두를 던지더군요. 재밌는 것 중 하나는 내가 대중독재라고 했을 때, 한국에서는 주로 이른바 좌파 지식인들이 집중 공격을 했다면, 폴란드에서 그 이야기가 나왔을 때는 지금 집권세력 같은 극우파들이 "어떻게 그렇게 나쁜 공산주의에 폴란드의 애국자들이 공범자였다고 얘기할 수 있느냐"라고 맹반발합니다. 정치적인 지형에서는 전혀 정반대의 진영이지만, 한국의 좌파와 폴란드의 극우가 과거에 대해서 갖는 논리는 같은 거죠. 역사에 대한 이런 트랜스내셔널한 시선에서 '대중독재'라는 용어를 만들어 낸 거죠.

6년 동안 이 공동연구 프로젝트를 해오면서 물론 제 생각도 많이 바뀌었습니다. 처음에는 '강제냐 동의냐'라는 것을 나도 너무 이분법적으로 생각하지 않았나 합니다. 그동안 너무 강제만 강조하다 보니까 그에 대한 반

작용으로 동의와 헤게모니 개념을 너무 강조하고, 푸코의 '만들어진 주체' (sujet fait)를 강조하니까 독재라는 근대의 국가체제에서 인민들은 벗어날 길이 없다는 것이 토론 과정에서 조금씩 드러납니다. 특히 알프 뤼트케(Alf Lüdtke)의 일상사 방법론과 만나면서, 권력에 지배받고 그 헤게모니에 휘둘리는 것처럼 보이지만, 복종까지도 민중들이 세상을 전유하는 방식으로 읽을 수 있다는 깨달음이 생기면서, 저도 처음에 시작했을 때보다 균형을 잡게 되었어요.

하나 아쉬운 건 논쟁이 벌어졌을 때, 한국에서의 비판도 그런 식으로 나왔다면 처음부터 훨씬 생산적으로 갈 수 있었는데, 한국에서는 '민중을 적으로 돌리는 것'이라는 식으로 너무 정치적이고 감정소모적인 논쟁이 되어 버려 별로 생산적이지 못했던 것 같아요. 한국사회가 연구자의 풀이 너무 작고 또 그나마 얼마 안 되는 연구자들도 인기 있는 테마나 한국 문제에만 몰려 있는 데서 오는 한계이기도 하지요.

대중독재와 일상사 연구

김항 일상사를 바탕으로 한 대중독재가 대상적으로 따지면 굉장히 사소하고 개인화되는 거 아니냐 하는 우려가 있습니다. 희생이나 책임 문제가 너무 개인화하는 경향이 있지는 않나요?

임지현 첫째는 일상사가 사소한 문제를 다룬다는 주장에 대해서는 오해라고 할 수밖에 없는 것 같아요. 옛날에 영국사 하는 이 중에 트레벨리안(George M. Trevelyan)이라고 있었어요. 그 사람이 진짜 트리비얼한 역사를 다룬 사람이에요. 사람들이 화장실을 어떻게 썼고 하는 걸 연구하죠. 하지만 일상사라는 것은 이런 겁니다. 가령 부고장을 예로 듭시다. 아무개가 몇

월 며칠에 죽었으니 장례식을 거행한다는 부고장은 일상사의 사료가 안 돼요. 그런데 아무개가 조국과 민족을 위해 복무하다가 언제 죽었으니 그를 기리기 위해서 모임을 갖는다는 부고장은 첫번째 부고장과는 큰 차이가 있지요. 일상사의 관심은 이처럼 트리비얼한 것처럼 보이지만 그 밑에 담겨 있는 정치적 함의에 주목합니다. 구조와 일상의 긴장관계를 연구대상으로 삼는 거지요. 그런데 일상사 연구하는 게 현실적으로 굉장히 어렵습니다. 무슨 아카이브가 있는 것도 아니고, 아카이브에 있는 자료들을 오히려 의심하는 방식이니까요. 벼룩시장 같은 데서 자료를 구하는 경우도 많지요.

서발턴 역사학에서 얘기하는, 문서화된 자료를 의심하고 쓰여진 문자들의 행간에 있는 지워진 목소리들을 복원한다는 맥락은 일상사와 굉장히 비슷해요. 일상사는 유럽의 역사서술 전통에서 70년대부터 나온 '비판적 역사학'의 일환으로 초기에 톰슨의 영향을 많이 받았죠. 톰슨의 『영국 노동계급의 형성』(*The Making of the English Working Class*)을 독일어로 번역한 사람들이 토마스 린덴베르크(Thomas Lindenberg) 등의 일상사 연구자들입니다. 이들이 후에 톰슨의 문제의식을 더 치고 나가, 알프 뤼트케라든가 한스 메딕(Hans Medick) 등을 중심으로 일상사의 기초를 닦는데, 저는 이분들께 실제로 많이 배웠습니다.

대중독재의 딜레마를 푸는 돌파구를 찾은 거 같아요. 대중독재를 이야기하면서 헤게모니라든가 정치·종교나 푸코의 '만들어진 주체'만을 강조한다면 이 독재는 완벽하게 봉합된 체제처럼 보이고 돌파구가 안 보이는데, 일상사의 시선에서 하나하나 열고 보니까 완전히 봉합되고 질식될 것 같은 체제 안에서 민중이 완전히 복종하는 것같이 보이다가도 그것을 뚫고 나오는 여지들이 발견되잖아요. 요새 톰 크루즈 나오는 '롬멜'(「작전명 발키리」, 2008)이라는 영화는 진짜 저항을 다루는 걸까요? 롬멜과 장군들이

히틀러를 암살하려 했던 것은 패전으로부터 독일이라는 국가와 민족을 구하기 위한 의도였지요. 정치적 반대라고 할 수야 있겠지만, 히틀러가 그렇게 싫어하던 재즈를 자신들의 가장 중요한 삶의 코드로 생각했던 젊은 스윙 청소년들이 독일 나치즘에 대해서 더 저항적인 세력은 아니었을까요? 그런 부분들도 다시 한 번 생각해 보게 만들어 주는 여지가 있는 거지요. 일상사 개척자인 알프 뤼트케가 앞으로 5년 동안 매년 두 달씩 한양대에서 강의와 연구를 하러 와요. 그 목표는 한국의 젊은 일상사 연구자들과 교류하는 장을 마련하는 것인데요. 한국이나 동아시아에서 일상사가 어떤 함의를 줄 수 있고, 한국현대사를 읽는 데 어떤 의미를 줄 수 있는가, 그걸 한 번 해보려고 해요. 아까 얘기한 것처럼 앞으로 새마을운동본부 중앙연수원에 있는 그런 자료들 그리고 구술사 같은 것들을 통해 한국사회에서 박정희 시대의 헤게모니와 그것이 작동했던 방식, 대중을 호명하는 장치들이 작동했던 방식을 이해하면서 동시에 실제로 대중이 호명받았을 때 어떻게 받아들였는가 하는 것을 연구하려는 것이죠.

이혜령 제가 봤을 때는 선생님께서 조희연 선생님과 논쟁하시면서* 대중독재에서 대중의 개념이 좀 바뀐 것 같아요. 처음에 제시하신 대중독재 개념에는 전면적 해방이라는 것은 불가능하다는 뉘앙스가 강했고, 그러니까 대중에게 민중이라는 규범적 이미지를 덧씌우지 말라고 주장하신 것이었다면, 그 다음에는 대중의 동화나 동의의 과정들이 어떤 역사적 계기와 정치적 상황들 속에서 어떤 갖가지 교향악을 발휘해 내느냐는 차원의 물음으로 조금씩 바뀌신 것 같아요.

---

* 임지현의 '대중독재론'은 박정희 독재에 광범위한 대중의 동의가 있었다는 이론 모델인데, 이에 대해 조희연이 『역사비평』 등의 지면을 통해 대중의 동의를 과도하게 강조함으로써 박정희 독재의 폭압성을 간과하는 관점이라고 비판했고, 이후 여러 연구자들이 『교수신문』 지면을 중심으로 논쟁을 벌였다. 이 논쟁은 2005년에 촉발되어 2008년까지 산발적으로 지속되었다.

임지현 동의의 존재 자체에 대한 생각이 바뀌기보다는 동의를 해석하는 방식이 바뀐 거지요. 동의도 복수화할 수 있다는 생각입니다. 마지못해 하는 의무적 동의 같은 것도 있을 수 있고, 그야말로 자발적으로 충성을 다하는 동의도 있을 수 있는데, 그런 것들을 잘게 잘게 잘라 보자라는 정도까지는 얘기가 된 것 같고요. 대중독재 논쟁은 조희연 선생한테 내가 고맙게 생각해요. 조희연 선생 덕분에 그나마 논의가 생산성을 띨 수 있었거든요. 조희연 선생 덕에 우파의 혐의에서 벗어난 측면이 있습니다. 조 선생도 사석에서는 나한테 밖에서 대중독재 얘기를 많이 하고 다닌다고 얘기하더군요. 실제로 이번에 조 선생이 낸 박정희에 대한 책(『동원된 근대화』, 후마니타스, 2010)에서도 그런 편린들이 보이지요. 기본적인 연구들이 많이 축적되지 않아, 종합화라는 게 여전히 성글 수밖에 없지요. 제대로 되려면, 이탈리아 파시즘이나 독일 나치즘 연구에서처럼 아래로부터의 역사 자료들이나 구술사 연구 등이 많이 축적되어야 하죠.

김수림 파시즘·대중독재·동원 등의 접근은 대항 담론과 실천들 자체를 총체화해서 문제화할 수 있는 발판을 마련하신 것 같고, 일상적 파시즘론은 그것을 전면 부정하는 형태가 아니었냐는 생각이 들어 우려할 만한 점이 있었는데, 일상사 연구로 넘어오면서부터 어떤 맹점들을 극복하려는 것 같아요. 그런데 식민지 유산이나 박정희 시대의 유산에 대한 저항운동 자체의 변동들이 있지 않습니까? 이 경험들의 연관 관계나 70~80년대의 저항운동의 유산에 대해서는 별로 검토된 적이 없는 것 같아요.

이혜령 저도 덧붙여서, '일상적 파시즘', '우리 안의 파시즘'을 제기하실 때, 민주화 운동이나 학생운동을 고백적이고 내면적인 그런 차원들 속에서 다루셨지, 역사적 과정으로서의 그것을 어떻게 평가할 것인가의 문제가 아직은 선생님께 미결이지 않은가 하는 질문을 다시 드립니다.

임지현 무슨 얘기인지는 알겠는데요. 두 가지 문제가 있는 거 같아요. 하나는 저도 서강대의 지하 서클의 세례를 받았고, 또 공부를 한다는 것도 그런 전략적 기획의 일환으로 했습니다만……. 그때는 그게 그 당시 하나의 에토스였으니까요. 그럼에도 불구하고 나는 내가 실존적으로 70년대, 80년대 민주화 운동을 평가할 수 있는 그런 자격을 갖추고 있지 않다고 생각합니다. 운동에 본격적으로 뛰어든 사람은 아니니까요. 그런 실존적인 조건을 갖고 있다면 나는 더 매섭게 파고들었을 겁니다. 아직 그 주역들이 사회의 여러 분야에서 활동하기 때문에, 운동에 대한 평가는 실존이 걸려야 설득력이 있다고 생각합니다. 내가 한국에서 실제로 실존을 걸고 운동을 했던 사람들에게 아쉬운 것은 하벨이나 아담 미흐닉처럼 욕을 먹더라도 전면에 나서서 성찰적으로 계속 이야기를 하는 사람이 거의 없다는 거예요. 문부식 주간 정도지요. 하지만 담론으로는 아직 약합니다. 거리를 둔 역사적 평가가 아직 불가능하기 때문에 먼저 실존의 차원에서 이야기되는 것은 불가피하기도 합니다.

　두번째는 70~80년대 운동의 중심이었던 세력들은 너무 쉽게 정치권력 밑으로 쏙 들어가 버렸다는 겁니다. 이것은 지성사적 코드로 풀 수 있는 현상이지요. 거기에는 기존의 우리의 변혁전략 자체가 너무 나이브했던 거 아니냐, 좋은 '우리'가 정치권력을 장악해서 나쁜 '그들'로부터 헤게모니를 빼앗아서 선의의 헤게모니를 통해 좋은 구상을 사회적으로 확산시키면 우리나라가 좋은 사회가 된다는 식의 나이브한 변혁전략이 밑바닥에 깔려 있었기 때문에 가능했다고 생각합니다. 일상적 파시즘론이나 대중독재론은 그런 식의 변혁전략 가지고는 사회가 안 변한다는 항변이지요. 그렇게 변했으면 러시아혁명과 같은 근본적 변혁을 겪은 현실사회주의가 왜

저 꼴이 됐겠냐는 거죠. 러시아혁명이 일어나고 사회지도층과 엘리트 세력이 교체되고, 경제 구조·헌법·정치체제 등이 모두 다 바뀌고 했는데, 그럼에도 왜 그 사회의 결이 안 바뀌었는가라는 물음을 던진 거지요.

그러니까 사회가 바뀐다는 게 우리가 생각하는 것보다 얼마나 복합적이고 어려운 문제인가라는 것을 제기하고 싶었던 거지, 이걸 가지고 민주화운동에 참여했던 누구는 어떻고, 한계가 어떻고 하는 얘기를 하고 싶었던 것은 아닙니다. 오히려 일상적 파시즘론을 제기하면서 파시즘의 타도라는 것이 얼마나 어려운 것인가 하는 얘기를 하고 싶었던 거지요. 기동전에서는 승리했지만, 진지전에서 파시즘한테 계속 깨지고 있다, 그 얘기를 한 거죠. 거기에 참여했던 전대협이 저놈이랑 똑같은 놈이라는 그런 얘기를 하고 싶었던 거는 아니죠. 앞의 예 같은 건 좀더 리얼하게 한 거죠. 사실, 초점은 그게 아니라 한 사회의 변혁이라는 것이 어떻게 이뤄져야 되는가라는 게 오히려 더 밑바닥에 있었던 것이라고 생각합니다. 한국의 70~80년대 운동사나 지성사는 그야말로 성찰적으로 다시 쓰는 그런 작업들이 이뤄져야 된다고 생각합니다. 제가 했던 일상적 파시즘이나 대중독재는 그렇게 했을 때, 사유의 지렛대로 한 번쯤 더 생각해 볼 만한 것들이 아니겠는가라는 게 제 생각입니다.

인문학과 제도 변혁

김항 마지막으로 큰 틀에서 질문드리겠습니다. 선생님의 내셔널리즘 비판은 국사학과가 대표하는 인문학계의 내셔널리스틱한 전제에 대한 비판이기도 했습니다. 이러한 비판에 대해 선생님은 어떻게 의의를 두고 계신지, 또 제도적 차원에서는 학진을 위시한 제도 변화, 무엇보다 선생님이 가장 돋보이는 부분이기도 한데 대중독재 프로젝트를 하면서 저돌적이고 활발한 국제교류가 앞선 내셔널리즘 비판과 연관이 있는지, 또 인문학 자체를 갱생시키거나 전환시킬 수 있는 계기들이 될 수는 없는지, 거기에 알맞은 아젠다는 무엇일까 등 두루 선생님의 관측과 진단을 듣고 싶습니다.

임지현 맑시스트라면 내셔널리즘을 비판할 수밖에 없죠. 그런데 한국 맑시스트, 주변부 맑시스트들은 대개 내셔널리스트들이죠. 20세기 주변부 사회주의의 한 편향이 이런 방식으로 설명될 수 있지요. 90년대 중반까지 ─ 『민족주의는 반역이다』(소나무, 1999)에 실린 글들은 대개 90년대 초에 쓰여진 글들이거든요. 제가 맑시스트적인 입장이 강할 때 쓴 글들인데요 ─ 한국 사학계의 민족에 대한 비판적 검토도 사실은 맑스의 '민족에 대한 이해'를 가지고 있다면, 저로서는 굉장히 상식적인 이야기를 한 거지요. 어니스트 겔너(Ernest Gellner)의 민족주의 해석(*Nation and Natinalism*, Blackwell, 1983)도 기본적으로 맑스의 틀에서 크게 벗어나 있지 않다고 생각합니다. 정치적으로는 다를 수 있지만, 오히려 맑스의 유물론을 더 유물론적으로 밀고 나간 사람이에요. 맑스는 기본적으로 자본중심적인 견해라고 생각하는데, '네이션의 탄생'이라는 것 자체가 자본주의적 생산양식이고, 근대적 네이션 스테이트의 탄생입니다. 그러한 물적 기반 없이 네이션이라는 게 존재할 수 없다는 것이 맑스의 기본적인 입장입니다.

　그런 점에서 저는 90년대 전반기까지의 민족주의에 대한 비판은 사실은 맑스에 근거해서 비판을 한 것이라고 봅니다. 그런데 90년대 전반까지 민족주의에 대한 제 비판에는 이제 와서 생각해 보니까 계급본질주의적인 시선이 들어 있었다고 생각합니다. 저 자신도 한국이 에스닉(혈통적) 내셔널리즘이 너무 강하니까, 이거는 완전히 신화적인 것이라 차치하고, 근대 국민국가의 탄생이라는 맥락을 강조하면서 시민적(civic) 내셔널리즘 같은 것의 구성이 중요하다고 생각했던 거죠. 90년대 중반 이후 그런 제 생각에 변화를 만든 것은 첫째 서발턴 연구자들과의 만남입니다. 특히, 파르타 채터지(Partha Chatterjee)의 *The Nation and Its Fragments*(Princeton Univ. Press, 1993)를 보면 인도의 민족주의 역사학, 맑스주의 역사학에 대한 글이 있는데, 한국사학사 읽는 거 같아요. 주어하고 역사적 세팅만 다르지 깜짝 놀랄 정도로 인도의 민족주의 역사학이나 맑스주의 역사학은 한국의 민족주의 역사학과 한국의 맑스주의 역사학과 유사한 논리를 구사하더군요.

그런데 왜 한국이 아니라 인도에서만 서발턴 연구자들이 나올 수 있었는가? 역설적으로 인도에서는 민족주의 세력인 '국민회의'(Indian National Congress)가 권력을 잡았기 때문이 아닌가 싶어요. 민족운동 나름대로의 정통성을 가진 집단이 해방 이후 쭉 권력을 잡아 오니까 70년대쯤 되면 아무리 해도 안 되거든요. 그래서 이것도 권력집단이구나 하는 것을 인도 지식인들은 깨닫는 거죠. 우리는 여전히 '김구가 잡았으면, 임정 그룹이 잡았으면 우리 민족적 정통성이 이렇게 안 됐을 텐데……'라는 회한 때문에 여전히 민족주의 같은 것들을 신화적인 경외의 대상으로 삼았 왔던 게 있죠. 그런 현대사의 차이로 인해, 그쪽에서는 자생적으로 내셔널리즘을 비판하는 서발턴 연구자들이 나오고, 여기서는 나오지 못한 것 아닌가라는 생각이 듭니다.

저는 포스트모던 공부를 제대로 안 해서 그런지, 채터지나 프라센지트 두아라(Prasenjit Duara) 같은 역사가들의 글이 좀 더 이해가 쉬워요. 두아라는 개인적으로 잘 아는데, 내가 "왜 중국사를 했냐?"고 물었더니 자기는 마오이스트였다는 거예요. 마오이스트였다가 미국에 가서 바뀌기 시작해서 서발턴 연구를 한 거라고 해요. 서발턴 연구자들은 층이 다양하지만 실제로 마오이스트 편향이 있긴 있습니다. 어쨌거나 서발턴 연구자들의 글을 읽으면서 남의 이야기가 아니라 한국사 이야기 같다는 생각을 했어요. 개인적으로는 폴란드 민족운동사와 같은 동유럽사에도 서발턴 연구를 적용할 수 있다고 봅니다. 90년대 『역사비평』에 글을 쓸 때까지만 해도 여전히 맑스적 입장에서 한국사의 관념적인 해석을 비판했다면, 90년대 말에 서발턴 연구자들을 만나면서 지적으로 영향을 받았습니다.

그 다음에는 한국 민족주의가 본연의 모습들을 90년대부터 드러내기 시작했던 것 아닌가 합니다. 외국인 노동자 문제가 나오기 이전부터 중앙아시아에 대한 다큐멘터리나 각종 오락프로그램에서 오리엔탈리즘적인 경향이 굉장히 강하게 나타났어요. 그동안에 한국 자본주의가 변모하면서 이른바 저항적 내셔널리즘의 신화에 가려져 있던 한국 민족주의의 잠재적 위험성이나 공격성들이 드러나기 시작하면서, 내셔널리즘에 대한 비판은 일종의 포스트모던적·해체론적 시선의 비판이 되었습니다.

더 결정적으로는 9.11입니다. 제가 2002년 가을부터 1년 동안 미국 하버드 옌칭연구소에서 연구원으로 있었는데요. 마침 2차 이라크 전쟁이 일어난 시기입니다. 그때 보니까 미국의 내셔널리즘이라는 게 얼마나 무서운지를 알겠더라고요. 내가 미국 친구한테 "야, 세상에 양복에 배지 달고 다니는 관리들은 북한하고 미국에밖에 없다"라고 했어요. 차에 국기 달고 다니잖아요, 부시부터 말이에요. 이라크 전쟁 때 보니까 차에 성조기 달고 다니는 사람, 집에 성조기 걸어 놓은 사람들이 많아요. 그런데 WASP(백인·앵글로색슨·프로테스탄트)들은 거의 안 달아요. 가장 결사적으로 거는 사람은 이슬람처럼 보이는 이들이에요. 아랍 사람처럼 보이는 사람, 한국 이민자들, 기타 유색인 미국인들. 그러니까 미국사회의 주류에서 항상 충성심을 의심받을 수 있는 사람들이 결사적으로 거는 거죠. 시민적 내셔널리즘이라는 것도 얼마나 무서운가를 9.11을 겪으면서 현장에서, 미국사회에서 봤습니다.

이혜령 중요한 세계사 현장마다 다 계셨네요. 동구 몰락도 현장에서 경험하시고.

임지현 운이 좋았던 거 같아요. 현장에서 직접 보니까 미국 사회의 시민적 내셔널리즘도 기본적으로는 자발적 통합을 유도하는 권력장치라는 생각이 강하게 들더군요. 이 점에서 에스닉 내셔널리즘과 다를 바 없구나 했습니다. 시민적 내셔널리즘 혹은 열린 민족주의에 대해서 비판하는 포스트 내셔널리즘에 대한 글이 나온 게 그런 맥락에서 나온 겁니다. 지금은 아예 내셔널리즘 자체에 대해서 기본적으로 억압적인 이데올로기일 수밖에 없다는 생각을 갖고 있어요. 그런 변화 과정이 있었지요. 한편에서 제가 이론가는 아니니까, 역사가로서 가장 관심을 갖고 지켜본 것은 '국민화' 과정이에요. 대중독재의 기반도 되고, 일상적 파시즘의 기반도 되고, 내셔널리즘의 기반도 이 지점에 있다고 봅니다. 그리고 거기에 가장 기여한 게 역사가들이라고 생각합니다. 이 점에서 역사가들은 범죄자라고 생각하는데요. 여기서 진지전의 싸움을 한다면, '국사'하고 싸우는 거밖에 없다. 그래서 '비판과 연대를 위한 역사 포럼'이라는 게 생겼어요. 어디 연구비 받을 곳이 없으니까 호주머니 돈으로 5년을 움직였습니다.

김항 한 가지 여쭤 보고 싶은 게 있는데요. 선생님의 내셔널리즘 비판이 어떻게 보면 아까 맑시즘에서 권력 비판으로 넘어오신 부분하고 연동이 되는 게 있고요. 김대중·노무현 정권 이후에 국가는 내셔널리스트적이기보다는 신자유주의적인 드라이브를 걸어오면서, 개인들을 계속 국민이 아니라 개인으로 내몰아 왔습니다. 그런데 선생님의 내셔널리즘 비판도 그와 같은 드라이브와 동시적이었고 중요하게는 우연히 동궤이지 않았나라는 비판도 존재하는데요.

임지현 저도 그런 얘기를 들어본 적이 있는데요. 저는 두 가지 점에서 그런 비판이 설득력이 없다고 생각합니다. 첫째는 한국에서 신자유주의는 국가가 드라이브를 걸었죠. 어떤 식이냐 하면, 우리나라가 잘살기 위해서는 자본자유화가 되어서 외국 자본이 마음 놓고 투자를 해야 한다고 했어요. 신자유주의의 정당화는 미국이나 영국과는 달리 한국의 경우에는 국민경제, 국가주의의 관점에서 신자유주의를 옹호하는 논리가 지배적이었던 것 같습니다. 문제는 신자유주의에 저항하는 논리도 내셔널리즘이었다는 거예요. 내셔널리즘이 한국사회에서는 신자유주의를 옹호하는 논리이면서 동시에 저항하는 논리로 같이 가거든요. 나의 내셔널리즘 비판이 신자유주의와 궤를 같이한다고 생각하는 사람들의 논리는 내셔널리즘이 여전히 신자유주의에 저항하는 논리라고 생각하는 사람들의 경우인데요. 이 사람들이 못 보고 있는 것은 내셔널리즘이 동시에 한국사회에서는 신자유주의를 옹호하고 정당화하는 논리라는 것을 간과하고 있다는 것이죠.

두번째는 동아시아에서 미국의 헤게모니에 문제가 있습니다. 저는 한국의 내셔널리스트들이 기본적으로 미국 헤게모니의 의도하지 않은 공모자라고 생각합니다. 미국 헤게모니가 동아시아에서 작동하는 방식은 기본적으로 동아시아의 한·중·일 삼국이 민족주의적 갈등 구조를 온존시키는 바탕 위에서입니다. 미국이 동아시아 평화를 위해 주둔해야 되는 논리도 그래서 가능하지요. 미국 헤게모니의 근거를 해체하기 위해서라도 동북아 삼국이 내셔널리즘적인 갈등 구조를 벗어나야 합니다. 물론, 동아시아라는 공동체도 또 하나의 네이션 스테이트의 확대라는 점에서 논리적인 문제가 있지만, 전술적인 차원에서 단기적인 국제관계의 차원에서 본다면 동북아 각국의 내셔널리즘은 미국의 헤게모니에 공모하는 거예요.

그런데 마치 한국에서는 한국의 내셔널리즘에 대한 비판이 미국의 헤게모니에 공모하는 것인 것처럼 얘기하죠. 그것은 현실에 대해서 너무 나이브한 겁니다. 마치 미국이라는 제국에 저항하는 내셔널리즘은 진짜 저항 논리라고 생각하는데, 한 꺼풀만 뒤집어 보면 미국의 헤게모니가 동아시아에서 작동하는 방식에 대한 이해가 너무 나이브하다는 거죠. 그런 점에서 내셔널리즘 비판이야말로 궁극적인 의미에서 미국 헤게모니에 대한 실질적인 도전이죠. 사실 이 점은 브루스 커밍스뿐 아니라 일본의 사카이 나오키나 우카이 사토시 같은 연구자들이 얘기한 바지요. 비단 일본의 경우뿐만 아니라 동아시아 전체를 놓고 볼 때, 그런 판단이 가능하다고 생각해요. 동아시아 삼국 간에 혹은 아세안 간의 민족주의적 갈등이 지속되는 한 미국 헤게모니가 개입할 수 있는 여지를 계속해서 준다는 겁니다. 물론 내셔널리스트들이 미국 헤게모니를 추인하려고 하는 것은 아니겠죠. 하지만 결과적으로 그런 상황을 가져온다는 것을 직시한다면 내셔널리즘 비판이 네오리버럴리즘에 어떤 정당화를 추인한다든가 미국 헤게모니에 동조한다는 비판은 조금 설득력이 없지 않을까 합니다. 저의 현실 진단이 잘못될 수도 물론 있겠습니다만.

이런 과정을 거치면서 제가 많이 듣는 게 "임지현은 이제 서양사를 떠났다, 임지현 왜 한국 얘기 자꾸 하냐"예요. 한국사를 하는 연구자들은 "니가 한국사를 뭘 아는데? 왜 자꾸 나와바리를 건드리느냐?"라고 하죠. 각각의 경계를 가진 국문학, 한국사, 서양사 이런 식으로 강고한 경계를 가진 조각난 학제가 성립된 것 자체가 국민국가가 요구하는 근대 학문체제의 성립 과정과 연결된다고 생각합니다. 오히려 우리 인문학자의 과제는 내셔널리즘 비판과 근대 국민국가를 넘어서는 새로운 학문적 공동체를 모색하는 것이라고 생각합니다. 분과학문 체제를 깨는 게 우선되어야 하지요. 그런 점에서 저는 오히려 자유롭습니다. "나는 역사가야. 나는 서양사 연구자 아니야." 그게 제 대답입니다.

아까도 얘기했지만 왜 '국사학과'가 따로 독립되었는지, 박정희 프로젝트라는 건 아는 사람은 알지요. 그런데도 다 눈 가리고 아웅입니다. 또 문학이면 문학이지, 국문학이라는 게 뭔가? 영문학도 마찬가지죠. 이런 식의 학제 자체가 깨져야 된다는 게 제 생각입니다. 한양대 비교역사문화연구소에서 하는 트랜스내셔널 인문학은 '학제간'(interdisciplinary)마저도 넘어서는 '탈학제'(post-disciplinary)를 이야기합니다. 그런데 대학은 안 되거든요. 학과별 교수들 이기주의 때문에 그렇게 하고 싶어도 안 됩니다. 한국사·서양사 경계도 못 깨는데, 과의 경계를 어떻게 깨요. 그런데 연구소는 가능하잖아요. 학진의 의도가 어떤 거였는지 상관없이 말이죠. 또 학진을 한국의 21세기 인문학자들이 전유하는 방식은 적어도 연구소의 연구교수나 연구원들의 배치라는 말은 좀 이상하지만, 이들이 하나의 네트워킹을 구성하고 학문공동체를 구성할 때 일단 그 학제를 깨는 작업을 해야 하지 않겠나 싶어요. 물론 아직은 선언적 차원에 그치고 또 내가 힘이 별로 없어서 효과는 없겠지만, 일단은 상징적인 의미에서라도 저희는 시작했고, 그렇게 할 것이고, 몇몇 큰 연구소들이 같이 해주면 판이 좀 바뀌지 않을까라는 생각이 있습니다.

김항 제도 비판이 말하자면 내셔널리즘 비판으로 직결된다는 것이죠?

임지현 그렇죠. 특히 학술제도가 그래요. 근대의 디시플린으로 구획된 인문학 체제가 사실은 근대 국민국가의 필요에 의해서 국가를 정당화하기 위해서 국사가 나오는 것이고, 민족문화를 본질화시키는 차원에서 국문학이 나오는 것이에요. 그런 것들을 깨는 작업은 역시 인문학의 기존 학문분과 체제를 깨는 것입니다.

　　사실은 제 생각도 계속해서 변해 왔지요. 처음에 '비교역사문화연구소'라는 것을 만들 때의 의도는 국가의 경계를 염두에 둔 것이었어요. 내 판단으로는 '서양'의 연구자들이 우리를 아는 것보다 '서양'을 아는 우리의 지식 수준이 더 높다는 것이죠. 그랬을 때, 우리가 저 친구들과 경쟁력을 갖기 위해서는 비교사밖에 없다고 생각했고, 대중독재 프로젝트를 통해서 어느 정도 가능성을 보았습니다. 두번째는 제 개인적으로는 국제무대에서 제가 가진 역량보다 더 과대평가되는 것이 있는데요. 그 이유는 딴 게 아니라 폴란드와 한국을, 동아시아와 동유럽을 같이 시야에 넣을 수 있다는 거죠. 왜냐면 영어·독어·불어야 웬만한 사람들 다 하니까. 거기에 한국어를 할 수 있다는 게 장점이 될 수 있고, 제가 폴란드어를 한다는 게 제 포지셔닝을 하는 데 굉장히 도움이 되었던 것 같아요. 다른 얘기지만, 모국어를 떠나서 트랜스링구얼한 공간 속에 자기가 늘 일상적으로 쓰는 언어까지도 위치시켜 보는 그런 작업은 연구자로서 반드시 거쳐야 하는 작업이 아닌가 싶어요. 어쨌거나 제가 트랜스내셔널한 공간에서, 한국과 폴란드를 함께 시야에 놓는 작업을 시도할 때 훨씬 호응이 컸습니다. 그것은 일국사의 두터운 진입 장벽에 어렵게 들어가는 것보다 효과적인 면도 크죠. 그래서 트랜스내셔널 인문학이 실천적인 측면에서는 한국에서의 내셔널리즘과 연결된 권력 담론을 깬다는 의미도 있지만, 인문학 내부로 좁혀 본다고 해도 한국의 인문학이 학문적으로 치고 나갈 수 있는 공간이 트랜스내셔널한 인문학의 공간이 아니겠는가라는 생각이 듭니다.

김항 혹시 또 저희가 말씀 들어 보고, 못 여쭤본 게 있으면 한양대로 가겠습니다. 오늘 많은 이야기 해주셨는데요. 긴 시간 동안 감사드립니다. 오늘은 이 정도로 정리하도록 하겠습니다.

이성시
역사학의 역사성을 생각한다

이성시는 일본 나고야에서 재일한국인 2세로 태어나 와세다대를 졸업하고 동대학원에서 고대 동아시아사와 한국 고대사를 전공했다. 일본 요코하마국립대를 거쳐 현재 와세다대 문학부 교수로 재직하면서, 와세다대 아시아지역문화 인핸싱 연구센터 조선문화연구소 소장을 맡고 있다. 고대동아시아의 국가 형성과 문화를 중심으로 동아시아 지역문화 연구에 힘을 쏟고 있다. 대표적인 저서로는 『古代東アジアの民族と国家』(岩波書店, 1998), 『古代朝鮮の考古と歴史』(雄山閣, 2002), 『アジア学のすすめ〈第3卷〉アジア歴史・思想論』(공저, 弘文堂, 2010), 『만들어진 고대』(삼인, 2001) 등 다수가 있다.

교보문고의 외진 서가에서 이성시의 『동아시아의 왕권과 교역』(김창석 옮김, 청년사, 1999)이라는 작은 책을 우연히 발견한 날, 이전까지 관심도 없던 고대사 분야의 이 책을 단숨에 읽어 버린 기억이 난다. 10년 뒤, 그 책의 저자와 한국 역사학계에 관한 이야기를 나누리라고는 생각조차 못한 채. 미셸 푸코를 연상시키는 필력으로 역사 연구의 새로운 길을 보여 준 이성시. 독일에서 기원한 근대 역사학에 공통된 점은 현재의 국가를 초시간적인 실재로 간주하여 고대로부터 현재에 이르는 시간을 모두 국민국가의 과거로 서술한다는 데 있다. 근현대 일본의 역사학이 패전을 겪은 국민국가 일본의 생존과 갱생이라는 맥락에서 과거를 다뤄 왔다면, 해방 후 한국의 역사학은 자주적 근대화의 입증과 탈식민주의라는 임무를 떠안고 지금에 이르렀다. 이성시는 이런 관점에 의문을 제기하고, 과거의 지층을 발굴함으로써 현재를 상대화하고 미래의 가능성을 최대한 넓히려는 것이 역사학 본연의 임무라고 생각한다.

이런 그의 역사관이 국민국가 비판과 연결되는 것은 필연이자 당연한 일이다. 국민국가 비판을 위해서는 타자와 마주하여 자기를 상대화하는 발상이 요청되기 때문이다. 그런 의미에서 이성시는 현재라는 자기 동일성을 과거라는 타자를 통해 상대화하는 보기 드문 역사학자이다. 우연히 서울에 체재하고 있던 이성시를 만날 수 있었던 것은 큰 행운이었다. 학문적으로 엄격하고 규범적으로 유연한 이 역사학자의 눈에 과연 한국 역사학계는 어떻게 비쳐졌을까?

『만들어진 고대』 집필의 일본적 맥락과 한국에서의 수용

김항 이성시 선생님, 인터뷰에 응해 주셔서 감사합니다. 우선 첫 질문입니다만, 선생님의 연구가 처음 한국에 소개되었을 때, 내셔널리즘 비판이라는 퍽 협소한 문제설정 속에서 수용되었다는 인상을 받았습니다. 거기에서 한국역사학에 내재하는 일종의 문제점, 내셔널리즘 연구가 아니라 내셔널리즘에 봉사하는 연구, 내셔널리즘을 학구적으로 비판하는 것이 아니라 내셔널리즘 비판에 봉사하는, 즉 '내셔널리즘'과 '내셔널리즘 비판'이라는, 어떠한 텔로스(telos, 목적인)에 봉사하는 형태를 띤 역사학의 존재방식이 엿보이지 않았나 생각합니다. 그런 점에서, 선생님의 저서가 소개되었던 시기나 그 후의 해석 등에 대해 말씀해 주시면 감사하겠습니다.

이성시 네. 조금 정확하지 않거나 돌려 말하게 될지도 모르겠습니다만, 2001년도에 한국에서 출판된 제 책 이야기부터 하겠습니다. 이 책에는 『만들어진 고대』(박경희 옮김, 삼인, 2001)라는 타이틀을 붙이며 한국적 맥락을 감안해서 기존 논문을 모아 어떤 메시지를 얹어 한국에서 출판했습니다. 하지만 거기에 실린 한 편 한 편의 글은 한국보다는 일본 학계의 문맥 속에서 쓰인 것이지요. 제게 있어서는 철저히 일본 학계의 문제였습니다. 「표상으로서의 광개토왕비문」을 예를 들어 보자면, 한편에서 70년대에 여러 한·일 고대사 관련 문제제기가 이뤄졌을 때 일본의 보수적 연구자들은 학문과 차원이 다른 민족주의가 연구에 영향을 주었다고 해서 "어리석은 민족주의적 이의제기"에 민감하게 반응하는 분위기가 있었고, 다른 한편에서는 일본의 전통적 학설을 뒤집으면 저절로 진실이 나온다는 식으로 파악하는 대립구도가 있었죠. 이런 일본 학계의 분위기나 구도를 어떻게 봐야 하나 하는 문제의식에서 쓴 논문입니다.

또 발해와 관련된 논문에 대해서라면 한국에서 제 의견에 대해 여러 부정적 반응이 있는 듯합니다. 그런데 이 논문도 80년대에 남북한·중국·소련 등에서 논의되던 발해사에 대해 일본 학계가 비주체적인 태도를 취한 데 대한 문제제기로 쓴 것입니다. 각 국가의 연구 내용을 깊게 음미하거나 검토하지 않고, 발해사는 한국이나 북한에서 주창하는 범주로 논해야 한다거나, 일본 학계 말고는 민족주의 사관이 발해사를 왜곡한다고 하면서 마치 일본은 언제나 중립적 입장에서 심판하는 입장을 취하는 연구 상황에 위화감을 느낀 거죠.

일본에서 고대사를 연구하면서 어제 일마냥 고대를 이야기하는 데서 비롯되는 위화감을 생각하게 되었고, 이것이 어느 시점엔가 제 안에서 분출되었던 것 같습니다. 그 시점은 70년대에 일본 인문·사회과학 패러다임을 격변시킨 이의제기가 있었던 때와 일치합니다. 물론 그 동기도 이때 생긴 거구요. 근대일본의 역사학은 일본인의 정체성 구성과 중첩되어 형성되었습니다. 고대사 연구도 물론 그랬고 전후에도 반복되면서 일본인의 한국인에 대한 모종의 우월감이 한·일관계에도 반영되어 있었습니다. 이런 것들이 70년대 초반 일반인 수준의 담론까지 포함하여 이의제기의 대상이 되었죠. 지금까지의 고대 한·일관계사가 이상하다, 어떻게 된 일이냐, 라고 말이죠. 아주 흥미로운 현상과 만났던 셈입니다. 딱 이 시기에 사학과에 입학한 저 자신이 그런 시대상황에 직면했고, 그것이 계기가 된 것이죠. 지금이라면 일본에서 고대사 연구란 근대의 ──국민 만들기가 아니라──신민(臣民) 만들기에 기여했고, 메이지시대부터 현재에 이르기까지

고대를 이용하면서 일본인으로서의 공통의식(共通意識)을 형성해 왔다고 말할 수 있겠죠. 그러나 당시 저로서는 무언가 확고한 역사의 진실이라고 생각했기 때문에 그런 이의제기가 충격이었습니다. 예를 들어 아직까지도 아스카(飛鳥) 지방에서 고대의 흔적이 발견되면, 그 뉴스가 주요 신문의 일면을 차지하지요. 이렇게 반복해서 국민의식 형성을 위해 고대사를 이용하고 있는데 아무런 의문도 없이 70년대까지 근대의 신민 만들기를 해온 셈입니다. 그러나 70년대에 아까 말했던 이의제기가 시민 수준에서도 있었고, 학계에서는 뉴 아카데미즘이라고 불리는 새로운 학문 조류가 출현한 겁니다.

이런 상황 속에서 『삼국사기』를 지인들과 읽기 시작했습니다. 고전 문헌 연구란 직접적으로는 현실과 전혀 연관될 수 없음을 깨닫게 되었죠. 한 글자 한 글자 해석하는 일이 그렇게 쉽지는 않을뿐더러 고전문헌 연구도 순수한 학문도 아닙니다. 아시다시피 니체는 고전문헌 연구자로서 현실에 대해 매우 신랄한 비판을 했습니다. 니체가 살던 시기에 신흥 독일이 통속적으로 고전을 이용하는 천박함이나 추함, 지적 타락에 대해 격렬하게 비판했습니다. 이런 식의 비판이 당시 일본의 고대사 논쟁 속에서는 매우 유효했던 것 같습니다. 그런 의미에서 문헌의 내용을 직접 현실에 연관시키는 것이 아니라 문헌 연구의 조류 자체를 비판하는 니체의 문제의식 비슷한 것이 있었던 것 같아요.

김항 고대를 다루는 일이 아주 특수한 맥락에서 이뤄졌다는 말씀이시군요.

이성시 네. 그러니까 지적하셨던 것처럼, 2000년대 한국의 내셔널리즘 비판이라는 문맥 속에서 제 연구가 호의적으로 받아들여졌다는 점이 저에게는 신기한 현상이었던 것이지요.(웃음) 처음에 말씀드렸듯이 제 연구는 철

저히 일본 역사학계의 맥락에서 비롯된 것이었고 그 연장선상에서 고대 한
·일관계나 조선사에 개입했던 것인데, 그런 문제상황 속에서 수행했던 작
업이 2000년대 한국의 학문상황과 부합했다는 데에 적지 않게 놀랐습니
다. 그런데 한편에선 이런 현상 속에서 한국 역사학에 내재하는 문제점이
보이는 것 아닐까 싶습니다. 즉 한국 역사학에 내재하는 문제점, 다시 말
해 역사학 자체에 대한 비판적이고도 현재적인 성찰이 상실되었다는 문제
점이 제 연구가 수용된 데에 드러나 있는 것 아닐까 하는 거죠. 이전 시대
의 문헌을 읽어 나갈 때에는 고대사나 역사 연구가 자신이 살고 있는 시대
상황에서 일정 부분 비판적으로 작용한다는 생각이 필수 전제로 요구되는
데, 그런 자세를 아마도 한국에선 찾아보기 힘든 것이 아닌가 합니다.

　한번은 무척 재미있는 일이 있었는데요, 일전에 최치원이라는 9세기
의 정치가이자 문필가, 그리고 당(唐)의 관료로 일했고 그후 고국 신라에
돌아와서도 관료로 활동한 문인이지요, 아무튼 그의 저작 『계원필경』(桂苑
筆耕)의 번역을 기념해서 사상과 행동을 검증하는 심포지엄이 열렸습니다.
최치원은 '위대한 문인'이라고 하여 '문창공'(文昌公)이라 칭송받고 있지
요. 그런 그를 받아들이지 않은 신라의 폐쇄적인 골품제가 그를 실망시켜
귀국 후의 행보를 규정했다고 일반적으로 알려져 있습니다. 실망의 배경
에는 신라에 고유한 신분제의 벽이 있었다는 것이 암묵의 전제인 셈입니
다. 그런데 그런 해석이 석연치 않다고 생각해 오던 중, 그 심포지엄의 총괄
토론에서 오랫동안 하와이대 교수를 역임하신 강희웅 선생이 지명되어 발
언하신 것을 듣게 되었습니다. 이분은 한국전쟁 후 20대의 나이로 미국에
건너가 워싱턴대에서 학위를 취득하고 하와이대에서 30년 이상 근무하셨
습니다. 한국 고대 및 중세사 연구자로서 미국의 한국 전근대사 연구에 큰
기여를 했고 많은 제자들을 길러 냈죠. 아무튼 이분이 지금까지의 최치원
에 대한 평가로는 그를 충분히 파악할 수 없는 것 아니냐고 문제제기를 하

셨습니다. 즉 12세 나이로 중국에 건너가 과거에 합격한 후 17년 동안 관료로 생활한 뒤에 한반도, 즉 신라로 돌아온 사람을 신라인으로 간주하는 일이 어려운 것 아니냐는 거죠. 그도 그럴 것이 최치원의 입장에서 생각해보면 12세 소년이 오랫동안 문명의 중심에서 교육을 받았으면 정체성에도 변화가 있었을 것이고, 그렇다면 경주로 돌아왔을 때 과연 자기 나라로 돌아왔다는 의식이 있었을까 하는 의문이 드는 셈입니다. 따라서 최치원이라는 사람을 생각할 때 선험적으로 '민족의 문인'이라는 관점은 성립하기 힘든 것이 아니냐, 그것은 강희웅 선생 자신의 인생과 겹쳤을 때 쉽게 이해되는 것 아니냐는 발언이었던 겁니다.

강희웅 선생님 뒤에 제 발언 기회가 있었는데, 최치원이라는 역사상의 인물을 생각할 때 '민족의 위대한 문인'이라는 식으로 생각하게 되면, 즉 '민족'을 내세워 자기가 보고 싶은 인물상을 겹쳐 버리면, 민족이라는 매우 애매모호한 역사적 산물이자 통속적 개념을 통해 민족 따위는 없었던 고대사회 속에서 살았던 최치원을 생각하게 되는 것이라 말했습니다. 민족을 매개로 하면 보이는 현실도 있지만 보이지 않게 되는 현실도 있습니다. 만약 현재의 한국 상황을 리얼하게 보면 최치원이 처했던 현실도 잘 보일 겁니다. 부모가 한국 교육체제에 의문을 느껴 어릴 때부터 영어권에서, 혹은 중국에서 공부시키고 있지 않습니까? 그런 현실이 한국에는 있죠. 혹은 오랜 기간 외국에서 연구 생활을 마치고 한국에 돌아온 사람들이 적지 않은데, 이 사람들이 한국사회에서 반드시 호의적으로 받아들여지는 것은 아닙니다. 전근대처럼 신분제가 있는 것도 아닐뿐더러 한국은 나서서 서구의 가치를 예찬하고 있는데도 말입니다. 그런 상황을 염두에 두면 최치원에 대한 평가가 그렇게 단순한 일은 아닌 것이죠. 그런 의미에서 현재에 대한 비판적이고 자기성찰적인 주체가 과거와 대화한다는 역사학의 본래성, 현재와 과거의 역동성 등 역사 연구의 중요한 에토스가 필요한 겁니다.

그런데 한국에서는 무의식중에 일종의 자기긍정적인 것을 과거로 소급시켜 생각하는 일이 만연해 있는 것 아닐까요?

'역사학'의 '역사성' : 19세기 패러다임으로부터 벗어나기

김항 그리스·로마시대 연구가로, 푸코와 가까웠던 프랑스의 폴 벤느(Paul Veyne)는 『그리스인들은 신화를 믿었는가』(김운비 옮김, 이학사, 2002)라는 책을 쓰면서, 자신의 역사학의 원칙으로서, 우선 고대가 지금과 얼마나 다른 생을 영위하고 있던 시대인지를 이해하는 것이 가장 중요하다고 말하고 있습니다.

이성시 저도 동의합니다.

김항 『사생활의 역사』라는 시리즈의 고대사 파트를 폴 벤느가 책임편집하고 있는데요. 책의 처음에 나오는 로마의 이야기가 쇼킹하달까──아마도 그런 효과를 노린 것이겠습니다만──로마에서는 아이를 얼마든지 버릴 수 있었다는 이야기를 합니다. 영아의 숨이 붙어 있어도, 그쯤이야 낳고 버린다 해도 전혀 무관심한 사회, 아이와 부모의 관계에 있어서는 꼭 핏줄을 우선시한 사회가 아니었다는 이야기를 길게 써 내려가고 있는 것이지요. 폴 벤느는 지금의 사회가 얼마나 이상한지를 말하고 있는 것이 아닙니다. 그는 얼마나 달랐던가 하는 것, 그러면서도 다르다는 점만을 강조하는 것이 아니라 과거에 다른 사회가 있었다고 한다면 인간을 이해하는 범주가 풍부해질 것이라 말하고 있다고 생각합니다. 인문학이 인간사회나 인간을 어떤 범주적인 분류 속에서 이해해 가는 작업이라고 한다면, 그러한 카테고리나 방법이 풍부해지는 만큼 그 내용 또한 풍성해지겠지요. 그런 의미에서 저는 선생님의 저서를 단순한 내셔널리즘 비판이 아닌, 과거를 입체적으로 서술할 수 있는 카테고리를 제공해 주는 것으로서 받아들였습니다.

예전 선생님의 책을 읽었을 때 말이지요. 그것이 내셔널리즘 비판이라고도 일컬어질 일종의 2차원적인, 평면적인 이해 속에 담겨 있던 것은 아닐까 합니다. 거기엔 선생님께서 말씀하셨듯이 일본 학계의 맥락도 있었으리라 여겨지고요. 또 중국이 동북부 지방을 자국 역사로 편입시키기(동북공정) 시작한 것도 1980년대였죠?

이성시 네. 발해사에 대해 중국이 자국사의 범주에서 북한이나 한국을 뚜렷이 의식하는 가운데, 혹은 변경의 소수민족 대책을 선취하는 듯한 연구들이 노골적으로 나오기 시작한 때가 80년대입니다. 그렇기 때문에 말씀하신 대로 본래 인문학이라는 것은 분명 가치의 발견이고, 가치의 축적인데, 그것을 매우 협소한, 현재 살아 있는 가치 속에서 무엇이든지 더듬어 찾아낼 수 있는 것마냥 하는 것은 아니라고 생각합니다. 조금 전에 말씀하신 것처럼, 한반도의 고대사도 지금의 상식으로는 설명되기 어렵지요. 그리고 현재의 한반도라 일컬어지고 있는 압록강 이남의 지역 역시 고대에 언어가 서로 통했는지도 알 수 없습니다. 생업이나, 또는 습속마저 다른데도 그런 것은 일단 보류하고 동일한 부분을 보자는 식의, 19세기 말부터 20세기에 이르는 어떤 현실적 요청이 오늘날까지 계속 이어지고 있습니다. 그런 점에서는 일본도 완전히 똑같은 것 같습니다. 19세기적 과제를 고대사는 계속해서 지연시키고 있다는 거죠. 제가 기뻤던 것은, 2000년대 한국에서 역사학이 아닌 전혀 별개의 전공을 가진 사람, 게다가 20대의 젊은 사람이 제 책을 읽었다든가 한번 만나보고 싶었다며, 학회에 찾아와 말을 건네 주었던 일입니다(웃음). 아, 완전히 다른 분야의 사람이 읽고서 재미있게 여겨준다는 것, 어긋나 버린 기존의 19세기와 20세기적인 과제나 가치와는 다른 측면에서 연구하고 있는 사람이, 당연한 일이겠지만 한국에서도 젊은이들 가운데 널리 나타나고 있다는 것을 실감하게 되었지요.

김항 저 역시 역사학 전공이 아닌지라 잘은 모르지만, 저희들처럼 사회과학이나 문화연구, 현대사상 등을 연구하고 있는 사람으로서는 푸코 같은 이의 저서와 선생님의 저서를 함께 읽었습니다. 선생님 저서들이 역사 연구서라기보다 '고대사'라는 학문 자체를 새롭게 보자는, 자기언급적(self-referent)인 연구라 여겨졌던 것입니다. 잘 몰라서 그렇겠지만 한국의 역사학 연구 가운데에는 그처럼 어떤 자기언급적인, 즉 자신이 서 있는 지반을 새롭게 보자는 식의 연구가 그다지 없었던 듯합니다.

이성시 지금 말씀하신 부분을 학생에게 어떻게 설명하면 좋을지 난감했을 때가 있습니다. 그때 문득 떠오른 것이 이렇게 예를 들면 어떨까 하는 생각이었습니다. 즉 어떤 게임에 참가한 사람, 가령 야구 선구가 어째서 쓰리 아웃으로 끝나는지를 두고 고민할 리가 없는 데다가, 또 그런 것을 고민한다면 야구 따위를 할 수는 없을 것이라고 예를 들어 말해 본 거죠. 제가 하고 있는 작업은 그렇게 게임 플레이를 하는 동시에 게임의 성립, 즉 룰을 의심하는 일일지도 모릅니다.

김항 네, 그렇죠. 그렇기 때문에 좀 전에 말씀드렸던 것처럼, 푸코나 괴델 등의 현대사상적인 맥락 속에서 선생님의 작업을 읽은 겁니다. 예를 들어 저희들은 초·중·고등학교에서 신라·백제·고구려의 통일이 남북통일과 거의 똑같은 의미의 것이라고 배웠습니다(웃음). 그처럼 의심할 여지가 없었던 것이고, 이런 의식은 여러 가지 내러티브 속에서 반복되고 있습니다. 드라마에서도 그렇고, 소설·아동서·영화·기타 등등, 최근에는 게임 같은 것도 마찬가지지요. 그런 감각이 반복되는 가운데 선생님께서 말씀하신 룰이, 연구자만이 아니라 대중에게까지 전복될 수 없는 것으로 고착되고 있지요. 그러나 역사학의 존재방식이란 바로 그러한 것 자체를 문제화하는 것이라 생각하며, 그런 까닭에 이렇듯 질문을 드리고 있는 것입니다.

이성시 한국뿐 아니라 일본에서도, 제 말이나 행동에 대해 '이게 뭐야?' 하는 분위기를 느끼고 있습니다. 이 사람을 어떻게 다루면 될지 모르겠다는 식의…….

김항 미국에서 공부하신 어떤 분이 선생님의 저서를 두고 포스트모던적이라 했다는 이야기를 어디에선가 들은 적이 있습니다.

이성시 1998년에 한국에서 장기체류했을 때부터 들던 이야기입니다.

김항 하지만 그건 아니라고 봅니다. 선생님의 연구는 앞에서 말씀하셨듯이 문헌학에 대한 니체적 비판, 문헌학이란 학문분과 자체에 대한 문제제기라고 생각합니다. 전공이 아니기 때문에 한국 역사학에 대해 발언하기가 망설여지지만, 읽고 있자면 그러한 관점이 매우 부족하달까요, 좀 전의 예를 빌려 이야기하자면, '왜 야구는 쓰리 아웃인가?'라는 의식이 너무 없지 않나 하는 것이지요. 좀 지나친 말이 아닌가 싶습니다만(웃음), 그 점에 대해서는 어떻게 생각하십니까?

이성시 일본의 식민지 통치를 합리화한 식민지사관을 극복하기 위해, 또 일제가 한민족을 부정한 언설을 넘어서기 위해 민족 이데올로기의 회복은 해방 후 커다란 과제가 되었죠. 이때 남북한에서는 역사 연구가 매우 강력한 체제수호 이데올로기로 작용해 왔습니다. 그렇기에 그런 자기근거를 파괴하고 회의하기 위해서는 너무나도 큰 비용과 위험을 감수해야만 했죠. 아마도 그런 사치스런 여유가 없었을지도 모르지요.

김항 탈식민화라는 상황구속적인 의식이 강했다는 데에서 기인하는 게 아닌가 합니다. 양의적이었던 것이지요, 탈식민지화라는 점에 있어서 말입니다. 즉, 그 노선 아래 현재 같은 근대적 국민국가의 수립이 가능했다는 부분은 인정해야겠지만, 그렇게 되면 국민국가라는 룰이 마치 고대부터 존속해 온 것인 양 착시현상이 일어납니다. 그래서 그 룰이 일정 시점에 만들어진 것이라는 점을 간과하게 된 듯합니다.

이성시 네. 저 역시 그렇게 생각합니다. 그렇기 때문에 사치스런 여유가 없었다기보다는 오히려 여러 탈식민지화의 가능성이 많이 있었을 텐데 왜 한 방향으로 흘렀을까를 물어야죠. 역시 한국전쟁의 영향일까요? 역사 연구를 보더라도, 동시기 일본 인문학이나 사회과학이 파고든 방법으로는 다른 가능성을 찾기란 불가능합니다. 50년대 일본 역사 연구자나 사회과학자의 문제제기를 보고 있자면, 이때 남북한과 일본은 다양한 가능성을 잃었다고 말할 수 있지 않을까요. 다른 많은 선택지가 있었을 텐데 말이죠.

50~60년대의 지역질서와 내셔널리즘

김항 지금까지 이야기는 19~20세기의 질서가 역사 연구의 틀거리가 되었다는 것이었습니다. 특히 한국전쟁 이후 미국 주도의 지역질서가 연구 자체를 지배해 버렸다고도 할 수 있겠습니다. 일본의 경우 47년도와 53년도를 비교해 보면 지역질서를 파악하는 방식이 전혀 달라집니다. 즉 샌프란시스코 강화조약(1951) 이전에 추구되었던 동서 어느 쪽에도 가담하지 않는 중립국 구상은 어느샌가 사라져 버립니다. 역사학에도 이런 변화가 고스란히 반영되어 있는 것 같은데 어떻습니까?

이성시 네, 저도 그런 역사적 추이의 파악방식에 공감합니다.

김항 50~60년대, 그 시대의 지역질서라는 것이 내셔널리즘을 규정하고 있다고 봐도 괜찮을는지요?

<u>이성시</u> 네, 그렇게 말할 수 있겠지요. 일본의 동아시아론은 결정적으로 50~ 60년대 현실의 위기의식 속에서 등장하는 지역설정이자, 세계사의 방법론 이기 때문입니다. 이미 여기저기서 쓰고 말했던 것입니다만, 우에하라 센 로쿠*라는 사람은 독일 중세사 연구자로 독일인과 동일한 방법론으로 연 구를 했던 사람입니다. 그래서 다음과 같이 말할 수 있었던 것이겠죠. 그에 따르면, "세계사란 유럽인의 세계사가 있듯 우리들의 세계사 역시 있을 수 있는 것"이고, 그것을 사고하기 위해서는 철저하게 현실의 문제로부터 세 계사를 생각하지 않을 수 없다고 합니다. 따라서 현재 우리 일본인이 직면 한 위기가 무엇인지를 묻는 것이고, 그 현실적인 위기란 패전 이후 미국에 종속된 채 일미안보조약을 강요당하고 있는 상황입니다. 그래서 이 종속 을 어떻게 극복하면 되는가가 현재의 과제가 되는 것이죠. 아시아, 아프리 카가 제각기 독립해 있는 상황 속에서 일본이 미국에 종속되어 있으면 결 코 아시아나 아프리카 국가와 직접 마주하여 연대할 수 없고, 미국에 종속 되어 미국을 통해서만 아시아나 아프리카 국가들과 만나게 된다는 인식이 이로부터 나옵니다.

이런 종속 아래에서 이뤄지는 만남이란 한국·대만·동남아시아 국가 에 대해 미국의 정치적 영향력을 일본이 대신해서 끼치게 된다는 것이죠. 그에게 보다 심각한 문제는 미국의 정치적 영향력이 행사됨으로써 베트남 이 분단되고, 중국에 두 개의 국가가 생겼고, 일본에 '55년 체제'가 들어서 고, 한반도가 분단되었다는 현실이었습니다. 이것이야말로 동아시아 지역 모순의 핵심 부분입니다. 이 문제를 해결하기 위해서는 현재만이 아니라 이 지역의 역사적인 형성과 변용을, 즉 이 지역의 독자성을 역사적으로 파

---

* 우에하라 센로쿠(上原專祿, 1899~1975). 오스트리아의 빈 대학에서 유학한 일본의 중세 유럽 사 연구자이다. 1959년 일미안전보장조약 개정에 반대하며, 시미즈 이쿠타로(清水幾太郎)·이 에나가 사부로(家永三郎) 등과 함께 안보문제연구회를 결성했다.

악하자는 관점으로 현재의 문제를 생각해야 한다는 것이 그의 관점이었습니다. 이런 발상으로 이 지역의 위기나 모순 해소가 현재적 과제라고 파악된 것이고, 당시 그가 고등학교 세계사 교과서를 작성할 때 동아시아 지역을 세계사적으로 파악할 필요가 있어서 동아시아 지역을 역사적으로 개괄하게 됩니다. 이 교과서의 동아시아 전근대사 서술을 담당한 것이 니시지마**였구요.

김항 니시지마 사다오 씨 말입니까?

이성시 네. 그런 식의 문제 구성이죠. 동아시아란 한자를 공용하는 문화권역이자 책봉(冊封)이라는 독자적 정치 시스템이 기능하는 정치권역이었고, 이 문화권역과 정치권역의 중첩이 동아시아 세계를 구성했다는 겁니다. 그것이 20세기 초에 붕괴되어 버리자 그 후의 질서 속에서 일본이 만국공법을 내세워 이 지역에 일본을 중심으로 하는 자기중심적인 질서를 만들기 시작했다는 가설이죠. 그리고 그 일본이 파멸한 뒤 이 지역에 미국이 개입해서 현재의 질서를 만들어 냈는데, 어떻게 하면 주체적인 지역형성이 가능할 것인지를 생각하기 위해 동아시아라는 틀을 역사학에 가지고 들어온 매우 실천적이고 도전적인 가설이었습니다. 다만 지금 생각해 보니 역시 이 가설에는 일본 국민을 위한 세계사를 어떻게 구상할 것인가 하는 문제의식이 강하게 들어 있었습니다. 그래서 결국 동아시아론에 내셔널리즘이 무의식중에 개입해 있었다고 볼 수 있죠.

** 니시지마 사다오(西嶋定生, 1919~1998). 명·청의 사회경제사 연구부터 시작한 중국사학자로 후에 고대사로 연구 분야를 옮겨, '중화제국책봉체제론'을 주창, 야마타이코쿠(邪馬台国) 북큐슈설(北九州説)에 관여했다. 주저로는『중국고대제국의 형성과 구조:20작위제에 대한 연구』(1961)가 있다.

김항 네. 결국 탈식민지화의 방법이든 전망이든, 경로가 그리 많지는 않았다고 하더라도 여러 선택지가 있었다는 것이군요. 일본을 예로 말하면 '전면강화'나 '단독강화'로 일컬어지는 일종의 지역질서 구상, 한국의 경우로는 남북한 각각의 단독정부 수립이냐, 통일국가의 수립이냐 하는 것이겠지요. 결국 해방 후 역사학은 탈식민화의 과제와 더불어 이런 선택지 중 하나를 선택한 결과물인 셈인 것 같습니다.

이성시 그렇습니다.

동아시아론을 다시 생각한다

김항 그 가운데 선생님께서 방금 자연스럽게 동아시아론을 언급하셨는데요. 요컨대 한국의 내셔널리즘에는 한편으로는 탈식민지화, 다른 한편으로는 여러 선택지들 중 하나의 선택, 즉 하나의 이데올로기를 선택했다는 양면이 있는 것 같습니다. 그리고 그런 편향된 이데올로기로서의 내셔널리즘을 탈식민화라는 이유로 옹호·정당화해 왔던 거죠. 이처럼 '편향된 것'이 은폐되고, 오히려 그것이 탈식민지적·민족주의적인 것으로 분식돼 왔다 볼 수 있습니다. 그러다 90년대 후반 들어, 이러한 내셔널리즘에 대한 비판이 실제 사회주의권의 붕괴와 같은 내외의 영향 속에서 현실에 등장했습니다. 즉 '내셔널리즘이란 편향된 이데올로기의 산물이 아닌가' 하는 물음이 등장한 거죠. 그에 대한 하나의 대안으로 동아시아론이 한국에서 출현했을 때, 그건 선생님께서 말씀하신 일본의 50~60년대 맥락과는 또 다른 것 같습니다.

이성시 다르지요.

김항 그럼에도 뭔가가 다시 반복된다는 느낌입니다. 물론 맥락도, 언어도, 또한 책임을 짊어진 사람들의 문제의식도 다르겠지만, 우에하라 센로쿠나 니시지마 사다

오와 같은 형식으로는 아니더라도, 동아시아란 초역사적인 공동체랄지, 지역질서를 가지고 있기 때문에, 서양의 지역질서 속에서 한 번 붕괴된 뒤의 이러한 지역질서를 어떻게 재건하는가라는 담론구조가 이루어져 있지 않나 합니다. 선생님의 작업은 그에 대해 상당히 비판적인 시선을 던지고 있는 것이죠?

이성시 네, 그렇게 말할 수 있겠지요. 지금대로 가면, 대동아공영권과 같은 폐쇄적인 것으로야 되지 않겠지만, 미국이 꺼리고 있는 것처럼, 좀더 쉽게 말해, 자칫 잘못하면 국민국가의 확대판과 유사해져 버린다고 생각합니다. 동아시아라는 지역을 이야기하는 것이 말이지요. 그것을 앞 절에서 말씀드렸던 지금까지의 제 고대사 연구의 맥락에 꿰어 보면, '동아시아를 무엇 때문에 이야기하는가' 하는 것을 다시 한번 검토할 필요가 있다고 할 수 있겠습니다. 최근에는 그렇게까지 구체적인 내용을 언급한 적이 없었지만요. 그럼 왜 지금 동아시아라는 지역을 설정해서 역사나 사회·문화·정치를 이야기해야만 하는 걸까요? 만약 이 지역의 융화와 반영이 국민국가의 확대판이 된다면, 초래될 폐해란 각 블록 사이의 격렬한 대립과 경쟁일 겁니다. 그래서 오히려 이 지역을 보다 깊이 있고 철저하게 설정하는 일이 이 지역이 공통적으로 가지게 되어 버린 여러 가지 문제들을 해결하기 위한 틀이 되지 않을까 하고 생각합니다.

무슨 이야기인고 하니, '우리들은 한자(漢字)라는 커뮤니케이션 수단을 통해 한역불교*나 종교·정치사상·유교, 또는 율령이라는 법률 등 이 지역의 사회를 떠받치고 있는 것을 모두 공유하고 있지. 그러니 함께 해나

---

* 한역불교(漢譯佛敎). 인도 및 서역에서 중국으로 전해진 불교 경전이 차례로 한역(漢譯)되고, 이것이 같은 한자문화권인 한국·일본·베트남 등지로 전개되어 성립된 동아시아 불교를 가리킨다. 이 한역불교권에 전해진 불교의 중심적 교리가 대승불교이기 때문에 대승불교권이라고도 일컫는다(이태승, 「인도불교의 주변 전개」, 『불교신문』 2181호, 2005. 11. 23).

갈 수 있어'라는 걸로는 안 된다는 말입니다(웃음). 오히려 그런 공통의 요소를 동원하는 일은 예컨대 이 지역의 사형 문제를 생각할 때 도움이 됩니다. 전근대의 이 지역에서는 사형에 대해 매우 교묘한 시스템을 가동하면서 실제 사형에 이르지 않도록 하는 전통이 있었습니다. 적어도 19세기까지는 정작 사형이라는 형벌에는 이르지 않는 공통성이 있었다는 실증 연구가 있죠. 반면, 이 지역 이외의 소위 그리스도교적 세계에서는 신의 이름 아래 얼마든지 살해할 수 있었죠. 제멋대로, 신의 이름하에, 신의 이름만 사용한다면. 그런데 그들이 신을 살해한 후에는 사형에 대해 굉장히 회의적으로 변해, 지금 그리스도교를 신앙으로 삼고 있는 유럽에서는 대체로 사형을 용인하지 않게 되었습니다. 그런데 이런 변화에 호응이라도 하듯 동아시아 문화권이라고 불리는 일본·한국·북한·중국·타이완·베트남·싱가폴·홍콩은 국민의 70~80퍼센트가 사형에 동의를 표하고 있습니다. 이러한 지역 차원의 역전현상에는 전근대에서 근대로의 이행이 깊이 관여하고 있다고밖에는 말할 여지가 없지요. 전근대에는 사형이 없었으니까요. 왜 국민적인 규모로 사형을 용인하는가? 사형 문제 이외에도 이 지역에서는 낙태를 아무렇지도 않게 인정하고 있습니다. 이러한 생명윤리에 대한 사고방식이 어째서 공통되는 것인가. 적어도 전근대에는 이와 같은 양상이 아니었지요. 생명윤리에 관해서는 말입니다. 불교나 유교적인 사고방식을 상기해 보면 사형이나 낙태를 허용할 리 없습니다. 따라서 근대 이후 이 지역의 질서가 무너진 뒤 여러 방식에 따라 변용된 것이 무엇이었는지를 검증할 때, 이 지역의 공통성을 인식하는 일은 매우 유효합니다.

김항 결국 과거로부터 전수된 어떤 문화나 문명이 아니라, 근대 이전과 이후의 변화가 공통으로 나타나는 지점에 주목해야 한다는, 그것은 결코 한 나라 단위에서 검토해서는 알 수 없다는 말씀이신 것 같습니다.

이성시 불가능합니다. 전근대도 그렇지만, 근현대에 이르러서도 지역 차원의 연쇄나 상호학습이 있었다고 봅니다.

김항 그러한 논의가 단순해져 버리면, 동아시아란 단위를 설정하는 것이 필요한가, 필요하지 않은가부터 시작해서, 동아시아란 실은 실체가 없는 것이라는 식의, 일종의 '유-무'론, '필요-불필요'론과 같은 논쟁이랄까, 언쟁이 되어 버리는 것 같아요.

이성시 그런 점이 있지요.

김항 하지만 선생님께서 말씀하셨던 문제적인 관점에서 접근하면, 그러니까 있느냐 없느냐, 필요하냐 아니냐가 아닌, 현재 무엇이 요구되고 있는가라는 문제의 관점에서 보면, 동아시아에 공통된, 혹은 동아시아에 편재된 가치관·제도나 사람들의 윤리관이라는 것을 마주 대하지 않을 수 없다는 얘기군요.

이성시 네. 그러니까 생명윤리의 문제만이 아니라, 왜 이 지역은 인종차별주의가 만연한 것인지, 부권적인 것을 절대 부정하려 들지 않는 것인지 등, 이 지역의 특징이라 할 만한 것들은 얼마든지 있다고 저는 생각합니다.

김항 예를 들어 왜 동아시아는 개발독재가 이렇듯 동형적으로 나타나는가라는 관점에서 일본의 메이지 근대화를 볼 수 있겠지요.

이성시 그걸로 충분히 설명할 수 있겠습니다.

김항 이럴 때의 동아시아는 전제로서 간주되는 것이 아니라 문제적으로 파악되는 것이구요.

이성시 동아시아의 동형성이란 전근대라기보다는 역시 근대의 문제입니다. 유럽의 조숙한 문명을 철저하게 받아들였던 수요자로서의 일본이 이 지역에서 독자적으로 개발해 낸 것이 조선에 대한 식민지 통치로 공유되죠. 그것이 1945년 이후의 한국·북한·중국에서 되풀이되어 사용됩니다. 그런 맥락 속에서 전근대를 현재적 관심하에서 이용하는 특정한 방식이 정착하게 되죠. 그렇기 때문에 이 지역에서 발생한 문제가 어디에서 유래하는 것인지, 그조차 자각할 수 없게 된 것은 아닌가 합니다.

한국 역사학의 자명한 전제를 되묻는다

김항 아마도 문제는, 전근대라는 시대 속에 어떠한 제도나 가치가 실재했는가 하는 것보다도, 전근대를 '소환하는' 방법의 동일성에 있겠지요.

이성시 말씀하신 그대로라고 생각합니다.

김항 그 방법은 역시 일본에서 비롯되어 동아시아 지역을 지배하게 된 것 같습니다. 19세기부터 20세기 초두에 걸친 일본 미술사가 전형적이죠.

이성시 그렇습니다. 근대일본이 과거를 소환해 온 방식에는 패턴이 있지요.

김항 저처럼 현대사상에 발을 딛고 거기서부터 무언가를 연구해 가는 입장에서 보자면, 전근대의 전통을 날조했다든가 창조했다고 하는 문제가 아닙니다. 그렇게 이야기하는 틀, 즉 전근대와 근대의 연속성이나 불연속성을 이야기하는 모종의 틀이 있다는 것이 오히려 문제죠. 마루야마 마사오의 저작에서는 무척 동감되는 탁월한 부분도 보입니다만, 그런 마루야마조차도 과거를 소환하는 방식에서는 빠져 나가지 못하는 것 같습니다.

이성시 말씀하신 대로입니다. 정말 그대로라고 생각합니다. 제가 마루야마에 대해 위화감을 느꼈던 것은 '통주저음'*이라는 사고방식입니다. 이것도 패턴화의 일종이지요.

김항 그렇습니다. 뭐라고 해야 할까요. 60년대 중세사라든가, 아마 아미노**가 등장하기 전이겠지요. 또 맑스주의 전성기, 그런 부분을 다시 한번 재검증할 필요가 있습니다. 한국의 역사학을 예로 말하면, 결국 조선사를 어떻게 쓰느냐, 특히 조선 후기를 어떻게 쓰느냐는 것이 아직까지도 문제시되고 있습니다. 물론 제가 내용적인 부분에 대해서야 말씀드릴 수 없습니다만, 선생님께서는 어떻게 생각하시는지요?

이성시 저도 함부로 말할 수가 없군요. 그간의 방대한 축적이 있는지라, 지금 어떤 것들이 이야기되고 있는지 충분히 파악하고 있지 않아서요. 다만, 거시적으로는 근대에 대한 의혹이 전혀 없는 것 같습니다. 한국의 역사학계에는. 근대에 대한 접합을 말끔히 이끌어 낼 만한 곳이 조선후기사회에 있었다는 방향으로 연구가 진행되고 있다는 것 자체는 틀림없다고 생각합니다. 그것은 결국 일본의 식민지기 역사정책에 대한 비판입니다. 초대 총

---

* 통주저음(通奏低音). '근저에 지속되는 음조'라는 뜻으로, 1970년대부터 마루야마 마사오가 주창한 개념이다. 일본적 사고방식에는 고대로부터 현재에 이르는 독특한 시간 관념이 있고, 그것이 일본의 진정한 근대화를 저해하고 있다는 관점을 은유로 나타낸 것이다.
** 아미노 요시히코(網野善彦, 1928~2004). 일본중세사 연구자로 천황을 정점으로 하는 농경민의 균질적인 국가라 간주되어 왔던 기존의 일본상에 의문을 던짐으로써, 일본중세사 연구에 커다란 영향을 끼쳤다. 또한 중세로부터 근세에 이르기까지 역사적인 백성 신분에 속했던 것이, 결코 농민만이 아닌 상업·수공업 등의 다양한 생업종사자였음을 실증한 것으로도 유명하다. 일본사학에 민속학적 관점으로 접근하여, 일본사학에 학제적 연구방법을 도입한 공적이 인정되고 있다.

독 데라우치 마사타케가 개시한 일제의 역사정책은 "대한제국, 조선왕조가 이대로 일본의 후원 없이는 운영해 나갈 수 없는, 근대사회를 자력으로는 맞이할 수 없는 사회임을 우리들이 말해야만 한다, 공명적확한 역사학의 방법으로 이를 뒷받침해야만 한다"는 것이었습니다. 그래서 한국 역사학은 이 식민지 사학을 비판해야만 하는 탈식민주의 역사관이라는 대전제를 가질 수밖에 없었죠. 그런데 이 주박(呪縛)이 근대를 괄호에 넣는 일을 어렵게 만들었고, (지금도) 만들고 있는 것 아닐까요?

김항 하나의 역사의식이 근대적인 것이라고 한다면, 역사의식이 태동했을 때부터 그 주박이 생겨난 것이랄까요.

이성시 그렇지요, 그렇습니다. 근대의 역사학이 지구상의 여러 나라에서, 특히 서유럽에서 일었을 때, 그때 그 주박을 끌어안아 버린 것이라고, 근대 역사학의 시발 단계에서 그 주박을 끌어안아 버렸다고 말할 수 있겠죠.

김항 그것이 한국에서 증폭되는 것 같습니다. 현재까지도 주박에 구속되어 있는 듯하구요. 이번에 한국근대사를 연구하고 계신 분을 인터뷰하려 했는데, 좀처럼 마땅한 분을 찾을 수가 없었습니다. 근대사, 고대사도 좋습니다. 결국 학설사를 말하는 것인데, 연구하시는 분이 없습니다. 이를테면 앞의 예처럼 야구의 룰 자체를 다시 보려 하는 분이 안 계시죠. 젊은 세대, 즉 저와 동세대거나 저보다 조금 어린 세대는 이제 막 학설사 연구를 해오고 있습니다만, 중견 연구자 중에는 안 계십니다. 그 때문에 그분들에겐 의혹이 없지요. 그래서 그분들에게 역사학의 문제란 무엇인가 하면, 극단적으로 말해 '없는' 것이죠. 역사학에 문제란 '있을 리 없다'는 말입니다.

이성시 즉 문제가 없는 것처럼 보이게 되어 버리고 있지요. 프랑스의 예가 있는지라 경솔하게 말할 수야 없지만, 심각한 점은, 역사 연구에 이렇듯 풍부한 재정지원을 하는 나라가 (한국 말고) 또 있겠느냐는 것입니다.

김항 그렇지요. 역사학 이외의 분야에 있는 사람이 자주 하는 말이긴 합니다만, 역사학 연구자는 박사논문을 아주 늦게 씁니다. 40대에 쓰지요. 저희들은 30대 중반에 박사논문을 써야만 합니다. 취직 등의 문제도 있으니까요. 거꾸로 말하면 역사학 연구자는 그때까지 생계가 꾸려진다는 것이지요. 박사과정을 수료하고 국가 기관이나 박물관 같은 곳에 취직한 뒤, 그곳에서 일하며 여유롭게 논문을……

이성시 뭐, 여유롭게 쓰는지 아닌지는 모르겠습니다만(웃음).

김항 요컨대 그런 시스템이 있는 것처럼 보인다는 말입니다.

이성시 공범관계인지 아닌지는 모르겠습니다만, 일본의 책임 있는 자리에 있는 인물이 역사에 대해 망언을 한다거나, 중국이 동북공정 같은 프로젝트를 발동시키거나 하는 바람에 한국 역사학자들은 그런 현실에 대응하는 일이 잦아졌죠. 그래서 스스로의 역사 연구를 영위하는 데 대한 근본적인 회의를 갖지 못하게 되는 환경에 놓인 것 아닐까 싶습니다. 이것이 행인지 불행인지는 알 수 없습니다만. "왜 그런 것을 연구대상으로 삼아야 하죠?"라고 할 정도로, 자기의 분야를 자명시하는 듯한 연구환경이랄까, 좋고 나쁘고는 떠나서, 그런 환경이 자동적으로 지속되어 버린 것이 아닐까요.

김항 개인적인 일입니다만, 선생님이 계신 곳으로 유학을 갔던 후배가 있었습니다. 그 친구와는 중학 시절부터 오랫동안 알고 지내왔는데요. 그 친구는 학부 때, 모 대학 국사학과에 들어간 뒤로 쭉 거기에 있었지요. 그 친구는 당시 자주 역사학회에 대한 불만을 이야기하곤 했습니다만, 그것을 듣기만 했던 저로서는 역사학회의 분위기가 어떤 것인지 실감할 수 없었습니다. 그런데 한국으로 돌아와 이제 2년 정도 지나 옆에서 지켜본 바로는 한국 역사학의 분위기가 그에게는 갑갑했겠구나 하고 느껴집니다. 그래서 그 친구가 일본으로 가고 싶어 했던 것 같습니다. 원래대로라면 그 친구는 국사학과를 졸업하고 조교를 하고 있을 테지요.

이성시 그렇게 들었습니다.

김항 그리고 국가기관에 취직해서, 그런 길을 가려나 싶었는데, 역시 불만이 있었던 모양입니다. 젊은 연구자인 그로서는.

이성시 역사학이 교의적인, 그러니까 무언가 올바른 것이 어딘가에 있어서, 그것을 확실히 배워 넓히지 않으면 안 된다는 분위기를 한국의 역사학은 가지고 있는 듯합니다. 재미있는 일이 있었는데요, '동북공정'에 대한 논의가 일었을 때, 한국 역사학자 중 한 사람인 제 친구가 자기 대학의 역사학과 신입생들에게 고등학교 때의 역사교육이나 교과서에 대해 자유롭게 써 보라고 했답니다. 그러자 학생들은 어린 시절에는 그렇게도 재미있게 느껴졌던 역사가 배우면 배울수록 이렇게 재미없을 수가 없었다고 말하거나, 한국의 우월성만 강조하는 교과서 서술은 이상하다고 했답니다. 이 연구자는 이 에피소드를 글로 발표했는데, 여러 학생들의 의견을 인용하면서 발해인이 한국의 발해사 서술을 읽으면 슬퍼서 울 것이라고 썼습니다. 교의적인 역사교과서 서술에 학생들이 솔직한 거부반응을 보이고 있음을 짐작케 합니다.

김항 즉 어떤 정통성이 지배하고 있다는 것인가요?

이성시 거기에서 벗어날 수가 없다는 겁니다. 이는 재미로 치부할 문제가 아닙니다. 배우지 않으면 안 되는 것이든, 하지 않으면 안 되는 것이든, 그 것을 자유롭게 논의하여 여러 가지 해석의 가능성을 추적하는 데에 이르지 않는다면, 아주 협소한 룰, 강고한 룰 속에서밖에 할 수 없는 것이 되어버리지요.

한일 간 인문학 교류의 문제점

김항 어떤 학문에나 그러한 부분이 다소 있겠습니다만, 역사학의 경우는 너무 노골적인 것처럼 느껴집니다. 이쯤에서 다른 질문으로 옮겨가고자 합니다. 저는 일본에서 5년 반 정도 유학을 했는데요. 그 시기 마침 많은 수의 한국인 연구자들이 일본에 와 있어서, 도쿄대의 포스터에서 매월 한국인 연구자를 볼 수 있을 정도로, 정말 믿을 수 없을 정도로 많은 분들이 오셨지요. 그리고 한국에 돌아와서, 연구회나 학술회, 심포지엄 등의 안내 메일을 보면 이번엔 일본인 학자가 참가하지 않는 모임이 거의 없는 겁니다. 조금 과장해서 말하면, 매월 한 번 정도는 있는 것 같습니다.

이성시 아뇨, 정말 그렇습니다.

김항 특히 역사학에서는 여러 층위에서 교류가 이루어지고 있는 듯합니다. 그래서 '이러한 교류에 의해 과연 양국의 무엇인가가 변했는가' 하는 것이 질문입니다. 이를 두고 '좋았다, 나빴다' 하는 식의 이분법적으로는 말할 수 없을 것 같습니다. 제 솔직한 느낌으로는, 한국에서의 상황은 일단 접어 두고 말하면, 일본의 연구자가 한국의 연구자와 교류해서 자기의 관점을 변화시켰다는 예는 별로 본 적이 없습니다. 저는 그리 교류가 없었습니다만, 특히 조선사, 조선학회 쪽을 보면 한국의 연구 성과를 그렇게 이용하고 있는 듯이 보이지는 않습니다. 한국의 연구자 역시 마찬가지로, 일본에서 발표된 조선사 연구나 문학 연구를 그다지 많이 보지 않습니다. 그런데도 사람들은 교류를 합니다. 이런 상황이 계속 이어지고 있지 않나 싶은데요?

이성시 저도 기본적으로 대개 같은 곳에 적을 두고 있는 터라 그런 비슷한 인상을 받습니다. 예를 들어, '한일역사공동위원회'라는 것이 있지요. 저는 양국의 연구자 대다수──한국 측은 절반 정도, 일본 측은 대부분──와 면식이 있어서 자주 이야기를 나누는 사람이 양국 모두에 있습니다. 그런데 양국 연구자들은 서로에 대해 저치들은 어쩔 도리가 없다고들 말하곤 합니다. 저와 거의 같은 시기에 공부한 사람들이 한국 역사학자들은 전혀 변하지 않았다고 합니다. 그들은 한국의 사정에 밝고 빈번히 한국에 오기도, 심포지엄에 참가하기도 하는 사람들입니다. 비대칭적이라고나 할까요, 양자의 위치관계가 역사 연구에서는 똑같은 국제학회의 멤버로서 동등하게 논의할 수 있게끔 되어 있지 않습니다. 솔직히 느껴지는 인상은 그렇습니다. 제가 알고 있는 일본 연구자들은 한국의 연구로부터 영향을 받아 변했다기보다는, 오히려 무의식 중에 이런 교류를 통해 소박한 불신감을 오히려 강화하고 있는 것 아닌지 염려됩니다.

김항 한국의 역사 연구자와 직접 만나게 됨에 따라, 자기의 내면에 있었던 것이 보다 강화된다는 말씀인가요?

이성시 네, 강화되지요. 한국의 연구자, 특히 젊은 사람들이 일본에 유학해서 생기발랄하게 활약하고 있는 모습은 보이는 데 반해, 일본의 젊은 사람이 한국에 건너가 연구해서, 지금까지 제기되지 않았던 일본의 문제, 그것을 내포한 역사 연구가 자유로워졌다든지 해방되었다는 인상은 별로 받지 못했습니다. 조금 이상한 표현이지만, 그렇게 완고하지 않았던 사람이 완고해져 버리거나, 한국의 학회 사정을 잘 알고 있는 사람이 자신의 흥미를 끌었던 부정적인 부분을 쓰거나 말하곤 하지요. 이러한 이상한 일이 일어 나고 있습니다. 교류가 깊어질수록 상호이해가 풍성해지느냐 하면 꼭 그 렇지만도 않은 부분이 유감스럽지만 있는 것 같습니다. 물론 그것이 전부 라고는 말할 수 없지요.

김항 이런 문제를 이야기할 때 전제로서 한국의 인문학과 일본의 인문학이 양적· 질적인 부분에서 보이는 차이를 인정해야만 한다고 생각합니다. 제가 보기에, 일본 의 인문학은 미국에 필적할 만큼 양적·질적으로 축적되어 있습니다. 자료 면에서 나 연구성과적인 면에서나, 모든 분야에 걸쳐 한국의 연구현황보다는 몇 단계 앞서 있는 것 같습니다. 그러니 일본의 인문학 연구로부터 새로운 자원이나, 더욱 파고 든 방법론, 자료를 가져오는 것은 당연하겠지요. 다만 인문학 속에 축적된 정도, 능 력의 차이, 즉 힘의 차이와는 별도로, 한국이라는 국가 혹은 지역이라고도 할 수 있 겠습니다만, 이 지역, 이 프리즘을 통해서 일본을 뒤돌아본다거나 하는 일은 꼭 필 요합니다. 교류는 그래서 하는 것이라 생각합니다. 한국 역시 마찬가지로, 일본의 프리즘을 통해 한국을, 한국학(Korean studies)을 재고할 필요가 있습니다.

이성시 저도 완전히 동감합니다. 최근 박노자 씨가 쓴 『왼쪽으로, 더 왼쪽으 로』(한겨레출판, 2009)라는 책을 읽고 쇼크를 받았습니다. 이거라면, 이러한 한국론이라면, 한국을 통해 일본을 사고하거나, 한국이라는 모순을 통해 일본의 여러 문제들을 생각할 수 있는 텍스트가 될 수 있을 것 같은 느낌을 받았습니다. 그런데 무엇이 쇼크였냐면 지금까지 나온 일본인의 한국론에 는 그런 것이 없습니다. 한국을 비판하는 일본인의 한국 연구에는 '한국인 이 아니라 다행이지'라는 오리엔탈리즘이 드러나는 구석이 반드시 있습니 다. 그렇지만 박노자 씨의 논의에는 그런 게 없죠. 이런 입장에서 한국의 골치 아픈 문제와 마주한다면 반드시 일본의 여러 문제를 푸는 데도 힌트를 줄 것이라 생각하고, 동아시아 지역을 사고하는 일도 가능해지지 않을까 합니다. 결국 일본의 연구자들이 박노자 씨처럼 한국의 문제를 자신의 문제로 받아들여 어떻게든 풀어 보고자 하는 의욕이 없는 한 상황은 변하지 않을 것입니다.

김항 학설사를 예로 들어 보면, 애초 조선학이라는 것은 일본이 시작한 것 아니겠습니까. 조선학이라는 디시플린 자체를요. 그 역사성과 끈질기게 마주하지 않으면 안 된다고 생각합니다. 그런데 지금은, 조선학 혹은 미국적인 감각으로 말하면 한국학이 무슨 물리학 같은(웃음), 마치 매우 중성적인 학문 분야로서 시작된 것처럼 교류가 이뤄지고 있습니다. 그렇지만 일본의 조선 연구자는 그 계보를 잊을 수 없을 겁니다. 그 기원을 일종의 오리엔탈리즘이라 해도 ──정치성이라 해도 무방하겠지요. 그 부분이 자기 나라 속에서는 의식되고 있을지 몰라도 ── 우연히 만나 교류했을 때에는 그것을 괄호에 넣은 채 이야기하고 있는 듯한 느낌이 듭니다.

이성시 그런 점은 있지요. 말씀하신 대로입니다. 문제설정에서 기술적 용어까지, 일본의 조선학에는 근대일본의 인식 방법이 육화되어 있습니다. 그래서 일본에서 조선학은 좀처럼 '중립적인 학문 분야'가 될 수 없습니다. 이러한 비대칭성이나 그 정치성을 자각하는 일 없이 논의가 전개될 수는 없죠. 제가 처음 한국과 접촉한 것은 80년대경입니다. 그런데 한국 고대사의 '발견'은 문헌이 거의 없기 때문에 발굴에 의해 이루어지고, 일본의 연구자는 이것을 보지 않을 수 없습니다. 새로운 자료니까요. 80년대 개발에 의해 여러 가지 발굴이 일어나고 새로운 자료가 나와서, 그 현장에 일본인 연구자가 가게 되었습니다. 지금 생각해 보면 일본인 연구자에게 한국은 자료제공자일 뿐, 연구는 자기들이 한다는 식의 태도였던 것 같습니다. 저와 동세대의 사람 중에는 그것을 노골적으로 말하는 사람도 있었지요. "쓸데없는 해석은 됐다", "정보만 제공해 주면 우리가 정확히 연구할 테니까" 하면서요. 제가 왜 조선사학의 계보를 연구하게 되었는가 하면, 정보제공자와 분석자와 같은 이 양자의 관계는 도대체 무엇인가 하는 의문이 들었기 때문입니다. 여전히 한국의 문헌 연구자는 일본 연구자가 발굴현장에 가는 것을 불쾌하게 보고 있는 데다가, 한국 국내에서는 고고학자와 문헌학자의 관계가 타협점을 마련하지 못한 채 남아 있기도 합니다. 한일의 인문학은 그 출발점, 학문의 출발지점에서 갖가지 문제를 내포한 채, 제대로 논의하지 않은 채 지속되고 있기 때문에, 학문에 벽 따위가 있을 리가 없는데도 마치 벽이 있는 것처럼 되어 버리고 있습니다. 그것은 해결되지 않은 문제가 아직까지 잔존하고 있기 때문이 아닐까요.

김항 한국은 해방 후, 그 나름 탈식민화를 수행해 왔습니다. 일본도 뒤집힌 형상이긴 하지만, 일본이 안고 있는 식민지주의를 탈색시켜 갔습니다. 그것이 성공했는가, 좋은 방향이었는가 하는 것과 별개로, 양자 모두 실행은 해왔다고 생각합니다. 다만, 식민지주의라는 것은 일국의 관점에서는 절대로 극복되지 않는 것이지요.

이성시 저도 동의합니다.

김항 그렇기 때문에 이 질문을 생각했을 때, 식민지주의를 극복하기 위해서는 일본과 한국이 만날 필연성이 있다고 생각했습니다. 식민지주의에 어떤 문제성을 가지고 마주서지 않는 한 인문학, 역사학에 만연해 있는 문제성을 해결하기란 불가능합니다. 그런 점에서 교류는 절호의 기회, 찬스라고 할 수 있을 텐데요. 불행하게도 일본이든 한국이든 한·일 연구자가 모여 있는 현장에 가면, 극단적으로 말해 아무런 성과도 없는 논쟁만이 오가고 있습니다.

이성시 가령 어떠한 논의인가요?

김항 식민지시기 조선총독부 연구의 예를 들어 말씀드리겠습니다. 한국 측의 총독부 연구자가 발표하면, 일본 연구자가 "자네 그건 틀렸어", "사실은 이런 거야"라고 지적합니다. 물론 사실기록의 문제도 중요하지만, 논의의 표적은 총독부가 제국 내에서 어떠한 위치를 점하고 있었는지가 되어야 하겠지요. 그런데도 극히 사소한 문제를 가지고 일본 연구자는 한국 연구자가 실증이 부족하다, 또 한국 연구자는 일본 연구자가 실증만 하고 있다고 간주합니다. 이러한 교류 행태를 너무도 많이 목격했습니다.

이성시 저도 그러한 비판을 일본의 연구자들로부터 많이 받아왔는데요. 근대역사학 연구사를 하는데, 전혀 실증되어 있지 않은 식민지주의 역사학을 문제화시키고 있다고 말입니다. 그래서 아주 와 닿는군요.

인문학의 국제교류와 제도적 지원

김항 앞으로 어떻게 하면 좋을까요? 선생님께서는 고려대나 서울대 등의 학생들과도 교류가 있으신데요. 제도적인 면 등도 포함해서 말씀해 주시겠습니까?

이성시 저는 한국의 현황을 비관하고 있지는 않습니다. 그런 입장에서 지금 문득 두 가지 사항이 떠올랐습니다. 지엽적인 이야기가 되겠지만 하나 예를 들어 보면, 일본에 '조선사연구회'라는 학회가 있습니다. 최근 몇몇 사람들과의 사이에서 화제가 되었던 일인데요, 양쪽 모두의 사정을 알고 있는, 즉 한국이나 일본에 각각 기반을 두고 있는 사람들 쌍방으로부터 이야기를 들어 보니, 한국 학회에서는 대체로 상대를 해주지 않는다고 합니다. 이제는 신경 쓸 외국 학회가 아니라면서요.

김항 미국 학회에만 주목하는 경향이 있지요.

이성시 네. 외국을 연구하는 분과의 강점인 독특한 문제제기도 없고 말이지요. 본고장인 한국과, 미국을 중심으로 하는 구미, 즉 미국·유럽의 학자 사이에서는 "한국학의 당면 문제가 무엇인가"라는 논의가 진행되고 있습니다. 이런 상황에서 변경의 촌구석인 일본으로서는 해나갈 수 있는 일이 없다고 생각합니다. 일본의 조선학은 결국 이러한 무대에 서지 않을 수 없습니다. 즉 지금 한국의 인문학은 다양한 정치력에 의해 돈이 움직여, 일종의 정치적 주도하에 앙양하고 있는 부분이 있습니다. 인문학이라는 것은 여유가 없으면 불가능합니다. 시간이 얼마가 걸릴지는 모르겠습니다만, 양이 질로 전화해 가는 것이 반드시 등장합니다. 한국사 연구만이 아니라 여타 인문학 분야에서도 무시할 수 없는 어떤 것을 성취할 때가 반드시 오리라고 생각합니다. 예를 들어, 제가 12년 전에 일본의 가장 보수적인 목간학회(木簡学会)라는 곳에서 100점 남짓한 한국 목간에 대해 소개했는데, 눈길도 주지 않더군요. 4~5년 전에도 한국 목간을 소개했습니다만, 제대로 된 장소조차 마련되지 않은 채, 점심식사 때 소개해 달라는 소리를 들었지요.

김항 정말입니까?

이성시 네. 그런데, 요 1~2년 사이 분위기가 바뀌었습니다. 한국에서 출토품이 증대하고, 게다가 일본 목간의 원류를 보여 주는 목간이 다수 발견되자 일본에서 '한국목간학회'가 창설되어 젊은 연구자들까지 가세하여 활발한 연구가 시작되었습니다. 한국 목간을 모르면 일본 목간을 모른다는 분위기가 생긴 거죠. 보수적 연구기관인 국립 나라(奈良)문화재연구소의 젊은 연구자가 뻔질나게 찾아와서는 제게 이런 이야기를 합니다. "당신은 충분히 역할을 다했으니, 이제 슬슬 은퇴하고 우리들 전문가에게 맡겨 주세요" 하고 말입니다(웃음).

김항 심한 말이군요.

이성시 즉 중요한 것은 어느 정도의 인재나 자금이 투입되면 인문학은 정비되기 마련이라는 점입니다.

김항 체계가 잡혀 간다는 것이군요.

이성시 네, 그러니까 그들도 참여하지 않을 수 없다는 것이지요. 한국 인문학의 역량, 지식의 힘이 특히 일본과 다른 점은 다이너미즘, 즉 많은 사람들이 국외로 나가 있다는 것입니다. 일본 인문학자들 중 외국 연구를 현장에서 몸에 익힌 사람은 그리 많지 않다고 생각합니다. 특정한 사람들뿐이지요. 이리에 아키라(入江昭) 씨나 사카이 나오키(酒井直木) 씨처럼 뛰어난 몇몇 사람이 미국에 건너가 활동하는 정도지요. 최근 여러 나라에서 한국사 연구로 학위를 받은 사람들이 '국제한국사학회'라는 학회를 만들었습니다. 아주 흥미로웠죠. 어째서 그런 학회가 지금까지 없었는지 이상하게 생각될 정도입니다. 이들은 한국학을 세계 여러 곳에서 공부하고 있기 때문에 각국의 상황을 잘 알고 있지요. 그런 사람들이 전 세계의 사람들과 맺은 네트워크를 유지한 채로 귀국해, 전 세계에서 이뤄진 한국학 연구를 다시 그 지역에 전달합니다. 결국 그런 주고받음의 이동과 네트워크가 힘을 가지게 된다고 생각합니다.

물론 자금이 투입되어서 좋은 점만 있는 것이 아니지요. 일본도 그렇지만, 현재와 같은 단기 성과주의라는 것이 인문학에서 좋은 성과를 산출할지 알 수 없는 데다가, 자칫 잘못하면 파괴할 가능성도 있으니까요. 한국만의 장점으로 다이너미즘이나 순발력을 그 나름대로 평가할 수 있겠지만, 인문학은 역시 그러한 성과주의에 어울리지 않는 것으로 보입니다. 기초 연구라는 것은, 즉 가치의 창조나 가치의 축적은 수년 단위가 아니라, 그야말로 수십 년의 시간 폭을 두고 이루어지는 것이지요. 일본이 인문학에서 힘을 가지고 있다는 것은, 바보같이 그것만을 20~30년이나 아무렇지도 않게 연구하는 사람들이 많다는 뜻입니다. 뭐가 그리 재미있어서 그것만 하고 있는지 알 수 없을 만큼. 『겐지 모노가타리』에 등장하는 어떤 어휘에 대해서만 연구하고 있다든가 하는 경우 말이죠.

이런 견실한 노력을 하지 않으면 인문학의 발전은 있을 수 없다고, 저의 짧은 경험 속에서나마, 그것만은 말할 수 있습니다. 이것은 제가 BK21의 일본판이라 할 수 있는 COE프로그램을 했던 경험으로부터 나온 말이기도 합니다. 자꾸 단기로 성과를 내라고 하면, 의미 모를 심포지엄을 연발하고, 도대체 어떤 가치를 찾아낼 수 있는지, 20~30년으로는 그리 간단히 움직이지 않을 것 같은 연구성과가 어떻게 된 노릇인지 의문시될 것 같은, 단발적이고 한정된 논의가 거품처럼 등장하고 있습니다. 그렇게 되지 않을 장치를 생각하지 않으면 안 됩니다.

김항 최근에는, 안정된 지위에 계신 선생님들도 그렇습니다만, 불안정한 지위에 있는 사람은 논문을 '쓰지 않으면' 안 됩니다. 자기가 쓰고 싶으면 쓴다는 여유를 부릴 수 없는 상황이지요. 가장 큰 문제는 어째서 논문을 쓰는 것인가라는 것에 대해 의문을 가질 수 없다는 것입니다. 즉 답이 너무도 명확한 것이지요. 취직 때문에 쓰는 거죠. 취직, 그리고 자신의 이력서 속에 업적을 얼마나 올릴 수 있는지, 그것만을 위해 논문을 1년에 2~3편 쓰는 구조가 되고 있습니다. 물론, 요구되는 것은 하지 않으면 안 되는 직업이니까, 어쩔 수 없다고도 생각합니다만. 선생님께서 말씀하신 상황이 되면 양이야 늘겠지요. 하지만 인문학이라는 것은 답을 내는 것보다는 문제를 구성하는 것이 중요하다고 생각합니다. 무언가를 몰라서 쓰기보다는, '이것은 알 수 없는 것 아닌가'라는 식으로 써야 하는 것 아닌가 하고요.

이성시 말씀하신 그대로, 문제는 '발견하는 힘'일 것입니다.

김항 그것이 자기가 무언가를 타개해 갈 힘으로 연결되어 갑니다. 답을 내는 것이 아니라. 하지만 현실적으로는 그렇게 논문을 써 가기가 어렵지요. 저를 포함한 지금의 젊은 세대들은 단기적인 성과를 요구받는 데에 피로감을 느낍니다. 이런 소리를 하면 기성세대에게는 투덜대는 것처럼 들릴지 모르겠습니다만.

이성시 아뇨, 그렇게는 생각하지 않습니다. 저도 여러분을 보면서 느낀 것인데요. 한국에도 HK나 BK가 있습니다만, 연구교수 분들이 계속해서 자극적인 문제를 찾아내어 심포지엄이나 국제회의를 주최한다든가, 1년에 3편 정도의 논문을 써야만 한다든가, 그런 것은 인문학의 연구환경이라 할 수 없지요. 하나의 과제를 가지고 심포지엄을 주최하는 것은 상관없지만, 그 뒤로 계속 색다른 것을 입안해 담당한다는 것이 ——별로 좋아하는 말은 아닙니다만—— 자원 낭비랄까, 자본을 투입할 곳이 조금 잘못 설정되어 있는 것 같다는 기분이 듭니다. 일본에서도 비판되고 있는 부분은, 이렇듯 프로젝트 방식을 입안하는 분들이 자연과학의 방법론을 인문·사회과학의 방법론으로 응용하려 한다는 점입니다. 예를 들어, 100만 엔을 받았으면 1센티미터 두께의 보고서를 내라고 문부과학성에서 말하고 있는 것 같습니다만, 그러한 문제가 아니라는 것이지요.

김항 결국 그 보고서를 왜 썼느냐의 문제이겠죠.

이성시 이것은 제가 한 말은 아니지만, 인문학이 여타의 학문과 결정적으로 다른 점은, 그것이 지금 당장 쓸모가 있는 것이 아닌, 시공간을 초월하는 학문이라는 것입니다. 시간과 공간을 초월해서 쓸모가 있다고 할까, 서서히 효력을 드러내는 것이 인문학적 성과이며, 단기적으로 쓸모 있는 것은 인문학에서는 별로 평가받지 못하는 것이지요. 이를테면 고전이 가지는 의미 같은 것 말입니다. 의식을 바꿀 필요가 있습니다. 요사이 10년 가까이, 한국 정부가 열심히 해온 일이 송두리째 사라질까 우려가 됩니다. 일본의 문학부에서 연구하고 있는 동료로부터 들은 바에 따르면, 일본의 COE프로그램에 대해 모든 일본 대학의 교원들은 "이런 것은 하고 싶지 않다"고 이야기하고 있습니다. 현직에서 자리를 보장받고 있는 사람들도 하고 있는 말이지만, 인문학은 대개 100만 엔 정도의 여윳돈만 있으면 좋은 연구가 가능하죠.

김항 그렇지요.

이성시 자신의 연구지역을 몇 번 방문하고, 정리된 자료를 산다, 그 이상의 돈은 별로 필요가 없습니다. 감당하지 못할 거금을 가지고 쓰지 않으면 안 된다든지 하는 것처럼 시간과 돈이 필요 이상으로 많으면 어딘가에서 무리가 따르기 마련이지요.

김항 제가 실감하기로, 한국의 인문학은 수요에 비해 공급이 너무 많은 것 같습니다. 즉 연구자 과잉 상태가 되어 있는 것이지요. 이 문제를 해결하는 가장 손쉬운 길은, 돈을 줘서 프로젝트 방식으로 연구하도록 하는 것입니다. 대학 측이 어떻게 나올지는 모르겠습니다만, 인문학에서는 장기적으로 보면 대학원생을 줄일 수밖에 없다고 생각합니다. 지금 방식으로는 비정규로 대학에서 일하고 있는, 즉 3년 정도 계약의 연구교수로서 연구직에 붙어 있는 인력이 취직할 수 있을지도 알기 어려운 상황입니다. 박사학위를 가지고서도 일자리를 얻지 못하고 있는 사람이 있고 이것이 일종의 사회 문제가 되고 있는 한, 손쉬운 방법으로 돈을 투입하는 선택을 고려할 수밖에 없는 듯합니다.

이성시 정부는 그렇게 판단한 것이겠지요.

김항 돈을 투입하는 한 성과를 보여야 한다는 식의 악순환이지요. 제가 말할 입장은 아닙니다만, 한번 전체적으로 재검토하지 않으면 안 된다고 생각합니다.

이성시 아니오, 그렇지 않습니다. 자리가 보장되었거나, 앞으로 10년, 20년씩 남지 않은 사람이 제언하는 것은 의미가 없습니다. 오히려 지금부터 20~30년 분투하지 않으면 안 되는 사람이, 분투할 수 있는 비전을 내놓지 않으면 안 됩니다. 거의 끝난 사람이 의견을 말하는 것에는 아무런 유효성도 없습니다. 기한이 남지 않은 사람은 자기 경험에 기초해 현실의 나쁜 점이나 좋은 점을 발언할 수밖에 없습니다. 제 자신 그런 것을 원치 않기 때문에 참고조로 의견을 말하는 것입니다.

김항 그 점에 대해서 한국 인문학의 제도적인 정비도 한·일을 포함한 국제 교류 속에서 검토될 필요가 있다는 점입니다. 그것은 선생님께서 처음 말씀하셨듯이, 연구의 질적 수준 향상이 필요하다는 점과 연관된다고 생각합니다. 제가 일본에서 공부하고 한국으로 돌아와 생각했던 것은, 질적인 향상을 인정해야만 한다는 점입니다. 훌륭한 연구성과라고 할 만한 것이 한국에서 잔뜩 나오면, 교류 자체의 성격도 조금은 변해가겠지요. 그를 위해서는 역시 제도적인 문제를 개선해야 합니다. 그 가운데 학진이 시동을 걸어 투명성을 높인 부분은 바람직해 보입니다. 긍정적인 부분도 있었고요. 단기적인 것을 장기적인 것으로 전화할 수 있는 계기로서의 무언가가 필요합니다. 그것이 없다면 긍정적인 전망은 어렵겠지요.

이성시 그렇습니다. 앞서 한국의 상황에 대해 우려의 말씀을 드렸던 것은, 인문학이 학문 분야에서 경시되고 있지만, 중요한 분야임에 틀림없기 때문입니다. 이 점에 일찍 주목해서 정부가 대학에 손을 쓴 것은 정말 높이 평가합니다. 한국에 오기 전에, 일본의 학술진흥원에서 아시아학의 부진을 어떻게 할 것인지를 논하는 자문위원회 같은 것이 열렸습니다. 저는 동아시아라는 부문에 참가했는데요. 그곳에서 베트남사·중동사·중국사의 연구자로부터 의견청취가 있었습니다. 가장 긴밀함을 증진시켜 갈 필요가 있는 분야가 아시아학이었음에도, 학생들이 거의 오지 않았지요. 이 상황을 어떻게 하면 좋을까 생각했습니다. 당연히 학생들이 오지 않으면 질도 저하되기 마련입니다. 그때 제가 이야기했던 것은 한국의 HK 등도 금후 어떻게 될지 모르는 위기의식 속에서 전개되고 있다고, 옆 나라에서 그런 일이 일어나고 있는 것을 고려해도 좋지 않겠느냐 하는 것이었습니다.

김항 HK의 경우, 발상 자체는 사람을 양성하는 데에 중심을 두고 있는 것 같습니다만, 내부적으로는 말썽도 있고 제도적으로 안정되어 있다고도 말하기 어려운 것 같습니다. 그럼에도 그러한 시험은 필요하다고 생각합니다. 벌써 1시간 45분이나 지났기 때문에 슬슬 마치도록 하겠습니다. 선생님, 오늘은 감사했습니다.

이성시 아닙니다, 저야말로 감사했습니다.

4부

암중모색의 역사학

09 윤해동
'회색지대'의 역사학

윤해동은 서울대 국사학과에서 한국근대사로 박사학위를 받았으며, 성균관대 동아시아학술원 연구교수를 거쳐 현재 한양대 비교문화연구소 HK교수로 재직 중이다. 지은 책으로 『식민지의 회색지대』(2003), 『지배와 자치』(2006), 『식민지 근대의 패러독스』(2007) 등이 있으며, 엮은 책으로는 『근대를 다시 읽는다』(공편, 2006), 『식민지 공공성, 실체와 은유의 거리』(공편, 2010) 등이 있다.

최근 『식민지 공공성』이란 제목의 논쟁적인 책이 나왔다. '식민지 공공성'이란 우리 시대의 가장 논쟁적인 역사가 윤해동이 제시한 개념이기도 하다. 저항으로도 협력으로도 표현할 수 없는 '회색지대'인 그곳, 그 시대에도 지속되어야 할 삶이 있었고, 사람들은 그 생을 위해 애썼다 ── '식민지에도 삶이 있었다'는 명제는 그가 한국 역사학에 내재화된 실증주의와 맑스주의적 목적론에 대해 연장을 수그린 적 없이 비판해 온 가장 중요한 이유, 혹은 귀결인지도 모르겠다.

논쟁의 장에서 그를 응원하는 것은 독자들이고, 청년들이다. 아카데미의 장을 벗어난 술자리에서나 쑥덕거리게 되는 깊은 회의와 의구심들, 무릎을 탁 치게 만든, 그러나 짧은 말로밖에 표현되지 못했던 깨달음을 그는 백일하에 선언과 이슈로 제시해 왔다. 그는 그 자신만이 아니다. 그의 선언과 이슈를 지렛대 삼아 이루어진 역사학과 인문학의 실험적 진술들은 이제 실험이기를 그치는 어떤 진지(陣地)를 마련하고 있는 것으로도 느껴지기 때문이다.

맑스주의와 목적론, 한국 역사학의 '숨은 신'

이혜령 윤해동 선생님, 사학계에서도 식민지 시대 이후인 한국현대사 연구는 1980년대 중반부터 본격화되었다고 보면 될지요? 그 연구의 축적 과정이 공교롭게도 인문학에서 근대성 문제가 제기되어 논의되던 시간과 길항하고 있는 게 아닌가 합니다. 선생님께서는 그 계기, 계기마다 자리하셨던 것 같아요. 한국 근현대 역사학 연구의 역사성과 현재의 문제, 아니 문제라기보다 현재에 대해서 ──선생님께서 개입해 온 방식과 함께── 거칠게나마 스케치를 한번 해주시면 고맙겠습니다.

윤해동 근현대 역사학이라고 하면은 조금 오해의 소지가 있는 것 같습니다. 근현대 역사학이라는 용어를 사용하게 되면, '전근대 역사학'과 '근현대 역사학'을 구분하는 것처럼 들릴 가능성이 있죠. 근현대 역사학이 아니라, 근현대사 연구라고 해두는 것이 좋을 듯싶습니다. 그런데 근현대사 연구가 1980년대 중반부터 시작이 되었다는 것은, 맞는 말이기도 하고 틀린 말이기도 하고 그렇습니다. 무슨 말씀인고 하니, 그 이전에 근현대사 연구가 없었느냐 하면 전혀 없었다고 하기는 어렵다는 얘기죠. 연구대상과 주제가 대단히 제약적이기는 했지만, 그 이전에는 관변의 연구들이 근현대사 연구를 주도하고 있었죠. 관변 역사학을 중심으로 한 근현대사 연구에 도전하는 새로운 연구가 80년대 들어서서 시작이 되었던 것 아니냐, 그렇게 볼 수 있겠죠. 연구의 제약이라는 측면에 대해 이야기를 하자면, 아주 단순한 예로 70년대 후반~80년대 초반에야 비로소 신간회(新幹會) 연구를 시작할 수 있었습니다. 신간회 연구조차 할 수 없었다는 사실은 그 이전 시기의 연구상황을 상징하고 있습니다. 신간회라고 하는 게 이른바 좌우파 운동 세력의 '통일전선' 아닙니까? 좌파 연구가 그전에 그만큼 금기로 되어 있었기 때문에, 신간회 연구도 80년대 들어와서야 가능해진 거죠.

그리고 근대사-현대사를 한국 학계에서는 보통 1945년을 경계로 시기구분을 하는데, 이 구분 자체도 사실 그다지 근거가 있지는 않습니다. 현대사라는 용어 또는 시기구분은 대개 contemporary history, 곧 동시대사(혹은 당대사)라는 의미로 사용되고 있는데, 그런 측면에서 근대사라는 질적인 시기구분과는 차이가 있습니다. 다시 말하면 근대사와 현대사는 개념규정 차원이 다릅니다. 지금 우리가 사는 시대가 근대라면 근대사가 동시대사라는 의미에서 현대사가 되어야 하는 것이고, 그게 아니라 우리가 근대를 넘어선 탈근대 시기를 살고 있다면 새로 현대사의 시기구분을 할 수 있는 거죠. 그런 점에서 근현대사라는 시기구분은 대단히 모호하고 절충적 측면이 강합니다. 그럼에도 1945년을 전후로 한 각각의 연구, 곧 근대사와 현대사 연구에는, 대상 시기의 차이가 반영된 것이기도 하겠지만, 연구 경향의 차이가 상당히 드러나기도 합니다.

근대사로 통칭되는 1945년 이전 시기를 대상으로 하는 연구는, 80년대 중반부터 본격화되면서 주로 '수탈사 연구'를 중심으로 수행되었습니다. 수탈사 연구는 '식민지 지주제'와 공업사 연구를 중심으로, 식민지 지배를 경제적 '수탈'이라는 점에 초점을 맞추는 것이죠. 다른 한편으로 사회주의 혹은 좌파 연구의 금기가 해제되면서 좌파 사회주의 운동을 중심으로 한 '저항운동' 연구가 근대사 연구의 다른 한 축을 이루게 된 거죠. 그것이 80년대 중·후반 이후에 수행된 근대사 연구의 중요한 특징이라 할 수 있죠. 그 다음에 1945년 이후 시기에 대한 연구 곧 현대사 연구도 80년대 중반부터 본격적으로 수행됩니다만, 역사학에서의 당대사 연구는 상당한 시간 동안 해방공간, 곧 1945~1953년 사이의 시기에 초점이 놓여 있었죠. 지금은 1950년대 이후 시기에 대한 연구도 상당히 진척이 되었습니다만, 아직도 현대사 연구에서 역사학이 차지하는 비중이 그렇게 크지는 않다고 저는 보고 있습니다.

이혜령 지금도요?

윤해동 아직도요. 그러니까 분야사 연구가 큰 역할을 하고 있는 거죠. 정치사·경제사·사회사 이런 분야사에서의 연구죠. 문학사나 인류학·여성학 연구 같은 것도 있겠고. 그런데 역사학 이외의 분야에서 수행되는 현대사 연구가 그 시대를 읽는 전체 상(像)을 확보하는 데에는 어려움이 있습니다. 역사학이 현대사 연구의 주도권을 확보하고 있다고 보기는 어렵겠지만, 역사학 분야의 현대사 연구에 대한 기대가 이어지고 있는 것은 이런 이유 때문이 아닌가 생각합니다.

하지만 2000년대 들어와서 '뉴라이트'라는 정파의 문제제기가 국가 정체성 문제와 결합되면서 상당히 강한 정치성을 띠고 등장하게 됩니다. '교과서 포럼'(2005~)과 같은 단체의 활동은 대안 교과서를 집필하는 운동으로 비약하기도 했죠. 이처럼 최근 들어 한국 역사학계의 근대사·현대사 연구는 강한 반론 또는 다른 경향의 문제제기에 직면하게 되었습니다만, 제가 보기에는 큰 흐름에서 몇 가지 특성을 가지고 있습니다. 제가 김용섭 교수의 역사학을 '숨은 신'(「'숨은 신'을 비판할 수 있는가─김용섭의 '내재적 발전론'」, 도면회·윤해동 엮음, 『역사학의 세기』, 휴머니스트, 2009)이라는 말로 표현을 했는데, 80년대 후반의 『해방 전후사의 인식』 시리즈, 또는 근대사 연구의 수탈사적인 흐름을 주도한 연구에는 어떤 의미에서 목적론적 경향이 강하게 관통하고 있다고 할 수 있습니다.* 이런 연구들은 맑스주의의 세례를 받았음에도 불구하고 맑스주의적 분석틀을 전면에 내세우지는 않았죠. 그런 의미에서 겉으로 보기와는 달리 아주 묘한 지점에 서 있는데, 맑스주의 역사학에서 강조하는 토대와 상부구조의 조응이라고 하는 기계론적인 측면을 상당히 강하게 가지게 되었고, 또 정서적으로는 굉장히 강한 목적론적 측면을 지니게 된 겁니다.

이혜령 선생님, 토대와 상부구조의 조응이라는 도식에 기대는 약간의 결정론적 시각과 의지적인 차원에서의 목적론이 결합된 형태라고 말씀하시는 거죠?

윤해동 그렇죠. 맑스주의 학습을 통해서 그런 체질을 가지게 된 거 아닌가, 지금 한국의 역사학계를 이끌어 나가고 있는 40~50대 중견층의 다수가 그런 역사학적 경향성을 가지고 있는 것 아닌가, 저는 그런 생각을 하고 있습니다. 그런 맑스주의적 목적론이, 제가 보기에는 다른 한쪽 측면에서는 전근대 역사학의 '교훈주의'와도 묘하게 결합되어 있습니다. 그래서 이걸 어떻게 해석해야 하는 것인가, 저도 고민을 많이 해봤습니다만⋯⋯.

이혜령 전근대 역사학의 '교훈주의'라고 하는 것은 무엇이죠?

---

* 김용섭·이기백·민석홍 등 해방 후 한국에서 근대 역사학을 제도적·방법론적으로 기초한 역사가들에 대한 비판적 검토를 그 내용으로 한 논의들이 수록된 『역사학의 세기』에 대한 비판적 서평인 김용흠의 「역사와 학문에 '건너뛰기'란 없다」(『내일을 여는 역사』 36호, 2009년 가을)가 나오자, 이듬해 봄, 같은 지면에 반비판인 도면회의 「'건너뛰기'가 아니라 '다시 보기'이다」(『내일을 여는 역사』 38호, 2010년 봄호)가 게재된다. 또 김용흠의 비판에 대한 직접적인 반비판은 아니지만, 내재적 발전론에 대한 윤해동의 또다른 차원의 비판은 다음을 참조하라. 윤해동, 「에피고넨의 시대, '내재적 발전론'을 다시 묻는다」, 성균관대 동아시아학술원 월례발표회 발표문, 2010. 7.

윤해동 전근대 동아시아 사회에서 역사가 가진 역할 혹은 기능 가운데서 가장 중요한 것은, 지나간 인간의 역사 속에서 교훈을 얻을 수 있고 또 얻어야 한다는 것이었습니다. 요컨대 역사의 역할은 인간의 삶에 교훈을 주는 것이라고 본 거죠. 왜냐하면 과거의 역사에는 인(仁)과 의(義)가 구현되어 있다고 보았기 때문입니다. 이런 인식은 곧 상고주의(尙古主義)와도 연결됩니다만, 저는 이를 교훈주의라고 할 수 있다고 생각합니다. 그런데 역사학계의 근현대사 연구에는 맑스주의적 목적론과 아울러 이런 전근대 역사학의 교훈주의적 감각도 상당히 많이 배어 있는 것 같아요. 이른바 '친일파'를 둘러싼 과거청산 문제라든지 또는 통일 문제라든지, 또 통일과 관련해서 건국 또는 정부수립을 보는 시각 등의 사례를 보면 잘 알 수 있죠. 많은 연구자들이 식민지 지배하의 협력 문제를 도덕적 차원에서 접근합니다. 그리고 통일을 일종의 묵시론적 목적으로 설정하고 있는 것 아닌가 하는 착각이 들 정도로 절대적인 것으로 내세우고, 그에 장애가 되는 사실들은 도덕적 차원의 '악'으로 규정하는 것처럼 보입니다. 이처럼 많은 근현대사 연구자들이 강한 목적론과 아울러 도덕적 교훈주의를 가진 것 아닌가 싶어요. 그게 지나치면 속물주의적 면모를 드러내기도 합니다만, 이런 인식은 역사적 진보주의 혹은 진보사관과 깊이 결합이 되어 있기 때문에 상당히 변하기 힘든 측면을 갖고 있다고 생각합니다.

진보사관이라는 게 근대적 시간성에 대해 거리를 두기 어렵게 하는 측면이 있거든요. 역사학은 시간을 주요한 인식의 대상으로 삼는 학문이죠. 서구식의 근대적·단선적 시간에 대한 강한 확신 위에서 진보에 대한 믿음을 가지게 되면 진보사관이라고 하는 것이 형성되는데, 진보에 대한 믿음이 지나치게 되면 직선적인 시간성에 대한 비판적 의식이랄까, 거리두기 같은 게 상당히 어려워질 가능성이 있죠. 제가 보기에는 맑스주의적 목적론과 전근대 역사학의 교훈주의가 기묘하게 결합함으로써 진보사관의 단선적 시간 인식이 한국 역사학계에 너무 강하게 뿌리를 내려 버린 것 아닌가, 이 때문에 역사학 연구자들이 80년대 중반 이후의 역사 연구에서 가장 중요한 가치로 삼아 왔던 '진보'라든지 '민족' 같은 개념에 대한 비판이나 거리두기가 대단히 어려워진 그런 측면이 있는 것 아닌가 합니다. 이 대담을 시작하기 전에 전화로 한국 역사학계에 변화가 적은 것은 무슨 이유 때문인가 하는 질문을 하셨는데, 그 말씀을 듣고 이런 생각을 해봤습니다.

__이혜령__ 한국 인문학의 근대성 논의에서 핵심은 역사학계에 있었지만, 역사학이 방법과 시각 면에서 그만큼 변화를 겪었는가에 대해 선생님 의견을 듣고 싶었습니다.

__윤해동__ 사실 역사학이 과거 연구에서 가장 큰 부분을 차지하고 있으니까, 근대성 논의에서도 역사학이 주도성을 발휘해 주기를 많이 기대하고 있는 것 아닌가 싶은데요. 하지만 역사학계에서는 그런 논의를 할 준비가 전혀 안 되어 있는 거죠. 게다가 변할 자세도 전혀 안 되어 있고. 왜 그럴까 따져 보니까 방금 말한 부분들이 떠오르네요.

__김항__ 어떻게 보면 사실 네이션(nation)이라는 개념이, 한편에서는 근대에 발생한 어떤 역사적 현상들을 분석 가능케 해주는 비교적인 범주였지만, 다른 한편에서는 범주로서가 아니라 목적으로서 설정되었다고 봅니다. 제가 볼 때는 이 두 가지 측면을 선생님이 말씀해 주신 맑스주의와 관변 연구 양쪽 다 ──다른 방향이긴 하지만── 공유하고 있었다는 생각이 많이 듭니다.

　　90년대에 접어들면서 포스트모더니즘 논의라든가 근대성 논의라는 게 인문학 전반에 확장이 되면서 범주와 목적의 동일성이 도전받았고, 일종의 인식론적인 혼동 같은 것들이 비판받았다고 생각됩니다. 그런데 아까 두 분이 나눈 말씀에서 역사학계가 비교적 뒤처진 게 아니냐는 말은 어떻게 보면 범주와 목적 사이의 혼돈에 대해 역사학은 전혀 의구심을 안 가지고 있던 것 아닌가 하고 해석하게 됩니다.

이혜령 내재적 발전론이 처음 제기되었을 때의 담론 상황은 개항 이전의 자본주의 맹아론으로 나온 것 같습니다. 민족국가 수립이란 문제를 동궤에 놓고 논의하지는 않았던 듯싶어요. 후자가 직접적인 논제가 된 것은 개항과 함께, 식민지화의 문제와 결부되어서였죠. 처음부터 지금처럼 근대를 국민국가와 근대화의 결합으로 생각하지는 않았던 듯합니다.

윤해동 경제적 발전의 진보이론과 정치적 진보이론을 합친 과정이 근대성 논의의 과정이다? 글쎄요. 그런 것 같지는 않은데요. 거꾸로 말하면 1950년대에 자본주의 맹아론으로 내재적 발전론이 처음 모습을 드러내었지만, 여기에 독립적인 정치적 주체에 대한 문제의식이 담겨 있지 않았느냐 하면, 그렇지는 않다는 것이지요. 다시 말하면, 내재적 발전론 혹은 근대성 논의를 정치적인 수준과 경제적인 수준으로 나누어서 접근하기는 어렵다는 것이지요.

김항 근현대사 연구 분야에서 가장 문제가 되는 것은 특정 연구나 글이 '분석이냐' 아니면 '이데올로기 폭로 혹은 고발이냐' 하는 부분, 즉 분석의 언어와 이데올로기 고발의 언어가 중첩되어 있는 점인 것 같습니다. 연구자들 사이 혹은 약간 외연을 넓혀서 저널리즘 혹은 더 넓혀서 국가까지 포함한 하나의 논쟁 지점에서, 한편에서는 과학이라는 것을 계속 주장하는 거고, 다른 한편에서는 '이게 올바른 역사다'라는 걸 주장하는 상황이 계속 뒤섞여 오면서 논쟁이 되었던 것 같거든요. 그것은 아마 역사학 내부에서 ─ 선생님이 계속 지적해 주셨듯이 ─ 분석 범주와 일종의 목적론적인 목적인(telos) 두 가지 사이를 구분해 내지 못한 인식론적인 한계지점 때문이 아닐까요?

윤해동 그렇습니다. 아까 카테고리(범주)와 텔로스(목적)를 구분해서 말씀하셨는데, 역사학에서는 민족 개념만 두고 본다면 그것이 텔로스라고 하는 데 대해서 의문을 안 가지는 거죠. 가질 이유를 별로 발견하지 못하는 것 같습니다. 거기에 대해 문제제기를 하면, 이를 이해하려 하지 않고 또 할 수도 없는 상태에 있다고 봅니다. 텔로스와 카테고리가 다르다고 하는 것을 자각을 하고 있으면 '이게 무엇에 대한 문제제기다'라는 인식을 하게 될 텐데, '텔로스로서의 민족'을 그만두라고 하는 문제제기에 대해서 그것이 무슨 의미인지를 의식을 못할 때는 그런 지적을 수용할 수 없는 거죠. 저는 역사학계가 지금 그런 상태에 있는 것이 아닌가 싶어요.

이혜령 선생님, 그런데 단선론적인 시간의식의 문제인데, 수탈론 같은 경우 분단이 되지 않았더라면, 이것이 아니었다고 한다면 어땠을까 하는…….

윤해동 강력한 역사학적 가정을 했던 거죠.

이혜령 그 목적이 무엇이며, 현재 그 목적은 어떻게 구현되고 있는 것인가, 이 시간의 추이들 속에서 그 목적은 현재 지금 어떻게 구현되고 있는 것인가, 아니면 그 목적에 도달한 것인가 아닌가의 문제였던 것 같은데, 오히려 요즘 역사학의 단선론은 이것과도 다른 형태인 것 같은데요?

내재적 발전론의 역사학과 현재의 역사학

윤해동 제가 보기엔 그렇지 않은 것 같아요. 아직까지도 내재적 발전론이라는 형태로 정형화되고, 어떤 의미에선 규범화되어 있는 틀 자체에 문제제기를 하는 것을 대부분 굉장히 싫어합니다. 근현대사 연구자뿐만 아니라 한국사 연구자 다수가 아직까지 그렇죠. 그러면 어떤 목적을 가지고 있느냐, 예를 들어 통일이 될 때, 통일되어서 완벽한 의미에서의 근대 민족국가 형태를 달성할 때, 한국의 근대는 완성되고 새로운 출발을 할 수 있다, 그렇게 설명을 하는 것이고 ──그래서 이제 그 시간 자체도 파행적인 것으로 설명을 하긴 하지만──굉장히 강한 목적론으로 이렇게 묶어 나가려고 노력을 하죠. 예를 들어서 김용섭 교수의 '두 가지 길 이론'이라고 하는 것이 있는데요. 남·북한의 역사의 기원을, 조선후기 이후의 민중사적·좌파적 흐름이 북한으로 이어지고, 아주 오래된 우파적·부르주아적 흐름이 남한으로 이어진다는 가정을 하고 있어요. 그게 궁극적으로는 합쳐질 거라는 거죠. 자본주의 맹아론 같은 것이 아주 전형적인 목적론인데, 자본주의 맹아론에 대해서 지금은 아무도 얘기하지 않아요. 여러 가지 문제를 안고 있다고 비판을 되풀이해서 받았기 때문이죠. 가장 뼈아픈 비판을 들자면 이런 게 있죠. "자본주의 맹아론은 제국주의가 되지 못한 데 대한 원한 같은 것을 담고 있다."

그러다 보니 아무도 자본주의 맹아론에 대해서 얘기는 하지 않지만, 사실은 조선시대를 보는 눈에서 자본주의 맹아론적 발상을 완전히 벗어나 있는 사람도 그렇게 많지 않고, 거기에 대해서 자각하고 있는 사람도 그렇게 많지 않은 것이 현실입니다. 그만큼 강한 도식론이고 목적론이거든요. 예를 들어서 '외부의 간섭이 없었다면 자본주의 사회로 빨리 갔을 텐데, 그게 안 됐다. 자본주의 사회로 갔다면 어떻게 됐을까? 그게 제국주의로 성장을 했을 것이고……' 이렇게 되겠죠. 무슨 말씀인고 하니, 아직까지 한국의 역사학계는 한국사만 본다면 아주 강한 내재적 발전론이라고 하는 규범화된 틀에 얽매여 있고, 그 틀은 제가 아까 말씀드린 재해석에서 아직 크게 벗어나지 않은 것처럼 보인다는 거죠.

아까 경제적 분석 시각과 정치적 분석 시각이 따로 가다가 80년대 이후에 합쳐졌다 이렇게 설명을 하셨는데, 다시 말하면 1990년대의 근대성 논의에 와서 비로소 합쳐졌다고 보시는 것일 텐데…….

이혜령 그렇다기보다는 내재적 발전론이 처음 제기될 무렵의 논의가 꼭 지금 설명하는 것과 같은 형태의 지향이었겠는가, 지금의 국민국가, 근대성 담론과 같은 버전이었겠는가에 대해서는 좀 회의적이어서요.

김수림 70년대에 가장 활발하게 제기되었던 저항적 민족주의니 진보적 민족주의니 하는 것들이 자본주의 맹아론이나 내재적 발전론과 결합된 형태로 제기되었고 거기에서 어떤 활력을 가지게 되었던 것인데, 그것은 실제 존재하는 그 당시의 국가가 뭔가 결여된 것으로 여겨졌고 또 무언가 달성되어야 할 목적이 남아 있는 것으로 인식된 탓이겠죠. 그런데 80년대 후반 이후에는 내재적 발전론이 효력을 잃고, 90년대 이후에는 목적으로 추구되어야 할 것들이 다 소진된 것과 같은 분위기가 생긴 것 같아요.

이혜령 저는 오히려 추구해야 할 그 무엇이 무너졌다기보다는, 그것의 답변이 국민국가라는 형태로 낙착되어 버린 것이 아닌가 하는 생각이 든다는 거죠.

윤해동 두 분 얘기가 좀 다른 것 같은데요?

김수림 70년대에 역사학에서는 자본주의 맹아론과 내재적 발전론, 문학 쪽에서는 근대적 개인 중심의 문학 형태 혹은 시민 관념과 관련된 어떤 에토스들을 발견해 가는 경향이 있었는데, 그것들이 지금 와서는 자리할 여지가 없게 되었다는 거죠.

김항 두 분 말씀은 이런 거잖아요. 옛날의 내재적 발전론은 국민국가가 아직 만들어지지 않았다고 보았기 때문에, 그걸 뒤집으면 목적이 되는 거죠. 아직 만들어지지 않았으니까 만들어 나가야 할 것이 되는 것이죠. 근데 80년대 후반부터 근대성 논의와 국민국가론이 결합되면, 이미 여기가 국민국가인데 이게 어떻게 만들어져 왔는가라는 형태로 연구가 진행되어 왔다는 거죠. 말하자면 국민국가 형성사가 되어 버렸다는 거죠.

김수림 그런 관점에서 봤을 때, 지금과 다른 무언가가 만들어질 수 있을 것 같은 여지가 잘 감지되지 않는다는 거죠.

김항 그 진단은 저도 어느 정도 동의하는 부분인데, 윤해동 선생님께서 말씀하신 역사학계가 과연 그랬는가라는 게 한 가지 문제가 될 거고, 두번째는 역사학 안에서도 그런 연구들이 어느 정도는 있지 않았을까 하는 문제가 있을 겁니다.

김수림 70년대 내재적 발전론자들이 상상한 10년 뒤, 20년 뒤 네이션이라는 게 이런 형태였을까요?

김항 80년대 후반의 내재적 발전론은 비교사·비교정치적 관점에서 자본주의나 국민국가란 무엇인가라는 기준을 전제했는데, 그런 강력한 전제가 없어진 지금은 존재하는 것들(자본주의·국민국가)이 어떻게 구성되어 왔느냐라는 관점이 등장한 거죠.

이혜령 현재의 근대성 논의가 국민국가 형성의 문제를 역사적 과정 속에서 확인하는 방식으로 귀결되고 있는 거죠. 예전에 사실 민중을 말하거나 시민을 말하거나 민족을 말할 때 국민과 같은 것으로 둘 수 있는 것은 아니었던 것 같은데, 어떻게 보면 이 모든 게 국민과 이퀄(=)이었다는 식이 되고 있는 듯해요.

김항 80년대 후반의 사회·문화사가 역사학계의 내재적 발전론 패러다임을 효과적으로 비판하지 못했던 측면도 있겠죠.

윤해동 글쎄요. 제가 세 분 얘기를 해석하기가 상당히 어렵네요. 세 분 얘기를 들어보니, 어떤 측면에서는 2000년대 들어와서 어느 정도 공유하게 된 인식을 너무 결과론적으로 소급하는 측면이 있다는 느낌이 듭니다. 그래서 저는 상당히 감각이 다르다는 느낌을 많이 받는데요. 글쎄 제가 역사학계 내부에서 너무 시달리다 보니까 역사학계의 변화를 못 느끼고 있는지 모르겠는데, 아직까지도 역사학계는 그렇게 안 변한 것 같은데 어떤 측면에서 세 분은 모두 변한 것처럼 말씀을 하시니까.

이혜령 변해 버렸다라기보다는 오히려 내재적 발전론이 제기되던 시대에는 움직임이나 활력 같은 게 있었잖아요.

윤해동 그런 활력은 많이 약해진 측면이 있죠.

이혜령 연구 주제의 영역들은 많이 확장된 것 같아요. 최근에 역사학계에서도 여성사나, 기존과는 다른 형태의 사상사 연구들이 나오고 있는데, 방법론적인 차원의 변화는 없었던 게 아닌가 하구요. 선생님께서 역사학의 방법론을 벗어나 문제제기를 하는 방식으로 이슈를 제기해 오신 이유도 그와 관련된 게 아닌가 해서요.

윤해동 역사학계에서는 내재적 발전론에 대해서 비판이 들어오고, 근대성 논의가 활성화되고, 이렇게 되니까 굉장히 혼란스러워 하는 측면이 있는데, 그것을 회피해 버리는 것 같아요. 거기에 정면으로 대응하는 게 아니라 그걸 회피하는 전술을 쓰고 있는 거 같아요. 회피하는 데에 가장 좋은 전술이 뭐냐 하면요, 자료 속으로 들어가는 겁니다. 그러니까 실증주의, 아주 오래되고 낡아빠진 실증주의를 다시 내거는 거예요. "역사학이라고 하는 학문의 본연의 임무는 '사실을 있는 그대로' 밝히는 것이다. 우리 역사학계의 본격적인 근현대사 연구라고 하는 게 겨우 20년 남짓한데, 그리고 아직 못 한 연구가 너무 많고 또 모르는 게 너무 많은데 너무 앞서 나간다. 자꾸 근대성 얘기를 하고 민족주의 비판하고 이러면 안 된다." 이렇게 회피 또는 우회하는 전술을 쓰는 거죠, 복잡하니까. 개인적으로 만나면 굉장히 혼란스러워 하는 점은 있는 것 같아요. "이런 상황은 아닌 거 같은데, 대안은 뭔지 모르겠다"는. 그래서 실증주의 뒤로 숨어 버리는 것이고, 실증주의를 내세우면서 단지 연구 영역만 넓혀 놓은 거죠. 그러니까 60년대에 자본주의 맹아론이나 내재적 발전론 얘기를 할 때처럼 아주 선명한 도식을 만들어 낼 수 없는 한, 겪어야 할 혼란이 아닌가 싶어요. 루카치(György Lucács)의 『소설의 이론』의 첫 구절인 "별이 빛나는 창공을 보고, 따라갈 수 있었던 시대는 얼마나 행복했던가?"는 여전히 공명하게 되는 말입니다. 존재론적, 나아가 인식론적 총체성이 해체된 근대에 대한 역사철학적 성찰인 셈이죠. 우리가 사는 시대는 이미 보고 따라가야 할 별이 없어져 버린 시대인 거죠. 그러나 그걸 인정하지 않고, 없는 북극성을 있다고 상정하고 따라가든가 아니면 그냥 회피해 버리는 것 아닌가 합니다.

이혜령 한편으로는 별이 없다는 것도 인정하지 않고 있는 상황이라는 거죠?

윤해동 말로는 혼란스러워하지만. 근데 별이 없어져 버리면 방법을 모릅니다. 좋게 얘기하면 별이 있다고 생각했던 옛날처럼 갈 수밖에 없는, 그런 상황 같아요.

김수림 한편으로 보면, 예를 들어 문학 쪽에서 진행되고 있는 다양한 풍속사 연구나 문화사 연구도, 발전론적이고 근대적인 언어 형성에서 표준어의 확립을 지표로 삼는 것처럼, 과학적인 기준을 설정하는 발상이라고 할 수 있지 않을까요?

윤해동 해석을 여러 가지로 할 수 있겠죠.

김수림 그런데 그것은 기존의 당위성들이 상당히 희미해진 것이기도 하죠.

윤해동 그렇죠. 아까 제가 말씀드렸던 것인데요. 자본주의 맹아론이라는 틀에 대해서는 아무도 얘기하지 않지만, 조선후기를 바라보는 시각은 그대로 유지되고 있는 거죠. 그냥 17세기보다 18세기가 조금씩 나아지고 있다고 그래요. 어떤 측면에서 나아지고 있냐고 물으면, 옛날에 하던 방식 그대로 얘기하는 거죠. 상업자본의 확대, 요즘은 잘 이야기되지 않지만 부농 범주의 확대입니다. 부농은 상업적 농업을 경영하는 자로서 자본주의 사회로 이행할 주도적 계층으로 이야기되었죠. 요컨대 자본주의 맹아론적 요소나 범주를 가지고 그 시대의 변화 혹은 발전을 설명하는 틀 말고는 가지고 있는 게 없어요. 그래서 같은 얘기를 되풀이할 수밖에 없다는 거죠. 큰 틀은 없어졌고 규범도 없어졌지만, 다른 방법이 없다, 어떻게 해야 될지 모른다, 이런 상황이 아닌가 합니다. 근대 해석에 있어서도 마찬가지죠.

김항 자본주의 맹아론도 처음에 제기됐을 때는 방법적인 시각이었던 거죠?

윤해동 맑스주의 내부의 딜레마를 돌파하는 과정에서 나온 거죠. 맑스주의 논의에서 아주 오래된 정태론적 틀인 '아시아적 생산양식론'을 돌파하고자 하는 의도를 가진 방법론이었죠.

김항 말하자면 이론과 실증을 역사학의 중요한 두 축이라고 한다면, 자본주의 맹아론은 이론에서 출발한 패러다임인데 ——패러다임 자체가 역사적인 것임에도 불구하고—— 그 자체는 그대로 둔 채 자본주의 맹아론을 고수하기 위해서든 비판하기 위해서든 실증으로 가고 있다는 것이죠? 그런 의미에서 선생님이 북극성 얘기 말씀하신 거는 해방 이후 역사학이 이론과 자료 이 두 가지의 차원을 균형감각 있게 구사한 언설들을 주조해 내지 못했다는 주장이신지요?

윤해동 글쎄요. 그렇게 간단하게 정리할 수 있을지는 모르겠습니다. 식민지 연구의 중심적 패러다임을 구성해 온 '수탈론'에 대해서도 마찬가지 방식으로 말할 수 있습니다. '수탈론'이 강한 반론에 직면하고 있음에도 불구하고, '수탈' 개념을 재구성하거나 새로운 이론적 틀을 모색하려 하기보다는 기존의 문제의식을 이어 나가는 데에만 골몰합니다. '수탈'이라는 개념은 이미 식민지를 상징하는 표지어가 되어 버렸기 때문에, 재구성하거나 버릴 수가 없는 거죠. 어쨌든 뭔가 이론적으로 막다른 골목에 부딪쳤을 때, 실증이나 자료로 '도망간다'라는 게 저로서는 상당히 기묘하기도 하고 안타깝기도 하고 그렇습니다. 자꾸 회피만 하다 보면 언젠가 '대파국'이 오겠죠.

김항 내재적 발전론이나 자본주의 맹아론이라는 발상의 기원과 그 역사성을 망각하고 있다는 생각이 들거든요. 좀 외람되지만 역사학계 바깥에 있는 사람으로서 말씀드리자면, 내재적 발전론이든 그 비판이든 그 내용과 실증의 문제라기보다 내용 자체를 구성해 온 역사성, 말하자면 역사학의 메타-역사성에 대한 인식이 너무나 부족하지 않았는지요?

김수림 그런 면에서 선생님이 해오신 작업들과 그런 흐름과의 차이를 좀 얘기해 주시면 좋겠습니다.

윤해동 너무 멀어진 나머지 서로 따로 살아도 편한 관계가 되어 버렸어요.

이혜령 선생님께서요?

인문학으로서의 역사학과 '회색지대'

윤해동 역사학계의 통설과 저의 얘기가 전혀 다르니까, 현실적으로 부딪칠 일이 없으면 그저 다른 영역에서 따로 활동하면 돼요. 이건 인문학이 무엇인가 정의하는 문제와도 연관됩니다. 김우창 선생은 인문과학이라고 계속 주장을 하시던데, 저는 인문학이 과학은 아니라고 생각해요. 그리고 역사학도 역사과학이라고 주장하는 사람이 있는데, 전 그건 참 이상한 이야기라고 생각합니다. 어떻게 생각하세요? 역사학의 과학성 문제에 대해서는.

이혜령 얼마 전에 『창작과비평』의 창간 10주년 기념 좌담회(『창작과비평』 39호, 1976년 봄)를 읽었는데, "비판이 과학이다"라는 말이 나오더군요. 거기 모인 분들 (신동문·이호철·신경림·염무웅·백낙청)이 과학은 테크니컬의 문제가 아니다, 시각의 문제이다라는 주장을 하시더라구요. 인문학의 과학성이 그때도 제기되었다구요. 선생님의 질문은 다른 거겠죠?

윤해동 다른 얘기죠. '창비' 창간 10주년이면 1976년인가요? 70년대에는 그런 분위기가 잘 배어 있었다고 생각하는데요. 70년대면 관변 학문이 흥행할 때 아니에요. 박정희 유신체제가 최고조에 올랐을 때고, 정책 자문교수단에 속한 그런 사람들이 생겨나고. 역사학 쪽에서는 74년에 국사 교과서가 '국정'이 되면서 '창비' 진영의 비판적 지식인들하고 굉장히 큰 갈등이 불거지고 있었을 때예요. 그러니까 '비판성'이라는 게 최고의 가치가 될 수밖에 없었겠죠. "비판적인 게 과학적인 것이다". 그런데 과학의 근대성을 이야기하다 보면 지금까지 옳다고 여겨 오던 과학적인 것이 진정 그런 것인가 하는 회의를 갖게 되죠. 그러니까 '자연과 인간의 분리, 자연의 대상화, 자연에 대한 분석적 시각 이런 것을 통해서 법칙적이고 예측가능한 어떤 체계를 만들 수 있다'라는 것이 과학에 대한 기본 발상이고, 그걸 사회와 인간의 삶에까지 연장을 시킨 게 사회과학의 발상이라고 본다면, 인문학이라고 하는 것마저도 그래야 될 것인가 혹은 그럴 수 있을 것인가 하는 의문을 갖지 않을 수 없죠. 인간의 사회적 삶조차도 대상화시키고 분석해서 예측가능하고 법칙적인 것으로 만들 수 있을 것인가, 인간 삶의 깊고 심오한 측면들, 내면적인 측면들까지도 그런 방식으로 과학화시켜야 될 것이냐, 그게 또 가능할 것이냐라는 것에 저는 회의를 많이 가지고 있어요. 그런 의미에서 저는 랑케(Leopold von Ranke) 이후의 근대 역사학에 나타난 과학에 대한 혹은 사회과학에 대한 일방적 열애 그것이 역사학을 곤란하게 만든 측면이 있다고 생각합니다. 대표적으로 아날학파(Annales School)를 예로 들 수 있죠. 아날학파는 여러 흐름이 있습니다만, 과학에 대한 구애라는 측면에서 아날학파가 상당히 심각한 영향을 끼친 측면도 있거든요. 계량화를 통해서 법칙적으로 다 설명할 수 있는 것처럼 그래서 자꾸 과학성 얘기를 해왔는데, 그게 벽에 부딪치니까 심성사(心性史) 같은 걸로 가버린 거거든요. 역사학이 지니고 있는, 또는 역사학의 뿌리라고 할 수 있는 인문학적 베이스를 과학화할 수 있다는 발상은 근대성의 측면에서 보면 굉장히 문제가 있는 것인데, 내재적 발전론이 가진 어떤 법칙적 측면 혹은 법칙화 지향이 바로 역사의 과학성을 말하는 거예요. 그러니까 어떤 의미에서는 강한 목적론과 과학 지향이라는 것이 잘 조합이 될 것 같지 않은데, 내재적 발전론에서는 그럴싸하게 조합이 되어 왔던 거죠.

이혜령 그러고 보면 식민지 근대성 논의에 있어 과학화 같은 현상이 있었던 것 같네요. 식민지 시대에 경제적 발전이 있었냐 아니냐 하는 문제가 대부분 통계자료를 근거로 논의가 이루어졌으니까요. 그런 점에서 선생님께서 '회색지대'라는 용어로(『식민지의 회색지대』, 역사비평사, 2003) 문제화하신 역사학의 대상은 사뭇 다른 대상이었다는 생각이 듭니다. 여하튼 인문학으로서 역사학의 중심적인 대상은 무엇인가와 같은 근본적인 물음을 던지는 데까지 가신 것 같은데, 조금 전 말씀하신 바는 회색지대 때보다 한 걸음 더 나아간 발언인 것 같다는 느낌이 듭니다.

윤해동 그런 측면도 있습니다. 하여튼 저는 '근대 역사학'의 기반, 뿌리에 대해서 회의를 많이 하고 있는 편입니다.*

김항 과학이라고 얘기할 때, 두 가지 측면에서 얘기해 볼 수 있을 텐데, 우선 "씨앗은 꽃이 되고 열매를 맺는다"와 같은 자연에 적용되는 시간적 인과론이 있습니다. 하지만 인간사는 꼭 어떤 행위가 결과에 이르지 않는다는 점에서 벗어나 있는 셈이죠. 또 한 측면에서는, 선생님께서 아까 통계 말씀을 하셨는데 인간의 삶이라고 하는 것을 통계로 측정 가능하게끔 한 시각이 있죠. 말하자면 어떤 식으로든 간에 한 명, 두 명, 세 명, 네 명 인구를 셀 때, 개인의 고유성은 박탈되겠지만, 그 대가 위에서 통계라는 과학이 성립한다고 얘기할 수 있죠. 목적론적인 시간관에 기초한 과학에서도, 근대적 수치의 학문에서도 인간의 삶은 벗어나 있는 것 같습니다.

그런 의미에서는 선생님 말씀대로 인문학이라는 것이 과학이라고 불릴 수 없다라는 말에 저는 백분 동의합니다. 그러나 인문학이 인간의 삶을 이해가능하도록 기술해야 한다고 할 때, 역시 과학의 유혹이란 떨쳐내기 힘든 것 같습니다. 선생님의 연구가 강력한 목적론적 시간관과 실증주의 역사학이 인간의 삶을 말소시키는

---

* 이 문제의식은 최근 발간된 윤해동, 『근대역사학의 황혼』(책과함께, 2010)에 집약되어 있다.

서술을 하고 있다는 데 비판을 담고 있으면서도, 선생님이 제기하신 식민지 근대라든가, '식민국가', 식민지 통치성과 같은 토픽도 과학의 유혹이 내재된 모델링이 아닌가 하는데요?

윤해동 그렇죠. 그거 참 모순적인 건데요. '과학의 유혹'. 지금 김항 선생님 얘기하는 걸 들어 보니까 그런 측면도 있겠구나 싶기도 한데, 저는 지금까지 그것을 '과학의 유혹'이라고 생각하지 않고, 일종의 '서사의 유혹'이라고 생각을 해왔어요. 근데 꼭 그런 것만은 아니겠다 싶기도 하네요.

이혜령 인과론을 입증하는 방법은 많이 발전을 한 것 같아요. 선생님은 그 인과론들이 주목하지 않은 영역에서의 삶을 기술하고자 하셨던 것 같습니다. 가령 식민지 공공성을 이야기하실 때는 식민지 조선인들의 교육적 열망에 대해 논의하셨는데(「식민지인식의 회색지대―일제하 공공성과 규율권력」, 『식민지의 회색지대』), 김항 선생님에 따르면 이것도 어떠한 조건에서 어떤 행위와 욕망이 발생하는가, 그리고 그로 인해 무엇이 변화되고 무엇이 유지되는가라는 차원에서는 인과론에 기초한 과학의 유혹 아니겠느냐 하는 말인데, 선생님이 말씀하신 서사와 과학이 공통분모로 하는 게 인과론이라는 거죠.

김항 논리학적으로 타당해야 된다는 거죠. 철학적으로 얘기하면 로고스적인 질서가 지배하고 있다는 거죠.

윤해동 저는 인간의 삶이나 역사서술에서의 우연성을 굉장히 많이 강조를 합니다만, 그것만으로는 끌고 나갈 수가 없으니까요. 자꾸 그런 유혹에 시달리게 되죠. 실제로 그런 생각을 하면서도 기술을 해나갈 때는 우연성을 강조하는 그런 모험을 하기도 힘들고, 또 하더라도 잘 안 되고 하는 어려운 측면이 있죠. 또 어떤 측면에서는 못하는 측면도 있고. 한국사회 혹은 지구 사회의 제도가 강요하는 글쓰기에 맞추지 않으면 안 되는 측면이 있는 거니까요. 앞으로 어쨌든 역사학의 근대성에 대해서 그러니까 메타-역사학적인 질문을 계속 해나갈 생각으로 있습니다. 메타-역사학적 질문의 구체적인 내용이 무엇이 될지는 좀더 두고 봐야겠습니만.

식민지 근대성에서 식민지 근대로

윤해동 그런데 90년대 초반에 근대성(modernity) 얘기가 처음 한국사회에 소개되었을 때, 저는 상당히 혼란스러웠어요. 모던이 아니고, 모더니티라고 하는 걸 들고 나와서 뭘 얘기하고자 하는가 싶었던 거지요. 하지만 90년대 후반에 미국 학계에서 동아시아를 설명하기 위해서 만든 '콜로니얼 모더니티'(colonial modernity)라는 개념을 보고 상당히 반했죠. 근데 그것을 그대로는 적용하기가 어렵겠다 싶어서 좀더 확장된 방식으로 곧 '식민지 근대'(colonial modern)라는 방식으로 쓰는 게 어떨까, 이렇게 생각을 하게 된 건데. 그런 의미에서 보면, 제가 콜로니얼 모더니티라는 논의를 원래 의도보다는 훨씬 더 확장시켜 버린 측면이 있습니다.

어떤 의미에서는 콜로니얼 모더니티에 관한 논의를 근대 일반에 관한 논의 또는 일종의 시대 규정에 관한 논의, 이런 식으로 확장시키지 않으면 안 된다, 다시 말하면 콜로니얼 모더니티 자체가 가진 단점 ——근대화론적 단계론으로 갈 수도 있고——이 여러 가지 있기 때문에 이리저리 고민을 했습니다. 어쨌거나 이런 식민지 근대성 논의를 접하면서, 여러 가지로 재미있는 발상들이 저에게 많이 생겼어요. 식민지 근대 논의를 시간대의 문제, 시대의 문제, 근대 일반의 문제로 확장하면 일국사 비판에 굉장히 유효한 측면이 있습니다. 식민지 근대 논의와 관련하여 '국사' 해체 논의에 참여한 적도 있고요(동아시아 역사포럼 기획, 임지현·이성시 편, 『국사의 신화를 넘어서』, 휴머니스트, 2004). 원래 모더니티라고 하는 게, 내셔널한 차원만의 모더니티라고 하는 게 상정되기 힘든 측면이 있기 때문에 그렇긴 한데요.

한국의 식민지 연구에 있어서도, 최근에는 문학에서의 문화연구(cultural studies)가 그런 경향을 주도하고 있지만, 일국사적 틀을 벗어난 전망을 하는 데 식민지 근대라는 발상이 굉장히 유용한 측면이 있습니다. 또 다른 측면에서는 시간적인 제한, 특히 한국학계에는 1910년 또는 1945년을 전후하여 역사학적 단절이랄까 해석의 단절이 대단히 심해요.

이혜령 그 단절론적 인식의 내용을 조금 설명해 주시죠.

윤해동 한국의 역사학계에는 1910년 곧 병합 = 식민지화와 1945년 곧 식민지로부터 해방이라는 사태를 계기로, 다시 말하면 식민지 지배를 전후하여 한국인들의 삶과 제도가 모두 급격한 변화를 겪은 것으로 상정하는 경향을 말하는 거예요. 하지만 한국인들의 경제적 삶 곧 자본주의적 삶의 형태나 내용이라는 측면에서는 그다지 큰 변화를 확인할 수 없는 측면도 있고, 이는 정치적·사회적 측면의 특정 부분에 대해서도 동일하다고 할 수 있는 면도 있죠. 식민지 근대 논의는 이러한 단절론적 역사인식을 극복하는 데 도움이 됩니다. 최근 몇 년 사이에 세계학계에 글로벌 히스토리(global history), 월드 히스토리(world history) 등에 관한 논의가 전개되고 있고, 트랜스내셔널(trans-national) 담론이 유행하고 있는데요. 글로벌 히스토리나 트랜스내셔널 히스토리에 대한 연구를 보니까, 그 문제의식에서 식민지 근대와 잘 맞아 떨어지는 측면이 있더라고요.

한국의 식민지, 한국의 근대를 볼 때 내셔널한 요인들의 상호교차라고 할까, 트랜스내셔널한 측면에서 보면 재미있는 해석을 할 수 있는 부분이 굉장히 많습니다. 그런 측면에서 저는 글로벌 히스토리나 최근의 새로운 연구 경향들과 관련해서, 앞으로 식민지 근대라는 발상을 더 진전시켜 갈 여지가 많이 있지 않을까 하는 기대를 하고 있습니다. 구체적인 성과는 아직 별로 없지만, 기대는 잔뜩 하고 있는 그런 상황입니다.

아까 현대사 연구 얘기를 하면서 역사학계의 기여가 그렇게 큰 거 같지 않다는 얘기를 했는데, 50~60년대에 대한 연구도 오히려 사회사나 경제사 연구 쪽이 더 활발하게 논의를 끌고 가는 측면이 있죠. 역사학에서의 현대사 연구는 아직 리더십 발휘를 못하고 있는데, 이런 '식민지 근대'적 시각을 좀더 확장시키면 현대사 연구를 새롭게 활성화시키는 데도 도움이 되지 않을까 하는 기대도 품고 있습니다.

김항 지금 앞으로의 비전 같은 것들을 말씀해 주셨는데, 구체적인 내용보다는 선생님이 하고 계신 작업의 자리매김에 관한 질문을 드리고 싶습니다. 아까 선생님이 진담 반 농담 반으로 ── 농담은 아니었던 것 같은데 ── 서로 모르는 채로 살아갈 수 있다고 말씀하셨는데, 오히려 지금 말씀을 들으니 따로 살아가지만 그 비판의 겨냥점은 항상 기존 역사학에 초점이 맞춰져 있다는 생각이 드는데요?

윤해동 예. 기존 역사학적 패러다임에 대해서 계속 문제제기를 할 생각입니다. 제가 거기서 출발했기 때문에.

이혜령 선생님이 조금 전에 말씀하신 '식민지 근대'가 특정한 근대성 경험의 양상을 기술하던 용어인 '식민지 근대성'보다 더 광범한 방법적 틀이 아닌가 하는 생각이 드는데요. 이 틀을 세웠을 때 트랜스내셔널한 역사의 기술뿐만이 아니라 한국의 근현대를 넘나드는 시각이 창출될 수 있을 거라는 이야기죠?

윤해동 니시카와 나가오(西川長夫) 선생이 최근 2~3년 동안의 작업에서 신 (新)에 따옴표 쳐서 "신'식민주의" 이런 말씀을 하고 계신데(박미정 옮김, 『신식민지주의론』, 일조각, 2009) ── 저는 식민주의를 너무 초역사적으로 사 용하는 거 아니냐라는 불만이 좀 있기는 하지만 ── 해방 이후의 한국 곧 우리 동시대사의 어떤 식민주의적 측면, 그건 뭐 국가외부적 관계에서의 식민주의도 있겠지만, 국가 내부적인 식민주의 곧 '내부 식민지' 같은 것을 바라보는 데도 상당히 유효한 측면이 있지 않을까, 그렇게 생각합니다.

이혜령 식민지 근대성 논의에서도 식민지냐 근대성이냐, 어디에 방점을 찍느냐에 따라 수탈론적인 입장을 옹호하거나 근대주의로 기울어지거나 했습니다. 그런데 식민지 근대라고 했을 때 이 두 용어의 상호규정성은 사뭇 다르게 느껴집니다.

윤해동 근대를 어떻게 보든, 근대라는 규정 또는 발상에서 '식민주의'라고 하는 것을 처음부터 떼어 놓을 수 없는 측면이 있어요. 식민지와 근대를 같 은 차원에서 생각할 수 있다면 근대로부터 식민주의를 떼고 생각해도 된 다고 보지만, 현실적으로 그렇게 하기는 매우 어려우니까요. 따라서 "근대 라고 하는 것이 어떤 측면에서는 본질적으로 식민주의다"라는 생각을 하 고 있기 때문에, 근대성과 식민성은 상호규정적이라든지 어느 한 쪽에 방 점을 두는 문제가 아니라는 거죠. 식민성과 근대성의 문제는 본래적으로 근대 규정의 문제다, 그렇게 생각을 합니다.

이혜령 "모든 근대는 식민지 근대다."

윤해동 그건 제가 내건 문제의식이고 또 앞으로 그걸 확장하기 위한 방법론 이기도 하죠.

김항 강한 테제네요. 이 테제에 대해서 더 말씀을 듣고 싶습니다.

윤해동 제가 설정한 식민지 근대라는 개념은, 근대를 새로운 각도에서 보되 식민성(coloniality) 혹은 식민주의를 통해 접근해 보려는 시도라고 할 수 있겠습니다. 다시 말하면 근대를 유지하는 가장 강력한 외부로서, 근대가 만들어 낸 개념이 바로 식민성이라는 거죠. 그러니까 식민성 혹은 식민주의라는 것을 근대성과는 별도의 것으로 혹은 '주어져 있는 것'으로 대상화시킬 수 있는 그런 개념으로 보아서는 안 되는 거죠. 근대세계는 식민지와 식민성을 배제하고는 이해할 수 없는 세계인데, 저는 이 근대세계를 동시대성(동시성)과 연속성(공시성)이라는 두 개의 축을 설정하고 이를 종횡으로 교차시켜 이해하고자 하는 것입니다. 이런 점에서 식민지 근대라는 개념은 근대를 새로이 그리고 비판적으로 이해하고자 하는 시도입니다. 그리고 식민지 근대란 식민지를 근대의 전형으로 바라보지만 근대를 비판적으로 재해석하고자 하는 점에서, 탈근대적 개념화의 시도이기도 합니다. 근대를 넘어서고자 하는 근대 규정이라는 점에서, 식민지 근대는 패러독스의 세계를 구성한다고 이전 저작(『식민지 근대의 패러독스』, 휴머니스트, 2007)에서 기술한 바 있습니다.

근데 최근 라틴아메리카에 관한 어떤 저작을 읽었는데, 라틴아메리카 연구에도 제가 설정한 식민지 근대라는 개념과 유사한 개념화 시도가 있다는 것을 알고 깜짝 놀랐습니다. 월터 미뇰로(Walter Mignolo)라는 사람이 쓴 『라틴아메리카, 만들어진 대륙』(김은중 옮김, 그린비, 2010 ; 원제 *The Idea of Latin America*, Blackwell, 2005)이라는 책인데요. 거기서 미뇰로는 식민성은 대개 근대성으로 치장되어 있고, 근대세계는 식민적 권력 매트릭스(colonial matrix of power)를 지배하려는 분쟁으로 점철되어 왔다고 주장합니다. 그는 기존의 근대성 논의에서는 식민성이 '부재'(不在)로 존재해

왔고, 그런 점에서 식민성을 근대성의 숨겨진 어두운 면을 지칭하는 것이라고 봅니다. 다시 말하면 개척기의 식민지는 근대성의 이면이고, 유럽의 르네상스는 근대성의 표면이라는 것이죠. 그리고 유럽의 계몽주의와 산업혁명도 식민적 권력 매트릭스가 변화하는 역사적 순간에 파생된 식민성의 산물이라고 봅니다. 요컨대 미뇰로 역시 식민성이 근대성을 구성하고, 또 근대성에 의해 식민성이 만들어졌다는 점을 강조합니다. 그러므로 미완의 프로젝트인 근대성을 완성시키는 것은 다른 측면에서 식민성을 재생산하는 것을 뜻하게 되는 것입니다. 이런 상황이 21세기의 벽두에 인류가 처한 현실이라고 강조합니다. 하지만 그는 식민성과 근대성의 상호성을 강조하면서도 근대를 식민지 근대라는 방식으로 개념화하여 시대규정으로 사용하려 하지는 않는 것 같습니다. 이런 점에서 저와 차이가 있지만, 어쨌든 근대세계의 식민성을 강조하는 논의는 앞으로 더욱 확대되어 나갈 것으로 봅니다.

이혜령 선생님, 이제 이야기를 정리해야 하겠습니다. 80년대 경험이 없는 젊은 연구자들이 점차 등장하고 있는 것 같습니다. 연구 경향도 사뭇 달라질 것 같은데 역사학의 21세기 세대를 위한 선배 역사가의 제언이랄까, 한 말씀 해주셨으면 좋겠습니다.

윤해동 근대 역사학과 근대 인문학의 틀이 심각하게 동요하고 있는 이 시대에, 인문학적 이상을 추구하는 후배들에게 하고 싶은 이야기를 한두 가지 간단히 언급하고자 합니다. 하나는 대학의 변화에 대한 것이고, 다른 하나는 인문학 분과학문의 위기에 대한 것입니다. 근대의 대학은 '계몽주의 대학'으로 출발하였지만, 2차대전 이후 미국을 중심으로 계몽주의 대학은 '기업대학'으로 점차 변화하기 시작했습니다. 계몽주의 대학이란 철학과

과학을 중심틀로 삼고서, 국민문화를 형성하고 전파하는 것을 목표로 삼는 국가지향적인 대학이었죠. 하지만 미국이 주도하는 기업대학은 조직을 우선하고 모든 가치를 상품화하려 합니다. 기업대학은 전문성과 효율성의 확보를 최고의 목표로 삼는 것이죠. 한국에서도 이미 오래전부터 계몽주의 대학이 신자유주의적인 기업대학으로 서서히 변모하고 있는 것을 목격해 왔습니다. 전문성과 효율성이라고 하는 상품화된 가치를 최고의 것으로 간주하는 흐름이, 주류사회 및 그들이 지향하는 기업대학의 가치를 대변하고 있는 거죠.

근대 학문이 근거를 두고 있는 가장 강력한 제도인 대학이 상업적 가치를 중심으로 하는 기업대학으로 변모하는 상황에서, 인문학 역시 상품으로 변화하기를 요구받게 되는 거죠. '인문학의 위기' 운운하지만, 위기의 가장 강력한 기원은 자신이 깃을 틀고 있는 제도 속에서 확인할 수 있는 거죠. 심각한 아이러니가 아닌가요? 이와 관련하여 문·사·철이라는 인문학의 근대적 3분할 구조 역시 이미 그 역할을 상실한 지 오래된 것으로 보입니다. 이런 차원에서도 근대 역사학, 근대 문학은 이미 제도 속에서 신화가 되어 버린 측면이 있습니다. 그러니 후배들 세대의 학문은 통합적 지식을 요구하는 새로운 틀을 요구할 것이라는 점, 이것을 확인해 두고자 합니다.

김항 말씀 고맙습니다.

이영훈
탈이론, 탈신화의 경제사

이영훈은 서울대 경제학과를 졸업하고 동대학원에서 조선후기 토지제도 연구로 박사학위를 받았다. 1977년부터 5년간 지곡서당의 한학 과정을 수료하였으며, 한신대 경제학과와 성균관대 경제학부 교수를 거쳐 서울대 경제학과 교수로 재직 중이다. 저서로 『조선후기사회경제사』(1989), 『조선토지조사사업의 연구』(공저, 1997), 『수량경제사로 다시 본 조선후기』(2004), 『해방 전후사의 재인식』(공편, 2006), 『대한민국 이야기』(2007) 등이 있다.

언어는 언제나 발화주체의 의도를 벗어나 말한 이와 듣는 이 사이에 독특한 공간을 만들어 낸다. 그래서 인간은 철천지 원수가 되거나 둘도 없는 친구가 될 수 있다. 필요나 욕구 따위와 무관한 언어를 통해서. 이영훈만큼 이런 언어공간의 희비극을 경험한 연구자가 한국에 또 있을까? 맑스주의 경제 이론과 역사유물론적 계급 혁명론으로 세계를 바라보던 젊은 경제학도가 압도적인 자료의 무게와 접한 후 그 이론적 전제를 수정할 수밖에 없었던 것은 어쩌면 당연한 일일지도 모른다. 그가 혁명가나 정치가나 관료였다면 이론이나 매뉴얼에 맞춰 현실을 바꾸거나 제어하려 했을 것이다. 그러나 그는 연구자였다. 현실의 논리를 충실하게 재구성하여 이 땅의 민중들이 먹고살아 온 역사를 서술하는 것이 그의 일이었던 것이다.

하지만 불행하게도 많은 이들이 이영훈을 정치가 비슷한 존재로, 또한 그의 글을 프로파간다로 곡해했다. 물론 그의 책임도 없지는 않을 것이다. 그러나 연구결과에 이데올로기를 대치시키는 언어공간에서 그가 설 곳은 없었다. 그럼에도 그는 여전히 생각하고 있고, 쓰고 있고, 주장하고 있다. 연구자로서의 뚝심이 없었다면 불가능했을 일이리라. 역사관이나 정치관이 다를 수도 있지만, 그것을 빌미로 이 뚝심을 외면할 수 있는 것은 아니다. 그렇게 이영훈을 만나고 싶었고 생각은 틀리지 않았던 것 같다. 뚝심과 끈기와 솜씨로 버텨 온, 그러나 이해받지 못해 자꾸만 다른 공간으로 미끄러져 들어간 이 연구자의 이야기를 날것 그대로 들으면서, 한국사회의 역사 이해를 뒤틀어 지배하고 있는 어두운 자장이 못내 아쉬웠다. 후배 세대들이 걷어 내야 할 마이너스의 유산을 뼈저리게 깨닫게 된 자리였다.

맑스주의에서 실증주의로

김항 이영훈 선생님께서는 경제학과 한국경제사를 전공 영역으로 하여 연구를 진행해 오셨습니다. 선생님하고 안병직 선생님 두 분이 대담하신 『대한민국 역사의 기로에 서다』(기파랑, 2007)를 보니까, 안병직 선생님께서 한국경제사를 전공하도록 권했다고 하셨는데요, 비교적 일찍부터 맑스주의로부터 자유로웠다고 말씀을 하신 것도 보았습니다. 거기에 대해서 좀더 자세하게 듣고 싶습니다. 또 안병직 선생님 권유 외에 이 분야를 선택하게 되신 게 다른 요인들이 있었는지 여쭤 보고 싶습니다. 그리고 마지막으로 인문학에 관해서 80년대 후반부터 90년대 초반에 이르기까지 급격한 사회주의의 몰락을 시야에 넣으시고, 어려우시겠지만 말씀을 해 주시면 감사하겠습니다.

이영훈 한국에서 경제학이라는 학문이 체계적으로 성립하는 게 1930년대 백남운 선생의 『조선사회경제사』(改造社, 1933)와 『조선봉건사회경제사 상』(改造社, 1937)이라는 책부터인데, 기본적으로 맑스주의에 입각한 경제사 책입니다. 그런 이유로 해서 한국의 경제학에는 1960~70년대까지 맑스주의의 영향이 여전히 강했습니다. 그 당시 '경제사학회'라는 게 있었는데, 63년도에 만들어진 학회로서 지금도 활동을 합니다. 거기는 한국의 맑스주의자들이 모여 있습니다. 유명한 박현채 선생도 매월 모이는 경제사학회에 출석해서 열심히 토론하고 했지요. 그러다가 '한국사회경제학회'

라고 맑스주의 경제학자들이 따로 학회를 만든 게 85년도의 일입니다. 그 전에는 '경제사학회'가 그 역할을 대신하고 있었다고 이야기할 수 있습니다. 우리는 맑스주의 경제학의 영향을 받은 운동권 출신 학생으로서 경제사학회에서 활동을 했습니다. 그 당시 금서였지만, 맑스의 『자본』이나 레닌의 『러시아에 있어서 자본주의의 발전』, 마오쩌둥의 『모순론』 등을 복사본으로 돌려 가며 읽었지요. 나는 레닌의 『러시아에 있어서 자본주의의 발전』에 굉장히 감명을 받았어요. 또, 마오쩌둥의 「중국사회의 각 계급의 분석」이라는 논문이 있어요. 마오쩌둥이 그 논문에서 피력한 농민분해론에 큰 관심을 가졌어요. 농민분해론의 현실적이고 실천적 의의라는 것은 뭐냐면 아시아 공산주의 혁명의 주체가 되는 소빈농이 역사적으로 어떻게 형성되는가입니다. 그런 의미에서 나는 아시아 변혁의 주체로서 소빈농이 우리 한국사회에서 어떻게 형성되어 왔는가를 알고 싶어서 조선시대 경제사를 연구하기 시작한 거죠. 그게 운동권 출신으로서 내가 역사와 현실에 기여하는 바라고 생각을 했어요. 그 당시 김용섭 교수의 '경영형부농론' 이론이 그 일환으로 이미 나와 있었지만(『조선후기농업사연구』 1~2, 일조각, 1970~1971), 뭔가 좀더 구체적으로 과학적으로 파헤쳐 보고 싶다는 문제의식에서 그런 연구를 시작하게 된 거죠. 그렇게 해서 1977년부터 서당에 들어가서 한학도 공부하고, 기회가 날 때마다 규장각에서 조선시대 농민경영에 관한 사료를 뒤지고 했는데요. 그러나 일단 시작을 해보니 내가 주체적으로 접해 본 조선시대 사료의 세계는 나의 문제의식하고는 전혀 관계가 없다는 것을 시간이 갈수록 확인할 수 있었습니다. 기대했던 농민층의 양극분해 현상은 나타나지 않았습니다. 규장각 자료 전체를 뒤져서 스무 개나 되는 많은 사례를 찾아내 분석해 보니 양극분해가 아니라 대체로 영세균등화 경향이 나타나고 있었습니다. 결국 조선시대라는 것은 우리가 기대했던 사회와는 전혀 다르다는 겁니다. 이런 것을 하나하나 확인해 오는 과정이었고요. 그게 지금까지도 계속되고 있다고 볼 수 있습니다. 최근에는 조선시대 왕실에서 남긴 재정사 자료를 보고 있는데, 그 안에서 펼쳐지는 세계 역시 우리가 알지 못했던 내용입니다. 19세기 내내 조선 왕실이 시장에서 구입한 상품 종류는 천 가지가 못 돼요. 우리는 지금 수십만 가지 상품의 연쇄고리에서 살고 있지만, 당시만 하더라도 한양 도성 내에서 사고 팔리는 상품의 종류는 천 개가 되지 않았던 것 같아요. 이렇게 우리가 몰랐던 새로운 사실을 알아 가는 과정이었어요. 내가 기대했던 가설이 역사 속에서 그대로 증명된 적은 없었던 것 같아요. 지금까지 30년간 내 기본 입장은 실증주의입니다.

이혜령 선생님께서 말씀하신 '경영형부농론'은 '내재적 발전론'과 '자본주의 맹아론'의 중요한 화두로 제기된 논의인데요. 선생님께서도 경영형 부농의 성장과 함께 일어난 농민층의 급격한 분해 현상을 통해서 자본주의적인 경제의 토대가 형성되었을 것으로 기대하였으나, 실제를 확인해 본 결과 오히려 전반적인 농업의 생산성 하락이라는 현상을 발견하셨다는 말씀이신가요.

이영훈 농업의 생산성 하락 현상은 한참 뒤 최근에 발견한 것이고, 당시는 농민층의 양극분해가 기본 관심이었습니다. 그런데 방금 이야기한 대로 양극분해가 아니라 영세균등화 추세가 전개되어 소규모 소농들이 광범히 생겨나고 있었습니다. 그렇다면 그렇게 균등화하기 이전의 농민계층의 원상태는 뭐냐라는 문제가 제기될 수밖에 없는 것이죠. 그런 식으로 내 나름으로 찾아낸 문제들을 좇아가다 보니 점점 기존의 역사이론과는 무관한 실증주의자로서 내 길을 걷게 된 것이 아닌가 싶어요. 그게 바로 맑스주의적 허울로부터 해방되는 과정이었다고 볼 수가 있지요. 맑스주의적 역사관이라고 하는 것은 인간의 개별적인 의지와는 별개로 역사에 작용하는 힘이 있다고 믿는 거 아니에요. "계급투쟁을 통한다든가 또 뭔가를 통해서 마치 자가동력장치를 설치한 기관차처럼 주어진 레일을 따라서 역사는 간다." 맑스주의 역사학이 표방한 이 같은 목적론적 역사관은 강한 사회변혁적 힘을 가졌던 건데요. 저는 그러한 역사학으로부터 "역사에서 선험적으로 주어진 코스라는 것은 존재하지 않는다"라는 식으로 서서히 방향을 바꾸어 온 거죠. 그 바뀌어 오는 과정이 갑작스럽진 않았어요. 대체로 내 나름의 이데올로기적인 지향을 명확히 하는 것은 90년대 후반쯤 되어서입니다. 그때까지 사료 속에서 내 나름대로 많은 문제들을 추구해 왔다고 생각하는데요. 예컨대 한국사에 있어서 노비제 성립과 발전·해체의 문제, 토지국유제 성립과 사유제로의 전환, 근대적 토지소유의 성립, 가족, 곧 호(戶)의 성립과 발전, 이런 문제들을 19세기부터 삼국시대까지 소급하는 방식으로 통사적으로 정리해 나가는 과정에서 90년대 후반부터는 내가 이전에 누구도 걷지 않았던 길을 고독하게 걸어가고 있구나라고 생각할 때가 많았습니다.

김항 경제학 분야 말고 보통 얘기하는 역사학의 주류 문헌들을 선생님이 참조하신다거나 선생님이 발표하신 논문을 그쪽에서 참조한다거나 하는 교류 같은 것들은 있었나요?

이영훈 처음에는 교류가 매우 활발했어요. 교류라기보다 초짜로서 제가 읽고 배울 수밖에 없었던 것이죠. 그런데 제 논문이 조금씩 쌓이기 시작하면서 언제부턴가, 대개 90년대 초부터, 이야기가 통하지 않는 장벽감을 느끼기 시작했어요. 여러 가지 케이스가 많이 있어요. 제 연구의 출발이 조선시대의 농민분해론이었고 그 문제의식이 아시아 변혁의 주체로서 소빈농의 역사적 형성이라는 것은 아까 얘기했는데요. 거기서 아시아 변혁의 주체로서 소빈농이란 문제의식이 사라지고 나니까, 당초의 문제의식은 "우리 한국사에서 소농 또는 가족은 언제 생겨난 것이고 어떻게 발전해 왔나?"로 치환이 되는 거죠. 그래서 조선시대의 '호'에 대한 연구를 시작했습니다. 1991년에 「조선초기 호의 구조와 성격」(한림과학원 편, 『역사의 재조명』, 소화, 1995)이란 논문을 썼어요. 조선시대 초기인 15세기 초에 전국의 호가 20만 정도 됐습니다. 인구는 700만 정도라고 알려져 있는데, 왜 호가 20만 호밖에 안 되느냐? 조사가 불완전해서 그랬다고 해요. 그러나 내가 볼 때는 조사가 불완전하기도 했지만, 700만 명이 20만 호로 조사되는 어떤 메커니즘이 있어서 그렇게 된 겁니다. 그래서 그걸 연구한다고 『조선왕조실록』을 태조 때부터 성종 때까지 두 번이나 읽었어요. 그 당시에는 번역도 안 돼 있었는데…… 그렇게 고군분투해서 저 논문을 썼는데, 내용을 말씀드리면 "조선초기의 호라는 것은 오늘날과 같은 개별 가족이 아니라 세대공동체다. 다수의 소가족, 그러니까 3 내지 4, 많게는 5 내지 6 정도의 소가족들이 결합된 하나의 세대공동체다. 그것이 1460년대에 세조에 의한 일대 호구제 개혁으로 해체되어 소가족 단위의 호가 생긴 것이다"라는 것이었어요. 또 "바로 그 호구제 개혁에 의해 세대공동체에 포섭되어 있던 하층민이 노비신분으로 떨어져, 전체 인구의 4~5할이 노비가 되었다." "독립 호로 자립하지 못한 노비들, 비부(婢夫)들, 하층양민들은 양반 신분이나 상층 농민의 호로 포섭되었다. 그래서 19세기까지 이어져 온 주호(主戶)-협호(挾戶)라는 조선시대 고유의 호의 구조가 생겼다." "주호는 호적에 등록된 자립적 농가세대를 말하며 협호는 호적에 등록되지 못한 채 주호에 종속되어 노동을 제공하거나 토지를 얻어 사는 비자립적 농가세대를 말한다." "그렇게 생겨난 협호 농민들이 조선후기에 걸쳐 자립적 소농으로 발전하면서 농민계층 전체가 균질적인 존재로 수렴해 갔는데, 그 과정이 바로 내가 이전에 제시한 농민층의 영세균등화 추세이다." 대략 이 같은 내용과 취지의 논문이었지요.

저는 지금도 이 논문을 제가 쓴 여러 논문 가운데 가장 중요한 것으로 간주하고 있어요. 기존의 '내재적 발전론' 또는 '자본주의 맹아론'의 대안으로서 '소농발전론'을 제시하게 된 실증적 근거가 이 논문에서 확보된 것이죠. 대안적 역사상의 제시였던 만큼 제 논문이 읽히고 토론거리가 될 것으로 기대했어요. 그런데 아무도 관심을 안 가져요. 아마 지금까지 그 논문 읽어 본 사람은 다 합쳐도 열 명도 안 될 거야. 다만 조선시대를 연구하는 일본 연구자 몇 사람이 제 논문을 소개하고 인용도 했어요. 그런데 국내에서는 전혀 관심의 대상이 아니었지. 그 이유를 차츰 알게 되었는데, 한마디로 말해 소농이나 가족 같은 것은 언제부턴가 까마득한 옛날에 성립하여 죽 내려 온 것이라는 겁니다. 그 점에 의심이 없어요.

그래서 "그렇지 않다. 가족도 소농도 특정한 시대에 특정한 생산력 수준을 전제해서 비로소 생긴 것이다. 그 점이야말로 한국사가 걸어온 진정한 내재적 발전이다"라고 이야기하고 싶어서 이번에는 고려시대를 거쳐 통일신라, 삼국시대까지 거슬러 올라가 가족과 호의 존재 형태에 관한 연구를 시작했죠. 『고려사』는 오래전에 동아대학교에서 나온 좋은 번역본이 있어서 그것을 읽었죠(동아대학교 고전연구실 편역, 동아대 출판부, 1965~1971). 읽다가 중요한 부분이 나오면 원문을 확인하는 식이었지. 『삼국사기』와 『삼국유사』는 좋은 번역본도 많지만, 읽기 힘들 정도의 큰 분량이 아니야. 그렇게 해서 나온 것이 1995년의 「한국경제사 시대구분 시론: 호의 역사적 발전과정의 관점에서」(『한국사의 시대구분에 관한 연구』, 한국정신문화연구원, 1995)예요. 삼국시대의 가족의 제도적 형태는 연(烟)이고, 통일신라와 고려시대에 걸쳐서는 정(丁)이고, 그것이 조선시대에 들어와 호(戶)가 되었다는 내용이에요. 통일신라와 고려시대의 정이 바로 조선초기까지 내려온 세대공동체 그것입니다. 옳든 그르든 기존의 '내재적 발전론'을 대신할 새로운 내재적 발전론이랄까 한국사가 걸어온 발전의 역사적 과정을 내 나름대로 제시했다고 자부했지. 그 점에서는 15년이 지난 지금도 같은 생각이에요. 그런데 지금까지 이 논문에 누구 하나 긍정적이든 부정적이든 반응한 적이 없어요. "가족은, 농민은 까마득한 옛날부터 불변으로 내려온 것인데, 무슨 잠꼬대냐." 하는 것이지. 그렇게 나는 서서히 이른바 국사학계의 주류와 무관한, 고립적으로 존재하는, 연구자가 되고 말았습니다.

노비제 관련 연구에서도 비슷한 경험을 했어요. 노비제를 연구하기 시작한 건 박사학위를 끝내고 나서 1985년부터 10년간이었는데요. 그때는 영남대 이수건 교수가 중심이 되어 경북 지방의 전통 양반가에서 내려오는 분재기(分財記) 자료가 대거 조사되고 활자화되고 한 그런 시점이에요. 이수건 교수가 저한테 연락을 해와서 경북 지방 고문서에 관한 공동 연구에 참여했는데, 이후 이 교수님으로부터 참으로 큰 은혜를 입었지. 그 방대한 15~16세기 노비문서를 보는 순간, 이거는 200~300구, 심지어는 600~700구, 세계 어느 지역에서도 한 개인이 노비를 그렇게 많이 소유한 역사가 없어요. 미국 남부 노예제에서 아주 극단적으로 부유한 농장주라 해도 노예가 200명을 넘지 않았어요. 그에 비한다면 조선의 양반관료들은 상상을 초월할 정도로 많은 노비를 소유하고 상속했어요. 그렇다면 언제부터 그렇게 되었는가 알아야 할 것 아니에요. 『고려사』를 보니 고려시대에는 노비가 그리 많지 않더군요. 그런 논문을 썼습니다. 고려사회에서는 아무리 많이 잡아도 노비가 인구의 10분의 1이 안 되었다고요. 거기엔 몇 사람이 찬성 의견을 표했어요. 그렇다면 조선시대에 들어와 어떻게 해서 인구의 3~4할, 심지어는 5할까지가 노비가 됐느냐? 거기에 대해서는 누구도 잘 알지 못하고 또 알려고 하지도 않아요. 그래서 앞에서 이야기한 호에 관한 논문을 쓴 거예요. 조선초기까지 세대공동체였던 호가 세조의 호구제 개혁에 의해 소가족 단위로 분해됨에 따라 자립하기 힘든 상당수의 하층민이 양반관료의 노비로 떨어졌다고 했지. 그런데 그에 대해 반응이 없어요. 결과적으로 조선시대에 노비가 어떻게 해서 인구의 4할이나 되었는가에 대해 누구도 잘 알지 못하고, 알려고 하지도 않아요. 국사학계를 대표하는 한국사 개설서에도 조선시대의 노비제는 아주 간략하게 언급될 뿐, 그것이 인구의 4할에 달했다든가, 조선왕조에 들어와 그러한 큰 변화가 생겼다는 서술은 없어요.

어쨌든 15~16세기 노비제는 2천년 한국사의 이해에 있어서 허리에 해당하는 중요한 의미를 지니고 있습니다. 바로 그 점에서 기존의 맑스주의 역사학은 붕괴했다고 해도 좋아요. 예를 들어 1930년대의 백남운 선생만 하더라도 삼국시대가 노예제 사회라고 했잖아요. 노예제 시대에 노비가 가장 많아야 될 거 아니에요. 그러나 그때는 사료를 아무리 뒤져도 왕궁이나 귀족들이 궁중이나 가내에서 소유하고 있는 소수의 노비가 있을 뿐이고, 농촌 인구의 상당수가 노비라는 증거는 『삼국사기』 어디에도 없어요. 고려시대도 마찬가지고요. 그래서 백남운 선생의 학설은 이수건 교수님이 정리한 양반가의 노비 관련 고문서에서 파산했다고 볼 수 있어요. 13~14세기까지만 하더라도 노비가 인구의 10퍼센트 미만이었던 사회가 무엇 때문에 15~16세기를 거치면서 인구의 절반으로까지 노비가 확대됐느냐, 여기서 이른바 '세계사의 기본법칙'을 얘기해 왔던 역사학은 파산했다고 생각해요. 학설사적으로 그렇게 중요한 문제가 15~16세기 노비제지요. 그런데 어떻게 해서 그렇게나 많은 노비가 생겨났는가 물으면 잘 알지 못하고 알려고 하지도 않아요.

이혜령 어떻게 보자면 선생님께서 맑스주의와 멀어진 것은 사회주의가 몰락한 탓이라기보다는, 사료를 마주하시면서 맑스주의라고 하는 이념체계 혹은 연구방법론의 어떤 전체적인 상이 무너지는 것을 스스로의 눈과 손으로 확인하신 데서 기인했다고 이해해도 되겠습니까?

이영훈 그렇죠. 바로 그렇습니다. 맑스주의를 수정하거나 해체하는 책들을 안 읽었다고는 할 수 없고, 그냥 흘러들어 오는, 옆에 있는 교수들이 읽는 책들을 좀 보기는 했죠. 80년대 초에, 사회주의권에서 공산당원 출신 지식인들이 자기체제에 대한 비판을 담아 쓴 책들이 많이 있잖아요. 동독의 관료였던 바로(Rudolf Bahro)가 쓴 『동구의 선택』(*The Alternative in Eastern Europe*, Routledge, 1977)이 그 대표적인 책이에요. 그에 의하면 현실 공산주의는 관료제적 전체주의에 불과한 것이었어요. 바로 자신은 인간적인 공산주의의 모색을 위해 그 책을 썼지만 나에겐 공산주의의 환상을 깨우치는 데 큰 도움이 된 책이었어요. 그 책을 읽은 것이 80년대 후반인데, 그 언저리에 이미 나는 맑스주의로부터 많이 멀어져 있었습니다.

역사에 있어서 객관, 그 출발로서 존재론적 의문

김항 지금 말씀하신 대로 선생님의 기본 입장이 실증주의라는 것은 선생님이 여러 군데서 말씀하셨고, 쓰신 글들에서 독자들도 충분히 인지할 수 있는 상황이라고 생각하는데요. 물론, 그것이 오해도 많이 낳아 왔다는 생각이 들어요. 그런 의미에서 과학 혹은 엄밀성, 실증주의라고 하는 용어가 비판적 작업에서 핵심을 차지하는 방법, 혹은 연구하는 태도로도 되지 않나 하는 생각이 되는데요, 그런 과학·엄밀성·실증주의에 토대를 둔 선생님의 시각이 민족주의라든가 "한국은 이런 사회였어. 봉건제를 거쳐 내재적 발전을 거듭하여 자본주의의 싹을 키워온 나라야"라는 식의 이야기들과 충돌하면서 정치적 대립을 생산해 왔다는 생각이 듭니다. 사료를 대하면서 연구방법이 세심해야 한다는 연구자로서의 강력한 동기가 또 한편으로는 '내재적 발전론'에 대한 하나의 강력한 비판이라는 역사관을 둘러싼 정치적인 입장으로 전화되는 과정들을 선생님이 90년대 이후에 보여 주셨던 것 같습니다. 이러한 논쟁 구도에 대해서도 마찬가지로 말씀을 지금 들었으면 좋겠습니다.

이혜령 그간 선생님의 실증에 입각한 학문적 성과들을 충분히 인정한다는 이야기도 많이 들었고, 『해방 전후사의 재인식』 출간 이후의 상황들에 대해 선생님께서 왜 이렇게 정치적인 발언까지 하셔야 했는지를 의아해하는 이야기도 듣곤 했습니다. 오늘 선생님의 이야기를 들어보면, 그런 입장들과는 달리 선생님 입장에서는 『해방 전후사의 재인식』 출간 전후의 활동이 모두 연속선상에서 이루어진 것이라는 생각이 듭니다.

이영훈 실증주의 하면 그런 나이브한 소리가 어디 있냐고 반응하는 사람들이 많이 있어요. 역사에서 객관이라는 건 성립하지 않는다. 그렇게 이야기하죠. 얼마 전에 미국에 있는 어느 한국인 교수가 찾아왔기에 내가 실증의 중요성을 강조하니까 피식 웃더라고요. 나이브한 소리라는 거죠. 역사에서 객관이라는 게 있을 수 없다는 말에 나도 동의합니다. 역사뿐 아니에요. 크게 보면 모든 과학에서 다 통하는 말이에요. 결국 실증이라는 것도 연구자의 문제의식에 규정된 실증입니다. 알고 싶은 걸 아는 거죠. 사료를 갖다 주고 열 사람에게 "읽어라" 하면 사람마다 읽는 방식이 다를 수 있어요. 그렇다고 사료와 연구자 사이에, 객체와 주체 사이에 성립하는 상호작용, 그 긴장의 중요성을 간과해서는 곤란합니다. 어떤 사안에 대한 나의 사전지식이나 선입관이 사료를 정독하는 과정에서 무너지는 경험을 자주 합니다. 나의 주관과 다르다고 해서 사료를 팽개칠 수 없습니다. 사료는 나의 주관을 뛰어넘는 새로운 주관을 제시합니다. 그 앞에서 내가 머뭇거리면서 기존의 주관을 버리고 사료를 따라갈 때 나는 보다 많은 것을 알게 되는 기쁨을 맛보거나 보다 많은 것을 해석할 수 있는 능력을 가지게 됩니다. 이런 나와 사료와의 동태적인 긴장관계를 경험해 보지 않은 사람이 실증을 우습게 여기는 거죠. 내가 대학원생 시절 때는 정말 아무것도 몰랐어요. 내가 지금 알고 있는 것은, 알고 있다고 자신감을 갖는 것들은 모두 사료를 통해서입니다. 부지런히 사료를 봤고, 그 사료를 통해 새로운 문제의식이 개발되었고, 새로운 언어가 확보되었고, 새로운 역사상이 다듬어진 것입니다.

그렇다면 연구자들이 공유할 수 있는 객관은 어떻게 성립하는가? 어디선가 쓴 이야기입니다만, 어느 사료를 두고 사람마다 해석이 다를 수 있지만 무한정 다를 수는 없어요. 인간은 이성의 동물이니까요. 대개 특정한 방향으로 사료의 해석이 수렴될 수밖에 없어요. 그럴 때 그것을 판정해 주는 레프리(referee, 심판장)가 필요합니다. 곧 연구자 사회의 양심이지요. "아, 저것은 옳은 이야기이다"라고 손을 들어 주는 거예요. "저 이야기는 내 선생의 학설을, 내 선배의 주장을, 나의 견해를 비판하는 것이지만, 옳은 이야기야." 이렇게 공평정직하게 심판할 수 있는 능력이 그 연구자 사회에 존재할 때 그 연구자 사회는 시간을 두고 보다 객관적인 진리로 수렴해 간다고 생각해요. 그런 능력이 있는 사회가 선진사회고, 그런 능력을 결여한 사회가 후진사회이지요. 결국 역사학이나 사회과학 일반에서 객관의 문제는 그 사회에 축적된 지적 양심 내지 정직이라는 도덕능력의 축적 정도와 밀접한 연관을 갖는다고 생각합니다.

그런데 쳇바퀴 같은 이야기인지 모르겠습니다만, 그 도덕능력이라는 게 역사나 현실을 이해하거나 감각하는 틀이 근본적으로 상이한 사람들끼리는 좀처럼 성립하기 어려운 것입니다. 예컨대 역사를 맑스주의처럼 어떤 원동력으로 추진되어 어떤 이상향을 향해 나아가는 운동체로 간주하는 집단과 역사란 인간사회의 불확정적이며 확률론적인 선택 과정이라고 믿는 집단이 공유할 수 있는 도덕능력은 아주 없거나 적을 수밖에 없지요. 한국사회에서 공정한 심판이 성립하고 있지 못한 가장 중요한 원인도 결국 사회집단 간에 역사와 현실을 감각하는 틀이 상이하기 때문이 아닐까요. 그래서 저는 우리 연구자들이 맑스주의자가 아니라면, 또는 역사를 도덕적으로 판단하는 성리학자가 아니라면, 우리를 함께 묶어 하나의 통합적인 연구자 사회로 이끌 최대공약으로서 공감을 들고 싶어요. 이때 공감이란 결국 우리가 살고 있는 이 현실에 대한 역사의 설명력 내지 적용성(applicability)이라고 생각해요. 그런 실용주의적 공감대만이 우리를 양심과 정직으로 잘 단합된 연구자 사회로 이끌 수 있다고 생각해요. "나는 어디서 왔으며 어디로 가는가?" 인간이 영지의 동물이기에 던질 수 있는 이같은 존재론적 의문은 역사학에서도 마찬가지예요. "오늘날 우리가 살고 있는 이 사회, 이 국가는 어디서 왔고 어디로 가고 있는가?" 이 같은 존재론적 의문을 공유하고 그 사회와 국가의 구성원에게 유익하게 대답해야 함이 역사학의 임무라고 나는 생각하는 겁니다. 이런 적용성을 결여한다면 그건 근대과학이 아니죠. 종교거나 철 지난 혁명이론에 불과해요.

그럼 우리가 공히 발을 딛고 있는 이 한국의 현실이라는 건 뭐냐? 우리는 어떠한 정치·경제·사회 체제 속에 살고 있는가? 이게 모든 사회과학과 역사학의 출발입니다. 제 상식으로 오늘날의 경제는 시장경제체제입니다. 자본주의라고 해도 좋습니다. 그런데 19세기 좀바르트(Werner Sombart)에 의해 고안된 '자본주의'라는 말은 쉽게 정의되기도 힘들지만 이미 너무 오염되었어요. 그래서 저는 교환양식으로서 시장경제체제라는 말이 오늘날의 경제현실에 대해 더 큰 설명력을 지닌다고 생각하여 그 말을 더 좋아합니다. 정치는 어떠합니까? 여러 가지 불완전한 점이 많지만 자유민주주의체제라고 이야기를 할 수밖에 없지 않나요. 자유민주주의의 기초 이념인 자유주의나 개인주의의 정치 사상이나 인권 개념이 꽤나 널리 보급되어 있습니다. 국민의 보통선거에 의해 정권을 평화롭게 교체하는 나라니까 꽤나 선진적인 민주주의 국가이지요. 그런데 물어봅시다. 이 자유민주주의 체제는 어디서 온 겁니까? 마찬가지로 오늘날의 이 시장경제체제는 어디서 온 것입니까? 언제 우리나라에서 지배적인 정치체제로 경제체제로 성립한 것입니까? 얼핏 보기에 묻지 않아도 좋을, 너무 쉬운, 정답이 뻔한 질문 같습니다. 과연 그럴까요? 결코 그렇지 않습니다. 그러한 문제가 한국의 역사학이나 제반 사회과학의 중심 과제로 공유되고 검토된 적이 없기 때문이죠. 그래서 여러 사람이 공유할 수 있는 대답을 찾기란 결코 쉽지 않은 문제입니다.

그래도 무슨 대답이 있겠지 싶어 중·고등학교의 역사과나 사회과의 검인정 교과서를 검토해 본 적이 있어요. 그게 오늘날 한국의 지성사회가 후세를 교육하는 교재로서 대표적인 것이 아니겠어요. 대개 다음과 같은 내용이었어요. "18~19세기에 걸쳐서 상업이 발전하고 평등을 실천하는 민중의 성장이 있었다. 그러나 제국주의 시대를 맞아서 근대사회를 향한 태동은 좌절되었다." "일제는 우리의 토지와 자원과 식량과 노동력을 수탈하였다. 일제강점기는 일제의 수탈에 맞서 우리 민족이 벌인 독립운동의 역사이다." "해방 후 기득권세력과 미국에 의해 남한만의 단독정부가 들어섬으로써 민족분단이 이루어졌다. 이후 이승만에 의한 장기집권과 부정부패의 역사가 펼쳐졌다." "박정희의 개발독재에 의해 경제는 성장했지만, 대외종속, 도농격차, 빈부격차는 더 심화되었다." "진정한 근대 국민국가를 이루려는 노력은 4·19혁명 이후의 민주화 운동에 의해 성숙되었다. 5·18, 6·10민주항쟁을 거쳐 드디어 민주세력의 집권이 이루어지고, 6·15 공동선언을 통해 통일국가의 달성을 눈앞에 두고 있다." 이상의 것이 현재 중·고등학교의 교실이나 대학의 강의실에서 교육되고 있는 지난 300년간의 역사예요. 그 점에 누구도 큰 이의는 없을 겁니다. 그런데 그 속에 언제 오늘날의 민주주의 정치체제가 성립하였는가, 언제 오늘날의 시장경제체제가 성립하였는가에 대한 대답이 있습니까? 없지요. 이 두 사건을 가지고

'근대화'라고 요약할 수 있습니다. 교과서는 단 한 차례도 '근대화'에 대해 언급하거나 진지하게 설명하고 있지 않습니다. 인간 삶의 질서를 규율하는 문명 레벨에서 지난 20세기에 걸쳐 어떠한 중요한 변화가 있었는지 어떠한 설명도 없어요. 그 대신에 마땅히 있어야 할 당위가 자꾸만 부정되어온 역사로만 길게 서술되고 있습니다. 그 당위가 이윽고 민주화시대에 달성되었는데, 이제 또 하나의 당위, 민족통일이 임박하니 그에 대비하자는 식으로 교과서는 끝을 맺고 있죠. 말하자면 기존의 교과서는 민주주의와 민족통일이라는 당위를 위한 운동의 역사로 지난 20세기 역사를 그리고 있어요. 시장경제체제가 언제 성립했는가의 문제는 정말 관심 밖이에요. 1948년 8월 건국된 대한민국은 반민족·부정부패 세력에 의한 반공·파시즘 체제 정도로 치부되고 있어요. 그때 민주공화국을 국체로 하는 헌법이 제정되고 자유민주주의가 실천되기 시작했다는 사실은 철저히 무시되고 있어요.

몇 년 전에 중·고등학교 역사교사 40여 명과 토론을 벌인 적이 있습니다. 그 자리에서 저는 "오늘날 한국인들이 향유하고 있는 자유민주주의 정치체제는 그 기원이 서유럽의 계몽주의 정치사상과 미국혁명에 있다. 그 정치 이념이 19~20세기에 걸쳐 몇 차례 큰 파동을 타면서 전 세계에 전파되었다. 그리하여 구한말 개화기에는 독립협회를 중심으로 한 의회개설 운동을 낳고, 뒤이어 상해임시정부의 임시헌법을 낳았다. 드디어 해방 후 한반도 남부에 상륙한 미국을 통해 국가체제로 구체적 결실을 보게 되었다"라는 취지의 주장을 하였습니다. 그랬더니 역사 교사들이 강하게 반발하는 거예요. 어느 교사는 사뭇 못마땅한 얼굴로 "그 모든 것은 우리 역사 속에 다 있는 것"이라고 저를 반박하였습니다. 여기서 오늘날 역사교실을 지배하고 있는 '내재적 발전론'이랄까 '도덕주의 역사관'의 훌륭한 출발점을 확인할 수 있지 않아요. "우리 역사 속에 참된 근대를 향한 요소가 있었다." "실제 역사는 그것을 부정하고 억압하는 역사였다." "그렇지만 그에 저항하는 민중·민족세력에 의해 결국 그 당위는 쟁취되고 말았다." 저는 이러한 몇 가지 명제 속에서 역사를 도덕적 정통성의 계승 과정으로 이해하는 성리학의 역사학이나, 어떤 목적론적 지향을 갖는 맑스주의 역사학의 변형된 모습을 읽습니다. 성리학이나 맑스주의는 결코 사라진 것이 아닙니다. 오히려 오늘날 한국인들이 던지는 존재론적인 질문에 대해 주류적 대답으로 굳건하게 존재하고 있지요. 여기에 오늘날 한국 인문학의, 한국 정치와 사회의 위기가 있다고 저는 생각합니다. 위 모든 명제들은 거의 대부분 팩트가 아닙니다. 지난 300년이 남긴 방대한 사료가 그것들을 직접 반박하고 있습니다. 오늘날 한국인들의 정신세계는 성리학이나 맑스주의의 도덕주의적 역사학을 넘어서고 있습니다. 그래서 정치와 사회에서 무수한 갈등이 빚어지고 있습니다. 현대 한국은 자신의 존재론적 질문에서 갈등하고 분열하고 있습니다.

그 존재론적 질문에 대해 제 생각은 비교적 단순명료합니다. 나는 오늘날 한국의 자유민주주의 정치체제는 서구의 자유민주주의 사상에 기원이 있는 것이고 수입된 것이라고 생각해요. 한국의 헌법학자들이 한결같이 그렇게 이야기하고 있어요. 한국의 헌법은 외국의 헌법을 계수(繼受)한 것이라고요. 시장경제체제도 마찬가지입니다. 시장경제가 지배적인 경제체제로 성립하기 위해서는 사유재산권이 제도로서 확립되어야 합니다. 한국에서 유무형의 재산권이 절대적 권리로 성립한 것은 1912년 일제가 반포한 '조선민사령'(朝鮮民事令)에 의해서지요. 그 법에 의해 한국인들은 근대민법이 규정하고 있는 '사적 자치의 주체'로서 지금까지 살고 있는 것이죠. 그 민법이 최초로 한국사에서 거론된 것은 1895년에 '홍범14조'(洪範十四條)에서입니다. 입헌군주제를 지향한 갑오경장의 세력들이 발표한 국가체제의 개혁안인데요, 그 제13조에 "민법·형법을 엄히 제정하여 함부로

감금·징벌을 금지하고 민(民)의 생명·재산을 보호한다"라고 하여 민법 제정의 방침을 발표합니다. 그런데 이후 대한제국의 고종황제는 이를 거부하였습니다. 매우 민망한 이야기입니다만, 민의 생명과 재산을 보호하겠다는 정치적 선언은 경술국치(庚戌國恥)의 한일병합을 선포하는 일본천황의 조칙(詔勅) 가운데 나옵니다. 뒤이어 1912년 '조선민사령'으로 민법이 시행된 겁니다. 해방 후 일제가 만든 이 민법을 계속 쓸지 어쩔지 논란이 일었는데, 대법원장 김병로(金炳魯) 선생이 "그것, 원래 일본이 프랑스에서 수입한 것이니까 그대로 써도 돼"라고 했습니다. 그래서 1958년 새로운 민법이 만들어지기까지 민사령은 그대로 의용(依用)되었는데, 새로운 민법 그것도 구(舊)민법을 거의 그대로 계승한 것입니다. 요컨대 그것은 세계가 공유하는 근대문명이었던 거죠. 그것이 제국주의 시대에 일제의 파도를 타고 한반도에 들어온 거죠. 바로 그것을 기초로 시장경제체제가 구축된 겁니다. 그런데 당시 사람들에겐 상식이었던 그런 이야기를 지금 하면 '식민지 근대화론'이니 '식민지 미화론'이니 하지 않습니까.

식민지 근대화≠식민지 미화론

김항 90년대 중후반에서야 본격적인 대학원 과정을 밟은 저희 세대만 보면 선생님의 기본 관점을 공유하고 있는 것 같은데요? 현실적으로는 이미 사회주의권이 붕괴했고 이론적으로는 서구 현대사상의 근대성 비판의 세례를 받은 저희로서는 어떤 규범적 전제, 심하게 말하면 도그마적 교리를 가지고 학문을 한다는 데에 거부감을 느꼈던 것 같습니다. 그래서 실증주의라고 할 수는 없겠지만 최대한 규범적 전제에 괄호를 치고 책이나 자료를 읽었습니다.

이영훈 그 세대에선 어떤지 모르겠지만, 대학이나 연구소를 지배하고 교과서 시장을 장악하고 있는 주류의 목소리는 그렇지 않다고 생각합니다. 나는 주류 역사학계는 이미 자신이 창출한 역사적 기억으로 권위로 군림하는 기득권 세력이라고 생각합니다. 앞서 소개한 대로 그들은 민중·민족세력을 주체로 하는 민주와 통일이란 당위를 추구하는 도덕주의적 역사학을 정립한 다음, 대학과 중·고등학교의 역사 교실을 지배하고 나아가 국민을 상대로 한 각종 언론매체를 장악하여 그 같은 기억을 끊임없이 재생산하고 있지요. 그 좋은 예가 노무현 정부가 들어서 추진한 과거사청산 작업입니다. 역사학이 정치와 결합하여 역사를 심판하는 살아 있는 권력으로까지 행세했다고 할 수 있어요. 그러나 결국 어땠어요. 저는 실패했다고 생각합니다. 역사는 역사가에 의해 성찰의 기억으로 쓰이는 것이지, 정치적 심판이 아닙니다. 진정한 역사는 대중에 대해 심판과 권력으로 군림하는 기억이 어떻게 만들어진 것인가, 심지어 어떻게 날조된 것인가를 폭로하는 작업입니다. 저는 그런 역할을 '식민지 근대화론'이 하고 있다고 생각합니다. '식민지 근대화론'은 결코 주류가 아닙니다. 욕을 진탕 먹고 있는 아주 소수의 비주류일 뿐이에요.

식민지 경제를 거시적으로 체계적으로 연구한 것은 1970년대에 나온 서상철의 하버드대 박사논문이 출발이에요. 동력자원부 장관하다가 아웅산에서 북한의 테러로 돌아가신 그분 있잖습니까. 그분이 요사이 한국은행이 매년 작성하고 있는 국민계정과 같은 것을 식민지시기에 대해 작성했습니다. 그에 따르면 식민지시기 경제는 연간 2~3퍼센트 성장하였습니다. 이후 1988년에 일본 히도츠바시 대학의 미조구치 히데유키(溝口敏行) 교수가 보다 광범한 자료를 동원하여 보다 엄밀하게 식민지기의 국민계정을 발표했어요(『舊日本植民地經濟統計: 推計と分析』, 東洋經濟新報社, 1988). 거기 보면 1910년부터 40년까지 연평균 3.7퍼센트 정도로 경제가 성장하였고, 인구증가율을 빼더라도 연평균 2퍼센트의 실질소득 증가가 있었습니다. 최근 국내에서 낙성대경제연구소가 김낙년 교수를 중심으로 보다 엄밀한 추계를 제시했어요(『한국의 경제성장 1910~1945』, 서울대학교출판부, 2006). 미조구치와 거의 동일한 결론입니다만, 보다 완벽하고, 연도별로 보다 정확한 추세가 확정되었다고 할 수 있어요. 이제 식민지기에 경제가 성장했다는 사실은 부정할 수 없는 역사가 되었어요. 그렇게 한 지역의 경제가 팽창하려면 몇 가지 조건이 있어야 하는데, 기본적으로 수출과 투자였어요. 일본은 식민지 한국을 수탈했다기보다 한국에 투자를 했어요. 투자를 해야 자기 것이 되지 않습니까. 당연한 이야기지요. 투자를 해야 농장도 공장도 짓고 광산을 개발하여 우리 한국인을 소작농으로 임노동자로 광부로 지배할 것 아니에요. 투자를 하지 않고 빼앗기만 하는 것은 16~17세기 중상주의 단계의 식민지 지배인데, 일제의 지배는 그와 무관하였어요. 어디까지나 시장경제체제를 구축한 위에서의 지배였지요. 일제가 정당한 대가를 치르지 않고 식민지의 토지와 자원과 노동력을 수탈했다는 '식민지 수탈론'은 16~17세기의 중상주의와 20세기의 시장경제를 혼동하고 있어요. 일제는 법의 지배에 바탕을 둔 근대국가로서 심지어 1940년대 전시기(戰時期)에 이루어진 징용 등의 강제동원에도 비교적 높은 수준의 임금은 충실하게 지불되었습니다.

1950~60년대까지만 하더라도 『국사』 교과서를 보면 '식민지 수탈론'은 그리 강조되고 있지 않아요. 오히려 일본과 조선과의 불평등한 분업관계, 예컨대 쌀을 수출하고 면제품을 수입하는 등, 농공간의 불균등한 교환관계에 대한 비판이 이론적으로 차분하게 기술되어 있음을 볼 수 있어요. 그 당시에 교과서를 쓴 사람들은 식민지 지배를 직접 체험하고 또 제국의 대학에서 높은 수준의 교육을 받은 분들이라 나름대로 과학적인 역사기술을 했다고 봅니다. 그런데 1970년대가 되면 일제가 전국 토지의 4할을 빼앗았다든가, 식량의 절반을 실어갔다든가, 전시기에 수백만 명을 강

제연행하여 노예 사역을 하였다든가, 20만의 처녀를 군위안부로 삼았다든가 등, 사기와 폭력에 의한 생(生)의 수탈이 교과서의 기본 논조를 이루게 됩니다. 식민지기를 성인으로 체험하지 않은 역사가들이 해방 이후 한껏 고양되어 온 민족주의에 편승하여 그 같은 새로운 기억을 창출해 낸 것이죠. 저는 1990~96년에 대우재단의 지원을 받아 토지조사사업에 관한 공동 연구를 조직한 적이 있습니다(『조선토지조사사업의 연구』, 민음사, 1997). 그때 여러 사료를 보니까 일제가 전국 농지의 4할을 사기적 수법으로 수탈했다는 교과서의 기술이 사실이 아님을 알게 되었습니다. 토지조사사업이 '수탈을 위한 측량'이란 이야기는 1950년대부터 있어 온 것입니다만, 처음부터 사료적 기초를 확보한 주장은 아니었습니다. 그런데 교과서 집필자는 수탈의 정도가 구체적으로 얼마인지를 기술할 필요가 있어서 '농지의 4할'이란 숫자를 슬그머니 지어냈습니다. 1967년의 일로 확인됩니다. 이후 그 수치는 누구도 근거를 묻지 않은 채 근 40년간 중·고등학교 교과서에 인용되어 왔지요. 1992년 저는 일제가 토지를 사기적 수법으로 수탈한 적은 없었다는 논문을 발표하였는데, 워낙 수탈론의 기억이 강세였던 탓인지 아무런 반향도 없었습니다. 최근에야 제 논문이 언론에 의해 공개리에 보도되었는데, 그때 사회로부터의 반응은 가지각색으로 격렬하였습니다. 어떻게 한국인으로서 그런 소리를 하느냐고 흥분하는 사람이 적지 않았지요. 어떤 사람은 서울대 정문에서 근 한 달간 "친일파 이영훈을 규탄한다"는 플래카드를 들고 서 있었죠. 교과서를 편찬한 국사학자들은 저를 '식민지 미화론자'라고까지 공격하였는데, 엉뚱하다는 느낌을 지울 수가 없어요. 전국 농지의 4할이 사기적으로 수탈되었다는 교과서 기술이 사실이 아니라는 지적에 대해서는 그것이 사실이라는 논증으로 대응하거나 비판해야 할 것 아닙니까. 그런 논증은 없고 다짜고짜로 '식민지 미화론'이라고 공격부터 합니다. 그게 지금 우리의 지성 수준이 아닌가 싶어요. 제가 진정 '식민지 미화론'이라면 적어도 "일제가 패망해서 애석하다"든가 "10년, 20년만 더 지배를 해줬더라면" 정도는 이야기해야 되잖아요.

'식민지 근대' 비판

김항 그렇다면 과연 '내재적 발전론'과 '식민지 근대화론'이 모두 공유하고 있는 근대화 자체에 대해서는 어떻게 생각하고 계신지요. 두 이론 모델은 완전히 상반된 입장에서 상이한 결론을 내리는 것 같지만 실상 '근대(화)'에 대한 판단은 공유하는 것 아닌가 싶습니다. 내재적 발전론이 조선 후기에 근대로의 이행이 준비되어 있었다고 강조하는 것이나, 식민지 근대화론이 식민통치가 근대화의 기틀을 마련했다고 주장하는 것이나, 입장은 다르지만 '근대(화)'를 좋은 것, 긍정적인 것으로 바라본 데에서는 동일한 전제를 공유하고 있는 것 아닐까요?

이영훈 글쎄요, 둘 다 '근대'를 공유하고 있는 듯이 보이는 건 사실입니다만, 그게 같은 것일까요. 제가 보기에 국사학의 주류를 점하는 '내재적 발전론'은 1960~70년대에 '자본주의 맹아론'을 제기할 단계엔 어떠했을지 모르겠지만, 그 이후는 앞서 이야기한 대로 민족·민중세력이 주체가 된 민주·통일운동의 역사로서 발전하여 대한민국의 현대사에 대한 강한 비판으로 역할하고 있어요. 그에 비한다면 '식민지 근대화론'은 식민지에 근대화가 이루어졌다는 사실을 지적하는 걸 넘어서서 19세기까지의 전통문명이 서유럽발 근대문명과 갈등하고 접합하면서 새로운 문명을 형성해 가는, 현대 한국이 그 과정과 결과로 존재한다고 이해하는 문명사적 인식의 틀이라고 생각해요. 비록 그것이 아직 완성된 것은 아니고, 또 완성해 가는 과정에서 다른 식으로 그 이름이 바뀔지는 몰라도……. 여기서는 김항 씨의 질문 자체가 전제하고 있는, 근대 비판의 문제에 대해 생각해 보고 싶습니다.

많은 사람들이 '식민지 근대화론'을 비판하면서 근대 비판을 이야기하고 있거든요.

잘 알다시피 근대 비판, 그것은 어제 오늘의 문제가 아니에요. 근대의 역사와 함께 있어 온 것이지요. 맑스주의, 생디칼리즘, 사회민주주의, 신 (新)민주주의, 종속이론, 포스트모더니즘 등등 헤아릴 수 없을 정도예요. 한국, 일본, 중국의 동아시아 근·현대사와 관련해서는 1960년대에 일본 맑스주의 역사학자들이 제기한 '근대화론' 비판이 우리와 직접적인 연관을 가집니다. 그 중의 하나로 다나카 마사토시(田中正俊)의 중국 '식민지반봉건사회론'(植民地半封建社會論)을 들고 싶습니다(『中國近代經濟史研究序說』, 東京大学出版会, 1973). 1970~80년대에 걸쳐 한국에서 마찬가지로 '식민지반봉건사회론'이 제기되는 데 중요한 역할을 한 연구자입니다. 다나카는 1960년대에 미국에서 유행한 '근대화론', 이를 테면 일본은 근대화에 성공했는데 중국은 왜 실패했는가의 문제를 막스 베버의 이론을 빌려 설명하고자 했던 '근대화론'을 맹렬하게 비판했지요. 예컨대 일본은 봉건제가 성립했고, 직업윤리가 발달했다는 등등에 대해 다나카는 그런 '근대화론'은 첫째, 일본이 중국을 침입함으로써 비로소 중국의 정체가 초래된, 양국이 상호작용한 근대사의 구체적 과정을 무시하고 있다는 점, 둘째 제국주의의 침입을 극복하고 중국이 수행하고 있는 또 하나의 근대로서 '아시아 공산주의 혁명'의 가능성을 무시하고 있다는 점에서 엉터리라는 것이에요. 이 두 가지 비판은 70년대 말 대학원생이던 저를 정말 혹하게 했어요. 아시아 공산주의 혁명의 주체로서 소빈농이 어떻게 생겼는가를 연구하겠다고 마음먹은 것도 그 영향 덕분이었어요. 1978년인가 다나카 교수가 서울대학교에 와서 세미나를 한 적이 있는데, 먼 발치에서 존경의 눈으로 쳐다본 기억이 납니다. 그런데 30년이 지난 지금 이 두 가지 비판은 어떻게 되었습니까? 거의 기각되고 말았지 않아요. 1840년 아편전쟁 이후 영국을 비롯한 제국주의가 중국에 들어갔습니다. 일본은 후발주자였습니다. 그 개항이 중국경제를 정체에 빠뜨렸다고 주장하는 경제사 연구자는 지금 거의 없습니다. 오히려 시장을 넓혀서 중국인에게 기회를 제공하였거나, 제국주의 자본은 방대한 중국시장의 극히 일부에서만 활동하였으며, 중국 고유의 유통경로나 거래방식으로 중국의 전통시장은 훌륭하게 방어되는 가운데 중국의 전통공업이 새로운 기술과 시장에 적극 대응하여 민족적인 근대공업으로 발전하였다고 이야기되고 있습니다. 솟아오른 중국의 민족공업을 억압하고 국가자본주의로 재편했던 것은 국민당 정부에 의해서였지요. 물론 1937년 이후의 중일전쟁기가 되면 이야기가 달라지는 면이 있습니다만. 그리고 근대의 대안으로 평가된 '아시아 사회주의 혁명'은 어떻게 되었습니까? 중국이 아직 사회주의를 포기하고 있지 않아 결론을 내리기에 성급한 면이 있습니다만, 아시아 변혁의 주체로서 소빈농이 주체가 된 공산주의 혁명, 그건 이미 한 차례 실험을 거치고 지나가 버렸습니다. 문화대혁명의 실패를 통해서 중국인들도 그와 같은 주의주의(主意主義)적인 실험이 얼마나 큰 재앙이었던가를 알게 되었죠.

그렇게 수없는 사람의 희생을 치르면서 현대 인류는 역사로부터 그야말로 값진 교훈을 얻게 되었습니다. 역사의 진정한 발전은 연속적이고 점진적인 개량을 통해서 이루어진다는 것을 말입니다. 그럴 능력이 있는, 타협과 조정과 모색의 능력을 갖는, 민족이 선진사회이지요. 그렇지 못하여 갈등과 모순이 극대화되면 혁명이 초래됩니다. 그러나 모든 혁명은 그것이 파괴했던 만큼의 성과를 거둠에 실패하였습니다. 프랑스혁명도 그렇고, 러시아혁명도 그렇고, 중국혁명도 그랬지요. 이들 혁명은 후진국형 근대를 대변합니다. 또 하나의 후진국형 근대가 있습니다. 바로 '식민지'이지요. 일찍이 일본의 유명한 경제사가 오츠카 히사오(大塚久雄)가 근대의 유형을 위와 같이 세 가지 유형으로 나누었는데요, 제 나름으로 다시 설명하면 개량형·혁명형·식민지형으로도 표현할 수 있습니다. 한국근대사는 조선왕조 이래의 모순이 너무 깊어 근대를 위한 혁명조차 일으킬 형편이 못 되었습니다. 그런 나머지 일본의 식민지가 되었는데, 이후 식민지 고유의 강압성으로 근대화가 추진되었던 것이죠. '식민지 근대화론'은 이 같은 근대의 세계사상(世界史像)을 전제하고 있습니다.

근자에 유행하고 있는 포스트모더니즘에 대해서 저는 비판적입니다. 진지하게 따라 읽으려 해도 잘 읽히지가 않아요. 근대가 또 하나의 야만이고 폭력인 것은 맞아요. 그렇지만 중세의 폭력, 곧 신분의 폭력, 종교의 폭력, 자연의 폭력보다야 높은 수준의 인간의 물질생활과 정신생활을 대변하고 있지 않아요? 근대는 근대가 안고 있는 많은 문제점을 스스로 발견하고 치유하는 과정이었습니다. 그럴 개량의 능력이 근대 그 자체에 내장되어 있는 것이죠. 그런 과정으로서는 '근대'는 항상 '현대'였습니다. 포스트모더니즘은 없어요. 있는 것은 언제나 프레젠트모더니즘(present-modernism)으로서 현대지요. 포스트모더니즘이 무슨 대안을 제시하는 건 아니잖아요. 사회주의혁명도 이미 지나갔고요. 여러 책을 보니 "자연과 인간에 대한 보다 따뜻한 배려"를 대안으로 제시하더군요. 그런데 그런 덕목은 근대의 문을 연 위대한 저작들에서 이미 열거되어 있거나 가능성으로서 제시되어 있어요. 애덤 스미스가 그의 『도덕감정론』(*The Theory of Moral Sentiments*, 1759)에서 이야기한 '공감'(sympathy)이란 도덕능력이 그 좋은 예이지요.

식민지기를 두고 미국학자들이 중심이 되어 제기한 '콜로니얼 모더니티' 또는 '식민지 근대'에 대해서도 한마디 하지요. 어떤 국사학자가 나에게 그러더군요. '식민지 근대'는 좋지만 '식민지 근대화'는 안 된다고요. 일본의 어느 대학에서 세미나를 하는데, 어떤 사람이 저를 비판하더군요. "선생은 왜 '식민지 근대'를 받아들이지 않고 '식민지 근대화'를 주장하느냐"

구요. 저는 이런 식의 어법이 상당히 트리키(tricky)하다 생각합니다. 근대화(modernization)가 없이 어떻게 근대(modernity)가 존재할 수 있습니까? 제가 트리키하다고 한 것은 '근대화' 하면 "그것, 식민지 미화론 아니야"라는 비판을 우회하기 위해서라는 인상 때문인데, 더 심하게 이야기하면 자신의 정당성을 드러내기 위해 '식민지 근대화론'을 '식민지 미화론'으로 몰아 제물로 삼자는 것이기도 하지요. '식민지 근대'를 주장한 어느 한국계 미국 교수가 성균관대에 와서 강의한 적이 있습니다. 그때 '식민지 근대화론'은 식민지를 미화하는 것이니까 자기들의 '식민지 근대'와 다르다고 이야기하더군요. 한심하기 짝이 없어요. 주로 경제사 연구자들이 '식민지 근대화'를 이야기하고 있는데, 그 사람들은 경제적인 의미의 근대화 과정을 있는 그대로 이야기하고 있을 뿐입니다. 그것이 어떤 사회적·문화적 모순을 잉태하고 있는지에 대해서는 이야기할 능력도 없을뿐더러 본연의 과제도 아니지요. 그런 문제는 그런 것을 연구하는 사람들이 지적하면 좋아요. 그게 그 사람들의 책무지요. 식민지기에 민족모순, 여성모순 등 온갖 모순이 왜 없겠어요. 그런 모순이 식민지화를 통해 형성되었음이 사실일진대, 그것은 달리 표현하여 '근대화'를 통해 생겨난 것이에요. 그렇게 동전의 앞뒤와도 같은 관계를 두고 전자는 미화이고 후자는 비판이라고 이야기하는 거예요. 그래서 트리키한 거예요. 정직하지 않은 거죠.

제가 오해하고 있다면 다음과 같을 수도 있어요. 식민지기의 '근대'는 오로지 일제에 의해 강제되었다는 것, 다시 말해 일본에서 만들어진 근대가 날것 그대로 들어와 식민지 억압과 수탈의 기제로만 작동했다는 주장이 있을 수 있어요. 다시 말해 한국인들은 모두 전통의 영역에 머문 채 '근대'를 알지 못하고 그에 끝까지 소외된 채 억압만 당했다고요. 그렇다면 나름의 논리적 일관성이 확보되네요. 근대화는 일본에서만 있었고 한국에는 근대가 날것으로 들어와 소화불량이나 설사만 일으켰다는 이야기가 되지요. 과연 그런가요? 이러한 언설은 식민지로 떨어진 우리 민족이 얼마나 왕성하게 근대를 흡수하면서 자력갱생을 추구했는지에 대해 눈을 감는 것과 마찬가지예요. 나쁘게 말해 우리 민족을 근대에 의해 왜곡당하고 불구의 상처만을 안았다고 하는 미개 지역의 원주민쯤으로 비하하고 있는 거예요. 진정 그러한 논리라면 더 이상 언급할 가치도 없는 주장에 불과해요.

문명사의 진보와 전환

김항 전체적으로 선생님은 사람들이 살아 온 시간적 과정이라고 하는 것은 점진적 개량의 역사라고 파악하시고, 왜 이렇게 되었느냐에 대해 끊임없이 묻는 과정을 통해 그 점진개량을 계속 추동해 나가는 것이 문명화 과정이라고 생각하신다고 정리해도 무방할까요?

이혜령 맑스주의에 입각하지 않는다 하더라도 선생님께서는 다른 의미의 진보, 한국사회는 나름의 문명적인 진보를 해온 사회였다고 얘기하셨을 때, 이때 문명적인 진보에서의 문명 개념, 그것을 가지고 어떻게 사회의 변화와 발전 단계들을 기술할까 하는 문제와 맞닿아 있는 것 같아요.

이영훈 모든 문명화 과정이 다 그러한 것은 아닙니다. 조금 전에 한 이야기를 다시 요약해 드리면 점진적인 개량을 통해 진보해 가는 문명이 있고, 단절적인 혁명을 겪는 문명도 있고, 몰락하여 해체되거나 강제로 다른 문명을 이식당하는 문명도 있습니다. 선진적인 문명만이 자신의 힘으로써 모색과 조정과 타협을 통한 점진적 개량으로 진보해 가는 것이죠. 문명이란 무엇입니까? 관련해서 토인비(Arnold Toynbee)의 유명한 문명사관이 있지요. 브로델(Fernand Braudel)의 물질문명이란 것도 있지요. '문명'이란 한마디로 정의하기 힘든 개념입니다. 그럴수록 나는 간단명료하게 생각하고자 합니다. "문명이란 통합(integration)이다. 서로 다른 생각을 하는 사람들을 하나의 질서로 통합하는 것이 문명이다." 인류의 역사는 이 문명이 확대하고 심화하는 과정이라고 생각합니다. 최초의 통합단위는 인간 20명 정도의 무리(band)였습니다. 그것이 씨족으로, 부족으로, 나아가 국가로까지 발전합니다. 국가의 성립을 위해서는 하늘 또는 종교와 같은 신의 발견이 필요하죠. 그 국가가 제국이 되고, 그 단계에서 기독교·유교·불교·이슬람 등의 세계종교가 출현합니다. 세계사는 제국의 흥망성쇠였는데, 오늘날에 이르러 드디어 종교를 대신하여 인간이성이 주관자가 되어 국가연합, 나아가 세계국가의 성립을 과제로 하게 되었습니다.

그런데 한번 자기정합적으로 성립한 문명은 외부로부터의 커다란 도전이 없으면 좀처럼 변하질 않습니다. 왜냐하면 내부에서 발생한 약간의 충격은 내부의 미세한 조정만으로 다 흡수될 수 있기 때문이지요. 예컨대 성리학의 세계에서 인간의 본성이나 사회관계의 윤리나 삼라만상의 형성은 궁극의 어떤 원리의 발현에 다름 아닙니다. 그 자체로 강고한 자기조절적 완결체이지요. 이 세계가 무너진 것은 내부로부터가 아닙니다. 19세기에 서유럽의 중포 앞에서 무너진 것이죠. 당시 동아시아는, 맑스의 표현을 빌리면, "살아남느냐 소멸하느냐"(survive or perish)의 일대 도전에 봉착했습니다. 그때 그 충격의 본질이 무엇인지 이해할 '창조적 소수'의 역할이 필요합니다. 그 '창조적 소수'가 정치적 리더쉽을 확보하여 개혁에 성공할 때 그 문명권은 살아남고 번성합니다. 그 개혁은 약간의 조정이라기보다 도전으로 닦아 온 문명의 원리를 받아들여 기존 체제에 상당한 수정을 가하는, 그래서 '문명사의 전환'이라고 부를 만한 정도의 큰 개혁이어야 합니다. 그래야 살아남을 수 있는 것이죠. '창조적 소수'가 이런 개혁을 수행하기 위해서는 그들을 이해하고 지지하는 대중이 필요합니다. 그렇지 않고서는 '창조적 소수'가 권력을 잡을 수가 없지요. 아시아 전체에 걸쳐 이 같은 대응에 성공한 나라는 일본밖에 없습니다. 중국은 대응에 실패하여 중화제국이 해체되고 거의 반세기간 혼란과 내란 상태에 빠졌습니다. 조선왕조의 경우 도전의 본질을 이해하는 '창조적 소수'는 그야말로 소수였고 그나마 그들을 지지할 사회계층은 거의 없는 편이었습니다. 그리하여 일본의 식민지로 떨어지고 말았는데, 이 민족이 다시 살아난 것은 한반도의 지정학(地政學)이 제공한 이익 때문이지 솔직히 말해 한민족이 독립운동을 성공적으로 수행한 덕분은 아니지요. 자칫하면 지구상에서 소멸될 수도 있었던 일대 위기였던 것입니다.

　그런데 백년이 지난 지금도 조선왕조 또는 대한제국의 패망이 지닌 역사적 의의나 실천적 함의에 대해 역사학자들은 침묵하거나 오해하고 있다고 생각해요. 대한제국이 망한 것은 이완용과 같은 몇 사람의 역적들이 나라를 팔아먹었기 때문이라는 거죠. 그래서 노무현 정부 때 강만길 교수를 중심으로 한 유력한 역사가들이 제안하여 반민족친일행위진상규명위원회를 만든 다음 국권의 패망에 협조한 친일파들의 명단을 작성하지 않았습니까. 그 위원회를 이끈 역사의식은 1910년 당시 조선 사람들이 몇 사람의 역적이 나라를 팔아먹었다고 한 것과 조금도 다르지 않습니다. 그런데 나라라는 것이 부동산처럼 사고 팔릴 수 있는 것입니까? 조선왕조가 망한 것은 몇백 년의 모순이 누적된 결과입니다. 필사적으로 전쟁을 벌이다 역부족으로 항복한 것도 아닙니다. 전쟁을 벌인 나라가 식민지로 떨어진 적은 없어요. 조선왕조는 미국 루스벨트 대통령의 표현에 따르면 "자신을 지키기 위해 팔뚝 한 번 휘두른 적"이 없었습니다. 그래서 망한 것이지요. 그 망하는 자리에 이완용 등이 역사의 꼭두각시로 놓였을 뿐입니다. 그런데 백년이 지난 지금도 조선왕조의 패망을 하나의 문명사적 사건으로 받아들이지 않고 몇 사람에 책임을 물을 수 있는, 부동산이 잘못 사고 팔린 식으로 단죄하고 있는 것은 엄밀히 말해 지난 백년간 한국인의 역사의식에서 볼 만한 진보는 없었음을 적나라하게 보여 줄 뿐이라고 생각해요.

　나라가 망한 뒤 35년간 이 땅에서 일어난 문명사의 변화를 가리킨 것이 바로 '식민지 근대화론'입니다. 일제에 의해 지배체제의 일환으로 '근대'가 강력하게 이식되었습니다. 앞서 이야기한 대로 민법이 제정되고 시장경제체제가 성립하고 근대적 경제성장이 이루어졌습니다. 그런데 식민지로 떨어졌다고 하루아침에 전통문명이 진공 상태로 해체된 것은 아니지요. 전통의 정치체제는 해체되었지만 그것을 뒷받침한 사회나 문화는 자기 힘으로 살아남거나 일제의 지지를 받아 오히려 강화되기도 하였습니다. 종속적인 환경에서나마 외래 근대와 전통이 밀고 당기면서 새로운 구조로 접합해 가는 문명사의 전환이 여기서도 진행되었던 것이지요. 그 과정에서도 '창조적 소수'의 역할은 있었습니다. 국내외의 독립운동가들, 식산흥업으로 민족갱생을 추구한 실업가들, 교육·언론·문학·종교의 각 분야에서 활동한 지식인들이 모두 그러한 창조적 소수였습니다. 공장에서 일본인들로부터 숙련을 익힌 기술자들도 그러한 사람들입니다. 해방이 되어 일본인들이 물러간 뒤 1946년 서울 용산의 철도창에서는 한국인 기술자의 힘만으로 기관차를 만들었습니다. 그러고선 '건국호'라고 이름을 붙였죠. 적어도 이 정도의 대응능력은 확보되어 있었기에 대한민국의 출범이 가능했던 것입니다. 그 점에서 대한제국과 대한민국이 전제하고 있는 문명의 수준은 다른 것이죠. 그런데 식민지기에 이렇게 축적된 근대에의 대응능력을 이야기하면, 사람들은 "그것, 식민지 미화론 아니냐"고 눈살을 찌푸리지요. 심지어 반민족친일행위진상규명위원회가 그러했듯이 한국인 최초로 경성방직이란 공장을 세우고(1919) 민족지 『동아일보』와 민족대학 고려대학교를 창건한 김성수(金性洙) 선생을 친일파라고 단죄하고 있지 않습니까. 이처럼 나라를 몇 사람이 팔아먹었다고 하든가, 식민지 환경에서 식산흥업과 교육입국을 위해 일제와 교섭하고 협력한 행위를 친일파로 몬다든가 하는 현대 한국의 역사학에서 나는 백년 전 나라가 망할 때의 위기와 동질의 위기를 느낍니다. 인간들의 삶을 규율한 문명의 원리에서 거대한 전환이 있었음을 인식하지 못하는 역사인식의 고착과 정체가 앞으로 또 하나의 큰 위기를 몰고 올 것이라고 예감하기 때문이죠.

민족주의와 전통문명

김항 지금까지 말씀하신 역사관을 한국의 민족주의 등과 연결해서 조금 더 부연해주시죠. 어찌 보면 지금까지 한국사회, 혹은 한국 학계는 민족주의라는 탈식민 기획의 지배를 받아 왔다고 봅니다. 물론 이 기획 없이 해방 후 한국의 발전은 불가능했겠지만, 다른 한편에서는 선생님께서 언급하신 문명 차원의 물음이 등한시되는 원인을 제공한 것 같아서요.

이영훈 지난 10년간 한국 지성사회에 중요한 변화가 한 가지 있었다면 민족주의의 지배력을 상대화했다는 점일 겁니다. '민족' 그것은 초역사적인 실재가 아니고 20세기 전반 식민지기의 고난 속에서 한국인들이 발견한 새로운 역사공동체 의식입니다. 조선시대에 '민족'이란 말도 개념도 없었어요. 요사이 이 정도는 상식이 된 것 같아요. 가끔 대중을 상대로 한 강연을 할 기회가 있는데, 이런 이야기를 하면 자연스럽게 이해하고 수용하는 분위기를 느껴요. 그런데 20세기에 걸쳐 민족주의가 형성되고 발전해 온 과정에 대해선 연구할 것이 많다고 생각해요. 민족주의는 어떤 진공 상태에서 갑자기 생겨난 것이 아니라 전통을 바탕으로 하거나 전통을 재구성하는 방식으로 생겨난 것입니다. 예컨대 민족주의의 짝을 이루는 조선시대의 공동체의식은 '소중화주의'(小中華主義)입니다. 소중화의 주체는 양반 사족들이고 일반 상민은 그 구성원이 아니었어요. 그 점에서 20세기의 민족주의와는 상이합니다. 또한 소중화는 상당히 개방적인 국제 감각을 전제하고 있어요. 그래서 중국에서 건너온 기자(箕子)가 우리 문명의 시조로 추앙되어도 조금도 어색하지 않았던 거죠. 그런데 20세기 들어와 기자가 말끔히 청산되고 그 자리에 단군이 앉았어요. 개방적인 문명권을 대신하여 폐쇄적인 인종권이 민족의 터전이 되었어요. 이렇게 20세기의 민족주의는 19세기까지의 소중화주의를 환골탈태(換骨奪胎)하는 방식으로 생겨난 것입니다. 그뿐 아니라 민족을 상징하고 의례하는 많은 요소들이 전통으로부터 계승되거나 발굴되거나 증폭되었다고 할 수 있어요. 결국 한국인들의 인간·사회·국가에 대한 전통적인 이해의 방식이나 원리가 그 속에서 용해되어 계승되고 재편되는 가운데 한국의 민족주의가 생겨났다고 할 수 있어요. 아까 얘기했잖아요. "성리학은 결코 사라진 것이 아니라고." 그러한 시각에서 20세기 민족주의의 형성과 발전의 과정을 심층에서부터 해부할 필요가 있다고 생각합니다.

'민족'과 마찬가지로 '국가'라는 것도 19세기까지는 없었어요. 『조선왕조실록』에서 무수히 언급되고 있는 '국가' 또는 '국'이란 말의 뜻을 자세히 살피면 어디까지나 중화제국 속에서 위치한 제후의 가(家)를 가리킬 뿐이에요. 조가(朝家) 또는 조정(朝廷)이라고도 하지요. 왕가와 양반 신분만이 멤버십을 갖는 큰집과 같은 것이지요. 오늘날과 같은 국민국가의 개념이나 질서가 있었다고 생각하면 큰 오산입니다. 결국 당시의 국가란 성리학적 예(禮)의 질서로 존재했어요. 언젠가 오래전에, 내가 아직 뭘 잘 모를 때 이야기입니다만, 1908년인가 13도 의병총대장을 맡은 이인영(李麟榮)이 망해 가는 나라를 구하기 위해 의병부대를 이끌고 서울로 진격하다가 아버지가 돌아가셨다는 소식을 듣고 부대를 해산하고 집으로 돌아갔다는 얘기를 듣고 이해를 못했어요. 그렇게 무책임하고 비겁한 사람이 있을 수가 있느냐 하고 말이죠. 그런데 나중에 조선의 성리학을 약간 이해하게 되니까 그건 매우 자연스럽고 그렇게 하지 않으면 안 되는 거였어요. 왕조가 위태롭기로서니 아버지가 돌아가셨는데, 하늘이 무너졌는데, 그것보다 더 중요한 일은 없죠. 당연히 고향에 돌아가서 아버지 상을 치러야 하지요. 그렇게 조선왕조의 지배층에 있어서 효(孝)라는 윤리는 충(忠)을 초월하였습니다. 효와 충이 충돌하면 효가 충을 지배하는 것이 조선왕조의 정치철학이었습니다. 몇 사람이 거기에 대들다가 죽음을 당했지요.

구한말 애국계몽기에 이 같은 전통문명에 대한 비판이 제기되었습니다. 나라가 망하게 된 것은 그 성리학의 정치·사회·문화 때문이라는 겁니다. 최근에 슈미드(André Schmid)가 잘 밝히고 있듯이 소위 일제가 만들었다고 하는 '조선사회정체론'은 원래 구한말에 망국의 위기에 처한 한국인들이 제기한 자기비판이었어요(정여울 옮김, 『제국 그 사이의 한국』, 휴머니스트, 2007). 그런데 나라가 망해 버리자 그러한 자기비판은 쑥 들어가 버리고 말았어요. 일제라는 새로운 지배자가 같은 소리를 하니까 이제는 모욕감을 느끼는 거예요. 그에 대한 저항으로 '민족'이란 새로운 공동체의식이 생겨나 파묻혀 있던 민족사의 영웅들을 발견하고 민족문화의 우수성을 상찬하기 시작한 겁니다. 이러한 정신세계의 동향은 해방 후 남·북한에서 들어선 독립국가가 민족주의를 국민교육의 기본 이념으로 교육하기 시작하자 더욱 확고해졌어요. 망국을 불러온 전통에 대한 비판은 '정체론'의 이름으로 모두 쓰레기통으로 들어가 버리고 말았죠. 대한민국이 경제성장에 성공하여 재정에 여유가 생기자 1980년부터는 '한국학'이란 학문 분야를 만들고 그에 대대적인 투자를 하기 시작했어요. 어쨌든 이러한 과정을 통해 한국의 전통문화는 민족주의 그 자체에 배태된 형태로, 나아가 민족주의 그 자체에 지지되는 경로로 한 번도 본격적인 자기비판을 당해 보지 않은 채, 계승되고 부활되고 증폭되어 왔다고 생각합니다. 국가에 대한 한국인의 전통적인 감각도 마찬가지이지요. 오늘날 한국인들의 국가에 대한 감각은 다분히 전통적인 것 그대로입니다. '국가'는 '민족'과 등치된 채, 아니 '민족' 속에 파묻힌 채 독자의 질서로 감각되지 않습니다. 민족 분단이 되었다고 해서 국가의 역사적 정통성을 인정하지 않거나 통일이 되어야 진정한 국민국가의 성립을 이야기할 수 있다는 이른바 국사학계에 널리 퍼져 있는 이른바 '분단 체제의 역사학'이 그 좋은 예가 아니겠어요.

트랜스내셔널리즘과 동아시아론의 빈 곳, 국가관

<u>김항</u> 사실 지금까지 한국 학계에서는 '민족'과 '국가' 사이의 관계를 섬세하게 따져 묻는 논의가 부족했던 것 같습니다. 민족국가로 가는 다양한 역사 경험을 이론적으로 검토하는 일은 많이 이뤄져 왔지만 정작 한국의 역사 경험에 바탕해서 민족국가 형성의 리얼리티를 재검토하는 작업은 드물었죠. 그것은 한국의 전근대와 근대의 연속성이나 불연속성을 충분히 고려하지 않은 데서 비롯된 귀결인 듯한데 선생님 생각은 어떠하신지요?

<u>이영훈</u> 민족주의에 대한 본격적인 비판은 임지현 교수가 시작한 걸로 알고 있어요. 그의 공로가 크다고 생각합니다. 그래서 언제가 기회가 닿아 그가 주도한 연구회에 참여했지요. 그러고선 민족주의에 대한 내 나름의 대안으로서 '문명사의 전환'을 이야기하기 시작했습니다. 저의 기본 관심은 우리 한국인들이 높은 수준의 문명적 통합으로서 아름다운 국가를 만드는 것이에요. 성리학적 예의 질서로 존재하다가 망해 버린, 그래서 온 나라 사람을 이민족의 노예로 떨어지게 했던, 그 도덕국가를 대신해서 자유인에 의한 평화롭고 강건한 국가를 만드는 데 연구자로서 돌 하나라도 얹어 놓을 수 있다면 하는 것이 내 바람입니다. 그 바람이 실현될 장은 내가 발을

딛고 있는 이 대한민국이에요. 이 나라가 정말 인간이 살 만한 선진적인 사회질서와 정신문화의 정치적 통합체로서 발전해 가는 것 바로 그것이에요. 아주 구체적이고 단순명료하지요. 그런데 임지현 교수 그룹과 이야기를 하다 보니까 우리가 출발은 같지만 지향하는 목적은 많이 다르다는 것을 느꼈어요. 그들이 뭘 지향하는지 잘 알 수 없어요. 우선 민족주의의 대안으로서 트랜스내셔널리즘(trans-nationalism)을 내세우는 것 같아요. '동아시아'라는 지역의 역사를 공부해서 동아시아 지역공동체를 회복하거나 건설하자는 이야기 같습니다. 그런데 무엇이 '동아시아'인가? 엄밀하게 정의되지도 않고 역사적 근거도 희박한 말이라고 생각해요. 유럽에서는 유럽연합과 같은 초국가적 정치체가 성립하여 근대국가의 소멸까지 전망한다고 듣고 있습니다만, 한국·일본·중국의 동아시아에서는 아직 아득하게 먼 훗날의 이야기일 뿐입니다. 이 세 나라가 유교권이라는 공통의 문명권에 속할지는 몰라도 나라마다 유교의 내용이나 정치적 역할이 많이 달랐습니다. 8~9세기 이후 천년의 세월에 이 세 나라 간에 민간 레벨의 교류는 있어 본 적이 없습니다. 우리 한국은 중국에도 속해 보고 일본에도 속해 봐서 그런지 두 나라와 그런대로 소통하는 입장입니다만, 일본인과 중국인이 만나면 아직은 이야기가 통하지 않아요. 실제 세 나라 연구자가 모인 연구회에서 그러한 경험을 한 적이 있어요. 그래서 말로는 쉽게 '동아시아' 하지만 그것이 무엇인지 우리 스스로 잘 모르고 있는 실정입니다.

민족주의의 대안으로 '시민사회'를 이야기하기도 해요. '시민사회'가 '민족'이니 '국가'니 하는 정치적이며 억압적인 담론을 대체할 수 있다는 소리를 종종 듣습니다. 나는 이 역시 우리나라에선 쉽게 정의되지 않은 애매한 개념이라고 생각합니다. 우리는 언제나 정의되기 힘들거나 실체가 애매한 개념을 즐겨 이야기를 하는 경향이 있어요. 시민사회라는 것은 서유럽 근대사에서 전형적으로 성립했습니다. 인종적으로 종교적으로 직업적으로 서로 다른 이해관계 집단들이 마치 꽉 쥐어진 손처럼 강한 단결과 자치로 대립하고 갈등한 것이 서유럽 근대사였습니다. 거기서는 강한 단결과 자치의 시민사회가 역사적으로 선행하고 그로부터 근대국가가 도출되는 관계였습니다. 한국이나 중국에서 국가와 사회의 관계는 그와 다릅니다. 역사적으로 국가로부터 자율적인 시민사회는 존재하지 않았어요. 국가질서와는 별도의 영역에서 강하게 잘 뭉쳐진 단체가 장기간 존속한 예를 우리 역사에서 찾기란 어렵지요. 강한 단결력을 구사한 것은 족계(族契)로 뭉친 친족집단 정도였다고 할까요. 이 같은 역사적 조건 때문에 지금도 대부분의 한국인들은 '시민'이라기보다 '국민'으로 정치에 참여하고 있습니다. 앞으로 변하겠죠. 그러나 지금까지는 그렇지 않았습니다. 한국인들의 정치의식은 거의 90퍼센트가 중앙정치에 쏠려 있습니다. 시민단체가 근 3만 개 이상이라고 합니다만, 순수 시민집단이라기보다 대개 정치를 하고 있어요. 또 그래야 시민단체로서 성공할 수 있지요.

내가 민족주의를 비판하는 것은 '동아시아'를 위해서도 '시민사회'를 위해서도 또 노동계급이나 민중을 위해서도 아닙니다. 그 점에서 민족주의를 비판하고 있는 다른 사람들과 다르다고 생각합니다. 나의 민족주의 비판은 대한민국이란 우리의 국가가 민족주의의 지배하에 너무 심하게 억눌려 있기 때문입니다. 앞서 얘기가 나왔습니다만, 지난 20년간 대한민국의 현대사가 중·고등학교 교실에서 대학의 강의실에서 어떻게 가르쳐져 왔습니까. 1948년 대한민국의 성립을 두고 반민족 부정부패 세력에 의한 반공 파시즘 체제의 성립 정도로 비하해 왔음이 사실이 아닙니까. 국민교육의 문제만이 아닙니다. 이른바 민주화시대에 국가가 지원하여 건립한 각종 기념물의 경우에도 마찬가지입니다. 광주 망월동에 있는 5.18 국립묘지에 가 보세요. 국립묘지라 하지도 않고 아예 '민주묘지'로 이름이 붙여져 있습니다. 역사관이란 곳을 들르면 갑오농민전쟁(1894)→3·1운동(1919) → 광주학생운동(1929) → 4.19혁명(1960) → 5.18민주화투쟁(1980)을 역사의 정통적 흐름으로 설정한 위에 대한민국의 성립에 대해서는 한 마디 언급도 없어요. 이처럼 조선시대나 지금이나 우리 한국인들의 왕성한 정치의식이나 정치활동 속에서 국가는 의외로 허약한 존재일 뿐입니다. 국가란 무엇입니까? 이념의 결정체이지요. 국가가 독점하고 있는 폭력 그것을 정당화하는 이념이 국가의 본질입니다. 대한민국을 두고 말한다면 자유 이념 그것입니다. 대한민국이 없다면 나는 노예나 농노가 될지 몰라요. 북한 동포를 두고 자유인이라 할 수 없지 않아요. 15억 중국인을 두고서도 온전한 자유인이라 할 수 없지요. 그만큼 자유라는 것은 오늘날의 세계에서조차 그리 일반적이지 않아요. 그런데 대한민국은 그 성립에서부터 헌법적 가치로서 자유를 보장했어요. 그것을 발전시키고 성숙시켜온 역사이지요. 그것을 부정하면서 대한민국의 건국사를 민중·민주세력의 운동사로 도치해서는 곤란합니다.

내가 이런 주장을 하니까 나를 '국가주의자'라고 비판하는 사람들이 있어요. 우리의 역사에서 국가란 것이 어떠한 질서로 감각되어 왔는지, 그 정치사상사의 흐름을 이해하지 못하는 사람들이 그런 비판을 한다고 여기고 있습니다. 성리학적 예의 질서로 존재한 조선왕조가 무엇 때문에 패망했는지, 오늘날 한국인의 정치의식 속에서 국가란 어떠한 질서로 감각되고 있는지에 대한 성찰이 없기 때문에 그러한 비판을 한다고 봐요. 오늘날 한국인들은 '국가'가 '민족'이나 '민중'에 매몰된 가운데 보기에 따라선 국가 이전의 원초적인 자유를 너무 만끽하고 있어요. 출범한 지 몇 달도 안 된 정부를 두고 물러가라고 수도 한복판에서 두 달간 밤마다 데모를 벌이거나, 군함이 적대세력의 기습공격으로 격침되었는데도 사고니 자폭이니 정치적 논쟁을 일삼는 데서 난무하는 원초적 자유를 볼 수 있어요. 보다 솔직히 지적하면 그것은 자유라기보다 국가 이전의 야만에 가까운 것이지요.

통일운동의 국가관

이혜령 70년대부터 한국에서는 조선왕조의 패망으로 큰 비판을 받고, 또 단절되었던 민족문화나 전통이 강력한 도덕주의적 국가관과 결합된 형태로 다시 재부활하였다고 말씀하셨는데요. 그렇다면 김대중·노무현 정부 때의 역사학의 국가관이랄까, 그건 어떻게 보고 계신가요?

이영훈 2000년 남북정상회담에서 나온 6·15선언은 김대중 대통령을 필두로 한 한국의 이른바 '민주화 세력'이 어떠한 역사의식과 국가관을 소지하고 있는지를 극명하게 보여 준 사건이라고 생각합니다. 역사학계의 주류는 남과 북의 국가연합을 추진하겠다는 약속이 담긴 6·15선언에 크게 고무되었던 것 같습니다. 전해 들은 이야기입니다만, 어떤 역사학자는 김대중 대통령의 임기가 다 되어 가자 초조한 나머지 "김대중이는 도대체 남북연합을 추진하는 거야, 마는 거야"라고 찾아온 대학원생에게 역정을 냈다고 하죠. 실제 남북연합이 가능하리라고 믿었던 것 같습니다. 당시 역사학계가 그런 기대에 부풀어 있었던 것은 사실이에요. 어떤 역사학자는 "평생의 꿈이 있는데 김일성대학에서 역사를 강의해 보는 것"이라고, 다른 어떤 역사학자는 "옛날에 김구 선생이 그러했던 것처럼 다시 38선에 서서 남도 아니고 북도 아닌 입장에서 분단시대의 역사를 그려 보고 싶다"고 했습니다. 둘 다 제가 직접 들은 이야기입니다. 그래서 역사학자들끼리 남북 교류를 한다고 300~400명이나 방북 준비를 했던 적이 있었지요. 6·15선언 뒤 국사학계의 이 같은 대응은 저로 하여금 참으로 많은 생각을 하게 만들었습니다. 제가 보기엔, 1910년 나라가 망할 당시의 한국인들이 소수의 몇 사람을 역적으로 지목하고 그들이 나라를 팔아먹었다고, 다시 말해 나라가 사고 팔릴 수 있는 물건처럼 생각했던 그 국가관과, 6·15선언에 나타난

서로 다른 이념의 두 나라를 선의의 대화를 통해 합칠 수 있다는 국가관과
는 상통하는 바가 많다고 생각합니다. 국가란 이리저리 떼어 팔거나 붙이
거나 할 수 있는 물건이 아니죠. 형제간에 원한이 있어 헤어졌다가 혈육의
정을 이기지 못하여 화해하는 것과는 차원이 다른 것이죠. 왕조시대에, 곧
국가가 왕의 집으로 존재하던 시대에, 이웃 왕가와 전쟁을 벌이는데 조정
에 역적이 있어 왕조를 팔아넘기거나, 이웃 왕가와 결혼을 통해 두 왕조를
합하거나 하는 발상과 근본적으로 같은 맥락의 이야기예요. 근대국가란
무엇입니까? 앞서 이야기한 대로 이념의 결정체이지요. 이념이 같다면 서
로 다른 인종도 하나의 국가로 합할 수 있지만, 이념이 다르면 같은 인종도
원수가 되는 겁니다. 대한민국의 자유민주주의와 북한의 공산주의나 수
령 체제는 아무리 갖다 붙이려 해도 붙을 수 없는 이종(異種)입니다. 선언
의 당사자인 김대중 대통령과 김정일 위원장도 속으론 그걸 믿지 않았을
것 같아요. 실제 아무리 낮은 단계의 국가연합을 추진하려 해도 현실적으
로 방법이 없지 않아요. 그런데도 모두가 가능한 것처럼 믿었고 지금도 그
렇게 생각하는 사람들이 적지 않은 것은 아무래도 우리 한국인들에게 국
가란 왕조시대와 마찬가지로 인의(仁義)나 혈육(血肉)과 같은 도덕적 실재
로 감각되고 있음을 말해 주고 있어요. 다른 말로 표현하면 많은 한국인들
에게 대한민국의 기초인 '자유' 이념은 아직도 생소한 외래 수입품이라는
것입니다. 입으로만 '자유'를 이야기하지 그에 대한 신앙은 없는 것 같아요.
'자유'의 물질적 기초는 무엇입니까? 사유재산권입니다. 국가도 침해할 수
없는 사유재산의 절대적 권리가 나를 자유인으로 만드는 것입니다. 얼마
전 역사학자들과의 어느 자리에 앉았는데, 누가 그래요. "남한에서도 1946
년 북한이 행했던 토지개혁처럼 무상몰수·무상분배 했어야 되는 거 아니
야." 다들 그렇게 생각해요. 저도 예전에 그렇게 생각했고 지금도 많은 사
람이 그 정도는 개혁했어야 한다고 믿어요. 그런 개혁이 결국 인간 자유를

부정하면서 국가 체제를 억압적인 전체주의로 몰고 간다고는 생각지 않아요. '사유재산' 하면 기득권자의 타령 정도로 여기잖아요. 그렇게 이념적으로 공백인 가운데 민족을 앞세운 감상적인 통일운동이 지난 10년간 대한민국을 크게 흔들었다고 생각합니다. 이른바 좌니 우니 하는 것도, 진보니 보수니 하는 것도 여기서 갈라집니다. 여기가 갈림길입니다. 역시 '문명사의 전환'은 그리 쉬운 일이 아닌 모양입니다. 전통이 강한 굴레가 되어 한국인들을 옥죄고 있어요. 나는 지금 우리 한국인들이 전통과 외래문명의 밀고 당김 속에서 크게 분열하면서 앞길을 예측하기 힘든 불확실성 속으로 빠져들고 있다고 생각합니다.

뉴라이트운동

<u>김항</u> 선생님의 학문적 입장을 충분히 설명해 주신 것 같습니다. 그런데 한편에서는 뉴라이트라든지 그런 정치세력과 연동되어서 거론되시는 것이 불편하시지는 않으셨는지요. 사실 '이영훈'이라는 이름은 일반적으로는 연구자라기보다는 보수 세력의 이데올로그로 더 유명합니다. 그렇게 현실적 논쟁의 장에 뛰어든 계기 및 연구 활동과의 연관성에 대해 말씀해 주십시오.

<u>이영훈</u> 2005년부터 3년간 '교과서포럼'의 공동대표로서 열심히 활동했습니다. 이른바 뉴라이트운동에 참가한 것이지요. 그 3년은 저에게 한국의 역사와 문화에 대해 연구실에서 얻을 수 없는 살아 있는 지식을 안겨다 주었습니다. 소중한 경험이었지요. 제가 그 운동에 참가한 계기는 노무현 대통령에 있습니다. 노무현 대통령은 한국의 역사를 민주나 통일과 같은 당위가 좌절되고 저항하고 승리해 온 과정으로 이해하는 도덕주의적 역사학의 충실한 제자였던 것 같습니다. 그래서 취임 전후로 "우리 근·현대사에

서 고비고비마다 정의는 패배하고 기회주의가 득세했다"고 몇 차례 공언하였지요. TV를 통해 보았습니다만, 그가 후보 시절에 강원도 전방 철책선 아래의 어느 마을에 가서 어느 할머니의 손을 잡고 한 이야기는 참으로 인상적이었습니다. "할머니, 제가 대통령이 되면 북한과 잘 이야기해서 이 따위 철책선을 걷어치우겠습니다." 지난 60년간 남과 북을 갈라 놓은 그 철책선을 대화로 철거할 수 있다고 믿는 그의 순진무구함이랄까 엉뚱함이랄까 거기에는 다름 아니라 우리 현대사가 어떤 부정한 세력에 의해 심히 왜곡되어 왔다는 분노가 진하게 배어 있어요. 그러한 그가 대통령 취임 후 위와 같이 '정의의 패배'를 운운할 때 저는 정말 격앙했습니다. 1990년대 초에 동독의 마지막 수상이 동독을 해체하면서 의회에서 한 유명한 연설이 있지요. "우리의 과거는 정의롭지 않았다. 우리는 우리의 과거에 대해 눈물 없는 이별을 고한다." 그렇게 한 나라를 해체하면서나 할 연설을 노 대통령은 한 것입니다.

그러고 나선 과거사청산 작업에 들어가지 않았습니까. 무려 16개나 되는 특별위원회를 만들어 수천 억원의 예산을 들여 지금까지 거의 7~8년을 작업해 왔습니다. 그런데 무슨 성과가 있나요. 동학농민봉기의 진상을 규명한다고 만든 위원회는 아예 가동조차 하지 않았던 것 같습니다. 강제연행진상규명위의 경우는 강제연행의 정책이나 실태에 대해 제대로 된 논문 한 편 없는 상황에서 잘못된 가정과 선입관으로 접근하여 많은 혼란과 낭비를 초래했다고 알고 있습니다. 친일파 명단을 대략 4천여 명 작성하여 후세에 남기겠다는 반민족행위진상규명위에 대해서는 앞서 언급했기 때문에 생략하겠습니다.

어쨌든 이 작업은 역사학자들의 발의로 성립하고 추진되었습니다. 역사가 철저히 정치와 결합하여 과거를 심판하는 살아 있는 권력으로 행세한 것이죠. 저는 노 대통령보다 그러한 권력으로서 역사학자들에 대해 더 비판적입니다. 그래서 그들을 공개적으로 비판하기 시작했고, 교과서포럼의 공동대표로 참여했고, 나아가 『대안교과서 한국근·현대사』(기파랑, 2008)까지 편집했던 것이죠. 조금 전에 "뉴라이트라는 정치세력과 연동했다"고 지적하셨는데, 그런 비판을 많이 들었습니다. "연구자가 논문을 쓸 것이지 왜 정치를 하느냐"고요. 그런 비판을 들을 때마다 기분이 이상합니다. 역사가 정치화한 것은 과거사청산 작업 그 자체예요. 권력의 힘을 빌려 역사에 깊숙이 개입한 것 자체가 더 없이 노골적인 정치 아닙니까. 역사학계 내부에서 그에 대해 비판이 제기된 적이 있습니까. 그 과거사청산으로 한국의 정치와 사회가 분열했습니다. 전후 사정이 이러하기 때문에 그에 대한 비판 역시 정치적 주목을 받고 정치적으로 해석될 수밖에 없었던 것이죠.

솔직히 말해 '뉴라이트'가 뭔지는 그 운동을 한 사람들조차도 분명치 않다고 생각합니다. '뉴라이트'를 비판하는 사람들의 글을 읽어 보면 한국의 기득권 세력이 펼치는 시장만능주의에 불과한 것처럼 규정되고 있어요. 그런데 이 세상에 시장만능주의를 신봉하는 사람이 어디에 있기나 하는지 모르겠습니다. 정책의 좌우 편향은 어느 나라나 있는 것입니다. 그것이 한국에서처럼 극단적인 대립으로 나타나는 것은 그만큼 한국사의 모순이 심하다는 이야기인데요. 그 운동에 참여한 사람으로서 제 나름대로 뉴라이트의 역사의식을 지적하면 다음의 두 가지라고 생각합니다. 첫째는 1948년 대한민국의 건국은 역사적으로 정당한 선택이었다는 겁니다. 매우 어려운 여건 속에서 강인하게 이루어진 선택이었습니다. 한마디로 '인간 자유'의 선택이었습니다. 그 점에서 종래 부정적으로만 평가된 이승만 초대 대통령을 비롯한 건국 세력의 역사적 공적을 재평가하자는 것이지요. 둘째 국가를 세우거나 만들거나 하는 데는 많은 시간과 비용이 투여될 수밖에 없다는 점입니다. 민주주의도 경제발전도 해야 하는데, 주어진 인적 물적 자원은 제한되어 있습니다. 대부분의 사람들은 여전히 전통 속에 파묻혀 있었어요. 상당수의 지식인들은 아시아 변혁의 진정한 과제로서 공산주의 혁명을 선호했지요. 자유민주주의 세력은 한 줌도 안 되었어요. 그나마 그들이 얼마나 속으로 분열해 있었는지는 상상을 초월합니다. 그런 데다 전쟁이 벌어졌어요. 이런 극도로 열악한 상황에서 이루어지는 모든 정치적 의사결정이나 경제적 선택행위는 그 자체로 독재일 수밖에 없었어요. 독재 그 자체가 건국의 초기 과정에 배태되어 있었던 것이죠. 이러한 시각에서 이승만과 박정희와 같은 지도자들이 강인하게 추구했던 '반공주의'나 '조국근대화'가 건국의 초기 단계에서 이룩한 공적을 높이 평가할 필요가 있는 것이죠. 많은 시행착오가 있었고 피할 수 있었으면 더 좋았을 오류도 있었지만 크게 보아 훌륭한 건국사였다고 할 수 있습니다. 제가 보기엔 뉴라이트운동은 이 두 가지 역사인식을 토대로 전개된 역사운동이었습니다.

김항 그렇다고 선생님께서 이승만을 미화하시는 건 아니잖습니까? 선생님 입장은 앞에서 말씀해 주셨듯이 민족주의를 넘어서는 보다 넓은 맥락의 문명관에 기초해 있는 듯합니다. 그런 문명관이 전제된 위에서 이승만이나 한국현대사의 경험에 대한 판단이 도출되는 것 같구요. 그래서 선생님의 이야기를 이해하고 비판하기 위해서는 문명론에 대한 이해가 필요할 것 같아요. 그렇지 않다 보니 정치적 논쟁, 아니 비난으로 나아가는 거겠죠. 그런 의미에서 식민통치나 이승만을 미화한다는 비난은 좀 억울하시겠다는 생각이 듭니다.

이영훈 그렇죠. 미화라기보다는 그 사람을 이해를 하게 됐어요. 부끄러운 이야기입니다만 청년 이승만의 『독립정신』(1904)이란 책을 읽어 본 것이 불과 3~4년 전입니다. 그 책은 무슨 이유인지 한국 정치사상사 연구의 목록에도 올라 있지 않은 책입니다. 한국의 정치사 연구자들이 무슨 생각을 하고 있는지도 이해하기 힘든 점이 많아요. 그 책이 그토록 오랫동안 무시되어 왔다는 것, 참으로 부끄러운 일이에요. 그 사람의 정신을 알고 나면, 그리고 그 시대 상황을 구체적으로 전제하게 되면, 그의 강인했던 정치적 선택이나 행위가 무엇을 위한 것이었는지 이해할 수 있습니다. 나는 그분이 철저하게 '건국의 정치'를 했다고 생각합니다. 그를 몰락시킨 직접적 계기인 조봉암의 처형까지 그랬다고 봐요. '민주주의 정치'는 그 나중이지요.

이기적인, 그래서 공존의 능력을 지닌 인간

<u>이혜령</u> 선생님, 이제 마지막 질문을 드리고 싶습니다. 인문학이 인간 이해라고 한다면, 경제사가 전공이신 선생님이 지닌 인간관이랄까, 그걸 여쭙고 싶구요. 시장경제와 민주주의를 근간으로 한 한국이라는 삶의 조건에서 사는 사람들이 이 삶의 터전이 어떤 곳인가에 대한 통합적인 상이 아직 없기 때문에 선생님의 발언에 많은 논란이 제기되는 것 같습니다. 역사적 경험을 어떻게 해석할 것인가의 차이가 심한 거죠. 요즘 학회에 일제시대를 살았던 어르신들이 오셔서 근대성을 중심으로 식민지 시대 이야기를 하면 비분강개하셔요. 과거에 대한 이해가 그분들의 삶의 경험까지 포함되어야 하는 게 아닐까 하는 생각이 들곤 해요.

<u>이영훈</u> 한국의 인문학에 있어서 인간 이해는 어떠한 것입니까? 그게 정말로 궁금하군요. 제가 대학생이었을 때 교수나 선배로부터 주입받은 인간 이해는 "인간은 사회적 동물이다"라는 거였습니다. 맑스주의 인간관이었어요. "존재가 의식을 규정한다. 인간은 유적(類的) 존재다." 다 같은 말이지요. 이후 서당에서 공부할 때는 성리학적 인간관을 접했습니다. 인간은 도덕적인 존재라는 거죠. 삼라만상과 인간의 내면은 어떤 궁극적인 도덕

률에 의해 지배된다고 합니다. 서당의 어떤 친구는 가부좌를 튼 채 저에게 말하기를 천지간에 운행하는 기(氣)가 자기 정수리를 거쳐 가슴 주위를 돈 다음 배꼽 아래로까지 내려가고 있음을 느낀다고 했습니다. 성리학은 그렇게 천인합일(天人合一)의 경지를 넘나드는 기를 가리켜 인(仁)이나 서(恕)와 같은 근본적 도덕률의 운동에 다름 아니라고 설명하고 있습니다. 그외에 무슨 인간 이해가 있습니까? 철학자가 아닌 주제에 무식을 폭로하고 있는지 모르겠습니다만, 한국의 인문학이 일반적으로 전제하고 있는 인간 이해는 무엇입니까?

제가 속한 경제학의 사회에서 많은 경제학자들은 인간은 이기적(selfish)인 동물이라고 이해하고 있습니다. 이기적이기 때문에 합리적이라는 거죠. 유명한 맨큐(M. G. Mankiw)의 경제원론(김경환·김종석 옮김, 『맨큐의 경제학』, 교보문고, 1999)에 나오는 이야기입니다만, 현생인류 호모 사피엔스는 그 이전의 네안데르탈인이 알지 못했던 교환의 이익을 알았고 그래서 살아남고 번성했다고 합니다. 오늘날의 인류는 그들의 후예로서 호모 에코노미쿠스입니다. 저는 소박하게 주류 경제학이 가르치는 그런 인간관이 가장 그럴듯한 것으로 믿고 있습니다. 그리고 그러한 인간 이해가 세계적으로 주류라고 알고 있습니다. 진화생물학자 도킨스(Richard Dawkins)의 『이기적 유전자』(홍영남 옮김, 을유문화사, 1993)가 그 가운데 가장 좋은 책입니다. 이 책은 인간을 포함한 모든 생물이 자신의 유전자를 번식시키기 위한 이기적 동기에서 어떻게 서로 협동하고 공동의 규범을 만들어 내는가를 아주 설득력 있게 설명하고 있습니다. 이 책은 해일과 같은 압도적 기세로 전 세계의 지성에 큰 충격을 주었다고 하지요.

그런데 그러한 도킨스의 인간 이해는 실은 근대 초기에 많은 사회철학자들이 제시한 인간관의 충실한 계승에 다름 아니라고 생각합니다. 진화론적 생물학이란 보다 엄밀한 과학적 논증의 뒷받침을 받고 있을 뿐이죠. 예컨대 경제학의 비조인 18세기 영국의 애덤 스미스도 그의 『도덕감정론』에서 이와 꼭 같은 이야기를 했어요. 인간은 이기적 동물인데, 이기적이기 때문에 주변으로부터 부당한 공격을 받지 않기 위해 자신의 행동이 타인에 어떻게 비칠지를 판단하며, 거꾸로 타인이 어떤 행동을 할 때 그 사람이 왜 그렇게 하는지를 이해하고자 하는, 공감의 능력을 갖는다고 했어요. 그런 공감의 능력이 쌓여 집단의 규범을 낳고 제도를 창출함으로써 인간 사회를 보다 넓게 보다 평화롭게 통합해 간다는 것이죠. 무슨 거창한 추상적인 철학이 아니에요. 자신의 행동을 돌아보면 누구나 쉽게 납득할 수 있는 경험론이에요. 19세기 프랑스의 사회학자 뒤르켐(Emile Durkheim)도 결국 같은 이야기를 했어요. 인간이 상호 신뢰하여 공동의 규범과 기관을 창출해 사회를 보다 복잡한 유기체로 조직해 가는 것이 역사의 진정한 발전 과정이라고요. 이러한 통합의 도덕적 능력이 인간의 이기심 속에 있음을 밝혀 낸 사회철학이야말로 서유럽 근대를 인류의 선진문명으로 끌어올린 위대한 발견이 아닌가 싶어요. 그러한 인간 이해는 상인들의 이윤 추구를 윤리적으로 정당화하는 종교개혁에도 깊숙이 전제되었고요. 개인의 인신권과 재산권을 절대화함으로써 군주의 정치적 권능을 제약한 시민혁명의 동력이기도 했고요. 미국의 「독립선언」(1776)에 나타난 인간 이해를 보십시오. 인간이 태어날 때부터 남에게 양도할 수 없는 권리를 갖는데 그 중의 하나를 '행복을 추구할 수 있는 권리'라고 하지 않았습니까. 그 권리가 쉽게 말해 '이기심'이지요.

19세기까지 한국의 사상사는 그 같은 인간 이해에까지 도달하지 못했습니다. 인간의 욕망이 자연법적 실재로 긍정되어 본 적이 없어요. 그 점에서 중국 명말의 태주학(泰州學)이나 일본 근세의 심학(心學)이 인간 욕망을 승인했던 것과 같은 정신사의 진보는 없었던 거죠. 인간 욕망은 어디까지 이(理) 또는 공(公)에 의해 다스려져야 하는 기(氣) 또는 사(私)로 치부되고 억압되었습니다. 상인이나 수공업자의 이윤 추구는 천시되었고 마찬가지로 직업의 차별이 심했습니다. 그래서 결국 경제가 심각하게 정체한 것이죠. 인간의 본성은 이기심이란 이해가 성립하는 것은 19세기 말 이른바 개화파 인사들의 저작에서 처음이라고 기존의 연구는 이야기하고 있습니다. 그래서 나는 이 같은 인간 이해와 그에 바탕을 둔 역사관을 우리가 추구할 새로운 역사의 내용으로 적합하다고 여겨 제 책에서 그에 대해 여러 차례 언급했습니다. 그랬더니 그에 대한 반발이 여간 거센 게 아니에요. 전교조 역사교사모임의 대표와 토론한 적이 있는데, 그가 말하기를 "어떻게 인간이 이기적인 존재라고 어린 학생들에게 가르칠 수 있느냐"는 겁니다. 공주대학교에서 역사교사 40여 명과 열띤 토론을 벌일 때도 같은 얘기가 나왔어요. 솔직히 말해 이런 반응은 저의 예상을 뛰어넘는 것이에요. 어떤 평론가는 이기심이 본성이라는 제 말을 비꼬면서 조선시대까지는 이기심을 절제하는 훌륭한 사회였는데, 일제가 들어온 후 이 같은 아름다운 전통이 깨졌다는 것이에요. 그리하여 나는 다시 한번 '식민지 미화론자'가 되고 말았습니다만. 이러한 개인적 경험이 반복되면서 저는 오늘날 한국의 정치와 사회가 빠져들고 있는 깊은 혼란은 다름 아니라 인간 이해를 둘러싼 인문학의 혼란에 그 근본 원인이 있구나, 그러한 혼란이야말로 '문명사의 전환'이 돌파해야 할 진정한 어려움이 아니겠는가라고 생각하고 있습니다.

김항 애덤 스미스가 말하는 'interest'를 '이기'로 번역한 게 문제죠. 파스칼의 책을 보면 interest의 라틴어인 '인터레세'(interesse)란, 어원을 그대로 풀면 '중간에 있는 자'죠. inter(중간에)-esse(있다)니까요. 그래서 애덤 스미스의 '인간'이란 사람들 사이에 존재하면서 '서로'라는 걸 가정한 위에 이익을 추구해 나가는 존재인데, '이기'라고만 하면 나만 맹목적으로 생각하는 것처럼 여겨져요.

이영훈 좋은 지적이시네요. 감사합니다. 셀피시(selfish)를 '이기'(利己)라고 번역한 데 문제가 있는 것 같아요. 차라리 '자애'(自愛)라 했으면 더 좋았겠다는 생각도 듭니다.

김항 인터레스트라고 하는 말을 다시 한번 음미해 보면 선생님이 지금 말씀하신 인간과 국가의 문제를 사고하는 데에 도움이 될 듯합니다. 오늘 인터뷰는 이 정도로 하겠습니다. 선생님 말씀을 듣다 보니 물론 저와 입장과 관점이 다른 부분도 있지만 어떤 확고한 역사관과 문명관을 가지고 계시다는 인상을 받았습니다. 그리고 그것은 정치적 판단이라기보다는 연구자로서의 양심과 판단에 기초한 것이라는 것도 잘 알 수 있었습니다. 그 내용을 반복하지는 않겠지만 그 입장과 관점이 다르다고 정치적 비난과 비방이 오고 가는 것이 한국사회나 학계의 슬픈 자화상이라는 생각이 들고, 또 한편으로는 선생님 이야기를 비판 세력 못지 않게 맹목적인 보수세력이 곡해했다는 생각도 듭니다. 아무쪼록 저희 후학들이 선생님의 작업과 관점에 비판적으로 마주할 수 있는 판을 만들어 가야 한다는 임무를 부여받은 것 같습니다. 긴 시간 감사합니다.

¹¹양현아
모든 이론은 역사로부터

양현아는 서울대 사회학과를 졸업한 후 미국 뉴스쿨 사회과학 대학원에서 박사학위를 받았고 현재 서울 대 법대 교수로 재직중이며, 법여성학과 법사회학을 강의한다. 주요 논저로는 「한국적 정체성의 어두운 기반」(1999), 「증언과 역사쓰기」(2001), 「식민지 사법관료의 가족 '관습' 인식과 젠더 질서」(2008), 「병역법 제3조 제1항 등에 관한 헌법소원을 통해 본 '남성만의' 병역의무제도」(2008) 등이 있다.

인터뷰를 부탁했을 때 양현아는 질문자들을 곤란하게 만든 되물음을 던졌다. 당신들은 나를 어떻게 자리매김하고 있냐고 말이다. 사실 매우 당황스러웠다. '내가 누구냐고 생각하느냐'는 되물음은 처음이기도 했지만, 가장 당혹스러웠던 이유는 너무나도 자명하게 그를 페미니스트라 규정했기 때문이었던 것 같다. 그런 진공 상태에서 인터뷰를 시작해야만 했고, 긴장감으로 인해 기대와 우려가 남달랐다.

　　기대와 우려대로 양현아의 이야기는 흥미롭고 긴장감 넘치는 것이었다. 그는 엄격한 법제사 연구자였다. 서구와 미국의 첨단 이론을 상대화하는 데서 시작한 연구이력은 유행이나 정세의 영향으로는 흔들리지 않을 관점과 태도를 마련해 주었고, 페미니스트라는 자기규정은 자칫 자명하고 단단해 보이기 십상인 법제사의 틈새와 균열을 드러내는 방법적 기초를 제공한 듯했다. 그는 이론과 자료에 대해 비판적으로 마주하는 엄격하고도 열린 자세를 갖추고 있었고, 이는 한국 인문학에 짙게 배어 있는 식민주의의 영향으로부터 벗어나고자 하는 절실한 시도였을 것이다. 그런 의미에서 페미니즘이 강렬한 삶의 태도일 뿐만 아니라 엄격한 연구자로서의 태도를 길러 주었음을 확인할 수 있었던 것은 큰 수확이었다. 삶과 세계를 마주하는 태도가 그것을 조직하고 표현하는 용어와 개념에 짙게 묻어난다는 사실, 그와의 인터뷰는 이 평범한 진리가 얼마나 평범하기 어려운지를 알려 준 시간으로 기억된다.

사회학·여성학·법학 : 식민지와의 만남

이혜령 우선 양현아 선생님의 특이한 연구 경력에 관해서 여쭙고 싶습니다. 사회학과 출신이시고 여성학 전공이신데 현재는 법대에 재직하고 계십니다. 그런 선생님의 이력은 '가족법 연구'라는 테마에 집약되어 있는데요. 어떻게 공부해 오셨는지 매우 흥미로운 이야기를 들려주실 것 같은데요?

양현아 가족법 연구는 제 박사논문 연구에서 시작했는데요. 제가 이 연구를 시작할 때의 의도와 시작한 후의 태도가 많이 달라지게 되었습니다. 맨 처음에 이 연구를 시작할 때는 현재 사회 문제랄까요, 동시대적 이슈로 가족법에 관심을 가졌습니다. 가족법이 한국가족의 관계, 여성의 상황에 대한 축도(縮圖)처럼 보였던 것이지요. 가족법을 읽으면 읽을수록 뭐랄까 문법에 맞지 않는 어법을 발견하게 되었습니다. 잘 읽히지 않는 것의 주요 원인이 그 주체를 남성으로 상정하는 법을 여성으로서 읽고 있는 데 있다고 생각을 했지요. 가족법이 기본적으로 모든 국민에 적용되는 법이라 할 때, 여성을 주체에 넣으면 잘 읽히지가 않는 법이란 잘못된 법이잖아요. 그렇다면 가족법에 대한 여성주의적 해석이란 어떤 것일 수 있을까? 여성주의적 혹은 여성의 시각에서 이 법을 읽어 보자는 게 초기의 제 문제의식이었어요. 여성의 눈으로 한국가족과 사회를 읽자는 것이었지요. 페미니즘 법학은 제가 미국에 유학을 하면서 알게 된 분야였고, 사회학이라는 학제 속에 있으면서 법학에 대해 관심을 갖게 된 것이죠. 그런 학제적인 분위기는 또 나중에 말씀드릴 기회가 있으면 하도록 하겠습니다.

이렇게 제 연구 주제의 첫 출발은 역사적인 차원보다는 현대사회에 대한 하나의 분석 방법으로서 페미니스트적 가족법 읽기라고 할 수 있겠어요. 통시적이라기보다는 공시적인 견지에서 연구를 시작하였는데, 연구에 들어가면서 공시적으로만 법을 읽어서는 왜 이 법조문이 이렇게 만들어졌는지 모르겠더군요. 호주제도, 친족의 범위, 부양 개념 등이 다 그랬죠. 제가 법학의 트레이닝을 받지 않아서일 뿐 아니라 현대적 관점에서만 법을 해석하기가 어려웠습니다. 그때부터 저도 어디로 갈지 모르는 과거로의 여행이 시작됐고, 제 박사논문도 공시적 프로젝트에서 통시적 프로젝트로 바뀌게 됐었습니다. 원래 저는 사회이론 및 문화이론 전공이고, 그 안에서 페미니즘 이론을 하고 있었습니다. 주 관심이 사회에 대한 추상적 논리화였는데, 박사논문을 쓰면서는 점점 더 과거에 관심을 가지게 되었어요. 과거로 들어가지 않고는 현재가 해석되지 않았기 때문입니다.

이것이 무슨 문제하고 맞닿아 있었냐면 미국에서 사회학 이론을 공부할 때, 결국 모든 이론은 역사 속에서 배태된다는 이론 해석이 주를 이루었습니다. 이는 제가 미국 유학에서 얻었던 이론에 대한 가장 중요한 가르침이 아닌가 합니다. "모든 이론은 역사 속에서 배태된다." 한국에서는 이런 방식으로 이론을 배우지 않았던 것 같습니다. 예를 들어 하버마스 이론이면 그저 이론이어서 그의 논리와 함의를 습득하는 데 충실했던 것 같습니다. 하지만, 그의 복지국가론, 생활세계 식민화론 등의 문제의식이 모두 독일의 특수한 사회적 상황을 반영하고 있었던 것이지요. 유학시절의 사회학에서는 역사와 이론은 구분되지 않았고, 역사적 접근이 고무받는 분위기 속에서 역사적 접근을 자연스레 제 연구에 통합하게 된 것 같습니다. 역사적 접근은 이론을 공부한다는 것의 의미를 다른 저자의 이론을 습득한다는 것을 넘어서 각자 사회에 대한 이론을 생산한다는 것을 뜻하는 것으로 전환시켜 준 것 같습니다. 이렇게 하여 제 연구에서 식민지시대와 조선시대가 매우 큰 부분을 차지하게 되었습니다. 저는 원래 조선시대나 식민지시대에 큰 관심을 두지 않았는데, 이국 땅에서 관심을 가지게 되었어요. 말씀하신 대로 저는 근대성 담론이라든지 90년대 초에 벌어진 식민지 근대화론에 대한 수탈론의 비판과 그에 대응하는 근대화론의 논쟁 틀 속에 있지 않았습니다. 저는 그때 미국 뉴욕의 한복판에 있었고, 거기서 제가 배운 것은 포스트모더니즘이었고, 포스트콜로니얼리즘이었고, 자기 역사 속에서 이론을 구성하라고 하는 것을 화두로 삼아 이 연구를 시작했던 것이죠. 사실 굉장히 논쟁적인 화두이죠. 그것은 바로 포스트식민주의 내지 전통의 재구성에 대한 것이었습니다.

전통을 얘기하면 에릭 홉스봄이 떠오르는데, 마침 홉스봄 교수가 뉴스쿨에 방문교수로 계셨고 심지어 저와 한 연구실을 나누어 썼습니다. 대학원생과 연구실을 쓰는 것을 조금도 불편해하시지 않았고, 대화도 많이 나눴지요. 홉스봄 교수는 정말 모르는 게 없는 사람처럼 모든 문제에 대한 지식과 일가견을 가진 놀라운 학자였지만, 하얀 피부의 서구 백인 학자라는 인상도 굉장히 많이 받았습니다. 저명한 외국 학자들에 대한 환상이 많이 깨진 것도 서양 유학의 미덕 중 하나인 것 같습니다. '책으로만 보는 서구의 그 멋진 학자들도 사실은 매우 구체적 위치성(positionality)을 가진 사람들이었구나'라는 것은 페미니스트들에게서도 많이 발견했어요. 서양 학문을 폄하할 생각은 없지만, 이게 이들의 위치에서 나온 학문이었다는 걸 명확하게 본 것 같아요. 인터뷰하면서 이 얘기 저 얘기를 다 하게 되는데요. 저에게 유학에서 몇 가지 배움이 있었는데 다른 하나는 법학에 대한 눈이 깨인 점이죠. 한국에서 저랑 관련 없는 성 안에 있다고 생각했던 게 법인데 미국의 학제적인 분위기 속에서 법학에 대한 친근감이 생기게 되었습니다. 법학이 하나의 살아 있는 학문이라고 느꼈습니다.

이렇게 유학을 하면서 얻은 결실 중 하나는 서양에 대한 미망이랄까, 꿈이 깨지는 경험이었습니다. 좀더 뚜렷하게 그들의 위치를 보게 되었고 역으로 한국학이나 한국 역사에 대한 애정은 커져만 갔습니다. 그래서 제가 미국 유학을 떠날 때는 아무런 국적 없는 사회이론을 공부하고 싶다는 마음이었는데, 미국에서 공부를 하면서는 한국의 역사는 어떤 것인가, 한국의 역사를 다시 쓴다는 것은, 여성의 눈으로 쓰는 한국사, 그것을 중심으로 본 세계사는 어떤 것인가. 이런 질문들을 과감하게 던질 수 있게 되었던 겁니다. 그런 저를 받아준 데가 아이러니하게도 미국이었죠. 이런 건 한국에서 제기하고 공부했어야 되는 질문들 아니었나 싶지만요. 가족법을 페미니스트 관점에서 쓰고자 했는데, 페미니스트 관점이란 대개 서양 여자들의 관점이잖아요. 그런데 서양 여자의 페미니즘 관점으로 우리의 호주제를, 조선의 식민지를, 그리고 조선시대를 어떻게 말할 수 있을까요? '프리 모던'(전前근대)이라고 말해 버리면 한마디로 정리되겠지만 그게 아니잖아요. 그래서 무척 고민을 많이 했습니다. 서양의 것이 아닌 '법여성주의'적 추론(reasoning)이 무엇일까 하고요. 한국 가족법을 바라보는 여성주의적 논리는 결국 이 땅을 살아온 우리 여성들의 삶과 고통과 희구(希求)에서 나와야 되는데, 우리 조상들은 다 돌아가시고 만날 수도 없고 그 언어를 찾기도 어렵잖아요? 그래서 정말 뉴욕 한복판에서 '그 여성들의 입장에서 가족법을 지금 읽는다면 어떻게 읽을까?' 매일 그걸 상상하고 묻고 대화하고 그랬답니다. 그게 박사논문을 집필하던 시절에 하던 것이지요.

제가 법적 페미니즘이라는 걸 공부했는데, 이들의 관점은 철저히 서양 역사 속에서 구축된 젠더 이퀄리티(양성평등)의 논증이라 할 수 있지요. 물론 법적 페미니즘 그리고 페미니즘 법학에 공부가 짧기도 하였지만, 한국 상황을 설명하기에 너무 괴리가 커서 그냥 과감하게 우리 역사 속으로 들어가 버렸던 것 같습니다. 그래서 조선시대와 식민지시대 연구에 들어가는데, 우리 현대 법을 설명하기 위해서는 조선시대의 '전통' 가족제도가 아니라, 식민지시대의 해명이 관건이라고 생각하게 되었습니다. 왜냐면 식민지시대에 바로 근대법이 조선에 주입되었고, 식민지시대에 조선시대에 대한 관습을 체계화하고 재해석했기 때문이지요. 적어도 가족법 분야에 있어서는 한국의 가족전통, 가족제도, 관습, 이에 대한 원칙과 해석론, 지식을 생산해 냈던 시기가 식민지시대라고 보였습니다. 따라서 식민지시대를 규명하지 않고서는 우리가 알고 있는 조선시대에 대한 인식의 뿌리를 알기 어렵다는 것이지요. 식민지시대를 통해서 조선시대가 재해석되었고, 우리 근대법의 뿌리가 식민지법에 있다면 그 시대의 일본법과 그 시대 조선 땅의 관습 문제가 관건이라고 생각했던 것이지요.

이러다 보니 제 논문에서 가장 하이라이트는 처음 계획과는 달리 식민지시대에 수입됐던 근대의 성격과 식민지시대에 체계화되는 '조선의 관습'에 대한 부분이 되었습니다. 그렇다면, 적어도 친족상속법의 영역에서는 근대법과 관습법이 서로 떼려야 뗄 수 없는 이유 하나는 틀로 들어와요. 일본은 자기네의 근대민법을 전부 우리나라에 적용시키지 않았습니다. 부분적으로 적용하면서 특히 친족상속에 대해서는 조선의 관습에 따른다고 했지요. 이렇게 하여 이른바 조선의 관습이라는 것에서 전통과 근대가 서로 만나고 있었어요. 그러고 나서 우리 해방 후 한국 친족에 대한 관습의 재조사는 실시된 바가 없습니다. 물론 현재는 이런 식의 전(前) 자본주의 관습이 사회관계 속에서 다 유실된 상황이겠지요. 그래서 우리가 알고 있는 관습 조사나 관습의 내용은 대다수 식민지시대 때 정립된 것입니다. 그리고 그 식민지시대 때의 시각을 우리가 어떻게 다시 볼 것인가의 문제를 우리 법사학계나 일반 역사학계에서는 관습의 '왜곡'이라는 개념으로 이해해 왔습니다. 이러다 보니 '왜곡된 관습'과 '진정한 전통'의 이분법이 존재했던 셈입니다. 관습의 왜곡이라고 주장하면서 식민지시대의 관습 조사와 해석의 결과가 지금까지 계수(繼受)되어 왔다는 것을 인정하지 않는다는 게 굉장히 이상했어요. 매우 부족하나마 제 논문은 이런 내용을 가지고 싸움을 한 것이었지요.

사후적으로는 이 논문에 대해 근대성이라든지 식민주의, 혹은 민족주의 비판이라고 할 수도 있지만 처음부터 그런 눈을 가지고 접근했던 건 아닌 것 같아요. 오히려 앞서 말씀드린 부분이 너무 많이 침묵되었고 그저 관습의 왜곡이라고 말하는 것이 피상적이라고 보였습니다. 오히려 관습의 생산이지요. 관습을 만들어 냈고, 그 다음에 대다수의 우리 민족들은 그걸 따랐던 것 아닌가요. 대한민국 정부수립 이후에도 그걸 관습으로 받아들여 놓고는 관습의 왜곡이라니요? 관습을 왜곡한 부분이 몇 가지 있지요. 대표적으로 창씨개명 같은 거. 이는 해방되자마자 곧바로 폐지된 제도고요. 서양자(壻養子) 제도라 그래서 양자가 사위가 되는 양자 연조가 있지요. 조선시대 관습으로 보면 금수(禽獸)나 하는 짓이겠죠. 우리 관념으로는 양자가 친자나 다름없으니까요. 이 제도도 곧바로 폐지됐죠. 그런 거는 관습의 명확한 왜곡이지만, 아무튼 일본은 조선의 관습을 많이 조사했고 그게 우리가 지금까지 알고 있는 관습이죠.

그래서 저는 식민지성에 대한 비판 같은 큰 담론이나 큰 원칙을 가지고 목적적으로 연구를 했다기보다는, 민족주의적으로 바라본 전통과 관습 문제가 사실 얼마나 허위인가를 결과적으로 보여 주게 된 것이었던 것 같습니다. 그리고 식민지성의 문제도 좀더 내밀한 결을 느껴야 하는 것이죠. 그것이 우리의 제도·인식·주체성 등에 영향을 미치는 양상, 느낌 같은 것에 관심을 가지다 보니 결과적으로 포스트콜로니얼리즘 연구 계보에 서게 된 것입니다.

한국 학계에서의 위치

김항 그런 논문을 준비하시는 과정 속에서 한국에서 나온 가족법이나 구(舊) 관습에 관한 2차 문헌을 상당히 많이 보셨을 거 같은데, 그때 선생님 작업이 한국 학계 안에서 어떻게 위치 지어지겠다 하는 어렴풋한 느낌 같은 건 받으셨습니까?

양현아 제가 그런 점이 참 약한 것 같아요. 어떻게 생각하면 다행히도 미국에 있어서 눈치랄까, 그 눈치의 약함 때문에 그나마 한국 학계하고 상관없이 갈 수 있었던 것 같아요. 제가 도대체 이런 얘기를 해서 누구한테 받아들여질 것이며 나는 앞으로 누구와 놀 것이며 아까 말하듯이 나를 어떻게 위치시킬(locate) 것인가 이런 고민을 하지 않았어요. 그리고 제가 놓여 있던 상황이 그런 고민을 하지 않아도 되도록 상당한 자유를 줬던 것 같아요.

김항 선생님이 쓰신 「식민지 시기 한국 가족법의 '관습' 문제」(한국사회학회 편, 『사회와 역사』 58호, 2000)라는 논문을 매우 흥미롭게 읽었습니다. 선생님이 전통을 정의하시는 방식이 독특하다고 생각했어요. 한편에서 과거에 존재했던 구 관습이라고 하는 실체를 부정하는 것은 아니지만, 이 실체가 그렇다고 고스란히 이어져 온 것은 아니라는 구성주의적 관점을 취하셨죠. 역사의 연속과 단절을 혼합한 듯한 미묘한 방법론이라고 해야 되나요? 이런 경계에 서 있는 방법론이 법제사 연구에서도 이어지는 것 같습니다. 그런데 한국의 인문·사회과학에서는 그런 방법론이 좀처럼 자리 잡을 수 없어서 한국에 들어오셨을 때 갈등이 있었을 것 같다는 생각이 듭니다. 이런 맥락에서 한국 인문·사회과학계의 문제점을 짚어 주실는지요?

양현아 지금 얘기를 듣고 보니 그래서 내가 싸움을 했구나 하는 생각이 들어요. 그렇죠. 저는 전통이나 관습 문제에 대한 구성주의적인 시각을 갖고 있습니다. 그래서 홉스봄의 'invented tradition'을 '날조'라고 번역한 것은 어울리지 않는 번역이라고 봅니다. 일본이 우리나라의 구 관습을 조사할 때도 날조를 한 게 아니라 그들의 틀에 서서 전통을 분류하고 명명하고 체계화한 겁니다. 체계가 모든 것이에요. 분류가 모든 것을 말해 주죠. 분류해 버리면 사람들은 그 분류 속에서 사고틀을 받아들이죠. 그런 식으로 해서 전통과 근대가 만난 겁니다. 하지만 늘 구성주의적인 시각을 가진 것은 아니에요. 사실은 제가 박사논문을 구상하고 있을 때, 홉스봄이 저한테 큰 영감을 주지는 않았어요. 그분의 얘기는 너무나 영국의 얘기들이니까요. 사실 식민주의 문제와 관련해서 가장 영감 주신 분이 있다면 서울대의 민법·가족법 교수로 계셨던 정광현 교수님이에요. 그분의 『한국가족법연구』(서울대 출판부, 1970)를 미국 콜롬비아대 도서관에서 찾았는데 이후 아주 큰 도움을 받았습니다. 이분은 식민지시기 당시와 이후에 두루 활동하신 법학자입니다. 식민지시대에는 중추원 등에 계시면서 관습 조사라든지 관료들의 통첩 같은 자료를 필사해 놓는다든지 해서 모아 놓으셨지요. 한 번만 뵈었으면 좋았을 것을, 제가 귀국했을 때 이미 돌아가셨지요. 이분은 식민주의를 말한 것도 아니고, 근대성을 말한 것도 아니지만, 법학에 대한 자료를 다 모아 놓고 거기에 대한 의견을 다 표명해 놨어요. 한국전쟁 끝나고 50년대 초반 한국의 민법안을 마련할 때도 역시 참여를 하셨고 서울대 교수로 부임을 하게 되십니다.

이분은 또한 우리가 아는 이태영 박사의 지도교수로, 이태영 박사를 기르신 분이 이분이세요. 정광현 교수가 식민지시대에 이화여전에서 처음 민법 강의를 하는데, 이태영 박사만이 그 강의를 통과했다는 것 같아요. 이후에 법학 공부를 하라고 촉구한 사람도 이분이시고요. 이태영 박사님이 이불장수를 하고 있을 때, 우연히 골목에서 마주친 게 정광현 교수예요. 이태영 선생을 보고 딱 한마디 했다는 거잖아요. "무슨 낭비인고." 이 한마디에 이태영이 깨달아서 서울대 법대에 들어가게 된 거예요.

그래서 이분들이 굉장히 개혁적인 법안을 이미 50년대에 만들어요. 이태영 박사 남편이 정일형 국회의원이었고 정광현 교수가 만든 법안이 정일형 안으로 발의되었지만 그 안은 한 규정도 채택되지 않았습니다. 아 이러니이지만 가장 민족주의적이라는 사람들이 가장 식민주의적인 법을 채택합니다. 민족주의적인 것이 식민주의적인 문제를 안 봅니다. 아니, 민족주의적인 틀에서만 보는 것이지요. 2005년에 통과된, 호주제가 삭제된 현행 민법은 사실 이분들이 50년대에 이미 만든 민법안에 그 뿌리를 두고 있습니다. '호주제를 폐지하고, 양성평등한 법을 만들어라'는 메시지를 이미 50년대 당시 정광현 교수는 우리에게 던지고 있었습니다. 당시 공청회에서 정 교수님은, "민법을 제정해야지, 왜 개정을 합니까. 지금 우리가 하고 있는 건 식민지법의 개정이오"라는 내용의 말씀을 하셨는데 한마디로 촌철살인이라고 봅니다. 이런 분들을 보면서 저는 제가 학계에서 가장자리에 서든지 중심에 서든지 별로 개의치 않게 되었습니다. 저의 등불들이 있었고, 이 등불들을 따라왔다고 생각합니다. 무엇보다도 이런 가부장적인 가족법(제도) 안에서 억압당했을 우리 어머니나 할머니 조상들 목소리를 대변하겠다는 게 저한테는 큰 동력이었지요. 내가 학계의 기존 방법론과 어떻게 만날 건지 부딪힐 건지는 신경을 별로 안 썼던 것 같아요.

이혜령 민족이 구성되었다고 말하면서 실체가 없는 것처럼 만들어 버리는 게 민족주의 논쟁을 지배하던 가장 큰 분위기였다고 봅니다. 그런데 선생님은 그런 태도나 경향성을 지니지 않으셨다는 부분을 김항 선생님이 얘기하신 것 같아요. 선생님이 참조하시는 이론이 포스트콜로니얼 이론이나 구성주의적 민족관을 내세우는 것임에도, 한국에서 그런 것들을 인용하면서 이루어지던 연구나 입장과는 다르신 것 같습니다.

양현아 그 부분이 중요하고 민감한 부분으로 생각되네요. 오늘날에도 저나 저와 비슷한 생각을 갖고 있는 연구자들의 생각이 이른바 메인스트림 역사학이나 법사학계에 잘 받아들여지고 있는 것 같지는 않습니다. 그렇게 안 느끼세요? 홉스봄의 언설이 이미 익숙해진 듯하지만 '관습이 구성되었다', 이런 말이 받아들여졌습니까? 역사학도 그렇지만 이론적으로 법학은 그러한 점에서는 더욱 완고하다고 보입니다. 제가 지난 몇 년간 주장한 '관습의 구성론', '관습 지식의 식민지적 생산'과 같은 언설이 수용됐다고 생각되지 않습니다.

실증적 구성주의 : 식민지 근대성의 혼종성

김항 실제 선생님이 하신 연구는 이데올로기나 입장을 가정하는 것이 아니라, 가족법 내부에서 구체적으로 하나하나씩 짚어서 끄집어내는 방법에 바탕을 둔 것이었고, 한국 인문학 연구나 사회과학 연구 풍토에서 볼 수 없는 굉장히 세심한 것이었다고 생각합니다. 어떤 면에서 보자면 식민지시기에 근대적 제도가 성립했음을 주장하시기 때문에 식민지 근대화론과도 일맥상통한 것 같습니다. 그런데 결정적으로 다른 것은 실증주의에 매몰되시지 않는다는 측면입니다. 실증에 바탕해서 구성주의적 관점을 제시하셨죠. 그래서 단순히 방법론적인 시각이 특수한 게 아니라 역사적 변환과 생성을 따져 묻는, 말하자면 "이런 게 역사 연구다"라고 할 만한 역사 연구라고 저는 읽었거든요.

양현아 자료가 많이 부족했어요. 자료 때문에 고통 받았어요. 뉴욕에 있었고, 그때는 인터넷 자료가 거의 없었을 때죠. 이민가방에 자료를 짊어지고 비행기로 태평양을 몇 번을 건넜는지 몰라요. 소모적인 것도 있고 어떤 부분은 너무너무 모르겠어서 돌아가신 어머니들을 부르며 알려달라고 한 적도 많았지요. 이런 고민 끝에 나온 것 중 하나가 식민지 문제와 한국 전통적인 가부장 제도와 일본 이에(家) 제도의 호주제 간의 뮤테이션(mutation), 즉 "착종"이라는 개념입니다. 그 단어를 하나 쓸 때는 정말 깨닫게 해달라고 빌어서 나온 거예요. 뮤테이션, 이걸 보고 계속 민족주의 관점에서 전통의 왜곡이라 불렀던 것 같습니다. 왜 그렇게 됐을까요? 일제시기 문서들에서 보면 일본 사람들은 조선의 전통을 따르도록 되어 있었기 때문이에요. 형식상으로는 우리보다도 철저하게 조선의 전통을 따르도록 되어 있었습니다.

그런데 내용 면으로 가면 이에 제도의 논리로 갑니다. 그런 의미에서 두 제도가 착종되어서 꼼짝달싹 못하게 만들었던 거였어요. 민족주의자들이 보기에는 우리 민족의 전통을 따른 제도인 반면에, 식민주의자들이 보기에는 이에 제도가 들어온 것이었어요. 그것이 어떻게 가능할 수 있었나. 가부장제라고 하는 것이 식민지 안에서 일본의 가부장도 조선의 가부장도 다 받아들일 수 있는 상태였기 때문에 결국 여성이라는 소수자를 억압하는 것이었기에 가능했던 겁니다. 이 점에서 아까 말씀한 것처럼 제 언설이 식민지 근대화론과 비슷한 부분이 있다고 말할 수도 있겠네요. 식민지 근대화론자들 말씀대로 "식민지 피지배에 의한 영향을 인정하라. 과학적으로 실증적으로 명명백백히 보라"는 거죠. 하지만 저의 언설은 식민지 영향을 인정하라고 하는 것이 아니라 그것을 누구의 입장에서 바라보느냐 하는 문제가 중요하다는 것입니다. 가치중립적으로 보는 게 아니라 이 땅을 살았던 서발턴들의 눈으로 바라보자는 거죠.

물론 여성만이 서발턴은 아니지만 하나의 대표적 서발턴군이고 가족법에서는 구조적인 서발턴들입니다. 가족법의 화자들이 아닌걸요. 다 타자들이에요. 타자들의 눈에서 우리한테 들어와 있는 이 식민지성의 부분을 왜 이렇게 침묵했는지를 바라보고 반성하고 재건축해야 된다, 이런 얘기기 때문에 저는 철저하게 그런 면에서 식민지에 대한 인정이 아니라 크리티시즘으로 가야 된다는 것이었습니다. 민족주의자들이 침묵했던 이유도 가부장제적인 이익이 여기서 관철되고 있기 때문에 한국과 일본의 가족 가부장제의 차이는 사소한 문제로 보았던 거죠. 이건 전통의 영향이 큰 것으로 식민지성으로 볼 것도 아니라는 생각이었겠죠. 그래서 식민지를 겪은 사회들에는 가부장제의 공고화와 영속화라는, 사실은 제 연구 따위로는 아직도 어찌할 수 없는 단단한 벽, 커다란 암초가 놓여 있습니다.

제 연구는 그걸 치는 계란밖에 안 되고요, 더 많은 연구들이 나와야 합니다. 가부장제란 식민지 경험이 전통적 요소를 더욱 공고하게 영속시킨 대표적인 예가 아닌가 합니다. 가부장제가 식민지를 거치면서 완전한 전통으로 자리를 잡게 되는 겁니다. 식민지가 없었으면 '가부장제'라는 아름다운 전통도 없었다는 점에서 결국은 얼마나 아이러니한 얘기인가요. 이렇게 가장 식민주의를 비판해야 했을 민족주의자들이 간과한 것을 페미니스트 연구자가 문제제기한 것입니다. 제가 페미니스트 역사학자인지 사회학자인지 법학자인지는 어떻게 분류하든지 간에, 그러한 위치에 있는 사람이 비판을 한 것이지요. 페미니즘 관점에서 콜로니얼리즘을 비판하니까. 아마도 정말 묻고 싶은 질문은 "식민지 비판과 페미니즘은 어떻게 만납니까?" 하는 것일 테지요? 여성의 위치에서 식민주의를 발언했다는 게 흥미로운 사실 아니겠습니까. 민족주의자들이 자신들과 가부장제와의 공모라는 말을 인정하지 않겠지만, 자기 위치에서 그 문제에 대해 입을 닫아 온 것입니다.

얼마나 많이 이런 식민주의 그리고 포스트식민주의의 유산이 남아 있을까요? 우리 국가와 시민 간의 관계, 공공성의 문제 등등. 앞으로 이런 문제들을 해체해 나가야 됩니다. 저는 그 중 하나에 대한 연구자로서 페미니즘 시각에 입각해 전통과 가부장제에 대해 문제제기를 했을 따름입니다.

우리나라의 민족주의와 식민지성, 흩뿌려져 있고 발언하지 못한 서발턴들의 위치를 대변할 수 있는 추론 방식에는 어떤 것들이 있을까? 이런 것들을 생각했다는 점에서 식민지 근대화론자들하고는 굉장히 거리가 멀어지는 것일 테죠.

김항 민족주의자들은 실증을 소홀히 했고, 식민지 근대화론자들은 가치중립이라는 신화에 갇혀 있습니다. 선생님 작업은 이 두 단점을 극복할 만한 관점을 제시해주셨고, 그런 의미에서 선생님의 페미니즘적 입장이란 인문·사회과학 전체를 성찰하게끔 하는 총체적 비판의 입장인 것 같습니다.

이혜령 제가 하나만 더 여쭤 보겠습니다. 최근 전개되어 온 과거사청산운동은 그 대상과 방법을 너무 안이하게 생각한 것 아닐까요? 특정한 이름을 지적하고, 양적으로 죄의 무게를 가늠하는 방식으로 과거사가 청산될 리 만무하죠. 오히려 선생님 말씀대로 근대법이나 제도적인 측면에 식민성이 각인되어 있는 것이라면 특정인물에 대한 단죄로 해결될 수 없는 더 많은 문제들이 산적해 있을 겁니다. 단죄하는 법 자체가 식민성의 산물일지 모르니까 말입니다. 그래서 탈식민주의의 과제는 굉장히 지난한 과업일 수밖에 없을 것 같습니다.

양현아 지난한 과업이죠. 증언의 녹취를 푸는 과정이 귀찮고 고통스럽지만 거기서 해답이 나오듯이 저는 바로 그런 문제들에 직면하는 과정에서 이미 새로운 창조가 일어날 거라고 생각합니다. 이 세상에 어떤 사회도 문제가 없는 사회가 없고, 고통에서 벗어난 사회는 없겠지요. 우리 사회의 모습이 인류의 한 모습이라고 생각한다는 거죠. 그런 면에서 보편성을 늘 지니지요. 저는 한국사회가 이런 문제들에 직면하는 과정에서 많은 것을 얻을 것이라고 생각합니다. 예컨대 일제에 친일부역을 해서 같은 조선 사람들을 고통 준 자들을 처벌하겠다는 것을 어떻게 볼 것인가의 문제를 본다면, 그 범위를 어떻게 잡을 것인지 하는 문제가 있겠지요. 그 중간 회색지역에 있는 방관자라고 할까. 팔짱 끼고 "나는 부역을 안 했는데, 다른 사람들이 부역을 했지만 난 가만 있었어요"라고 하는 그룹은 사실 크겠지요. 그 바이스탠더들(bystanders), 방관자의 위치라는 것을 어찌 봐야 할까요? 어떻게 보면 우리 부모님도 저도 그 방관자 위치 때문에 살아남은 것은 아닐까. 창씨개명을 하라고 해서 했고, 그래서 살아남았고, 그렇게 적응했기 때문에 살 수 있었는지도 모르지요. 그런데 식민지 해방 이후에 그런 부역이나 협력 내지 방관자로서의 자기고백을 한 사람들이 몇 명이나 됩니까? 안 나오잖아요, 우리는. 오히려 일본 사람들이 와서 자기가 "십대 소녀들을 동원했다. 자기가 징용·징병에 협력했다. 평생의 죄다." 이러죠. 이러한 증언들이 오히려 일본 사람에게서 나왔습니다. 저는 그런 측면에서 과거청산이란 과제는 겹겹이지만, 무엇보다 진실을 밝히는 것이 중요하겠죠. 진실을 밝히는 과정에서 타인을 처벌하기보다 자신들에 대해 성찰하고 반성하고 같이 동정하는 그런 과정이 이루어진다면 굉장히 소중한 역사적 체험이 될 거라고 생각해요. "너는 잘못했고, 나는 피해자다" 하는 이분법적인 구도보다는요.

가족법 문제도 그렇습니다. 2005년에 헌법재판소에서 호주제도의 헌법불합치 판정이라는 역사적 결정이 내려졌죠. 이때까지 약 4년간의 심의과정이 있었습니다. 그때 이 제도가 전통이냐 식민지 제도냐, 이 제도가 성차별적이냐, 이것이 용인되는 정도의 성차별이냐 등 많은 사안들이 다루어졌어요. 근데 이 결정문을 자세히 보고 있으면 전통이냐 식민지 제도냐라는 문제를 조금 다루기는 하지만, 여전히 불분명한 채로 남게 되었습니다. 국민의 기본권인 평등권에 위반한다는 것만으로 본 제도는 헌법에 합치하지 않는다는 결정을 받게 된 것이지요. 이 부분은 아주 명명백백히 언명되었습니다. 성차별 부분에 대해서는 체계적으로 잘 정리하였습니다. 그러나 식민지 부분에 대해서는 무언가 인정해서는 안 되는, 불편한 응어리가 있는 것 같습니다. 이에 따라 식민주의에 대한 비판은 무언가 외부의 적을 만들어 하는, 외재적(外在的) 비판이 주를 이루고, 우리 안으로부터 비판하는 내재적 방법 부분은 여전히 미진하다는 생각입니다. 이것은 일본 정부의 공적책임 인정과 같은 부분이 중요치 않다는 것은 결코 의미하지 않습니다. 그런 것을 이끌어내는 한국인들의 동력(動力)이 너무 외재적인 지향만을 가지고 있다고 생각합니다.

이혜령 식민지 법제에 주목하는 식민지 연구는 드물었던 것 같아요.

양현아 법사학계에 있습니다. 물론 여전히 민족을 중심으로 하고 있는 것 같습니다만.

법은 '수준 낮은' 분쟁해결 수단

김항 식민지 역사 연구라는 측면에서 선생님의 작업이 후학들이 본받아야 할 연구임은 충분히 이야기되었다고 생각됩니다. 다른 측면으로 논의를 전개하고 싶은데, 바로 법과 정의에 대한 선생님의 생각을 듣고 싶습니다. 선생님 논문을 읽어 보면 법이 정의를 담보해 낼 수 있는 도덕적이고 윤리적인 수단 혹은 힘이라고 생각하시는 것 같습니다.

양현아 그건 아닌 것 같은데요.

김수림 '법은 정의롭다'는 식의 신념이라기보다는 현재 존재하는 법을 정의라는 또 다른 틀에 되비쳐 보면서 끊임없이 참조해 보는 방식이랄까요?

이혜령 다른 식으로 말하자면, 지금까지 법의 언어 속에 접속되지 않았던 존재들을 어떻게 접속시킬 것인가의 차원에서 법과 정의의 문제를 생각하시는 것 같습니다.

양현아 법을 정의와 등식화시킨다든지 법에 대한 정의실현에 대한 충실한 신념을 제가 가지고 있는지는 잘 모르겠어요. 제가 법과 만난 것은 법이 정의실현을 위한 하나의 수단, 목소리를 내기 위한 툴(tool)이었기 때문이었습니다. 그리고 묘하게 저의 인연이 계속해서 법과 만나게 해준 것 같습니다. 제가 미국에서 법학을 만났을 때도 법이 매우 추상적 논리이면서도 엄청나게 리얼한(real) 담론이라고 보았습니다. 이혼소송 하나만 보아도 사회학에서 바라보는 층위보다도 더욱 내밀하고 복잡한 라이프 스토리가 들어가 있어요. 왜 이들이 이혼에 이를 수밖에 없는가를 생각해 보면 인간학적이고 사회적인 문제가 들어가 있습니다. 법의 추상성이 높지만 리얼리티를 반영할 수 있는 무척 재미있는 언술이구나 하는 것을 발견하였습니다. 이렇게 하여 법학에 대해 관심을 가지게 되었던 것이지요.

제가 지금 법대에 속해 있지만, 법적인 해결이 수준 높은 해결이라고 보지 않아요. 하나의 기초적인 해결이라고 봅니다. 제가 '2000년 일본군성노예전범 여성 국제법정'(이하 '2000년 법정') 때, 검사와 같은 역할을 하려고 참여한 게 아니라 생존자들의 증언 연구를 하다 보니 남북한 공동검사단의 일원으로 참여하게 되었지요. 저의 역할은 피해자의 재현이었습니다. 그간에 축적된 증언을 분석하여 피해의 다양한 측면을 드러내고, 이를 법의 논리에서 범죄로 구성하기 위한 연결점을 제공해 주는 역할이라 할 수 있지요. 제가 주도했던 증언 연구와 그 결과물인 증언집, 『강제로 끌려간 군위안부들 4 : 기억으로 다시 쓰는 역사』는 '2000년 법정'에 증거를 제공하기 위한 목적으로 축소되지 않았어요. 그 목적을 훨씬 넘어간 바도 있다고 봅니다. 편집을 어떻게 하냐에 따라 법정 증거가 될 수도 있고, 예술작품이 될 수도 있어요. 가장 고양된 수준은 예술이 아니겠어요. 하지만 법적 인정도, 사죄보상이나 배상도 받지 못하는 상황에서 용서하고 승화하라는 건 불가능에 가까운 것이 아닐까요.

이런 의미에서 법학은 어지럽혀 있는 그릇들을 설거지하는 분야인 것 같다는 생각이 들곤 합니다. 새로운 요리를 하는 학문이라기보다는요. 우리 사회에서 이런 뒷정리가 너무 안 되어 있으므로 법학의 의미가 크다고 생각할 때가 있습니다. 사실은 인문학적이고 사회과학적인 토대 위에서만 좋은 법적 판결이 나온다고 생각합니다. 그런 자료들이 기초해 있어야 한다는 것이지요. 인간학적인 규범이나 도덕의 문제, 사회과학적 사실과 정책적 지향과 같은 것이 세워져 있어야 법의 기초가 탄탄한 것이겠지요. 법의 기능 중의 하나가 갈등해결의 수단이라고 할 때, 법은 우리나라에서도 확대일로에 있지만, 제 생각에 법은 상부구조에서도 작은 부분을 차지하는 것이 아닌가 합니다. 갈등해소 수단 중 하나일 뿐이라는 것이지요.

그런 의미에서 법과 정의를 꼭 등치시켜 놓고 있진 않습니다. 아까 말씀드린 대로 중대한 범죄나 잘못이 있는 곳에 정의로운 법적 판단이 내려지는 것은 매우 중요하지만, 보다 중요한 것은 그러한 법적 판단이 내려질 거란 기대가 있어야 법원으로 가지 않고도 사람들이 스스로 분쟁을 해소해 나가겠지요. 예컨대 그래야 남성들도 여성들의 성적 주체성을 존중할 것이고, '법원에 가서 성폭력의 유죄판결을 받느니 지금 사적으로 용서를 구하는 것이 낫겠구나'라는 생각을 하게 된다는 것이지요. 그러나 법원에 가도 유죄의 판결이 날지 안 날지 그 여부가 불투명하면 성폭력은 계속 일어날 수 있다는 것이지요. 이런 의미에서 법은 가장 기초적이지만, 제재를 이유로 한다는 점에서 수준이 높지는 않은 해결방식이 아닌가 합니다. 서로 잘했다고 하고, 그렇다고 상대방을 용서도 못하겠으니, 제3자한테 가서 잘잘못을 가려 달라고 물어보는 것이지요. 물론 형사적인 측면은 좀 다르지만요.

답변이 되었나요? 생각보다 법학이 재밌습니다. 고정된 측면도 있지만, 유동하는 측면들을 녹여서 만든 언설 체계라고 할까요. 인문학 하신 분들은 감이 잘 오겠지만. 법학은 효력을 발생하는, 힘 있는 언설 체계라고 생각합니다. 법학을 처음 접했을 때, 전율을 느꼈죠. 그 판결문이라든가 사실관계의 적시 등에서 보면 사회학적 측면에서 볼 때도 실로 매력적인 자료라고 보았지요. 우리 사회와 인간의 축도, 그래서 법학에 관심을 갖게 된 것이죠.

김항 어떻게 보면 최소한도의 '후진' 해결방법이기도 하면서 어떻게 보면 최소한도로 '후졌기' 때문에 가장 강력할 수 있다고 얘기할 수도 있겠네요.

양현아 사실은 법적 언설이나 율사(律師)들의 자질은 한 사회의 척도 내지 문명의 척도라고 생각합니다. 법학이 매우 실용적 학문이라고 볼 수 있기 때문이지요. 그리고 사회관계를 받쳐준다고 했을 때, 이 기초가 없는 사회라면 법현상은 사회와 괴리되고 멋진 판결을 쓰기 어렵게 될 수 밖에 없겠죠. 정말 세련되고 인간의 진실을 오묘하게 담아내는 종합법학까지 가려면 인문학이나 사회과학 같은 학문 체계들이 기초로 받쳐 주어야 한다고 생각합니다. 사회가 정말 안정된다면 갈등의 해소에 대한 일정한 예측이 있을 것이고, 갈등해소의 대가가 적당한 것이 되겠지요. 유리창을 깼으니까 얼마 내면 되는 것이지, 법원까지 갈 필요가 없는 것이지요. 한국이 일본보다 소송수가 훨씬 많은 게 우리나라 사람들 간에 분쟁 결과의 예측가능성이 낮기 때문이라는 점도 중요 이유로 들고 있지요.

이혜령 대통령 탄핵이나 광우병 등 많은 국가적 사안을 다 법 앞에 가지고 가지 않습니까. 헌법소원이나 법으로 해결하려는 경우가 많은데 이런 상황에 대해서는 어떻게 생각하세요?

양현아 사회적인 갈등의 해소를 위한 사회 과정들이 훨씬 더 풍부해지고 훨씬 더 촘촘해졌으면 좋겠다는 거죠. 지금은 그게 잘 만들어지기 이전에 법은 조밀해지고 하니까 많은 사회적 과정들이 생략되는 거죠. 성희롱이라는 것도 그렇잖아요. 조직이나 회사 내에서 성희롱이 발생하면 성희롱 인정하고 그에 적당한 여러 가지 처분을 해주고 다시 재발하지 않게 하라는 것이 성희롱법의 기본 취지라고 보이거든요. 그렇게 해서도 안 될 때, 소송을 제기하게 되겠지요. 그런데 사회적 갈등해소의 규범이나 기제가 잘 마련되게 하는 것도 법의 역할 중 하나라고 할 수 있어요. 사회적 기제가 안정적으로 돌아가면 매우 평화롭겠지요. 법원의 사건도 줄어들고 사건들의 결과가 훨씬 예측가능해지겠지죠. 이런 사회 과정이 일종의 시민성(civility)의 공간이 아닐까요.

한국사회에서는 가족이란 공동체, 혈연·지연·학연이나 공동체 모두에 다 연(緣) 자가 들어 있지요. 공공적이라기보다는 신분적으로 맺어진 관계죠. 내가 특정 학교를 나왔다면 그 학교 출신들과 모두 특별한 관계인 양 가정하는 사회이지요. 이런 곳에서 시민성의 공간이 성숙하기 어렵겠지요. 사회 공공성의 차원에서 문제를 바라보고 해결하는 교육이 우리한테는 잘 마련되지 않은 것 같습니다.

시민성 내지 공공성이 왜 위축되어 있을까를 생각해 보면, 다시 우리의 국가건설 과정과 관련되어 있다고 보입니다. 식민지 피지배를 통한 사회 근대화, 시민혁명을 거치지 않은 근대국가의 건설 과정 등에서 찾을 수 있지 않을까 합니다. 우리 헌법 역시 시민혁명이나 문화혁명의 산물이라고 하기 어렵지요. 식민지시대에 국가는 조선 인민들을 지배하기 위해서 건설된 거였잖아요. 그런 '국가의 뿌리'라는 부분하고 공공성이 맞닿아 있지 않은가라는 게 저의 생각입니다. 지금 우리 사회는 시민성과 공공성은 납작한데 사회는 너무 빨리 변해 당연히 갈등은 폭증하니, 이런 갈등들이 급속하게 소송화하고 있는 것이 아닌가 생각합니다. 하지만 법원이 갑자기 현명하고 정의로운 판단을 내리기란 어렵기에 법원의 판결에 사람들이 승복하는가는 또 다른 문제입니다.

2000년 국제법정의 경험과 증언 연구

김항 선생님이 경험하신 '2000년 법정'을 지금 말씀하신 시빌러티 문제하고 연관해서 말씀하신다면요?

양현아 간단하게 대답해 보죠. 나는 '2000년 법정'이 갖는 중대한 의미가 증언과 증언 연구방법론에 있다고 생각합니다. 이 법정은 아시다시피 민간법정이에요. 민간법정이라는 것은 그 결정을 집행할 힘을 갖고 있지 못하다는 것이지요. 법이 가지는 힘이란 법의 결정을 집행할 강제력을 갖기 때문인데, 시민법정은 그를 가지고 있지 못하였지요. 그렇다고 의미가 없는 것은 아니고, 세계사회에 대한 방대한 교육적이고 권고적인 효과를 갖습니다. 본 법정은 그간에 이루어진 국제법과 국제규범들을 총망라한 것이라 할 수 있고, 한국과 동아시아, 일본과 중국 등 관련된 10여 개국이 모여서 문헌과 증언 증거를 모두 집대성하여 많은 담론과 지식을 생산하고 축적한 장이었습니다. 또한 동아시아에서 발생한 '전시강간'(戰時强姦)에 대한 하나의 큰 이정표를 남긴 법정이라는 점에서 매우 큰 의미가 있죠.

그런데 한국과 같이 최대 피해국이라고 주장하는 국가 입장에서 보면,

여전히 저와 같은 참여자에게 남는 갑갑증 같은 것이 있습니다. 그것은, 일본정부가 그 이후에 어떤 변화를 보였냐면 그렇지도 않고, 한국정부가 그랬냐면 그렇지도 않고요. 어쨌든 하나의 이정표를 만들었다는 의미는 있지만 법적인 효력을 갖지 못한다는 점에서 답답한 것이죠.

제가 이 법정을 도쿄에서 한다고 했을 때 "왜 도쿄에서 개최하느냐, 한국에서 했으면 한다"고 의견을 말했습니다. 저는 일본정부와 일본 관계자들이 사과하고 배상하는 것도 중요하지만, 한국인들이 이 문제를 알고 기억하는 것은 이것 못지않게 중요하다고 생각했어요. 선후를 정하는 것도 작위적인 것이니, 두 가지가 동시에 중요하다고 할까요. 앞에서 내재적인 반성 혹은 비판이라는 표현을 썼듯이, 한국인들이 이 문제에 얼마나 관심이 있길래 자꾸 일본에다가만 해결하라고 하냐, 한국인들의 각성과 교육을 위해 한국에서 법정을 했으면 한다고 했더니 이미 일본에서 하기로 큰 틀을 만들었다는 답변을 들었습니다. 그리고 2000년 법정 개최를 위해 일본의 활동가들이 매우 적극적으로 활동해 왔고요. 이것도 우리가 배울 점이지요. 일본 사람들이 와서 자기 고백을 한다고 했지만, 일본에는 자기반성과 책임을 지려는 일부 국민이 있습니다. 이 사람들이 법정의 가장 큰 후원자였을 거예요. 이렇게 도쿄에서 2000년 법정을 개최하는 것에서 보면, 포스트콜로니얼하기보다는 콜로니얼 크리티시즘에 본 법정의 틀이 있었던 것이 아닌가 하는 생각합니다.

얼마나 많은 한국인들이 정신대 문제를 기억하고 중요하다고 생각할까요? 자기하고 관계가 있다고 생각하나요? 대개 없다고 생각하겠죠. 2010년에 헌재에 헌법소원이 제기된 것을 아시나요? 일제가 식민지 시기 개인에게 자행한 인류에 대한 범죄와 관련한 책임의 청산에 관하여 1965년 한일협정 제3조에 관하여 헌법소원이 제기된 아주 독특한 경우입니다 ('대한민국과 일본국 간의 재산 및 청구권에 관한 문제의 해결과 경제협력에 관한 협

정 제3조 부작위 위헌확인' 소송). 일종의 '국가부작위소송'으로, 국가가 국민을
충실히 보호할 의무를 행하지 않은 것을 문제로 삼는 소송이지요. 2009년
4월 초에 헌법재판소에서 공개변론이 있었습니다(사건번호 2006헌마788).
군위안부 피해생존자의 국가 측의 대표는 외교통상부 장관입니다. 국가를
상대로 한 것이기 때문에 외통부 측 대피인이 변론을 하였습니다.

이혜령 외통부에서 담당하는 겁니까? 조약을 맺는 거니까?

양현아 그렇죠. 한일협정과 관련한 대한민국 정부 중 소관부처가 외통부에
있으니까요.

이혜령 선생님의 증언 관련 연구에서 증언을 이렇게 사회화해 내는 것은 '피해자
화'(victimization)가 아니라고 한 부분이 가장 인상적이었어요. 문제는 치유와, 고
통을 나누는 것이지 피해자화가 아니라는 논리였죠.

양현아 증언 연구에는 참 여러 가지 차원이 있습니다. 저에게 증언의 청취
부터 편집의 모든 방식에 원칙이 있다면 그 원칙은 '증언자 중심주의'입니
다. "증언자를 중심으로 따라가라. 질문도 증언자에게 중요한 걸로 물어봐
라. 증언자에게 뭉친 뭔가가 보이면 거기서 계속 집중공략해라. 네가 궁금
한 거는 좀 나중에 하고, 증언자가 말하고 싶어 하는지를 들어라. 증언자의
언어에서 큐(que, 단서)를 찾고 그 큐를 좇아가라. 그러면서 우리가 가진 질
문도 잊지 마라." 사실 굉장히 복잡한 작업입니다. 그러니까 증언 채록과
자료의 생산이 일본에 대한 피해나 사죄보상을 받기 위한 것이라거나 일
본의 인정을 받기 위한 것, 그러니까 강간을 하루에 몇 번 당했는지와 같은
사실에 국한하지 않았습니다. 증언에는 이런 사실과는 다른 각양각색의

사실과 진실이 녹아 있습니다. 연구자의 관심을 중심으로 녹취를 하고 편집을 하면 많은 진실들이 소실되어 버리겠지요. 또한, 각 증언자를 중심으로 해서 청취해 보면, 각자가 가진 경험이나 고통이 너무 달랐어요. 이전의 증언 연구물을 보면 각 증언들의 구조가 비슷한 경향이 있습니다. 그 이유는 증언을 위치 짓는 틀이 존재했기 때문에 그런 것 같습니다. 이 사람은 일본으로부터 어떻게 어디로 동원되어, 하루에 몇 번의 강간을 당했을까 등과 같은 틀 말입니다. 그러다 보니 정작 전후에 생존하여 이분들이 살아온 역사에는 관심이 적습니다. 그래서 증언자 중심주의라고 하는 게 모든 청취와 편집과 재현을 관통하는 원칙이고요. 그 원칙이 녹취를 푼다든지 하는 디테일한 것에 녹아 있는 중요한 원칙입니다.

그렇게 듣다 보면 이분들 한 분 한 분이 이 고통스럽고 객관적으로 어려운 상황이라는 것을, 살아남아 온 자들이라고 하는 것을 놓치려야 놓칠 수가 없었어요. 그 많은 사건들의 틈바구니 속에서 나름대로 자기의 체험으로, 또 지혜와 용기로, 또 다른 사람이나 또 천운의 도움으로 살아남은 거예요. 살아남고 여기 와서도 한국에서 제대로 결혼도 한번 못 해보고, 빈곤한 상황에서 사회적으로 손가락질 받는 상황, 말을 하면 자기 과거가 나오게 되어 있으니까 스스로가 소외되어 살아오신 겁니다. 더 힘든 것은 자신이 당한 일을 무어라 호명해야 좋을지, 누가 그 책임 있는 가해자인지도 모르는 세월을 50년을 보낸 거예요. 이 사회는 군위안부 피해자들에게 한 번도 당신이 강간을 당한 것이라고도 성노예제라고도 말해 주지도 않았고, 아니 성폭력의 피해 자체를 말할 수가 없었습니다. 그래서 강간 피해자라는 것이 이분들(대다수 한국 여성들)에게 별로 치유의 효과도 없었겠지요. 노예가 스스로를 노예라 부를까요. 뭔가 개인의 호칭으로 부르겠지요. 노예 아닌 자들이 노예를 노예라 부르겠지요. 이 언설로 표현할 수 없는 아무도 해석해 주지 않는 자기 경험을 안고 50여 년을 살아온 것입니다. 이들에게 말을 거는 증언 연구는 이런 맥락에서 보아야 하지 않을까요. 그것은 그저 있는 언어를 채집하는 것이 아니라, 말해지지 않았던 경험을 말하게 하고, 기록하는, 비언어의 세계를 언어의 세계로 이끄는 작업이었습니다. 그 자체로 역사를 새로 쓴다고 할 수 있겠지요.

엘리트 학문으로 포스트콜로니얼 서발턴 연구를 하면 무엇에 쓸까요. 흩뿌려진 경험들을 가진 서발턴 연구, 거기에 대해서 한국 법학자들이 무엇을 하였나요. 유고 내전의 경우 국제법정에서 너희들이 당한 건 바로 '체계화된 강간'(systematic rape)이야, 보통의 강간도 아니고 국가가 집행한 대규모 강간을 너희는 당한 거야, 이런 판단하에서 심지어 몸의 접촉이 없는 사람도 강간을 당했다고 판결을 받았지요. 옷 벗겨 놓고 광장에서 체조를 하게 한 행위도 강간의 일종으로 해석하였던 것이지요. 치유할 길 없는, 정신적 강간을 당한 거죠. 이름이 없다면 어찌 그로부터 벗어날 수가 있을까요. 1990년대 여성운동과 법학의 만남의 결과, 피해 여성들의 경험에 주목하고, '체계화된 강간'이라는 개념이 구축되게 됩니다. 당신들은 체계적 강간을 당한 것이다. 당신 잘못이 아닌 이유로 '성노예' 노릇을 한 것이라고 호명을 하기 시작했습니다.

피해생존자들의 증언에는 또한 개인의 경험뿐 아니라 그 시대를 산 우리 어머니들, 우리 조상들의 공통 경험이 녹아 있습니다. 뭐라고 말합니까? 집합기억(collective memory)이지요. 저는 이분들의 증언에는 집합적 기억이 있고, 이걸 우리가 듣고, 경청함으로써, 사회공동체에서 공유하는 기억의 일부가 된다는 것은 굉장한 인식과 문화의 변화를 이끄는 원동력이 된다고 생각합니다. 과거 기억이 달라지면 현재 자신이 누구인지 달라지겠지요. 이분들은 물론 피해자고요. 저는 피해자임을 부정하지 않아요. 이분들이 원하는 건 법정에 서서 "너는 피해를 받았다"는 한마디를 듣고 싶은 건데, 왜 자꾸 피해자임을 부정해요. 피해자가 피해자로 공적으로 나서려면 용기와 주체성(subjectivity)을 가져야 하고 주위의 지원 역시 필요합니다.

　법정의 맥락에서 피해자란 민사소송에서는 주로 원고, 형사소송에서는 범죄의 피해자를 일컫습니다. 그런데 공적인 목적을 가진 민사소송에서는 소송을 취하하지 않고 유지해 주고 상소하는 것만으로도 사회 전체가 새로운 규범의 혜택을 보게 됩니다. 우모 조교가 서울대와 화학과 모 교수를 상대로 제기한 성희롱 소송은 지방법원에서 고등법원 판결, 대법원의 원심파기, 다시 고등법원의 최종 판결까지 거의 9년이 걸렸습니다. 원고로서는 상소를 포기하면 그 사건은 거기서 종결되어 버리겠지요. 무슨 큰 영화를 볼 거라고. 평생 자기한테는 성희롱 피해자라는 이름이 붙어 다닐 것임에도 대법원 판결을 이끌어 내게 되었습니다. 그 결과 성희롱이라는 불법행위가 있었음을 인정받고 겨우 500만 원이라는 손해배상 판결을 받게 됩니다. 그렇지만 이로 인해 한국사회가 성희롱이라는 말을 알게 만들었고, 결국 성희롱 규정을 법에 마련하는 성과를 낳게 됩니다. 이렇게 말하기 어려웠던 사건을 제기하고, 알리는 역할을 한 피해자들은 피해자이자 생존자이고, 우리 사회의 증인이라고 생각합니다.

여성학 혹은 여성주의 현주소

김신현경 우리 사회의 식민성과 하위주체로서 여성의 위치가 보여 주는 다른 시각 혹은 그 역설에서 한국사회의 여성 문제를 얘기할 수 있다는 생각이 드네요. 사실 여성학이나 여성주의라고 하는 말이 생물학적 여성이나 여성 개개인의 권리 문제로 국한되지 않는 상황, 개개인의 생물학적 여성이 아니라 그 모순을 담지한 역설을 보여 주는 여성주체 등이 드러내는 한국사회의 구체적인 모순과 역설에 대한 선생님 말씀이 굉장히 흥미롭습니다. 요즘 한국사회에서 여성 문제나 여성학이 이해되는 방식이 말씀하신 공공성의 문제로 제기되기보다 그냥 정말 너무 조야한 수준에서 남녀대결 식으로 가는 경향들이 있는 것 같습니다. 여성학이 인문·사회과학에 큰 충격을 줄 만한 것임에도 그렇게 받아들여지지 않는다고 보는데, 선생님께서는 어떻게 생각하시는지요?

양현아 이 부분으로 인터뷰의 대미를 장식하면 어떨까 싶네요. 인터뷰 전에 저와 이메일을 통해서 미리 주고받았던 대화하고도 많이 연결이 되는 것 같고요. 저는 미국 유학을 통해서 페미니즘 학문을 더 깊게 한 것 같은데요. 학제는 사회학이었고, 거기서 페미니스트 연구하는 사람이었어요. 미국에서 뉴스쿨 사회과학 대학원이라는 학교에서 수학하였는데, 그 학교는 학제적 연구로 유명합니다. 저는 사회학과에 속했지만, 인류학·역사학·심리학·철학·예술학에도 '사회학'으로 인정받는 과목들이 널리 퍼져 있었습니다. 제가 박사논문 주제를 법학으로 삼고자 했지만, 법학과는 뉴스쿨에 없었거든요. 그러니, 뉴욕에 소재한 콜롬비아대 로스쿨에서 강의를 이수하라 해서 그 학점을 인정해 주었고 콜롬비아대의 교수를 특별히 논문 지도교수로서 초빙할 수 있도록 제반 지원과 행정적 조치를 취해 주었지요. 그런 정도로 '사회과학'이라는 걸 넓게 보고 있었고, 그 개인이 어떻게 그 주제를 구성하느냐에 따라 좋은 연구가 나온다는 식의 오픈마인드 학교였습니다. 미국에서 제가 한 연구에 대해 '여성학'이라는 호명을 한 번도 받아본 적이 없습니다. 한국에 귀국해서는 주로 사회학와 여성학 강의를 한 것 같습니다.

그런 속에서 ── 앞서 이야기된 나의 자리매김이라고 할까요 ── 여러 학교에서 시간강사를 하면서, 정신대문제대책협의회에서 증언 연구를 할 때였기 때문에 제 전공의 자리매김에 대해 그리 첨예하게 고민하진 않았던 것 같아요. 한국에 와서 몇 년 동안은 한국 학계의 분위기를 그리 의식하지 않았어요. 그러다가 한국은 어떤 학문과 사람을 일대일 대응으로 분류해 내고 거기에 배치하여 꼼짝달싹 할 수 없다는 것을 보게 되었지요. "너는 경주 출신이니까 그런 말을 하고"라는 식으로 그가 하는 행동과 말은 역으로 경주 출신의 것으로 환원된다고나 할까요. 제가 페미니스트라고 하면 제가 하는 모든 말과 행위는 페미니즘이라는 학제의 틀 속에서만 의미가 부여되고 갇히게 되는 거더군요. 그런데 그 페미니즘이라는 것이야말로 기존의 인식을 열려는 거고 개방하려는 것인데요. 그러니, 기본적으로는 그 분야가 가지는 방법론적·인식론적 전망이 아니라, 그저 연구의 '대상'으로 자리매김되고 있다는 것을 알았지요. 그래서 마치 누가 출신 학교가 어디다 하면 그 사람 학문을 평생 동안 진단하듯이 매우 구태의연한 태도가 학계에 있는 것 같습니다. 답답하지요.

물론 여성학이라는 전공이 있다고 생각합니다. '여성' 학자가 있고, 여성학 박사들이 육성되고, 여성학 강의가 있습니다. 우리나라는 많은 페미니스트 연구자들이 있습니다. 그 사람들이 여성주의 과학자일 수도 있고, 여성주의 수의학자일 수도 있고요. 여성주의 생물학자일 수도 있고, 여성주의 법학자일 수도 있습니다. 이 사람들은 법학자이고 생물학자이면서 여성주의자인 것입니다. 물론 여성학과 강한 연대를 가지고 있습니다만, 그러나 이들 모두를 여성학자라고 호명하는 것은 좀 과도하지요. 우리나라에서 페미니스트 연구자들을 동질화시키고자 하는 힘이 작용하고 있다는 것입니다. 이들이 식민지에 대해서 비판하든 옥수수에 대한 새로운 연구를 하든, 혹은 국가 재정체계가 가지는 문제점에 대해 비판하든 상관없이 이걸 모두 여성학이라고 부른다는 것은, 각자의 학문적 정체성을 약화 내지 삭제하려는 시도라고 봅니다. 그래서 '여성학'을 인정해 주면서 여성학은 한 줌으로 묶고 그 인식론적 패러다임을 보지 않으려고 하는 것이지요. 학문체계 속에서 '여성학'을 포함시킨 선배 학자들의 노고에 대해 감사하지만, 제가 하는 이야기는 좀 다른 부분입니다.

아마도 우리 사회의 민주화와 90년대 여성운동 속에서 가열차게 해왔기 때문에 여성학이라는 하나의 분야가 생긴 겁니다. 모든 정책에서 여성학적인 것을 고려해야 한다고 하는 젠더 메인스트림의 시각이 90년대 민주화 분위기 속에서 자리 잡았다고 봅니다. 이건 중요한 성과라고 생각해요. 서구가 아닌 사회에서 이 정도 성과를 누리는 예는 드물 거라고 생각합니다. 그런데 모든 것에는 밝음이 있으면 그림자가 있듯이 이런 과정을 통해 뭐가 생겼냐면 여성학이라는 것이 하나의 방이 되어 버린 겁니다. 바깥과 폐쇄되어 버린 하나의 셀(cell)이 돼 버린 것이 아닌가 합니다. 여성을 대상으로 연구하는 하나의 전공이라는 틀로 몰아가는 분위기도 있는 것 같습니다.

예컨대 제 사회학 동료 중에서 여성인 동료나 선후배들 중에 페미니스트가 많습니다. 이들을 사회학학계에서는 여성학자라고 호명하면 그 외의 다른 사회학자들은 비여성학적인 영역이라는 것을 뜻하게 될 것입니다. 내가 콜로니얼리즘을 비판하면, 그것도 여성주의자의 비판으로 수용하니까 이미 알려진 '여성 비판'의 일환으로 치부해 버린다는 것이지요. 제가 식민지 지식의 구성주의에 대해 말해도 그런 측면에서 받아들여지는 것이 아니라 '성차별'에 대해 말하고 있는 것으로 재현될 것입니다. 그러나, 과연 '여성주의 없는' 사회학자들의 관심사나 방법론은 다 동질적인 것이던가요. 저는 정치적인 힘이 작용하고 있다고 생각합니다. 여성주의자들을 한 방에 밀어 넣으면서 우리끼리의 엄청난 경쟁과 좁은 방에서 파이를 갈라 먹는 결과를 낳습니다. 인문·사회과학이나 법학에서 우수한 여성 인력을 길러 놓고 그들이 '여자'에 대해 발설하는 순간 여성학자로 만들어 버리는 힘이 있다고 생각해요. 일종의 처벌이기도 하지요. 그래서 여성에 관심이 있어도 '여성' 자를 일부러 안 말하는 동료들도 있습니다. 자기가 훈련받은 전공으로 자신을 인정받고 싶은 것은 연구자 누구나의 소망이겠죠. 자기의 언설이나 이론이 좀더 많이 수용되기를 바라겠죠. 자기가 정말 진지하게 생각하는 연구라면 그러지 않겠습니까. 여성주의자나 여성학이 약소하다는 메시지가 아닙니다. 그런데 그렇게 하기를 원하는데, 제 언설을 그저 "여성학이라는 학제 안에서 성차별에 대해서 혹은 성차별에 대한 것"으로 인식하는 한국의 지적 상황에 대해 심각하게 생각합니다.

이혜령 선생님 말씀을 다시 유추하자면 여성학은 한국에서 아직 안정적인 학제가 아니라는 얘기도 되겠네요.

양현아 아니요. 어떤 면에서는 지나치게 안정화되었다고 생각합니다. 지나치게 짧은 시간 속에. 맑시스트가 경제학에도 있고, 사회학에도 있고, 농업에도 있고, 다 뿌려져 있듯이 페미니스트도 그런 거라고 생각한다는 것이지요. 우리 정책 분야에서도 너무나 성차별이 심해서 여성부도 꼭 있어야 되고, 각 부에도 여성 정책담당관들이 있어야 되듯이, 법학이면 법학에서 페미니스트적인 학자들이 있는 것이 바람직하고 필요한 일인 거고, 그것이 하나의 시각으로서 페미니스트라고 생각합니다. 저는 페미니즘을 방법론이고 사물을 보는 인식론이라고 생각한다는 겁니다. 래디컬하고, 아름다운 방법론이라고 생각하는 거죠. 그것이 예술이건 자연이건 간에. 여기에 있지만 오지 않은 것에 대해 말할 수 있는 방법이라고 생각합니다. 우리나라에서는 생물학적인 여·남 구도 속에서 여성의 지위를 향상시킨다 하는 고정된 사고틀이 되어 버렸다는 것입니다.

이혜령 신념 같기도 하고, 선생님 말씀하신 것처럼 방법론 같기도 하고, 아무튼 훌륭한 방법론이라고 생각합니다.

양현아 방법론이기도 하고, 방법론을 넘어가기도 하고요. 왜냐하면 지금 우리에게 알려진 방법론이라는 게 다 남성들의 경험 속에서 나온 방법론인 거잖아요. 그리고 다 제1세계 백인들에 의해 나온 방법론이잖아요. 주로 백인인 저희 선생님들이 제 논문을 읽고, 정말 이해하기 어렵다고 하였습니다. 서구의 페미니즘 이론으로 한국의 현상을 설명했어야 하는데, 제 박사논문의 중요 챕터들은 식민지시대와 조선시대라는 역사 속으로 들어가 버리게 됩니다.

저는 "서구 이론으로 한국법의 현재 모습을 설명하기에는 너무 괴리가 커서, 이 가족법을 읽을 수가 없다"라고 주장하고, 또 여러 가지 인연들이 조우하여 논문이 통과되기는 했지만, 백인 페미니스트 학자들은 이해하기 힘든 부분이었죠. 조선시대와 호주제도와 식민지 전통의 문제 등이죠. 그래서 식민지 전통을 풀어야 가부장제를 풀 수 있고 가부장제를 풀면서 한국사회를 풀려고 하는 것이었거든요. 제가 이 과정에서 생각한 것은, 각자의 역사적 현실에서 사회 이론을 구성해야 한다는 점이었습니다. 학생이라 많은 말은 못했지만, 전 한국과 역사를 이론화하고 싶었던 거예요. 하지만 서양 학계에서 동양의 연구자란 자신들과는 다른 '경험적 자료'를 가지고 있는 사람으로 보이는 것 같습니다. 한국은 심한 가부장제 혹은 성차별주의에 대해 서구 페미니즘의 정신으로 해석하고 교정하고 변화시켜 준다는 관계의 구도가 존재하는 것 같았습니다. 아마도 제가 말을 잘 못하는 것 같습니다.

이혜령 선생님께서 맨 처음에 말문을 여실 때, 여는 얘기하시면서 "모든 이론은 역사 속에서 나온다"고 하셨습니다. 이 말이 절절하게 다가옵니다.

양현아 물론이죠. 저는 특히 그 역사 속에서 이상하게 가슴이 가는 건, 묻혀 있는 역사인 것 같아요. 묻혀진 역사, 말할 수 없는, 묻혀 있는 소수자들의 피해, 그런 것들을 말하고 싶다는 욕망이 많이 있는 것 같아요.

김신현경 저는 선생님한테 수업 들은 이후로 선생님이 법학 내에서 어떻게 지내실지 많이 궁금했어요. 정말 글 안에서 싸우고 있는 것 같은 느낌을 많이 받았거든요.

양현아 그럼 난 페미니스트 싸움꾼인가요?

김항 저 같은 경우는 선생님을 굳이 분류하자면 페미니스트 법제사를 하시는 분이라고 생각을 해요. 그것도 매우 양질의, 방법론이 확실한 법제사를 하시는 연구자시죠. 그리고 아까 선생님 말씀에 부연을 하자면 페미니즘 여성학자가 있어야 되는 거겠죠. 맑스주의적 여성학자가 있을 수 있고.

양현아 날 보고 여성주의 사회학자 혹은 여성주의 법사회학자라고 하면 가장 편안하겠죠. 그것 말고 "이 사람은 여성학자요, 역사가였어요. 증언 연구가였어요"라고 불러 준다면 그것도 사람들의 품을 넉넉하게 만들어 줄 겁니다.

이혜령 여성학은 뭔지 더더욱 궁금하다는 생각이 드는데요. 여성학은 무엇인가?

양현아 신선하게 들리네요. 인터뷰가 마무리 단계에 들어간 것 같은데, 제 연구에 관심을 가져 주시고 읽어 주셔서 고맙습니다.

이혜령 책을 만들려고 생각하기 전에도 읽었습니다.

양현아 제 말을 진지하게 여겨 주셔서 감사하고요. 제 연구가 많은 질문과 답변을 해야 할 정도로 괄목할 만하다고 생각지 않습니다. 많이 부족하다고 생각하는데요. 앞으로도 제 연구를 읽으시고 어떻게 되면 좋겠다는 제안을 해주시기 바랍니다.

이혜령 긴 시간 말씀해 주셔서 감사합니다. 이만 인터뷰를 마치도록 하겠습니다.

5부

인문학 연구의 지평 확장

¹² 천정환
지식생산의 탈위계화를 위해

천정환은 서울대 국문학과를 졸업하고 동대학원에서 「한국 근대 소설 독자와 소설 수용양상에 관한 연구」로 박사학위를 받았다. 현재 성균관대 국어국문학과 교수로 재직 중이며 한국 근대문화사와 현실의 문화연구를 병행하고 있다. 저서로는 『근대의 책 읽기』(2003), 『끝나지 않는 신드롬』(2005), 『혁명과 웃음』(공저, 2005), 『근대를 다시 읽는다』(공저, 2006), 『대중지성의 시대』(2008), 『식민지 근대의 뜨거운 만화경』(공저, 2010) 등이 있다.

우리는 이 인터뷰를 기획하면서 언제인가부터 입만 열면 대학시절을 이야기했더랬다. 우리는 본고사를 보지도 않았고, 과외도 받지 않았다. 보통사람들의 시대에 대학을 다녔다. 그 시절 하루도 마다 않고 술렁거렸던 대학 캠퍼스의 하루는 등굣길에 총학생회와 각 정파의 대자보를 읽는 것으로 시작되었고, 늘어진 석양빛 아래 새로 붙은 대자보를 읽는 것으로 끝이 났다. 그러나 세상에 유포할 만한 복음이 사라져 가던 시대의 포말에 우리는 온몸을 적시고 있었던 셈이었다. 87년보다 91년 5월투쟁을 자꾸 되새김질하게 되는 세대, 천정환은 그런 세대가 낳은 대표적인 인문학자이다. 그는 거리가 비워진 후에야 자신이 진정 어떤 앎에 목말라했는지를 깨달으면서도 텅 빈 거리가 채워지는 상상에서 다른 앎의 세계를 시작한다.

문학사의 성좌를 빛낸 작가와 작품이 아닌 독자를, 대중의 지성을, 열사의 민족주의가 아니라 스포츠민족주의를, 혁명가가 아닌 독서회의 멤버들을. 그가 다루는 대상들은 언제나 뒤에 오는, 뒤처진 자이기도 하고, 그래서 또 이 광장과 비밀의 정원에서 또 무슨 일이 벌어지지 않을까를 날이 저물도록 기다리는 자들이기도 하다. 그는 언제나 최후의 증언자가 될 태세를 취하고 있다.

91년 5월 서울, 또 다른 시간의 기억

이혜령 지난 20년 동안 민주화·신자유주의화·세계화가 한국 인문학의 패러다임 변화를 추동해 왔습니다. 그 20여 년은 천정환 선생님께서 대학 생활을 보내셨고 대학원 과정을 밟고 연구자로 본격적인 활동을 해온 시간이기도 합니다. 그런 의미에서 선생님은 저희와 동세대의 경험과 의식을 공유하고 있는 것 같습니다. 천정환 선생님이 88학번이시죠? 제가 89학번이고, 김항 선생님이 91학번이고.

김항 저도 같은 세대인가요?(웃음)

이혜령 김지하가 "죽음의 굿판을 걷어 치워라"라고 했던 91년 봄의 기억 때문인지, 91학번까지는 경험을 같이한 것 같은 느낌이 들어요.

천정환 91년도 경험에 대해서 많은 회고가 있지요.

김항 저희 느낌 안에는 88학번하고 89학번은 91학번들 데리고 운동권을 만드셨기 때문에, 저도 선배들이라고 하면 88, 89학번이 생각나요.

이혜령 이런 차원에서 세대 경험이라는 것과 현재까지 변해 온 인문학의 지형들, 특히 저희가 사실 맑스주의의 위기, 현실사회주의의 몰락이라는 문제를 주요한 키워드로 잡았어요. 거기서부터 근대성 논의, 이것이 내셔널리즘 비판이라는 이슈로 부각되는 과정까지 하나로 보시면서, 이것이 내셔널리즘 비판으로 선생님의 세대적 경험과 연구의 과정과 그런 것을 총체화해서 한번 서술해 주시면 좋겠습니다.

천정환 언젠가 한번 글을 쓴 적이 있어요. 『한국 근대성 연구의 길을 묻다』 (돌베개, 2006)라는 공저가 있는데, 그 책을 기획한 의도와 지금 던지신 질문이 비슷한 점이 있습니다. 연구와 개인적 경험을 관련시켜 보라는 거였거든요.

저는 87년에 대학에 입학했다가 이과에서 문과로 옮기기 위해서 부산에서 재수를 하던 중에 6월항쟁을 봤거든요. 부산의 6월항쟁은 전두환 정권이 위수령을 생각할 정도로 격렬했었습니다. 예전의 부산은 지금보다 도시구조가 단순했는데, 도시 전체를 관통하는 간선도로 전체가 마비되다시피 했으니까요. 그런 경험 이후에 88년에 대학에 들어가고 보니까 대학가는 뭔가 되게 자유롭고 편한(?) 공간인 것처럼 느껴지더라고요. 6월항쟁 뒤끝인 탓이었겠지만, 지적·정치적 역학관계에 있어서도 그렇고, 물론 일상적인 탄압 같은 건 여전히 있었지만, 대학과 하숙촌·기숙사 이런 데는 뭐랄까, 일종의 해방구 같은 느낌이 상당히 강했던 것 같아요. 어쨌든 그런 분위기여서 그전에 그냥 문학소년이었을 때와는 전혀 다른 지적 경험을 할 수밖에 없었고, 그게 한마디로 말하면 맑스주의고 또 맑스-레닌주의죠. 약간 교조적이고 공식적인 맑스-레닌주의라 할 수 있겠는데, 한참 80년대 말에 '원전'이나 소련이나 동구권의 교과서 같은 게 번역되었죠. 이 책들이 이전에 '야매'로 보던 일본 사회과학 서적이나 우회적으로 번역된 서구 맑스주의 서적을 대체했는데, 모두 다 이런 원전이나 교과서에서 말하는 걸 '정통'인 양 여겼죠. 또 다른 한편에선 '주사파'와 주체사상의 위력도 셌던 것 같아요. 저는 철학과를 가고 싶은 마음도 좀 있었는데, 그때 제가 간 학교의 철학과는 전통적으로 NL이 강한 과였고 국사과하고 국문과는 좌파가 강했어요. 만약에 철학과를 갔으면 NL이 됐을까요? 일종의 운명 같은 것도 있죠(웃음). 이런 분위기였기 때문에, 91년을 큰 전변의 계기로 받아들이는 감각이 우리 세대의 감각인 것 같아요.

이혜령 87학번들은 91년을 그렇게까지 보진 않는 것 같아요.

천정환 그런가요? 그런데 저는 87년보다 91년 5월투쟁의 전 과정을 더 세밀하게 이해하고 있는 것 같아요. 그때 4학년이고 아직 운동권에 속해 있었으니까, 시야가 좀 있었다고 해야 되나요? 어떻게 해서 전민항쟁 비슷한 게 잉태가 되고, 또 그게 한 달 넘는 싸움을 통해서 완전히 나락으로 떨어지는지, 그리고 지배 블럭이 총단결해서 그런 항쟁을 패퇴시키는지 하는 전 과정을 제대로 관찰해 보는 그런 경험을 했다는 거죠. 91년 5월의 어떤 날들과 장면은 지금도 생생해요. 이를테면 신촌로터리에서 시위가 벌어졌는데 사노맹 사람들이 빨간 옷을 맞춰 입고 나와서 빨간 깃발 들고 신촌 지하철역 지붕 위에 올라가서 '인민의 벗 사노맹'이라 쓴 깃발을 휘두르면서 "노태우 정권타도" 같은 슬로건을 외친 그런 풍경들. 그런 식으로 사회주의 색깔을 띤 운동이 80년대부터 많은 영향을 미쳤지만, 정작 동구의 현실사회주의가 몰락했을 때 그걸 정리할 힘은 없었던 것 같아요. 그게 우리 지성사나 역사의 구조라 해야 되나? 늦었잖아요. 뭔가 세계사적 전환이 일어나고 있는데, 우리는 뒷북을 친다 해야 되나? 그런 점이 아쉬웠어요. 예를 들면 소련은 이미 85년도에 고르바초프가 집권하면서 급격한 변화가 막 시도되고 있었는데, 우리는 60~70년대에 나온 소련·동구의 공식적인 교과서가 진리인 양 생각하는 그런 상황이었죠.

이혜령 91년이 지난서야 글라스노스트니 페레스트로이카니 하는 이야기가 운동권 내에도 본격화되었죠?

천정환 예. 페레스트로이카에 관한 공부도 대학생들이 했었어요. 그게 운동권 커리큘럼의 일부로 포함되던 때도 분명히 있었지요. 한국은 냉전 체제의 전방, 동북아시아의 수퍼파워들 틈바구니에 있는 국가이기 때문에 세계사적 변화에 가장 민감하게 영향을 받을 수밖에 없는데도, 오히려 그런 상황 때문인지 아니면 억압과 지적인 구조 때문인지 항상 늦는 감이 있죠. 그래서 그런 혼란을 89년도에 천안문 사태 났을 때도 크게 경험했죠. 89년도는 한국사회에서 전위운동의 개화기 같은 시대였었어요. 대학교 앞 사회과학 서점에 가면 온갖 정파가 낸 기관지·신문들이 쫙 깔려 있었거든요. 『노동자의 깃발』, 『노동자의 힘』, 『노동계급』, 『노동해방문학』 등등. 'NPN(전국적 정치신문)으로 전국을 조직한다'는 레닌주의의 실천이죠. 그때 그 기관지들마다 천안문 사태에 대한 해석이 달랐던 거 같아요. 현실사회주의 내부의 동요가 극심해지고 사회주의가 그야말로 위기에 처해 있는데, 그걸 설명할 수 없으면서도 사회주의의 교의를 고수하는 그런 상황이 80년대 말~90년대 초에 있었던 거죠. 91년에 소련 보수파의 쿠데타가 일어났을 때도 어떤 사람들은 공산주의가 승리한다고 엉뚱한 해석을 내놓기도 했어요. 운동의 임무 때문이기도 하겠지만, 세계와 한국 사이에 지적인 시간차 같은 것이 있는 것 같은데요. 오히려 그런 시간 격차를 줄인 사건이 91년의 전변이 아닌가 싶습니다. 그건 단지 운동판의 분위기만이 아니라, 전체로서의 지성도 분위기가 바뀔 수 있었다는 거죠. 그전엔 여전히 교조적인 맑스-레닌주의적인 패러다임이나 주사(민족주의)의 패러다임에 묶일 수밖에 없었고 다른 걸로는 뭔가가 만들어지지 못했어요.

　이를테면 80년대 말~90년대 초에 국문학과 대학원에서 나온 논문들이란 게 거개 카프 문학에 관한 것이었어요. 그러다 순식간에 카프 연구는 버려졌잖아요? 이런 현상은 '학'(學)이 현실의 급박함을 따라잡기 위한 것이거나 현실에 대응하기 위한 반응일 텐데요.

앎이 자유롭게 개화하고 또 그게 현실에서 뭔가 검증받는 구조로 앎의 흐름이 변해 가는 게 아니라, 초조하게 현실을 좇아가거나 외적인 충격에 의해 '지'(知)의 유행이 순식간에 바뀌어 버리는 풍경을 90년대 초에 본 거 같아요. 이건 사실 바람직한 것이라 볼 수 없겠죠. 그런 식의 시간 격차나 외적 충격에 즉자적으로 대응한다면 앎의 식민성 같은 문제도 반복적으로 나타날 수밖에 없죠. 아무튼 그 정도 나이나 지적 경험으로서 인문학이 뭔지 알았겠습니까마는 91년 이후에는 그런 수준에서 보기에도 뭔가 '지'의 분위기가 크게 해체되고 바뀐다는 것은 알았어요. 언급했던 어떤 '교과서'들은 이미 폐기처분되고, 알튀세르·발리바르·푸코·그람시에 대한 관심 같은 것이 급격하게 떠오르며 지적·이론적 자원 같은 걸로 되고 있었잖아요.

이혜령 그 즈음에 『이론』이 나왔지요?

천정환 92년이었죠? 저는 그때 부산에서 방위 생활하고 있다가 『이론』지가 나온 걸 보고 약간 놀라고 그랬었는데, 느낌이 확 달랐어요. 91년 대전환과 같은 것이 어떻게 보면 오히려 한국이 서구의 지적인 풍토나 미국, 일본이 만들어 내는 인문학의 분위기나 그 시간성으로 끌려들어가거나 접합하게 하는 그런 계기가 된 것 같아요.

이혜령 선생님, 91년의 대전환이라 말씀하신 건 다시 설명해 주셨으면 해요. 학생들이 중심이 되었던 91년 투쟁은 처음에는 아주 흔쾌한 형태는 아니더라도 시민적인 호응 속에 있다가 "죽음의 굿판을 걷어 치워라"라는 언론플레이에 한 번, 또 나중에는 계란투척사건으로 또 한 번 급하강의 형태를 취했습니다. 91년 투쟁의 실패가 지적인 구조 전반에 있어서 한국이 겪었던 시간적 지체 현상을 중단하거나 그 격차를 좁혔기에 대전회(大轉回)라 할 만하다, 이런 말씀이신데, 이것은 91년 투쟁에 대한 또 다른 의미화 방식으로 여겨집니다.

천정환 네, '민주화' 이전까지 운동권뿐 아니라 지식인의 사고 속에서 한국은 '3세계'의 특수한 지역이었고, 그래서 러시아·중국, 또는 남미, 그리고 북한이 사회적 상상력의 모델처럼 사고됐다는 거죠. 그리고 80년대식 운동——한편에서는 전위지향적인 비합법 조직이 학생과 노동자의 라인을 지하에서 조직하고, 다른 한편에서는 전민항쟁 방식의 봉기로 뭔가를 한다는——의 구조나 발상 자체도 무너진 거죠.

그 즈음에 또 제일 기억나는 게 뭐냐면, '인민노련'을 비롯한 많은 '조직'이 합법운동을 선언하며 지하에서 땅 위로 나왔던 거죠. 합법정당운동에 대한 선언은 그때도 개량주의라는 비판을 많이 듣기는 했지만, 그래도 그런 노선이 이전과는 확 다른 설득력을 갖게 되었죠. 또 그때 80년대 초반 학번들 정도까지 원래 '현장'에 있던 사람들이 상당히 많이 '위'로 나왔어요. 그 중에는 아예 운동을 그만두고(?) 학원강사를 시작해서 '논술'로 돈을 많이 버는 강사가 되거나, 또는 사법고시를 보거나 대학원을 가거나 하는 부류도 많았어요. 어떤 '흐름'처럼 느껴질 정도로요. '혁명가'들이 논술강사나 고시생, 그리고 대학원생이 되는 역사적인(?) 순간이었던 건데. '후일담' 소설 외에 그런 변화를 진지하게 관찰한 글이랄까, 논문은 많이 못 봤어요. 소설가 김연수 씨나 김원 씨 같은 분들이 91년에 대해서 많이 이야기하는 편이긴 하죠.

그때 제가 어렸기 때문에 그 당시의 인문학의 지적·정치적 풍토나 학제에 대해 깊이 이해하지는 못했지만, 이런 게 아닌가 싶어요. 80년대까지 학교나 제도 바깥에 있는 윤리적 헤게모니나 지적 이너셔티브 또는 '현실'의 급박함, 이런 것들이 해체되면서 인적인 문제든 지적인 주제의 차원이든, 급격하게 '제도·학교' 안으로 끌려들어간 것 아닌가 싶어요. 단적인 예가 당시에 대학원생들이란 존재가 어땠는가 생각해 보면, 그전까지는 대학원생들도 중요한 시위에 나갔잖아요. 대학원생도 학생회를 만들어서 학내 문제뿐 아니라 학외에 있는 정치 문제도 투쟁 대상으로 삼고, 학부생들과 같이 어울리고 대학원 수업도 들을 놈은 듣고 말 놈은 말고, 이런 식이었죠. 조그만 예이지만, 그 이후에는 교수의 권위도 높아지고 대학원생의 힘은 약화되어 제도에 복종만 하는 존재가 되었죠.

이혜령 그렇게 듣고 보니, 근대성 논의의 등장 시기도 예사롭지 않네요.

91년 이후 지식의 풍경과 근대성

천정환 네. 국문학을 위시한 인문학에서 '근대성' 논의가 촉발된 게 90년대 초의 변화였죠. 『모더니티란 무엇인가』(김성기 편, 민음사, 1994)라는 책이 94년에 나왔죠? 김성기·김윤식 선생 이런 분들이 그 책의 필자였는데, 그 책은 상당히 낯설었던 같아요. '근대성'에 대한 논의가 전면적인 화두로 되고, 이전과는 논의의 구조를 달리하기 시작한다는 것을 그 책이 적시한 게 상징적인 일 아닌가 싶네요. 그전의 근대성은 ——예를 들면 내재적 발전론 같은 게 그전 형태의 근대성 논의랄까요? ——그야말로 한국이라는 국가는 어떻게 '근대'를 성취했는가를 서술하면서 이념형적 근대를 설정하는 일국사적인 시각이죠. 아시다시피 내재적 발전론의 역사는 60년대부터 본격적으로 시작되잖습니까? 또는 80년대의 사회구성체론이 근대성 논의를 대신 맡고 있었다고 할 수 있는 듯한데요. '근대'는 그야말로 자본주의화를 의미했고 논의는 정통적인 맑스주의 이론에 근거한 것이었고요. 90년대 초에 이런 구도가 바뀌었죠. 91년은 그런 변화에도 영향을 끼친 계기점이 아니었는가 생각됩니다.

김항 91년도에 일어난 사태를 어떻게 위치 지을 것인지에는 상당한 편차들이 있을 거라고 생각해요. 최대공약수를 꼽자면 운동권의 피폐한 상황이었다고 봐요. 그것이 피폐하다는 것은 조직적으로 피폐하다는 것도 있지만, 오늘 이야기하고 연관해서는 학회 세미나에서 읽혔던 책들을 지금 생각해 보면 너무 척박했던 것 같아요. 대학교 1학년 처음 들어가서 철학, 이러면 유물론하고 관념론으로 배운다는 거죠. 그 폐해가 어디까지 갔냐면 ——저 개인적인 얘기를 하면——94~95년도까지 간 거 같아요. 철학은 관념론하고 유물론이다, 이런 식이었죠. 예를 들어서 학부 2학년 때, 교양과목으로 '철학과 방법' 같은 수업을 듣는단 말이죠. 제가 다닌 학교의 '철학과 방법'은 인식론을 주로 가르쳤어요. 대부분 칸트죠. 그때 가르치던 선생이 칸트 인식론을 가르쳤는데, 선배들이 말하기를 "이건 관념론 철학이니까 안 중요하다. 칸트의 불가지론, 물자체는 철저하게 반유물론적이다." 뭐 그런 분위기 안에서 책을 읽는 게 너무 기이한 시기를 보낸 거죠.

이혜령 한편으로는 70년대나 그 이전 세대들이 읽었던 책의 목록들보다 훨씬 더 적고 압축적인 형태로 맑스주의도 받아들였던 때인 거 같아요.

김항 선배들은 페레스트로이카 관련 책을 읽으면서, 후배들한테 얘기할 때는 소련과 동구 교과서를 가지고 가르쳤단 말이죠. 92년도 이후 알튀세르·그람시도 아니고 바로 무슨 데리다·푸코로 넘어갔던 이유가 여기에 있지 않았나 생각하거든요. 제가 정확하게 기억이 나는 게 93년도에 신입생이 들어오고, 학회 세미나를 하려는데 소련 과학아카데미의 교과서를 읽힐 거냐 말 것이냐 이거거든요. 그러는 동안 다른 한편에서는 93년도 언저리 가면 '진보적 사회진출'이란 말이 나와요. 그리고 학술운동이란 말이 나오고, 서울대에서 『학회평론』 같은 게 나오기 시작한 시기였죠. 아마 그 당시에 사회과학이나 인문학에서 대학원 가는 사람들이 거기(『학회평론』) 영향을 안 받은 사람들이 거의 없었다고 저는 생각이 드는데…….

천정환 학단협(학술단체협의회)이 89년에 결성되었고 그 이전인 87~88년부터 한참 부문운동·학술운동이 시작됐어요. 학부 1~3학년 때는 어린 마음에 왜 학술운동 같은 게 필요한지 잘 몰랐어요.

이혜령 학술로 어떻게 운동을 하느냐고 생각하신 게죠?

천정환 그냥 '운동' 하면 되지 무슨 '학술'운동이냐, 이런 식의 '무식한' 생각이었던 거죠. '문예운동'도 마찬가지였고. 무조건 '전위'운동이나, 노동운동이 전부라고 생각하는 어떤 편향이 있었던 거죠. 그런데 군대 가기 1년 전부터 제대할 때까지의 시간에 책을 비교적 많이 접하면서 오히려 보통보다 더 아카데믹해졌죠. 대학원에 오고 다시 '문청'이 된 것도 그때였다는 것이죠. 오히려 도스토예프스키 같은 큰 문학작품이나 『자본』 원전도 차분히 읽었던 거 같아요. 이 무렵에 『이론』뿐 아니라 『경제와 사회』 같은 책도 많이 읽었죠?

이혜령 『동향과 전망』이나 『경제와 사회』 등이죠.

천정환 그렇죠. 지금 학단협 쪽의 일부는 여전히 살아남아서 『역사비평』처럼 '학술지'가 되기도 했죠. 지금에 비교할 때, 『역사비평』이나 『경제와 사회』나 그때 잡지들의 지(知)가 과연 뭐였는가 생각해 볼 수 있다면, 그것은 정말 '현실'을 다루는 잡지들이었고, 그게 핵심적인 것이었다 생각됩니다.

이혜령 시사비평·정치비평 영역이라 할 수 있을까요?

천정환 예. 그런 '비평'과 현실의 문제를 통해 이론화하려는 것들이었잖아요. 이런 게 90년대 초부터 인문학·사회과학을 전공하는 대학원생이 대폭 늘었다든가 하는 변화 외에도 중요한 변화지요. 현실에 직접 번역되거나 현실에 대해 직접 관여성을 갖는 글쓰기로부터 벗어나는 것. 그리고 학문의 분화……. 그런 걸 통칭해서 '탈정치화'라고 해야 하나요? 학문제도의 힘이 새롭게 갖춰지고 재편되어 갔죠. 그 세밀한 변화를 잘 알지는 못하지만요. 학단협은 공부하는 사람들이 여전히 현실관여력을 갖기 위한 거였지만, '현실'은 반대로 학문을 현실과 분리된 영역으로 만들고, 그것을 고착화하게 됐죠.

이혜령 선생님, 이제 두번째 질문으로 넘어갈게요. 91~92년의 지적 풍경과 관련되어 두 가지 분기가 있는 거 같아요. 하나는 후기자본주의라고 하는 현실을 어떻게 분석할 것인지였고, 다른 하나는 역사적으로 근대성의 기원을 밝히는 거였는데, 후자도 처음에는 사실 후기자본주의의 이데올로기로 인식되던 포스트모더니즘에 대한 비판의 성격이 컸습니다. 자본주의의 문제였던 것 같은데, 그게 민족주의 문제로 가 버린 게 저도 참 이해가 잘 안 됩니다. 국문과에서 근대성 논의 나오고 제일 많이 나온 게 모더니즘에 대한 거였는데, 이게 왜 민족이란 키워드로 급선회했을까, 도대체 왜 그런 걸까 하는 게 궁금하죠. 『근대를 다시 읽는다』는 내셔널리즘 비판으로 치달은 근대성 논의에 대한 일정한 입장 표명이었는데, 거기에 이르기까지의 사정을 말씀해 주셨으면 합니다.

기원을 묻는 시간의식: 근대를 다시 읽는다

<u>천정환</u> 말씀하신, 한국문학이 어떻게 근대적 자질을 획득해 갔는가를 찾아내는 연구, 또는 '근대성의 기원'을 찾아내는 연구 문제에 대해 말하자면, 왜 그런 역사의식이나 시간의식이 작동했는지를 보는 게 중요한 거 같습니다. '후기 근대'나 '현재'가 무엇인가 하는 문제의식에서 출발해서, '현재'의 기원이 거기 있다고 믿는 방식으로 역투사하는 인식론이 작동하는 거잖아요. 이는 어쩌면 '고고학적 방법'과는 정반대된다고 보입니다. '시간'을 다르게 이해한다면, '현재'가 그런 '근대'로부터 비롯된 것이라는 것을 부정하든가, 또는 현재 자체로 새로운 과정이라고 이해한다면, 'OO의 탄생'이라든가, '한국 근대 OO의 기원'이라든지, '근대 독자의 형성'이라든가 하는 식의 논의가 필요 없을 수도 있죠.

그리고 '탈민족주의'는 한 군데서 일어난 흐름은 아니죠. 역사학 내부의 필요성과 한국사회의 변화가 직접적인 추동 원인이 됐다면, 국문학 쪽에서는 젠더 스터디의 활성화라든가 민족문학론이 누리던 위세가 재검토되면서 촉발된 거 같습니다. 하지만 '탈민족주의' 때문에 지배적인 '문학사'가 직접적으로 비판되거나 거부된 적은 없죠. 김윤식·정호웅의 『한국소설사』(예하, 1993; 문학동네, 2000으로 재발간)나 조동일의 『한국문학통사』(지식산업사, 1982)는 여전히 교과서로 읽히고 있어요. '민족문학'과는 다르게 '문학사'를 가르칠 방법은 별로 개발되지 못했습니다.

그리고 『근대를 다시 읽는다』에 대해 물으셨는데, 그 책은 아까 말한 그런 문제의식을 종합하고 급진화시킨 방식의 논의입니다. 내재적으로 아주 강한 시간의식 같은 게 작동한 것이라 볼 수 있죠. 그 책 서문은 원래 윤해동 선생님이 뼈대를 세우고 제가 윤문을 해서 살을 만들고, 인큐베이터에 넣고 옷을 입히는 방식으로 만들었습니다. 그러니까 다른 공편자 선생님들이 돌아가면서 퇴고를 하는 방식으로 문구 하나하나에 대해 검토하고 토론을 꽤 오래 했습니다. 그분들이 모두 똑같은 생각을 갖고 있는 건 아니니까요. 이를테면 '식민지 근대'를 어떻게 규정할 것인지와 같은 크고 근본적인 문제부터, '포스트모던' 같은 표현을 쓸 것인가 같은 세세한 표현의 문제까지 다뤘지요. 이 책은 두 가지 상대를 상정하고 거기에 강한 시간의식을 개재(介在)시킨 거죠. 어떻게 보면 '근대'란 시간을 다른 방식으로 특권화한다는 비판을 받을지도 몰라요. 첫번째는 내재적 발전론을 핵심 키워드로 하는 민족주의·민중주의 사학이죠. 80년대까지의 민중사학이 설명할 수 없는 시간대에 우리가 살고 있다는 '현재의식'이죠. 그게 아주 강하게 드러나고 있죠. 「서문」에서 그걸 길게 예를 들면서 얘기하고 있는데, 쉽게 말하면 『근대를 다시 읽는다』를 편집한 사람들은 한편으론 비판하는 방식으로 역설적으로 근대를 특권화했지만, 또 다른 한편으로는 '포스트모던'이란 말을 쓰면서 뭔가 '도발'하기도 했어요. 분명 이 용어는 어떤 학계나 역사학에서는 기피되는 용어잖아요. 구래의 민족주의·민중주의가 이론적 기획이나 지적 기획으로서는 유효하지 않다는 시간 국면임을 전면화하고 싶었던 것이죠. 그런 문제의식을 근저에 두고 소통체계의 변화, 한국의 국가성격의 변화, 인터넷이나 소통체계의 변화를 포함해서, 우리가 그냥 '연속'되는 시간이 아니라 어떤 불가역한 시간을 지나왔다는 걸 분명하게 내세우고 싶었던 거죠. 그걸 '하이퍼모던'이든 '포스트모던'이든 뭐라 불러도 좋은데, 이는 '근대가 지속되고 있다'든가, '분단체제가 여전하다'든가 하는 식의 사고방식과는 분명 강조점을 다르게 두는 방식의 사고예요. 『근대를 다시 읽는다』의 다른 저자 선생님들은 물론 또 다른 의의를 부여하시겠지만, 저는 아무튼 그런 시간의식이 현재 우리가 맞닥뜨리고 있는 현실 인식이어야 한다는 점이 강조된 것이라 생각합니다. 탈민족주의론의 공과는 각각 검토되어야 할 부분이 많다고 생각합니다.

이혜령 제가 한번 정리해 보자면, 『근대를 다시 읽는다』는 한편으론 왜 기원을 물어야 하는가를 생각하면서도, 한편으로는 이 태도 자체가 상당히 근대 중심적인 것이기도 했다는 말씀이죠?

천정환 그렇죠. 진짜 '포스트모던'한(?) 문제의식이라면, 문제틀 자체를 그렇게 설정하지 않을 것 같아요. "1920년대에 '형성'된 무엇인가가 지금도 이어지고 있다"는 식의 서사에 담긴 것 같은 시간의식은 작동시키지 않을 듯하다는 겁니다. 이런 명제는 매력 있지만, 반드시 진리를 담보할 수 있는 것도 아니잖아요. 과거로부터의 어떤 망령에도 사로잡히지 않고 그야말로 '현재'를 상상하고 현재에 대해 말할 수 있는 그런 존재들이 우리 사회에 있다고 생각합니다. 이를테면 1980년대 이후에 태어난 사람들이나 대학생들 중에서요. 그걸 뭐라고 이름 붙여야 할지 잘 모르겠지만, 어쨌든 그런 식의 사고도 가능하다는 거죠. 오히려 그게 현재를 특권화하지 않고 더 창발적이고 자유로운 방식일 수 있죠. 그런 서사가 가능해지는 시대로 점점 들어가고 있는 거잖아요. '기원'과 '형성'과 '최초'의 작동을 말한 연구와 서사는 여기에 비하면 지나치게 '역사주의적'이에요.

이혜령 또 한편으로는 70~80년대적 방식으로 민족이나 민중으로 뭔가를 기술할 수 없게 되었다는 문제설정을 포스트모더니티라 한다면, 그것 또한 강하게 의식할 수밖에 없는 긴장 속에 『근대를 다시 읽는다』라는 책이 놓여 있다는 말씀이시죠?

천정환 예, 『근대를 다시 읽는다』의 모든 선생님들이 그렇게 생각하는 건 아닐 테지만, 어쨌든 우리가 지나온 20~30년간의 변화가 갖고 있는 불가역성 같은 걸 분명히 보자는 겁니다. 근·현대사의 어떤 국면이든 기원적 공간으로 소급하는 것으로 임무를 다할 수 없게 된, 그런 역사적 소급이 부차적인 것으로 된 그런 시간성이 있어요. 이를테면 대한민국 건국의 추악한 기원과 현재 남북한의 경제적·사회적 격차 같은 것을 같이 놓고 생각해 보면 말이에요. 지금 북한이 한국을 따라잡으려면 50년이 걸릴지 30년이 걸릴지 모를 만큼 되어 왔고, 남북한은 각각 굉장히 문제 많은 다른 사회가 되었지요. 통일의 근거나 주체 문제도 이로부터 새로 연역되지 않으면 안 될 텐데 ——이런 정황을 총체적으로 포스트모던이라 불러야 할지, 하이퍼모던이라 불러야 하는지 모르겠지만 ——어쨌든 이런 생각을 통해 기원을 중심에 둔 시간의식에 대해 반정립하려는 것도 중요하지요. 반정립해야 할 그 대상이 이미 낡았음을 이야기하는 건데, 그 낡았다고 지적된 방법론을 여전히 고수하고 있는 쪽도 겉으로는 분노하지만 어쩔 수 없이 그 방향을 한 흐름으로 인정하지 않을 수도 없죠. 예컨대 '담론 연구'와 같은 방법론도 이젠 어렵게나마 받아들여지고 있죠. 이전에는 역사학 방법론으로 인정조차 어려웠던 게 아닌가 해요. '탈근대론자'나 '식민지 근대성론'자들에 대한 역사학계 일각의 방어 방식은 상당히 일관성(?)이 있어요. "너희들 문제의식은 인정한다. 그러나 곤란하다"는 거죠. 어떤 윤리적 태도 때문에 기존 버전의 민족주의나 민중주의를 버리지 못하는 경우도 있고, 차원이 다른 문제들, 이를테면 '민족 문제'나 '민중의 현실'이 과거의 민족주의·민중주의를 옹호하는 데로 오용되기도 한 듯합니다.

『근대를 다시 읽는다』의 두번째 의도는 뉴라이트 역사학을 비판하는 거죠. 물론 뉴라이트가 지금처럼 정치화·권력화되지도 않았고 뭔가 미분화된 구석이 있을 때였지만요. 탈민족주의가 정치적 담론으로 화할 가능성이 있다는 걸 알고는 있었지만, 그 중 일부가 극명하게 극우·기득권층의 정치담론으로 견인될 줄은 몰랐잖아요. 그래서 그것을 강하게 비판하지 않으면 안 된다는 생각을 공유했습니다.

『해방 전후사의 재인식』(이하 『재인식』)이란 책이 나오자마자 파장이 되게 컸잖아요. 조중동이 앞장섰고요. 그 책은 어쨌든 역사 인식의 패러다임이 변하고 있다는 걸 보여 준 그런 책인데, 참여한 필자 중에 반은 정치적으로 '뉴라이트'와 관계 없는 분들이잖아요. '탈민족주의'가 정치적으로 어떤 분화를 겪을 수 있는가를 보여 준 징후적인 사례지요. 하여간 처음엔 고민을 좀 하다가 그 책의 효과를 적시하고 타깃으로 삼아야 된다고 결정하게 되었던 듯합니다.

이혜령 저도 『재인식』의 필자이기에 책임회피적인 발언인지는 몰라도, 두 책 다 징후나 현상으로 읽어야 하지 않나 싶어요. 긴박되어 있으면서 벗어나고 싶은 시간의식으로서의 근대에 대해 지금까지 진술하신 것 같아요. 그 다음 질문이 뭐죠?

김수림 말씀하신 문화론적 연구는 근대성 연구 방법에 있어 수렴의 형태를 취하고 있으면서, 한편으로는 90년대 이후에 탈정치적이고 다소 몰정치적인 성격이 있던 문화연구나 풍속사 연구와는 차별적인 입장을 취하고 있는 거 같아요. '대중지성'이란 의제로, '만화가' 김승옥에 대해 쓰신 『혁명과 웃음』(공저, 앨피, 2005)이 선생님의 방향성을 또 한번 집약적으로 보여 준 작업이었다고 생각이 드는데요. 대중지성이라는 용어는 대상과 주체의 차원에서 학문과 지식의 사회성과 정치성에 대한 사고의 필요성을 의제로서 제출하고자 하는 시도였다는 생각이 듭니다.

천정환 질문이 어려워서. 두 가지 질문이 있는 거죠? 하나는 문화론적인 거에 대한 생각이 뭐냐? 문화연구가 뭐냐? 이런 물음이시고, 또 하나는…….

이혜령 대중지성을 제안하시기 전에 선생님의 독자 연구나 풍속사 연구, 매체 연구 등을 두루 포괄하여 '문화론적 연구'라고 명명하신 바 있습니다. 그런데 '대중지성'이라는 용어는 이것과는 조금 다른 맥락이라는 생각이 드는 것 같아서요.

탈경계의 학문

천정환 첫번째는 '문화론적 연구'가 무엇인가 하는 거네요. 한마디로 말하면 '탈-국문학' 연구죠. 이는 꼭 탈민족주의적인 문학 연구를 말하는 건 아니에요. 근대문학은 근본적으로 민족문학·국민문학일 수밖에 없는 것도 사실이고요. 저는 오히려, '국문학 연구'라는 것이 전일적으로 똑같이 제도화되어 있는 현실이 문제라고 봤던 것 같아요. 전국의 대학에서 제일 많은 과 중에 하나인 국문과에서 하나같이 똑같은 걸 배우고 있고, 똑같은 문학사 인식으로 똑같은 작품들을 놓고 똑같은 이야기를 반복하고 있었잖아요. 대학뿐 아니라 중·고등학교도 마찬가지지만요. 이렇게 획일적인 학문이 있을까요? 이건 분명 '민족문학' 그 이상이고, 한국에서 문학 자체가 특권화되어 있는 방식이기도 하겠죠.

2004~2007년 사이에 '문화론적 연구가 무엇인가?'란 문제에 대해 두어 편 글을 썼었어요(「새로운 문학연구와 글쓰기를 위한 시론」, 『민족문학사연구』 제26호, 2004; 「'문화론적 연구'의 현실 인식과 전망」, 『상허학보』 제19집, 2007). 기존 문학 연구나 문학주의에 대해 안티테제 형태로 써서 반비판도 많이 받고 그랬는데. 한마디로 말하면, 제도화된 글쓰기나 연구가 가지고 있는 한계와 그 역사가, 빤히 보이는 것 같은데 거기 머물거나 문제의식을 못 가진다는 게 답답하다는 거였어요. 더구나 문학과 문학 연구의 탈정치화도 심해지는데 말이죠. 그런 게 안 보이면 기득권자거나 '기성'인 거죠. 인문학적 사유 자체나 또 사유주체에게 그런 건 기본적으로 억압이라 느꼈어요. 개인적으로도 글 쓰는 사람의 한 사람으로서, 삶과 공부나 삶과 글쓰기가 어떤 관계를 맺어야 하느냐는 문제의식이었죠.

이혜령 학술운동이 이해 안 되었던 것 같은 그런 답답함을 다르게 느끼신 거네요.

천정환 예. 삶이란 구획이 없는 거잖습니까? 그런데 우리 공부나 글쓰기는 지나치게 격벽 속에 구획되어 있어 숨이 막힌다는 생각을 많이 했어요. '문화론적 연구'가 무엇인가에 대해서 정치하게 대상이나 방법론을 확정하지 않은 상태에서, 문학주의나 기성의 문학 연구에 대해 안티테제를 제출하다 보니 비판도 많이 들었습니다. 하지만 '문화연구'는 일의적인 방법론이 있을 수 없고, 우리 문학 연구는 분명 달라져야 했었습니다.

맞습니다. 저는, '학술운동'이나 '직업으로서의 학문' 같은 말을 기본적으로 잘 이해 못합니다. 학문이나 삶을 구분하거나, 현실과 학문 사이의 넘을 수 없는 경계를 설정하고 그 경계를 학문의 존재근거 자체로 설정하는 논리나 마음의 상태를 인정 못합니다. 어떤 근본주의적 태도나 그와 통하는 '무식함'이 저한테 있다고 생각하셔도 됩니다.

김수림 저는 94년도에 국문과에 들어왔습니다. 그때는 에코가 붐이었어요. 에코의 『스누피에게도 철학은 있다』(조형준 옮김, 새물결, 1994;2005년에 재발간)라는 만화비평서가 나왔을 때, 만화를 두고서도 진지한 인문학적 연구를 할 수 있구나 생각이 들었어요. 그런데 마침 선생님이 『혁명과 웃음』에서 만화가 김승옥에 대해서 조명하셨더라구요. 그게 선생님이 하시는 문화연구가 아닐까 하는데, 4.19세대의 정치성으로 환원되지 않는 것들을 이야기하려고 하셨던 작업 같아요.

천정환 『혁명과 웃음』과 『끝나지 않는 신드롬』(푸른역사, 2005)이 2005년도에 나왔는데, 그거 쓸 때가 글쓰기 자체에 매력을 많이 느끼던 때였던 거 같아요. 그 책들을 쓸 때는 마치 '작가'가 된 느낌도 가졌고 논문을 쓸 때와는 또다른 희열을 느꼈습니다. 잘 모르지만 이른바 '문화적 전환, 언어적 전환'이나 미시사 같은 테제들에 관심이 많이 갔고, 그런 테마로 글을 쓰는 것 자체가 하나의 작품이 되는 상태가 바람직하다고 봤었습니다. 막상 해보고는 정말 어렵다는 걸 알았지만요. 아무튼 인문학자는 다양한 글쓰기가 가능해야죠. '논문 위주' 문화 속에 살아야 하고, 저의 서사나 글쓰기 능력이 별거 아니지만, 여전히 그런 글쓰기에 대한 욕망을 느낍니다. 비평이나 논문이 아닌 글쓰기요.

『혁명과 웃음』은, 음…… 말씀하신 것처럼 김승옥은 한국문학사에서 한 개의 꼭짓점 내지는 결절점으로 되어 있는 작가죠. 그 책을 가능하게 한 만화 자료가 너무 큰 매력이 있었어요. 후배 소개로 자료를 보는 순간, 너무 좋았어요. 김승옥이 그렸다는 것뿐 아니라, 60년 4월혁명에 관해 그만한 1차 자료가 없는 거죠. 4월혁명이 약 400일 만에 좌초하는데, 마치 3.1운동처럼 근대화의 초입에 있었던 혁명이자 지도되지 않은 실패한 혁명이었지요. 그러면서도 문화적으로는 완전히 새로운 시대를 연 혁명이었고요. 그런 혁명의 승리와 좌절이 어떻게 젊고 예민한, 예술가가 되려고 하는 젊고 순결한 정신에 투영이 됐는가를 보는 건 흥분 자체였어요. 그때 글쓰기는 흔히 하는 말로 자료가 쓴 거죠.

<u>이혜령</u> 『대중지성의 시대』(푸른역사, 2008)에 대해서도 말씀해 주세요.

<u>천정환</u> 저는 『근대의 책 읽기』(푸른역사, 2003) 때부터 지식의 문화사에 관심이 많았고 집합지성이나 대중지성이란 명제에 경도되어 있습니다. 민중사를 다른 각도에서 서술하는 데에도 관심이 있고요. 최근에 했던 3.1운동에 관한 발표(「소문·방문·신문·격문」, 동국대 한국문학연구소, 『한국문학연구』, 제36집, 2009)도 좀, 그런 내용을 품고 있거든요. 3.1운동의 참가자들 중에 문맹자들이 상당히 많았는데, 어떤 네트워크와 앎으로 목숨을 건 운동에 참가했는가가 관심입니다. 운동참가자 중에서 일제의 법정에서 처벌받은 사람들의 심문조서를 읽었는데요. 농촌의 생활세계에서 살던 무지렁이 농민들

이 일제의 법정이라는 전혀 다른 표상 공간에 끌려 나와서 하는 진술이 흥미로웠습니다. 거기 가장 많이 나오는 진술이 "私は無識で何も知らない"(나는 무식해서 아무것도 모른다)입니다.

일제의 판사나 심문관은 일일이 조선 농민들한테 물어봅니다. 그들도 궁금했겠죠. 무식하고 정치적으로 소외된 시골 무지렁이가 왜 목숨을 걸고 '독립만세'를 외치고 시위에 나섰는지. "독립이 뭐라고 생각하느냐"는 물음에 농민들은 "난 무식해서 모른다", "독립이 뭔지 모른다", "누군가 마을 사람이 하자고 해서, 또 시켜서 그랬다"고 합니다. 심지어 일본인 고리대금업자를 죽이거나 순사를 돌로 때려죽인 사건에 연루된 농민도 그렇게 말합니다. 나는 "무식해서 모른다", 이런 말은 한편으로는 분명 혐의를 피하기 위한 변명이고 알리바이입니다.

그런데 실제로 무식한 사람도 많아서 이름을 쓸 줄 모르는 사람들도 나옵니다. 어쨌든 그런 '무식의 알리바이'란, 대다수 민중들이 가진 실제적인 정치의식과는 무관하게 그들이 실제로 정치적 무책임과 비가시성의 세계에 산다는 당시 지배자 쪽의 상식을 역이용한 걸로 보입니다. 동학농민전쟁 때는 반대의 경우가 있었다지요. 농민군에 가담한 걸로 의심을 받은 유식자들이 "나는 유식자기 때문에 동학 같은 데 가담 안 한다"고요. 물론 민중을 정치적 무책임과 비가시적 세계에 가둬 놓은 건 조선왕조와 그 뒤를 이은 일제 통치죠. 그래서 어떻게 말하면 이 논문은 '무식'과 그 정치성에 대한 연구입니다. 일반적인 문학 연구나 지성사 연구는 자기도 모르는 사이에, 극소수의 '유식자'가 활자로 남겨 둔 것을 문화 전체로 간주합니다. 저는 그런 관점이 잘못된 것이라 생각해요. 수많은 민중이 역사의 주체라면요. 그런데 이런 연구는 방법론이나 범례를 찾기가 쉽지 않은 듯합니다.

이혜령 이 논의와 '대중지성'이 관련이 있을 것 같은데요.

대중지성, 무식자의 유식에 대하여

천정환 예, 맞습니다. 그런 관심의 연장선상에 있고요. 그러면 정치와 권력에서 배제된 그들이 진짜 무식했는가? 아까 그 3.1운동 논문으로 말씀드려 볼게요. 경기도 안성에서 일어난 시위에서 주동자 역할을 한 혐의를 받은 스물두 살 먹은 청년 이야긴데 조서에 나오는 인물입니다. 이 사람은 신식 보통학교도 나오고, 서울에 국장(國葬)을 보러 갔다 왔어요. 심문자한테 사람들을 선동하는 연설을 했다는 사실에 대해 추궁당하는데 극구 부인을 하면서, 뭐라 하냐면 자기보다는 같은 마을에 사는 열일곱 살짜리 이 모라는 다른 애가 있는데 "사실은 걔가 나보다 더 유식하다"고 합니다. 떠넘기기일지도 모르겠지만, 진짜일 수도 있죠. 다시 판사가 "이 모는 서당에서 한학을 4년 공부한 것밖에 없는데, 이 모가 너보다 유식하다는 게 말이 되느냐? 너는 마을의 유식자에 속한다"라고 따져 묻습니다. 판사의 말이 당대의 유식/무식에 대한 지배적인 상(像)이죠.

일본인 판사는 이미 조선인들이 어떤 지적 위계구조에 사는지 대충 알고 있을 거고, 그 문답은 1919년 8월 공판에서 나온 이야기입니다. 판사는 신식 보통학교 5년 나와서 일어도 알아듣는 20대가 서당 몇 년 다닌 열일곱 살짜리보다는 훨씬 유식할 것이라는 상을 갖고 있습니다. 그러나 실제로 어느 쪽이 진짜 유식하고 내공이 있는지는 모르는 거죠. 아마 둘이 같이 술도 먹고 이야기도 해봤겠죠. 학교 공부나 학력이 다가 아니고, 삶이나 세상에 대한 내공이나 식견이 더 높은 사람도 있을 수 있죠. 제도화된 학제와 학력이 앎과 앎 문화의 '모든 것'일 때는 물론, 학교를 다닌 사람이 유식할 가능성이 높습니다. 하지만 1919년은 제도화된 근대 학제와 학력 이전의 세계와 '서당'의 세계가 거기 함께 있는 겁니다. 마치 일인 판사처럼 우리는 그런 세계를 모르면서 그런 세계를 재단하고 있는 거죠. 그런 데 관심이 있고요. 『대중지성의 시대』에서는 그런 문제의식까지 포함해서 '대중지성'이라는 말로 오늘에 이르기까지의 앎의 문화사를 요약해 보고 싶다는 생각이었습니다.

이혜령 그 용어는 계속 쓰실 생각이 있으신가요?

천정환 여전히 고민이지만요. 그 자체로 '역설'로 뵈는 이 제목을 선택할 때 따르는 위험도 물론 생각했었습니다. 만약에 '대중지성' 대신 '집합지성'이나 '다중지성'의 시대라고 썼으면 어떤 효과가 났을까? 그렇게 선택할 수밖에 없는 제 자신의 작은 이유들이 있었는데, 아무튼 '대중지성'이라는 말은 이 책이 별로 호응을 못 받은 중요한 이유가 된 거 같아요. 왜냐면 일단 한국 먹물들은 '대중'과 '지성'이라는 말이 결합하는 것 자체가 어불성설이라 생각하고, 마치 대중의 비지성과 맹목이야말로, 자신의 존재근거이자 '진리'인 양 생각합니다. 계몽주의나 우월의식은 모든 '먹물'들이나 '운동권'에게 암처럼 뿌리 깊은 것이죠. 그저께인가 제가 친하게 지내는 어떤 학부생이 『대중지성의 시대』를 읽고 이메일로 독후감을 적어 보냈어요. "재밌게 읽었습니다만 이런 점이 문제인 것 같습니다"라고 하는 말인즉, 자기가 볼 때 학부생들은 '굉장히 무식한 면도 많다', 그래서 '대중지성'이란 말이 명제로 성립하지 않는 게 아닌가 한다는 겁니다. 그게 제일 그렇게 안 읽었으면 하는 방식으로 책을 읽은 거라 생각합니다. 그러니까 제가 말한 건 '대중 대 지식인'이라는 구도가 불변의 진리가 아니고, 또한 '니가 대중이고 내가 대중'이라는 뜻인데, 학부 4학년인 그 친구는 이미 자신을 제외한 타인들을 대중으로 설정하는 방식의 사고에 물든 겁니다. KBS의 책 소개 프로그램에 이 책이 나왔을 때도 그런 오독이 있어서 후회를 좀 했습니다. 어쩌면 차라리 제 용어법이 오히려 '대중 대 지식인'의 구도를 그런 독자들의 머릿속에 환기하고 부추기는 게 아닌가 하는 생각도 해봤습니다.

이혜령 어디나 앎의 위계가 있다는 식으로 반응을 한 거네요.

천정환 '대중'이라는 근대적인 명명법 자체를 다르게 생각해 보자는 제안이 주요한데, 그런 시도가 책을 통해 충분히 읽히지 않는 모양입니다.

김수림 그럼에도 여러 가지 선택기준 중에서 대중이라는 용어를 선택한 것에는 무식에서 유식으로 전환되는 ── 무지에서 앎으로 나아가는 전환의, 혹은 앎인지 무지인지 애매모호한 지식의 회색지대라고 해야 하나요? ── 부분들을 근대 자본주의 국가와 사회 안에서 어떤 특정 매체들의 형성과 그 폭발력 안에서 형성된 대중이란 어떤 존재와 매칭시켜 가면서 계속 얘기를 해오셨고 또 그러고 싶으신 생각이 있으신 거라고 받아들여지는데요.

이혜령 저는 선생님의 그 용어에 대해 여러 차례 고민을 해봤어요. 그 용어가 주체성, 주체 형성을 다르게 제안한 게 아닌가 해요. '계급'이 노동을 핵심으로 한 생산관계 속에서 형성된 주체 형성을 이야기하는 개념이라면, '대중지성'은 앎의 과정을 통해 주체 형성을 보자는 이야기인 것 같아요. 대중이나 지성이라는 말이 명사이기도 하고, 동사적 의미에서 쓰이듯이. 그래서 오히려 선생님이 '너도 대중이고 나도 대중이다'라는 식으로 설명하지 않으시면 좋겠다는 생각이에요. 3.1운동 관련 논문은 지식의 가치, 앎의 과정에 대한 가치의 문제를 획일적 기준으로 판단한다든가 제도화된 과정과 등급의 문제로 본다면 영원히 비가시성의 세계에 있었을 것들이었지만, 그들 나름대로의 앎에 의한 주체화 과정이 있었다는 말씀이겠죠?

천정환 '너도 대중이고 나도 대중이다'는 말은 역으로 '너도 식자이고 나도 식자이다. 그래서 우리가 연대해야 한다'는 아이디어를 깔고 있는 겁니다. 이혜령 선생님도 관심 깊으신 '지적 격차의 문화사'를 생각할 때 근대 초기의 상황은 정말 다이나믹하고, 『대중지성의 시대』 후반부도 이를 사고의 대상으로 삼은 것입니다. 예를 들면 3.1운동 이후에 서당이 급격하게 줄어들고 일제가 관장한 제도교육이 헤게모니를 갖게 된 과정이 공식적인 '교육사'입니다. 제도교육은 반드시 돈과 권력으로부터의 인정을 필요로 합니다. 이에 대해 조선 민중은 야학이나 독서회 같은 다른, 그리고 자생적인 '대항 교육'을 설치한 겁니다. 이런 과정이 20세기 이후 계속 반복돼 왔습니다.

20세기 초 앎의 분배 구조를 지금의 눈으로 이해하기가 쉽지 않습니다. 역시 앞의 논문에 든 사례지만, 12년차 된 신자로 천도교 가평교구장으로 일한 사람이 있습니다. 이 사람은 3.1운동 이후 천도교의 자금모금 문제 때문에 헌병대에 가서 수사를 받는데, 영수증 철을 가지고 왔어요. 그런데 그 안에 편지 2통이 있었는데, 각각의 내용을 보니 손병희와 천도교 고위 관계자가 천도교의 정치활동에 대해 신도들에게 내린 편지였던 거죠. 그래서 헌병이 이 편지가 뭐냐고 다그쳤는데, 그 사람은 자기는 문맹이라서 이 편지가 무슨 내용인지 모른다고 합니다. 수사관이 니가 교구장이나 되고, 한문도 좀 알고 할 것인데, 그런 거짓말을 하지 말라고 얘기를 하거든요. 근데 막 우기는 거죠. "난 진짜 모른다." 그 편지는 들고 오면 안 되는 건데 진짜 문맹이었기 때문에 그 편지를 갖고 온 건지, 왜 보관을 하고 있었는지 알 수 없습니다.

이혜령 아니면 자기가 문맹임을 증거하기 위한 고도의 전략일 수 있죠.

김항 아니면 대대손손 자랑하려고 그런 것 아니었을까요?

천정환 그럴 수도 있지요(웃음). 한데 그 당시 정세에서 손병희가 내린 편지를 들고 헌병대에 출두한다는 게 자기한테 불리한 증거를 갖고 온 거잖아요. 그러면 문맹이 맞습니다. 한데 천도교 교구장이나 되고 활발하게 활동한 사람이에요. 행사가 있으면 서울에 왔다갔다 하고, 다른 교인들 돈도 모으고 하는데, 문맹이면 가능한가.

이혜령 돈을 얼마 모았다 계산도 해야 되고…….

천정환 그래서 천도교 공부하시는 분들에게 물어도 잘 모르겠다 말씀하시는데…….

이혜령 그런데 가능했을 것 같은데요. 혼자서 일하는 게 아니고, 얘기를 들으니까……. 사실 그때 오히려 훨씬 더 활발한 커뮤니케이션 방법은 모여서 얘기를 듣는 거였던 거 같아요.

천정환 예, 그렇죠. 문자문화의 헤게모니가 완전히 확립된 세계에서만 살고 생각하는 우리가 알 수 없는 세계가 있는 거죠. 문맹의 차원이든 구술문화든 앎의 층위가 복잡했던 거죠. 또 그걸 메우는 방법도 여러 가지였을 듯하고요. 근데 이런 문제에 대해서는 별로 연구가 되어 있지 않습니다. 일제시대에서는 한자를 알아야 행세할 수도 있었고, 또 일본어를 읽을 수 있어야 문명인입니다. 한글은 또 다른 층위에 있었고요.

단지 구술문화의 세계에서 문자문화의 세계로 가는 것이 아니라, 일본어·한문, 그리고 영어도 읽을 수 있어야 '지'의 권력을 누릴 수 있는 세계로 되는 것이고, "어디를 졸업했냐? 학교를 몇 년 다녔냐?"는 것이 정체성의 표지가 되는 세계가 20세기 초에 도래한 겁니다. 그전에 대다수 민중들은,

비단 조선에서뿐 아니라, 그런 세계에 살지 않았던 겁니다. 그러나 3.1운동 이후 그런 제도의 힘이 전일화(?)되고 새로운 주체성과 불평등의 양식이 출현합니다. 어떻게 보면 민중도 거기 인입돼 가는 방향으로 사회가 변해 가는 거고요. 또, 그럼에도 불구하고 제국주의 교육이든 자본주의 교육이든 그게 다 압착하지 못하는 앎의 세계 같은 게 만들어지고, 그 앎의 세계가 기성의 제도와 지배구조를 천년만년 유지하지 못하게 만드는 힘으로 작동해 왔겠지요. 그런 데에 대한 관심이 『대중지성의 시대』입니다.

이혜령 선생님 얘기는 앎의 세계는 인간이 살아가는 세계라 해도 무방한데, 선생님이 그 세계를 드러내려 할 때 중요하게 사용하는 것은 텍스트만은 아닌 것 같아요. 4.19, 해방기, 이제 3.1운동…… 어떤 차원에서는 앎 자체가 다양한 커뮤니케이션 방식으로 산출되는 양상이 드러나는 역사적 시점에 주목하고 계신 것 같아요. 특히 인간의 신체가 어디로 이동하는가, 누구와 접촉하는가 등이 총체적으로 결합된 사태라고나 할까요? 앎이 무엇을 매개로 해서 나오는가? 3.1운동은 선생님이 보여 주신 것처럼 굉장히 다양한 차원에서의 앎의 전파를 보여 주는 것이죠. 이 문서가 이 사람을 증명해 주는 것도 아니고, 말이 증명해 주는 것도 아니고, 학식이 증명해 주는 것도 아닌 그런 세계가 선생님께는 흥미로운 것 같습니다.

천정환 예. 6월항쟁 세대라 그런지 몰라도 혁명이 일어나는 순간, 역사와 절대 변할 것 같지 않고 철옹성 같은 지배권력이나 일상이 어느 순간 바뀌는 그런 순간이 뭘까, 또 그런 힘은 궁극적으로 어떻게 마련되는가 하는 데 대한 관심을 갖고 있습니다.

물론 패권국가의 힘이나 자본의 의도 같은 것이 언제나 배후에서 움직이고 있다는 것도 압니다. 하지만, 결코 그런 데에 환원되지 않는 인간 드라마의 버라이어티가 동학농민전쟁, 3.1운동, 4.19, 5.18, 그리고 80년대에 펼쳐져 있습니다. 그런 때는 사람들이 '제정신'을 잃기도 하고 목숨을 걸기도 합니다. 자기보존 욕망 같은 걸 다른 것으로 대체를 해버리고, 하찮은 소시민도 혁명에 나서는 위대한 인간이 됩니다. '빵과 자유'지요. 이 '자유'는 단지 이데올로기가 아니고 인간의 원초적인 조건이나 공동성에 관련됩니다.

김수림 최근 연구들이 기존의 문학 연구의 한계성이나 비판적인 태도들을 함축하고 있는 거라는 생각이 드는데, 『혁명과 웃음』 같은 작업을 저는 새로운 방식의 4.19세대 비판이라고 생각을 하거든요. 4.19세대의 대표적인 감수성 혁명이라고 명명했던 김승옥이라는 작가를 "사실, 얘는 만화가였어"라는 식으로 문학사의 내러티브 자체를 내파해 버리는 작업이란 면이 흥미로웠습니다. 삶의 영역에서 끊임없이 경험하고, 앎을 얻으려고 하고, 목숨을 내던지기까지 하는 주체의 형성 과정은 문학 연구에서도 이루어진 바가 있습니다. 그럼에도 문학 연구와 문화연구의 차이를 만들어 내면서 하신 이유가 무엇인지요?

천정환 글쎄요. '4.19세대 비판'이라고까지 생각해 본 적은 없는데, 아무튼 문학주의가 문학 연구와 문학을 협애한 경계 내부에 우리의 시야와 역사를 가둬 버린 데 대한 불만은 좀 많았지요. 그러나 요새는 생각이 약간은 바뀌었습니다. 자본의 요구 때문이든 어쩔 수 없는 시세 때문이든 현실의 문학주의도 몸을 변화시키고 있는 듯합니다. 그리고 그동안의 노력으로 문학사에 대한 연구자들의 상도 변했습니다. 문학 연구도 열심히 해야 되지 않겠습니까? 문학주의에 대한 비판에 대한 반비판 중에서 이미 힘을 잃은 상대에게 왜 그리 주먹을 날리느냐는 지적이 있었는데 맞다고 생각합니다. 우리는 문자문화의 힘이 전일화된 상태에서 공부해 왔고 여전히 그런 힘은 분명히 남아 있습니다. 그 속에서 문학이란 표현 형태가 가지고 있는 특권은 있죠. 그걸 무시하기는 어렵겠죠.

'문화론적 문학 연구'라 했을 때는, 기존의 문학사가 대상이 되면서 기성의 정전도 해체하고, 젠더나 소수자의 관점으로 새롭게 문학사를 바라보고, 대중문학이라든지 또는 다른 문학적 표현형태도 다루자는 의미였지요. 그러나 두번째 단계에서 '문화론적 연구'라고 말했을 때는 문학의 지위를 상대화시키고 관점을 역사와 의식형태, 그리고 지식의 차원으로 확장한 것입니다. 문학 연구뿐 아니라 '문화연구'라는 학제, 컬처럴 스터디즈(cultural studies)나 '문화주의'라는 명목에서도 자유로운, 글쓰기와 대상 그리고 방법이요.

그냥 연구이고 글쓰기지, 어딘가의 학제에 귀속될 수 없는, 그러나 자유롭고 현실에 기여하며 학적으로 가치 있는 연구를 하자는 아이디어도 있습니다. 이런 아이디어가 어디까지 인정받을지는 모르지만, 기성 학제나 '학제간' 연구를 넘고, 더 급진적인 어딘가로 나가는 겁니다. '문화론적 문학 연구'는 분명 출발점이고 또 지나온 데고 계속 영향을 미칠 수밖에 없겠지만, 그 자체가 목적지가 아닌 거라는 겁니다. 물론 누군가는 그런 '연구'들의 의식이나 대상, 타 영역과의 관계와 방법론에 대해 위치 짓고 의미 짓는 작업을 해줘야겠지만요.

운동이 필요하다

김항 90년대 이후에 제도적인 측면에서 가장 두드러지는 용어라고 하면은 '학제적'(interdisciplinary)이란 말이죠. 그런데 한국에서의 학제적 연구를 돌이켜 보면 "학제 연구하자"라는 말이 나오면서 학과가 오히려 중시되었다, 라는 거죠. 역설이 있는 거 같아요. 역사학하고 문학하고 같이 해야 하니까 문학 연구에서 누구 뽑아오자, 역사학에서 누구 뽑아오자 이러니까 점점 더 과의 신원이 중요해진다는 거죠. 한 테이블에 문학자와 역사학자가 모이는 게 학제 연구지, 역사학과 문학을 같이 하는 게 학제 연구가 아닌 게 되는 거죠. 역사학의 패러다임을 문학의 패러다임에 들어가서 변화를 시키거나 그 역이 된다거나 이런 작업들은 별로 없었던 것 같은데, 그런 의미에서 국문과는 앞서 나갔던 거 같아요. 천정환 선생님 작업이 그런 것이었다는 생각을 합니다. 그런 의미에서 선생님이 학제 연구의 하나의 가능한 형태를 보여 주신 것 같습니다. 그렇다면 제가 질문하고 싶은 것은 제도적인 겁니다. 예를 들어서 선생님께서 재직하고 계신 대학에서 사람을 뽑을 때, 그런 테마를 가진 사람을 뽑을 수 있냐, 그렇게 뽑을 가능성이 있냐는 거죠.

이혜령 아마도 학과 안에서 뽑는 형태인 거겠죠.

김항 어떻게 보면 선생님이 하고 계신 작업이 제도화될 수 있는 전망들에 대한 상을 그리고 계신지요?

천정환 그렇죠. 이야기가 옆으로 새는 건지도 모르지만, 일본이나 미국에서 어떻게 하고 있는가가 궁금해지기도 합니다. 예를 들면 도쿄대 종합문화학과를 문화연구 제도화의 가능태로 들 수 있겠죠. 얼마 전에 거기서 공부한 이효덕 선생의 『표상공간의 근대』(박성관 옮김, 소명출판, 2002)를 다시 볼 기회가 있었는데, 대단한 '종횡사해'더라고요. 그 힘이 본인의 내공이 높아서 가능했겠지만, 그것을 뒷받침한 제도의 힘도 당연히 있을 거라는 생각도 합니다. 한국에서는 아직 좀 갑갑하죠. '문화학과'나 '문화연구' 전공의 설치 같은 제도화까지는 아니더라도 연구자나 글쓰기 단위에서는 그런 연구가 더 많이 나와야 한다고 생각합니다. 논문은 물론 점점 더 많아지고 있고, 책도 계속 나오고 있죠. 그런데 여전히, 정말 여전히, 과라는 체계 외에는 생각하지 못하는 분들도 굉장히 많은 듯합니다.

국문학과에서 왜 그런 논문을 쓰느냐, 국문과 교수가 왜 그런 주제로 글을 쓰냐는 식의 물음이나 사고방식이 여전합니다. 젊은 사람 중에도 그런 물음을 던지는 사람들이 있어서 가끔 저를 깜짝 놀라게 합니다. 한편으로는 기득권의 작용일 거고, 한편으로는 비록 이 제도가 50년이 채 안 됐지만 아주 강한 의미의 실정성이 있어서 사람들의 머리를 여전히 지배하고 있기 때문이겠죠.

이를테면 교수를 뽑을 때, '전공합치성' 같은 평가요소가 있지 않습니까? 그런 요소를 악용해서, 새롭거나 융합적인 연구를 하는 사람을 배제할 수 있습니다. 아주 치명적인 요소인데, 임용심사에서 심사자가 주관적으로 점수를 매길 수 있는 항목들이 있거든요. 예를 들면 자기 맘에 안 드는 누군가가 지원했는데, 마침 논문이 '학제'로부터 좀 벗어나는 거면 바로 전공합치성에다 0점을 줄 수 있는 거죠. 그런 구조가 여전히 있기 때문에 문제는 단지 과를 설치하거나 하는 문제만은 아니라는 거지요.

이혜령 이 문제는 재생산과 관련된 문제잖아요. 지금까지 진행되어 온 연구 경향들을 전수할 만한 방법론으로, 매뉴얼로, 커리큘럼으로 만들어 낼 수 있느냐. 이것을 얼마나 정착시킬 수 있는가, 다음 세대의 연구자들의 재생산을 가능하게 만들 수 있는가, 장기적인 전망에는 이런 문제와도 관련이 있죠.

천정환 맞습니다. 그러니까 예를 들면 HK·BK라는 제도가 과 차원에서는 아직 안 되는 것들을 벌충하는 측면이 있는 거잖아요. HK·BK가 학문 재생산의 중요한 동력이 되어 있는데, 아직은 '제도'를 창출해서 바뀐 경향을 물질로 바꿔 내는 데에는 한계가 있습니다. 동시에 기성의 과 체계가 할 수 있는 것의 한계도 뚜렷하고요. 과 이름 같은 것은 어떤 데서는 자주 바뀌기도 하지만 어떤 데서는 매우 바뀌기 어렵습니다. 큰 내·외적 변동을 겪어야 가능한 일이죠. 그런 이름이란 것이 그야말로 실정의 이름, 실정의 명목이기 때문에 그런 것 같습니다. 함께 가는 수밖에 없죠. 이미 전공 분야에서 학위를 받은 박사들은 융합적인 연구를 해야 하는데, 그들의 과거와 미래는 과 단위에서 결정되는 뭔가 모순적인 결합 방식으로 몇 년은 갈 것 같습니다. 고등교육의 체계와 미래를 걱정하는 사람들의 힘이 중요할 수밖에 없습니다. 말단의, 개별적인 교수들은 별로 힘이 없지요. 이 변화를 다 예측하기 어려운데요, 분명 과 체계도 변화에 휩쓸리지 않을 수는 없겠죠. 한국에서도 변화가 일어나고 있죠. 성균관대 경우에는 인문·사회·자연대를 합친 '문리대'(文理大)를 만든답니다. 버클리대의 'Letters & Science'가 모델이라나요. '융·복합'은 분명 더 번져 갈 것이기 때문에, 기존의 학과 체계는 여전히 유동적인 상황에 놓이게 될 것 같습니다.

김항 한국에서도 선생님이 말씀하신 것처럼 제도적 측면의 변화는 컸다고 봅니다. 그런데 중요한 것은 과연 글쓰기 방식이 변했느냐. 저는 천정환 선생님 글들을 그렇게 많이 보진 않았지만 짧은 글들, 예를 들어 『연대 대학원 신문』에서 쓰셨던 글들이나 아니면 얼마 전에 대중지성에 관련해서 쓰셨던 글들이나 이런 것들을 보면서 글쓰기 방식을 많이 변화시킨 분 중 하나라고 느끼고 있습니다. 그것은 제도적 측면들과 맞닿아 있다고 생각하구요. 그리고 변화된 글쓰기와 변화된 제도라는 게 상호규정력을 가지면서 나아가지 않으면 생산적으로 기능하지 못할 것 같습니다. 선생님처럼 일종의 성공적인 케이스도 있지만 어떻게 보면 수도 없이 쓰인 저 하드커버의 커피 받침대들이 보여 주고 있는 글쓰기가 제 생각에는 그렇게 새로운 글쓰기로 가고 있느냐가 의심이 많이 든다는 거죠. 아까 선생님 말씀드렸듯이 소재는 굉장히 풍부해졌는데 글쓰기 방식은 항상 똑같은 것같이 느껴집니다.

천정환 글쓰기 방법을 바꾸는 게 어떻게 가능할까요? 예를 들면 저는 학교에서 지도교수 역할을 하는데, 석사논문 쓰기 때문에 늘 고민하는 학생들을 많이 봅니다. 어떤 때는 농담합니다. 석사논문 쓰기 쉬운 거 아니냐. 석사논문의 다분히 일률적인 체계란 것, 연구사 검토와 문제제기, 방법론 그렇게 서론 쓰고, 본론 내용 채우고 결론 요약해서 쓰고. 그러면 학생들이 너무 하는 거 아니냐고 하죠(웃음). 그러나 그렇게 하는 것도 학생들로서는 어렵겠죠. 그것이 일률성을 갖고 있다 느끼면서도 '훈련으로서의 학제'는 필요하다는 생각을 선생으로서 하게 된다는 겁니다. 그야말로 '디시플린'이죠. 학술적인 글쓰기를 연습해야 되고, 그로부터 기본을 닦아 자유롭고 좋은 글을 쓸 수 있다는 식으로 생각하게 돼요. 저도 모르게 뭔가 고루해진 걸까요? 그러나 처음부터 잘하는 학생은 드무니까요. 그런 식의 글쓰기밖에 없다거나 누구나 그렇게 글을 써야 한다고 믿는 건 아니지만, 나도 모르게 '규범'으로 억누르게 된다는 딜레마를 느낍니다. 3단 구성이나 목차 짜는 방법 같은 것에 대해서요. 그래서 그 디시플린을 다양화하고 대안적인 방법으로 개발하는 데 노력을 투여해야 할 듯한데, 저 혼자 생각한다 해서 되는 일도 아니지요.

이혜령 김항 선생님 애기는 우리가 '지각변동'이라고 애기했던 글쓰기가 그 내용이나 양태 모두 제도를 변화시키에는 역부족이 아니었던가 하는 거죠?

김항 그렇죠. 거의 그런 질문이죠.

이혜령 오히려 제도를 육박해 들어갈 만큼의 성과가 새로운 글쓰기 방식이나 패러다임의 차원에서는 예외적인 몇 명을 빼놓고는 없었던 것이 아닌가 그런 말씀이신가요?

김항 그렇죠. 그게 단번에 예를 들어서 제 개인적인 이야기지만 제가 이효덕 선생님하고 똑같이 도쿄대 종합문화학과의 표상문화론 전공 출신이고, 이효덕 선생이 제 박사논문 심사위원 중 한 분이셨는데, 저한테 뭐라고 그랬냐면 "이런 박사논문 처음 봤다. 왜 첫머리가 소설 인용이냐" 하시더라구요.

천정환 본인 논문은 '그림'에 관한 논의부터 시작했으면서……(웃음).

이혜령 속기록도 나오죠?(웃음)

김항 물론 디시플린 차원의 문제도 있지만 일상적인 강의라든가 세미나의 차원에서 얼마만큼 서로가 소통할 수 있고, 저 사람은 사상사를 하니까, 문학을 하니까, 라는 형태의 벽이 얼마만큼 낮춰져 있을까요? 지금, 이 사람들의 글 사이에서, 과연. 저는 그런 걸 잘 못 느끼겠다는 게 솔직한 심정이거든요.

천정환 이건 말씀을 듣고 좀 논의를 비약하는 거지만, 사실은 운동이 필요하죠. 새로운 인문학운동이든, 글쓰기운동이든. 벌써 학단협이 20년, 학진이 10년 넘지 않았습니까? 한편으로는 학진 시스템이 갖고 있는 양가적인 측면들 가운데서 문제 있는 부분을 교정해야 되는 힘이 되어야겠죠. 어떤 분들은 더 급진적으로 학진 시스템을 없애야 한다는 말씀도 하시던데 불가능하지요. 합의를 이끌 만한 단위가 없으니까요.

이혜령 등재지 시스템을 없애자는 이야기가 아니었던가요?

천정환 사실 제도의 '경계를 넘자'는 말이나 대학 제도의 문제를 지적하는 이야기는 말 자체로는 이미 충분하지요. 학진 시스템에 대한 비판도 새로운 이야기가 더 나오기 어렵고요. 외중에 시스템은 그 자체가 '현실'이 되어 우리 의식과 후배 연구자들을 모두 지배하는, 어쩔 수 없는 무엇이고요. 그렇기 때문에, 뭔가 대안을 제시하고 보여 줘야 되고, 대안적 방식에 관련된 매뉴얼도 만들어야 됩니다. 이런 것들을 포함해서 뭔가 운동이 필요합니다. 그런 의미에서 이 책을 만드는 두 분의 작업이 중요한 것 같습니다. 선생님들이 비교적 골고루 진보적인 학자들을 만날 것 같은데 인문학의 '지각변동, 동역학'을 계속 점검하고 대안을 만들어 제안하는 작업이 필요하지요.

김항 그런 의미에서 제일 처음 얘기로 돌아가서 91년도까지의 운동권 언설이야말로 대한민국에서 가장 학제적인 언설이었던 거잖아요. 운동권의 담론 체계야말로.

천정환 아까 제가 말씀드린 게 그런 거죠.

김항 근데 이게 없어지고 동력을 상실했죠.

이혜령 게토들이 견고해진 거죠. 다른 데를 넘볼 필요가 없어졌죠.

김항 어떻게 보면 시대가 변했다는 건 정운영 선생 같은 지식인은 이제 못 나올 거라는 이야기가 되겠죠.

이혜령 그래서 저는 솔직히 『대중지성의 시대』를 읽고 묘한 느낌이 들었어요. 한편으로는 70~80년대가 양성해 온, 아니 그때 출현하고 본격적으로 가시화된 그런 전통적인 지식인상을 선생님께서 구현하고 있다는 느낌을 받고는 했어요.

천정환 무슨 말씀인지 알겠습니다.

이혜령 한편으로는 '80년대적이셔' 하는 느낌이 들어요.

천정환 그럴 수밖에 없는 양가성을 느끼고 있습니다. '마중물'론 같은 것도 있더라고요. 저는 그런 논리보다는 제가 훨씬 탈80년대적이라 생각하고 있습니다. 제 체질이 좀 그렇다고 느낍니다. 늘 점잖은 척하는 걸 요구하는 문화 속에 있지만요(웃음).

김항 선생님, 이제 공식적인 인터뷰는 이 정도로 마쳐야 할 것 같습니다.

ko

13 진태원
맑스주의의 전화와
현재적 과제

진태원은 연세대 철학과 동대학원을 졸업하고 서울대 철학과에서 스피노자 연구로 박사학위를 받았다. 현재 고려대 민족문화연구원 HK연구교수로 재직 중이며, 그린비출판사의 '프리즘 총서' 책임기획을 맡고 있기도 하다. 저서로 『서양근대철학』(공저, 2001), 『라깡의 재탄생』(공저, 2002) 등이 있고, 『에코그라피』(공역, 2002), 『법의 힘』(2004), 『마르크스의 유령들』(2007), 『헤겔 또는 스피노자』(2010) 등을 번역했다.

90년대 초반, 알튀세르의 '이론적 반인간주의'와 '인식론적 절단'은 맑스주의 철학을 공부하는 사람들에게 필수 개념이었다. 알튀세르라는 이름을 통해, 한국 맑스주의는 그간 전개해 온 개념과 용어, 전제의 한계를 명확히 인식하고, 그 전화를 위해 어떤 작업이 요청되는지 목록화할 수 있었다. 진태원은 이 역사화를 위해 묵묵히 외롭게 고군분투해 온 연구자이다. 그의 알튀세르 해석은 단순한 주석이나 훈고학에 그치지 않는다. 맑스주의와 포스트 담론의 가교를 어떻게 마련할 것인지를 고민하는 이 철학자에게 알튀세르 해석이란 그 교량 건설의 기초공사이기 때문이다.

진태원은 특유의 침착함으로 담담하게 이야기를 풀어 냈다. 마치 한국 맑스주의와 철학을 역사화하는 데 개인적 소회나 감상은 없다는 듯. 그렇지만 변혁과 진보를 위한 철학을 역사화하는 작업에 착수한 이에게 열정이 없을 리 만무하다. 그래서 인터뷰 내용도 내용이지만 어느 지점에서 진태원이 뜨거워지는지를 주의 깊게 살펴보려 했다. 그런데, 글쎄, 어디서 뜨거워졌던 것일까? 좀처럼 그 지점을 찾을 길이 없었고, 또 인터뷰를 끝내고도 솔직히 잘 모르겠다. 그러나 너무나도 뜨거워 사소한 차이에도 서로 반목하고 힐난하던 한국 맑스주의의 역사를 감안해 보면 그의 담담함과 침착함은 하나의 강렬한 미덕이자 열정이 아닐까? '주체화'라는 커다란 문제설정 속에서 맑스주의와 포스트 담론을 가교하려는 이 철학자는 그렇게 고요하게, 그러나 아주 강렬하게 '이론적 개입'을 실천하고 있었다.

맑스주의의 위기와 포스트주의

김항 지난 20년간 한국 인문·사회과학 연구를 생각해 보면, 현실 사회주의권의 붕괴로 인한 맑스주의의 퇴조, 서양 현대철학의 유입, 문화연구나 페미니즘 등의 새로운 시각, 민족주의 비판 등 이전과는 다른 패러다임이 등장하여 인간관이나 공동체관이나 제도관 자체가 변화했다고 총괄할 수 있을 것 같습니다. 이런 변화에 대해 진태원 선생님께서는 어떤 식으로 평가하시는지 먼저 말씀해 주시면 감사하겠습니다.

진태원 20년 동안 제일 중요한 변화라면 맑스주의가 실추했다는 점을 들 수 있겠죠. 70~80년대, 특히 80년대 한국 인문·사회과학의 가장 주요한 성과를 맑스주의의 복원이라고 할 수 있다면, 이건 상당히 역설적인 현상입니다. 그 시기 유럽이나 다른 나라에서는 맑스주의의 실추가 너무 명백하고 "사회주의가 얼마 안 남았다. 사회주의가 더 이상 지속될 수 없을 것이다"라는 이야기를 많이 했기 때문이죠. 70년대 말~80년대 초에 이미 기정사실화됐던 일들인데, 80년대에 한국에서 맑스주의의 복원이 중요한 화두였다는 게 상당히 역설적이고 독특한 현상이에요. 한국에서의 맑스주의의 복원은 세계사적인 시간하고 차이가 있었던 거죠. 전반적으로 사회주의가 무너질 거란 생각을 잘 안 했던 거 같아요. 페레스트로이카가 1차적으로 충격을 주긴 했지만, 이것은 소련 내부개혁의 시도였으니까 긍정적으로 보는 시각도 있었고요. 물론 상당히 비판적인 시각도 많았고, 그렇지는 않다 해도 얼마간 미심쩍게 보는 사람들도 있기는 했죠.

어쨌든 87년에 한국에서 민주화가 이뤄지고, 한국사회성격논쟁(사구체논쟁)이 85년부터 시작이 돼서 88년 정도가 제일 뜨거웠던 거 같아요. 87~88년이 정점이었던 거죠. 그런데 89년에 베를린 장벽이 무너지고 90년에 소련 해체가 일어난 것에 큰 충격을 받으면서 상당히 많은 사람들이 전향을 했습니다. 그렇지 않고 여전히 맑스주의를 고수하거나 아니면 이러저러한 개조를 통해 맑스주의를 구원하려고 했던——또는 한국에서의 맑스주의의 복원 작업을 지켜 내려고 했던——사람들도 있었죠. 시간이 지나면서 점점 그 수가 줄어들고 이제는 진짜 소수가 되긴 했지만 말입니다. 따라서 80년대 말~90년대 초에 맑스주의적인 작업을 수행하던 분들의 가장 중요한 화두는 동구권을 중심으로 벌어진 사회주의 붕괴의 흐름 속에서 어떻게 맑스주의를 지킬 것인가 또는 한국의 상황에서 맑스주의의 복원을 포기하지 않은 가운데 어떻게 맑스주의를 개조할 것인가라는 문제였다고 할 수 있습니다. 『이론』지의 창간(1992)이라는 것도 그런 관점에서 볼 수 있을 것 같아요.

이혜령 한국적 상황에서 맑스주의의 복원과 세계사적 상황에서 그것의 해체를 어떻게 수용해 내느냐로 정리할 수 있단 말씀이시죠?

진태원 한국적인 상황에서 이 문제를 어떻게 나름대로 변용할 것인가? 또는 한국적인 시간성에 근거하여 어떻게 세계사적 시간의 흐름을 지연시킬 것인가? 그게 아마 당시 맑스주의자들——특히 이른바 PD진영에 속한 사람들——의 중심적인 고민거리이자 『이론』지의 출간 배경이라고 할 수 있겠습니다. 아무튼 맑스주의의 실추가 지난 20년간의 흐름 중에서 제일 두

드러진 것이었다면, 두번째 중요한 변화는 이것과 맞물린 이른바 포스트 주의의 등장이라고 생각합니다. 맑스주의의 어떤 위기, 또 사회주의권의 붕괴가 대략 80년대 말~90년대 초이고, 한국에서 현대 프랑스철학, 또 미국의 포스트모더니즘 문화연구 등이 수입된 때도 80년대 말~90년대 초라고 보면 그 두 시기가 엇물리죠. 그래서 이 포스트주의, 특히 포스트맑스주의 및 포스트구조주의로 지칭되는 현대 프랑스철학과 포스트모더니즘 문화연구, 또 나중에 가면 포스트콜로니얼리즘이 있죠. 포스트맑스주의는 90년대 초에 일찍 소개가 된 편입니다. 다른 나라나 다른 지역에서도 비슷한 현상들이 있긴 했지만, 한국에서는 두드러지게 나타난 현상이에요.

맑스주의가 실추하고 포스트주의의 부상이 같이 진행되다 보니까 포스트주의가 맑스주의의 대안, 대안 이데올로기, 대안 이념으로 등장을 했죠. 포스트주의를 수용했던 분들이 반드시 '맑스주의는 끝났다. 맑스주의는 더 이상 회생 불가능하다. 맑스주의는 과거의 유산이다' 하는 생각을 가졌다고 보지는 않는데, 시대적인 분위기가 기묘하게 엇물렸다는 생각이 듭니다. 그래서 제 생각에는 포스트주의의 부상이 맑스주의의 유산하고 포스트주의의 흐름 간에 생산적인 대화나 토론이 이뤄지기 어려운 일종의 시대적인 분위기, 지적인 분위기를 만들어 냈다는 면에서 부정적인 영향을 미친 것 같아요. 그래서 맑스주의를 복원하거나 유지하려고 했던 사회과학자들은 포스트주의에 대해 아주 부정적인 시각을 가지고 있었던 반면에, 포스트주의의 수용을 주도했던 서양문학이나 프랑스철학 연구자들은——반드시 맑스주의를 배격하려는 뜻은 없었지만——비(非)맑스주의적인 관점 내지 어떤 점에서는 반(反)맑스주의적인 관점에서 포스트주의를 수용했다는 점에서 맑스주의를 해소시키는 데 일조했다고 볼 수 있을 것 같습니다. 그래서 이런 분위기가 결국 양자 사이의 생산적인 토론을 불가능하고 어렵게 만들었던 측면들이 있었다는 생각이 들어요. 그 부정적인 결과 중의 하나가 근대성 논쟁이라든가 민족주의에 대한 논의인 것 같습니다. 가령 예를 들면 임지현 선생 같은 분들이 90년대 후반~2000년대 초에 『당대비평』에서 했던 '우리 안의 파시즘' 논의라는 게 포스트주의의 영향을 많이 받은 문제제기죠. 예를 들면 호명이론이나 푸코의 규율권력론, 그리고 파시즘에 대한 역사적 연구 등이 결합돼서 '우리 안의 파시즘' 논의가 나오고, 그게 국민국가·민족주의에 대한 전면적인 비판으로 이어지고 나중에 대중독재로까지 가죠. 그러면서 이론적인 전선이 —— 임지현 선생 개인의 취향이랄까. 그것도 이론적인 입장일 수는 있겠지만 ——너무 과잉되게 반맑스주의·반민중민주주의·반민족운동 쪽으로 형성이 된 것 같아요. '우리 안의 파시즘'이라든가 반파시즘·반민족주의 논의로 국민국가의 역사적 한계를 문제 삼는 게 꼭 반맑스주의라든가 반민중운동의 태도와 입장을 취할 필요가 있었을까는 의문입니다. 그렇게 된 데는 임지현 선생의 개인적인 입장 여부를 떠나 80년대 말 이후에 한국의 지적인 흐름에서 맑스주의와 포스트주의가 분리되고, 상호 대치하게 된 상황이 영향을 미치지 않았을까 하는 생각도 하게 됩니다.

포스트주의 수용 문제

이혜령 포스트주의가 한국에서 다소 편향된 입장 속에서 수용되었다는 말씀이죠?

진태원 예. 선생님이 말씀하신 것처럼 80년대 말~90년대 초 이래로 포스트주의가 그렇게 수용이 된 것 같습니다. 어떤 의미에서는 추상적인 수용이었다고 할 수 있을 것 같습니다. 처음에 미국에서 공부했던 영문학자들이 포스트모더니즘과 포스트구조주의 수용을 주도했는데, 80년대 영미문학이론과 문화이론계를 주름잡던 사람들이 데리다와 푸코, 라캉, 리오타르

등이었죠. 그런 흐름을 미국에서 유학하면서 비평이론으로 배웠던 분들이 글도 쓰고 분석하고 문헌들을 번역하고 그러면서 수용이 됐던 거죠. 그분들은 자신들의 전공 분야와 관련해서 한 것도 있죠. 지금도 그렇지만 당시 우리나라에 미치는 미국 인문·사회과학의 영향이라는 게 굉장히 막강했으니까요. 미국에서 유행하던 담론들을 "이런 게 유행한다. 이런 게 많이 뜨더라. 번역을 한번 해보자." 이렇게 해서 수용한 것도 있고요. 90년대 초의 수용은 상당히 추상적인 거였는데, 말하자면 어떤 저작이 있는지 보자, 이런 식이었던 것 같습니다. 푸코·들뢰즈·데리다의 저작이 그렇게 수용이 됐다고 봅니다. 그게 한국의 학문 담론적인 상황에서는 근대성에 관한 문제제기와 민족주의·국민국가 비판 쪽으로 구체화된 형태로 나타나게 된 게 아닌가 생각이 듭니다.

김항 20년 동안의 변화에 대한 선생님의 개괄적인 평가를 들어보면 논쟁이 중구난방이었고, 부정적으로 평가하자면 '맑스주의의 위기' 이후에 진전된 게 없다는 이야기로 들립니다. 인간·공동체·제도를 어떻게 파악할 것인지 뭔가 새로운 패러다임이 나왔어야 되는데, 여전히 답보 상태였다고 파악하고 계시는 게 아닌가 합니다. 맑스주의라면 상부구조론으로 중심이동한다든가 했어야 했는데 말이죠.

진태원 네, 그렇습니다. 그 주요한 이유 중의 하나가 포스트주의의 수용 문제라고 생각합니다. 한국에서 맑스주의를 복원하고자 시도한 것은 이론적인 수준이라든가 결과라든가 이런 것에 대한 평가 여부를 떠나서 현실적인 문제의식에서 출발한 거죠. 한국사회를 어떻게 변화시킬 것인가, 한국사회는 어떤 종류의 자본주의 사회이고, 이 사회를 변화시키기 위해서는 어떤 식의 전략과 전술이 필요한가 등과 같이 매우 현실적인 문제의식에서 출발해서 나름대로 한국사회를 분석하는 틀을 만들고 식민지반봉건

사회론이나 주체사상 같은 것을 극복하려는 시도였습니다. 그런데 한국에서 포스트주의 수용의 최대 약점 중 하나는 그런 게 없다는 점입니다. 포스트주의는 수입 자체부터 무언가 현실적인 문제의식에서 수입한 게 아니었죠. 그러니까 어떤 구체적인 현상에 대한 문제의식을 갖고 사고하는 데 "이런 이론과 패러다임을 한 번 원용해 보면 어떨까?" 해서 그것을 더 구체화하고 그 와중에서 변형이라든가 개선이 이뤄지고 이런 식이 아니라 "영미권에서 이게 요즘 뜬다더라, 요즘 미국 학계에서 가장 인기 있는 담론이라더라"라는 식의 태도에 따라 수입이 된 거죠. 지금도 크게 사정은 다르지 않다고 봅니다. 인문·사회과학계의 학자들이나 대학원생들이 가장 민감하게 반응하는 것이 영미권의 지적 흐름이나 유행입니다. 예컨대 지젝이나 아감벤 같은 학자들이 우리나라에서 유행하는 것은 어떤 실질적인 문제의식이 수반된 것이라고 생각하지 않습니다——물론 이들의 지적 역량을 부인하려는 뜻은 아닙니다. 최신의 이론 사조나 학문 동향에 관심을 기울이고 공부하는 것 자체가 문제가 되는 것은 아니겠지만, 적어도 그것을 소개하고 연구하는 사람들이라면 왜 이런 담론이나 이론이 중요한지, 그것이 이런저런 현상들을 분석하고 설명하는 데 어떤 의의가 있는지 분명히 이해하고 또 입증할 필요가 있다고 생각합니다. 하지만 포스트주의 담론을 소개한 분들에게서 그런 문제의식을 찾기는 쉽지 않았던 것 같아요.

반면 포스트 담론들 자체는 원래 아주 구체적인 문제의식에서 생겨난 것이었죠. 포스트맑스주의를 예로 들면, 라클라우(Ernesto Laclau)하고 무페(Chantal Mouffe)가 1985년에 『헤게모니와 사회주의 전략』(*Hegemony and Socialist Strategy*; 한국어판은 『사회변혁과 헤게모니』, 김성기 외 옮김, 터, 1990)이라는 공저를 냈는데, 그건 정말 그 사람들 사회에서 아주 현실적인 문제의식에서 나온 책이거든요. "동구권에서 구현되었던 사회주의는 더 이상 역사적인 전망이 없다. 그리고 선진 자본주의 국가에서 노동운동의

영향력이 전 같지 않다. 그 대신에 신사회운동으로서 페미니즘이나 환경
문제라든가 인종이라든가 다양한 사회운동이 분출하고 새로운 투쟁들이
나왔을 때, 이런 상황에서 선진 자본주의 국가에서 현실적으로 실행가능
한 사회주의 전략으로는 어떤 게 있을까? 이 사회주의 전략을 모색하는 데
가장 큰 장애물은 뭘까?" 그 사람들이 보기에는 그것이 바로 노동자계급
중심주의였거든요. 노동자계급이 항상 중심에 있고, 다른 문제들은 다 여
기에 종속되어 따라야 한다는 문제설정으로는 선진 자본주의에서 현실적
인 변혁이라는 걸 사고할 수가 없는 거죠. 또한 라클라우의 초기 이론적 작
업의 중심 배경이 되었던 중남미 현실의 측면에서 보더라도 노동자계급에
중심을 둔 고전적인 맑스주의 이론으로는 중남미에서 실질적인 변혁운동
이나 사회운동을 수행하기가 어려웠습니다. 따라서 라클라우와 무페의 헤
게모니 이론은 중남미 현실에서 실행할 수 있는 일종의 연합전선 전술을
이론적으로 뒷받침하려는 시도라고 이해할 수도 있습니다. 이렇게 노동자
계급 중심주의에 대한 대안을 모색하는 데 적절한 이론이 뭐가 있을까 봤
더니 라캉이나 데리다의 문제제기가 상당히 의미가 있었던 겁니다. 그래
서 이 사람들이 그람시의 헤게모니 이론과 접목을 시켜서 독창적인 문제
설정을 만들어 낸 거죠.

　　우리나라의 포스트주의 수용에서 그런 문제의식이 있었을까 생각해
보면 한두 가지 사례를 제외한다면 찾아보기 어려운 것 같습니다. 제가 볼
때는 김진석 선생의 90년대 초반 시도 중에 상당히 재밌는 발상들이 있었
는데, 아쉽게도 그 이후 이론적으로 충분한 성과를 낳거나 반향을 일으킨
것 같지는 않습니다. 가령 김진석 선생의 첫번째 저서인 『탈형이상학과 탈
변증법』(문학과지성사, 1992)에 보면 '탈'이라는 말의 중의적 의미——가면
을 쓴다, 체계에 탈을 내다, 곧 장애를 일으키다, 체계에서 벗어나다 등——
를 원용해서 데리다의 해체론 및 탈구조주의 일반을 재해석하려는 시도가

있었는데, 한국어의 특성을 활용해서 데리다의 언어유희의 묘미를 살리는 언어적 감각도 돋보이고 사상을 독자적으로 이해하고 변용하려는 태도도 의미가 있었죠. 전반적으로 그런 식의 포스트주의가 수용될 때부터 이것이 "외부에서 이런 게 유행하니까 한번 해보자. 우리도 한번 번역해 보고 읽어 보자"는 문제의식 이상이 아니었기 때문에 실질적인 결과를 낳기가 어려운 것이었고요. 그러다가 말씀드렸던 것처럼 90년대 말 이후 근대성 논쟁이라든가 민족주의 비판·국민국가 비판 같은 것이 현실적인 문제의식과 접목돼서 나타난 현상이었다고 봅니다. 하지만 또한 그것은 또 그것대로 상당한 문제점을 지니고 있다고 생각합니다.

이혜령 결국 맑스주의가 상정하던 '현실'이라는 개념이 더 이상 통용되지 못하게 된 거 같습니다. 근대성 논의나 일상적 파시즘 논의는 그런 현실하고 달리 일상이 나 내면 등을 문제 삼는 거니까요.

진태원 이혜령 선생님이 지적하신 문제가 아까 김항 선생님 말씀하고 연결되는 측면이 있는 것 같습니다. 인간·공동체·제도를 바라보는 시각이 변화했다고 봤을 때, 아까 김항 선생님이 맑스주의적인 시각으로 본다면 상부구조 쪽으로 관심이 옮겨 가지 않았느냐는 문제제기를 해주셨는데, 일리 있는 지적이라고 봅니다. 영국의 맑스주의 역사가인 페리 앤더슨(Perry Anderson)이 '서구 맑스주의'——좀더 정확히 말한다면, 비공산권의 맑스주의를 지칭한다는 점에서 '서방 맑스주의'라고 하는 게 옳겠죠——라는 것 자체가 상부구조 중심의 흐름이었다고 얘기한 적이 있죠(『서구 마르크스주의 연구』, 장준오 옮김, 이론과현실, 1987). 루카치라든가 그람시라든가 프랑크푸르트학파의 사상은 결국 다 상부구조를 어떻게 재해석할 것인가에 관한 문제의식입니다. 그걸 돌이켜서 반추해 보면 상부구조에 많은 관심을 기울였던 이유가 역사적 현실에 대한 문제의식을 담고 있는 거죠. 말하자면 '노동자계급이 형성되어 있고, 숫자도 많아지고 세력화·조직화가 돼 있는데, 왜 혁명이 일어나지 않는가?' 또는 '전통적인 맑스주의에서 얘기했던 것처럼, 생산력의 발전이 생산관계의 변화를 가져오고, 그에 이어 상부구조의 변화를 가져오는 식으로 경제가 사회변혁의 결정적 원인이 되는 게 아니더라, 경제와 상부구조 사이에는 굉장히 의미 있는 간극 같은 것이 존재한다. 노동자계급임에도 불구하고 극우파에 투표를 한다든지 파시즘이나 나치를 지지하는 것 같은, 말하자면 자기 계급에 대한 배반 같은 현상들을 어떻게 설명할 것인가?' 이게 상당히 중요한 과제가 아니었던가 싶어요.

　그런 점에서 본다면 80년대 말 이후의 포스트주의의 수용, 문화연구나 페미니즘의 수용, 그리고 근대성 논쟁, 민족주의·국민국가 비판 이런 것들은 상부구조론 내지 이데올로기론 또는 상징권력론이나 문화이론을 중심으로 한 문제의식이었겠지만, 양자를 동일시하기 어려운 측면도 존재합니다. 가령 서구 맑스주의자들이 상부구조를 강조했을 때, 그 사람들에게는 '사회 전체의 변혁은 여전히 가능하다. 문제는 이 괴리를 어떻게 해결할 것인가, 노동자계급의 자기 배반을 어떻게 설명할 것인가', 이런 게 중요한 과제였다면 80년대 말 한국에 수용된 포스트주의 같은 경우에 그런 문제의식은 없는 것 같습니다. 아마 변혁이나 급진적인 민주주의에 대한 전망이 불가능하다고 보는 기본 관점의 차이에서 비롯된 것 아닐까 하는데요, 현실 사회주의의 붕괴가 미친 영향이겠죠.

알튀세르에서 현대 프랑스철학으로

김항 포스트주의 수용에서의 문제점을 잘 말씀해 주신 것 같습니다. 선생님께서는 그런 편향들과 일정한 거리를 두면서 적극적으로 현대 프랑스철학의 정치적 성격을 강조하면서 작업을 해오셨다고 생각합니다. 일례로 선생님께서는 한국에서는 드물게 데리다의 정치적 측면을 강조하는 작업을 해오셨죠. 그런 의미에서 이제 수용의 문제가 아니라 현대 프랑스철학 자체의 문제로 넘어가 보고 싶습니다. 그 안에 내재한 문제설정이나 한계가 무엇인지, 그리고 그런 문제의식을 가지고 앞에서 파악한 한국사회의 문제로 넘어 오면 어떻게 상황이 다르게 보이는지에 대해서 말씀해 주시면 감사하겠습니다. 왜 선생님께 중요한 철학자가 알튀세르(Louis Althusser)였고 발리바르(Étienne Balibar)였는가, 이런 부분부터 편하게 말씀해 주시면 이해하기가 쉬울 것 같습니다.

진태원 제가 알튀세르에 관심을 갖게 된 건 80년대 말쯤입니다. 처음에는 루카치라든가 마르쿠제, 헤겔-맑스주의라고 불리는 사람들의 저작에 훨씬 관심이 많았고 재밌게 읽었습니다. 알튀세르는 흔히 구조주의자라고 불렸고, 역사나 주체 문제를 사고하지 않는다는 얘기가 80년대 중반에도 계속 있었죠. 그런 평가 때문에 알튀세르에는 별 관심이 없었어요. 읽을 만한 책도 없었고요. 그러다가 처음 알튀세리안들 책을 접한 게 89년이었어요. 발리바르의 『민주주의와 독재』(최인락 옮김, 연구사, 1988, 원제는 *Sur la dictature du prolétariat*)도 있었는데, 저는 그 책보다도 『역사유물론 연구』(이해민 옮김, 푸른산, 1989, 원제는 *Cinq études du matérialisme historique*)라는 책을 처음 읽었고 그 책에서 상당히 감명을 많이 받았습니다. '역사유물론을 이렇게 이해하고, 해석할 수 있구나'라는 인상을 받았습니다.

제가 그 전까지 알고 있던 역사유물론——보통 '사적 유물론' 또는 줄여서 '사유'라고 했죠——은 구소련에서 교과서로 사용되던 책들에서 소개된 것이었습니다. 이 책들은 당시에 과 학회나 동아리 세미나 때 주로 사용되던 것들인데, 나름대로 역사유물론을 체계화하려고 애를 쓰고 있긴 하지만, 뭐라고 할까요, 생명력이 없는 도식적 체계, 이를테면 김이 다 빠져 버린 맥주 같은 역사유물론의 모습을 제시하고 있습니다. 선배들이 읽히고 친구들이 모두 읽으니까 같이 읽고 공부하고, 또 제가 선배가 돼서는 후배들에게 또 가르치기는 하는데, 배우고 읽고 가르쳐도 별로 흥이 나지 않는 그런 것이었죠. 헤겔-맑스주의 철학자들에게 관심을 갖게 된 것도, 그 사람들의 책 속에는 이런 유의 도식화되고 무미건조한 체계와는 전혀 다른 생생하고 깊이 있는 논의가 담겨 있었기 때문이죠. 하지만 다른 한편으로 이 사람들의 책에는 뭔가 어두운 구석이라고 할까요, 비관적인 논조가 지배적이라는 인상을 받기도 했습니다. 이들 역시 혁명이나 변혁의 주체, 계급투쟁 등에 관해서 열심히 이야기하지만 그것은 뭔가 진정한 믿음이 담긴 그런 이야기는 아니었다고 느꼈습니다. 그래서 역사유물론의 도식이 지배하는 현실 맑스주의——또는 변혁운동의 정치와 비관적이지만 매력적인 헤겔-맑스주의 사이의 괴리에 대해 꽤 고민했던 기억이 납니다.

발리바르의 책에서 감명을 받았다면, 그것은 그 책이 이러한 괴리를 극복할 수 있는 전망 같은 것을 제공해 줄 수 있겠구나 하고 느꼈기 때문입니다. 말하자면 역사유물론에 대한 생생하고 깊이 있는 철학적 해석, 현실 정치와 철학의 괴리를 극복할 수 있게 해주는 새로운 관점 같은 것이 거기에 담겨 있다고 느꼈던 것이죠. 또한 알튀세리안 맑스주의가 통상적인 평가와는 너무나 다른 아주 현실적이고 정치적인 이론이라는 생각을 갖게 되었습니다. 그럴 수밖에 없는 게 그 책의 초점을 이루는 개념은 '계급투쟁'이었으니까요. 말 그대로 역사유물론 연구죠. 발리바르는 60~70년대에 자신을 포함한 알튀세리안들이 수행했던 작업을 크게 세 시기로 구별한 바 있습니다. 60년대는 과학적인 맑스주의를 추구하는 인식론적인 성격이 강했다면, 70년대 초중반의 작업은 계급투쟁을 초점에 둔 정치적인 관점에서 맑스주의를 재해석하는 것이었고, 70년대 후반 이후는 이데올로기의 문제에 입각한 맑스주의 재해석이라는 것이죠. 『역사유물론 연구』나

『민주주의와 독재』는 정치적 관점에서 맑스주의를 재해석하려는 시기의 대표적 저작들이었습니다. 정치적인 맑스주의 재해석은 다른 말로 한다면 맑스주의를 레닌주의적인 관점에서 재해석하는 작업들이었고, 그래서 더 더욱 인상이 깊었어요. 당시에 제가 레닌 저작 중에서 가장 인상 깊게 읽었던 책이 『국가와 혁명』(강철민 옮김, 새날, 1991)인데, 발리바르 책은 마치 이 책의 관점에서 맑스주의 전체를 재해석하려는 시도처럼 느껴졌습니다.

어쨌든 발리바르의 저작들 덕분에 당시 한창 진행 중에 있던 사회성격논쟁에 더 관심을 갖게 됐고 조금 더 잘 이해하게 됐습니다. 윤소영 교수를 비롯한 이른바 PD그룹이 이론적인 준거로 삼고 있던 책들이 바로 그 책들이었으니까요. 어떤 사람들은 80년대 PD그룹의 작업을 레닌주의와의 대화, 레닌과의 대화라고 평가를 하는데, 그렇게 볼 수 있는 여지가 많다고 생각합니다. 레닌주의적인 맑스주의를 한국에서 복원하는 일이 PD그룹이 주체사상에 맞서 수행한 중요한 작업입니다.

『역사유물론 연구』 이후로 알튀세르나 발리바르의 다른 책들에도 관심을 갖게 되었죠. 당시에는 국내에 별로 번역된 책이 없었기 때문에, 주로 학교 도서관이나 서점에서 구할 수 있는 영역본이나 논문들을 복사해서 읽었습니다. 『맑스를 위하여』나 『자본을 읽자』 또는 『자기비판의 요소들』 같은 책들을 처음 접한 게 그 무렵입니다. 그러다가 90년대 초 사회주의 국가들이 몰락하고 맑스주의의 위기에 관한 논쟁이 제기되면서 알튀세르와 발리바르의 저작들이 다수 번역되었습니다. 물론 그 중 상당수는 번역의 질에 문제가 많았고, 당시 발리바르가 수행하던 작업을 단편적·일면적으로 소개하는 것들이었다는 점에서 얼마간 문제가 있기는 했습니다. 어쨌든 알튀세르는 1980년에 부인을 목 졸라 죽이고 정신병원에 유폐되었기 때문에, 80~90년대 한국에서 알튀세르 수용이라는 것은 주로 발리바르의 시각으로 재해석된 관점에 따라 전유된 알튀세르의 사상이었죠. 이런 흐름을 따라가다가 프랑스의 다른 철학자들에도 관심을 갖게 된 것 같습니다. 제일 처음에 푸코 책을 봤던 것 같아요. 상당히 인상 깊었어요. 푸코에 관해서 제일 처음 봤던 책이 김현 선생의 책이었습니다.

이혜령 『시칠리아의 암소』(김현 지음, 문학과지성사, 1990) 말씀인가요?

진태원 아니요, 『미셸 푸코의 문학비평』(문학과지성사, 1989)이었습니다. 김현 선생 외에 여러 사람이 푸코의 글들을 편역한 책이죠. 제가 그 책에서 제일 인상 깊었던 건, 그 책에 나타난 푸코의 모습이 굉장히 사변적인 철학자의 모습이었기 때문입니다. 당시까지 풍문으로 듣던 푸코는 권력이론을 주로 다루고 성의 문제에 관심이 많은 이론가, 따라서 뭔가 철학자라고 보기에는 어울리지 않는 그런 사람이었죠. 게다가 가십성의 소문들도 많이 떠돌았기 때문에, 푸코를 비롯한 프랑스철학자들은 문란하고 방종적인, 재기는 넘치지만 진지하고 깊이 있는 면모는 찾아볼 수 없는 그런 사람들일 거라고 짐작하고 있었죠. 그런데 이 책에서 막상 접한 푸코는 매우 사변적이면서도 헤겔-맑스주의라든가 이런 쪽과는 굉장히 다른 식의 사변을 전개하는 그런 철학자였고, 저에게는 그 점이 아주 매력 있게 다가왔습니다. 『말과 사물』(이광래 옮김, 민음사, 1986)이나 『감시와 처벌』(오생근 옮김, 나남출판, 1994) 또는 『성의 역사』(전3권, 이규현 외 옮김, 나남출판, 1990) 같은 책들은 나중에 읽었죠. 하여간 제가 처음 읽은 푸코 책은 그 책이었는데, 재밌는 점이 뭐냐면 나중에 그 책의 원문들을 보니까 그 책에 실린 번역에 오역이 아주 많았다는 점입니다. 제가 그때 푸코한테 매력을 느꼈던 것은 굉장히 사변적이면서 잘 알듯 말듯 뭔가 오묘한 거였는데, 나중에 보니까 알듯 말듯 했던 부분들은 다 오역이었어요. 『미셸 푸코의 문학비평』이라는 제목 아래 모아 놓은 글들이 우리가 일반적으로 푸코의 사상이라고 알고 있는 것들과는 상당히 다른, 푸코의 독특한 측면들을 묶어서 낸 글인 데다 오역들이 심해서 번역본으로서는 문제가 많은 책이었습니다. 생각해 보면 그럴 수밖에 없는 것이 그 책을 옮긴 대부분의 역자들이 김현 선생의 제자뻘 되는, 20~30대의 젊은 불문학도들이었습니다. 당시로서는 아주 생경한 사상이 담긴 데다 깊은 사변적 성찰로 가득찬 그 글들을 젊은 불문학도들이 제대로 이해해서 번역한다는 것은 사실상 불가능에 가까운 일이었을 겁니다. 어쨌든 그 오역본 덕분에 저는 푸코에 대해 아주 깊은 인상을 받게 됐고, 지금도 그 책에서 받은 인상은 깊이 남아 있습니다.

김항 푸코에 비해서 데리다의 경우는 어떻습니까? 번역은 양적으로 많은데 내실이 있는 것 같지는 않다는 인상인데요.

진태원 데리다의 글은 80년대 말에 문학잡지나 아니면 문학 관련 책에 한두 편씩 번역되어 소개되었죠. 미국에서 문학을 공부하고 온 분들이 주로 했는데, 처음에는 그렇게 큰 매력을 못 느꼈죠. 그러다가 나중에 1992년인가에 『입장들』(박성창 편역, 솔, 1992)이라는 책이 번역이 됐는데, 저는 그 책이 상당히 인상이 깊었어요. 맑스-레닌주의와의 관계나 정치에 관한 문제, 또 데리다 작업의 전반적인 성격 등을 잘 알 수 있는 좋은 대담집이었기 때문입니다. 데리다가 맑스-레닌주의의 필요성에 대해 긍정하면서도 동시에 그것에 대해 거리를 두는데, 그 문제제기가 상당히 의미가 있다 싶더라고요. 물론 당시에는 데리다를 잘 몰랐고 또 저 나름대로는 스스로 맑스주의적이라고 생각했기 때문에 데리다의 문제제기 방식이 상당히 성가시게 느껴진 것은 사실입니다. 그 이후로 데리다에 관심을 갖게 됐어요. 제가 데리다를 본격적으로 읽게 된 때가 90년대 중반쯤인데, 이 당시 데리다가 사회주의권의 몰락과 신자유주의적 세계화의 전개라는 이중적인 정세

를 배경으로 하여 『법의 힘』(1990)라든가 『마르크스의 유령들』(1993)같이
정치적이고 실천철학적인 책을 연속적으로 내기 시작해서 그런 책들을 많
이 읽게 됐어요. 주로 영어 번역본으로 봤죠. 그러면서 데리다의 문제제기
가 상당히 의미가 있다 생각했어요. 물론 데리다의 초기 저작들에도 관심
이 있었는데, 저는 특히 데리다의 '에크리튀르'(écriture) 개념에 끌렸습니
다. '에크리튀르'라는 개념은 일단 우리말 번역에 상당히 문제가 많습니다.
데리다의 초기 저작 중에 *L'Écriture et la difference*(1967)란 책이 있습
니다. 데리다가 그 전에 썼던 여러 논문들을 묶어서 펴낸 책인데, 이 책에는
푸코와의 유명한 논쟁의 시발점이 된 「코기토와 광기의 역사」라든가 레비
나스의 타자론에 대한 해체론적 독서인 「폭력과 형이상학」, 바타유에 관한
논문인 「제한 경제에서 일반 경제로」, 그리고 미국에서 현대 프랑스철학
수용에 결정적인 영향을 미친 「인문과학에서 구조, 기호, 작용」——이 글은
클로드 레비-스트로스의 인류학에 관한 해체론적 분석입니다——같이 빼
어난 논문이 다수 수록되어 있죠. 개인적인 생각으로는 데리다 사상이 국
내에 제대로 수용되려면 이 책을 비롯해 『그라마톨로지에 관하여』(1967)
나 『철학의 주변들/여백들』(1972) 같은 책들이 제대로 번역되고 또 주석서
나 해설서가 출간되어야 한다고 봅니다. 이 책은 현재 우리말로는 『글쓰기
와 차이』(남수인 옮김, 동문선, 2001)라고 번역됐는데, 본문은 차치하고라도
일단 제목 번역에 문제가 있죠. 좀더 적절하게 번역한다면 '기록과 차이'나
'문자기록과 차이' 이렇게 해야 됩니다.

김항 번역이 곧 이해나 독해 수준이라고 할 때 데리다 철학 수용은 아직 시작되지
도 않은 것 같습니다. 심한 말일까요? 가령 에크리튀르란 개념만 해도 그렇죠.

진태원 데리다가 말하는 에크리튀르는 작문이라는 의미에서의 글쓰기를

뜻하는 게 아니라, 로고스를 가능하게 하면서 동시에 불가능하게 만드는 기록 내지 기입(inscription)을 가리킵니다. 이런 의미에서 본다면 에크리튀르는 어떤 것과 다른 것 사이의 차이를 가능하게 하는 거리 두기의 작용, 공간 만들기와 시간적인 지연 작용의 지주 내지 매체라고 할 수 있겠죠. 따라서 기록이 없다면 차이도, 동일성도, 로고스도 없는 셈입니다. 그렇다고 해서 에크리튀르가 로고스의 근거라고 할 수는 없는데, 그것은 벌써 에크리튀르가 로고스에 의해 파악가능하다는 것, 포섭가능하다는 것을 함축합니다. 반대로 에크리튀르는 로고스의 절대적 한계 내지 타자죠——이 때문에 데리다는 유물론적인 철학자, 그것도 가장 급진적인 유물론자 중 한 사람입니다. 데리다가 그라마톨로지——grammatologie는 어근을 분철하면 gramme+logos, 곧 문자/기록에 관한 학문입니다——의 불가능성에 관해 말한 것은 바로 이 때문입니다. 『그라마톨로지에 관하여』는 그라마톨로지, 곧 기록에 관한 학문을 구성하려는 책이 아니라 반대로 그러한 학문의 불가능성에 관한 텍스트입니다.

그 책의 문제제기가 저에게는 굉장히 인상이 깊었어요. 당시에도 그랬고 지금도 같은 생각이지만, 데리다의 '해체'——저는 déconstruction 이라는 개념의 번역어로는 '탈구축'이라는 말이 훨씬 더 좋다고 생각하지만, 여기에서는 일단 보통 많이 쓰이는 '해체'라는 용어를 사용하겠습니다——를 어떻게 봐야 할까, 그것을 어떻게 평가해야 할까, 또는 그것을 어떻게 활용해야 할까라는 질문에 대해 제 개인적인 생각으로 해체는 유물론의 한 형태라는 관점에서 접근해야 한다고 봅니다. 사실 유물론 중에서도 굉장히 래디컬한 유물론이죠. 왜냐면 데리다 이전의 유물론이라는 것은 어떤 것이든 간에 관념론의 원리들하고 타협하는 유물론이었거든요. 곧 '기원'이라든가 '원리', '본질' 또는 '목적'이라든가 '주체' 같은 불변적이고 토대적인 공리들을 자기 이론의 전제로 삼는다는 점에서 관념론과 상당히 타협적인 것이었죠. 반면 데리다는 그 관념론의 기본 원리들과 가장 비타협적인 투쟁을 수행하는 철학자, 누구보다 과감하게 관념론의 기본 원리들——데리다가 로고스 중심주의나 팔루스 중심주의 또는 현존의 형이상학 등으로 불렀던 것——을 해체하는 철학자라는 생각이 들었고, 지금도 그 생각은 변함없습니다. 데리다는 주류 철학계의 철학자들로부터 비합리주의자나 허무주의자, 상대주의자라는 비판을 누구보다 많이 받았는데, 그것은 역으로 데리다가 기존 철학의 기본 원리나 전제들을 가장 심각하게 위협한 인물이라는 뜻으로 이해할 수도 있겠죠. 따라서 데리다를 제대로 보고 평가를 하려면 그의 해체론이 어떻게 유물론을 래디컬하게 만드는지를 봐야 합니다.

김항 데리다 철학을 유물론이라고 해석하시는 까닭을 조금 더 풀어서 설명해 주시면 좋겠습니다.

진태원 이것은 물론 상당히 역설적인 유물론입니다. 왜냐면 『마르크스의 유령들』의 용어를 빌리자면, 결국 유물론이라는 것은 '유령'(spectre)을 통해서 가능하다고 주장하니까요. 가장 비실재적이고 가장 허깨비고, 그런 것의 대명사가 유령인데도, 유물론은 유령을 통해서 가능하다, 유령에 근거를 두고 있다고 주장하니, 유물론은 관념에 대한 물질의 우위를 주장하는 학설이라는 통념을 가진 사람들에게는 역설적이고 기괴한 소리로 들릴 수밖에 없죠. 하지만 데리다의 얘기는 우선 우리가 유령이나 허깨비 같은 것에 대해 실재성이나 물질성을 부여할 때에 유물론을 좀더 일관되게, 좀더 철저하게 사유할 수 있다는 것입니다. 이것은 알튀세르가 이데올로기의 실재성, 물질성에 대해 말한 것과 같은 맥락입니다. 현실에서 이데올로기가 강력한 영향을 미치고 물질적인 효력을 발휘하는 데도 오직 경제만이 현실적이고 물질적이라고 주장하는 사람들이 있습니다. 하지만 그럴 경우 이미 빌헬름 라이히 같은 사람이 제기했던 것과 같은 질문, 곧 왜 노동자들은, 대중들은 혁명에 복무하지 않고 파시즘이나 나치즘을 지지하는가, 왜 박정희를 숭배하는가라는 질문이 또 다시 제기될 수밖에 없습니다. 당연히 민족주의나 인종주의, 성차별주의 같은 문제에도 맹목적일 수밖에 없죠. 유령의 유물론은 더 나아가 모든 동일성(identity)은 어떤 균열을 포함할 수밖에 없으며, 동일성은 바로 이러한 균열, 어긋남으로부터 비로소 성립가능하다고 주장하죠. 따라서 그것은 불변적이거나 본질적인 동일성을 인정하지 않을뿐더러, 탈구축적인 동일성의 추구를 유물론 및 유물론 정치의 핵심 기준으로 설정합니다. 정치 공동체나 사회구조에 대해서도 당연히 탈구축적이고 다원적인 관점을 옹호하는데, 다만 데리다 식의 해체론적 정치를 이해할 때 유념해야 할 점이 있습니다. 그것은 데리다를 너무 조야한 의미의 반구조주의자나 반제도론자 또는 무정부주의자로 이해해서는 안 된다는 점입니다. 말하자면 데리다는 동일성이나 정치 제도, 사회구조에서 '탈주하자, 벗어나자'라고 말하는 사람이 아니라 해체적인, 탈구축적인 동일성, 제도, 구조를 구축하자고 하는 사람이죠. 데리다는 국가주의자도 아니지만 무정부주의자도 아닙니다. 그게 바로 데리다가 유물론자인 이유입니다. 그리고 바로 그런 점이 저한테 매력적이었던 것 같아요. 결국 맑스주의에 대한 데리다의 문제제기도 포지티브하게 본다면 아마 그런 관점에서 맑스주의를 비롯한 해방사상·해방운동을 어떻게 재구성하고 개조할 것인가 볼 수 있는 점이 아닐까 생각을 합니다.

이혜령 굉장히 친절하게 데리다 설명을 해주셔서 강의를 듣는 느낌이네요(웃음). 들뢰즈에 관해서도 강의해 주세요(웃음).

진태원 개인적인 얘기를 좀더 해본다면 저한테 들뢰즈는 일차적으로 니체와 스피노자 연구자로서의 들뢰즈입니다. 제가 들뢰즈 책 중에 제일 인상 깊게, 아주 재밌게 읽은 책이 들뢰즈가 쓴 『스피노자와 표현의 문제』(이진경 옮김, 인간사랑, 2003)라는 책과 『니체와 철학』(이경신 옮김, 민음사, 2001)이라는 책입니다. 들뢰즈는 니체 연구자고, 스피노자 연구자다, 이것이 제가 들뢰즈를 보는 일차적인 관점입니다. 제가 스피노자를 연구하게 된 중요한 동기를 제공해 준 사람도 들뢰즈와 알튀세르라고 볼 수 있는데요. 알튀세르의 이론적 작업에서 스피노자 철학이 중요한 역할을 한다는 것은 이전에 알튀세르 책들을 읽을 때 어렴풋이 눈치채기는 했지만, 에티엔 발리바르와 피에르 마슈레(Pierre Macherey) 같은 그의 제자들의 스피노자 연구들을 접하고 이해하기 전까지는 그것이 과연 어떤 점에서 그런 것인지, 또 그것이 스피노자 철학에 대한 해석에서 어떤 의미를 갖는 것인지 제대로 이해하지 못했습니다. 이 점에 관해서는 이미 다른 기회에 몇 번 이야기한 적이 있기 때문에 여기에서는 다시 거론하지 않겠습니다.[*]

스피노자 철학의 현대적인 해석이라는 점에서 본다면 저에게는 오히려 들뢰즈가 일차적인 길잡이였다고 할 수 있습니다. 들뢰즈의 스피노자론에서 가장 인상적이었던 점은 실체와 속성의 관계에 대한 표현이론적 해석과 평행론 해석, 공통 통념(common notion)에 대한 해석이었습니다. 이런 해석을 통해 들뢰즈가 보여 주려고 한 스피노자는 기존의 금욕주의적이고 범신론적인 스피노자와는 전혀 다른, 아주 역동적이고 능동적인 철학자, 실천적인 철학자로서의 스피노자였죠. 한국에는 스피노자에 관한 두 가지 상이 있습니다. 하나는 서양철학계에서 통용되는 범신론 철학

---

[*] 좀더 관심 있는 독자들은 진태원의 다음 글들을 참조. 「스피노자의 현재성」, 『모색』 2호, 2001; 「범신론의 주박에서 벗어나기: 프랑스에서 스피노자 연구 동향」, 『근대철학』 2권 2호, 2007; 「관계론, 대중들, 민주주의: 에티엔 발리바르의 스피노자론」, 『시와반시』 71호, 2010년 봄.

자의 상이죠. 스피노자가 범신론자라는 것은 한국의 서양철학계에서는 거의 상식에 가깝습니다. 또 하나의 상은 사과나무의 철학자라는 상입니다. 거의 모든 국민이 다 알고 있을 만큼 유명한 금언이 있죠. "내일 지구의 종말이 오더라도 나는 오늘 한 그루의 사과나무를 심겠다." 이 금언 덕분에 스피노자는 한국인이 가장 좋아하는 철학자로 꼽히곤 합니다. 스피노자가 전혀 알지도 못한 문장이 스피노자의 금언으로 알려져 그가 일종의 국민 철학자로 사랑받게 된 사정이 과연 어떤 오해에서 비롯한 것인지 자못 궁금할 따름입니다. 어쨌든 들뢰즈가 제시한 스피노자의 상은 이 두 가지 상과는 매우 다른, 강력한 해방의 사상가라는 상입니다. 네그리(와 하트)의 다중의 정치철학은 그 자신도 말하듯이 스피노자 철학에 대한 재해석에 기반을 두고 있는데, 그의 스피노자 해석에 강력한 영감을 준 것이 바로 들뢰즈의 스피노자 연구였습니다.

이런 식의 스피노자 이해는 아주 매혹적이고 또 여러 가지 장점을 지니고 있습니다. 더욱이 들뢰즈의 연구는 상당히 정밀하고 독창적인 독해에 기반을 두고 있기 때문에 프랑스를 비롯한 유럽, 영미권의 스피노자 연구자들에게도 많은 영향을 미쳤죠. 제 경우도 들뢰즈의 연구를 통해서 스피노자 철학의 현재성의 가능성을 확인할 수 있었고, 스피노자 철학이 매력적인 연구주제라는 확신을 얻었습니다. 물론 나중에 좀더 공부를 해나가는 과정에서 이러한 해석이 라이프니츠 내지 베르그손의 시각에 따라 재구성된 스피노자 해석이라는 것을 알게 됐고, 또 여러 가지 문제점을 포함하고 있다는 것도 깨닫게 됐지만, 그의 스피노자 연구의 독창성과 중요성은 부인하기 어려운 사실입니다.

『니체와 철학』은 또 다른 의미에서 제가 아주 재미있게 읽은 책 중 하나입니다. 이 책은 이미 국내에 두 차례에 걸쳐 번역됐지만(『니체—철학의 주사위』, 신범순·조영복 옮김, 인간사랑, 1994; 『니체와 철학』, 이경신 옮김, 민음사,

2001), 두 번역본 모두 문제점이 많아서 실제 국내 독자들 사이에서 별다른 반향을 얻지 못한 것 같은데, 제가 보기에는 들뢰즈 철학의 많은 요소들이 담겨 있는 중요한 책입니다. 그가 약관의 나이에 첫번째 저서——흄에 관한 졸업논문이었죠——를 낸 지 9년 만에 출간한(1962) 성숙기의 첫번째 저작이기도 하죠. 제가 보기에 흥미로운 점은 이 책이 니체의 철학을 '도덕의 계보학'에 입각하여 재해석하고 있다는 점입니다. 이것은 마치 하이데거가 서양 형이상학의 역사라는 관점에서 허무주의에 입각하여 니체를 재해석하는 것과 비견될 만한 독법인데, 실제로 들뢰즈가 겨냥했던 적수는 헤겔과 그의 변증법이었죠. 헤겔이 『정신현상학』에서 주인과 노예의 변증법을 통해 역사와 사회를 해석하는 변증법 모델을 제시했다면, 들뢰즈는 그러한 모델에 맞설 수 있고 또한 그것을 대체할 수 있는 비변증법적 차이의 모델을 니체의 주인과 노예의 계보학에서 찾은 셈입니다. 적대와 갈등을 역사와 사회의 기본적인 동력으로 제시하면서도 변증법 모델과 달리 목적론에 빠지지 않을 수 있는——그리고 니체 자신의 귀족주의 및 인종주의에서 탈피할 수 있는——가능성을 들뢰즈는 주인의 소수화에서 찾고 있죠. 따라서 니체 철학에서 계보학의 중심성을 강조한다는 점에서 들뢰즈의 니체 해석은 푸코의 해석과 공통적이지만, 동시에 큰 차이점을 지니고 있습니다. 나중에 푸코와 들뢰즈가 결별하게 된 것은 니체에 대한 이러한 관점의 차이와도 무관하지 않습니다.

김항 너무 상세한 설명이 이어져서 많은 도움이 됐습니다만, 처음 맥락으로 돌아가 맑스주의와 포스트 담론의 관계를 정리해 주시면 감사하겠습니다.

진태원 이야기가 너무 길어졌는데, 다시 첫번째 문제제기로 돌아가 본다면, 80년대 말 이후에 한국 인문·사회과학계의 동향에 대해 저는 개인적으로 매우 불편하게 생각하고 있습니다. 맑스주의나 알튀세르 하는 분들은 현대 프랑스철학이라든가 포스트주의에 대해 굉장히 반감이 강하고 거부감이 깊은데, 제가 볼 때는 이 둘을 분리한다는 것은——알튀세르나 발리바르 또는 다소 차이가 있기는 하지만 랑시에르 같은 사람의 입장도 저와 마찬가지라고 생각하는데——포스트주의라고 부르는, 좀더 좁혀서 말하면 포스트구조주의라고 우리가 부르는 현대 프랑스철학자들을 맑스주의와 분리한다는 것은 불가능하고 바람직한 것도 아닙니다. 국내에서는 특히 윤소영 교수 같은 분들이 이런 식의 적대적 관계를 조장하고 분리의 필요성에 대해 강조하곤 하는데, 제가 보기에는 별 근거도 없을뿐더러 방향도 잘못된 거라 생각합니다. 그 양자를 분리하는 건 불가능하고 바람직한 것도 아닙니다.

다른 한편으로, 포스트주의를 수용하시는 분은 "아직도 알튀세르야? 아직까지도 알튀세르를 보냐? 맑스주의를 여태까지 보냐?" 이런 얘기들을 하는데요. 제가 생각할 때, 포스트구조주의라든가 포스트맑스주의, 포스트 콜로니얼리즘을 주도하는 사람들은 어떻게 보면 다 개인적으로 맑스주의자에서 출발했던 사람들이고, 나름대로 맑스주의가 역사적으로 직면했던 한계들을 각자의 방식으로 해결하기 위해서 작업을 했던 사람들이에요. 그 과정에서 자기의 개별적인 사상을 개척했던 사람들이죠. 데리다나 들뢰즈, 또는 푸코, 리오타르 같은 사람들이 다 그런 사람들이지요. 어떤 식으로든 맑스주의의 세례를 받았고, 한계를 느꼈고, 그것을 개조하려고 노력했어요. 포스트콜로니얼리즘도 마찬가지죠. 에드워드 사이드 같은 사람도 그렇게 볼 수 있고, 특히 서발턴 연구의 대표자인 가야트리 스피박(Gayatri Spivak)이나 라나지트 구하(Ranajit Guha) 같은 사람들은 더 그렇다고 생각합니다. 라클라우나 무페 같은 사람은 물론이고요. 따라서 포스트주의를 맑스주의와 분리시키려는 시도는 제가 볼 때 바람직하지 못합니다. 이중적 측면에서 그렇습니다. 우선 그런 시도는 포스트주의의 생성조건 또는 그 원초적인 문제의식을 파악하기 어렵게 만들고, 그 작업을 넓은 의미의 맑스주의 운동사 속에서 이해하는 것도 어렵게 만듭니다. 이것은 맑스주의에 포스트주의를 종속시키는 문제가 아니라, 포스트주의의 문제의식은 맑스주의와의 관계를 떠나서는 제대로 이해할 수 없다는 점을 이해해야 한다는 뜻입니다. 더 나아가 그런 시도는 포스트주의와 맑스주의의 접합 내지 비판적 소통이 낳을 수 있는 창발적인 가능성들을 처음부터 봉쇄한다는 점에서도 문제가 있습니다.

양자의 접합이나 소통은 둘 사이의 조화나 통합을 의미하지 않습니다. 조화나 통합이 동질화, 동화의 가능성을 전제한다면, 접합이나 소통 또는 혼융은 반대로 환원불가능한 차이와 갈등을 가정합니다. 그러한 차이와 갈등이 없다면, 접합이나 소통의 필요성도 없겠죠. 이 점에 대해서는 특히 로버트 영(Robert J. C. Young)의 저작들[*]이 이미 풍부한 논증과 예시들을 제공해 준 바 있죠. 한국에서의 포스트주의가 조금 더 의미 있고 생산적인 결과를 내려면 맑스주의를 어떻게 애도할 것인가가 중요합니다. 데리다 말을 빌리자면 한국에서 맑스주의는 아직도 유령으로 떠돌고 있는데, 굉장히 불행한 유령이죠. 맑스주의에 걸맞은 애도 작업이 이뤄지지 않은 거예요. 저는 이게 여전히 중요한 문제라고 생각합니다. 한국에서 어떻게 맑스주의의 유산들을 결산할 것인가? 유령을 어떻게 애도할 것인가? 이것은 포스트주의 하시는 분들한테도 중요한 문제라고 생각합니다. 맑스주의를 생략한 가운데, 맑스주의에 대한 독자적인 애도를 하지 않은 가운데, 그냥 포스트주의에서 곧바로 출발할 수 있다고 생각한다면, 제가 볼 때 그것은 큰 오산입니다. 데리다가 말했듯이 그러면 그럴수록 맑스주의라는 유령,

---

[*] 관심 있는 독자들은 다음의 문헌들을 참조. 로버트 영, 『포스트식민주의 또는 트리컨티넨탈리즘』, 김택현 옮김, 박종철출판사, 2005; 『백색신화』, 김용규 옮김, 경성대출판부, 2008.

맑스주의의 유령에 사로잡히기 마련이죠. 그런 의미에서 맑스주의의 유산과 포스트주의의 작업들 간에 생산적인 대화, 또는 논쟁과 토론은 여전히 중요한 과제 중의 하나라고 생각합니다.

이혜령 선생님께서 지금 맑스주의에서 프랑스 현대철학으로 단계를 밟아 설명해 주셨으니까 '아, 그렇구나' 생각하게 되지만, 사실 지난 20년의 경과가 꼭 그렇게 전개된 것 같지는 않습니다. 포스트주의는 인문·사회과학계에서 맑스주의와 상관없이 큰 영향을 미쳤다고 할 수 있죠. 생산적이냐는 둘째 치고라도요. 그래서 맑스주의와 포스트주의 사이의 대화, 그리고 맑스주의에 대한 정당한 애도가 어떤 생산성을 갖는지 구체적으로 말씀해 주셔야 할 듯합니다.

진태원 적절한 질문이신데요. 예를 하나 들어보면요. 맑스주의의 역사적 한계가 '노동의 인간학' 또는 '노동자계급 중심주의'라고 많이 얘기합니다. 근데 노동의 인간학이라는 게 정확히 어떻게 맑스주의에 한계를 미쳤는지, 그리고 노동자계급 중심주의가 맑스주의의 실천적 한계라면 노동자계급 중심주의가 아닌 어떤 노동운동, 노동자운동을 해나갈 것인지? 또, 과거 맑스주의의 핵심 개념이었던 잉여가치의 착취 말인데요, 결국 잉여가치의 착취가 자본주의의 물질적이고 규범적인 한계 내지 모순이라고 생각했기 때문에 변혁의 물질적이고 규범적인 토대가 마련될 수 있었죠. 만약에 노동의 인간학을 우리가 더 이상 받아들이지 않는다면 이 자본주의적 착취의 문제는 없는 걸로 하고 그냥 갈 것인지? 그러면 노동자운동이라는 것은 사회의 민주주의와 민주화라든가 사회의 개조·변혁을 위해 더 이상 의미가 없는 영역인지? 이런 질문들이 방치돼 있단 얘깁니다. 노동의 인간학을 해체한다는 것은 그것을 포기한다거나 청산한다는 뜻이 아닙니다. 오히려 그것의 재구성 내지 개조를 촉구하는 것이 바로 해체의 작업입니다.

사실 데리다는 초기부터 해체는 이중 운동이라는 점을 역설하죠. 데리다에 따르면 해체의 전략은 우선 '전복'의 단계, 곧 '어떤 주어진 순간에 위계질서를 전복하는 것'을 필요로 합니다. 이는 "전복의 단계를 무시하는 것은 대립의 갈등적이고 종속적인 구조를 망각하는 것"이며 이에 따라 "사실상 이전의 영역을 현상유지시키고 이에 효과적으로 **개입할** 수 있는 모든 수단을 박탈"(『입장들』, 65쪽. 강조는 데리다)하는 결과를 낳기 때문이죠. 하지만 이러한 전복이 기존의 체계 내에서 대립항들의 전도에 그치게 된다면 계속해서 지배구조 자체를 재생산시키는 결과를 낳기 때문에 두번째로 해체는 지배구조에 대한 "긍정적 전위(轉位)"(déplacement affirmatif)(『입장들』, 93쪽)를 시도하는 데까지, 곧 기존 지배구조의 한계를 넘어서는 새로운 구조, 좀더 개방적이고 좀더 평등한 새로운 관계 설정을 형성하는 데까지 나아가야 합니다. 이런 의미에서 저는 déconstruction이라는 데리다의 개념을 '해체'라고 번역하는 것은 데리다의 이 개념이 지니고 있는 능동적이고 포지티브한 측면을 축소시키거나 소거한다는 점에서 문제가 있다고 봅니다. 그것보다는 탈-구축이라는 번역어가 déconstruction의 이중 운동을 표현하기에 훨씬 적합하죠. 그런데 déconstruction의 부정적인 측면이 부각되는 것이 비단 우리나라만의 문제는 아닙니다. 외국에서도 해체론을 비난하거나 폄훼하는 이들은 주로 해체론의 이런 이미지를 부각시키죠. 따라서 이 문제는 단순히 번역의 문제만으로 해소되지는 않습니다.

이혜령 제가 전에 메이데이에 대학로를 걸어가다가 찌라시를 한 장 받아 왔는데 이런 문구가 써 있었어요. "자율주의자, 들뢰지언, 트로츠키스트, 투쟁하라! 혁파하라!"고 되어 있더라고요. 어떻게 보면 이런 구호가 나오는 까닭이 선생님께서 말씀하신 문제를 통째로 괄호쳤기 때문인 것 같습니다.

진태원 제가 볼 때는 맑스주의가 포스트주의에 반감을 갖는 이유 중 하나도 그런 데 있습니다. 통속화된 의미의 포스트주의는 기존의 노동의 인간학 및 맑스주의의 한계를 드러내고 그것을 전화할 수 있는 길을 모색하기보다 오히려 청산하거나 포기하자는 주의니까요. 결국 어떤 문제제기를 하고, 문제를 해결하자는 게 아니라 문제를 아예 말소시켜 버리는 셈이죠. 하지만 만약 노동의 인간학이 문제가 된다면, 그것은 다른 모든 범주나 가치들을 노동이라는 범주에 종속시키고 그리하여 그 범주에 대해 초월적인 가치를 부과하는 것, 그것을 맑스주의나 사회운동을 사고하기 위한 불가침의 범주로 간주하는 따위의 태도들이 문제이기 때문이죠. 따라서 노동의 인간학이 문제라고 해서 역으로 사회나 역사를 사고할 때 또는 사회운동을 사고할 때 노동이라는 범주를 아예 배제하고 노동계급이나 노동자계급을 거론하는 것을 낡은 태도로 간주하는 것은 엄밀한 의미의 해체론적 사고방식과는 전혀 무관한 방식입니다. 사실 노동의 인간학이 문제라고 해서 자본주의하에서 노동자들이 착취되고 또 어떤 경우에는 초과 착취되고 그런 현상이 사라지는 건 아니죠. 그리고 노동자계급 중심주의가 문제라 해서 노동자운동이라는 게 불필요한 것도 아니고요. 하지만 포스트주의의 문제제기라든가 논의 구조를 보면 실제로 노동의 인간학을 해체하는 것과 노동의 인간학을 배제하고 청산하는 것을 혼동하는 경향들이 있고, 의도적이든 그렇지 않든 간에 이 후자를 노동의 인간학의 해체로 간주하려는 경향들이 있습니다. 그게 제가 아까 얘기했던 맑스주의의 유령이 계속 떠돌고 있고, 맑스주의에 걸맞은 애도가 이뤄지지 못했다는 얘긴데요. 포스트주의 담론들이 이 문제를 다루고 그것에 관해 일관되고 설득력 있는 자신의 대안을 마련하지 않는 한, 포스트주의가 현실적이고 자생적인 한국식의 담론이나 이론 또는 문제설정으로 재생산되고, 창조되기는 어렵다고 봅니다. 적어도 반동적이라는 비판에서 자유롭기는 어렵다고 봅니다.

맑스주의와 포스트주의의 가교

김항 한편에서는 포스트주의의 현학적이고 원리적인 사변이, 다른 한편에서는 맑스주의의 낡은 식상한 용어들이 90년대 중반 이후 각각 자기 걸음을 하게 된 거죠. 사실 포스트주의는 현실에서 유리되었고, 맑스주의는 이론적 갱생을 하지 못했던 것으로 파악될 수도 있습니다. 그래서 아마 둘 사이의 가교란 이론과 현실의 거리를 좁히는 문제 아닐까요?

진태원 그렇죠. 그것은 보통 말하는 학제 연구의 필요성과도 연결되겠죠. 그런 것을 할 수 있는 장, 제도적인 기반이 상당히 부족하다는 측면도 있지만요. 그 다음에 아까 얘기하고 조금 더 관련되는 측면에서 보자면 제가 생각할 때에는 맑스주의하고 포스트주의의 생산적인 대화·토론·논쟁에서 상호전화——이런 것들의 추구는 꼭 여기 한국의 문제만은 아니라고 봅니다——이런 과감한 표현을 써도 될지 모르겠는데, 20세기에 굉장히 중요한 사상적인 아방가르드 운동을 두 개를 뽑는다면 제 생각에는 한편으로는 서구 맑스주의가 있고 다른 한편으로는 포스트주의가 있다, 이렇게 볼 수 있을 것 같아요. 서구 맑스주의하고 포스트주의가 서로 만나 상호토론을 하고 논쟁하고 상호전화해서, 서구 맑스주의나 포스트주의와 다른 새로운 형태의 사상운동을 생성해 내느냐는 것은 어떻게 보면 20세기의 결산, 21세기의 진로를 개척하는 문제하고도 관련이 있다고 봅니다. 외국의 경우를 봐도 맑스주의하고 포스트주의가 생산적으로 결합된 예는 그렇게 많지가 않아요. 반대로 생산적으로 결합된 예들 가운데는 빼어난 작업들이 대부분이지요. 아까 얘기했던 라클라우나 무페 같은 작업도 굉장히 중요한 성과——이렇게 말한다고 해서 제가 그들의 이론에 모두 동의하는 것은 결코 아닙니다. 하지만 이런저런 견해의 차이나 비판점들이 존재한다고 해도 그들의 작업이, 불어식으로 표현한다면 "시대를 만들었다"(faire la date)는 점은 인정해야 할 것 같습니다——라고 볼 수 있고 서발턴 연구 같은 것도 마찬가지로 볼 수 있지요. 국내에는 이제 라나지트 구하의 책이 번역돼서 막 서발턴 연구의 본격적인 수용이 이루어지기 시작하고 있지만, 제가 생각하기에는 서발턴 연구의 중요성은 아무리 강조해도 지나치지 않은 것 같습니다. 지젝 같은 사람도 결국 맑스주의의 유산하고 라캉의 정신분석을 결합하려고 한다는 점에서 넓은 의미에서 맑스주의와 포스트주의의 결합을 시도하고 있다고 볼 수 있겠죠. 물론 지젝 자신은 의도적으로 포스트주의와 라캉의 유산을 분리시키려고 하지만요.

별로 주목받지 못하고 있기는 하지만, 제가 볼 때는 발리바르 같은 사람이 데리다라든가 들뢰즈, 푸코 이런 포스트주의의 유산하고 맑스주의 유산을 결합하려 시도하는 것은 굉장히 중요하다고 봅니다. 발리바르는 제가 지금 거론한 사람들보다 더 오랫동안 맑스주의의 업적과 한계, 전화의 가능성들을 모색해 왔고, 다른 사람들이 모두 맑스주의를 포기하거나 청산했을 때에도 여전히 맑스주의자로 자처하는 것을 두려워하거나 꺼리지 않은 사람이었죠. 그런 의미에서 앞에서 언급한 그 누구보다도 더 맑스주의자라는 칭호를 받을 만한 자격이 있다고 할 수 있습니다. 그런 때문인지 발리바르가 맑스주의의 유산과 포스트주의의 유산을 결합하는 방식 역시 다른 이들과는 다소 차이가 있습니다. 우선 발리바르는 일관되게 맑스주의의 문제설정 속에서, 맑스주의의 역사 속에서 이러한 결합의 가능성들을 모색하고 있죠. 가령 포스트주의 담론의 주요 주제 중 하나인 폭력의 문제를 다루는 방식에서 이 점이 잘 나타납니다. 폭력의 문제를 다루는 이론가들은 대부분 맑스주의와 무관하거나 맑스주의와 상당히 거리가 있는 방식으로 폭력의 문제를 제기합니다. 데리다가 「폭력과 형이상학」(『문자기록과 차이』)이나 『법의 힘』, 『불량배들』 등과 같은 저작에서 폭력의 문제를 다루는 방식이 그렇고 아감벤이 '호모 사케르' 연작 같은 데서 폭력이나 전체주의의 문제를 사고하는 방식도 마찬가지입니다. 반면 발리바르는 폭력의 문제를 다룰 때 늘 맑스주의의 역사 및 그 역사 속에서 맑스주의자들이 직면했던 아포리아라는 문제설정을 견지하죠. 이 점은 그가 쓴 「게발트」(Gewalt)라는 논문에서 잘 드러납니다(에티엔 발리바르, 『폭력과 시빌리테』, 진태원 옮김, 난장, 근간에 수록).

이혜령 서양이론의 수용이 많이 달라진 것 같아요. 산발적이기보다는 들뢰즈 번역처럼 꾸준히 지속적으로 이뤄진다는 것이죠. 소개되는 사상가도 많아졌죠. 그래서 번역-해석-실천의 장이 확장되고 토착화되는 양상을 보인 것 같습니다.

진태원 80년대 말 이후 20년 동안에 한국에서 수용된 포스트주의 중에서 또는 현대 프랑스철학자 중에서 제일 체계적으로 번역이 많이 되고 논의되는 철학자는 푸코와 들뢰즈라고 생각합니다. 푸코가 국내에서 널리 읽히고 또 여러 분야에서 다양한 방식으로 원용이 되는 것은 크게 두 가지 이유 때문이라고 봅니다. 우선 푸코 저작들이 많이 번역돼 있다는 사실을 들 수 있겠죠. 『감시와 처벌』, 『성의 역사』, 『광기의 역사』(이규현 옮김, 나남출판, 2003), 『지식의 고고학』(이정우 옮김, 민음사, 1992) 같은 주요 저작들이 거의 모두 번역되어 있고, 다른 프랑스철학자들의 저작과 비교해 볼 때 번역의 질도 좋은 편입니다——물론 『말과 사물』이나 『임상의학의 탄생』 같은 저작들은 번역에 상당히 문제가 많아서 언젠가는 재번역이 되어야 한다고 봅니다. 그리고 최근에 프랑스와 영미권을 비롯하여 외국 학계에서 큰 화제를 낳고 있는 콜레주 드 프랑스 강의록들도 번역되고 있죠. 현재까지는 1975년 강의록인 『비정상인들』(박정자 옮김, 동문선, 2001)과 1976년 강의록인 『"사회를 보호해야 한다"』(박정자 옮김, 동문선, 1998) 두 권이 번역되었는데, 앞으로 후기 푸코 사상의 핵심을 이루는 통치성에 관한 강의록이 속속 번역될 것으로 보입니다. 주요 저작들이 읽을 수 있게 번역이 되지 않는 상태에서는 어떤 사상가든 간에 제대로 논의되고 연구될 수가 없습니다. 서양 인문학을 연구하는 분들 가운데는 번역을 별로 중요하게 생각하지 않는 분들이 있는데, 저는 그건 큰 착각이라고 봅니다. 가령 국내에서 현대 영미철학이 별로 영향을 미치지 못하는 것은 주요 영미철학자들의 저작이 거의 번역되지 않는 이유도 크다고 생각합니다. 콰인(Willard Quine)이나 데이비드슨(Donald Davidson)의 저작이 번역되지 않는 상황에서 그들이 한국 인문학에 의미 있는 흔적을 남길 수 있을까요? 그건 불가능하죠. 개인적인 연구를 위해서는 원서를 읽는 것으로 충분할 수 있겠지만, 한국의 인문학이라는 문화적 제도를 고려한다면 번역이 없는 사상은 생명력이 없습니다. 그런 의미에서 본다면 한국에서 플라톤의 사상적 삶은 이제 막 시작되었다고 봐야죠. 따라서 지난 90년대 이후 한국 학계에서 푸코가 의미 있는 흔적을 남긴 것은 그의 주요 저작들이 비교적 잘 번역된 덕분이라고 생각합니다.

둘째, 푸코는 맑스 이후에, 또는 맑스와 달리 정치와 사회 또는 문화를 어떻게 읽고 분석할 수 있는가라는 질문에 대해 가장 구체적이고 설득력 있는 해결책을 제시해 줄 수 있는 철학자가 아닌가 싶습니다. 푸코가 반드시 맑스와 대립한다고 볼 수는 없고 또 맑스와 동일한 영역, 동일한 지평을 탐구한 사상가도 아니지만, 푸코는 어쨌든 맑스 없이도 정치와 사회를 분석할 수 있고 또 맑스가 간과한 영역들에서도 중요한 문제들이 존재한다는 점을 보여 준 사람이죠. 예컨대 이성과 광기의 대립 또는 정상과 비정상의 대립이 근대성의 핵심적인 구성소 중 하나라는 점을 보여 주었고, 학교, 감옥, 병원 등과 같이 우리가 보통 정치와 무관한 장소라고 생각하는 곳이야말로 진짜 정치, 진짜 권력이 작동하는 영역이라는 점을 밝혀냈죠. 그 때문인지 국내에는 푸코의 문제설정을 맑스주의적 관점에서 전유하거나 아니면 푸코의 관점에서 맑스주의의 변형 내지 개조를 추구하려는 시도는 거의 찾아보기 어려웠던 것 같습니다. 오히려 푸코는 맑스의 대안처럼 받아들여졌죠.

들뢰즈와 가타리는 약간 사정이 다른 것 같습니다. 들뢰즈/가타리의 국내 수용과 확산에서는 특히 수유+너머의 연구자들, 이진경 선생이나 고병권 선생, 고미숙 선생 같은 분들의 노력이 상당히 중요한 역할을 했다고 생각합니다. 들뢰즈의 책들이 많이 번역이 되고, 좋은 번역들이 이루어진 것도 큰 역할을 했습니다. 세부적으로 따진다면 이런저런 문제점들이 있겠지만, 가령 『천 개의 고원』(김재인 옮김, 새물결, 2001)이나 『차이와 반복』(김상환 옮김, 민음사, 2004) 또는 『의미의 논리』(이정우 옮김, 한길사, 1999), 『스피노자와 표현의 문제』(이진경·권순모 옮김, 인간사랑, 2003) 같은 책들이 번역되지 않았다면, 들뢰즈가 그처럼 많이 논의되지 못했을 거라고 생각합니다. 물론, 들뢰즈나 가타리의 저작 중에도 번역에 상당히 문제가 있는 것들이 있지요. 『반(反)오이디푸스』, 『니체와 철학』 같은 책들이 그렇습니다. 아무튼 그런 번역들을 바탕으로 해서 많은 사람들이 그것들을 읽고 각자의 공부 분야에서 응용을 시도하고, 그것을 또 삶의 문제라든가 정치적 현상을 해석하는 기반으로 삼는 시도는 긍정적으로 평가할 수 있을 것 같아요. 그게 어떤 이론적인 성과라든가 실천적인 의미가 있는 문제제기를 했느냐를 평가하기 이전에 그 방향과 태도, 자세 자체에 의미가 있는 거라고 봅니다.

국내의 들뢰즈 연구——들뢰즈와 가타리는 여러 권의 저작을 공동 저술했지만 국내에서는 주로 들뢰즈에 관심의 초점이 맞춰졌다는 점에서 이렇게 부를 수 있겠죠——는 상당히 특수한 현상이라고 생각하는데요, 가령 프랑스나 영미권을 비롯한 외국의 사례를 볼 때 국내처럼 들뢰즈가 대중적인 현상으로 나타난 경우는 거의 없습니다. 외국의 경우 들뢰즈(/가타리)는 『반오이디푸스』가 대중적으로 큰 호응을 얻은 것을 제외하고는 늘 학계의 소수파적이고 이단적인 현상이었죠. 들뢰즈에 열광하고 그들의 저작을 활용하거나 발전시키려는 학자들은 어느 나라에나 존재하지만 그들은 학계에서 늘 소수이고 또 대중적인 영향력도 미미한 편입니다. 반면 국내에서 들뢰즈는 2000년대 그야말로 대중적으로 광범위한 반향을 불러일으켰죠. 대중들이 들뢰즈 책을 실제로 읽고 그 내용을 이해했을 거라고 생각하지는 않습니다. 그보다는 들뢰즈 사상의 무언가가 대중의 욕망 내지 대중의 상상력을 자극했던 것 같아요.

　제가 볼 때에는 들뢰즈에 대한 대중적인 열광은 무엇보다 노무현 대통령 시절과 상당히 겹친다는 점이 의미가 있다고 봅니다. 노무현 대통령은 2000년대 한국의 정치와 사회·문화를 규정하는 핵심단어 또는——정신분석적인 의미에서의——'증상'이라고 할 수 있는데, 그것을 인민주의(populism)라고 부를 수도 있겠죠. 단 이 경우 인민주의에 대한 부정적이거나 심지어 악마적인 평가——과천연구실에서 나온 『인민주의 비판』(정인경·박정미 외 지음, 공감, 2005)이라는 책은 이런 경향을 단적으로 대변하는 책입니다——에서 벗어나 그것이 지닌 양가성을 공정하게 파악한다는 점이 전제되어야 합니다. 이런 관점에서 본다면 인민주의로서의 노무현 현상은 기성의 제도정치에 대한 실망감과 그것을 변혁하거나 넘어설 수 있는 진정한 정치에 대한 대중의 열망이 표현된 것입니다. 그런데 이러한 진정한 정치는 맑스주의적인 정치는 아닙니다. 대중의 시각——또는 대중의 상상계에서 볼 때 맑스주의——, 또는 운동권은 또 하나의 제도정치이고 기성의 낡은 정치죠. 대중은 엘리트들이 좌우하고 부자와 권력자들의 이해관계를 대변하는 데 불과한 기성의 정치를 넘어서 보통 사람들, 서민들의 아픔과 이해관계에 관심을 기울여 주는 정치를 원했고, 노무현 대통령은 이런 대중의 열망, 대중의 상상계에 부합하는 인물이었습니다. 유명 대학 출신도 아니고 집안 배경이라든가 권력의 연줄 등과도 무관한 인물, 그러면서도 사시에 합격해서 변호사가 되고 정치권에서 입지를 다질 만한 능력을 지닌 인물, 기성 정치인들과 달리 계파나 정치적 이해관계를 초월하여 자신이 옳다고 믿는 가치를 위해서 헌신할 수 있는 인물이 바로 노무현이라는 정치인이었고, 민주화 이후 고양된 대중의 정치적인 자신감과 새로운 정치에 대한 열망이 그를 2000년대 한국정치의 정점으로 이끌어올린 것이죠.

노무현 현상에 대한 정확한 분석이나 평가는 이 대담의 주요 논점이 아닌 만큼 더 이상 논의하지는 않겠지만, 제가 볼 때에는 들뢰즈 사상의 대중적인 인기, 또는 대중적인 상상계 속에서 이해된 들뢰즈 사상은 노무현 현상의 사상적 표현이라고 할 수 있습니다. 두 가지 측면에서 볼 때 그런데요, 우선 2000년대 국내에 소개되고 확산된 들뢰즈 사상은 맑스주의에 대한 (상상적) 보충물이라고 할 수 있습니다. 달리 말하면 한국의 들뢰즈는 맑스주의를 계승하되, 그것이 지닌 역사적 한계를 교정하고 넘어설 수 있는, 좀더 세련되고 일반화된 맑스주의입니다. 적어도 대중들은 그렇게 받아들였죠. 이 경우 맑스주의를 계승한다는 것은 엘리트가 아닌 피지배 대중들을 정치와 문화의 주체로 간주한다는 점, 그리고 제도적인 정치 바깥에서 진정한 정치를 추구한다는 점을 의미합니다. 반대로 맑스주의의 한계를 넘어선다는 것은 노동자계급을 중심으로 설정하지 않는다는 점, 이미 보수화되고 제도화된 '운동권'을 넘어 진짜 대중, 진짜 서민의 욕망과 이해관계를 표현해 줄 수 있는 정치를 추구한다는 점에서 그렇습니다. 따라서 둘째, 대중들이 보기에 들뢰즈 사상은 사람들의 일상적인 삶의 문제를 표현하고 또 그것을 변화시킬 수 있는, 아주 구체적이고 현실적인 사상이었습니다. 어떤 사람들은 '탈주론'에서 그것을 찾았고 또 다른 사람들은 '욕망'

개념에서 찾기도 했고 아니면 '소수자' 이론에서 찾기도 했지만, 의외로 많은 사람들이 매우 난해한 들뢰즈의 사상에서 자신들의 구체적인 삶의 문제들에 대한 해법을 찾았던 것으로 보입니다. 제가 볼 때 이진경 선생과 고미숙 선생은 대중들에게 들뢰즈 사상의 이 두 가지 측면을 각각 구현해 준 사람들로 비쳤던 것 같습니다. 공교롭게도 이러한 대중적 들뢰즈 또는 상상적 들뢰즈는 노무현 대통령의 퇴임 및 비극적인 죽음과 비슷한 시기에 퇴조를 겪은 것 같은데, 앞으로 과연 들뢰즈 사상이 지난 10여 년 동안 누렸던 인기와 권위를 지속시킬 수 있을지, 새로운 동력을 발견할 수 있을지 모르겠습니다. 아무튼 푸코와 들뢰즈는 체계적으로 번역·소개되고, 또 나름대로 심화·확장되었다는 점에서 90년대 이후 포스트주의 내지 프랑스 철학의 수용사에서 의미 있는 자취를 남겼다고 봅니다.

이혜령 그런 의미에서 포스트주의와 맑스주의의 대화에 선생님께서는 믿음과 긍정적인 가능성들을 생각하고 계신 게 아닌가요?

진태원 저는 맑스주의를 공부하는 분들, 또는 아직도 맑스주의 관점에서 연구를 하고 실천을 모색하는 분들하고, 포스트주의적인 관점에서 작업을 하는 분들이 각자 노력을 하고 작업을 해야 된다고 봅니다. 이것은 포스트주의 하는 사람들만의 작업이 아닙니다. 맑스주의 하는 분들도 포스트주의의 성과나 문제제기를 좀더 진지하게 받아들여야 한다고 봅니다. 제가 볼 때는 그 점에서 상당히 중요한 문제는 맑스주의의 역사를 소개하고 연구하고 검토하는 게 아닌가 합니다. 한국에서 맑스주의 연구하는 분들이 아직도 상당수 있지만, 맑스주의 역사를 연구하고 소개하는 분들은 거의 없거든요. 하지만 맑스주의 역사를 연구하고, 소개하고, 평가하지 않고서 맑스주의를 애도하는 것, 곧 맑스주의의 역사적 한계에서 벗어나는 것은 불가능한 일입니다. 특히, 근대성의 맥락에서 맑스주의를 어떻게 위치 지을 것인지, 근대성에서 맑스주의가 어떤 의미에서 핵심적인 역할을 했고, 또 맑스주의의 한계가 근대성의 한계들과 어떻게 연동돼 있는지, 근대성의 전체적인 구조와 전개, 그것의 한계 등과 맑스주의 역사에 대한 연구를 결합하는 작업들이 많이 소개가 되고, 또 한국의 연구자들도 스스로 해야 합니다. 이러한 작업은 아마 조금 더 폭넓은 시야에서 맑스주의를 애도하고 포스트주의의 역사적인 위상 같은 것을 규정하는 데도 중요할 겁니다.

김항 맑스주의라고 하는 원리라든가 교조적인 체계가 아니라 실제로 맑스주의가 사유되었던 방식 자체를 계보적으로 연구하는 작업을 지역이나 국가에 얽매이지 않고 계속 해나가는 건 상당히 방대한 프로젝트가 될 것 같습니다.

진태원 이것은 한 집단이나 사람의 과제가 아니라 상당히 포괄적인 연구 방향이라고 볼 수 있을 텐데요. 가령, 이런 거죠. 맑스주의라는 것은 그냥 생겨난 게 아니라 그 이전에 프랑스혁명이나 영국에서의 혁명 또는 대중운동하고 분리될 수가 없습니다. 프랑스혁명이나 영국에서의 혁명운동은 조금 더 이른 시기에 사상적이고 제도적인 운동의 흐름하고 연결이 되어 있고요. 또, 포스트콜로니얼 시각에서 보면 그런 것하고 세계의 식민지 분할 패권경쟁하고 연결되는 측면들도 연구가 되어야 된다고 생각합니다. 우리나라에서는 프랑스혁명에 관한 체계적인 소개나 연구가 상당히 드문 편이죠. 영국혁명은 더 그렇고요. 또 아시아나 남미, 아프리카의 반식민 해방투쟁과 대중운동의 역사에 대한 연구도 찾아보기 쉽지 않은 형편입니다. 아무튼 맑스주의의 역사를 근대성의 역사라는 시각에서 연구하는 건 앞으로 인문·사회과학의 중요한 연구방향 과제가 아닌가 합니다.

학진 체제와 한국 철학계의 폐쇄성

김항 다음 질문으로 넘어가겠습니다. 지금까지 말씀하신 맑스주의와 포스트주의의 가교나 근대성의 역사로서 맑스주의의 역사 연구 등을 위해서는 다양한 분야의 연구자들이 모일 수 있는 제도적 기반이 필요할 것 같습니다. 학진(현 한국연구재단)의 지원이 그런 기반을 제공해 주고 있다는 사실을 부정할 수는 없죠. 다만 그런 상황 속에서도 철학과 다른 학문 분야 사이의 교류는 80년대 이후 급격하게 줄어든 것 같습니다. 신기한 건 글 쓸 때, 프랑스철학을 인용하지 않는 문학 연구자가 없을 정도로 철학이 많은 연구자들에게 대중화되었음에도 실제로 철학하시는 분들과 인적으로 교류하는 경우는 극히 드뭅니다. 아무튼 이런 제도적 기반과 학문 간, 특히 철학과 타학문 간의 교류 문제에 관해 말씀해 주셨으면 합니다.

진태원 질문은 크게 두 가지라고 생각합니다. 한국 인문·사회과학 연구에서 학진 체제라는 걸 어떻게 볼 수 있느냐 하고, 프랑스철학을 중심으로 봤을 때 철학하고 다른 인문·사회과학 분과와의 상호작업·공동작업·학제적인 작업의 부족이나 결여를 어떻게 평가할 수 있느냐의 두 가지 문제라고 보는데요. 첫번째 문제와 관련해서 저는 학진 체제의 문제점에 관해서 지적하는 사항들에 공감할 수 있는 점도 있는데, 어떤 측면에서는 문제를 너무 과장하고 있다는 생각입니다. 저는 문제점도 있다고 보지만, 결국 학진 문제는 한국 인문·사회과학 연구자들 자신의 문제를 학진에 전가하는 측면도 있다고 생각합니다. 이명박 정권이 들어서면서 약간 사정이 달라졌을 수 있겠지만, 지난 10여년 간 김대중·노무현 정권하에서 학진의 역할이 반드시 부정적이었다고 생각하지는 않아요. 또 학진이 그렇게 경직된 기관이라고 생각하지도 않습니다. 이 조직에 대해 사람들이 흔히 '논문식 글쓰기'를 강요한다, 또는 아젠다 중심이다, 심지어는 이런 얘기도 하지요,

돈 가지고 인문·사회과학을 관리·통제하려고 한다, 그런 문제제기들을 하는데, 그게 어떤 점에서는 일리가 있는 점도 있지만, 너무 과장한다고 생각해요. 돈 가지고 인문·사회과학자들을 관리하려고 한다는 지적은 돈 걱정없는 사람이나 할 수 있는 말이죠. 학위를 마치고 아무 일자리도 없이 강의나 나가는데, 연구과제라도 있어서 그거 지원해서 생계에 보탬이 되는 거는 시간강사들한테 통제의 문제가 아니죠. 원래 과제를 만든 이유 자체도연구자들한테 인건비를 지원하자는 취지들도 있는 거니까 이걸 돈을 가지고 통제하려고 한다는 것은 과장된 것이라 봅니다. 물론 인문학에 대한 지원이 대규모 사업형태로 이루어져야 하느냐 오히려 개인 중심으로 지원이이루어져야 하지 않느냐, 또 비정규직 학자들에 대해 장기적인 연구 기반을 제공할 수 있는 지원 방안이 부족하다는 등의 비판은 일리가 있고 또 대안이 마련되어야 한다고 봅니다.

그 다음에 논문식 글쓰기라든가 등재지 중심의 업적평가, 즉 양적인평가는 학진에 떠넘길 문제는 아니라고 봐요. 만약에 인문·사회과학자들이 충분히 거기에 대해서 문제의식을 느끼고, 그걸 개선할 수 있는 대안들을 가지고 있다면 저는 학진에서 어느 정도 그걸 수용하고 개편했을 거라고 생각해요. 근데 인문·사회학자들이 그런 대안이 없었던 거죠. 그것을어떻게 개선할지에 대한 구체적인 문제의식이나 해결방안이 없으니까 그게 계속 강요처럼 느껴지는 거죠. 저는 이런 문제에서는 인문·사회학자들의 문제가 더 크다고 생각합니다. "비평논문같이 학술지 논문 등재지 이외에 다른 계간지라든가 이런 데 실린 글들의 업적은 인정을 안 해주냐? 업적으로 인정해 달라." 이런 것도 인문·사회과학자들이 문제의식을 갖고 체계적인 대안을 마련한다면 충분히 마련할 수 있다고 봅니다. 근데 사람들 보면 놀라운 게 가령 학진에서 어떤 규정 같은 것을 만들면 아무 문제제기 없이 그냥 따라가요. 가령 대학에 있는 선생들 만나면 등재지에 글 쓰라고, 꼭 등재지에 쓰라고 합니다. 왜? 등재지만 업적 평가가 되니까. 그러면 제가 비등재지도 업적 평가에 들어갈 수 있게 만들면 되지 않냐 하는데, 사람들이 그렇게 하려는 생각을 못해요. 또, 그런 걸 하긴 귀찮아하고, 그걸 하려면 뛰어다니고, 사람들 모아서 학교에 건의도 해야 되고, 학진에도 얘기를 해야 되니까 그냥 따라가요. 학진으로서는 국정감사도 받아야 되니 쉽게 바꾸려 하지 않죠.

이혜령 계량화와 투명화가 필요한 거죠.

진태원 국가기관으로서 자기들의 규칙이 필요한 집단이자 기관이죠. 그것을 인문·사회과학의 실정에 맞게 변화시키고, 그걸 좀더 유리하게 만들 수 있는 사람은 인문·사회학자들밖에 없는 건데, 그냥 따라가요. 인문·사회과학자들을 보면 어떤 점에서는 마치 공무원 같다는 생각이 들기도 합니다. 나쁘게 말하면 복지부동 같은 태도도 있는 것 같고, 위에서 어떤 지시가 내려오면 그냥 그대로 순응하고 따라가는 경향이 있는데, 그건 좀 문제가 있다고 생각합니다.

이혜령 저는 학진 시스템의 가장 큰 문제는 비평공간을 축소시켰다는 점보다는, 논문 글쓰기를 규칙화하면서 분과 학문체제는 강화했다는 점 같습니다. 사실 논문 쓰기와 심사를 규격화하고 엄격화하면서 글의 질은 나아졌지요. 그런데 분과학문 간의 융합을 강조하면서도 논문 중심의 글쓰기 체제는 분과 학문의 울타리를 공고히 하고 있는 것 같아요.

진태원 학진 지원방식 또는 체제의 문제점은 공론 기능을 약화시켰다는 걸 들 수 있을 것 같아요. 학진의 지원방식이 학회를 중심으로, 학회에서 내는 학술지를 중심으로 지원을 하기 때문에 선생님 말씀하신 것처럼 오히려 과 단위 분과학문 단위로 분산시키고, 그걸 고착화하고, 대신에 여러 분과 사람들이 모여서 공론의 장을 형성하는 여지를 상당히 축소시킨 점들이 있는 것 같아요. 그런 점도 논란이 됐던 것 같은데요. 가령, 『창비』 같은 학술지를 등재지로 할 거냐 말거냐. 그거 가지고서도 아마 논란이 있었던 것 같은데요. 그걸 등재지로 해야 된다고 하는 분들은 『창비』가 사회적으로 중요한 공론장으로서 기능을 하고, 또 의미 있는 글들이 많이 실리니까 학술지로서 평가해 줘야 한다라는 관점을 갖는 거고요. 반면에, 왜 『창비』에게만 그런 특혜를 주냐는 문제제기 논란이 있는 거죠. 결국 현재 학진의 지원방식으로는 공론을 형성하고, 학제적 연구를 촉진하는 건 어려움이 있는 것 같습니다.

이혜령 이것도 저것도 등재지가 되어야 한다는 차원으로는 해결이 안 된다는 거죠.

진태원 맞습니다.

이혜령 그래서 선생님 말씀처럼 인문학자들의 대안적인 상상이 필요한 거구요.

진태원 아무튼 저는 모든 것을 꼭 학진의 문제라고 돌리기는 어려운 점들이 있다고 봅니다. 두번째 질문하신 게 철학하고 다른 인문·사회과학하고 공동작업이 부족하지 않느냐고 말씀하셨는데요, 제가 볼 때는 80년대와 최근의 분위기 차이도 있는 것 같습니다. 80년대 철학이 다른 학문들하고 교류도 하고 같이 작업을 할 수 있었던 것은 맑스주의라는 틀이 있었기 때문에 가능했던 건데, 그게 무너지고 난 다음에는 그걸 묶을 수 있는 틀이 별로 없는 것 같다는 생각이 듭니다. 그 다음에 철학하고 다른 학문 분과의 교류가 없다는 것은 사실 철학 자체의 문제점이 더 많다고 생각을 합니다. 왜냐면 아까 말씀하신 것처럼 90년대 이후에 두드러진 현상 중의 하나는 다른 인문·사회과학 분과에서 철학——특히 프랑스철학이겠죠——을 참조하거나 준거로 삼는 경향이 많아졌다는 건데, 정작 프랑스철학, 또 일반적으로 철학을 하는 분들은 다른 분야에서 어떻게 참조하는지에 별로 관심이 없어요. 국문학에서 프랑스철학을 어떻게 수용을 하고 있는지, 또 역사학자들이, 예를 들어 임지현 선생 같은 분들이 알튀세르나 푸코를 어떻게 수용을 하고 있는지 이런 데 관심이 없는 거죠. 그리고 어떤 의미에서는 그러한 수용의 문제를 비판적으로 평가하고 대안을 제시할 만한 능력도 부족한 것 같고요.

왜 관심이 없냐 하면 서양철학, 프랑스철학도 마찬가지지만, 서양철학 하는 분들의 관심은 프랑스나 독일, 영미 쪽에 가 있지 한국에 관심이 없습니다. 한국어로 글을 써도 관심은 프랑스나 영미 쪽 논의나 연구동향에 가 있지, 여기서 어떤 문제가 이뤄지고 있는가에 대해 관심을 기울이지는 않아요. 그것은 유럽이나 영미 쪽이 현재의 인문·사회과학의 본산이고 또 그쪽에서 이루어지는 논의의 수준이 훨씬 높으니까 어떻게 보면 자연스러운 측면이 있습니다. 하지만 좀 비판적으로 본다면 그것은 한국의 프랑스철학을 비롯한 한국의 철학 일반이 갖는 대외종속적·타율적 속성, 한국 인문학자로서 프랑스철학 연구자들이나 다른 철학 연구자들이 갖는 '뿌리 없음' 때문이라고 볼 수 있는데, 저는 오히려 그게 더 중요한 문제라고 생각을 합니다. 철학이라는 게 원래 추상적인 학문이긴 하지만, 그 추상적인 학문에도 그것이 성립하고 발전하고 변형되는 맥락이 존재합니다. 그리고 중요하고 강력한 철학자들일수록 이러한 맥락을 잘 이해하고 있고 늘 이 맥락을 조회하면서 자신의 사상을 가다듬고 발전시키죠.

한국에서 상당히 논의가 많이 되고 많이 수용된 철학자들, 데리다·들뢰즈·푸코·리오타르, 최근에는 랑시에르·발리바르·아감벤 같은 사람들이 대단한 점들이 뭐냐면 그 사람들의 문제의식 자체가 너무 구체적이라는 겁니다. 이 사람들은 자기들 현실에서 부딪히는 문제를 가지고 자기들이 물려받은 사상적인 자원을 무기로 해서 문제를 사고합니다. 자기 선배들의 철학과 싸우면서 자기들의 입장을 형성하고 발전시켜 나가는 사람들인데, 그들의 사유의 밑바닥에는 항상 자신이 살아가고 사고하는 현실의 맥락에 대한 준거가 있습니다. 그래서 그 사람들은 아무리 추상적인 얘기를 하더라도 그 추상적인 얘기들이 어떤 문제의식에서 나왔는지 분명하게 추적할 수가 있어요. 따라서 이들의 사상은 논리적으로 설득력이 있을 뿐만 아니라 그 사람들의 작업을 아는 사람들에게는 그들의 작업이 어디에서 발원했고 또 무엇을 지향하고 있는지 그 실천적인 방향이 뚜렷해요. 우리나라 철학자들에게는 그런 게 없죠. 들뢰즈를 전공하는 철학자, 또 데리다를 논의하는 철학자 또는 푸코를 연구하는 철학자는 존재하지만, 그들이 왜 그 사람들을 전공하고 연구하는지, 그것이 지향하는 바가 무엇인지 파악하기 어려운 경우가 많습니다. 그래서 유행에 편승한다는 비판들이 제기되곤 하죠. 저는 사상의 유행이라는 게 반드시 부정적인 것이라고 보지는 않습니다. 어떤 사상이 유행한다면 그것은 그 사상이 시대의식을 잘 구현하고 있고 또 동시대가 직면한 문제들을 첨예하게 표현하고 있기 때문이죠. 철학사라는 것은 어떤 의미에서는 각각의 시대에 유행했던 사상들의 기록이라고 볼 수도 있습니다. 따라서 철학 및 좀더 일반적으로 말해 인문·사회과학 연구 전반은 어떤 의미에서는 항상 유행을 따를 수밖에 없는데요, 문제는 그것을 어떻게 따를 것인가, 어떻게 '그들의' 유행을 '우리의' 유행으로 만들 것인가, 그들의 유행과 우리의 유행 사이에 어떻게 차이를 만들어 낼 것인가죠.

　따라서 문제는 프랑스철학을 비롯한 서양 인문·사회과학을 공부하면서 어떻게 한국이라는 레퍼런스를 준거로 기입해 넣을 것인가, 또는 어떻게 한국이라는 준거점에서 프랑스철학을 수용하고 변용할 것인가라는 점인데, 상당수 서양인문학 연구자들은 이런 레퍼런스의 문제가 존재하지 않는다고 생각하거나——왜냐하면 이미 프랑스·독일·영미 같은 레퍼런스가 있기 때문에——아니면 그 문제를 괄호에 넣고 시작해야 한다고 생각하는 것 같아요. 한국이라는 레퍼런스가 기입될 경우 보편성이나 객관성이 훼손될 수 있다는 거죠. 아마도 이런 태도가 한국의 서양인문학 연구를 더욱 추상적으로 만들고 자족적이고 폐쇄적으로 만들지 않는가 합니다.

김항 데리다를 읽든 들뢰즈를 읽든 문자 하나하나를 따라가는 것도 중요하겠지만, 어떤 문제에 맞닥뜨려 그 난해한 이야기들이 구체성을 띠고 제시가 되었냐고 하는 상황까지 포함해서 연구해야 그걸 우리 스스로의 처지와 맞춰 상대화하고 거기서 수용을 할 건 하는 태도들이 생겨날 수 있겠죠. 그때 비로소 다른 학문 분과들하고 문이 열릴 것 같은데요. 한국의 철학이 그 단계에 계속 안 가고 있다는 말씀이시죠?

진태원 맞습니다. 김항 선생님이 잘 아실 텐데요. 우리나라와 비교해 본다면 일본 학자들이 그런 걸 잘 하는 것 같아요. 제가 일본 학계의 전통이나 분위기에 대해서는 잘 모르지만, 국내에 소개된 몇몇 사람들 책을 보면 가라타니 고진 같은 사람도 그런 걸 잘하는 사람들이고, 사카이 나오키 같은 학자도 마찬가지죠. 이 사람들은 무슨 문제를 논의하든지 간에 항상 일본이라는 레퍼런스를 밑바탕에 깔고서 이야기를 하더군요. 우리나라에서는 데리다를 굉장히 추상적이고 난해한 사상가, 현실 문제와는 그다지 관련이 없는 현학적인 철학자로 받아들이는 경향이 있는데, 데리다 연구하는 일본 학자들 보면 데리다 얘기하면서 꼭 일본의 문제를 같이 얘기합니다. 가령 우카이 사토시 같은 학자는 프랑스나 영미권에도 잘 알려진 데리다 연구자인데, 얼마 전에 번역된 저서 『주권의 너머에서』(신지영 옮김, 그린비, 2010)를 보면, 책 전반에 걸쳐 데리다 사상을 전제하면서 그것을 일본과 동아시아를 비롯한 현실 문제에 대한 사고 속에서 녹여 내는 것이 상당히 인상적이었습니다. 데리다 사상으로 일본의 문제, 아시아의 문제, 팔레스타인의 문제를 어떻게 사고할 것인가, 그리고 이러한 사고 속에서 데리다 사상을 어떻게 발전시키고 변용할 것인가가 핵심 문제의식이라고 할 수 있을 텐데요, 우리나라 철학 전공자들한테서는 그런 걸 볼 수가 없어서 굉장히 유감입니다.

이혜령 결국 선생님이 아까 말씀하신 맑스주의와 포스트주의의 생산적 대화와도 연결이 되는 문제네요.

김항 저는 한국 현대철학 연구자들의 저작들을 계속해서 많이 읽고 있습니다. 내용이 훌륭해서라기보다는 도대체 이들의 현재적 생명력은 무엇일까 하는 의문에서요. 그건 아마 그 딱딱한 철학연구서에서 그것이 마주했던 현실을 찾아내는 일이 아닐까 싶어요.

한국 철학 연구의 전망

이혜령 화제를 좀 바꾸자면 오히려 철학 자체는 매우 대중화된 측면이 있다고 봅니다. 90년대 후반 이후에 과 자체는 지방대 같은 데서는 없어지기도 하지만, 철학이 인문학 담론의 한가운데에 있다는 사실을 부정할 수는 없을 것 같아요.

진태원 그게 프랑스철학이 한국에 수용되는 특징하고 관련이 있다고 보는데, 프랑스철학의 한국적 수용은 첫째로 말하면 비철학적인 수용이라 볼 수 있어요. 프랑스철학이 많이 수용된 곳은 철학과가 아니고 철학 외에 다른 분과들에서 많이 수용되었습니다. 지금 한국 철학과를 보면 프랑스철학 전공자가 많지 않아요. 프랑스철학을 전공한 학자들이 전임교수로 존재하는 철학과 숫자가 그렇게 많지 않습니다. 90년대 이후 한국의 인문·사회과학에서 가장 널리 논의되고 원용되는 철학이 프랑스철학인데, 정작 대학의 철학과에는 프랑스철학 전임교수가 드물다는 것은 한국 철학계가 상당히 폐쇄적이라는 사실을 입증해 주는 한 사례라고 볼 수 있겠죠. 다른 한편으로 프랑스철학 전공자 중에서는 베르그손 전공자들이 숫자가 제일 많아요. 그런데 베르그손은 그 철학의 중요성이나 탁월함과 별개로 90년대 이후 국내의 다른 인문·사회과학 분과에서는 별로 영향을 못 미친 철학자입니다. 제가 볼 때는 앞으로도 특별히 큰 영향을 미칠 것 같지는 않습니다. 이렇게 본다면 90년대 이후 국내 인문·사회과학계에 프랑스철학이 널리 수용되었다는 사실은 대학의 학문 제도와는 상당히 거리가 있는 현상입니다.

두번째로, 한국에서 프랑스철학의 수용은 굉장히 비제도적인, 대중적인 수용이었다는 생각이 드는데요. 프랑스철학의 수요, 또 그것에 대한 관심은 전문적인 연구자들도 있겠지만, 일반 교양대중들의 관심들에 힘입은 바가 상당히 크다고 봅니다. 이런 현상의 정확한 원인은 잘 모르겠어요. 한국사회가 사회적으로 봤을 때에 교양대중들의 철학에 대한 지적인 필요·욕구가 상승한 결과일 수도 있고요. 또, 출판을 중심으로 프랑스철학이 수용된 결과일 수도 있겠고요. 프랑스철학의 수용을 주도한 사람은 철학자들이 아니고, 대개 출판사하고 문학이론을 한 분들이었으니까요. 어쨌든 제도적으로는 프랑스철학이 별로 수용됐다고 생각되지는 않습니다. 대학에서 지금 들뢰즈나 데리다나 푸코나 리오타르 철학을 배울 만한 곳이 거의 없거든요.

김항 일본도 마찬가지인 것 같습니다. 간학문적이고 학제(學際)적 학과에서는 리오타르 논문도 받아 주지만, 철학과에서는 베르그손이나 데카르트죠. 메를로-퐁티까지가 한계인 것 같습니다.

진태원 어떻게 보면 포스트구조주의라는 철학 자체가 굉장히 성격이 특이합니다. 이게 어떻게 보면 포스트-철학적인 성격을 갖고 있다고 할까요. 그 사람들의 작업 자체가 전통적인 철학 분과에 포섭되지 않는 글쓰기 방식으로 이루어졌고, 또 그들이 다루는 영역이나 소재들도 그렇고, 다루는 주제들도 마찬가지입니다. 푸코 이전에 누가 광기를 주제로 철학 분야의 국가박사학위 논문을 썼겠습니까? 데리다가 문자기록(écriture)이라는 문제로 그라마톨로지에 관한 책을 쓴 것도 마찬가지죠. 그런 의미에서 본다면 프랑스철학이 철학과 바깥에서 수용되고 반향을 불러일으키는 것은 자연스러운 점이 있죠. 철학과에서 수용하기 어려운 방식의 논증·스타일·주제를 다루니까요. 그런 것도 개인적인 관심 중의 하나인데요. 포스트구조주의 이후에 철학이라는 게 어떻게 변모되었을까? 과연 철학이라는 게 예전과 같은 그런 식으로 생존할 수 있을까? 철학은 이제 자신의 고유한 영역이라는 것을 더 이상 유지할 수 없고, 다른 분과학문 속에서 그 학문들에 기생하여, 말하자면 유령으로서의 삶을 살아가야 하게 된 것은 아닐까? 그것은 어떤 의미에서 철학에게 상당한 자유와 해방의 효과를 낳을 수 있는 게 아닐까……

이혜령 대학에서의 철학과는 어떤 식으로 가야 될까요?

진태원 '데카르트 이후'에 철학의 성격이 완전히 달라졌고, '칸트 이후'라든가 '맑스 이후'라든가 철학의 성격이 달라졌듯이 아마 포스트구조주의도 역시 철학이라는 분과에 대해서 상당히 큰 영향을 미치게 될 것 같습니다. 프레드릭 제임슨 같은 사람은 '포스트-철학'(post-philosophy)에 대해 말한 적이 있죠. 가끔 이런 생각을 해보는데요. 실제로 일어날 가능성은 희박하겠지만, 철학과라는 것이 없어지고, 그 대신 대학의 모든 과에 철학이나 그 비슷한 것을 전공하는 사람들이 한두 명씩 존재하는 일이 일어난다면 어떨까요? 가령 문학 분야의 학과에 문학적인 철학을 전공하는 학자가 있고, 경제학과에는 경제적인 것에 관한 철학을 연구하는 학자가, 수학과에는 수리적인 것의 본성을 따지는 학자가 존재하는 식이죠. 제가 생각하기에 포스트구조주의로서의 프랑스철학이 철학에 미친 효과는 철학이 더 이상 다른 학문, 다른 분과와 독립적인 자신의 영역을 유지하기가 어려워졌다는 점인 것 같습니다. 일종의 철학의 해체, 또는 철학의 탈-구축인 셈이죠. 하지만 보수적인 사람들이 생각하듯이 그것이 반드시 반철학적인 것이라고 할 수 있을지는 잘 모르겠습니다.

김항 어떻게 보면 장르 파괴적인 거네요.

진태원 그런 성격들이 좀 있죠.

김항 두 시간 정도 진한 이야기를 나눴는데요. 더 나가면 '철학 앞으로 어떻게 할 것인가?'까지 갈 것 같습니다. 오늘, 긴 시간 감사드립니다.

6부

인문학자의 정치성과 정체성

¹⁴김영옥
지식인의 몸과 언어

김영옥은 독일 아헨 대학에서 「타인의 텍스트를 통한 자화상: 발터 벤야민의 카프카 읽기」로 박사학위를 취득했으며 현재 이화여대 한국여성연구원 객원연구위원으로 활동하고 있다. 저서로 『여성주의 리더십: 새로운 길찾기』(공저, 2007), 『국경을 넘는 아시아 여성들』(공저, 2009) 등이 있고, 『일방통행로/사유이미지』(2007), 『보들레르의 작품에 나타난 제2제정기의 파리/보들레르의 몇 가지 모티프에 관하여』(2010) 등 벤야민 저작을 공역한 바 있다.

어렵게 혹은 운좋게 만났다. 다른 말이 아니라 발터 벤야민 연구자이자 번역가를, 문학비
평가를, 여성주의자를 한 자리에서 한꺼번에 만났으니 말이다. 그녀가 그 모두였기에 말이
다. 그녀에게 말을 걸 때, 우리는 유쾌한 반문을 당할 태세를 취해야 한다는 것을 알았
다. 그녀와 대화하는 동안은 단숨에 누군가를 알거나 이해하거나 표현할 수 있다고 자신
하지 말도록 하는 연습의 시간이었던 것 같다.

시간 순서에 따라 사태를 진술하는 것에 익숙한 우리들에게, 멀티 빌롱잉(multi-
belonging)과 같은 말로 자신이 살아온 나날들을 쪼개어 우열을 두거나 어느 부분만을
특화하지 않는 존재의 형식도 있다는 것을 보여 주었다. 그것은 어쩌면 끊임없이 타인에
게 말을 걸면서 그 말 안에서 은신이든 기투이든 세례이든 존재의 변형을 이루고 그것을
표현할 줄 아는 자만이 취할 수 있는 존재의 형식인지도 모르겠다는 생각을 하게 되었다.

이행 혹은 다중적 귀속(multi-belonging)

__이혜령__ 김영옥 선생님, 저희는 이 연속 인터뷰를 진행하면서 현실 사회주의권의 몰락과 한국의 민주화, 아이돌 대중문화와 강남문화로 대표되는 자본주의 소비문화의 등장이 동시적이었던 80년대 말~90년대 초반 무렵부터 한국 인문학이 변화한게 아닌가라고 생각해 왔습니다. 그후로부터 오늘까지 여러 인문·사회과학자들의 학문적 행장을 들여다보는 게 저희 인터뷰의 취지였는데요. 그 가운데에서도 김영옥 선생님의 학문적 행장은 이채로운 것 같습니다. 독일문학에서 출발해서, 페미니스트 비평가, 여성학자로 이어지는 행보는 참 이채롭습니다. 국문학 전공자 중에도 페미니스트 비평가는 있지만, 국문학 제도에 머물러 있지 아예 여성학으로 몸을 옮기신 분들은 없거든요. 선생님의 이러한 이동성은 저희가 주목하고 있는 한국사회의 변화와 무관한 것은 아니지 않을까 해요. 물론 선생님이 워낙 개성 있으셔서 충분히 이런 행보가 가능하다고 생각하지만, 그래도 나름대로 선생님이 걸어온 길을 역사화하고 의미화하는 진술들을 해주셨으면 좋겠습니다.

__김영옥__ 둘 다인 것 같아요. 개인적인 성향도 작용을 했고요. 시대적으로 그전에는 닫혀 있었던 여러 문들이 열리기도 했고요. 여러 개의 장들이 생성 중이었죠. 저한테는 그게 행운이기도 하고, 제도권 진입과 관련해서 보면 행운이 아닌 것이기도 했는데요. 그때 제가 열린 문에, 그러니까 생성 중인 장들에 들어서게 된 거죠. 여러 개의 장들을 왔다 갔다 하면서 지적 호기심

과 인식론적 질문들에 몰두한 겁니다. 옮겼다고 하셨는데, '몸을 옮겼다'고 하는 것 자체가 상당히 제도적 어법인 것 같아요. 사실은 제가 지금도 이방인적 정체성을 갖고 살거든요. 예를 들어서, 독문학계에서는 저를 잊어버린 지 오래되고요. 여성학자 내지는 여성주의 문화이론가다, 문화비평가다 이렇게 사람들에게 호명되기도 하지만, 여성학 내에서는 묘한 목소리로 은근히 "당신은 독문학을 한 사람이잖아", 이런 식의 암시를 듣게 돼요. 출신 성분을 밝혀야 되는 시점이 있다든가 혹은 누가 어떤 자질을 갖고 어떤 자리에 가야 된다든가 하는 식의 구체적인 질문들이 등장하면 다시 원점으로 돌아가는 거죠. 처음에 어디에서 학습을 받았는가 이런 게 중요해지곤 하는 것 같아요. 그래서 '몸을 옮겼다'고 하는 것을 사람들이 어떻게 이해하는가에 대해서 스스로 생각하는 시간을 많이 갖게 되었어요.

저는 제 행보에 대해서 굉장히 만족해요. 대학 다닐 때, 소설을 쓰는 전업작가가 될 것인가 공부를 할 것인가를 두고 고민을 했었는데, 저는 상황적 인식에 강한 거지, 상황을 상상력으로 만들어 내는 것에 강한 것은 아니라는 사실을 스스로 깨달았달까요? 하여간 그런 약한 생각을 품고 결국 작가의 길을 접고 학문의 길을 가게 된 거지요. 이 '상황'이라는 건 시공간이죠. 맥락이 있고, 거기에 사람이 있는 거죠, 사물이 있고. 그때 어떤 감정의 구조가 이 상황을 감싸는가? 이런 데 관심이 많았어요. 아마 작가가 됐어도 한국소설의 역사에서는 낯선 독일식 소설을 쓰지 않았을까 이런 생각도 드는데요. 그때는 한국에서 소설가라고 하는 사람들은 상당한 이야기꾼이거나 아니면 최인훈처럼 이데올로기적 질문을 하는 사람이어야 했지요. 아무도 저에게 "네가 가지고 있는 이러이러한 자질을 이러이러한 식으로 가다듬으면 좋은 소설가가 될 수 있을 것이다"라고 얘기를 안 해줬어요. 그보다는 "분석적이다" 내지는 "독후감 잘 쓴다" 이런 말을 해서 결국 대학원을 가게 된 거지요. 학부 때 잉게보르크 바흐만(Ingeborg Bachmann)을 좋아했어요. 여성문학이나 언어철학적 언어 감수성에 관심이 많았던 거죠. 대학원에 가서 발터 벤야민에 관심을 가졌고, 어느 정도는 일관성이 있어요. 이를테면 왜 아도르노가 아닌 발터 벤야민이냐는 질문을 할 수 있죠. 당시에 프랑크푸르트 학파를 향한 한국 지성계의 흐름이 있었는데, 저에게는 아도르노도 아니고, 루카치도 아니고, 벤야민이었던 거거든요. 저에게 루카치는 너무 교조적이었어요. 심지어 데카당스 이야기를 할 때도 루카치는 교조적으로 되는 것 같더라구요. 그게 싫다기보다 어색했어요. 제가 77학번이니까요. 79, 80, 81년 이럴 때죠. 80년대 초반의 상황이죠.

아도르노는 벤야민과 유사하다고 생각될 수도 있지만, 에스프리가 떨어진단 생각이 들었어요. 아도르노 언어가 가지고 있는 건조한 치밀성, 이게 저한테는 2퍼센트 부족한 거 같더라고요. 벤야민의 언어가 가지고 있는 특유의 은유적이고 영적인 상상력이 저를 사로잡았던 것 같아요. 벤야민은 비유에 능수능란하거든요. 사실, 벤야민의 비유가 저를 감동시켰던 것은 이것이 일반적인 소설가나 시인이 사용하는 비유와는 다르기 때문이에요. 비유를 사용해 철학적 명료함이 있는 성찰로 인도하기 때문에 좋아했죠. 저는 문학과 철학의 중간지대를 찾았던 것 같아요. 지금은 문학 이해가 달라졌지만, "문학은 이러저러한 것이다"라고 사람들이 단순하게 간주하는 그 부분이 좀 지루했고, 완전히 철학이라고 일컬어지는 영역의 텍스트들은 너무 물기가 없었어요. 그러다 보니까 벤야민을 선택하게 된 거고요.

한국에 돌아오자마자 저는 '또 하나의 문화'(이하 '또문')에 접속이 되었어요. 귀국하기 전 베를린에서 열린 〈한·독 시낭송 주간〉에 알게 된 김혜순 시인이 저한테 그러더라고요. "당신은 한국에 돌아오면 사막에 도래한 것 같은 황폐함을 느낄 것이다. 내가 당신을 좋은 데 안내하겠다." 그래서 '또문'에 안내되었죠. '또문' 분위기에 적응하는 데 꽤 오래 걸렸던 것 같아요, 뭐랄까 매우 다른 언어를 사용하는 곳이었죠. 그때 처음으로 한국에서 열성적으로 활동하는 페미니스트들을 만나게 된 거예요. 제가 한국에 돌아와서 만난 페미니스트 그룹이 다름 아닌 '또문'이었다는 게 우연이면서도 필연인 것 같아요. 한국에 돌아와 마주친 첫번째 도전이면서 굉장히 흥미로운 학습의 장이 되었던 것이죠.

제가 독일에 있을 때, 한국에서 민주화의 불꽃이 확 터졌잖아요. '서울역'에서 비롯해서 넥타이 부대까지 혁명에 뛰어드는 이런 과정을 다 독일에서 간접으로 들었지요. 그래서 저에게는 혁명의 현장에 있지 못했던 사람의 밍밍함이 있었어요. 밍밍함, 뭔가 '내가 또 역사에 동참하지 못했구나' 내지는 '현장에 또 없었구나' 그런 거죠. 대학 다닐 때도 '기독학생회'에 들어가 나름 학생운동을 했지만, 이상한 밍밍함 때문에 항상 후진을 맡았거든요. 선두에 있던 친구들이 감옥에 가고 하는 동안 저는 파수병 같은 역할 맡아서 하고 그래서 그때도 스스로 느낌이 별로 안 좋았는데요. 이때도 그랬던 거예요. 그래서 돌아와 '또문'을 만나면서 다른 식의 도전 내지는 —— 혁명이라는 말까지는 너무 세고 —— 그런 식의 운동을 할 수 있는 장이 생긴 것 같아 좋았던 거죠.

한쪽에는 여전히 언어적으로 사유하고 그것을 즐기는 약간 전형적인 인문학적 —— 인문학 중에서도 문헌학적인 요소가 가미된 독일 인문학이죠. 그게 독일 인문학 특성이거든요 —— 경향이 있고, 다른 한쪽에는 현실 참여에 대한 지연된 욕망이 있었던 건데, 현실을 바꾸겠다고 딱 마음을 먹고 실제로 바꿔 나가는 여성들을 만나니까 이 둘이 연결된 거죠. 많은 사람들이 '또문' 페미니스트들을 두고 서구에서 수입된 학문을 하는 부르주아지 여성들이라는 식으로 말하기도 했지만, 저는 그때 그런 상황의 필연성을 이해했던 것 같아요. 왜 이들이 이 역할을 하지 않으면 안 되는가? 이것이 지식생산과 관련된 것이기 때문이죠. 사회생활을 지식의 생산이나 유통 문제와 밀접하게 관련된 것으로 파악하는 바로 거기서 페미니즘의 중요한 키워드를 찾으려 했던 사람들이 이 사람들이죠. 문화나 사회·국가·가정 등 범주의 정치학을 분석하는 것이야말로 이 사람들이 가장 잘할 수 있는 일이었던 거죠.

그러면서 이혜령 선생님이 첫번째 질문으로 구성하신 자본주의 소비문화에 대한 여성주의적 관심이 활성화된 것 같아요. 페미니즘은 소위 고급 대 저급이라든가, 전통적으로 승인된 어떤 상징질서 대 승인되지 못한 일상세계의 담론들이라든가, 이론들 사이의 서열이라든가, 혹은 누구의 경험은 지식이 되는데 누구의 경험은 왜 지식이 될 수 없는가, 이런 것들을 중요한 학문적 질문으로 구성하는 태도잖아요. 권력 차원에서 다루는 거죠. 그러다 보니까 일상성이라고 하는 게 중요한 학문의 장으로 등장하게 되는데 비슷한 맥락에서 소비문화가 다루어지는 것이죠. 전형적으로 상업성 내지는 시장과 관련된 상품과 그전까지는 굉장히 고상한 것으로 간주된 것들, 말하자면 인류의 정신적 가치들의 축적이라고 하는 문화를 결합시켜 생각할 수 있게 해준 거죠, 소비문화가.

이혜령 선생님한테는 일종의 통합의 장이 되었겠네요.

김영옥 그렇죠. 새로운 인식애(認識愛)를 불붙여 줬던 것 같아요.

김항 '문헌학'(Philologie)적 연구을 하셨던 장에서 땅으로 내려올 수 있는 접속통로 같은 거라고 생각하면 되나요?

김영옥 단순히 '문헌학'이라고 할 수는 없지요. 예를 들어서, 벤야민의 언어철학적 고민 중 하나가 기표와 기의 간의 관계에 대한 탐구인데요. 전통적으로 두 개의 설명이 있잖아요. 하나는 기표와 기의가 본질적으로 서로 연결되어 있다. 고유이름(고유명사)에서 그런 생각을 구체적으로 떠올리기 쉽죠. '김신현경' 하면 김신현경의 이름 안에는 김신현경의 존재가 그대로 담겨 있다고 보는 거죠. 그런데 그렇지 않고 소쉬르처럼 기표와 기의의 관계는 임의적인 것이다, 라고 보는 관점이 있죠. 기표들의 연쇄 속에서, 즉 다른 기표와의 관계에 따라서 의미가 발생한다는 거죠. 저로서는 벤야민이 전자와 후자를 놓고 고민을 했기 때문에 재미있었던 거죠. 사실 모든 언어에는 이 두 가지 요소가 다 있지 않을까, 하나는 언어의 사회학이고, 하나는 언어의 존재론인데……. 저는 언어의 존재론에 일정 부분 지향성이 있었던 사람으로서 벤야민의 고민을 이해한 것이죠. 그런데 페미니즘을 만나서 언어의 사회학적, 더 정확히 말하자면 기호학적인 부분으로 인식이 더 확고해진 거죠. 그런 식으로 말해야 될 것 같아요. 제가 문헌학이라고 말하는 것은 언어의 존재론적인, 말하자면 시(詩)적인 부분이거든요.

사실 언어의 기호학적 측면에 관해서는 페미니스트들이 소쉬르나 그 뒤를 이은 벤야민·데리다보다 훨씬 더 풍요롭게 해석을 해냈어요. 저는 이 언어철학의 계보가 페미니스트들의 권력 분석을 통해서 정말 풍요로워지고 확장되었다고 생각해요. 페미니스트는 각 학문들 사이를 관통하는 (trans-disciplinary) 관점에 능통하잖아요. 페미니즘은 그렇기 때문에 결국 질문으로 구성되는 학문이에요. 독일에서도 질문하기로서의 언어철학·문학 이런 걸 했었지만, 한국에 돌아와서 페미니스트들을 만나면서 정말 '땅에 발을 디디면서 질문하기'로서의 지식생산 혹은 지식유통 등에 대해 구체적으로 생각하게 된 겁니다. 그러면서 아까 말씀드린 새로운 장들을 만나게 된 거지요. 영국식 문화비평의 흐름들이 열렸고, 일상세계 분석이 시작되었고, 페미니즘 문화정치학이나 몸의 문화 등이 논의되었어요.

유학시절까지의 배움이 내 몸이 되긴 힘들다는 것을 페미니스트들을 만나고 깨닫기 시작한 거죠. 유학시절까지의 배움은 외투를 하나 마련했던 것 정도지요. 페미니스트들을 만나서 본격적으로 논쟁을 벌이지 않았으면 그 외투가 내 외투인 줄 알고 계속 입었을 텐데, 페미니스트들을 만나면서 '중요한 건 내 외투가 아니라 내 몸이다. 나다. 내가 어떻게 구성되었는가? 내 입에서 나오는 말이라든가 내가 쓰는 글 하나 혹은 내가 누구를 만나서 무슨 대화를 나누는가 하는 것들이 나와 구별될 수 없다'라는 것을 깨달은 거죠.

탈식민의 과정이라고 할까요. 완전하진 않았다고 해도, 탈식민의 과정 자체를 지식생산과 관련해서 나의 지식인으로서의 위치성, 정체성과 함께 고민하기 시작한 건데요. 그것은 매우 해체적이고, 약간은 자기파괴적인 과정이기도 했지요. 그때까지 내가 배워 온 모든 것들을 포스트콜로니얼의 관점에서, 권력과 지식생산이라는 관점에서, 성별정치학의 관점에서 새로 다 거슬러 질문해야 했으니까. 그것이 나에게 너무 흥미진진하고 또 진지했기 때문에 단순히 독문학이라는 기존의 학문분과를 그 자체로 존중하면서 일종의 새 항목처럼 여성주의 시각을 도입하는 방식으로는 할 수가 없었던 거예요. 왜냐면 제가 독문학에 있으면서 혹은 문학이라는 영역에 있으면서 젠더 관점을 도입한다면 그것은 그 세계를 이제까지 지탱하고 관리해 온 체계와 구조를 근본적으로 질문할 수밖에 없는 거잖아요. 장(章) 하나를 더 끼워 넣는 식으로 되는 건 아니잖아요.

이혜령 거기는 또 문학이라는 매개의 견고함이라는 게 있으니까요.

김영옥 각 학문 영역의 문법 체계는 굉장히 견고하죠. 그 문법 체계가 견고한 상태로 계속 보존되는 한에 있어서만 새로운 시각을 허용하는 거잖아요. 저는 그거 갖고는 성에 안 차요. 왜냐면 바로 그것이 모순이니까요. 문법 체계 자체가 어떻게 구성되었는가, 그 문법 체계가 지금도 어떤 식의 불평등하고 부당한 사회구조를 계속 재생산하고 있는가? 이런 논의로 가지 않으면 의미가 없잖아요.

제가 독문학과에서 엘프리데 엘리네크(Elfriede Jelinek)의 『피아노 치는 여자』를 수업시간에 다루겠다고 하니까 "포르노다, 이거는" 하는 반응이 나왔죠. 어렵다는 것도 아니고, "포르노를 어떻게 수업 시간에 하냐"는 거였죠. 10년 후(2004)에 엘리네크가 노벨문학상을 받으리라고 그들은 생각지도 못했던 거지요. 그 당시 엘리네크는 독일에서도 특이한 작가였어요. 엘리네크는 탈구축 혹은 해체를 하는 작가죠. 해체도 극단적으로 철저하게 했잖아요. 주로 몽타주식이거든요. 그녀의 작품에는 스토리가 없잖아요. 그러면서 역사·철학·미디어·사회 이런 것을 다 삽입시키는 작가죠.

이혜령 그래서 그곳을 떠나신 건가요.

김영옥 떠난 게 아니라는 거죠. '몸을 옮겼다'는 말 때문에 계속 말하는 건데, 사실 안 떠난 거예요. 계속 거슬러 읽고 가로지르는 거죠. 그런데 이것이 현실적으로는 소속감이 없어지는 것이기도 하죠. 다중적 소속(multi-belonging)이라는 건 결국은 소속됨이 없는 게 되죠. 저는 개인적으로 다중적 소속이라고 생각해요. 다중적 소속자가 될 수 있는 것은 인식론적 관점 덕분이죠. 그 인식론적 관점이라는 것은 보다 더 통합적으로 보다 더 중층적으로 보다 더 적합하게 현실을 이해하는 것은 어떻게 가능한가, 이런 질문들과 상관되는 것이죠. 그런 질문의 태도로 여러 영역들을 관심 갖고 본다는 거예요. 그러나 사람들은 소속 혹은 귀속이라는 것을 영역 중심으로 이해하기 때문에 저 같은 경우 무소속이 되기 쉽다는 겁니다. 이것은 아까 이혜령 선생님이 말씀하신 것처럼 시대적 상황하고 관련이 있죠.

이혜령 두번째 질문 드리겠습니다. 저희가 인문학에 대한 물음들 때문에 선생님께 인터뷰를 청한 건데요. 선생님은 몸을 옮긴 것이 아니라는 걸 애기하셨습니다. 20여 년간 한국 인문학의 주요 화두였던 근대성·민족주의·식민주의에 관한 논의들의 가장 큰 재료이자 시각을 제공한 게 페미니즘과 그 이후의 젠더 연구라고 생각해요. 제가 생각하기에는 인문학과 페미니즘의 관계는 오히려 선생님이 '또문'에 들어가시고, 비평가로 활동하시던 90년대 중반 무렵까지가 행복한 조우의 시간이었다는 생각이 들어요. 그 다음에 여기에서 약간 부연하자면 그때 문학적 상황이 신경숙이나 공지영의 문학이 '여성'이라는 것을 떼고도 한국문학의 주류로 등장하던 때였고, 하나의 무시할 수 없는 것이 되었습니다.

김영옥 그러나 무시했죠, 어떤 의미에서는.

이혜령 어떻게 보면 '또문'이라는 그룹은 '지식생산자로서의 여성'이라고 하는 존재를 가시화시킨 그룹인 것 같아요. 페미니스트 그룹이기 때문이기도 했지만, 지식인으로서 지식생산에 기초한 독자적인 실천집단으로서의 여성이 함께 부각된 시간이기도 했고요. 페미니스트 비평이라는 것들이 어떤 확장적인 효과를 발휘했던 때가 바로 이때였던 것 같기도 해요. 이후에 근대성 연구나 민족주의 논의에서도 페미니즘과 젠더 연구는 촉진되었습니다. 다시 10년이 흘렀는데, 그 이후의 논의들이 정말 성과적이었는가에 대해서는 회의가 들기도 합니다.

1990년대 페미니즘과 인문학의 조우, 그 이후

김영옥 저도 회의가 들기도 합니다. 하지만 상황을 보는 시각은 약간 다른 것 같아요. 90년대 초반을 페미니즘과 인문학이 행복하게 만나서 개화한 시기였다고 보시는데요. 그게 봉우리가 열리긴 했는데, 꽃이 활짝 피진 않은, 그런 상황인 거지요. 열매는 맺지 못했죠. 종합적으로 말씀드리기는 힘들고, 떠오르는 대로 말씀드릴게요. 일단, 여성주의적 언어로 지식생산을 질문하기라는 관점에서 볼 때는 그때가 매우 활발한 시기였던 것 같아요. '또문'이 그 역할을 많이 했지요. 당시 '또문'이 발간했던 동인지들의 효과를 무시할 수 없을 것 같아요. 아마 전국적으로 의식화 교과서로 쓰인 것 같은데요. 그 부분에서도 약간 시차가 있더라고요. 서울 지역에서는 그 당시에 이런 의식화 운동의 어떤 흐름이 있었다면, 똑같은 동인지들이 지역에서는 20년 후에 그런 역할을 하더라고요. 한국이 얼마나 '지방들'이 여전히 많은 곳인가를 제가 '또문'에 있으면서 느꼈어요.

이혜령 또문 동인지가 지금도 지방에서는 읽히고 있다고요?

김영옥 많은 곳에선 여전히 교과서이지요.

김항 저희 학부 다닐 때가 90년대 초였는데, '또문'이 처음으로 '탈식민성'이란 말을 내놓았어요.

김영옥 굉장히 이른 거죠. '페미니즘 문학'이라는 용어를 처음으로 한국에서 쓴 것도 '또문'이에요. 77년부터 한국에서 여성주의 이야기가 나오기 시작했잖아요. 이화여대에 제가 있던 한국여성연구원이 생기고, 그 다음에 여성학과가 만들어지고, 몇몇 여성 지식인들이 '또문'을 만들고 이랬던 시기인데요. 엄청 빨리 진행된 거지요. 지역 간에, 사람들 사이에 시차가 생길 수밖에 없었던 거지요. 동인지의 내용이나 특정 담론 혹은 이론들이 당시 특정 지식을 갈구하는 사람들한테는 급속하게 흡수되었지만, 지금도 계속 시간이나 공간의 차이를 두고 소비되고 있다는 겁니다. 그처럼 새로운 언어행위, 즉 기본적으로 '언어가 정치다'라는 걸 '또문' 회원들이 적극적으로 말하기 시작했지요. '또문' 내부에서도 언어를 문화정치학의 관점에서 논하는 데 조금씩 차이들이 있었죠. 누가 어땠더라가 아니라 당시에 담론 형성이 얼마나 물살 센 소용돌이였는가를 말씀드리는 거예요.

문학으로 치면 90년대가 여성문학 전성기였잖아요. 많은 여성작가들이 베스트셀러 작가로 등극했는데, 그것이 또 묘하게 문학의 상업화 시점하고 맞아 떨어진 거예요. 대중소비문화죠. 그러면서 지금까지 유지되고 있는 현상, 즉 30대 사무직 여성들이 문학의 주 소비자로 등장하는 게 본격화되었던 것이죠. 예전에는 매우 고품격의 예술 형태로 간주되었던 소설 속에 바로 자신들이 여성으로서 일상적으로 겪는 일들이 주제가 되는 걸 보면서, 이들은 드디어 자신들의 경험을 들어주는 사람이 있다는 걸 알게 된 거죠. 그래서 적극적 독자, 소비자가 된 거죠. 보들레르나 벤야민이 말했던 작가와 시장 간의 관계가 한국에서는 90년대에 제일 극명하게 드러났던 거죠. 그래서 당시 출판사들이 "소위 잘 팔리는 여성작가 하나만 잡으면 1년은 먹고 산다" 이랬잖아요. 문제는 그렇게 일방적으로 '상업화' 전략에 포획되면서 '여성문학'에 대한 논의 자체는 더 이상 진행되지 않았다는 거죠, 지금까지 그렇잖아요.

김항 네, 여전히 그렇죠.

김영옥 그렇죠. 저는 그때 이 여성작가 분들이 인터뷰한 거를 보면서 그걸 느꼈어요. 참 위험하다는 생각이 들더군요. 『새의 선물』(문학동네, 1995)로 히트를 친 은희경 작가를 비롯해서 몇몇 유통이 잘 되는 여성작가들이 남성 비평가들한테 "우리를 '여성작가'라고 부르지 마라"고 했다는 거예요. 그러면서 "우리 여성작가들을 제대로 잘 비평해 주는 비평가가 있으면 좋겠다"는 말을 덧붙였는데, 그만큼 진지하게, 편협하지 않게 봐 달라는 것이었겠지요. 그런데 제대로 잘 비평해 주는 비평가의 의미가 자신들을 '여성'작가로 부르지 않는 것에서 상징적으로 드러난다고 보는 것이 문제인 것이죠. 성별정치학이 빠져 있는 거죠. 여성작가라고 하는 명명(naming)이 뭘 의미하는가에 대한 생각을 한 가지 방향으로만 한 거예요. 그렇다면 이 여성작가들에게 여성작가라고 하는 호명이 무슨 의미를 지니는지 깊이 통찰할 수 있는 고통의 시간을 줬어야 해요. 고통이 없으면 대안적 성찰은 나타나지 않잖아요. 작가로서의 길을 가는 데 있어서 불편함을 겪는다든가 근거가 불분명한데 부정적으로 비판을 받는다든가, 호명을 두고 논쟁이 붙거나 ── 이런 일들이 생겨야 작가의 생각이 복잡해지지 않을까요. 그런 식의 고통스런 여정을 생략하고 그냥 "맞아. 그래 당신은 작가야. 베스트셀러 작가지", 이렇게 되어 버리잖아요. 저는 90년대 여성문학이 실제로 시장에서는 히트를 쳤을지 몰라도 '여성문학'이라는 개념을 정치화시키는 데까지는 가지 못했다고 생각해요. 일본에서는 여성작가들이 사소설 분야에서 영향력을 가진, 아름답고 정교한 소설을 써 냈지요. 여성주의라는 말은 한 단어도 안 써도, 여성주의적으로 생각할 거리가 많은 텍스트를 생산한 거죠. 90년대는 그런 전통을 만들 수 있는 좋은 기회였는데, 그것을 살리지 못한 것이 너무 아깝습니다. 시(詩)의 경우는 다르지만.

저는 신경숙도 그렇고, 공지영도 그렇고, 이혜경, 배수아, 전경린도 마찬가지고, 이 여성들을 그렇게 서둘러 출판계나 출판시장이 소비해 버리지 않았으면 정말 새롭고 놀라운 문학 돌연변이 같은 게 나오지 않았을까 생각해요. 시작이 좋았잖아요. 그리고 굉장한 글쟁이들이잖아요. 문장력도 엄청나고. 그 문체 보세요. 왜 이 사람들을 재주꾼으로 소비해 버리는지……. 한국의 여성문학, 특히 산문 쪽에서는 껍질 벗고 나오는 변태 과정을 여전히 진행 중인 숙제로 안고 있다는 생각이 들어요. 신경숙의 『엄마를 부탁해』(창비, 2008)를 봐도 —— 좀 편안하게 말씀을 드리자면 —— 우리가 10년 전부터 모성을 이야기하던 그 수준에서 별로 나아가지 않고 있거든요. 오히려 그 단계보다 떨어진다고도 볼 수 있지요. 『엄마를 부탁해』가 어머니의 사적 삶이나 다중적 정체성을 잘 조명하고 있는 것 같아 보이지만, 책을 덮고 났을 때 든 생각은 '모성 이데올로기의 결만 섬세해졌구나'였어요. 이렇게 놀라운 여성이 어머니인 게 얼마나 다행이냐, 이런 거죠. 실제로 위험사회에서, 그 많은 불행들 가운데에서 결코 사라지지 않을 행복 혹은 행운으로 간직할 수 있는 사람, 그게 어머니라는 거죠. 다중적 정체성을 지녔어도, 사실은 내가 알지 못했던 어떤 사람이긴 했어도, 자식을 위한 사랑과 희생에서만은 단일한 거죠. 이 여성은 끝내 어머니로 머물러 줬고, 끝내 그 어머니로 머물러 주기 위해서 실종됐잖아요. 각자의 이미지 지평에 위대하고 숭고한 어머니로 남게 된 거죠. 물론, 모자이크식으로 기술을 하면서 가족 구성원 각자가 어떻게 어머니를 자기 편한 방식으로, 그야말로 파편적으로 이해했는가라는 것은 독자들에게 알려주지요. 그러나 거기까지죠. 인식론적으로 우리를 움직이게 하지 않아요. '어머니는 위대하다'는 느낌을 감동적으로 세분화시키죠. 그래서 가족 이데올로기·모성 이데올로기를 뒤흔들지 않아요. 해체시키면서 새로 짜는(remontage) 변태의 과정이 없어요. 저는 그 책임이 출판계와 비평계에 다 있다고 봐요. 한국 문학 비평계가 이해 안 될 때가 많지요. 예를 들어서, 황석영의 『심청』(문학동네, 2003)을 두고 남성 비평가들이 그렇게 한목소리로 젠더 맹목적인(gender-blind) 발언을 한다는 건 참으로 놀라운 일이죠. 90년대에 페미니즘과 인문학이 정말 행복하게 만났다면, 그 만남을 계속 유지했더라면 현재 상황은 훨씬 달라져 있겠죠. 국문학을 비롯해서 근대성, 민족주의, 탈식민 등의 논의가 젠더 관점에서 그동안 열성적으로 진행되었지만 인식론이나 관습이 차원에서 여전히 비동시적인 것들의 동시성이라고 부를, 그런 상황인 거죠.

김항 선생님 말씀대로 국문학 논문들을 읽어 보면 최근에는 선생님 표현대로 재주만 많은 사람이 워낙 많아요. 젊은 친구들이죠.

김영옥 국문학 쪽에서 나오는 글들을 보면 굵은 이론적 기둥들에 자료들을 끼어 넣는 식의 글쓰기가 눈에 띄죠. 큰 개념어들. 사실 모든 개념어는 개념사 때문에 중요해지는 거잖아요. 그 개념 하나가 그 자리에 가기 위해서 얼마나 많은 사회적 투쟁과 변혁과 몸싸움이 일어났습니까. 언어 싸움은 몸싸움이죠. 힘겨운 투쟁의 역사 속에서 하나의 개념이 만들어지는 거죠. 인문학의 역사라는 건 어떻게 보면 개념사와 같지 않나요. 어떤 개념을 어떤 맥락에서 어떻게 문제적 개념으로 만들 것인가. 이것이 우리에게 중요한 관건인데요. 개념사는 괄호치고 개념들만 차용해서 쓴다는 느낌을 받을 때가 있습니다.

이혜령 그 다음 질문은 제도적으로 다른 데서, 여성학 밖에서 본 입장에서 드리는 건데요. 여성학은 한국에서 이제 제도적으로 기반을 잡은 게 아닌가 싶은데…….

김영옥 지난 10년 동안 그럴 뻔했지요.

이혜령 제도화의 딜레마라든가 그 제도화 자체의 성격에 대한 평가 같은 것들이 이야기되고 있는 것 같은데요.

여성학의 제도화와 그 딜레마

김영옥 딜레마가 있지요. 지난 참여정부, 소위 '잃어버린 10년' 동안 우리가 잃어버린 것이 있다면 여성주의 '운동'의 초심이랄까 이런 게 아닌가 싶어요. 그러나 얻은 게 많지요. 많은 법들을 만들어 냈고요. 그런데 보통 한국의 여성주의자들이 합의를 보는 게 하나 있어요. 서구에서는 페미니즘이 오랜 시간에 걸쳐 일상적 혹은 역사적 투쟁 속에서 서서히 의식화 과정을 거친 후에 제도화에 이르게 된 것이라면 한국의 경우 제도가 먼저 만들어지고 의식화는 숙제처럼 남겨진다는 것이죠. 일상의 맥락 속에서 의식화 과정을 통해 각각의 여성들이 (혹은 남성들이) 갖게 된 자기존재에 대한 깨달음보다도, 이러저러한 제도를 만드는 것은 선진적이니까, 이것은 국제적으로 스탠더드니까 ──이런 식으로 도입된 게 적지 않은 거예요. 지난 10년 동안에는 더 심했지요. 정부가 적극적으로 "해줄게. 같이 하자" 그러다 보니까 여성주의 NGO들이 정부의 파트너가 되어 버린 거예요. 파트너가 됐다는 것 자체가 나쁜 건 아니죠. 문제는 여성주의 의제들이 체제나 의식변화가 아니라 체제보완적인, 정책제안적인 측면이 강해진다는 데 있죠. 어떻게 보면 정부 쪽에서 서두른 부분이 있는 거예요. "빨리빨리, 더 내놔봐. 더 선진적인 게 뭔데? 더 멋진 거, 더 글로벌한 거." 그러다 보니까 신자유주의적 소비주의에 흡수되는 부분이 있는 거죠. 자원 문제도 있고. 각 단체들도 '우리가 초심을 잃어버리고 있는 거 아닌가. 이러면 우리가 정부의 관료와 뭐가 다른가' 하는 고민을 많이 하게 됐고요. 여성학이라는 학문 영역에서 보면 제도화의 문제는 좀 다른 모습을 띠죠. 예를 들어서 한국의 여성학과들이 여러 개 있지만, 여성학과 출신 박사들이 그 여성학과 교수로 재직하는 일은 아직 없거든요.

이혜령 아카데미의 성공적인 재생산과 관련된 고민도 있을 듯한데요.

김영옥 여성학이라는 과가 생겨날 수 있었던, 생겨나야만 했던 맥락이 있잖아요. 여성학과는 다른 과에 비해 신생학과잖아요. 그럼 이 학과가 무슨 일을 주로 해내야 되는가? 학과로서의 자기이해, 자기위상은 중요한 문제지요. 이 학과는 장차 자신의 미래를 어떻게 내다 보는가. 이런 것들이 여성학과에서는 다 고려의 대상일 거예요. 여성학과는 맥락적으로 볼 때 사회의 요청에 부응해야 하는 책임이 컸던 거죠. 일단 여성학과를 통해 배출된 인력들이 여성주의적 관점을 사회 곳곳에 전도사처럼 전파하는 역할을 많이 했고요. 그러다 보니 그쪽으로 훨씬 더 많은 힘이 실린 면이 있지요. 그러나 이러한 현실은 여성학이 소위 학문이라고 하는 영역과 학문 밖의 영역을 가르는 경계 자체를 질문하는 일상의 정치학을 중요한 학문적 태도로 삼는 과였기 때문에 당연한 거예요. 현실에서 발생한 다양한 질문들이 학문의 연구대상이었지요. 옛날 같으면 "저게 어떻게 논문의 주제가 되냐. 저게 무슨, 대학에서 열 내며 논쟁할 거리냐"라고 하는 것들을 학문적 논의의 장 안으로 끌어들이는 학과잖아요. 그러다 보니까 생산한 지식을 사회 곳곳에서 활용하는 속도도 빨랐던 거죠. 제도를 만들면서 여성학과 출신들의 사회 기여가 컸죠. 이제 눈에 띄게 터무니없는 구멍들은 대충 좀 메꾸어졌다고나 할까요. 그런데 이 정도쯤 되니까 "여성학 필요 없는 거 아냐?" 이렇게 된 거죠. 지나치게 근시안적인 사고방식이라고 할 수 있어요.

김항 스스로 자리를 만들어 낸 것만큼 의제를 어떤 식으로 설정할 거냐라는 문제겠지요?

김영옥 그렇죠. 설정이라는 말이 맞는 게 의제도 구성적인 것이라는 거죠. 그러니까 의제가 바뀌고 있는데, 바뀐 의제를 더 이상 의제라고 간주하지 않으려는 사회적인 분위기가 생긴 거예요. 이게 문제인 거지요.

이혜령 조한혜정 선생님은 ──꼭 이런 맥락은 아니겠지만── 한국사회 전반에 반지성주의의 맥락이 생겨났다고 얘기하셨어요. 정부기관의 자문역인 지식인들을 대하는 관료들의 태도가 예전과 다른데, '니가 아는 건 나도 좀 알고 있어'라는 분위기가 되었다고 말씀하시더군요. 여성학의 경우 사회적 환급을 통해 제도적 확충이 이뤄지자 제도를 왜 지탱해야 될 것인가라는 문제에 직면하고 있다는 말씀이시죠?

김영옥 제도를 만들어도 그 제도가 어떻게 운영되는가를 끊임없이 질문해야 되는 거잖아요. 제도라는 것이 내용을 계속 검토하고 해체했다가 다시 만들거나 하는 식의 과정이 동반되지 않으면 얼마나 쉽게 부패하는 건데요. 그렇기 때문에 이제부터 시작인데, 혹은 정말로 아직 갈 길이 아직 먼데……. 여성학은 어떻게 사유할 것인가, 어떻게 다르게 보고 다르게 만들 것이냐를 고민하는 학문이잖아요. 그런데 이미 사람들은 "여성학과가 이제 왜 있어야 되는가? 그리고 장사가 안 된다." 이렇게 말하는 거죠.

그동안 요구되는 데가 많았기 때문에 졸업생들의 사회 진출이 활발했잖아요. 여성학적 훈련을 쌓은 사람들은 모든 곳에서 일해야 되거든요. 여성학 지식을 갖고 있는 사람이 요구되는 특정 장소가 있는 게 아니잖아요. 그런데 여전히 여성학을 기능적 틀에 가둬 놓으려고 하는 경향이 있어요. 페미니즘에 대해 가장 지독한 황색 비난을 하는 사람들은 다 자신들이 페미니즘을 잘 안다고 그래요. 그들 대부분이 한 학기짜리 개론밖에 안 들은 사람들이거나 풍문으로만 접한 사람들일 거예요. 여성학은 매우 복잡하고 흥미로운 간학문적 인식론이고 사회개혁운동이죠. 우리나라에서는 아직도 페미니즘이 인식론이라는 의식은 확산되지 않은 채 도구적으로 이해된 부분이 있는 거고, 도구적으로 여성학의 종말을 기다리고 있는 것 같아요.

김항 페미니즘이 그런 징후를 가장 뚜렷하게 보여 주지만, 인문학 전반의 문제이기도 하죠. 제도화된다는 것이 역설적으로 학문이 권위를 상실해 가고 있다는 거죠.

어떻게 사용할 것이냐의 문제로 질문이 구성되다 보니까요.

김영옥 그래도 국문과 없앤다는 말은 안 하잖아요. 그렇죠? 영문과 절대 안 없애요. 종교학과 없앱니까? 인원수는 줄어도 없애진 않아요. 철학도 마찬가지죠. 근데 여성학과는 없애는 일이 생겼잖아요. 여성학에 대해서는 '이미' 충분하다가 아니라 '아직도' 학문으로 생각하지 않는 거죠.

김항 모 사립대는 인문학 강좌를 대폭 줄이고, 인문·사회 선생들을 자르고, 그 TO를 경영학과 선생들로 채운다고 해요. 전교생에게 회계부기를 교양필수로 하겠다고도 하고.

이혜령 국문학과 학생도 회계와 부기를 들어야 한다고요?

김신현경 선생님 말씀하신 바대로 상황이 그렇다 보니까 내부에서도 빨리 소용이 되는 주제를 잡고, 그걸로 빨리빨리 뭘 하려고 하는 조급증이 있는 것 같아요. 아까 말씀하신 게 여성학 쪽에서 나오는 논문들도 영향을 받는다는 의미로 들리는데요. 저도 그런 생각이 많이 들어요. 선생님이 여성학과에 와서 강의를 하실 때, 제가 들은 강의가 선생님의 첫번째 강의였는데, 다른 강의들하고 너무 다른 거예요. 저는 그때는 선생님이 갑갑하기도 하셨을 것 같단 생각이 들어요. 한국 여성학이 워낙 기본적으로 사회과학적 베이스가 강하기 때문에 저희에게는 선생님의 언어가 너무 새롭고 흥미롭고 이런 것도 있지만, 한마디로 공부해야 될 게 너무 많았죠.

김영옥 내가 하는 강의가 그랬어요?

김신현경 그랬던 기억이 지금 나요. 저는 요새 드는 생각이 여성학에 한정시켜 애기하자면 ——현재의 제도화된 인문학이 아니라 ——아까 말씀하신 대로 시간에 대한 성찰 같은 것들을 동반하는 인문학적인 정신과 공부라는 게 한국의 여성학에 좀더 깊게 들어와야 되는데 점점 더 거기서 멀어지게 되고, 거의 공장에서처럼 논문을 써 주는 일을 하게 되는 것 같아요. 저나 제 주위 후배들을 봐도 계속 할 일들은 있죠. 아주 싼 값에 뭔가 할 일들은 계속 있어요. 그러면서 계속 소모가 되고 이러죠. 저희 때는 꼭 그렇지가 않았는데요. 지금 석사 마친 친구들은 너무너무 불안해하는 거예요. 자기가 뭘 해야 되는가? 저는 그렇게 불안해하지는 않는데요. 유학이나 다른 박사학위를 하겠다는, 간학문이 아니라 학문으로서의 속성이 확실한 과로 가겠다는 생각이 강해지는 거예요. 이런 게 고민이 되는 지점이에요.

인문학의 길: 사람·언어·윤리

김영옥 아까 문학과 관련된 말씀을 하셨는데요. 여성학과가 좀더 많은 사회적 지지를 얻고 편안해지면 ——여성학과 안에서 페미니스트 아트 과목이 정착된다든가 혹은 여성주의 언어 등이 정착되든가 하는 식으로 ——여성학의 외연을 확장시키는 일이 일어나게 되고 그러면 그런 과목에서 훈련을 쌓은 친구들이 작가가 될 수도 있고요. 혹은 문화·예술 기획자가 될 수도 있잖아요. 지금 그게 잘 안 되고 있기 때문에 실제로 문화·예술생산 쪽에 페미니즘이 결국은 개입을 못한 거예요. 예술이 왜 필요한가요? 새로운 통찰을 감성적으로, 감동적으로 전달해 주기 때문에 필요한 거잖아요. 사회학이나 인문학이 논리의 언어로 혹은 다른 식의 지성에 호소해서 깨달음을 주려고 한다면 예술은 그 깨달음 자체를 일종의 감성 구조 안에서 녹여 내기 때문에 특별한 것이고, 또는 건조하게 말한다면 효율적인 것인데요. 현재 한국에서 생산되는 문화·예술 텍스트들에서는 젠더 관점에서 대체로 새로운 통찰을 찾아보기 힘들다는 거죠. 생산과 해석, 이 두 영역이 만나야 하지 않을까요?

김항 참 악순환인 것 같은데요. 제도적 틀거리도 문제지만, 강의하면서 느끼는 건데 요즘 학생들이 너무 책을 안 읽는 것 같아요.

김영옥 어떤 책을 읽느냐를 질문해야겠죠.

김항 인문학 공부가 할 게 많다, 그래서 안 하고 덜 하는 방식을 택하겠다는 풍토랄까요. 제가 수업시간에 영어 텍스트 읽는다고 하면 학생들의 반응이 냉담해지고, 그러니까 그런 수업은 듣지 말아야지 하는 그게 대학원의 풍경인가 싶은 거죠.

김영옥 영문과 선생님들이 모두 한탄하잖아요. "영어를 잘하는 거지, 영문학을 잘하는 게 아니다"라고.

김항 요새 학부생들 영어 굉장히 잘하는데, 글을 읽으라 그러면 못 읽죠. 영어 논문을 읽으라 그러면. 그래도 저희 때는 찾아서 읽고 그랬잖아요.

김영옥 우리는 언어에 대해 사적이고 조밀한 친밀성이 있었어요. 책 전체를 못 읽어도 한 문장만 건져냈어도 그 문장은, 아주 상투적인 말로 하면 일용할 양식이었다니까요.

김항 과장되게 말하면 구원받는 느낌도 있었던 거죠.

김영옥 젊은 분이신데, 그런 게 있으세요?

김신현경 저희 대학 다닐 때만 해도 소설 읽었다고 하루 종일 그거 얘기하고 그랬죠. 지금은 그런 게 없어졌지만요.

이혜령 그런 언어에 대한 남다른 경험들은 여성학에서도 중요하리라 생각이 되는데, 제가 작년에 선생님을 만났을 때 몽골여성들에게 한국어를 가르치고 인터뷰를 하고 있다는 이야기를 하셨는데요.

김영옥 그랬죠.

이혜령 작년에 선생님이 그분들과 인터뷰 경험을 얘기하시면서 중요한 변화랄까 그런 것을 경험하게 되었다고 하셨죠. 그래서 제가 느끼기에는 단순히 참 재밌는 대상을 만났다기보다는, 그분들을 만나면서 선생님이 뭔가 변화를 겪었다는 얘기로 들었던 것 같아요. 짧은 대화였지만, 저한테는 인상적이었는데요. 이건 어떤 대상과의 조우로 인한 세계나 자신의 삶에 대한 시각, 그 다음에 태도, 그 다음에 몸짓, 말의 변화에 대한 생각을 들게 했고요. 어떤 대상을 우리가 조우할 때에 그 관계 맺음을 과연 인문학을 연구하는 사람은 어떻게 의미화할 것인가? 선생님이 얘기해 주실 수 있을까요? 이건 어떻게 보면 선생님이 앞에서 얘기한 언어의 존재성과 한편으로는 언어의 사회성, 사회학으로 설명하신 선생님이 갖고 있었던 인식론에 있어서의 양축…… 그 문제와도 관련이 있는 것 같아요.

김영옥 인문학이 무엇인가라는 질문으로 결국 귀결된 거죠. 인문학은 인간에 대한 이해학이잖아요. 인간을 어떻게 이해할 것인가? 당연히 그 다음 질문은 결국 인간은 누구인가, 무엇인가? 하는 거죠. 우리가 누구를 '인간'으로 생각하는가잖아요. 제가 그 전에 만났던 사람들을 떠올려보면 대체적으로 가족이나 학교에서 만났던 스승이나 동료들이죠. 유학시절에 만났던 독일 학자들이 있고, 돌아와서 만난 페미니스트들이 있고요. 이주여성들은 저에게 여러 가지 고민거리들을 안겨 준 사람들이에요. 그러니까 이분들에게 한국어를 가르치면서 '인간은 정말 언어적 존재인가? 언어적 존재이다. 그렇다면 이 언어적 존재라는 것을 어떻게 이해해야 되는가'라는 질문을 많이 했어요. 제가 처음에 한국어를 가르친 몽골 여성들, 이분들의 학력이 고학력이었거든요. 몽골에서 대학 졸업하고, 혹은 대학에 버금가는 그런 고등교육을 다 받고 오신 분들이 꽤 많았어요. 그리고 일상적으로 이분들이 일을 처리하고, 다른 분과 관계 맺는걸 보면 충분히 성찰성이 있는 어른이죠. 그러나 한국어를 쓸 때, 이분들이 불안과 두려움에 빠지게 되잖아요. 왜냐면 한국어를 모국어로 쓰지는 못하니까요. 당연히 독일어로 저를 표현했어야 했던 옛날 생각이 나기도 하고요. 일단 이분들과 나의 위치를 어떻게 놓을 것인가가 저한테는 중요한 윤리적 질문이었어요. 나는 한국어를 가르치지만, 이주여성들을 연구하겠다는 연구자로서의 목적의식 내지는 욕망도 있었던 거고요. 이분들을 소비하지 않고, 이분들과 관계를 맺는 게 가능한가? 가능하기 힘들더라고요. 이분들과 친구가 되기 힘든 거예요. 이분들하고 내가 영화 구경을 가겠어요? 이분들하고 같이 신경숙의 『엄마를 부탁해』에 대해 얘기를 하겠어요? 아니면 여성주의 제도에 대해 얘기하겠어요? 기껏 같이 할 수 있는 게 밥 먹는 거예요. 노래방 가는 것까진 해요. 그러다 보니까 관계 맺기, 만남, 소통하기라고 하는 것 자체가 매우 추상적이고 허구적이라는 생각이 드는 거예요. 그래서 인문학이 망하는 걸까. 이런 생각도 드는 거죠. 입만 열었다 하면 소통을 얘기하는데. 타자의 얼굴 이야기도 많이 하잖아요. 인문학은 인간에 대한 이야기라고 말이죠.

사실, 타자의 얼굴이라는 화두를 가장 몸적으로 느낀 게 이주여성들하고 관계를 맺으면서부터예요. 정말 이분들이 저한테 타자의 얼굴이더라고요. 언어상으로는 제가 다양한 말들을 할 수 있고, 이론적으로 여러 이야기를 펼칠 수 있지만, 이분들하고의 만남은 항상 제한적인 거예요. 일단, 이분들의 한국어가 능수능란하고 자유자재로 구사된다고 하더라도 저하고 친구가 될 만큼의 한국어 단계로 가기 힘들고요. 그리고 또 이분들이 한국에서 외국어로 자기 자신을 표현해야 되기 때문에 그런지 몰라도 어떤 부분에서 유아적인 데가 있어요. 저의 유학 시절을 많이 떠올리게 됐지요. 나도 독일에 있을 때 어느 순간에 투정을 부리거나 떼를 쓰는 그런 때가 있지 않았을까.

이혜령 언어적 수준 때문에 말입니까?

김영옥 수준이 아니라 어떤 취약함이 있는 거예요. 어떤 취약함이 있을 때, 그 취약함에 직면하거나 그 취약함과 더불어서 사는 방식이 여러 개가 있을 텐데 이 취약함이 구조적으로 유아적 영역에 머물러 있게 만든다는 겁니다. 모든 것은 문화적으로 드러나기 때문에 이 취약함이 문화적으로 드러날 때, 뭔가 실존적으로 의미 있거나 깊이 있는 방식으로 드러나려면 그 침묵조차도 어떤 언어를 마스터할 때만 가능한 거잖아요. 이분들의 침묵은 어떤 언어를 마스터한 상태에서의 침묵이 아니라 어떤 언어가 마스터가 안 됐기 때문에 생긴 취약성이잖아요. 그런 것들이 갖고 있는 유아적 측면이 있는 거지요. 그럴 때, 내가 어떻게 대응해야 되는가?

그 이후로 다문화강사 교육 프로그램도 했었는데요. 이주여성들을 다문화강사로 교육시키는 건데, 선생님이라는 호칭을 쓸 때 어떤 생각이 따라 붙게 돼요.. "이혜령 선생님, 김항 선생님" 이런 식으로 그분들을 부르는 건데. 그 말이 딱 밀착이 안 되는 부분이 있는 거죠. 내가 이혜령 선생님을 부를 때와 이주여성들을 다문화 선생님이라고 부를 때의 밀착 정도가 다른 거죠. 끊임없이 형식적인 윤리학이 개입되는 거예요. 그걸 의식하게 돼요. 이주여성을 만날 때처럼 그렇게 내가 나를 의식하는 적이 별로 없을 거예요. 내가 어떤 식의 말을 하는가, 내가 이런 표정을 지으면 상대방이 어떻게 느낄까? 또 상대방의 표정 하나하나를 다 의식하는 나를 보는 거예요. 그래서 이 타자의 얼굴이라는 말에 담겨 있는 윤리적 태도를, 레비나스 식의 신학, 철학의 언어와 가장 질료적이고 가장 물리적인 현장을 만나게 하면서 실천해 낼 수 있을까? 이런 게 저한테는 중요한 숙제가 된 거죠. 처음에는 한 사람 한 사람이 그런 식의 윤리적 혹은 윤리학적 과제처럼 느껴지기도 했었어요, 오랫동안. 실제로 제가 한동안 인터뷰를 하는 걸 매우 좋아했었는데, 아마 그때 이혜령 선생님 만났을 거예요. 그때 그분들은 제가 한국어 가르친 분들이 아니라, 구술사 관련해서 인터뷰한 이주민들이었지요.

김신현경 국사편찬위원회에서 지원받은 프로젝트 말씀이시죠?

김영옥 그때 제가 가진 생각은 '사람이 책이다'였어요. 낭만주의 이론이기도 하죠. 독일 낭만주의에서는 자연(Natur)을 책이라고 간주하고 자연을 읽거든요. '부흐 데어 나투어'(Buch der Natur, 자연의 책)라는 말도 있잖아요. 신이 만든 것 ──특히 중세의 영향이 남아 있는 건데요 ──이기 때문에 모든 자연에는 신의 창조 언어가 깃들어 있다고 생각한 거예요. 거기서 종교적 해석학도 나오고요. 제가 이주민들을 만나서 인터뷰할 때, 이분들이 다 책인 거예요. 이 이방인들이 하는 말 하나하나가 너무 귀중하고, 재밌고 그래서 거의 하나도 버리지 못했어요. 지금은 버리는 연습을 많이 했지만. 그 당시에는 이주여성들뿐 아니라 누구든 만나면 제가 말을 시켰어요. 사람 하나하나가 다 책이기 때문에……..

제가 최근에 가장 고민하고 있는 부분은 윤리학이에요. 윤리학의 관점에서는 시간의 문제를 고민하게 돼요. 시간에 대한 성찰은 죽음에 대한 성찰과 맞물리는 거죠. 한국사회에는 시간이나 죽음에 대한 성찰이 별로 없는 것 같아요. 노년을 인정하지 않잖아요. 나이 들어서도 계속 '젊게' 살아야 한다고 강조하죠. 늙음(aging)을 용납하지 않아요. 그것이 윤리학과 관련이 돼 있지 않은가라는 생각이 드는 거예요. 한국에서는 윤리학이 제대로 전개되지 못한 것 같아요. 우리에게 윤리 시간은 있었어요, 초등학교 때. 한국에서 성장한 우리한테 윤리는 예의범절이죠, 사회생활을 위한 매뉴얼이죠. 그런데 죽음과 연결된 혹은 죽음과 삶의 유령적 겹침과 관련된 '타자의 얼굴'이라고 하는 미스터리와 관련된 그런 식의 윤리학이 없는 것 같아요. 근대성 연구도 많이 했고, 식민주의 연구를 했고, 젠더 관점에서도 얘기했지만, 그런 것들이 왜 윤리의 언어로 가지 않았을까가 ──저는 요새 그런 질문을 계속 하게 돼요. 동료 페미니스트들에게 많이 배우고, 이야기도 많이 나누고, 현장에도 있었지만, 윤리나 윤리적 태도 얘기하는 걸 별로 들어본 적이 없거든요. 이것은 민망함과도 관계가 있는 것 같아요. 한국에서는 윤리 얘기하면 다 겸연쩍어해요. 이게 너무나 뻔하고 상투적인 국가홍보용 교과서 내용이었기 때문이죠. 이 부분에 대한 연구 내지는 성찰 혹은 언어가 만들어져야 하지 않을까요. 시간 속의 인간이라는 현실적 삶의 양태는 시간적 존재라는 윤리철학적 성찰과 맞물린다고 생각해요. 대상과 우리가 어떤 방식으로 조우할 것인가에 대한 어떤 해답도 그러한 성찰 속에 있지 않을까…….

　한동안은 계속해서 사람들의 즉흥적인 말을 듣고 싶어 했지만, 지금은 다시 활자언어가 그립기도 해요. 진짜 좋은 산문을 읽고 싶고, 좋은 시를 읽고 싶고, 일상언어가 아닌 제련된 언어를 만나고 싶어요. 지금은 침묵하면서 각자가 스스로 침묵 속에서 발효된, 혹은 침묵 속에서 마지막으로 남겨둔 언어를 말할 때, 바로 그 언어를 듣고 싶다는 바람이 있어요. 그런 언어들이 윤리학적인 영성 이런 거를 갖게 되지 않을까. 소리로서의 말을 좀 삼가자, 그런 생각이 드는 거예요. 우리는 예술을 제대로 만나면 착해지잖아요. 그렇지 않나요? 예술이 하는 중요한 기능 중 하나는 선함을 향한 자발성이 생기게 하는 거지요. 정의를 향한 감수성 혹은 다른 사람의 기쁨을 내가 동시에 기뻐할 수 있는 감수성을 일깨워 주는 게 예술이잖아요. 지배적 구조가 우리를 얽매이지 않게 해주는. 자유라고 하는 것도 이해라든가 충분히 이해받음, 사랑받음이라는 것과 연결되지 않을 때는 공허해지기 쉽잖아요. 내용 없는 자유는 의미 없죠. 뭐랄까 실한 알곡에 들어 있는 혹은 냄새가 나고 질감이 느껴지는 이런 식의 자유를 원하게 되는데요. 그런 것들이 저는 다 윤리적 관점이나 태도와 관련이 된다고 봐요. 그것이 언어적 성격을 띤다고 저는 믿어요. 그래서 다시 인문어로 돌아오는 거죠. 이게 다 섞여 있는 거죠. 인문학과 사회학과 문화인류학이 물론 구분은 되지만, 엄밀한 의미에서 구분될 수는 없는 거죠. 그 사람의 언어라도 그 사람이 어떤 언어를 쓰는가가 매번 달라지잖아요. 진짜 내면의 이야기가 나올 때가 있고, 혹은 편안하게 말을 할 때도 다른 식으로 자기도 모르는 말을 할 때도 있잖아요. 그런 것까지 포함해서 언어가 중요한 것 같아요. 윤리학에 대한 어떤 갈급함, 이건 이주민들을 만나면서 생긴 건데, 우리 모두가 서로에게, 자기 자신에게 이방인들이잖아요. 이방인들과 가장 윤리적으로 만난다는 것이 뭘까요?

이혜령 여운 있는 이야기로 마무리해 주셨습니다.

김항 저희가 인터뷰 진행해 온 중에 가장 인문학적인 내용으로 가득 채워 주셨습니다. 감사합니다.

김진석
근본주의와 싸우는
상식의 철학

김진석은 서울대학교 철학과에 입학했다 제대 후 자퇴, 독일로 유학을 떠나 하이델베르크대에서 니체 연구로 박사학위를 받았다. 인하대 철학과 교수로 재직중이며, 계간 『사회비평』 편집주간, 『인물과 사상』 편집위원을 거쳐 계간 『황해문화』 편집위원을 맡고 있다. 저서로는 『탈형이상학과 탈변증법』(1992), 『초월에서 포월로』(1994), 『니체에서 세르까지』(1995), 『이상현실·가상현실·환상현실』(2001), 『폭력과 싸우고 근본주의와도 싸우기』(2003), 『소외에서 소내로』(2004), 『포월과 소내의 미학』(2006), 『니체는 왜 민주주의에 반대했는가』(2009) 등이 있다.

'폭력'과 '근본주의'와 싸우는 시민이자, '기우뚱한 균형' 속에서 사유와 언술을 전개해 나가는 독특한 철학자. 김진석은 독특하다기보다는 괴팍하다. 폭력과 근본주의를 싫어하면서도 자기도 모르게 폭력과 근본주의에 물든 시민들을 일깨우고 비판하기 때문이며, 균형 잡힌 시각이라는 말을 전혀 균형 없는 태도로 되풀이하는 철학자를 일갈하기 때문이다. 김진석은 이 싸움과 사유를 절실한 삶의 문제로 삼고 있으며, 그 속에서야말로 이 사회가 더 나아질 것이라는 건강한 상식을 견지하고 있다.

그런 그의 인터뷰는 다른 일련의 대화와 다소 차이가 있었다. 그의 관심은 한국 인문학계의 아젠다나 궤적보다는 한국사회에서 인문·사회과학이 어떤 위치를 차지하고 역할을 담당하느냐는 물음에 있었다. 그에게 포착된 한국사회의 현주소는 결코 건강하다고 할 수가 없다. 한국 인문·사회과학은 심각한 근본주의에 사로잡혀 있는 앎의 체계이고, 그런 지식으로부터 세계를 파악하는 방법을 배우는 한국사회는 너무나도 폭력적인 공동체이기 때문이다. 그래서 김진석에게 철학을 근본주의로부터 해방시켜 삶의 육감과 세계의 질감에 따라 유연화하고 정제하는 일은 사회를 폭력으로부터 해방시키는 일과 중첩되는 과제이다. '탈'이라는 접두어를 근거로 삼아 포스트담론을 한국어로 철학화하려 했던 이 재기발랄한 철학자는 이렇게 삶과 밀착하여 엄밀한 앎을 주조하려 해왔던 것이다. 김진석의 이야기는, 그래서, 너무나도 상식적이기에 철학적이었다는 기묘한 경험을 하게 해주었다.

90년대의 '포스트'와 '세계화' 담론

김항 김진석 선생님, 오늘 인터뷰에 임해 주셔서 감사합니다. 우선 독일에서 공부를 마치고 한국으로 돌아오셨을 무렵에 대해 말씀 듣는 것으로 시작하고 싶습니다.

김진석 89년 1월에 독일에서 귀국했고, 그 해에 베를린 장벽이 무너졌죠. 맑스주의가 크게 퇴조했던 때였죠. 그전에 탈현대론 혹은 포스트모더니즘이 유럽에서 이미 성행했었고, 학위논문을 쓰던 저도 개인적으로 많은 매력을 느꼈습니다. 귀국하고 3년째 되던 해, 『탈형이상학과 탈변증법』(문학과지성사, 1992)을 냈습니다. 처음부터 저는 포스트모더니즘을 그냥 따라 하지는 않았어요. 그건 의미가 없었으니까요. 저는 '탈'이라는 한국어를 빌려 생각하고 싶었습니다. '탈현대론'이었지요. 그런데 오래지 않아 우리 사회에서 포스트모더니즘이 야기한 언밸런스가 심한 것 같더라고요. 당시 우리 상황이 유럽처럼 그렇게 차곡차곡 준비가 되어 포스트 단계에 온 게 아니라 어떻게 보면 급조되고 수입된 상태였기 때문이죠. 그래서 개인적으로 탈현대론과 해체론의 관점을 오래 유지하지는 않았습니다. 생산적으로 사용할 수 있는 만큼만 사용하고, 그 이상은 사용하지 않았습니다.

　　90년대 초중반에 포스트담론이 꽤 기승을 부렸는데, 필요했던 면도 있긴 했지만, 왜곡시키는 면도 있었던 거 같아요. 당시 보면 정치적으로 민주화도 안 됐고, 어떻게 보면 굉장히 허술한 사회였죠. 그렇지만 한국에 근대주의가 강했기 때문에 인문학적으로나 사회적으로나 거기에 충격을 가하는 일이 필요하겠다 싶어 탈현대론이나 해체론적인 것을, 그나마 우리에게 필요한 내용들을 어느 정도 정리해서 개인적으로 했습니다.

한국사회가 모더니즘의 여러 단계를 충분히 거쳤어야 되는데, 그렇지 않은 상태에서 포스트모더니즘이 유행이 됐기 때문에 커다란 불균형이 있었던 게 사실입니다. 하지만 포스트담론 때문에 좌파와 맑시즘 담론이 너무 빨리 기울었다든지 힘을 못 폈다고 말하는 사람이 많은데, 저는 그 점에서 다르게 생각합니다. 실제로 사회주의가 동력을 잃은 건 사실이겠지만, 좌파 담론은 오히려 담론으로서는 계속 유지되고 있다고 봐요. 그게 현실적으로 크게 약화되지도 않았고요. 다만 문제 되는 건 현실적으로 사회주의 정권을 세운다거나 하는 일이 대중정치 차원에서 사람들로부터 멀어진 거지, 맑스주의적 담론 자체가 아주 힘을 잃은 건 아니라고 봅니다. 포스트 담론과의 긴장 속에서 존재할 때 맑스주의도 도움이 될 수 있으므로, 포스트담론이 그냥 해롭다고 생각하진 않습니다. 그걸 의식하기만 하면 큰 문제는 아니라고 봐요. 어쩌면 문제는 오히려 포스트모더니즘이나 포스트구조주의 등에 관계된 포스트담론에 대한 연구가 제대로 이루어지지 않았다는 데 있는지도 모르겠어요. 제가 보기엔 사람들이 책도 제대로 안 읽고 그저 지적 유행으로 받아들이고 소비했던 면이 컸던 거 같아요. 대학원 수준이나 심지어 지식인들도 책을 제대로 안 읽고, 2차문헌만 보고, 몇 가지 개념들만 갖고 얘기를 했던 거 같아요. 그래서 크게 생산적이지 못했던 것 같아요. 좀더 차분하게 이뤄졌으면 좋을 텐데, 그런 문제가 있었던 거 같아요.

그 다음으로 90년대 후반에 세계화 담론이 인문학 담론에 크게 영향을 미쳤던 것 같습니다. YS정부 때부터 많이 그랬는데 ──특히 비판적 입장에서는, 그 폐해를 많이 주장하긴 합니다──저는 나쁜 영향은 있다고 보지만 그렇다고 쉽게 혹은 무작정 피해 나갈 상황은 아니었던 것 같아요.

어떤 방식으로든 대면해야 했던 담론이었죠. 이에 대해서도 저는 약간 균형을 찾아야 한다고 봅니다. 좌파 쪽에서는 모든 걸 다 신자유주의 탓으로 돌리는 경향이 있는데, 신자유주의가 나쁜 짓도 많이 하지만, 그렇다고 담론을 너무 단순화시키면 안 되겠지요. 인문학자나 역사학자들은 입만 열면 '세계'를 이야기합니다. 현실 속에서 세계화라는 게 여러 점에서 위험하기는 하지만, 그것이 새로운 차원으로 '세계'를 드러내 준 것은 사실이거든요. 우리가 대응을 제대로 못하고 실려 나간 점은 있지만, 그것도 쉽게 피할 수 있었던 것은 아니라고 봅니다. 지금도 우리가 끌려가고 있는 점이 있는데, 그것에 대해서도 좀더 세밀하게 짚어 봐야 한다고 저는 생각합니다.

근본주의, 한국 인문학의 결함

이혜령 저는 선생님을 철학서보다는 나남출판에서 나오는 『사회비평』을 통해 접했어요. 그 안에서 선생님께서는 민족주의를 역사학의 패러다임 차원뿐 아니라 현실 차원에서도 비판을 하셨는데 그 당시로는 매우 드문 일이었다고 생각합니다. 그리고 이 비판은 사실 민족주의 자체라기보다는 근본주의에 초점이 맞춰져 있었던 것 같은데 이에 대해 말씀해 주시면 감사하겠습니다.

김진석 90년대 초반엔 주로 철학적이고 인문적인 글을 많이 썼어요. 그런데 조금 지나면서 저도 다른 선택을 하고 결정을 해야 했습니다. 공부하는 사람 입장에서 더 이론적으로 가야 되느냐, 아니면 이론을 조금 덜 하더라도 현실적으로 접목시키는 쪽으로 가야 되느냐 고민했죠. 결국은 이론을 현실과 접목시키는 쪽으로 가야겠다, 생각했습니다. 그 가운데 제가 크게 관심을 가진 문제가 근본주의에 대한 문제와 폭력에 대한 문제였습니다.

한국 학계는 수입된 원론적인 이야기를 지나치게 하는 경향이 있어요. 사실 지겹고 짜증 나는 얘기지요. 그런 소리만 해봤자, 이론적으로도 이류나 삼류밖에 못하는 일인데 말입니다. 처음에는 원론적인 얘기가 필요하겠지만, 특히 한국에서 인문학은 원론적인 이야기를 너무 하는 편입니다. 민족주의에 대한 논의도 그런 수준을 벗어나지 못했죠. 새로운 관점이 필요했지요. 그 고리가 폭력과 근본주의인 것 같더군요. 인문학을 하는 사람들은 민족주의를 얘기하거나 혹은 그것에 반대하는 탈민족주의를 말할 때, 정말 근본주의적인 얘기를 자꾸 하거든요.

이혜령 마치 신학 논쟁처럼…….

김진석 근본에 대한 얘기를 하다 보면 자기도 모르게 근본주의적 논쟁에 빠져드는데, 그걸 학자들이 보통 컨트롤을 못해요. 우리 인문학에서 필요한 일이 그것에 대한 관심입니다. 제가 아까 그래서 특히 좌파 담론은 크게 깨지지 않았다고 이야기한 겁니다. 우파도 근본주의에 많이 빠지지만, 그것에 대항한다는 좌파적 관점도 근본주의에 크게 사로잡혀 있습니다. 민주주의나 민족주의에 대해 접근할 때도, 과도하게 근본주의적 관점이나 이상을 전제합니다. 그러다 보니 이론이나 담론들이 추상적이고 원론적인 수준을 벗어나지 못하는 거지요. 바로 그런 경향 때문에 어느 정도 민주화가 되고 사회가 발전한 1980년대 이후에도 한국에서 제대로 된 이론들이 생겨나기 힘들었다고 할 수 있죠. 흔히 인문적 혹은 인문학적 이상이라고 말하는 이론적 개념들은 많건 적건 근본주의에 사로잡혀 있는 경우가 많습니다.

그래서 저는 차라리 권력보다는 폭력에 대해 이야기해야 한다고 생각합니다. 그러면 좀더 리얼하고 구체적인 예를 얻을 수 있지요. 그러면 폭력은 우리가 어느 정도 피해야 하고 또 어느 정도 피할 수 있는지 묻고 생각할 수 있죠. 그 와중에서 정말 피하려고 노력해도 계속 부딪히게 되는 폭력의 모습들을 보게 되지요. 예를 들면, 파시즘이나 독재를 논할 때 구체적인 예를 들어야 한다고 생각합니다. 이론도 모호한 수준에서만 머물면 안 됩니다. 그렇지 않은 이론은 점점 쓸모가 없어진다고 저는 봅니다. 그걸 검토하기 위해서 폭력에 대해 어떻게 생각하느냐를 까놓고 얘기해야 된다는 거죠. "당신은 어느 정도의 폭력을 피해야 된다고 생각하느냐?", "당신은 모든 폭력을 다 없애야 한다고 생각하느냐?" 이런 식으로 물음을 던질 수 있지요. 모든 폭력을 피해야 한다는 접근을 하는 사람은 제가 보기에 근본주의적 관점에 사로잡혀 있는 겁니다. 많은 경우 선의를 가진 사람일수록 그렇게 하기 쉽죠. 예민한 문제입니다. 그래서 제가 『사회비평』 주간을 하면서, 공허한 이론이 아니라 구체적이면서도 논쟁적인 문제를 갖고 싸우는 게 필요하다고 생각한 거죠. 원론적인 얘기만 해서 뭐하겠어요. 특히 민족주의나 탈민족주의를 논의하면서, 그리고 파시즘과 안티 파시즘을 얘기하면서 그런 경향이 컸고, 저는 거기에 칼을 댄 거죠.

또 우리가 인문학을 문·사·철(文·史·哲)이라고 하는데 거기서도 대부분 비슷한 게 문학 하는 사람은 문학만 하고, 사학 하는 사람은 사학만 해요. 서로 분리가 되어 있다 보니까 근본주의적 경향을 더 가속화시키는 거죠. 철학 한 사람은 철학 개념만 얘기하고, 사학 하는 사람은 사학 얘기만 계속합니다. 그러니까 개념이 가지고 있는 근본주의적 경향에다가, 문·사·철이 다 고립돼 있다 보니까 민족주의니 파시즘이니 탈민족주의니 얘기를 해도 알게 모르게 근본주의 경향을 띠게 되는 겁니다. 그래서 저는 과도한 폭력에는 반대하지만 폭력에 대해서 너무 근본주의 경향으로 빠지는 것도 경계해야 한다는 관점을 말하게 되었지요. 그 틀은 지금도 개인적으로는 유효하지요.

김항 선생님께서 말씀하시는 근본주의에는, 한편으로 거대서사는 물론이고 포스트담론의 거대서사 비판 또한 원론적이고 추상적이라는 점에서 포함되고, 다른 한편으로는 민족주의 비판이나 대중독재에서처럼 모든 이들에게 책임이 있다는 식의 현실 비판의 방법도 포함되는 것 같습니다. 그래서 맑스주의가 여전히 살아 있다고 하신 거구요. 여기에 문·사·철이 각각 자기 영역에 갇혀 있다 보니 근본주의가 더욱 심화된다는 지적이시지요?

김진석 맞습니다. 인문학의 큰 과제 가운데 하나가 근본주의를 극복하는 것이라고 저는 봅니다. 그래서 어떻게 보면 인문학을 사회과학이나 자연과학과 결합해야 한다고 저는 생각합니다. 그래서 저는 정치적인 글쓰기 혹은 비평적 글쓰기가 필요하다고 생각하는 편이지요. 그 과정에서 저는 '우충좌돌'이란 길을 간 것이구요. 여태까지 우리 정치현실뿐만 아니라 인문학을 지배한 건 보수적인 분위기 아니었겠어요? 그래서 우파적인 보수주의에 먼저 부딪쳐야 하지만, 다른 한편으로 좌파와도 부딪쳐야 된다고 봅니다. 좌파적인 분위기가 실천적으로는 좋은 역할도 하지만, 인문학의 근본주의적 성향을 강화시키는 역할을 많이 하거든요.

이혜령 맑스주의의 위기라고 했을 때, 역설적으로 좌파적인 담론은 전보다 훨씬 더 많이 생산되었죠. 그런데 그게 근본주의를 벗어날 만큼 충분히 성숙한 것이었는가? 어찌 보면 진보세력들이 갖고 있었던 도덕주의적인 성향이 좌파 담론을 지배했다고 볼 수 있는 거죠.

김진석 제가 이번에 『황해문화』 권두언을 쓰면서도 그 이야기를 많이 했습니다. 진보진영도 근본주의와 진영 논리에서 벗어나야 된다고 생각해요. 이 둘이 결합되어 있습니다. 진보진영은 당위적인 얘기를 주로 합니다. 원

론적으로 과거 선진국의 좌파 담론을 따라 이렇게 해야 된다, 저렇게 해야
된다만 얘기해요. 이론과 담론을 지금 여기의 실재에 적용하는 데에는 약
해요. 우리가 비정규직 얘기하지만, 노조가입률이 10퍼센트를 턱걸이하
고 있어요. 여태까지 좌파는 매일 보수정권을 비판하고 얘기하는데, 정작
개혁을 원하는 진보적인 사람들이 전략적으로 전술적으로 그걸 고민했느
냐? 저는 아니라고 보거든요. 구체성이 떨어집니다. 담론이 원론적인 혹은
근본주의적인 당위성에 치우쳐 있습니다. 정말 필요한 얘기라고 봅니다.
『한겨레신문』이나 『경향신문』도 저는 문제라고 봅니다. 현실적으로는 개
혁을 이끌고는 있지만, 전략과 담론 차원에서는, 근본주의적 경향을 재생
산하고 반복하는 경향이 큽니다. 이거는 지적으로 게으르거나 고민이 없
는 거예요. 과거의 인문학은 보편적인 개념을 추구하는 경향이 강해서 그
런 얘기를 많이 했죠. 그러나 이제는 그런 근본주의는 위험합니다. 이론으
로서도 그건 삼류, 사류밖에 안 된다고 생각합니다.

인문학과 현실이 만나는 중간지대의 상실

김항 정리를 하자면 20년 동안에 수많은 일들이 일어났는데, 인문학에 비판적인
저널, 그리고 언론계까지 포함해서 말하자면 추상적 수위의 일반론과 현실이 맞닿
을 때의 유효한 말과 개념들을 만들어 내지 못했다는 점을 지적하시는 것이군요.

김진석 특기할 만한 현상 중 하나가 90년대가 지나면서 계간지들이 많이
없어진 거라고 생각합니다. 저도 90년대 초부터 『문학과사회』를 비롯해
여러 잡지의 편집위원을 해봤지만, 저널들이 중간 역할을 해줘야 되는데
많이 없어진 거예요. 잡지라는 건 돈 내고 자기가 사서 보는 거 아닙니까.
이것이 좋은 점이 있어요. 사람들이 재미없는 건 사 보지 않지요.

그런데 공부하는 사람들이 다 학진 체제에 편입이 되어 버려서, 후속 세대가 이론과 현실적인 감각을 접목시킬 도구가 많이 없어졌어요. 그게 10년 동안 계속되었죠. 그러다 보니까 이론 공부를 해서 학자가 되는 길로 가거나, 아니면 공부를 그만두거나, 이렇게 된 거죠. 이런 경향이 가속화되었고 지금도 계속되고 있는 겁니다. 90년대 중반까지만 해도 계간지들이 있어서, 대학원생 수준에서 사람들이 글을 써 보고 또 사 보고 했지요. 그런 필자이자 독자인 사람들이 있어야 되는데, 세계화 담론 속에서 살기도 힘들어지고 학진 체제가 되면서 빨리 박사학위 해서 자리 못 잡으면 큰일 난다고 생각하기 때문에, 없어진 거죠. 중요한 문화 변화였죠.

김항 제도적 차원이랄까, 말이 발화될 수 있는 장의 차원에서 보면 계간지가 90년대에 큰 역할을 한 것 같습니다.

김진석 중요한 역할을 한 거죠.

이혜령 선생님 책에서 보면, 특히 인문학자들은 과거의 텍스트와 과거의 일들을 다루기 때문에 현실감각이 떨어질 때가 많다고 얘기하셨는데요.

김진석 이론이라는 건 짧게는 백 년 전, 길게는 2천 년 전의 문제들을 다룬 것들이죠. 물론 그 당시엔 그것들도 나름대로 역할을 했습니다만, 점점 구시대적인 이야기가 되는 거죠. 과거의 인문학적 텍스트들은 당시에는 비교적 첨예한 문제를 다뤘지만, 지금 시점에서 보면 너무나 구태의연한 얘기들이 많다는 거죠. 그런데 이런 자각이 없이 많은 인문학자들이 고전을 공부하면서 그것으로, 그 기준으로 현재를 해석하고 있습니다. 과거의 '좋은 말씀'을 지적으로 인용하는 한국적 관습도 그것을 부추기는 거겠구요.

김항 뜬금없지만 선생님 약력을 보면 특이하게도 서울대 다니시다가 그만두고 독일로 가서서 박사논문을 니체로 쓰셨어요.

김진석 제가 석사 때까지는 아리스토텔레스를 했는데, '이런 정통적인 공부만 하다가 죽으면 뭐하나' 이런 생각이 들더군요. 그래서 비교적 현대적인 주제로 바꿨습니다. 원래는 정통적으로 공부를 하려고 그랬죠. 서양에 왔으니 제대로 희랍철학부터 하려고 했습니다. 물론 중간에 전공을 바꾸기는 했지만, 그래도 기초 공부를 많이 한 편이었습니다.

김항 그런데 박사를 니체로……

김진석 바꾼 거죠.

김항 최근에 니체가 왜 민주주의를 싫어했는지에 관한 책(『니체는 왜 민주주의에 반대했는가』, 개마고원, 2009)을 내셨죠?

김진석 제가 학위를 하고 돌아온 후, 니체를 온전히 책으로 다룬 적은 없었어요. 부분적으로 한 적은 있지만, 공부하고 와서 계속 논문주제로 얘기하는 것도 웃기잖아요. 다른 얘기를 하고 싶어서 그랬던 거 같아요.

김항 그 책을 제가 다는 못 읽었지만, 읽어 본 중에서는 한국에서 나온 니체론 중에 가장 재밌게 읽었습니다. 선생님이 니체로 박사논문을 쓰고 돌아오신 다음에 지금 말씀하신 식의 근본주의나 폭력에 반대하시고, 어떻게 보면 이론과 현실이 만나는 그 지점의 모호한 영역들에 발을 딛고자 하시는 지향이 니체 연구했던 것과 밀접한 연관이 있다고 할 수 있을까요?

김진석 왜 니체 책을 안 쓰냐는 말을 제가 꽤 들었습니다. 처음에 박사논문을 번역해도 한국에서 크게 도움이 안 될 거 같아서 하지 않았구요. 당시 한국에서 니체에 관한 관심은 기껏해야 과거 실존철학 수준 혹은 낭만적 수준의 관심뿐이었거든요. 그런데 유럽에서 니체는 들뢰즈, 푸코 그리고 데리다 등이 새롭게 해석하면서 과거와 다른 모습으로 등장했거든요. 제 학위논문도 권력, 그리고 권력과 해석의 관계를 주제로 삼고 있습니다. 그래서 제가 이후에 권력이나 폭력에 관심을 가지는 데 많은 도움이 되었을 거라고 생각합니다. 니체는 매우 인문적이고 예술적이면서도, 권력과 폭력 문제에 관심을 많이 가졌던 사람이지요. 아마 제가 90년대에 니체 책을 썼다면, 지적으로 많은 도움이 되기도 하고 인기도 있었을 거라고 생각합니다. 그러나 그때 썼더라면 그 책은 인기 있는 인문학 책으로 머물렀을 겁니다. 그때 썼더라면, 폭력과 근본주의, 그리고 민주주의의 관점에서는 다루지 못했을 테니까요.

니체는 물론 근본주의에 대해서는 말한 적이 없습니다. 푸코나 들뢰즈, 그리고 부르디외 등도 마찬가지지요. 제가 니체뿐 아니라 푸코와 들뢰즈 등을 공부했기에, 그들로부터 폭력과 근본주의에 대한 관점을 분석하고 날카롭게 할 수 있었던 거는 사실이지요. 그러나 '폭력과 싸우고 근본주의와도 싸우기'라는 저의 전략은 그들을 연구하면서 생긴 결과물이기도 하지만, 단순히 거기에 그치지는 않지요. 그것은 다른 한편으론 제가 그들을 해석하는 관점이기도 합니다. 『니체는 왜 민주주의에 반대했는가』에서 제가 니체를 정치적으로, 정치철학적으로 해석하는 관점 가운데 중요한 하나가 바로 그것이니까요. 개인적으로는 90년대부터 제가 잡지에 글을 비교적 많이 쓴 편이지요. 단순히 논문 형식의 글을 쓴 것이 아니라, 새로운 개념과 리얼리티를 동시에 확보한 글을 쓰려고 애쓴 편이었죠. 그런 것이 도움이 되었다고 생각합니다.

김항 말씀하신 대로 니체 책을 쓰셨으면 한동안 수요가 꾸준히 있었으니까 '장사'가 잘 됐을 것 같은데요. 아무튼 일단 정리하자면 여전히 잔존하는 근본주의가 있고, 학진 체제가 그것을 비판할 수 있게 해주는 계간지 같은 것을 쇠퇴시켰다는 지적이셨던 거죠?

김진석 거기 대해서는 복잡한 논의가 있어야 될 것 같습니다. 학진 체제가 중요한 역할을 했지만, 그렇다고 학진 체제가 모든 원인은 아니지요. 한국 사회에서는 그것 이상으로, 이상한 교수 먹물주의가 있어요. 안 해도 될 사람들이 다 교수를 해요. 영화감독뿐 아니라 미술가도 그렇고, 화가도 그렇죠. 우리나라에서 비평가와 화가는 60년대부터 태반이 교수였어요.

이혜령 큰 틀에서 보자면 80년대 말 선생님께서 한국에 돌아오신 무렵 이후, 90년대부터 한국 대학이 뭔가 좀 제도적으로 안정화되지 않았나 그런 느낌도 들어요. 이와 연동해서 이때부터 학술진흥재단의 역할이 커졌죠. 그러면서 대학원생들이 계간지에 독자로서도 필자로서도 관심을 잃은 것 아닌가 싶어요.

김진석 학진 체제나 신자유주의 등의 상황적인 책임도 크지만, 개인의 책임도 얘기해야 하겠죠. 지금 서울의 상위권대학의 대학원에 다니는 학생들 숫자가 너무 많은 점이 있어요. 대학원 다니는 사람들이 다 학자가 되려는 거냐, 혹은 정말 공부할 능력이 있느냐, 이런 문제를 교수들은 솔직하게 던지지 않고 있다고 봅니다. 각 대학의 교수들은 그저 대학원 규모를 키우는 데 열중하는 편이죠. 학진이 그런 쪽으로 지원하니까요. 그래서 계간지를 하거나 번역을 하거나, 학자가 안 돼도 추구할 수 있는 영역들이 꽤 있는데, 90년대 후반부터 대학원생들이 그걸 충분히 실험하지 못하고 너무 학위를 따는 데만 힘쓰는 체제로 가지 않았나 하는 생각이 든다는 거죠. 구조만

탓할 게 아니라 개인들의 선택에 대해서도 생각해 볼 점이 있다고 봐요.

김항 사실 한국에서 교육 문제가 고질적인 건 아주 단적으로 얘기해서 중학교·고등학교를 졸업하면 좋은 직장을 못 갖는다는 인식 때문이죠. 대학원생들도 이런 문제에서 자유롭지 못한 것 같습니다.

김진석 그런 게 크죠. 특히 위기상황에서 개인들의 선택이 좁아지는 경향이 있는데, 대학원생들도 거기서 벗어나지 못하고 있는 거죠. 물론 개인 차원에서는 어쩔 수 없는 선택일 수도 있지만, 사회적으로 나쁜 관습이죠.

김항 말씀을 듣고 보니까 중간지대랄까요, 그런 게 사라져 버린 것 같습니다.

김진석 그게 10년 동안 계속 누적되어 왔어요. 지금은 거의 없어진 겁니다.

김항 그전에는 사실 대학원생이라든가 이른바 지적인 엘리트층이 소수였다는 것도 큰 요인인 것 같습니다. 90년대 후반 이후에는 숫자가 많아지고 여기에 제도적인 강박이 작용했던 것 같구요.

김진석 추상적으로 지식인이라고 우리가 말하는데, 대학원생들이 지식인이거든요. 그 계층이 90년대 후반부터 궤멸되기 시작한 거죠. 개인적으로는 그 사람들이 자기생존의 바탕이 없으니까 참 어려운 때였을 겁니다. 그전까지만 해도 천천히 하면서도 여유가 있었는데, 90년대 후반부터 속도가 갑자기 빨라졌거든요. 또 그전까지만 해도 대학에 자리 잡는 게 수월했다고 느껴졌는데, 그게 점점 어려워지면서 각 개인으로서는 이거 빨리빨리 서둘러서 하지 않으면 안 되겠다 생각하게 됐죠. 우리가 지식인이라고 넓게 말할 수 있는 층이 학자 계층으로 확 줄어들었다고 할 수 있죠. 거기다 인터넷 시대의 도래와 함께 전통적인 지식인의 역할도 줄어들었고요.

한국 철학계의 현주소

김항 듣고 보니 저도 그랬던 것 같습니다. 빨리빨리 하려는 의식이 강했죠. 그렇게 흘러가는 상황에서 선생님께서 90년대에 하셨던 작업들은 아까 말한 중간지대를 확보하는 전형적인 시도였던 것 같습니다. 『탈형이상학과 탈변증법』에서 '탈'이라는 키워드로 논지를 전개하신 걸 읽으면서, 이런 게 한국어로 뭘 하는 거구나라는 생각이 많이 들었어요. 포월(匍越), 소내(疎內), 그리고 최근에 '기우뚱한 균형'이라는 개념까지 만들어 내셨죠. 아마 이런 개념들이 추상적 일반론과 구체적 현실을 어떻게 매개할 것이냐 하는 고민의 산물이라는 생각이 들고요. 그런 매개를 통해 세계, 아니 그보다는 세상과 만나려는 노력을 하신 것 같습니다.

아마 선생님께서 생각하신 철학이 그런 것이 아닐까 생각합니다. 그런데 한국에서 철학계라고 하면 현실과 너무 멀리 떨어져 있는 느낌입니다. 세상뿐만 아니라 학계 내부에서도요. 문학과 역사는 식민지시대 연구를 통해 많이 가까워진 느낌인데, 철학은 80년대에 활발하게 타 분야와 접촉했던 것과 달리 정말 폐쇄적이 되어버린 것 같습니다. 사실 저희가 이 프로젝트를 구상하면서 철학 하시는 분들 중에서 누구를 모실까 했을 때 막상 떠오르는 분이 많이 안 계셨던 데에서도 실감하게 됩니다. 그래서 한국에서 철학이라는 분야가 지금 현재 어떤 위치에 와 있느냐라는 게 문외한으로서 궁금했습니다. 선생님께서 해오신 작업들과 현재 한국에서의 철학, 이런 문제들에 대해 말씀을 해주시면 좋겠습니다.

김진석 철학은 다른 분야보다도 개념이 필요한 거니까 일단 개념을 만들어야 되겠죠. 그래서 저도 '철학한다'는 게 뭔가를 생각하면서, 기본적인 개념적 표현을 만들어야 한다는 고민을 하게 된 거죠. 그렇게 해서 처음에 내놓은 게 '탈'(脫)이라는 말입니다. '탈탈탈거린다'는 복합적인 과정을 서술하고자 했죠. 우리가 '포스트'라고만 번역해서 얘기하면 안 되겠지요. 서양어의 포스트 자체가 단순하긴 해요. '후'(後)라는 말이니까. 그런 단선적인 관점을 피하고자 '탈'이라는 말을 썼고요.

'포월'의 경우에는, 초월이라는 말을 사람들이 지적으로도 얼마나 많이 합니까? 그 관행과 정면에서 부딪치려는 의도가 중요한 배경이었죠. 우리 삶이 쉽게 초월되나요? 쉽게 번역해서 쓰는 이론적 관행에 대해 지적으로 패러디나 풍자를 하려는 동기는 '소내'에서도 마찬가지였죠. 소외된다는 말을 소위 지식인들이나 교육을 받았다는 사람들이 진부하게 너무나 많이 하기 때문에, '그건 아닐 것이다. 거기서 더 나가야 할 점이 있을 것이다'라고 생각해서 소내라는 관점을 도입한 겁니다. '기우뚱한 균형'은 철학적인 개념들보다는 조금 폭이 넓죠. 제가 처음 90년대에 그 말을 사용할 때는 서정적이고 철학적인 공간을 확보해야 하겠다는 의도가 강했는데, 점점 현실적인 갈등들과 직접 담론으로 부딪쳐야 하겠다는 동기가 더해졌어요. 그 과정에서 '좌충우돌'을 패러디한 '우충좌돌'이라는 관점도 생겼고요. 한국어 개념을 만들어야 한다는 생각이 컸어요.

그러나 이것이 쉽지 않은 일이었어요. 철학교수들은 한국어 철학을 만들어야 한다는 원론은 말하면서도, 제가 하는 구체적인 작업은 제대로 보려고 하지 않았어요. 그것은 지금도 마찬가지구요. 그래서 개인적으로 철학을 고집스럽게 계속 해야 되느냐는 고민을 많이 했고, 지금도 합니다. 공적으로는 필요한 것 같은데, 실제로는 힘들죠. 가끔은 극단적인 회의가 들 때도 있습니다. '우리말로 학문을 할 수나 있나?' 혹은 '할 필요가 있나?' 이런 생각을 할 정돕니다. 극단적으로 말하면, 그래, 학자들이 한국어로 담론을 하지 않는다면, 차라리 이제는 이론이나 진지한 담론은 하지 않는 게 나을지도 모르지, 라는 엉뚱한 생각이 들 때도 있을 정도죠. 그래서 저는 우리 인문학이 이론을 생산하지 못하는 수준이라고 말한 적이 있죠.

그래서 제가 오히려 이런저런 고민을 합니다. 사람들이, 사회가 받아들이지 않는 말을 계속 할 필요가 있나라는 고민이죠. 사람들이 '저 인간은 고집만 있어서 괜히 현학적인 말을 만들어 내고 있나' 생각한다고 생각하면 우습지요. 사실은 전혀 현학적인 말이 아닌데도 말입니다. 사람들은 동양철학이면 동양고전, 서양철학이면 서양철학자들 책만 읽고 인용하는 일을 반복합니다.

물론 과거에는 그게 조금은 통했어요. 이론만큼 사회도 단순했던 시절이었죠. 그러나 지금은 점점 한계로 작용하는 겁니다. 과거에는 보편적이고 근본적인 말만 해도 되는 시대였으니 통했던 겁니다. 과거에는 이런 근본적인 사상이 하다못해 일반인들의 일상적인 삶을 관철시키고 지배하는 부분이 있었으니까요. '인간이 뭐냐? 우리가 어떻게 살아야 되는가?' 그런 보편적인 관점이 관혼상제에 이르기까지도 다 이어졌어요. 『논어』에서 증자(曾子)가 하루에 세 번 반성하자는 건 하나의 이론적인 차원이면서도 일상적인 차원에 연결되는 거였어요. 근본에 대해서 생각하는 철학이 과거에는 의미가 있었던 거죠. 하지만 모든 개인에게 자기 삶이 중요한 상황에서는, 이런 보편적인 작업은 의미를 급격히 잃어 가죠. 더구나 한국처럼 독창적 이론이 없는 경우는 말할 것도 없고요. 그래서 철학이 힘을 잃어 가는 상황인 것 같습니다. 자기 말을 가지고 표현을 만들고 성찰을 해야 되는데, 그것도 안 하고 있으니까 더 심한 상황이고요. 그러다 보니까 한국 대학에서 철학과를 없앤다는 둥 하는 소리가 나옵니다. 벌써 10여 년 전부터 우리 인하대에서도 철학과를 어떻게 해보라는 얘기를 하는데, 이것도 괜히 나온 건 아니라고 봐요. 철학과 사람들의 업보라고 생각해요. 구체적인 면으로 나가면 이런 겁니다.

프랑스의 바칼로레아에서 출제되는 철학시험 문제가 좋다고 하는데 거긴 철학이 필수 과목이에요. 물론 그것도 계몽주의 사상과 더불어 프랑스가 식민지를 관리하면서 나타난 지적인 풍요 속에서 인문학자들이 주도했던 분위기 때문에 그렇게 됐던 거죠. 다시 말하면 철학교사를 많이 양성하고 이론과 현실에 접맥하는 게 있었던 겁니다. 우린 그게 없었어요. 철학과 나오면 다 철학교수만 시키려고 했었어요. 이게 말이 되는 얘기예요? 국문과는 나오면 국어교사가 있고, 사학과 나오면 역사교사가 있어요. 철학과는 철학교사가 없었어요. YS란 사람이 소위 철학과 출신이고 그 밑에서 교육부장관을 한 사람이 철학교수였는데, 정작 고등학교에는 철학 과목이 없지 않습니까. 윤리만 가르치지. 그래서 결국은 현실적인 접목도 안 되는 거죠. 고등학교에서 철학 과목을 가르치고 철학적인 훈련을 해서 철학적인 얘기가 공허한 게 아니라는 것을 가르쳐야 되는데 말이죠. 우린 그걸 안 하다 보니까 마치 철학과 나오면 교수만 하는 줄 알고, 철학자는 다 철학교수가 직업인 줄 아는 도착 현상이 근대화 이후 한국에서 계속된 겁니다. 일제 이후로 계속된 거예요, 100년 동안. 90년대 와서는 현실적으로 취직하기도 어려운 상태에서 이런 경향이 극대화된 거죠. 이건 철학 자체가 가지고 있는 보편 지향의 성격 탓이기도 하지만, 철학교수들의 게으름과 타성 때문이기도 해요. 철학과를 나와 봤자 세상에서는 쓸모가 없는데, 철학교수들은 지난 이론들만 인용하죠. 공허성의 반복이었던 거죠. 그러다 보니까 한국 철학계가 괴멸지경에 이른 거고.

그렇다고 이것이 철학에만 해당하는 말은 아니에요. 웃기는 얘기지만, 대학에서 철학과 없앤다고 하면 사람들은 마치 시장 마인드가 그런 짓을 한다고만 아는데 그런 것은 아니죠. 막상 대학 안에서 보면 인문학 안에서도 사학과나 국문과가 철학과를 희생양으로 삼는 경우도 많습니다. "인문학이 문제가 많다니까 철학과 너네가 줄여야 하지 않겠어", 이런 경향이 실제로 있어요. 부끄러운 얘기죠. 인문학자들이 서로 협동 작업을 안 하다 보니까 연대성이 없고 그러다 보니까 위기가 닥치면 서로 떠넘기기 바쁘죠. 철학이 없어지면 당장은 편리할지 모르지만 인문학이 다 무너지는 겁니다. 순망치한(脣亡齒寒)이라고 한쪽이 무너지면 조금 덜할지 모르지만, 국문과도 무너지고 비평하는 사람들은 점점 할 얘기가 없어지겠죠. 저는 그래서 한국 인문학 잘 안 된다고 봅니다. 이런 얘기를 해야 되는데 사람들은 이런 얘기를 안 해요. 공허하게 인문학의 위기라는 말만 많이 합니다. 왜 이렇게 됐는지 실제적인 맥락을 모르거나 얘기하지 않아요.

인문학 내부의 소통 붕괴

이혜령 지난 20여 년간 연구성과 차원에서는 한국이 한국의 역사와 문학이라든가 문화, 또 사회 전반에 대해 자기진술을 굉장히 많이 해온 것 같아요. 그런데 그것이 진정한 자기반성이라든가 이론적인 차원으로 고양되었는가 하면 그건 아닌 것 같거든요.

김진석 제대로 된 자기진술이 아니죠. 자기에 대한 얘기는 전혀 없고, 그냥 거짓 진술만 한 거예요. 인문학이 지식으로서, 에피스테메로서 어떤 가치가 있느냐 솔직하게 질문하질 못했어요.

인문학 참 심각합니다. 진솔한 자기진술도 아니고, 추상적인 얘기 일색이고, 서로 읽지도 않아요. 문·사·철 내부에서 서로 읽지를 않아요. 계간지들이 될 때는, 그나마 사람들이 다른 분야도 읽었습니다. 알아야 얘길 하니까요. 그 다음부터는 논문이라고 쓴 걸 서로 읽지도 않으니, 인문학의 학문적인 성격도 사실은 거의 붕괴된 상태예요. 없어요, 사실. 학진 논문 서로 읽지 않습니다. 등재지 게재만 하지, 누가 읽어요? 너무 원론적이거나 텍스트 비평적인 성격을 가진 논문들이 양산되는 것도 큰 문제죠. 텍스트에서 2차문헌들 인용들만 하고 2차적인 해석만 하는 경향이 크죠. 인문학자들뿐만 아니라 사회과학자도 마찬가지겠지만 서로 읽어 줘야 되는데…….현실적으로 흥미가 있으면서도 담론으로 의미가 있는 걸 쓰고 읽어야 하는데, 솔직하게 논쟁은 안 하고 원론적인 얘기 혹은 아주 사소한 해석 얘기만 자꾸 하죠.

김항 학문이라는 게 단순히 개인적인 차원에서의 연구가 아니라 학자들 사이에 일종의 보이지 않는 커뮤니티가 형성이 되어 있고, 이 안에서 논쟁거리도 생기고 이래야 되는데 커뮤니티 자체가 붕괴되었다는 말씀이신 거죠?

김진석 학문 혹은 담론이라는 거는 텍스트만의 문제가 아니라 학문 하는 사람들의 커뮤니티의 문제이기도 하죠. 그 안에서 논쟁을 하고 말이 교환되어야 하는데, 우린 그걸 안 하는 거죠.

이혜령 선생님이 여기서 새롭게 만들어 내서 제시하신 말들은 어떻게 보면 한편으로는 공부하시면서 고투한 과정이기도 하면서 사실은 커뮤니케이션을 위한 매개였다는 거죠? 일종의 말을 거는 작업이었다…….

김진석 지적으로 말을 걸고 서로 사이에서 말을 발견하고 교환하는 일을 얼마나 지적인 차원에서 할 수 있느냐가 지적인 공동체의 핵심적인 문제이죠. 그렇게 보면, 지적인 공동체는 그 자체로 사회적인 역할을 떠맡고 있는 거고요. 그런데 그런 사회적인 과정이 줄어들고 이론이나 텍스트만 남으면 곤란하죠. 제가 한 일도 결국은 한국어로 된 말로 담론을 하자는 큰 관심사의 문제인데, 사실 지식인들이 그런 관심이 별로 없었어요. 수입된 지식을 소비하는 수준에 머무는 경우가 많았죠. 말을 걸고 말을 이어 가는 일인데, 사람들이 말을 안 받아 주면 한국어로 글 쓰는 일이 이상해지는 거죠. 한국어의 땅에서 파낸 말을 다른 사람들이 같은 땅에서 교환시켜 주지 않으면, 그 말들은 지적으로 사회성을 확보하지 못하는 거죠. 지식인이라고 하는 사람들이 자신들이 공부한 얘기만 하거나 원론적인 얘기만 하거나 수입된 이론만 말하면, 우스운 거죠. 그런 지식인집단은 공동체로서 의미를 상실한 거라고 봅니다.

김항 이건 그 다음 질문하고도 연관된 건데요. 사람들이 인문학 심포지엄 한다고 그러면, 요새는 반드시 해외 학자들을 부르거나 그렇게 하죠.

김진석 큰 문제죠. 우리 얘기를 서로 안 하면서, 외국 학자들을 부르는 게 웃기는 거죠. HK, BK 사업하면서 큰 몫이 국제화라고 해요. 그러면서 해외 학자들을 자꾸 끌어들이려 해요. 거기서 또 거품이 생기는 거지요. 국내 학자들끼리는 얘기를 안 하면서요. 제가 보기에 국제학술대회의 8할은 거품입니다.

김항 어떻게 보면 인문학의 시장이 붕괴됐다고도 볼 수 있겠네요?

김진석 저는 인문학자들 보고 시장 탓만 하지 말라고 자주 말합니다. 우리나라 인문학에는 오히려 필요한 게 제대로 된 시장적인 가치입니다. 그런데 인문학자들은 너무 허구적인 얘기만 합니다. 시장에서 좋은 글 있으면 사 보잖아요. 그런데 인문학자들은 국가의 돈을 요구하고 그 돈 가지고 이상한 짓을 해요.

김항 철학계 내부는 어떻습니까?

김진석 철학교수 가운데에는 한국적인 사상을 얘기하자는 사람들이 없지 않아요. 그런데 그 말도 원론적으로만 해요. 저는 제 작업이 나름대로 굉장히 한국적인 작업이라고 봅니다. 그런데 그렇게 생각하는 사람은 별로 없어요. 저 개인의 문제이면서도, 담론생산의 차원에서는 누구나 부딪칠 수 있는 문제이지요.

철학과 인문학의 거리

김항 일본 같은 경우에는 아직도 유럽어문, 즉 독일어·프랑스어·이탈리아어 같은 전통들이 강하다 보니까 아무래도 ── 일본 문학까지 포함해서 ── 철학하고 문학 사이가 굉장히 가까워요. 오히려 역사학이 많이 거리가 있고 철학하고 문학이 훨씬 더 가까운 경우이고요. 독일철학 하시는 분하고 독문학자하고 그렇게 거리가 멀지 않죠. 독문학 하시는 분이 철학과에 취직하시는 분도 있고, 프랑스도 문학 하시는 분이 프랑스철학 쪽으로 취직하시는 분도 계시고요. 우리나라 같은 경우에도 선생님께서 편집위원으로 계셨던 『문학과사회』 같은 경우 『문학과지성』 시절부터 대표적으로 철학하고 문학하고 많이 가까웠던 전통들이 있지 않았나요?

김진석 그전까지는 그래도 좀 있었지요.

김항 90년대 후반 이후에 문학과 철학 사이의 거리가 엄청나게 멀어지는 현상들이 목격이 되는데요. 선생님께선 거기에 대해서 어떻게 생각하세요?

김진석 그전에는 우리도 문학과 철학이 가까웠지요. 어떤 점에서는 문학적인 담론이 철학을 이끌어 간다고도 할 수 있었죠. 그런데 여기에 역설이 끼어든 것 같아요. 너무 문학적으로 말하곤 했는데, 어느 날 그 말들이 갑자기 상징적인 허구로 느껴진 순간이 온 거죠. 그 순간 사람들이, 이제 이런 상징적인 수사학은 필요 없다는 식으로 느끼게 된 게 아닌가 싶어요. 이전에는 문학비평가들이 사회에 대해서 얘기 많이 했잖습니까. 어느 순간까지 인문적이나 상징적인 접근에 우리가 의존하고 있었는데, 거기에 갑자기 구멍이 뚫리면서 반작용이 심했던 거죠. 그래서 문학비평적인 상징적 접근이 갑자기 무력해지고, 후폭풍으로 완전히 다른 쪽으로 확 쏠리게 된 거죠. 인터넷 담론이 아마 그것의 극단적인 예일 듯해요. 한쪽으로 쏠렸다가 후폭풍을 맞았다고나 할까.

김항 요새 철학과 대학원생들은 선생님께서 말씀하시는 저널이라고 그래야 되나요, 그런 것들을 잘 안 읽나요?

김진석 거의 그런 편이죠. 전공이 너무 세분화되니까 자기 작업만 하는 거죠. 또 아까 말했듯이 지식인 계층이 추상적으로 존재하는 것이 아니라 재생산되는 구조가 있어야 되는데, 그게 없다 보니까 지금은 철학이라는 게 아주 힘들다고 봅니다. 철학이 사회과학적이고 자연과학적인 지식도 동시에 공부해야 되는 건데, 그런 걸 못하다 보니까 점점 자리가 없어지고 설 틈이 없어지는 거죠. 철학과는 제가 볼 때 제일 희망이 없는 분야 중 하나라고 봅니다. 일차적으로 철학의 문제겠지만, 인문학 전체에도 파급이 될 거예요. 철학이 붕괴되면 인문학도, 인문적인 접근도 금방 힘을 잃는 거죠. 국문학이나 사학하는 사람들은 살아갈지 모르지만, 담론이나 지적인 성찰로서는 다 쓸려 나가는 거죠. 그리고 무엇보다 아까 말했듯이, 제대로 된, 생산적인 잡지 자체가 별로 없어요. 이게 큰 문제죠. 잡지라고 해봐야, 폐쇄적이며 배타적인 집단의 기관지 역할이나 하는 듯한 상황이니까요.

김항 그렇게 성찰적인 차원에서 철학의 쇠퇴라는 게 벌써 10년 전에 시작되었다고 봐야 할까요?

김진석 그럴 겁니다. 저는 그게 순전히 나쁘다고만 생각하지는 않아요. 좋은 점도 있다고 봐요. 우리 인문학자들이 자체적으로 개혁을 못하잖아요. 못하니까, 이 상황 속에서 이런 위기를 맞으면, 외부로부터의 역습이라고 할까, 이런 방식으로 현실에 노출이 되는 겁니다. 그렇지 않으면 인문학자들이 계속 헛소리만 하고 있었을지도 모르죠. 양면이 있는 것 같아요. 문제는 우리가 여기서 대처를 못하고 지금도 여전히 끌려 다니면서 인문학 내부에서도 문·사·철의 협동과정을 못하고 있다는 게 문제인 거죠. 사실, 지금도 해야 되는데 못해요. 못해요, 내가 볼 때.

이혜령 비교문학과는 있어도 문·사·철을 다 아우르는 그런 과는 없는 거죠.

김진석 맞아요. 그리고 비교문학과에서도 제대로 어학 훈련을 잘 안 시키더라고요. 외국어를 2~3개 이상 하게끔 만들어야 되는데, 안 해도 되더라고요. 말만 비교문학과지.

이혜령 오히려 과 단위보다 커리큘럼이 부실한 편이죠.

김진석 전임교수도 없고 딴 과 선생이 운영하고요. 협동과정이라는 게 인문학 내부에서 이렇습니다. 그러면서도 인문학의 위기 운운하면서 국가 돈만 타려고 그래요.

인문학의 갱생을 위해서

이혜령 연관되는 이야기인데요, 문·사·철의 협동과정이 최근에는 지역학의 방식으로 이뤄지고 있습니다. 이런 흐름을 어떻게 봐야 할지요? 이건 미국중심화의 경향과도 맞물려 있는 것 같아요, 전 세계적으로요. 이에 대해서도 선생님께서 언급해 주셨으면 좋겠어요.

김진석 지역학에는 물론 부정적인 면도 있습니다. 그러나 저는 여기에도 긍정적인 면이 있다고 봅니다. 어떻게 보면 한국 인문학의 자기서술이라고 할 때 지역학적인 서술 관점이 들어가야 되는 거 아니겠어요. 그런데 이제까지는 이게 너무 없었던 것도 사실이에요. 기본적으로 중국 관점에서 얘기를 하면서, 중국에서 온 개념들 가지고 공부를 하면서, 이걸 인문학이라고 생각했다가, 다시 일본이나 미국의 관점에서 인문학을 했던 점이 크잖아요? 거짓된 보편성이었던 거죠. 이것도 문제인 거죠. 저는 그것도 많이 있었다고 봅니다. 그렇게 보면, 이제까지 우리가 너무 등한시했던 부분, 곧 지역적 특성을 외부로부터 할 수 없이, 반강제적으로 받은 거죠. 그러니 지역학의 관점은 미국을 비롯한 강대국들이 강요한 세계화의 영향이나 도구이기도 하지만, 다른 한편으로 한국 인문학에서 여태까지 게을러서 하지 못했던 부분을 외부로부터 할 수 없이 부여받은 면도 있겠죠. 그것이 학진체제에 의해 강요받게 된 거죠. 그래서 사실 지역학도 복합적인 겁니다. 세분화되는 경향도, 지역화되는 경향도 필요하고, 어떤 점에서는 더 세분화될 필요도 있다고 생각합니다. 그런데 그 일이 너무 급격히 일어나다 보니까, 무언가 확 쏠려 나가고 있는 느낌이 있는 거죠. 인문학이 지역학의 성격을 안 가지면 지원 못 받으니까, 요새는 과도하게 그쪽으로 쏠리는 경향이 있고요.

김항 한국이라고 하는 것이 굉장히 자연적이고 자명한 것이었는데, 지역학의 드라이브가 외부로부터 걸렸을 때 한국이라는 걸 상대화하는 관점을 취할 수밖에 없었고, 그게 성찰적이고 긍정적인 작용도 했던 것 같습니다. 그렇지만 그런 면만 있는 것은 아니었던 거 같아요.

김진석 지역적이든 국가적이든 인문학이 대부분 국가적인 이해관계에 편승해서 존재하는 경향이 많이 있지요.

이혜령 사실 인문학 이론은 보편적이지만 삶은 지역이나 국가에 구속될 수밖에 없잖아요. 그래서 선생님께서 말씀하신 지역학의 긍정성을 어렴풋이 이해할 수 있을 것 같습니다.

김진석 인문학이라고 하면 근대적인 이상뿐만 아니라 인간의 보편적인 성격이나 덕을 강조하는데, 저는 이제 그런 건 크게 필요하지도 않고 오히려 해로울 거라고 생각하고요. 그래서 저는 '인문학에서 인구학으로' 관심이 바뀌는 점을 긍정해야 한다고 쓴 적이 있습니다. 지금 세계 인구가 65억 정도입니다. 맬서스(Thomas Malthus)의 인구론 이후에도, 인문학 하는 사람들이 크게 관심을 안 가지는 게 인구 문제지요. 인구가 많은 만큼 다양한 지역학의 관점도 있겠지요. 아까도 말했지만 자기서술의 방식은 수많은 인구들에 따라 얼마든지 다를 수가 있는 거죠. 너무 보편적인 인문학의 관점으로만 하지 말고, 이 많은 인구가 도대체 뭘 생각하고 뭐 때문에 고민하는지 생각해 봐야 돼요. 우리가 인간다운 삶이라고 말하는데, 인구가 많아질수록, 인구가 많아지는데도, 사람들이 똑같이 인간다운 삶을 살 수 있느냐는 기본적인 질문을 해야 한다고 저는 생각해요. 인문학자들은 이런 물음을 안 던져요.

김항 인구가 폭발적으로 늘어났을 때 과거와 똑같은 인간상이 유지될 수 없겠지요.

김진석 유지될 수 없지요. 인간들이 쓰레기도 많이 만들고 에너지도 많이 쓰는데, 어떻게 가능하겠습니까. 그걸 기대한다면 학자들로서 기본적으로 너무 순진하거나 무언가 잘못된 거죠.

김항 휴머니티즈(Humanities)라고 할 때, 휴먼(Human)이 역사적인 산물임을 너무 쉽게 잊는 경향이 있다는 말씀이시죠?

김진석 그렇죠. 인구가 20세기 후반부터 갑자기 늘었는데, 인문·사회과학이 감당하지 못하는 문제가 바로 이겁니다. 역사가 변한다고 생각은 하는데, 인구가 늘어나면 어떻게 되는지에 대한 감각은 별로 없어요. 역사도 자꾸 추상적으로만 얘기합니다. 남한의 사회적인 문제는 다 알지만, 좁은 영토에다 더욱이 인구가 같은 곳에 많이 모여 있는 데서 오는 상황에 대해 구체적으로 뭘 말할 수 있는 건지, 그리고 뭘 할 수 있는지, 혹은 무엇을 못했는지에 대해서는 생각이 없는 거죠.

김항 비슷한 맥락에서 존엄사 논쟁, 그 전의 황우석 스캔들, 또 복지 문제 같은 것들도 문제죠. 도쿄대에 사생학(死生學)이라는 프로젝트가 있습니다. 거기에서는 윤리학·인구통계학·의학·철학·역사학·인류학 분야의 연구자가 모여서 삶과 죽음의 경계를 다루고 있습니다. 사실 이 삶과 죽음의 경계를 어떻게 인문학적으로 볼 거냐는 중요한 물음이고, 다양한 분야의 사람들이 모여 있어도 역시 인문학이 중심이 되고 있습니다. 그런데 우리나라에서는 인문학이 지역학으로 재편되는 경향 아래에서 인문학 본연의 물음이 소홀히 되고 있지 않나 합니다. 존엄사의 경우에도 삶과 죽음의 경계가 어디냐를 둘러싼 물음, 즉 사회공동체 안에서 인문학만이 담당할 수 있는 영역이라고 생각했는데 논쟁이 촉발되지는 않더라구요.

김진석 그런 점이 있지요. 그렇지만 저는 지금 인문학이라는 말이 너무 모호하게 사용되고 있는 점도 크다고 봅니다. 인문학이라고 말하면서 사회과학도 포함하는 경우가 많은데, 여기에는 모호한 점이 꽤 있어요. 실제로 대학에서는 인문학과 사회과학이 분리되어 있잖아요. 그런데 사회에서 인문학이라고 말할 때는 흔히 법학과 경영학까지 포함하는 경우가 많아요. 기본적으로는 사회과학의 많은 영역이 인문학과 융합하면 좋겠죠. 그렇지만, 실제로 대학에서는 그렇게 되지 못하고 있어요. 그리고 우리 사회에서도 인문학이 과거의 보편적인 인간에 대한 지평에서 벗어나지 못하고 있는 점도 또 커요. 그것에서 벗어나지 못하면, 사회에 대한 연구, 인구에 대한 연구를 제대로 하기 힘들겠죠. 또 굳이 인문학이라는 이름으로 그것을 해야 할지, 의문도 들어요. 지금 삶과 죽음 문제의 큰 몫이 의학적인 문제고 기술적인 문제이기도 해요. 공학적인 측면을 빼면 절대 얘기가 안 된다고 봅니다. 인문학자들은 추상적으로 얘기하는 경향이 있어요. 요새 인문학의 필요성을 많이 얘기하고 기업 하는 사람들도 관심을 갖는다고 하는데, 저는 인문학을 그런 식으로 다시 살리는 건 일시적인 미봉책이고 위기를 제대로 안 보는 거라고 생각해요. 그런 식으로 살아나 봤자, 잘 안 될 겁니다. 요새 어떤 담론을 사람들이 요구할까요? '인간이 뭐냐?', '어떻게 살아야 되느냐?' 이런 보편적인 물음이 아닌 거 같아요. 오히려 '아플 때 잘 고치는 사람이 누구냐?', '맛있는 식당은 어디냐?' 이런 거죠. 미각이나 취향에 대한 철학적이고 미학적인 논의도 있지만, 그건 논문 쓸 때 필요한 거죠. 실제 생활은 바쁘고 빨라서 사람들은 그런 원론적인 이야기를 할 시간이 없는 거 같아요. 이 점에서는 실용적인 지식도 굉장히 필요하다고 봅니다. 사람들이 그걸 더 필요로 해요. 보통 사람들에게는 그런 실용적 지식이 우선권을 가지고 있어요. 이건 인문적인 지식일까요? 그렇기도 하고, 아닐 거 같기도 해요. 이 모호함에 대해 생각해 봐야죠.

이런 생각을 몇 년 전 제가 벤쿠버에 연구년으로 가 있을 때, 많이 했습니다. 세계화되면서 갑자기, 그리고 점점 더 사람들은 낯선 상황 속으로 던져지는데, 어떻게 해야 할지 잘 모르는 상황에서는 바로 그런 실용적 지식이 필요하다는 거죠. 원론적인 이야기보다 구체적인 행위가 도움이 되는 거죠. 부모에 대해서도 말로만 "엄마, 사랑해"만 말하는 애들은 사랑의 기술을 더 배워야 하는 거나 마찬가지죠. 설거지를 해주든지 뽀뽀를 많이 해주든지, 무언가 행동이 더해지면, 더 좋겠죠. 과거의 인문적인 방식으로 고민만 하는 애들은 부모가 생각해도 걱정스러울 거예요. 우리가 스스로도 알게 모르게 변하고 있어요. 이걸 받아들여야지 자꾸 인문적인 틀 안에서 보려고 하면 오히려 복고적이고 구태의연하게 간다고 봅니다. 공학적인 것의 개입, 혹은 기술의 개입이라는 건 피할 수 없는 겁니다. 다만, 사회적으로 조절하고 논쟁하고 서로 설득을 시킬 수 있어야 하겠죠. 이 과정에서 인문학이 필요한 거겠구요.

김항 그런 상황에서 사회가 인문학에 대해 치유나 위안을 주는 지식을 요구하는 것이겠지요.

김진석 그런 식으로 가는 거죠.

이혜령 저는 요즘에 정부 지원으로 희망인문학이라 해서 저소득층이나 노숙자에게 인문학 강의하는데 이건 무엇일까 하는 생각이 들더라구요.

김진석 안 해봤던 거니까 해보는 거라고 할 수 있는데, 제가 보기엔 거기에도 우스운 게 많아요. 외국에서도 해봤던 거고, 조금 해보는 거야 나쁠 건 없겠죠. 그렇지만, 저는 저소득층에 대해서도 인문적인 게 그렇게 중요할까, 묻는 편입니다. 여러 가지가 필요하겠죠. 직업이 무엇보다 필요하겠죠. 또 매우 빠른 사회에서 살아갈 수 있는 방향감각이나 여러 실용적인 기술이 필요하겠죠. 그것을 빼고 인문학이 삶에 희망을 줄 수 있다고 말하면, 그건 인문학을 가지고 돌팔이 장사하는 걸 수도 있습니다. 걱정스러운 점이죠. 노숙자가 인문학을 배우면 뭐가 다 되는 거처럼 말하는 분위기에 작지 않은 위험이 있죠.

인문학의 근본주의를 넘어서기 위해

이혜령 선생님께서 지적해 주신 인문학의 추상성과 근본주의가 무엇인지 잘 알겠습니다. 그런데 여기에는 대학교수로 대표되는 아카데미즘의 비대화가 큰 요인이 되고 있는 것 아닐까요?

김진석 그렇죠. 아까 근본주의라고 얘기했는데, 도덕적 근본주의든 지적 근본주의든 교수들이 너무 담론을 지배하고 있는 게 큰 원인입니다. 교사들도 있고, 다른 시민운동가들도 있고 여러 분야의 사람이 논의에 참여해야 되는데, 교수들이 말을 많이 하니까 논의에 참여하는 사람의 관점이 단순해지고 담론도 단순해지는 거죠.

이혜령 인문학의 처방도 단순히 학제간 연구나 하는 차원의 형식적인 것이 아니라 어떻게 보면 생과 사를 예전처럼 얘기할 수 없다는 것을 인정하는 데서 출발해야 되는 거죠. 많은 사람들이 다양한 분야에서 생과 사에 대해 고민해 왔다는 걸 인정해야 된다는 겁니다.

김진석 근대 이후, 의사와 공학자들, 기술자들이 인문학자들과 함께 생과 사에 대한 지식을 관리하고 통제해 왔죠. 정치적이고 사회적인 문제를 예로 들면, 미국에서도 생명복지라든지 이런 문제가 나오면 그걸 찬성하는 쪽은 정치적으로 어느 쪽이겠어요. 민주당 쪽이 이걸 찬성하는 겁니다. 소위, 공화당은 보수적이고 민주당이 오히려 리버럴하다고 생각하는데, 그게 틀리지는 않지만, 리버럴이라는 거는 복잡한 거죠. 좋은 면도 있지만 위험한 면도 있고요. 이런 예민한 문제에서는 민주당 쪽이 오히려 첨단사업을 지원하고, 첨단산업을 지원하는 한, 지적인 수준에서도 열려 있다고도 볼 수 있죠. 복합한 문제지요. 이런 문제를 논의하지 않고, 인문적으로만 얘기하려고 하면 우스운 거죠. 그만큼 정치적인 개입은 나라마다 다르죠. 미국은 특히 진보정당이 없고, 민주당만 있으니까 민주당 쪽에서 생명공학적 접근에 찬성하게 되고 보수당은 이걸 막으려고 해요. 한국에서는 어떠냐? 한국에서는 대부분 진보적인 사람들이 미국의 보수주의처럼 무조건 막으려고 그래요. 근본주의적인 담론이 많이 스며들어 있는 거지요. 한국 인문학자들이 보통 다 나쁜 거라고 생각하고 다 막으려고 하는 것을, 미국에서는 오히려 공화당이 막는 경우가 많다는 거죠.

이런 게 정치적이면서도 공학적인 문제이고 또 인문적인 문제죠. 모든 나라가 다 공학기술이 첨단사업이니 미래 성장산업이니 하면서, 다 지원해 주고 있죠. 국가주의적인 성향은, 나라마다 차이는 있지만, 어디서든 어느 정도 다 개입되고 있죠. 이런 걸 성찰하고 그걸 알아야지, 그렇지 않으면 공허한 얘기만 됩니다. 자꾸 인문적으로 말하면, 신학적인 논쟁으로 빠지지요. 태아가 몇 주 몇 달이면 인간 존재로 인정되는지, 9주인지 12주인지, 이런 공허한 얘기를 하다 보면 매일 철학과 신학 사이만 뱅뱅 돌다 끝나죠.

김항 결국 뿌리 깊은 근본주의란 자신의 기준을 계속 재설정해 나가는 것이 아니라 아예 기준 자체가 현실과 너무 동떨어져 있는 데서 비롯된다는 말씀으로 들립니다.

김진석 도덕적인 지식을 공부한 사람이 좋은 말 하면 그건 당연히 먹고 들어가는 거 아니겠어요. 너무 타성에 젖어 있어서 도덕적인 얘기만 합니다.

이혜령 지적 게으름도 조장하고 있다는 것이죠?

김진석 그게 중요합니다. 지적으로 게으른 거죠. 지적 게으름은 더 나가면 지적인 부패로 이어져요.

김항 이거야말로 근본적인 질문인데, 왜 그런 거 같으신지요?

김진석 그거야 여러 문제겠죠. 하나만 있는 게 아니라 여러 문제가 얽혀 있죠. 복잡한 문제죠. 한 번에 풀리기도 어려운 거고. 그렇지만 자꾸 얘기를 해야 해요. 무엇보다 지금 한국의 지식인들은 대중문화 속에서 힘을 잃은 면도 있지만, 그 자신들이 이미 기득권 조직의 일부가 되어 있어요. 그들이 쓰는 개념이나 이론들도 사실은 지적 기득권의 도구에 불과한 경우가 많아요. 혹은 지적인 기득권 조직의 조직원 노릇만 하는 거죠. 그러면서도 말은 과거의 계몽적이거나 비판적인 말투를 그대로 하고 있고.

좌파의 보수성과 공허함

이혜령 어제(2009년 8월 18일) 김대중 전 대통령이 돌아가시지 않았습니까. 한 시대가 갔다는 생각이 들었어요. 예전에 진보세력의 도덕주의를 얘기할 경우에 '어떤 실무적인 경험, 실천의 부재, 즉 정부를 운영해 본 적도 없고, 중요한 일을 집행해

본 적이 없다'는 형태로 비판자들이 나름의 이유를 들었던 같아요. 이제 김대중·노무현 정부 이후에는 그런 말을 하지 못하게 된 면이 있지요. 정부도 두 번이나 운영을 해보고, 10년이면 참 긴 세월이고, 그간에 겪은 일도 많을 테니까요. 이제 민주화의 성과로 얻어진 그런 경험들, 그리고 이 경험을 통한 실천들을 어떻게 평가할 것인가의 문제가 남은 것 같아요. 선생님은 『기우뚱한 균형』에서 언제나 청산주의적 비판을 가장 경계해야 된다는 입장을 얘기하신 것 같아요. 선생님은 진보정당을 지지하시나요?

김진석 저는 민노당이나 진보정당도 너무 지식인 위주의 담론에 기댄다고 생각합니다. 대부분 말로 뭘 하려고 하는데, 대중민주주의나 대중정당이 의미하는 바를 잘 모르는 것 같아요. 그것도 근본주의입니다. 그걸 성찰을 안 하고 자꾸 남 탓만 해요. 특히 대중의 허위의식을 탓하는 경우가 많은데, 그거야말로 진보정당에 포진한 지식분자들의 허위의식입니다. 글 쓰는 사람들도 대중 탓하고 서민 탓을 하는데, 서민들은 서민들 나름대로 어려운 겁니다. 물론, 미련한 짓도 하고, 뻐딱한 짓도 합니다. 그건 그 사람들 나름대로 어쩔 수 없는 거죠. 근본주의적 담론만 계속하는 지식인들은 그들 탓을 해서는 안 돼요.

생태주의도 근본적인 얘기만 많이 하는 경향이 커요. 생태주의에 대한 관심이 많이 필요하지만, 일부 지식인들이 원론적인 차원에서 근본주의적 이야기만 하는 단계에 머물고 있어요. 거기서 더 나아가야 하죠. 지역의 시민들이 자체적으로 할 수 있는 분위기를 만드는 게 더 필요한 거죠. 근본주의적 생태주의에만 머물면 문제인데, 오히려 지식인들이 그런 경향을 부추겨요. 진보정당과 생태주의가 그렇게 근본주의적 담론만 하니까, 사실은 보수주의에게 기회만 주는 꼴이죠.

정치적으로 중요한 건 우리가 자유주의를 너무 소홀히 생각한다는 점입니다. 진보 쪽에서는 '뉴라이트', '신자유주의'를 비판하면서, '자유주의' 자만 들어가면 다 나쁜 거라고 생각합니다. 그런 점이 있긴 있지요. 그렇지만 자유주의를 보수가 다 말아먹으라고 내버려 두는 것도 지적인 무능력이거나 게으름입니다. 보수가 아무리 자유주의를 표방해도 근본적으로는 집단주의에 머뭅니다. 그 집단주의는 집단적 혹은 구태의연한 진리를 자꾸 강요하는데, 새롭게 등장한 개인의 자유에 대한 다양한 접근이 필요해요. "자유주의는 보수에게 줘 버려라. 우린 자유주의 혹은 리버럴은 싫다", 이렇게 말하면, 오히려 진보가 자기 살 길을 망가뜨리는 거라구요.

이게 파시즘 논의에서도 중요한 건데요. 1930년대에도 진보나 좌파가 약했던 것보다는 오히려 자유주의라고 말할 만한 게 충분히 강하지 못했던 게 파시즘이 생긴 큰 원인이라고 생각하는 연구 결과가 있고, 저도 거기에 동의하는 편입니다. 우리나라도 진보와 보수의 대립은 강해요. 진보 담론이 얼마나 강합니까. 오히려 그 중간이 없는 거죠. 자유주의라는 건 사실 아주 복잡한 겁니다. 사람들은 여기에도 갈 수 있고 저기에도 갈 수 있지요. 개별 사안에서는 더욱 그래요. 이런 자유주의의 지평을 진보 쪽도 이용하거나 좋게 사용해야 하는데, 한국 진보는 뉴라이트 비난만 하면서 "뉴라이트, 신자유주의는 가라"라는 말을 반복하죠. 자유주의를 포기한 거죠. 진보가 이래서는 잘될 거라고 저는 생각하지 않습니다.

비정규직 문제도 그렇죠. 왜 노조가입률이 이렇게 낮은지, 왜 대기업 위주로만 노조가 결성돼 있는지에 대한 반성이 별로 없어요. 조그만 사업장은 거의 대부분 비정규직인데 구조적으로 해결이 안 되는 거죠. 비정규직 문제에 대해 좌파들은 말만 많지 구체적 전술이나 전략은 별로 없습니다. 대졸 이상이 다 하고 대기업 위주의 노조가 꽉 잡고 있는 상황에서, 뭐가 크게 바뀌겠습니까? 나는 보수와 먼저 부딪치지만, 그 못지않게 진보 진영과도 부딪치고자 합니다. 진보의 관점이 공허하고 게으른 점이 많아요.

김항 우리나라 노동계에서는 노동의 유연성 얘기만 나오면 경기를 일으키죠.

김진석 그렇지요.

김항 노동의 유연성이라는 게 상당히 이데올로기적 측면이 있고 위험한 측면도 있지요. 일본에서 저랑 동갑인데 한 번도 정규직에 취직하지 않고 계속 아르바이트하면서 비정규직으로 20년 동안 결혼도 하고 애도 낳고 살아가는 사람들이 있더라고요. 이 사람들의 삶을 위태롭고 위험한 것으로 본다는 거죠.

김진석 제가 보기에, 한국 진보는 너무 정상성, 정규직의 신화에 사로잡혀 있어요. 정규직 못하면 결혼도 못한다고 생각해요. 이건 아주 치명적인 결함입니다. 이거에 대한 반성이 없어요. 저는 이게 참 문제라고 봅니다. 교육도 대학 다 나와야 된다고 생각해요. 오히려 대학교 안 가게 만들어야 됩니다. 대학교 안 가는 비율을 빨리 늘려야 돼요. 그렇지만 진보정당의 논리는 등록금을 인하하자고만 하면서 대학 가는 걸 문제 삼지 않죠. 이 논의를 전혀 안 하고 있어요. 제가 보기에 이건 지적인 허영이죠. 그러면서도 사실 진보정당이나 민주노총도 정규직 중심의 노조를 변화시키거나 개혁하지는 못하죠.

김항 비정규직이든 대학에 안 가든 이들의 삶에 어떻게 안전판을 마련할 것인가를 고민하기보다는 정규직이나 대졸이 되어야 하고 게다가 노동의 유연성은 안 된다고 하니까 해결책을 제시 못하고 있는 것 아닌가 싶습니다.

김진석 20년 동안 양극화를 얘기해 왔죠. 90년대 이후로 진보진영에서 많이 얘기하고 진보적인 매체에서도 얘기합니다. 그 담론 자체는 너무 많아요. 그렇지만 구체적인 전략은 없고, 고민이 없어요. 매일 비정규직은 늘어나는데, 그리고 정규직 노조가 민주노총의 핵심이면서도, 정규직 비율을 높여야 한다는 말만 하고 있는 형국이지요. 그런 길로만 가면 안 됩니다. 어느 정도 비정규직 혹은 파트타임도 있을 거라고, 열어 놔야 됩니다. 기술이 첨단화되고 자동화되는데, 모든 일자리가 정규직으로 남아 있겠어요. 비정규직 혹은 파트타임이 어쩔 수 없이 생길 수 있는 부분에 대해서는 오히려 시간당 임금을 많이 주든지, 여러 방식을 써서 위험에 대비하게 만들어 주는 게 필요한 거죠. 또 대기업 중심의 노조원들이 초과노동을 하면서 노동시간을 줄이지 않는 것도 진보 쪽은 정면으로 대면하고 있지 않아요. 보수만 비판하는 것으로는 충분하지 않아요. 진보도 바뀌어야 합니다. 그렇게 하기 위해서는 담론의 수준이 변화해야 하고요.

이혜령 오히려 그런 것들이 엘리트주의를 강화시키는 데 기여한다는 거죠?

김진석 그렇죠. 대졸자 중심의 사회, 그리고 교수 중심의 지식인 사회가 그것을 부추기고 있지요. 인문학을 강조하는 지식인들은 말로는 다양성이나 상생을 말하지만, 실제로는 그러지 못하고 있죠. 안빈낙도(安貧樂道)라는 대안 선택은 너무 과거회귀적인 거겠지만, 정규직 월급이 없어도 살 수 있는 다양한 길을 마련해야 됩니다. 그런데 한국 진보는 근본주의적 구호를 반복하는 경향이 큽니다. 그 결과, 대기업 위주의 폐쇄적 노조에 매달리면서도 비정규직을 정규직으로 만들어야 한다는, 분열적인 상황에 빠지고 있고요.

이혜령 다수의 삶을 비참한 것으로 여기게 만드는 역할을 한다는 거죠.

김진석 정규직으로 만들어 주지도 못하면서 정신적으로 피폐하게 만드는 거지요. 이 점에서 삶을 물질화로 내몬 건 우파 못지않게 좌파입니다. 이제 대학 나오지 않거나 정규직이 아니면, 비참하게 느껴질 정도니까요.

김항 어떻게 보면 역전된 박정희 식의 발상인 거네요. 전도된 박정희.

정답주의에서 벗어나기

이혜령 말씀 들다 보니까 선생님은 단어 하나하나를 굉장히 섬세하게 골라서 쓰신다는 느낌이 듭니다. 말에 있는 많은 머뭇거림에 신경 쓰시고, 글에서도 그런 부분을 읽고자 하시는 노력이 각별한 것 같다는 생각이 들어요.

김진석 저는 말은 섬세하게 잘 못하는 편입니다. 성격이 급해서, 말을 빨리 하게 되죠. 그러다 보니까 차분하게는 말을 못하죠. 말이 엉키기도 하고요. 말할 수 없는 건 말하면 안 되지만, 말할 수 있는 건 솔직하게 말해야 한다고 생각하는 편인데, 이게 또 말을 어렵게 만드는 점도 있고요. 그래서 제가 글을 선호하는 편입니다. 차분하게 복합적으로 쓸 수 있으니까요.

김항 선생님 글을 보면 논지는 명확한데, 사용하시는 개념들은 매우 투명하지 않은 것 같습니다. 투명하지 않다는 말은 명확하지 않다는 게 아니라 추상적 수위에서 정리되지 않는 모순투성이인 세상의 그 불투명함을 담아내시려고 한 것 같아요.

이혜령 약간 시적으로 표현하면 선생님은, 어렸을 때 사탕을 입에 오래 물고 있는 어린아이 있잖아요. 입안이 얼얼해지도록……. 그러시는 것 같아요.

김진석 그래요? 표현은 세심하게 하면서도 저는 충돌하는 지점이라든지 당황스러운 지점들을 표현하려고 애쓰는 편이죠.

김항 한국에서 글을 잘 쓴다고 보통 평가가 되는 것은 투명한 이미지를 주는 글들인데, 선생님은 논지는 명확하신데, 정말 현실의 불투명함이 글에 역설적으로 투명할 정도로 불투명하게 나타나니까요.

김진석 바로 그겁니다. 제가 오래전에, 모호함에도 여러 가지가 있다고 쓴 적이 있죠. 정확성이 모자라서 모호한 상태가 있지만, 거꾸로 정확성과 엄밀함이 넘칠 때도 모호함이 생깁니다. 저는 이 지점들에 관심이 많은 거 같아요. 조직이나 진영에 따라 주어진 정답에는 관심이 별로 없어요. 그래서 조직이나 집단에 속하기 힘든 면도 있고요.

아까도 얘기했지만 대학진학률이 높은 게 문젠데, 거기에 많은 문제가 연결되어 있다고 생각합니다. 대학진학률을 그대로 유지하면서 등록금을 낮춘다는 것은 지금 상태에서 공허하고 나쁜 문제라고 생각해요. 학벌 문제도 있지만 대학에 다 가다 보니 육체노동에 대한 감각도 잃은 거죠. 대학을 한번 보세요. 똑같은 과에 대부분 교육과목도 똑같고, 졸업하고는 대부분 취직도 똑같은 데 하려고 합니다. 더 중요한 거는 이런 사람들이 나오면 소비수준이 높아져요. 문화적으로요. 소비수준이 높아지면 과시적 소비를 하는데, 이 사람이 진보적 생활을 할 수 있느냐? 못하게 된다는 겁니다. 진보진영은 이 생각을 안 해요. 말로만 양극화를 비판한다고 하는데, 한국식으로 대학을 나오면 절대로 소박한 삶을 영위할 수 없고 진보적인 생활도 할 수 없어요. 과시적 소비를 해야 되죠. 이런 생각을 안 하고 진보지식인들은 멋있는 얘기만 해요, 듣기 좋은 말만. 등록금 인하해야 된다고 말이죠.

김항 전 국민은 대학을 가야 하는 것으로 생각하고…….

김진석 선생들도 곤란한 얘기를 안 하고 정답만 빨리 알려 주려 합니다. 물론 알기 쉬운 정답을 싫어하는 제가 신경증적인 증세인지도 모르죠. 애들도 아무 생각 없이 대학교를 들어가요. 88만원 세대라고 하는데, 이것도 허구적인 얘기가 많아요. 부모들과 학교가 잘못 가르치고 있어요. 아무 걱정도 하지 말라고 하고, 대학만 무조건 가라고 하잖아요. 대학 가서도 무슨 자격증 딴다 공부만 하잖아요. 부모 돈으로 공부하는 사람들이 다수이구요. 그러면서도 좌파적인 담론은 큰 문제만 부각시키는데, 사실은 허구적인 면이 많지요.

김항 어떻게 보면 중장기적으로도 시급한 문제라는 거죠?

김진석 중장기적으로 괴멸시키는 문젭니다. 저는 노조가입률도 중요하지만, 지식의 과잉소비도 그 못지않은 문제라고 봅니다. 배우자로 어떤 사람을 생각하느냐니까 다 "대졸 이상에 키가 몇 센티 이상 되고 정규직"이라고 답해요. 일종의 악몽이죠.

김항 장기적으로 한국사회가 어떤 식으로 바뀌어야 되냐고 할 때 학력에 상관없이 평생임금의 격차가 줄어야 한다고 봅니다. 지금 풀어야 될 가장 시급한 문제가 교육 문제라고 하는데 이 문제와 연동되어 있는 거지요.

김진석 맞아요. 대학 안 나와도 살 수 있는 사회에 대한 여러 대안과 대책이 필요합니다.

김항 고졸 이하 노동자의 임금 수준을 높이는 게 해법이겠죠.

김진석 기본적으로 그게 맞는데, 거기에도 지금 우리가 논의하는 문제가 이상하게 개입되어 있어요. 언젠가 『경향신문』을 봤더니, 덴마크인지 스웨덴의 돼지고기 가공장에서 식육을 만드는 고졸 이상 노동자들의 임금 수준이 높고 직업별 격차가 낮다는 취재기사를 냈더군요. 기본적으로는 맞아요. 그런데 원론적인 외국 사례를 얘기만 하지 말고, 유럽과 한국 사이의 차이가 뭔지 알아야 해요. 큰 차이가 한국의 높은 대학진학률입니다. 대졸 이상 사람들이 다수이고, 그들이 정규직이 되는 것을 모범답안으로 삼고 있으니, 사실 고졸자들의 임금이 높아지기 힘들어요. 대졸자 중심의 사회거든요. 대졸자들이 기득권자이고 주류다 보니, 대졸임금에만 사회적 관심이 쏠려 있고 고졸자들은 다시 약자가 되는 겁니다. 그런 상태에서 고졸과 대졸자 사이의 임금격차는 줄기는커녕 커질 수밖에 없지요. 그런 얘기는 안 하고 매일 모범답안 같은 듣기 좋은 얘기만 계속하고 있어요. 다르게 말하면, 유럽식의 사회민주주의 해법이 우리에게 그냥 잘 맞는 것도 아닙니다.

이혜령 게다가 많은 대학생들이 돈이나 정보 측면에서 부모에게 의존하는 경향이 크죠. 예전에 대통령선거 할 때마다 선거연령을 낮춰야 된다고 했어요. 그런데 요즘은 선거연령을 낮추면 오히려 더 악효과가 있지 않을까 하는 생각까지 들더군요.

김진석 외국에서는 고등학교 정도 다니면 애들이 어느 정도 자립하잖아요. 부모가 애들 방에도 함부로 못 들어가고 애들도 못 들어오게 하죠. 우리는 그게 아니지요. 대학 가는 거부터 시작해서 직장, 그리고 결혼까지 부모들이 간섭하잖아요. 대졸자 주류사회니까요. 이건 보수만 그런 게 아니고 진보적인 사람들도 비슷해요. 미국이 어쩌니 저쩌니 해도, 거기는 그래도 아이들이 크면 자립하고 독립하잖아요. 우리는 그런 점에서 한심하죠. 이건 좌파지식인들의 책임도 커요. 체제를 비판한다면서, 실제생활에서는 보수와 비슷하니까요. 거대담론만 하는 경향이 있으니까요.

이혜령 부모의존성이 경제적인 것뿐만이 아니라 정서적인 측면에서도 굉장히 강한 것 같아요.

김진석 교육에 대한 부모의 공포가 자녀를 공범으로 만들고 있습니다. 공포의 이심전심이라고나 할까. 부모가 공포를 느끼니까 애들도 그렇게 되지요. 애들이 사회에 대해서 보수적이라고 하는데 공포가 내면화돼 있어서 그런 거죠. 부모와 사회가 그렇게 만든 거죠.

김항 예전에 어디선가 신문인가 잡지인가에서 고등학교 선생님이 쓰신 짧막한 칼럼을 봤는데, 요새 애들이 반항기가 없어졌다는 거예요. 한번씩은 반항하기 마련인데, 요새 애들은 반항기가 들쑥날쑥해졌다고.

김진석 맞아요. 좌파진영에서는 '공교육의 정상화'라는 말을 자꾸 하는데 허점이 거기에도 있죠. 한국사회에서는 공교육을 정상화시키고 거기서 모범적인 학생만 길러 내려고 합니다. 우리가 교육을 너무 근본적으로 생각하는 거 같아요. 학교가 좋은 것만은 아니에요. 조금 각을 세우면, 이게 감시하고 훈육하고 길들이는 체제잖아요. 우리가 언젠가부터 사교육을 비판한다고 하면서 자기도 모르게 공교육 정상화를 앵무새처럼 얘기해요. 이게 말이 되는 소리예요? 지금 같은 학교라면 얼마든지 그만둘 수 있지요. 공교육 정상화라는 말도 일종의 공교육 근본주의이지요. 공교육에 대한 이상주의적 모델만 설정하고 있으니까요. 교육이 자본주의의 큰 축 아니예요? 물론 저는 비판만 하고 싶은 생각은 없어요. 그런데 공교육의 정상화라고만 하면, 체제를 오히려 더 보수화시키는 면도 많죠. 그것도 근본주의적 담론들이 많이 지배하기 때문에 그렇다고 생각해요.

김항 거기서 선생님이 말씀하신 우충좌돌이 필요한 거네요. 공교육 정상화가 물론 교육의 양극화를 시정하기 위해선 필요하지만, 선생님이 지금 말씀하신 훈육 체제의 모호함과 불투명성이라는 것도 붙잡아야 한다는 거죠?

김진석 그렇죠, 아까 인구에 주목하자는 것도 그 때문입니다. 좋은 민주주의나 인문학을 입에 담는 사람들은 모든 사람이 좋은 사회를 구성하고 지향해야 한다는 말을 합니다. 이것부터 깨야 된다고 생각해요. 좋은 민주주의를 하는 사람이 전체에서 50퍼센트를 넘어갈 필요도, 그럴 수도 없을 거예요. 다수나 심지어 모든 사람이 다 선한 사람이어야 한다고 하는데, 이렇게 될 필요도 없어요. 교육도 마찬가지겠죠. 인구 비율로 보면 우리나라 한 나라당 지지자가 30퍼센트가 되듯이, 좋은 생각을 하는 사람도 30퍼센트밖에 못 될지도 몰라요. 나머지는 개인적인 사안에 따라서 자기는 여성이기 때문에 박근혜가 좋다는 사람도 있을 수가 있는 거죠. 이게 인구 차원에서 보면 적나라한 겁니다. 근본주의적 담론에 사로잡히면 폭력이 없는 사회, 모든 사람이 올바른 생각을 하는 사회를 꿈꾸게 되죠. 인문학이 공허한 이유도 '모든'이라는 근본주의 담론에 빠지기 때문인 것 같아요. 사람마다 다를 수 있겠지만 구체적인 문제를 갖고 생각할 필요가 있다는 거죠.

이혜령 인문학이 빠져들기 쉬운 근본주의에 대해 적나라할 정도로 비판해 주셔서 정말 시원한 느낌도 들었습니다. 오늘 인터뷰는 이것으로 마칩니다. 김진석 선생님, 감사합니다.

16 좌담회

김영미·김원·신지영·이현우
사이의 대화

(왼쪽 위부터 시계 방향으로)

신지영은 한국외국어대를 졸업하고 프랑스 리옹3대학에서 들뢰즈의 윤리학과 미학 연구로 박사학위를 받았다. 현재 서울시립대 학술연구교수로 있으며, 저서로 『들뢰즈로 말할 수 있는 7가지 문제들』(2008),『들뢰즈 사상의 분화』(공저, 2007), 『들뢰즈와 그 적들』(공저, 2007), 『현대철학의 모험』(공저, 2007) 등이 있고, 역서로 『들뢰즈의 차이와 반복』(2010) 등이 있다.

김원은 서강대 사학과를 졸업하고 동대학원의 정치외교학과에서 「여성노동자의 남성주의 담론 연구」로 박사학위를 받았다. 현재 한국학중앙연구원 사회과학부 교수로 있으며, 저서로는 『잊혀진 것들에 대한 기억』(1999), 『근대의 경계에서 독재를 읽다』(공저, 2006), 『여공 1970, 그녀들의 反역사』(2006), 『사라진 정치의 장소들』(공저, 2008), 『87년 6월 항쟁』(2009) 등이 있다.

김영미는 서울대 국사학과를 졸업하고 동대학원에서 「일제시기-한국전쟁기 주민동원·통제 연구」로 박사학위를 받았다. 현재 국민대 국사학과 교수로 재직중이다. 저서로 『동원과 저항』(2009)과 『그들의 새마을운동』(2009)이 있으며, 역사 대중화에도 관심을 가져 『한국생활사박물관』(전12권, 사계절)의 기획에 참여하기도 했다.

이현우는 서울대 노어노문학과를 졸업하고 동대학원에서 푸슈킨과 레르몬토프의 비교 연구로 박사학위를 받았다. 현재 한림대 연구교수로, 대학 안팎에서 러시아 문학과 인문학을 강의하고 있으며, '로쟈'라는 필명으로 이른바 '인터넷 서평꾼'으로 활동하고 있다. 옮긴 책으로 『레닌 재장전』(공역, 2010)이 있으며, 지은 책으로 『로쟈의 인문학 서재』(2009)와 『책 읽을 자유』(2010)가 있다.

일시 : 2010년 1월 7일 / 장소 : 그린비 출판사 회의실

신화도 전설도 없는 세대도 있다. 고교평준화 시대에 대학에 들어가 87년에 이르는 수직과 91년의 하강의 사정권에서 대학 생활을 경험한 세대들이 그럴 것이다. 제가 밟고 선 그림자를 어쩌지 못하며 맴도는 서성꾼인 이들은 늦깎이처럼 공부를 했지만, 그보다 더 큰 그림자와 싸워야 했다. 이들이 박사가 될 무렵, 애써 쑥스럽게 문을 두드렸던 스승은 물론, 전설 같은 70년대 학번과도 전혀 다른 연구·교육 환경에 놓이게 되었기 때문이다. 말 그대로 대학에서 신자유주의가 길러 낸 21세기의 학생들을 가르치고 있으며, 또 그 자신이 규범적이고 양화된 논문 평가시스템에 의해 끊임없는 시험에 처해 있다. 지식인이란 말이 어느새 연구자로 대체된 시대의 연구자들은 그 그림자들과 어떤 대화를 나누고 있는지 들어 보고 싶었다. 들뢰즈를 세계해석의 지주로 삼는 신지영과 '로쟈'란 이름으로 더 잘 알려진 서재의 인문학자 이현우, 새로운 민중사를 시도하는 김영미와 김원. 일부러가 아니라면 다시 우연히라도 만나기 힘든 그들이 한자리에 쑥스럽게 모였다. 걸어온 학문의 도정 같은 것을 말할 만큼 이 바닥에서 녹을 먹었다고 자부해서 모인 것은 아니었다. 김항과 이혜령은 인사만 건넸고, 천정환이 첫 말을 꺼냈다. 그후로도 오랫동안, 이야기를 나누었다. 그림자 놀이 혹은 싸움에 대해, 아카데미의 안과 밖에 대해, 저 위키피디아와 블로그의 세계에 대해, 무겁고도 가소로운 글쓰기에 대해, 그리고 우리는 인문학자인지에 대해.

후386세대의 인문학 입문의 전후 사정

천정환 이렇게 자리해 주셔서 고맙습니다. 오늘 이 좌담회를 처음 기획하고 주선한 이혜령·김항 선생님은 한국 인문·사회과학이 어떤 변화를 보이기 시작한 시점을 1980년대 말 이후, 지난 세기말이라고 생각하신 듯합니다. 저도 이 인터뷰집의 인터뷰 대상자로, 또 오늘 좌담회의 기획자로 참여하면서 돌이켜볼 기회를 얻게 되었습니다. 1989년 베를린 장벽의 철폐, 잇따른 동구권과 소련의 붕괴 등 세계사적 전환이 있던 시기에 한국에서는 민주화와 함께 학생·노동자·농민·여성 등 대중운동과 함께 진보적 학술운동이 가시화되었습니다만, 곧 '맑스주의의 위기와 전회'라는 이슈의 등장에 이어 근대성과 식민주의, 민족주의 등 한국의 역사상에 대한 전환과 재인식을 촉구하는 화두들이 제시되었습니다. 또한 제도적으로는 80~90년대 대학과 대학원을 졸업한 연구자들이 다수 배출되었고, 한국사회에서 대학이 차지하는 위상이 변화했으며, 한국학술진흥재단 등이 긍정적이든 부정적이든 인문학 연구자들에게 새로운 환경으로 자리 잡았습니다. 제도권 바깥이나 인터넷을 매개로 지식생산과 소통에 있어 전혀 다른 환경과 실천적인 장을 창출한 것도 이 시기였으며 한국 인문학의 세계화라는 아젠다가 개별 연구자들에게도 돌파해야 할 과제로 인식되기도 했습니다.

오늘 모임의 취지는 비교적 '젊은' 마흔 전후, 연구 경력이 10~15년 되는 연구자들이 모여 한국 인문학의 제도, 패러다임, 연구자로의 정체성, 글쓰기 문제 이런 것들을 어떻게 겪고 전망하는가를 같이 나눠 보자는 겁니다. 사실 이렇게 모이는 것 자체가 학진 시스템이나 HK프로젝트가 없으면 힘든 일이죠(웃음). 여기 오신 선생님들의 전공을 뭐라 정확하게 소개해 드려야 할지 모르겠습니다만 —— 김원 선생님은, 한국정치사 전공이라고 해야 하나요? —— 러시아문학, 국문학, 역사, 정치철학, 문화연구, 그리고 프랑스 현대철학. 웬만해서는 함께 자리하기 힘든 상당히 다양한 분야의 선생님들이 모이셨습니다. 학진 제도의 양면성을 동시에 보여주는 거죠. 그 제도 덕분에 모였지만, 앞으로 다시 모이긴 또 쉽지 않다는 겁니다.

다시 말씀드린다면 오늘의 좌담은 크게 세 가지 줄거리로 구성됩니다. 먼저 네 분 선생님들께서 10여 년 사이에 연구해 오신 과정하고, 또 그것이 한국사회 내지는 한국 인문학 재생산 조건과 어떻게 연동되어 있었는가를 말씀해 주시면 좋겠고요. 그런 다음에 오늘 설정한 주제와 관련해서 선생님들께서 주로 착목하고 있는 연구영역이나, 문제점 등에 대해 이야기하시는 게 두번째입니다. 마지막으로 그런 문제들 속에서 향후의 전망, 즉 한국 인문학 제도나 글쓰기 문제에 대해 이야기를 나누겠습니다.

이 자리에는 오늘은 '참여관찰자'가 되겠다는 이혜령·김항 선생님 외에도 고려대 민족문화연구원에 있으면서 박사논문을 준비하고 있는 김수림 선생, 그리고 이 책의 편집을 맡고 있는 그린비출판사의 박재은 팀장이 합석하였습니다. 오늘 좌담회에 참석하신 네 분, 김원·김영미 선생님과 '로쟈'라는 필명으로 더 잘 알려지신 이현우 선생님, 그리고 신지영 선생님은 2008~2009년에 가장 활발한 활동을 보인 연구자들이 아닌가 싶습니다. 논쟁을 하신 분도 있고, 좋은 책을 내셔서 매스컴을 많이 타신 분도 있네요. 두 가지를 동시에 말씀해 주시면 좋겠습니다. 최근 근황과 관심을 두고 있는 부분하고요. 어떻게 공부를 해오셨는지, 그 안에 어떤 내적 충동이 있는지를 우리 인문학의 변화와 관련시켜서 말씀을 해주시면 좋겠습니다. 제일 먼저 김원 선생님께서 말씀해 주시죠. 최근에 책이나 논문 집필도 활발히 하셨던데요.

김원 저는 주로 노동사 내지 그 관련 분야의 연구들을 하고 있는데요. 최근에 87년 6월항쟁 관련해서 작업을 하나 했습니다(『87년 6월 항쟁』, 책세상, 2009). 나중에 더 얘기할 기회가 있을지 모르겠지만, 어떻게 보면 거의 소설에 가까운 일종의 '이야기로서의 역사'라는 것들을 새롭게 개인적으로 재구성해 보려는 생각에서 한 작업입니다. 이외에 최근에는 소수자의 재현 문제에 관심이 있는데요. 특히, 이들이 목소리가 없거나 재현되기 어려운 집단인 경우, 우발적인 사건을 통해서 자신의 존재 가치를 드러내는 경우들이 많은데요. 작년 말에 「소년원 탈출사건」이라는 논문을 썼어요. 어디 실린 건 아니고, 그냥 발표한 겁니다. 우연히 신문자료를 보다가 소년원, 소위 준교정실 ─지금은 학교처럼 되어 있지만─ 이라는 데서 이들이 자신의 존재를 드러내는 방식이 우발적인 사건을 통해서 어떻게 나타나는가에 관심이 생겼습니다. 그 이전에도 개인적으로 광주대단지 사건이나 부마항쟁 사건을 통해서 소수자나 하위계층과 기타 집단들이 어떻게 나타나는가에 관한 문제에 대해 관심을 가져 왔고요. 물론, 저는 60~70년대를 중심으로 작업하고 있지요. 그런 문제의식을 갖고 작업을 지금 진행하고 있습니다. 그 외에 구술작업 내지 기타 등등을 하고 있는 상태입니다.

저는 93년에 대학원에 들어왔는데요. 들어올 때는 특별한 목표가 있거나 지금 제가 있는 위치처럼 연구자로서의 장기적인 전망을 갖고 공부를 했던 것 같진 않아요. 당시에 학생운동 하다가 특별히 비전은 없었고, 회사는 들어가기 싫고, 여러 가지 당대적인 조건하에서 대학원에 진학을 했어요. 그 이후의 시기를 되돌아봤을 때, 몇 가지 개인적인 화두는 있었다고 생각이 들어요. 하나는 일단 현장 연구를 중심으로 한 것인데요. 이후에는 구술사라고 불렸던, 그 당시에는 에스노그래피(ethnography) 내지 민족지라고 불리던 그런 접근을 했었던 것 같고요. 그 이후에는 문제의식이 조금 구체화되면서 노동사를 중심으로 한 노동자들의 '밑으로부터의 역사'를 재구성하는 문제에 관심을 가졌습니다. 그 외에 조금 있다가 91년 관련된 얘기를 하면 나오겠지만, 80년대 경험이나 정서, 특히 80년대 후반 세대로서 그런 것들을 어떻게 정리할 것인가에 대한 문제도 여전히 지속적으로 갖고 있었던 것 같아요. 그것과 관련되어 쓴 『잊혀진 것들에 대한 기억』(이후, 1999)에서는 주로 80년대 대학사회를 역시 구술 인터뷰를 통해서 작업을 했었는데요. '과거 그들의 경험 내지 삶이라는 것이 현재 어떻게 기억이 되고 있는가?' 그런 현재성에 관한 문제에 대해 지속적으로 제가 관심을 가져 왔던 것 같아요. 당장 생각나는 건 이 정도입니다.

천정환 80년대 후반세대로서의 세대의식과 선생님 연구의 연관관계는 이후에 다시 한번 질문을 드리겠습니다. 이어서 김영미 선생님 말씀해 주시죠.

김영미 여기 좌담회 초청장에 저희의 정체성을 '후386'이라고 적어 놓으셨는데 재미있는 표현이에요. 87년 6월항쟁까지 혹은 그것의 여진으로 사유되던 진보와는 다른 차원의 진보를 고민하기 시작했던 것이 우리 세대가 아닐까 해요. 저는 대학 2학년 때 6월항쟁을 경험했고 90년도에 대학원에 입학했습니다. 역사 연구자의 길을 걸어가기 시작했을 때 제가 가졌던 고민은 새로운 진보의 내용을 어떻게 구축할 것인가였습니다. 당시 역사학계에서 진보의 중요한 내용은 아래로부터의 역사, 곧 민중 중심의 역사 해석이었습니다. 그런데 과연 그동안의 역사학이 그러했는가, 역사학계가 민중사를 주창하면서도 민중들이 소외된 정치권력이나 엘리트 중심의 역사를 하지 않았는가, 그런 문제의식을 가지게 되었습니다. 기존에 주로 해온 정책 연구가 아니라 역사를 만들어 간 주체인 다양한 민중들의 경험세계에 다가가야 한다, 그런 고민들을 하면서 1996년부터 사회사로 연구 방향을 정하게 되었습니다.

사회사를 모색하게 되면서 맑스주의 이외의 이론틀이나 다양한 방법론을 고민해 보자, 그래서 96년도에 한국역사연구회에 해방전후사회사 연구반을 만들고, 서구의 아날학파 책이라든지 미시사 연구서들을 읽었던 것 같아요. 그렇게 읽으면서 99년부터 민중세계에 들어가기 위한 새로운 방법론으로서 지역 조사와 구술사, 그 다음에 지역 현장 기념물들을 적극적으로 사료로 활용하는 방식을 고민했습니다. 즉, 인류학적인 방법론을 역사 연구에 도입해서 그동안의 정책이나 노선이 실제 민중들의 경험세계에서 '어떻게 실현되고 있었고, 어떤 효과들을 내고 있었는가? 민중들은 어떻게 그것들을 수용 내지 저항 혹은 재해석하고, 자기 나름대로 대응을 하고 있었느냐?' 그런 것을 찾기 시작했습니다. 99년부터 시작했던 지역 조사의 결과를 작년에 『그들의 새마을운동』(푸른역사, 2009)이라는 책으로 10년 만에 내게 됐어요. 새마을운동의 효과를 발생시킨 것은 박정희 정부의 정책만이 아니라 이전 시기의 국가정책들, 또 민중들이 스스로 해왔던 그들의 경험과 문제의식, 민중들의 공동체 문화라든지 그런 것과 결부되어 있는 것을 바라보면서 저는 폭넓게 새마을운동에 접근을 하게 되었습니다. 적지 않은 역사 연구자들이 구술사라는 방법론과 지역 조사를 하고 새로운 민중사를 지향하고 있다는 점에서 저의 사례가 인문학의 지형 변화를 얘기해 주고 있는 것이 아닌가 합니다.

천정환 김원 선생님하고 김영미 선생님께서는 서로의 책이나 논문도 보실 것 같은데요. 다른 영역에서 보자면, 두 분에게는 사용하신 용어 등 공통점이 많은 것처럼 느껴집니다. 나중에 다시 이야기하도록 하구요, 이번엔 이현우 선생님께서 말씀해 주시죠.

이현우 두 분은 사회사 쪽 연구를 하신 분들인데, 저는 성격이 많이 다릅니다. 89년 베를린 장벽 붕괴가 한국 인문학에서 하나의 전환점이라고 전제를 하셨는데요. 그 당시는 제가 학부 2학년을 마치고 군대 가 있을 때입니다. 그래서 개인적으로 전환점의 의미는 전혀 갖고 있지 않고요, 또 객관적으로 그게 어떤 분기점이 되는가라는 의문도 갖습니다. 현재의 대학중심 인문학 체제라는 게 과연 그 시기를 분기점으로 해서 변화한 것인지, 인문학의 상 자체 혹은 제도를 운영하는 주체들의 변동이 과연 그때 있었던 것인지 일단 의문을 품어 봅니다. 개인적으로는 세대론적인 관점인데, 이후에 4.19세대 분들이 대거 은퇴를 하셨습니다. 직업으로서의 학문의식이 좀더 강화된 것이 아닌가. 물론, 독어에서 '직업'(Beruf)이란 말이 '소명'(vacation, calling)이라는 뜻도 갖고 있지만, 그런 중의성을 고려하자면 그 이전 세대 지식인−학자들이 갖고 있던 인문학에 대한 소명의식이 그 다음 세대에 와서 조금 희석된 게 아닌가 하는 생각을 합니다.

저 개인적으로는 대학 들어올 때 그냥 문학에 대해 알고 싶었어요. 학부 때, 모토처럼 생각했던 건 '문학적 지식이란 무엇인가?' 이게 관심거리였어요. 문학작품을 좋아했고 즐겨 읽었는데, '문학작품에 대해서 안다'라는 것, 곧 '문학적인 앎'이라는 게 뭔가 궁금했지요. 그래서 문학이론 공부를 많이 했습니다. 그럴 수밖에 없는 게 문학이론이 문학에 대한 앎이 어떻게 가능한가를 묻고 답하는 거잖아요. 대학원 진학은 아무런 망설임이나 주저 없이 선택했습니다. 당시엔 학부를 졸업하면 자연스럽게 대학원 진학하는 거였어요.

그렇게 러시아문학 전공자가 됐는데, 그 다음에 분기점이 된 게 인터넷이었습니다. 메일 계정을 처음 만든 게 1999년이었는데, 이후에 인터넷 카페나 커뮤니티들이 생기고 그런 곳이 학술잡담 공간의 성격도 갖게 되었거든요. 2004년부턴가는 조금 더 진화돼서 블로그라는 게 만들어지고, 그런 인터넷 공간에서 활동하면서 제 정체성에 변화가 생겼어요. 러시아

문학 얘기만 할 수는 없었거든요. 그래서 러시아문학 연구자보다는 인문학자로서의 정체성이 더 중요하게 되었고, 또 그런 행세를 했습니다. 인문학에 대한 대중적 수요, 사회적 수요가 인터넷이라는 매체를 통해서 새롭게 만들어졌다는 생각이 들고, 거기에 뭔가 공급해 줄 수 있는 역할도 필요하다고 봐요. 인터넷이라는 새로운 매체 공간이 생겨남에 따라 인문학의 역할이나 위상, 인문학자의 정체성에 변화가 생기게 되는데, 거기서 뭘 할수 있고, 또 뭘 해야만 하는지 그런 고민을 많이 하게 됩니다.

제 개인적인 근황은, 다들 비슷하실 거 같지만, 몇 권의 책을 준비하고있고, 여기저기서 인문학과 러시아문학 강의를 계속하고 있습니다. 주로일반 시민이나 직장인·주부·대학생 등을 대상으로 강의를 하는데요. 저는인문학 연구자라기보다는, 인문학을 잘 포장해서, 아니면 먹기 좋게 제가공해서 전달하는 중계자의 역할을 하고 있는 게 아닌가 생각합니다. 저한테 요구되는 부분도 그런 게 더 많고요.

천정환 재밌는 말씀을 많이 해주셨는데요. 제가 문제제기를 그렇게 하기도 했지만, 처음 말씀해 주신 두 분은 1987년이나 1989년 같은 큰 정치적 변동을 이야기하셨습니다. 특히 김원 선생님의 저작들에서는 1991년을 상당히 강조하셨지요. 그런정치적 변동에 자기정체성이나 연구 이력을 연관시키는 물음이나 답변 방식이 과연 어떤 의미를 갖고 있는가에 대해서 오히려 다시 물어볼 필요가 있을 것도 같습니다. 어쨌든 이현우 선생님께서는 약간 다른 각도로 말씀을 해주셨습니다. 그 중에 몇 가지 중요한 포인트가 나왔는데요. 이현우 선생님은 자신이 분과 학문에 귀속된 러시아문학 연구자가 아니라 '그냥' 인문학자라고 말씀하셨는데, 이런 정체성에 또다른 우리 시대의 사회적 변화가 개재해 있겠지요. 그것은 쉽게 말하면 근래말하는 인문학에 대한 '대중'의 관심이며, 인문학이 새롭게 여러 가지 상품으로 만들어지거나 대중과 접속하는 방식이 달라지는 상황입니다. 그리고 '가공'하고 '중계'하는 인문학자로서의 자기역할도 말씀하셨죠. 즉, 다른 인문학자들이 해놓은 것을 이전과 다른 매체에서 다른 글쓰기 방식으로 소개하고 보여 주는 그런 인문학자라는 겁니다. 이는 분명 거시적인 차원에서 이전과는 다른 방식의 인문학자의 삶과 글쓰기죠. '로쟈'라는 닉네임도 상징적인데요. 중요한 논점에 대해 미리 얘기해 주셨습니다. 마지막으로 신지영 선생님께서도 이야기를 들려주시죠.

신지영 세 분의 이야기를 들으면서 제가 과연 이 이야기에 끼어도 되는가 하는 생각이 들었어요. 모든 의미에서 제가 제일 어린 것 같은 생각이 드네요. 저는 90학번인데요, 학번이 9자로 시작하는 거하고, 8자로 시작하는 게 다른 것 같더라고요. 92년 되면서 형식적인 민주화는 대체로 이루어진 것 같다는 이야기들이 돌았어요. 제가 대학 다닐 당시에는 사회적 의미에서 부정의에 대항하는 결집된 힘 같은 건 많이 해체된 상황이었다고 할까요? 대학원 들어갈 때쯤에 유행하던 사람이 푸코였는데, 그때 제일 유명하게 인구에 회자되는 단어가 '미시정치'였던 것 같아요. 즉, 거대담론은 이제는 더 이상 관심의 대상이 아니었던 거죠.

천정환 대학원 들어가신 게 몇 년이시죠?

신지영 94년입니다. 그때는 민주주의라든지 진보라든지 하는, 우리 모두의 행동을 하나로 집결시키는 거대한 이념들이 힘을 잃었어요. 물론, 이에 대해서 공부하시는 분들은 있었겠지만, 그것이 학생들 전체를 결집시키는 것 같진 않았어요. 저는 개인들이 뿔뿔이 흩어졌던 시대를 살았던 게 아닌가 하는 생각이 들어요. 대학생으로서 제가 겪었던 정서는 허무주의였던 것 같아요. 우리 전체를 묶는 의미가 겉으로 보기에는 사라진 것 같은 느낌인 거죠. 『죽음에 이르는 병』이라는 키르케고르의 책 제목처럼 저는 허무주의가 너무 깊어서 죽음에 이르는 병에 걸렸다고 스스로 생각할 정도로, 당시에 가치 있어 보이는 게 없었던 겁니다.

니체가 『차라투스트라는 이렇게 말했다』에서 열두 시, 정오 얘기를 하잖아요. 니힐리즘이 극한에 다다른 지점을 말하죠. 그 다음은 새로운 긍정성이 폭발하는 때가 오구요. 저는 그때가 오기 직전이 가장 어두운 때라는 생각이 들었어요. 그래서 그 가장 어두운 때를 지나 새로운 것을 이야기할 수 있는 사상가로 들뢰즈를 생각하게 된 거고요. 들뢰즈에 이르러서는 어떠한 거대이념도, 단일한 주체나 자아도 더 이상 진정한 의미를 갖지 않게 됩니다. 의미를 잃고 해체되면서 새로움과 긍정성의 기반으로서 '사건'(event)이 제시되지요. 물론 들뢰즈가 사건을 이야기하는 처음이자 유일한 철학자라는 뜻은 아닙니다. 한순간 일어나고 말아 버리는 것이 사건이므로 사건의 철학은 철저한 허무주의인데, 이 허무주의라는 것이 새로운 의미로 해석되는 거죠. 저는 그런 식으로 저의 깊은 병리적 허무주의에서 빠져 나왔다고 할 수 있어요. 그런 경험이 이전 세대와는 다른 패러다임의 경험이 아닌가 하는 생각이 들어요.

그리고 철학 연구자로서 제가 하는 일은 개념을 다루는 일이겠죠. 방금 저에게 질문을 하시기도 했지만, 여러 영역들에서 아무래도 어쩔 수 없이 들뢰즈나 라캉 같은 사람들의 개념을 쓸 수밖에 없단 말이죠. 뭘 얘기하든지 간에요. 그 개념이 그 영역에서 잘 쓰일 수 있도록 쉽게 풀어 준다든지 아니면 정말로 그것이 무엇을 의미하는지를 밝혀 준다든지 하는 작업을 하고 있다고 하겠습니다.

천정환 신지영 선생님이 여기 계신 분들 중에는 제일 유학 경험이 긴 분이 아닌가 싶어요.

__이혜령__ 김항 선생님도 유학기간이 꽤 긴 편이죠?

__김항__ 저는 그렇게 길진 않습니다. 5년 반 정도 됩니다. 신지영 선생님은 얼마나 되시나요?

__신지영__ 저도 5년입니다. 2001년에 가서 2005년에 왔어요.

__천정환__ 알겠습니다. 제가 궁금한 건 세대의식에 관한 것입니다. 여기 모인 분들이 주로 80년대 후반 학번들이시고, 또 1970년대생(生)이신 분이 세 분이네요. 저는 대략 91, 92학번 정도까지는 80년대 말에 대학을 다닌 사람들과 비슷한 세대의식을 갖고 있지 않았나 생각했었습니다. 보통 '386세대'라 뭉뚱그려 말하지만, 들여다보면 '과학적 사회주의', 주체사상 등의 영향이나 동구의 개혁개방 등 때문에 80년대 후반의 '386'들은 80년대 초반 학번인 386세대와는 다른 지적·문화적 배경을 갖고 있기도 하거든요. 또 한편으로는 이런 차이가 나는 세대들이 단일한 대오에 모이고 뭉치고 했던 듯하지만, 1991년 이후에는 급격하게 흩어졌다고요. 그 흩어진 풍경의 일단에 대해서 금방 신지영 선생님께서 이야기해 주신 것 같아요.

'87년 6월 서울', '91년 5월 서울'이라는 시간과 인문학자 '나'

__천정환__ 네, 이제부터는 자유롭게 이야기하는 방식으로 진행하겠습니다. 말문을 트는 의미에서 우선 제가 김영미·김원 선생님께 질문드립니다. 김영미 선생님의 책 『그들의 새마을운동』은, 80년대 후반 학번의 세대의식과 '연구'를 결부시키고, 또한 연구의 방법론조차 '대문자로서의 역사'(History)와 역사 전체의 문제를 의식한 결과의 하나라 말씀하신 거잖습니까? 그런데 그 안에서 선생님 '개인'은 어떻게 기

입되어 있는가에 대해서는 말씀을 안 하시거나 일부러 생략하신 것인지요? 아니면 뭔가 다른 방식으로 '개인의 삶'이 기입되어 있는 것인지요? 대문자로서의 역사인 '1987년', '1991년'과 같은 숫자(코드)에 자기를 동일시하는 방식의 자의식, 혹은 내면성이랄까는 우리 다음 세대는 갖고 있지 않겠지요. 아무튼 이런 '역사(주의)적' 내면성은 김원 선생님의 첫 저작 『잊혀진 것들에 대한 기억』에도 강하게 깔려 있더군요. 거대한 역사의 흐름과 자기를 등치시키거나 전유하는 사유방식이란 과연 뭔가에 대해 한번 이야기해 주시면 좋겠습니다.

두번째 질문은요, 두 분 선생님이 택하거나 근거한 연구의 기본 방법론에 관한 겁니다. 『그들의 새마을운동』도, 또 노동사 연구자임을 표방한 김원 선생님의 책에서도 민중주의적 태도 같은 것이 분명한 듯합니다. 이 또한 특별한 시대를 살아온 내면이나 세대의식과 관계를 맺고 있다고 저는 느꼈어요. 두 분 선생님께서 지역사·민중사·노동사와 같은 방법론이나 시각을 택한 이유가 '역사학' 내부에 있는 게 아닌 거죠. 80년대에 학생운동이나 노동운동에 뛰어들었던 많은 사람들이 역의 존재 전이를 하면서 연구자가 됐습니다. 두 분이 택한 영역이 그런 '과거'와 연관된다는 것입니다. 더구나 두 분은 원(遠)과거가 아닌, 비교적 당대의 역사를 연구하는 분들이라고 말할 수 있는데 이 또한 80년대의 '원체험'과 결부된 것일 거라는 짐작을 해봤습니다.

김영미 제가 패러다임의 전환을 얘기하면서도 그 패러다임의 전환을 얘기하는 방식 자체가 대단히 대문자적이라는 지적을 예리하게 해주셨는데, 그걸 통해 저의 정체성을 깨닫게 됐어요. 아까 신 선생님이 아주 철저한 허무주의로부터 출발해서 존재의 문제로 연구를 시작하신 것과 87년 6월항쟁에 참가했던 사람이 기존의 이념과 가치를 새롭게 발전시켜 나가야겠다는 관점에서 패러다임의 전환을 고민했던 것과는 상당히 다른 것일 수가 있지요. 어떻게 보면 저는 정체성이 대문자에서 벗어날 수 없는 사람일 수 있겠다는 생각이 드네요. 그게 80년대 후반 학번인 나의 정체성이구나라는 생각이 듭니다. 일단 그렇고요.

아까 말씀을 드리면서 하나 얘기하지 않았던 부분이 제가 개인적으로 기존에 했던 현대사 연구를 버리고, 새로운 사회사나 미시사 혹은 새로운 민중사를 고민하게 되었던 부분입니다. 그것은 출판기획 활동을 하면서, 즉 역사의 대중화를 고민하면서 했던 것 같습니다. 역사학이 제도를 통해서만 유통되고 소통되는 것이 아니라 사회 구성원들에게 직접적으로 기여하는 무엇이 되어야 한다, 그런 고민을 하면서 출판계에 뛰어들었습니다. 93년도에 석사논문을 쓰고, 공부를 접었어요. 나의 석사논문은 읽을 사람이 연구자밖에 없다는 자괴감이 많이 들었습니다. 사람들은 무슨 생각을 하고, 무슨 책을 읽는지, 책이라는 것을 통해서 사람들과 소통하려면 어떤 글쓰기를 해야 될지 이런 고민들을 가지고 출판기획을 시작했습니다. 94년부터 준비를 시작해 『한국생활사박물관』(전12권, 한국생활사박물관 편찬위원회 편, 사계절, 2000~2004) 출간이 끝난 2004년까지 거의 10년 동안 출판사 기획 일을 하면서 책을 제작하고, 독자들의 반응을 보았습니다. 그리고 내용에 있어서의 새로운 접근, 삶의 문제에 대한 접근, 다른 각도에서의 접근, 그 다음에 글쓰기 방식에 있어서 소통을 위한 글쓰기, '사람들'이 읽고 즐거워하고 감동을 할 수 있는 그런 글 쓰는 방법을 고민했었어요.

한편으로, 지역 조사라는 게 굉장히 힘든 작업이에요. 정말 모르는 집에 가서 문 두드리고 들어가서 '말씀 좀 해달라'고 했을 때, 그게 농촌이라도 쉽지 않은 일이거든요. 그냥 연구실에서 자료 보고 쓰면 되는데, 사람들을 일일이 만나는 것 자체가 굉장히 감정소모가 심한 작업이었어요. 정말 그들의 목소리를 듣고 역사적 실재가 어땠는지, 정말 삶 그 자체에 다가가는 역사를 하겠다는 소명의식이 없으면 참 시작하기 힘든 그런 작업이었어요. 그것들을 해낼 수 있었던 건 정말 사람을 감동시키는 역사, 대중과 소통하는 역사, 뭔가 공공적으로 문제해결에 기여할 수 있는 역사를 하겠다는 소명의식이 강했기 때문인 것 같습니다. 저 개인적으로는 출판 일을 하면서 그러한 문제의식과 방법론을 더 깊이 고민을 하게 되었고요. 또 한편으로는 80년대 중후반 세대로서 한국사회의 진보에 기여하는 삶을 살겠다고 하는, 전반적으로 그런 진보주의적인 인생관의 자기발전 과정으로서, 정말 사회에 기여하는 역사학이 되도록 하는 데에 힘을 보태는, 공공의 역사학자가 되어야 한다는 소명의식이 결부되어서 그런 부분을 결정했다고 말씀드리고 싶습니다.

신지영 말씀하신 그것이 구술사인가요?

김영미 지역사입니다. 미시사적으로 범주들은 다르지만요.

천정환 지역사·미시사·구술사·민중사를 고민하시는 분들에게 기본적으로 그런 태도가 있는 것 같습니다. 금방 하신 말씀에서 제가 흥미로운 키워드들을 뽑아 봤는데요. 『그들의 새마을운동』 「서문」에 나오는 '민중'이라는 말은 좀 전의 말씀에서는 '사람들'이라는 말로 대체돼 있군요. 마치 독일 일상사에서 말하는 '작은 사람들'(kleine Leute)하고 비슷하게 들립니다. 어떻게 말하면 '소수자'일 수도 있고, 때로 '서발턴'이라 표기되는 그런 존재일 수도 있겠지요. 80년대식 이념과 분위기 가운데 변혁 주체로 설정됐던 개념의 '민중'은 아니지만, 또한 그것과 100퍼센트 결별하지도 않는 존재들을, '보통 사람들', '작은 사람들'로 부를 수 있다고 보이는데요. 김원 선생님께도 '좋은 의미'에서의 민중주의적 태도와 같은 것이 확연합니다. 선생님의 근작 『87년 6월항쟁』에서는 항쟁에 참가한 민중의 입장을 전달하기 위해 서술자의 목소리를 배달원으로까지 '분장'하셨더군요.

김원 두 가지를 얘기할 수 있을 것 같은데요. 하나는 아까 말씀하신 91년 5월투쟁과 관련된 문제가 있을 거고요. 또 하나는 민중이라고 불리든, '민' (民)이라고 불리든 이들에 관심을 갖게 된 계기와 관련된 문제라고 생각이 드는데요. 『잊혀진 것들에 대한 기억』은 약 15년 전에 쓴 책이기 때문에 이미 저의 생각이 여러 가지 계기를 거치면서 변하긴 했지요. 선생님께서 메일로 저한테 91년 5월투쟁과 이것이 이후 연구에서 인문·사회과학의 에포크(epoch)로서의 의미를 갖고 있는가에 대해서 물어보셨는데요, 91년 5월투쟁과 대학의 시스템이나 대학중심의 인문학 시스템은 그다지 직접적인 연관관계는 없다고 생각이 들어요. 오히려 그것의 전면적인 변화가 온 것은 아무래도 DJ정권을 즈음으로 한 신자유주의와 대학 시스템의 변화가 가시화된 시기라고 봅니다. 학진 얘기하실 때 더 자세한 말씀들을 하시겠지요. 그렇지만 91년 5월에 대해서 나름대로 자기동일시 내지 그것을 본인의 역사 해석에서 중요하게 의미를 부여했던 측면 같은 것들은 그 당시의 경험 자체가 연구자이자 하나의 개인인 저에게 가져왔던 나름대로의 강한 유산이나 현재까지 이끌어 오는 것들 때문이 아닌가 생각이 들어요.

개인적으로 다시 복기를 해봐야겠지만 그 당시는 ─ 지금은 상상도 할 수 없지만 ─ 아무래도 87년 이후 대학 내에서, 이른바 학생권력이 가장 강력했던 시기였기 때문에 학생운동이나 그 주변의 조직적인 네트워크가 대학사회에서 중요한 행위자로서 자기입지를 갖고 있는 시점이 아니었던가 생각이 들어요. 91년 4월 말에 우발적으로 터진 강경대 씨의 죽음과 잇따른 분신정국들이 있었죠. 김별아 씨의 『개인적 체험』(실천문학, 1999)에 보면 그런 내용이 잘 드러나 있는데요. 그 당시에 88에서 91학번 정도되는 세대들이 91년을 겪으면서 느꼈던 것은 여러 가지가 있을 것 같습니다. 정치적으로는 91년 5월투쟁이 패배이고, 그 이후 사회운동이나 민중운동의 위기 내지 쇠락의 결절점으로서 작용을 했던 것입니다.

저 개인적으로는 그 안에 있던 내부 주체들이 두 가지 정도의 생각을 갖고 있었다고 봅니다. 첫번째는 그 우발적인 사건이나 87년 6월항쟁의 대중적인 거리투쟁으로 87년을 겪은 세대입니다. 저는 87년을 직접 겪지 않았기 때문에 그걸 저의 경험으로서 무어라 표현하기는 어렵지만, 그 세대들 같은 경우, 100퍼센트는 아니지만, 뭔가 우리가 이겼다는 승리감 같은 것들이 어느 정도 존재했습니다. 거기에 비해 91년에 투쟁한 세대들 같은 경우는 패배감이라고 표현하기도 어렵고, 한 달 넘게 계속적으로 벌였던 거리에서의 시위와 화염병, 그리고 주변에서 여러 명이 죽어 나간 그런 상황들이 일종의 피로감이라는 트라우마로 존재합니다. 물론, 이것이 모든 사람한테 다 있는 거는 아니고, 그걸 겪은 집단 중 일부가 갖고 있는 것이죠. 저 개인적으로 판단하자면 그런 측면이 굉장히 많았다고 생각이 듭니다. 또 하나는 '죽음이란 것이 결코 사회나 세상을 바꿀 수는 없다는 의식'이죠. 그 뒤에 한번 어느 글에선가 썼던 것 같은데요. 그때가 노태우 정권 말기인데 상황이 그러니까 "누구 한 명 죽으면 어떻게든 될 텐데……" 이런 얘기들이 돌던 상황 속에서 91년 5월이라는 것은 그런 생각과의 절연을 어느 정도 가져왔다는 생각이 들어요. 그래서 저는 91년과 저를 강력하게 동일시하거나 91년 5월에 특정한 세대의식, 집단적이거나 정치적인 세대의식을 갖고 있다고 생각하진 않아요. 오히려 그 속에 적극적으로나 간접적으로 참여한 개인들이 갖고 있는 유산 내지 상처가 있죠. 아까 피로감으로 말씀 드렸는데요. 그런 측면이 오히려 강하다고 생각이 듭니다. 특히, 91년 5월 자체보다는, 적어도 저 개인적인 경험으로 봤을 때, 그 이후에 나타난 상황들은 학생운동이 쇠퇴기를 겪는 과정 속에서 그 이전까지는 상대적으로 강하게 뭉쳐져 있었던, 대학 내의 학생을 중심으로 한 민중지향적 공동체가 점차 파괴되어 가고 그 속에서 활동가들이 개별화되었고, 그것에 대해서 당시에 학생운동 진영이 사실상 특별한 대안 내지 개입 자체를 못했던 상황이었다는 겁니다. 그런 것이 제가 현재 갖고 있는 91년 5월에 대한 기억이 아닌가 합니다.

『잊혀진 것들에 대한 기억』에서 제가 17명을 인터뷰했는데요. 그 연구를 시작할 때 가졌던 생각은 '91년 5월뿐만이 아니라 80년대를 이 자들이 어떻게 기억을 하고 있는가?'였습니다. 80년대라는 것이 사회구성체나 국가 성격, 이념적인 프레임들 중심으로 보는 것이 강한데요. 오히려 그 내부의 운동문화라고 하는 하위문화 내지 대중과 활동가들의 관계 속에서 대중정치의 좌절 같은 문제들이 이들의 실제 기억을 더듬어 봤을 때, 더 중요한 맥락으로서 잡히지 않나 하는 생각도 듭니다. 다만 굳이 91년의 경험이 세대 내지 집단화된 측면이라는 것은 ──글쎄요, 이것도 나중에 다시 얘기를 해봐야겠지만 ──이것이 91년 5월과 직접적으로 관계된 것인지는 따져 봐야겠지요. 80년대 초반 내지 이전 세대와 91년 이후 소위 대학 사회나 이른바 제도권 학문 세계에 들어온 집단들이 자신의 존재조건 내지 사회와의 관계 설정과 관련된 것들, 그리고 기존의 제도권 학문과 자신의 실천 자체라는 것을 구별하려는 흐름 같은 것들은 일정 정도 존재하지만 그것이 직접적으로 91년 5월과 관계가 있다고 보긴 어렵지 않겠는가, 지금은 개인적으로 그렇게 생각합니다.

그리고 요즘 민중에 관한 문제와 관련해서 답해 보자면, 저 개인적으로는 제가 처음 현장조사를 갔던 게 94년 여름이었는데요. 그 계기를 통해서 그 전에 제가 가졌던 노동자에 대한 생각들이 단절된 측면이 상당히 많았습니다. 선생님들께서도 신문 등을 통해 경험하셨겠지만, 89년이나 90년대 초반에 소위 노동자 내지 노동계급, 혹은 민중에 대한 사고라는 것은 일괴암적(monolithic)인 것이었죠. '철의 노동자' 내지 '골리앗의 전사들' 같은, 이른바 '붉은 메시아'적인 수사로 이들을 채색하는 경우가 많았습니다. 실제로 90년에 전노협이 건설된 뒤인 93년에 제가 거제도에 내려가서

10일 정도 주요 사업장에 가서 현지조사를 했었는데요. 저는 머릿속에서 이 사람들이 어떻게 열심히 투쟁하고 있는지를 볼 것이라 상상했는데, 실제로 본 이들은 매우 중산층적 라이프스타일을 갖고 있었고, 노조에도 충성하는 동시에 사측에도 충성하고 있었습니다. 이들이 보여 준, 양쪽에 충성하는 멘털리티 내지 집단적인 심리를 보면서 저는 그 당시 굉장히 많이 충격을 받았어요. 이른바 일괴암적이고 단일하고, 전투적이라고 불리었던 민중의 삶과 실제로 들어가서 내가 발견한 민중의 모습 간에 극심한 괴리가 있었던 것이죠. 그 이후에는 그것이 좀더 노골화되긴 하지만, 아주 초보적이고 맹아적으로 그런 양상이 나타나고 있었죠. 그런 것을 보면서 민중 혹은 노동자의 밑으로부터의 생활이나 의식을 재현하는 것을 어떤 방식으로 해야 될 것인가에 대한 고민이 깊어졌습니다. 그 즈음에 E. P. 톰슨이나 영국의 '밑으로부터의 역사' 연구의 흐름을 접했습니다. 그것 역시나 목적론이나 여러 가지 논쟁의 함의가 존재하긴 하지만, 어쨌든 민중의 발견이나 혹은 민중을 어떻게 재현하고 이들의 기억을 되살리는가에 대한 개인적인 인식론적인 단절의 계기는 94년이 아니었나 생각이 듭니다.

천정환 구술사·미시사의 방법론으로 한국에서 가장 많이 성과를 내고 계신 분들이라고 말할 수 있어서 개인적으로 궁금한 게 많지만, 이제 다른 분들의 이야기를 들어야 할 것 같습니다. 신지영 선생님 책에는 들뢰즈 철학과 선생님 자신의 관계에 대한 인상적인 이야기가 나옵니다. 어떻게 살아야 할지 몰라서 혼돈 상태에 있었는데, 들뢰즈 철학의 어떤 면들이 마음의 길을 만들었다는. 그리고 들뢰즈를 전공하여 박사학위를 받으시고, 한국에 와서는 들뢰즈를 소개하거나 해석하는 문제로 논쟁(2009년『교수신문』495~499호)도 하셨죠. 신 선생님의 연구대상과 연구자로서의 자의식은 앞의 두 분과 다른 경우이며, 글쓰기도 그렇습니다. 들뢰즈는 한국에서 가장 많이 수용되고 인용되는 철학자의 하나인데요. 이런 '수용'에 대해서 보충적으로 말씀해 주시면 좋겠습니다. 그런 후에 이현우 선생님께 본인 이야기나 지적이나 다른 철학의 수용과 연구자로서의 정체성에 관한 이야기를 듣고 싶습니다.

신지영 일단, 내적인 욕망부터 말씀을 드릴게요. 조금 전에 김영미 선생님 말씀 들으면서 어떤 의미에선 가장 이상적인 삶을 살아오신 것 같단 생각이 들었어요. 공과 사를 일치시키는 삶인 거죠. 자기정체성을 새로이 깨달았다는 말씀을 듣다 보면 알 수 있는 것이, 삶의 태도나 방향은 거대담론적인데, 방법론은 미시적이고 해체적이잖아요. 그게 살아가는 이유가 확실해야 살아갈 힘을 낼 수 있다는 측면에서 보자면 가장 좋은 선택지일 수 있겠죠. 살기 가장 편한 거죠. 왜냐하면 내가 사회에 기여해야 하고, 내 역사적 글쓰기가 사람들에게 도움을 주거나 공명을 일으키면 좋겠다는 지향이 있는 거니까요. 그런데 현대철학으로 들어오면 지향 같은 게 진정으로 없어져요. 목적도 없어지고, 지향도 없어지고, 이념도 없어지고, 아무 중심도 없고, 고정된 것은 모두 가치를 잃는 시대인 거죠. 사회에 기여를 하면 좋겠다는, 제 인생을 끄는 그런 외부적 지침이 전혀 없는 거죠:

제가 궁금해했던 것은 내가 사회에 어떤 기여를 할 수 있을까라는 것보다는 사회가 나에게 어떻게 내재화되어 있을까인 것 같아요. 이는 존재가 파편화되는 질문이자 경험인데요. 이를테면 나라는 존재를 하나의 정체성으로 규정하면 살기가 쉬워요. "나는 ~주의자야. 나는 ~을 지향해"라는 식으로요. 물론 삶이 편안하다는 뜻은 아니구요. 그러나 그런 몇몇 지향을 없애 버리고, 그러한 것들이 나에게 어떻게 스며 있을까를 생각해 보면 그때부터는 자기 존재가 굉장히 복잡해집니다. 저는 여성이라는 점에서는 피착취자의 면모가 있을 수 있구요, 물론 그 반대일 수도 있겠죠. 또 학생을 가르친다는 면에서는 권력자일 수 있어요. 엄마이기도 하면서, 제 남동생의 아내에게는 시누이로서의 권력자일 수 있겠죠. 이런 여러 가지 존재

파편들이 숫적으로 하나인 존재 안에 같이 있는 거죠. 제가 여기서 어떤 현상에 대해 어떤 발언을 할 때, 이 발언에는 존재의 어떤 파편들이 참여하고 있는 것일까? 그런 것이 저의 내적인 관심이었던 것 같아요. 그런 내면화된 것들을 보면서 모든 것을 비판하고 해체하게 되는 거지요.

역사적인 것과 관련해서는 이런 동기가 있을 수 있겠어요. 현대가 신자유주의의 흐름을 막을 수 없는 시대라고들 하지요. 들뢰즈가 우리나라에서 유명해진 최초의 책이 『앙띠 오이디푸스』(최명관 옮김, 민음사, 1994)라고 할 수 있는데, 이게 자본주의에 대한 거잖아요. 자본주의 옆에 붙은 소제목이 '분열분석'(schizophrénie)인데, 이는 자본주의가 분열적이라는 뜻이지요. 자본주의는 모든 걸 해체하는 체제잖아요. 굉장히 냉소적인 시대인 거거든요. 어떻게 보면 이 좌담도 냉소적으로 바라볼 수 있는 거예요. 예를 들어서 펀드가 주어지니까 우리가 모이게 되었다는 식으로요. 돈이 싹 빠져 나가면 이런 것도 없어지는 거겠죠. 그 돈이 어디에 어떻게 배치되느냐에 따라 우리의 주제들도 달라지고, 우리가 선택할 수 있는 게 달라지는 거니까 자본은 모든 걸 해체하거나 움직이도록 하는 힘인 거죠. 그런 자본주의와 분열된 존재가 같이 가면서 거기서 할 수 있는 거라곤 "어떤 사회가 되어야 한다. 이런 사회가 좋은 사회이다"를 정의하는 게 아니라, 지금 현재 굴러가고 있는 이런 것들이 우리에게 어떤 파편으로 박혀 있는가를 들여다보고 의미를 밝히는 그런 것밖에 없는 것 같아요. 그런 철학이 현대철학이죠. 그런 철학이 없었다면 얼마나 허무했을까, 이런 생각이 드는 거죠. 그게 들뢰즈를 공부하게 된, 또는 그로부터 공명을 느끼게 된 계기 또는 욕망이라고 할 수 있어요. 그리고 그게 한국사회와 관련하여…… 어떤 걸 물어보셨죠?

천정환 그 명칭이 아직도 애매하지만 90년대 중반 이후에 '포스트모던'이란 이름으로 갑자기 새로운 철학들이 한국에 수용·소개됐죠. 맑스주의의 빈 자리와 '사회주의의 몰락'을 곧 '포스트모던'이라고 이해하던 때였는데요. 해체철학이나 후기구조주의라고 불리기도 하는 사유들이 대거 수용된 와중에 가장 대표적인 철학자가 들뢰즈였고요. 그때 우리 사회와 대학의 지적 풍경이 뭐였을까 다시 되짚어 보고 싶다는 겁니다.

신지영 지난 학기에 대학원에서 들뢰즈 세미나가 있었는데, 이 세미나가 맑스적 입장을 가지신 분들과 토론하는 형식으로 진행이 되었어요. 맑시즘이 더 이상 역사적으로도 세계사적으로도 잘 작동하지 않으니까 그 대안으로 처음 들어온 사상가가 푸코였지요. 푸코는 스스로도 자기 이론에 한계를 느껴서 8년 동안 침묵한 기간이 있는 것처럼 그의 사상은 비관적이에요. 푸코의 이론이라는 건 우리가 아무리 발버둥 쳐도 권력의 망 속에 다 흡수될 수밖에 없다는 결론이라서 푸코는 우리에게 맑스주의의 대안으로서 줄 수 있는 게 없어 보였지요. 그래서 그는 빠르게 잊혀졌어요. 적어도 대중적으로는. 그 대안으로 들뢰즈가 각광받기 시작한 거라고 할 수 있는데요. 맑시스트의 입장을 가진 분들과 얘기하다 보면 항상 부딪히는 문제가 있어요. 그분들 입장은 이래요. 들뢰즈 이야기를 들어 보면 사회를 설명하는 방식은 좋은 것 같다는 거죠. 이를테면 촛불 현상도 잘 설명할 수 있거든요. 이 현상은 어떤 리더가 있어서 "우리 깃발 아래 모여!"라는 식으로 이루어진 게 아니잖아요. 오히려 깃발이 등장하면 그 동력을 잃어버려요. 이런 걸 설명할 수 있는 이론은 맑시즘이 아니라 들뢰지즘 같은 현대철학이죠. 그렇게 설명이 되는 건 좋다는 거예요. 불만은 "그런데 왜 대안을 내놓지는 않느냐?"는 겁니다. 지향이나 의의나 목적이 없다는 것과 같은 맥락에서 말이죠. 대안이 있어야 되지 않느냐는 것. 그런 맥락에서 그분들에게 들뢰즈의 철학은 취약하거나 나쁜 철학일 수도 있다는 거지요.

제가 그 지점에서 할 수 있는 이야기는 이거예요. "들뢰즈가 다 할 수는 없다." 들뢰즈가 밝혀 주거나 기여하는 부분이 있는 거고요. 그 부분으로부터 필요한 사람이 거시적인 응용을 하면 되는 것이 아니냐는 거지요. 그러나 그분들의 입장은 그게 아닌 거예요. 들뢰즈 영향하에 있는 안토니오 네그리나 마이클 하트가 말하는 '다중'(multitude)의 개념과 같은, 사회에 대한 대안으로서의 새로운 체제에 대한 비전이 꼭 들뢰즈에게 있어야만 한다는 입장인 거지요. 저는 "들뢰즈에게 대안은 없다"고 이야기합니다. 들뢰즈는 자본주의에 대한 분석을 하면서 자본주의가 모든 사회의 한계이고, 그 다음은 없다고 얘기하거든요. 그러나 그게 신자유주의를 옹호하는 발언은 아니에요. 그저 사실이 그렇다는 거죠. 왜냐하면 자본주의가 가장 해체적이니까요. 맑시즘은 자본주의 다음이 사회주의라고 했으나, 사회주의는 두 계급의 체제이기 때문에 들뢰즈가 보기에는 사회주의가 자본주의보다 더 경직된 거지요. 사회주의가 자본주의로 오히려 해체될 운명이라고 보기 때문에 들뢰즈는 자본주의가 더 나중이라고 보는 거예요. 그게 역사적으로도 맞잖아요. 들뢰즈에게 있어서는 어떠한 체제를 내놔도 다 해체될 수밖에 없기 때문에, 어떤 대안체제도 내놓을 수 없는 그런 딜레마 같은 게 있는 거죠. 항상 비판점이 그것인 것 같아요. 들뢰즈가 다 할 수도, 할 필요도 없다는 제 의견은 별로 바람직하게 여겨지지 않는 것 같아요.

천정환 말씀하신 과정에서 재밌는 충돌이랄까 서로 다른 지점이 드러난다고 보입니다. '역사학자'에 가까운 김영미·김원 선생님의 연구자로서의 자기의식과, 후기 현대철학의 효능을 '철학함'에 결부시키는 신지영 선생님의 말은 서로 다르네요. '역사'와 '자기'를 사유 속에서 배치하는 방법이 말이죠.

김영미 저도 들뢰즈의 『앙띠 오이디푸스』를 읽었고, 두번째로 『천 개의 고원』(김재인 옮김, 새물결, 2001)으로 번역되어 있는 책도 읽기는 했어요. 그만큼 들뢰즈의 열풍이 강했다고 볼 수 있는데요. 저는 참 재밌고, 신선했어요. 아까 나는 억압당하는 존재이기도 하면서 또한 권력을 행사하는 존재이기도 하다고 하셨는데, 그렇다고 보거든요. 제가 민중사를 하게 되면서 봉착한 딜레마가, 과연 민중사를 하기 위해서 ── 국가사가 아니라 민중을 연구하겠다고 ── 마을에 들어갔는데, 마을을 연구하다 보니까 나는 마을 엘리트를 연구했지, 마을 민중을 연구하지 않은 거예요. 마을의 엘리트 얘기만 들은 거야. 이 사람은 국가의 엘리트에 비해서는 굉장한 민중이지만, 마을 내에서는 권력자인 거예요. 그러면 내가 그 마을의 머슴을 연구하면 그건 민중 연구인가? 왜냐면 그 하층민의 경우에 또 엄청나게 많은 권력이 내재화된 존재이기 때문이에요. 그렇다면 민중, 민중주의에 있어서 개인이라는 주체를 설정할 수 있는 것인가? 궁극적으로 나는 박정희를 연구해도 민중주의적으로도 엘리트적으로도 연구할 수가 있는 거죠. 이거는 어떤 가치 지향적인 거지, 그것 자체가 물질적인 무엇이라고 규정할 수 없다는 결론을 냈는데요. 그거는 제가 곁길로 조금 빠진 얘기고요.

저 같은 경우 들뢰즈를 읽고 선생님 말씀을 들으면서 인간을 뭘로 볼 수 있느냐 하는 생각을 했어요. 신지영 선생님이 인간이라고 하는 것이 끊임없이 권력에 포섭되는 존재라는 점을 중요한 측면으로 바라보는 것에 반해서, 저는 푸코를 읽으면서 대단히 절망적으로 '그래서 어쩌라고?' 하는 생각을 했습니다. '그 권력에 꼼짝 못하는 우린 어떻게 해야 되냐? 도 닦아야 되냐?' 저는 '그렇게 끊임없이 권력에 포섭되는 존재이지만, 인간은 또 그것들을 뚫고 뭔가 새로운 가능성을 지향하고, 그 지향점으로 나아가기 위해 몸부림치는 존재이다'고 봐요. 그러한 인간이 가진 능동성이라는 것은 굉장히 불완전하죠. 그 이전에 맑시즘에서 얘기한 능동은 너무나 완벽한 능동이야. 우리가 단결하면 다 할 수 있어요. 하지만 그건 아니죠. 우리가 단결해도 못해요. 영원히 도달할 수는 없어요. 왜냐면 인간의 의지대로 세상이 바뀌는 건 아니잖아요. 그렇지만 "나는 그 길로 가고 싶어. 가야 해. 그렇기 때문에 가기 위해서 몸부림치다가 죽는 존재"인 거죠. 그렇지만 그 가려고 하는 가치지향적인 태도 자체가 아름답지 않나요? 그래서 인간의 가능성이라고 하는 것은 이기심도 있지만, 이기심을 넘어서 타인을 위해 헌신하려고 하는, 자기 내부의 약자적인 것을 극복하려고 하는 인간의 의지와 태도는 아무리 세월이 지나도 없어지지 않을 것이고, 그래서 좀더 긍정적이고 능동적인 면이 있다고 봐요. 한동안 푸코가 유행하면서 굉장히 허무적으로 됐다고 생각해요. "그래서 우리가 할 수 있는 건 없어. 넌 다 할 수 있다고 했는데, 없잖아" 이랬죠.

이제 전 그걸 극복하고 있다고 생각해요. 그걸 인정하고 난 다음에 "그래도 우리는 간다. 끊임없이 간다." 그건 굉장한 자기성찰이에요. 그렇기 때문에 내가 민중사를 연구한다고 해서, 내가 저항한다 해서 나 자체를 저항적인 존재로 보지는 않은 거예요. 난 저항하지만, 끊임없이 억압하는 존재인 거야. 자기 내부에 있는 억압적인 것들을 계속 성찰하려고 하는 태도죠. 저는 공자(孔子)도 좋아해요. 매일 세 번 자신을 성찰하는 그런 태도를 가져가면서 허무주의를 극복하고, 훨씬 더 겸허하면서 포용적이 되지 않겠느냐. 왜냐면 나도 억압적인 존재이고, 틀린 존재이고 하니깐요. 그전에는 아니었잖아요. '내가 옳고, 쟨 틀렸어. 내 이론이 맞아.' 지금은 그런 게 아니라 '우리 모두 다 잘못되고 틀릴 수 있는 존재이고, 또 억압하는 존재이다. 그렇지만 우리 모두 그걸 극복하려고 하는 존재이다. 그런 면에서 지금 허무주의를 넘어서서 새로운 희망을 가지는 시점으로 온 게 아니냐' 하는 거죠.

이현우 두 분 말씀 들으면서 세대나 연배 차이는 별로 안 나지만, 저는 김영미 선생님 쪽 세대라서 그런지 허무주의보다는 그래도 방향성이라는 것 자체에 의미를 많이 두게 되는데요. 민중사나 구술사 쪽 하시니까 더더욱 그러실 것 같아요. 약간 얘기가 옆길로 샐 수도 있지만, 철학 입장에서도 나뉘질 것 같아요. 주체에 대한 부정으로서 탈-현대철학이 많이 붐을 타기도 했었는데, 슬라보예 지젝(Slavoj Žižek) 같은 경우는 주체를 새롭게 긍정하죠. 부정이라는 게 하나의 패러다임으로 89년 이후에 풍미했다면, 그 부정에 대한 부정이 필요하지 않나 하는 생각이 들고요. 맑시즘의 위기나 맑시즘에 대한 부정은 분명히 수용할 만한 부분이 있어요. 하지만 그 부정에 대한 또 다른 부정이 필요하지 않나 싶습니다. 지젝이 말하는 '레닌을 반복하기'도 그런 맥락에서 저는 수용합니다.

　김원 선생님이 노동자문화를 연구하셨는데, 문화적으로는 투항하듯이 중산층 라이프스타일에 포섭되어 있는 노동자 민중에 대해 쓰셨어요. 노동자계급에 대해 막연하게 가졌던 지식인의 긍정적 인식이 막상 현실과 부딪히면서 깨지더란 식이죠. 맹목적인 긍정과 뒤이은 환멸이라고 할까요. 그런 이분법이 돼 버렸는데, 저는 그런 현실을 수용하되, 노동자계급에 대한 신뢰를 계속 유지하면서 동시에 노동자문화나 의식 자체가 변화하도록 해야 한다는 생각을 합니다. 그게 동시에 진행되어야 한다는 생각이 들고요. 아까 신지영 선생님이 들뢰즈의 포지션이 허무주의라고 하셨는데요. 제가 조금 더 즐겨 읽는 지젝 같은 철학자의 포지션은 이런 거라고 생각해요. 뭔가 우리가 대의를 지키고 옹호해야 하지만, 동시에 그 대의를 지금 안 갖고 있어요. 그럼 만들어 내야 하는 거죠. 욕망하는 주체에 대한 긍정이 필요하지만, 그 욕망의 내용을 다시 만들어야 됩니다. 다르게 욕망하는 법을 배워야 됩니다. 90년대 세대가 공적인 개인에서 사적인 개인으로 이동한다고 얘기하잖아요. 거대서사에서 '작은 이야기'로 파편화되어 간다고 얘기하는데요. 그 과정에서 개인이 저마다 자기가 좋은 것, 그러니까 '나'의 취향, '나'의 스타일, 이런 쪽으로 파편화되어 가는데, 그때 자기의 욕망, 자기에게 만족을 주고 자기를 기쁘게 하는 것 자체는 의심하지 않았다는 회의가 들어요. 그래서 개체적인 차원에서 자기 욕망에 대한 반성과 그걸 변화시키려는 시도가 같이 병행됐어야 한다고 봅니다. 욕망에 대한 긍정은 충분히 옳고 정당하지만, 욕망하는 법을 바꿔야 한다는 문제의식이 필요하지 않았나 싶습니다.

제가 대학에 처음 들어갔을 때 술자리가 많았었죠. 교투(교문투쟁)가 끝나면 항상 중국집에 모여서 술자리를 했고, 매번 소주에다 짬뽕 국물이었습니다. 그리고 운동권 노래죠. 그땐 그 문화가 달라지지 않는 이상 뭐가 달라질까 항상 궁금했어요. 결국 안 달라지더라고요. 386세대가 이제 다 기성세대가 됐지요. 예전에 운동하다 집행유예도 받고 한 친구도 나중에는 저더러 『부자 아빠 가난한 아빠』를 읽으라더군요. "아직 대학에나 있으니까 네가 사회를 모른다"라고 충고도 하더군요. 대학 1학년 때로부터 한 20년 이상 지나고 보니까 그런 방식 가지고는 역시나 달라지는 게 없다 싶어요. 문화가 달라지지 않고, 꿈이 달라지지 않고, 욕망이 달라지지 않는 한 우리가 다른 걸 얻을 수는 없다는 생각이 들어요.

민중에 대한 신뢰는 절대적으로 필요하지만, 민중이 달라져야 된다는 거죠. 러시아의 역사가 조금 시사점이 있는데요. 19세기 후반에 인텔리겐치아들이 농촌계몽운동 하러 갔어요. '브나로드'(v narod, 민중 속으로)란 구호를 갖고서요. 하지만 농민들은 그들을 잡아가라고 다 고발해 버렸어요. 그렇다고 해서 민중을 절대 신뢰하지 말라는 건 아니죠. 그런 신뢰는 계속 유지돼야 하지만, 동시에 민중이 바뀌어야 되는 거죠. 계몽이 필요한 거고요. 그 두 가지가 동시에 진행되어야 하는 게 아닌가라는 생각을 하고 있습니다.

다른 글쓰기, 다른 소통의 제도적 장벽

천정환 우리가 설정한 주제 중 하나가 인문학자의 글쓰기 문제였는데요. 이제 이 문제로 들어가 보려 합니다. 선생님들은 저술과 논문, 또 블로그 등에서 활발한 집필 활동을 하는 분들이고 김영미 선생님은 출판사에 오래 계시기도 했죠. 오늘날 한국 인문학자가 써야 되는 글에는 몇 가지 '장르'가 있지요. 우선 '심사'를 받아 '학술지'에 게재해야 하는 학진 논문이라는 게 있고, 또 '책'을 쓴다는 것이 있는데요. '책 쓰기'는 돈이 안 되거나 '점수'가 안 된다 해도 실천해서 능력을 보여 줘야 될 대안적인 글쓰기의 한 영역으로 인식되기도 합니다. 그리고 블로그와 비평이 있는데, 개인적인 욕망을 실현하거나 대중이나 다른 독자들과 만나기 위한 글쓰기죠.

지난번에 이현우 선생님이 출판마케팅연구소 한기호 소장과 『경향신문』에서 대담하신 걸 봤습니다(『경향신문』 2009. 12. 21.). 핵심을 찌르는 지적과 문제들이 있었는데요. 하나는 블로그 글쓰기 문제였어요. 이현우 선생님 말씀은, 공부하는 사람들이 인터넷 블로그를 많이 할 줄 알았는데 사실은 그렇지 않더라는 거였죠. 선생님처럼 블로그 활동을 하는 사람들이 희소하더라, 어떤 분야에 정통한 10명 내지 20명 정도만 '로쟈'처럼 열심히 블로그를 운영하면 분위기가 달라지지 않겠는가, 또 아직도 많은 소위 학자라는 사람들이 블로그나 인터넷을 낮추어 본다는 지적도 했었지요. 두번째는 '학진 시스템' 문제와 관련된 지적이었습니다.

아직 임용되지 않은 많은 박사들의 생계와 업적이 1년에 2,000~3,000만 원 정도의 연구비와 '의무'에 다 걸려 있기 때문에, 다른 글쓰기를 못하고 스스로를 제한하는 상황이란 것이죠. 생각해 보면 저도 박사학위를 막 받았을 때하고 지금은 달라진 것 같습니다. 제도 내부에서의 글쓰기랄까, 그런 생산이 갖고 있는 의미를 스스로 과장하거나 거기에 동일시를 자꾸 하게 되면서 결국 다른 것들을 못하게 되는데요. 이현우 선생님께서 먼저 생각을 풀어 주시면 좋을 것 같습니다.

이현우 저한테 보내신 질문은 인터넷 공간이 인문학 담론의 생산방식·유통방식·소비방식을 전체적으로 변화시키고 있다는 건데요. 물론, 이런 현상 자체에 대해 거부감을 갖는 분도 계시고요. 소위 전통적 인문학 상을 고수하시는 분들 가운데 여전히 이런 변화 자체에 대해서 부정적으로 보시는 분도 많고, 무관심한 분도 많습니다. 하지만 시대적 전환이라는 게 그런 거부감과 무관하게 진행되는 것 같기도 하고요. 지금은 트위터니 아이패드니 해서 다시 또 변화하고 있죠. 그에 따라 또 다른 방식의 지식의 생산/소비방식이 나타날 것 같기도 합니다. 적응하기에도 바쁜 세상이에요.

블로거로 이름이 알려지게 됐지만 제가 처음부터 의식했던 건 전혀 아니었고요. 그냥 이용하던 인터넷 서점의 계정이 블로그화됐어요. 그렇게 생긴 공간에 올려놓은 글들의 조회수가 높아지고 하면서 소위 '파워 블로거'가 되었죠. 좀 전에 좌담한 대목을 읽어 주셨지만, 저는 블로그를 처음 하면서 제가 이렇게 뜰 줄 몰랐어요. 블로그 시대가 됐으니까 공부하는 사람들은 다 자기 공부하는 거나 생각하는 걸 올려놓고 공유할 거란 생각을 막연히 했었는데요. 그게 그렇게 일반적인 생각은 아니었던지 제가 모나게 됐습니다. 지금은 물론 제가 하는 작업에 약간 자의식을 갖게 됐는데요. 현재 학술담론 자체는 대학 제도권 안의 인문학과 제도권 바깥의 인문학으로 구획될 수 있는데, 전공자나 전문가들의 연구도 의미가 있고, 제도권 내에서 보상도 주어지고 하지만, 그것이 공부와 학문의 전부가 될 수는 없다는 생각이 들어요. 지식의 프런티어에서 새로운 지식을 계속 생산해 내고 연구하는 것도 중요하지만, 그만큼 혹은 그보다 더 중요한 것은 그것을 얼마만큼 사회가 공유할 수 있는가입니다.

한 가지 예를 들어 보죠 ── 소위 오바마 혁명 이후의 양상은 다를지도 모르지만, 그 전에 부시가 재선됐을 때예요 ── 미국 대학이 진보적 학술담론의 메카이기도 하잖아요. 전 세계 각지에서 소위 난다 긴다 하는 이론이나 담론은 다 갖다 쓰고, 또 진보적인 성향의 학자들도 많이 포진돼 있는데, 왜 '미국사회는 보수적인가'란 문제제기가 있었죠. 답은 뭐냐면, 미국 대학의 진보담론이라는 게 캠퍼스 내에서만 유통되는 담론이란 얘기거든요. 페미니즘도 그렇고, 탈식민주의도 다 마찬가지였어요. 우리한테도 대단하게 소개되고 했었지만 실질적으로 그것이 어느 정도 유효했냐면 대학 내 학술지 담론으로서만 유행했던 거지, 사회를 변화시키는 담론으로서의 영향력을 갖지는 못했다는 것이죠. 물론 일방적으로 폄하할 수는 없지만, 제한적이었다고는 말할 수 있을 거예요. 그런 제한성을 극복하기 위한 방책이 필요할 겁니다. 인터넷 공간이 그 한 가지 방책이 될 수 있단 생각을 해보게 됩니다. 사실 한국사회의 인터넷 기반은 세계적으로 뒤떨어지지 않잖아요. 그런 조건을 많이 활용할 수 있다는 거죠. 여러 수준의 인문지식이나 정보를, 경제적인 격차나 여러 가지 제약 때문에 평소 접할 수 없는 사람들이 쉽게 얻을 수가 있다면 뭔가 달라질 수 있지 않을까, 기대이긴 하지만, 그런 생각을 해보게 됩니다. 학문이 대학의 전유물이 아니라면 지식도 다 마찬가지고요. 그것이 연구자만의 전유물이 아니라 일반 시민들에게도 유의미한 이야기이고 담론이라면 공유될 필요가 있죠. 그렇다면 공유되기 위한 방식을 고민해 봐야겠죠. 근데 그건 밑에서부터 올라오긴 어렵지요. 일반대중이 이런 문제의식을 먼저 갖긴 어려운 듯하고, 인문학자들이 처음에는 마중물이라고 해서 먼저 시도를 해보고, 거기에 반응이 뒤따르는 식의 상호작용이 일어나는 게 바람직하지 않은가 싶습니다.

에드워드 사이드가 '민주주의 인문학'이란 표현을 썼어요. 민주주의라는 게 시민 다수가 주권을 가진 정치체제라고 한다면, 그것이 제대로 작동하기 위해서는 시민 모두가 주권자로서의 지식과 역량, 그리고 덕성을 갖춰야 되겠죠. 옛날 같으면 성학(聖學)을 배우는 군주 한 사람만 똑똑하면 됐지만, 민주주의 사회에서는 모든 시민이 똑똑해져야 하잖아요. 모든 시민이 시민의 덕성을 갖춰야 민주주의가 제대로 작동할 수 있는 거니까요. 거기에 기여할 수 있는 인문학이 민주주의 인문학이라고 생각합니다.

천정환 정리하면, 결국 중요한 키워드는 '민주주의 인문학'입니다. 인문학의 성과든 담론이든 시민이나 '주권자'들하고 공유를 해야 한다는 원칙에 대해 말씀해 주셨습니다. 그 매개가 인터넷이라 하셨고요. 근데 궁금한 게요. 온라인과 오프라인을 넘나들면서 상당히 많은 활동을 하시고, 많은 시간을 투여해 오셨잖습니까? 여러 매체에 서평도 많이 쓰시고 강연도 하시고요. 그러면서 한편으로는 논문 쓰기에 대한 강요나 압력도 느끼시겠죠. 선생님 블로그 활동도 보통 사람들의 활동 수준을 훨씬 뛰어넘잖아요. 내용의 질이나 심도의 면에서 각각을 어떻게 배치를 하시는지요?

이현우 제가 특별한 재주가 있는 것도 아니어서 한쪽에 치중하다 보면 다른 쪽이 샙니다(웃음). 아무래도 전공 분야에 좀 소홀하게 되지요. 그래서 조만간 비슷한 일을 하는 사람들이 많아져서 제 부담이 좀 줄어들면 좋겠습니다. 그런 기대를 하면서 당분간은 버텨 보려고 합니다.

천정환 감사합니다. 김영미 선생님께서는 책을 내고 난 뒤에 어떤 반응을 얻으셨는는지요? 선생님의 민중사·미시사 지향이나 출판사 경험 같은 것이, 뭔가 다른 글쓰기를 지향하게끔 하는지요? 인문학자나 주류 역사학자 중의 일부는 아주 엄숙주의적인 태도를 가진 분들도 있지요. '대중적인' 글쓰기에 대해서는 언제나 질시나 비판을 각오해야 하기도 합니다. 기실 연구자들이 내는 '대중서'가 뭐 그리 대중적이지도 않은데 말입니다.

김영미 아까 블로그 말씀하셔서, 그거를 먼저 말씀드리면 이현우 선생님이 대단히 존경스럽다는 생각이 듭니다. 저도 작년에 블로그를 한 번 운영해

봤어요. 글을 쓴다는 것은 소통의 방식인데, 우리에게 너무 익숙하잖아요. 연구자들에게 대단히 익숙하고, 논문에 담을 수 없거나 담을 정도의 내용은 아니지만, 정말 함께 나누고 싶은 삶의 방식 문제라든지 고민이나 아니면 다양한 정보 등을 공유하고 싶다는 생각으로 개설을 했었는데, 너무 힘들더라고요. 김원 선생님도 한 번 들어오셨죠? 6개월인가 했어요. 저는 개인적으로 시 쓰는 걸 좋아해요. 몇 편 쓰진 않았지만, 시도 쓰고 일기도 올리고 했는데요. 제 블로그를 방문하는 사람들은 늘 새 글을 기대하고 들어오는데, 제가 그 기대에 부응하지 못하고 있다는 강박관념이 들면서 글을 써야 되는 거죠. 그래서 그런 압박감들을 계속 느끼면서 '이거 참 하기 힘들구나. 더 유명해지기 전에 닫자' 그랬죠. 이현우 선생님을 뵈니까 너무 훌륭하시고 존경스러워요. 저 같은 경우 병행에 실패한 케이스죠.

이현우 너무 부담을 가지셔서 그렇죠. 나중에 저는 시간이 안 되니까 스크랩도 많이 하고 변칙적으로 그렇게 많이 했어요. 할 수 없어요.

김영미 그리고 책을 낸 거에 대해서 말씀드리자면요. 책 쓰는 게 정말 쉽지 않았어요. 출판사와 계약은 했지만, 너무 후회스러웠어요. 쓰면서 고통스러웠죠. 1,000매가 넘어 가는 글을 끌고 나가면서 쓴다는 게 너무 고통스럽고, 많은 독자들이 내 책을 읽고 공감을 한다고 생각하니까 그 책임감이 엄청나게 다가오면서 글쓰기가 되지를 않았죠. 그렇게 해서 책 쓰는 과정을 어떻게 했냐면 새벽 3시 반에 일어나서 삼배씩 절을 했어요. 대중서를 쓴다는 게 내 힘으로 되는 건 아니구나, 싶어서 저는 특별한 종교를 가지고 있진 않지만, 일단 자신을 경건하게 한다는 의미에서 했어요. 새벽에 글을 쓰니까 자연히 밤에 사람도 안 만나고, 술도 안 마시게 되더라고요. 왜냐면 여기에 정말 온 에너지를 바치지 않으면 내 역량으로 해낼 수 없겠구나,

싶었거든요. 한 번도 이런 글쓰기를 해보지 않았기 때문에요. 정말 읽히는 글을 써야 되기 때문에 문장이 재미있게 읽히고 잘 전달이 되어야 하니까요. 독자의 입장에서 계속 읽어 보고 낭독도 하고 그러면서 읽히게 문장을 다듬어 나가니까 정보를 채우는 부분도 중요하지만 그 정보가 잘 전달되기 위해서 정성을 다해야 되고, 또 시간이 너무나 많이 걸리니까 불안해지기 시작하더라고요. 3개월쯤 지났는데, 반도 안 써지니까 '이걸 그만둘까?' 했죠. 근데 그만둘 수는 없죠. 시작을 했으니까 하긴 해야죠. 그래서 삼배를 하면서 썼어요. 삼배를 하면서 1장을 쓰고, 2장을 써서 처음부터 읽어 보면 1, 2장이 앞뒤가 안 맞고, 3장 써 놓고 보면 1, 3장이 안 맞는 거예요.

하루는 자포자기하고 술을 마시고 잤어요. 그리고 꿈을 꿨는데, 열 손가락에 유리파편이 다 박힌 거예요. 유리파편이 박혀서 피를 철철 흘리고 있는데, 웬 청년들이 나오더니 유리를 뽑고 약을 발라 주고 손을 잡아 주는 거예요. 다 치료가 되는 거예요, 꿈속에서요. 그러고는 그 사람들이 갔어요. 그 다음날, 아침에 일어났더니 글이 잘 써졌어요. 그리고 이 책을 완성하고, 출판사에서 응모해 보라 그래서 간행물윤리위원회 저작지원 공모에 제출했는데, 상을 받은 거예요. 심사위원들이 연구자가 대중서를 쓰는 경우가 흔하지 않기 때문에 노력을 가상하게 여긴 거겠죠. 그리고 난 다음에 제가 생각해 보니까 그 청년들은 새마을운동 지도자가 아니었을까 하는 거죠.

역사학이라는 학문에서 소외되어 있었던 사람들의 경험세계에 학문적인 의미를 부여하면서 그것을 대중들도 잘 읽을 수 있도록 학문 바깥에서도 권위를 갖고, 또 소비될 수 있도록 하는 맥락에서 책을 쓴 건데요, 그 과정에서 저 스스로가 경건해졌던 이유가 이 책에 담긴 게 나의 목소리만이 아닌 거죠. 역사학자라는 나의 몸을 통해서 이 사람들의 경험이 역사화되는 거였기 때문에 제가 무의식적으로 그런 생각을 많이 했던 거 같아요. 대단히 경건하고, 객관적으로 들어가야 된다고요. 내 마음대로 그 사람들의 이야기를 왜곡하는 것도 아니고, 그 사람들 이야기가 대중들에게 잘 설득이 되고, 역사적 의미가 있도록 하기 위해서 장치들도 해야 되고, 나와 그들의 공동작업이라는 생각을 했기 때문에 저 스스로가 많이 경건해졌습니다. 그래서 그때 등장했던 새마을 지도자들도 ——물론, 그 지도자를 어떻게 평가해야 되는지는 차후의 문제이고요 ——어쨌든 자신의 삶이 역사화되고 있기 때문에 그 작업을 제가 해준 데 대해서 이분들이 고맙다는 의미에서 저를 꿈속에서 격려해 주고 가지 않았나 생각합니다. 역으로 제가 하고 있는 역사라는 작업이 나 하나의 이야기가 아니라 그 당시를 살았던 많은 사람들의 삶을 역사적으로 자리매김하는 것이기 때문에 대단히 공공적인 의미를 가지는 거라고 생각하니까, 저 스스로를 격려도 하고 위로도 하면서 이 작업을 해나갔던 것 같아요.

책을 집필해서 내기까지 거의 1년이라는 시간이 걸렸는데요. 저는 책을 내면서 책의 무게감이 정말 대단하다는 생각이 들었어요. 사회적인 파급력이라고 하는 게 논문과는 비교할 정도가 아닌 큰 효과를 내고 있다는 것을 느꼈어요. 지식을 생산하는 것도 대단히 중요하지만, 어떠한 방법으로 그것들을 소비시킬 것이냐, 이런 것들은 굉장히 중요한 문제라는 생각이 들었어요.

천정환 전작으로 이런 책 한 권 쓰는 게 힘들죠. 우리가 글쓰기 문제를 이야기해야되는 이유가 인문학 글쓰기의 현재 상황 때문입니다. 외국에도 이런 상황이 있을까요? 오늘날 한국 연구자들은 논문 한 편을 쓸 때마다 국가의 관리 시스템(한국연구업적통합정보, http://www.kri.go.kr)이나 대학당국에 '등록'을 하죠. 또 전임이 되거나 BK21 등에 참여하는 사람들은 업적 인센티브의 명목으로 '학술지 논문' 등에 대해 학교당국으로부터 돈을 받기도 하거든요. 이현우 선생님의 대담기사에서도 나오지만, 이런 제도와 관행이 모두 족쇄가 되고 있는 게 사실입니다. 김영미 선생님께서 단행본 쓰는 작업의 의의를 강하게 잘 말씀해 주셨는데, 당분간 계량화된 업적 생산과 생산 시스템이 쉽게 달라지지 않을 거 같다는 불길한 느낌이 듭니다. 인문학 출판시장이 침체해 있기도 하고요. 단행본 쓰기의 엄청난 고통을 생각해 볼 때, 사실 논문 쓰기가 쉬운 면도 있습니다. 같은 분야 심사위원 몇 명한테 양해를 구하는 방식으로 글을 쓰면 되니까요. 신지영 선생님은 최근에 『들뢰즈로 말할 수 있는 7가지 문제들』(그린비, 2008)을 내시고 난 다음에 어떠셨는지요?

신지영 저도 처음에 귀국하면서 "일단 학진 사이트에 들어가 봐라"는 얘기를 들었어요. 그런데 그게 뭔지를 이해하기까지 시간이 오래 걸렸어요. 내가 한 일을 왜 모두 학진에 보고를 해야 되는지, 왜 내 정보를 그렇게 업데이트를 해야만 되는지 알 수가 없었죠. '그래야 내가 펀드를 받을 수 있는 가능성이 생기는구나'라는 사실은 시간이 꽤 흐른 후에 이해하게 되었어요. 이러한 권력은 우리의 욕망을 자꾸만 영토화시키는데, 그건 너무나 큰 힘이기 때문에 쉽게 바뀌지는 않을 것 같고요. 그런 의미에서 탈주적 글쓰기는 개별적으로나 가능할 것 같아요.

저는 글 자체에 대한 관심이 있어요. 들뢰즈 용어로 하면 '소수문학' (Minor Literature)과 같은 그러한 글쓰기이지요. 김영미 선생님과 이현우 선생님이 말씀하시는 와중에 나왔던 많은 단어들이 저에게는 상당히 도발적이었습니다. 계몽이라든지, 주체라든지, 새로운 주체의 탄생이라든지, 시민이라든지, 주권자라든지 하는 단어들이 그랬지요. 왜냐하면 소수문학, 거대권력으로부터 탈주하는 문학은 그와는 정반대로 가야 된다고 저는 생각하니까요. 김영미 선생님은 능동성으로 말씀하신다고 하셨지만, 선생님께서 실제 글을 쓰신 방법이 철학적으로는 능동성만 있는 것은 아니에요. 내 목소리만이 아니라 그들의 목소리를 담는다는 것, 그건 들뢰즈 식으로 얘기하면 수용성(acceptability)이거든요. 수동성이고, 수용성이에요. 내가 주체가 되는 게 아니라 나라는 주체가 빠져야 그 글을 쓸 수 있는 거죠. 그렇게 쓰는 것이 소수문학적으로 글을 쓰는 겁니다. 그리고 이런 방법만이 권력으로부터 탈주할 가능성을 준다고 봐요.

천정환 김영미 선생님의 현몽(現夢) 말씀이시죠?

신지영 예. 그들의 목소리가 다중적으로 들어가는 책이 소수문학적인 책이 된다고 할 수 있죠. 이와 같은 글은 철학적으로 진단하자면 현대적인 의미의 글쓰기가 될 수 있지 않을까 합니다. 주체가 빠진 글쓰기죠. 내가 주요 목소리로 등장하여 서사를 펼치는 것이 아니라, 나는 빠지고, 아까 표현을 잘하셨는데요, 나의 몸을 통해서 여러 목소리가 나오도록 하는 그런 글쓰기. 권력의 지배를 받는 글쓰기로부터는 그런 식으로밖에는 다른 탈출 방법이 없다고 봐요. 그렇게 미시적으로 살살 탈출하다 보면 거대권력이 욕망을 영토화하는 틀도 약간씩 바뀌거든요. 들뢰즈는 그런 걸 (미시)혁명이라고 부르는 거죠. "한꺼번에 확 없애자", 이런 건 가능하지도 않고요. "우리가 모여서 뭘 하자", 이런 것도 말하지 않아요. 미시적으로 탈주하다 보면 제도가 조금씩 조금씩 바뀌는 거죠. 그런 걸 우리가 할 수밖에 없지 않을까, 그런 생각이 들어요.

천정환 명쾌하게 말씀해 주셨네요.

김영미 들뢰즈가 괜찮네요. 전 좋았어요. 어렵긴 했지만, 구절구절 마음에 들었어요.

신지영 들뢰즈가 읽기는 어려운데, 저는 굉장히 매력적이에요. 사람들이 뭔가 있는 것 같은데, 너무 어려워하는 게 안타까워서 그걸 쉽게 알리고 싶은 게 저의 큰 욕망 가운데 하나예요.

천정환 이제까지 나온 책들은 들뢰즈를 쉽게 설명하거나 들뢰즈를 적용해서……

신지영 그러려는 게 저의 꿈이죠.

천정환 제가 볼 때 김원 선생님은 역사 연구자의 바운더리에 속한 분들 가운데서는 가장 '급진적'인 글쓰기를 실천하는 분이 아닐까 싶을 정도로 실험적인 시도를 많이 하시더라고요. 역사학자들은 '사실'이나 사료에 대해서 엄밀한 태도를 취하기 때문에, 글쓰기에도 엄격한 태도를 취하는 분들이 많지요. 그런 얘기를 좀 들려주시죠. 선생님처럼 정치외교학과를 나와서 노동사를 하시는 분도 드물잖습니까? 혹시 블로그는 운영하시는지요?

김원 저도 제 전공이 뭔지 잘 몰라요. 저 같은 경우에는 아까도 처음에 '이야기로서의 역사' 문제에 대해서 잠깐 말씀을 드렸는데요. 여러 가지 동기 내지 이유 같은 것들이 존재하겠지요. 개인적으로는 기존의 근대적 역사학이 인과관계를 중심으로 가진 문제틀 자체에 대해서 문제제기를 하는 측면들도 한편으로 존재하고요. 동시에 제가 대학 들어갈 때부터 이야기를 써 보고 싶었어요. 역사학에 이어서 정외과에서 코스를 밟을 때도 마찬가지였지만, 그런 글쓰기를 할 만한 훈련을 제공하는 경우는 없었다고 생각해요. 더군다나 아까 중간에 이야기 나왔지만 2000년대 후반에 들어와서 학진의 연구비 시스템이나 학진 등재지라는 것들이 논문 이외의 글쓰기를 연구자들이 스스로 자제하게 하는 일종의 망을 만든 이후에는 현실적으로 연구자들의 창조적이고 자율적인 지식생산 자체가 봉쇄되는 경향이 더욱 더 심화되는 게 아닌가 생각합니다. 저는 개인적으로 단행본 대중서들뿐만이 아니라 계간지도 마찬가지라고 생각하는데요. 예를 들어서 60~70년대의 『창작과비평』이나 그 이전에 있었던 여러 가지 저널리즘, 이른바 계간지들이 80년대까지는 지금과 다른 형태로 존재했었는데요. 요즘은 그럴 만한 게 거의 없지 않습니까. 현실적으로 연구자들이 그것에 별로 주목을 하지 않고, 그걸 쓸 시간이 있으면 등재지에 논문 실어서 하겠다는 거죠. 그렇다고 연구자들의 탓으로 돌릴 수는 없습니다. 그 시스템을 아까 신지영 선생님께서 말씀하셨듯이 어떻게 균열을 내고, 다른 역방향으로 이끌어 나가느냐가 오히려 핵심적인 화두라고 생각합니다.

그런 측면에서 연구자에게 있어서 글쓰기, 특히 대중과 교우하고 소통할 수 있는 글쓰기와 관련된 문제의식은 적어도 여기 계신 선생님들이나 제가 아는 선생님들은 갖고 계신 편이죠. 문제는 그것이 저술의 형식적인 측면으로 국한된 것이 아니라 어디에 포커스를 맞추느냐입니다. 단순히 글을 쉽게 쓴다든지 책이 얇아진다든지는 물론 아니겠죠. 개인적으로 중요하다고 생각이 드는 부분은 독자들입니다. 짧은 글이든 긴 글이든 독자들이 그 글을 읽고 사유하는 힘, 혹은 다르게 생각할 수 있는 계기를 어떻게 만들어 줄 수 있을 것이냐. 이거 역시 다 연구자들에게 돌리기에는 지금의 상황이 연구자들에게 큰 부담이라는 것을 부정하기 어렵습니다. 장기적으로는, 일종의, 적어도 공동의 작업이라는 것이 필요하지 않은가 생각이 듭니다. 이렇게 사유하고 다르게 생각할 수 있는 매체 혹은 대중서, 기타 책을 집필할 수 있는 능력이나 의지를 갖고 있는 필자와 그 필자의 책과 글, 그리고 정서를 이해할 수 있는 출판사가 적절하게 이것을 기획해 내서 장기적인 플랜을 만들어 나갔을 때 이것이 큰 흐름으로 가는 것이지, 개인적인 의지만으로 해결될 차원의 문제는 아니라고 생각합니다. 그러기에는 2000년대 말 이후에 공룡처럼 커진 학진의 압력이 너무 크기 때문에 그야말로 소수의 몸부림처럼 끝날 가능성도 없지 않아 있지 않겠는가 하는 걱정도 개인적으로는 듭니다.

그리고 이건 저 개인적인 문제일 수도 있는데요. 그런 게 있는 것 같아요. 직접 겪으신 분들은 아실 텐데요. 저 같은 경우에는 학위를 정치학으로 받았습니다. 정치학 책 보신 분들은 아시겠지만 ──정당·의회·기타 등등의 국제관계들, 요즘에는 정치철학적 측면도 이론적으로는 다루지만 ──저처럼 이렇게 구술을 한다거나 혹은 특정한 우발적인 사건을 다루는 것은 드문 일이에요. 지금은 역사학계에서 한국현대사를 열정적으로 연구하고 있어요. 그런데 80년대 말~90년대 초반에만 해도 사회과학 쪽이 중심이 돼서 정치사나 현대사 연구를 했지요. 하지만 현재 사회과학 쪽, 특히 정치학 분야에서 현대사 연구는 거의 안 합니다. 굉장히 소수에 불과해요. 그러니 제가 학회를 가거나 어디 논문투고를 하거나 어디서 얘기를 할 때, 이른바 분과학문 체제하에서 자신의 학문적 정체성에 대해 지속적으로 외부에서 의문이 제기되고 저도 딜레마를 느끼게 되지요. "대체 너의 논문은 무엇이냐? 너의 정체는 대체 무엇이냐?" 그건 사실 논문 쓸 때부터 있었던 의문인데요. 제가 논문 쓴 지 6~7년이 지났는데도 그건 계속 풀리지 않는 문제로 남아 있습니다. 그러면서도 한국학계 같은 경우 ──예를 들어서 학진에 프로젝트 연구계획서를 써 본 분은 아시겠죠 ──이것이 학제간 연구인지 아닌지 체크 표시를 하게 되어 있어요. 학제간 연구는 언급하면서도 실제로 연구과정에서는 학제간 연구가 이루어지고 있지 않지요. 정치학을 전공한 제가 다른 분과학문의 방법론을 갖고 서술한다는 것에 대해서 뭐랄까, 굉장한 장벽이 느껴져요. 그것을 넘지 못하게 하는 관행 내지 유산이 끊임없이 학제간 연구나 융합 연구를 얘기하면서도 계속 반복이 되는 것 같아요. 여러 분야의 전공자들을 모아 놓고 한다고 학제간 연구가 되는 것은 아닌 것 같아요. 다른 학문적 전통을 가진 개인들의 집단이 지속적으로 세미나를 하든 논의를 하든 기타 토론회를 하든 서로간의 부딪힘이 존재하고 서로의 문제인식이나 방법론적 해체가 어느 정도 이뤄졌을 때 가능하지 않겠어요? 제가 계속 고민이 되는 부분입니다. 제가 어디서 다른 것을 떼어 와도 다들 이것을 쉽게 수용하지 않아요. 이런 점은 ──개인 연구자나 개별 학회에서는 인정하지 않는다고 할지 모르지만 ──여전히 한국의 인문·사회과학 내에 강하게 존재하는 전통이 아닌가 생각합니다. 이건 앞에서 말한 글쓰기와는 또 다른 맥락에서 해체되고 바뀌어야 될 문제가 아닌가 합니다. 오히려 학문공동체 내에서 다른 노력이나 메커니즘을 만들 때 이것이 가능하지 않겠나 하는 생각이 듭니다.

저도 홈페이지를 2000년인가부터 하긴 했는데, 이건 저의 개인적인 신변잡기를 얘기하는 공간이었어요. 그나마 작년에 이용하던 포털의 홈페이지 서비스가 없어지는 바람에 다른 포털의 블로그로 옮겼는데요(http://blog.naver.com/labor2003). 저도 거기에 제가 쓴 글이나 글을 쓰는 과정 속에서 고민했던 것, 책을 읽고 한 메모 같은 것을 올리거나 합니다. 또 여기저기 타고 들어와서 직접적으로 제 책을 읽은 사람이나 제 작업에 관심을 가진 대학원생이나 일반인이 와서 이런저런 얘기를 남기기도 하죠. 오프라인의 대중강좌 같은 적극적인 소통 채널이 요즘 생겨나긴 했지만, 아직은 희소한 형편입니다. 사람들이 쉽게 작가나 연구자와 접하기에는 아직까지도 학문공동체가 폐쇄된 측면이 많은데요. 아까 이현우 선생님께서 말씀하신 대로 저도 이것이 대규모화되고 다변화된다면 좀더 효과적인 가능성으로 생각해 볼 수 있는 것이 아닌가 하고 생각합니다.

당신의 전공은 무엇입니까

천정환 자연스럽게 분과학문 체제의 강제적 성격에 대해서 말이 나왔습니다. 학진에서 자신이 쓴 논문의 분야에 체크 표시를 하게 하는 것이 당혹스럽게 만들곤 합니다. 〈국가과학기술표준분류〉에는 '달리 분류되지 않는'이라는 분류가 생기기도 했고요. 이에 관한 이야기를 해봤으면 좋겠는데요. 김항 선생님도 한마디 해주시죠. 선생님의 '소속 분과'를 뭐라 소개하는 게 적절합니까? '정치철학'이 맞습니까? 본인께서는 '문화연구자'라고 말씀하시는데, 대체 문화연구가 뭡니까?(웃음)

이런 문제를 느끼는 분이 많습니다. 이현우 선생님도 처음에 '노문학자'라는 호칭이 아니라 '곁다리 인문학자'라 스스로를 부른다 하셨고요. 이렇게 자기 분야를 '인문학 일반'이라고 말하거나 '문화학'이라 말하는 이유가 생겼지요. 저도 가끔 '국문학자', '국문학과 교수'라는 말이 새삼스럽거나 불편할 때가 있습니다. 기존의 학제와 과 제도로 포괄되지 않거나 그것을 넘어서는 연구자들이 생겨나는 것도 같지만, 다른 한편으로는 여전히 기존 제도의 완강한 관성이 작동하고 있기도 합니다. 이는 언제나 연구자들의 발목을 붙잡기도 합니다.

김항 저는 학부·석사·박사 다 학교가 다르고요. 신문방송학과라는 데에 우연히 들어갔다가 신문방송학은 전혀 모르고, 일본으로 박사과정을 가서는 표상문화론이라는 이상한 학제에 가서 여러 가지 공부를 했습니다. 제가 왜 이렇게 정체불명의 공부를 하게 됐을까를 가끔, 정말 1년에 한두 번 정도, 생각을 하게 됩니다. 망년회 때 하고, 신년회 때 하는데요. 이 자리에서는 제가 제일 어린 것 같아요. 저는 91학번, 얼마 전에 생일이 지난 빠른 73년생입니다.

아까 김원·신지영 선생님께서 91년도에 대해서 말씀을 해주셨는데, 저는 '91년도의 경험'이라는 걸 91년도에 경험을 했던 사람들, 특히 80년대의 경험 없이 91년도의 경험부터 대학생활을 시작했던 사람들한테는 지금도 숙취로 남아 있는 경험이라고 생각합니다. 피로감이라든가 허무주의라든가 이런 거라기보다는, 저는 마실 수 없는 양의 술을 그때 너무 마셔갖고, 아직도 덜 깨어나고 있습니다. 저는 공부를 숙취해소제로 생각했습니다. 술을 어떻게 해서 깰까 하면서 말이지요? 94년도인가 언젠가 'After the orgy'란 제목으로 영역된 보드리야르의 글('Apres l'orgie', *La transparence du mal*, Galilée, 1990)을 읽었습니다. 번역하면 '주연이 끝난 후에'라는 뜻인데요. 그 글 내용은 지금 기억 안 납니다만, 대학교 졸업하고 지금까지 어찌어찌하다가 이런 직업을 갖게 된 상황을 표현할 때, '주연이 끝난 뒤에' 이게 가장 적절한 표현이죠. 머리에서도, 배에서도, 그리고 먹다 남은 술그릇도 아직 안 치워진 상태인 것 같습니다. '그걸 어떻게 치울까? 그 술을 안 마셨으면 내 삶이 차라리 낫지 않았을까?' 이런 생각까지도 하는데, '그래도 술 마시고 즐거웠으니까 된 거 아닌가' 그런 생각을 하죠. 아무튼 그렇습니다. 그런 의미에서 문화연구라고 하는 정체 모를 분야를 붙잡고 있는 건, 취해 있는 상태이기 때문에 '뭐든지 한번 해보자' 이런 겁니다. 워낙 섞어 마시는 걸 좋아하니까요. 그게 대충 제가 말씀드릴 수 있는 제가 생각하는 문화연구의 정의입니다.

일본 도쿄대에 있는 '표상문화론'이라고 하는 분과는 말 그대로 '인터디시플리너리 컬처럴 스터디즈'(interdisciplinary cultural studies)라고 하는 학과명을 갖고 있는 그 안에서, '컬처럴 리프리젠테이션'(cultural representation)이라고 하는 코스인데, 사실 뭐를 해도 상관없는 과였어요. 그 얘기는 뭐냐면 뭐를 해도 상관없지만, 그 안에서 뭐를 하려면 뭔가 많이 알아야 한다는 겁니다. 일단 첫째로 어학을 많이 요구하죠. 서양어를 많이 요구해요. 그리고 잡다한 것을 많이 요구합니다. 하기 싫으면 안 해도 되지만, 하고 싶으면 그런 걸 다 해야 되는 그런 데서 훈련을 했었고요. 돌아와 보니까 저한테 맞는 제도적인 울타리라고 하는 건 아마 없지 않을까라는 생각을 했어요. 선배들께서 "너는 어디에 취직하냐?" 하면 "저는 그린비출판사가 꿈이에요." 얘기를 하는데, 마침 자리가 두 개 비어 있다고 해요. 사장님이 계시다고 하니 오늘 면접이라도 볼까 합니다(웃음). 하여간 돌아와서 보니 국문과든 역사학과든 아니면 정치학과든 제가 원래 나온 패컬티인 신방과든, 요새 트렌드를 보면 다들 학진에 매여 있는 경우가 많기 때문에 거기에서 요구되는 논문들을 당연히 분과 안에서 쓰게 되는데요. 사실, 그 내용들을 보면 크로스오버가 많이 되어 있는 상태고요. 학진 체제의 글쓰기가 갑갑하단 말씀을 많이 하시는데, 저는 별로 갑갑한 건 잘 모르겠습니다. 1년에 논문 두 편 그냥 쓰는 거잖아요. 저는 오히려 엄격한 글쓰기가 필요하다고 생각하는 편이라서, 레퍼런스 제대로 달고 하는 게 필요하지 않을까 합니다.

개인적으로는 그렇습니다만, 전체적인 구조적 차원에서 보면 당연히 그것 때문에 뭔가 위축이 되고 사람들이 매여 있고 그렇죠. 삶이 그런 거 아닐까라는 생각도 하면서 이게 어떻게 바뀔까를 고민하기보다는 기왕에 생긴 질서이고 이게 단순히 무슨 신자유주의나 국가에 의한 인문학의 지배라는 드라이브라고 볼 것만은 아니다 싶어요. 기왕에 존재했던 한국의 인문학 제도가 갖고 있는 불투명성이라고 하는 게 있고 굉장히 사적인 관계 안에서 이루어지는 연구자들에 대한 평가를 어느 정도 객관화시키는 측면도 있었다고 생각을 하고요. 아까 신지영 선생님도 말씀하신, '자본의 투여'라고 하는 게 신자유주의적인 측면은 분명히 있지만, 어떻게 보면 학진 체제가 굉장히 신기한 거지요. 국가가 자본을 투여한다는 겁니다. 시장하고 국가가 굉장히 융합적으로 돌아가고 있는 특이한 사례이지 않을까 합니다. 단순히 우리가 그 안에 있다는 것뿐만이 아니라 현재의 국가와 시장 간의 관계를 잘 보여 줄 수 있는 그런 사례이지 않을까라고 생각을 하니 갑갑하다기보단 오히려 이것을 어떻게 다른 식으로 사유를 해볼까 하는 고민이 필요하다고 봅니다.

분과학문 체계가 학진 체제하에서 더 강화되고 있다는 인상은 강해졌습니다. '학제 연구, 학제 연구' 이러니까 점점 분과학문의 아이덴티티가 강해지는 거죠. "이건 국사학하고 국문학이 같이한 거야." 어느 만큼 어느 분야의 사람들이 참여하고 있느냐, 이런 거를 갖고 하다 보니까 역으로 분야가 강화될 수밖에 없는 거죠. 그런 식의 분과학문 체계를 학제라는 이름하에서 강화하는 상황이 사람들에게 어떤 글쓰기 방식을 강요하고 있을까? 저는 약간 기형적이 되고 있지 않나 하는 생각을 합니다. 단도직입적으로 국문과에서 쏟아지는 논문들이 그렇다고 생각하고 있습니다. 그리고 또 한편으로는 학제 연구라고 이름을 붙이고 분과학문 체계가 강화되면서, 오히려 말하자면 신지영 선생님이나 김영미 선생님 사이에서 오고가는 것 같이 들뢰즈나 미시사에 관한 이야기나 가치에 관한 이야기가 훨씬 더 소통이 안 되는 형국을 만들어 내고 있는 게 아닌가요? 오늘 두 분이 말씀하신 정도의 대화라도 이렇게 이루어지면, 신지영 선생님이 말씀하셨던 의미에서의 들뢰즈적인 정말 자그마한 변화들이 좀더 많이 있을 것 같은데, 그런 장면을 대면한 적이 서울에 돌아와서 별로 없는 것 같아요.

　그런 의미에서는 지금 글쓰기와 학진 시스템하의 논문 쓰기가 커다란 한계에 부딪히고 있지 않나 하는 생각이 많이 듭니다. 또 한 가지는 항상 제가 대학원 수업을 하면서도 강조하는 부분이기도 한데요. 개개인의 능력 차원에서 어쩐지는 모르겠지만, 번역서 출간이 늘어나면서 외국어에 접할 기회가 상대적으로 줄어들고, 외국어 독해력, 그러니까 원전을 읽어 낼 능력이 떨어진 건 사실인 것 같아요. 제가 서울대에서 석사과정 다닐 때보다 석사과정의 커리큘럼에서 외국어 문헌들이 줄어들었어요. 저는 모르겠습니다. 서양 이론을 어떻게 읽을 것이냐, 서양의 연구 성과를 어떻게 소화해 낼 것이냐? 이 문제는 이식이나 '이론의 도입' 차원의 문제가 아니라 대등한 차원에서 읽고 소화해 낼 필요가 있는데요. 오히려 지금 학진 체제하에서 분과학문 체계가 역설적으로 강화되면서 그런 노력들이 굉장히 빈약해지는 게 글쓰기 방식들을 많이 축소시키는 원인들을 낳고 있지 않나라는 생각이 들어서 두서없이 말씀을 드렸습니다.

아무튼 결론적으로 이야기하자면, 지금까지 말씀드린 제반의 상황들에서 저 나름대로 해법을 찾아보려고 전공 영역을 문화연구라고 사람들에게 항상 이야기를 합니다. 아무튼 일단 연구·공부 차원에서 자기 분야를 한정하지 않는 게 가장 중요하지 않나 하는 생각이 듭니다. 제 전공을 서양 철학·정치철학이라고 말씀하셨지만, 저는 그 작업도 중요하게 생각을 하고 있지만, 또 한편으로는 실제로 역사적인 사건들하고 대면하면서 어떤 사유를 추출해 낼 수 있느냐도 중요한 작업으로 생각하고 있습니다. 지역적으로도 저한테는 독일과 일본이라고 하는 레퍼런스가 중요한 의미를 갖고 있고요. 당연히 한반도의 역사하고 연동되는 의미에서 그렇다는 거죠. 저는 그런 작업들을 하고 있는데, 똑같은 의미에서 잡다한 일들을 모두가 해나갔으면 좋겠다는 생각을 하고 있습니다.

신지영 그러니까 김 선생님 말씀의 요지는 뭘까요?

천정환 인문학자로서의 정체성과 소속의 문제가 분과학문의 정체성 문제와 함께 제기된다는 거지요. 어디에도 속하기 힘든, 또는 어디에 귀속되길 거부하거나, 기성의 틀을 넘어서야 하는 과제 같은 것들이 진지한 연구자들에게 계속 주어진다는 거죠. 그랬을 때의 고민을 두 분이 말씀하신 거 같습니다. 문학 연구도 그런 상황에 계속 처해 왔던 듯합니다. 비평이라는 행위나 '논문'의 틀에 갇히지 않는 글쓰기는 사실 언제나 간학제적인 태도를 이미 갖고 있는 건데요. 그러나 '국문학' 학제 내부의 특정한 상황들이 비평을 문학 텍스트에 한정하게 하거나, 물신적인 텍스트주의가 작동하게 합니다. 인문학 전체의 상황을 볼 능력은 없습니다만, 분과학문 체계는 '학진' 체제 덕분에 살아남는다고 보입니다. 자리를 잡지 못한 박사들과 강사들,

그리고 기존 학과 체제의 모순을 학진이 일부 흡수하고 있으니까요. 이런 제도와 글쓰기의 여건에서 선생님들 각자 연구나 영역에서의 전망은 어떠한지를 이야기해 주셨으면 합니다.

　이야기를 좀더 확대하면, 연구자로서의 존재방식의 문제이기도 합니다. 이현우 선생님은 한국에서 '직업으로서의 학자'나 '지식인으로서의 소명의식'이 약화되어 왔다고 말씀하셨지만, 어떻게 보면 김영미 선생님과 이현우 선생님은 계몽자로서의 글 쓰는 사람이랄까 하는 의식을 강하게 가지신 듯합니다. 아까 김영미 선생님은 '공익'이란 단어도 쓰셨지요? 한국사회에서는 어쨌든 학자가 '제도에 포괄되었느냐, 포괄되지 않았느냐'가 대학의 조교수 이상 정규직으로 임용되었느냐 안되었느냐는 기준만으로 판가름되잖아요? 정규직 교수와 비정규직 교수 사이에 엄청난 사회적·문화적 그리고 존재론적 경계선이 그어져 있는 이런 상황은 언제쯤 달라질지……. 김영미 선생님, 다음 학기부터 전임 임용이 되시는데, 기분이 어떠신지요?

김영미 지금 '제도 항목'에 대한 대목으로 넘어온 거죠?

천정환 제도와 정체성의 문제죠. 신지영 선생님은 철학, 김영미 선생님은 역사를 하시는데, 이 두 분야가 특히 여성 연구자가 적고 '살아남기' 힘든 분야지 않습니까? 그런 문제도 여쭤 보고 싶었습니다만, 그보다 먼저 제도 내부와 외부의 문제가 우리 연구자들에게 계속 문제제기될 수밖에 없는 상황이라는 겁니다. 이는 한국 '인문학'의 물적 토대이면서 윤리학적 문제이기도 합니다. 김 선생님이 공공의 인문학, 공공의 글쓰기에 관해 이야기하셨기 때문에 '제도가 당신을 어떻게 변화시킬 것인가'라는 질문까지 드리는 거죠. 물론 이건 저 자신의 문제의식하고 관계가 있는데요. 그렇거나 말거나 간에, 즉 제가 어떤 사람인가의 문제와는 달리 '제도'가 연구와 연구자들을 구속하고 변화시키는 힘에 대해 늘 생각하게 됩니다.

교육·전파·참조의 인문학

김영미 다가오는 3월(2010년 3월)부터 전임이 되는데요. 두렵기도 하고, 기쁘기도 하죠. 생계와 관련해서는 편안하게 해결했다는 점이 있는 거고요. 또 하나는 내가 그 많은 경쟁을 뚫고 됐다는 인정받은 데 대한 기쁨도 있어요. 하지만 그것보다 더 큰 엄청난 심리적 부담감도 느끼고 있습니다. 부담의 첫번째는 내가 학생들에게 무엇을 해줄 수 있을까, 하는 거죠. '국사학과에 오는 70명의 그 학생들은 4년 동안 무엇을 얻어 가려고 하는 건가?' 제도권의 역할은 무엇인지 고민이 많이 됩니다. 내가 진정한 역사학자로서 사회적 소명을 생각한다면, 사람들이 역사에 대한 관심을 가지고 역사를 공부하고 싶고 배우는 일은 사실 대학 바깥에서도 아주 잘할 수 있는 영역이라는 거죠. 여러 인문학 강좌에서 자유롭게 배우고 토론하면서 많은 비용을 들이지 않고 역사를 즐겼으면 좋겠다는 게 솔직한 저의 심정입니다. 제가 할 수 있는 한에서 제도권과 비제도권의 경계를 넘나들면서 활동을 하고 싶은 생각이 듭니다.

제도의 또 다른 문제는 연봉제도 있습니다. 정년까지 계속 연봉제 체제로 가기 때문에 저서보다는 논문 편수를 늘리는 것이 중요합니다. 근데 저는 그렇게 생각을 해요. 아까 신지영 선생님이 말씀하신 것처럼 뭔가를 하려고 할 때 가장 중요한 것은 자기 스스로가 자본의 노예가 되지 않는 것입니다. 적극적인 의미에서의 가난을 선택하는 것. 사실, 가난하지도 않잖아요. 적은 연봉을 받더라도 본인이 원하는 연구를 하는 것, 제가 할 수 있는 저항의 수준은 그런 거죠.

천정환 국문학과나 인문대로 진학하는 학생이 한 학년에 50명이라면 그 중에 대학원에 가는 건 많아야 두세 명이거나 아예 없기도 합니다. 지방은 더욱 사정이 어렵습니다. 그럴 때 인문대나 국문과에 진학한 그 학생들한테 과연 인문학 강의가 무엇이냐, 국문학 강의가 뭐냐는 문제가 항상 머릿속에 있습니다. '소설을 좀더 잘 보는 연습을 하면, '인문학적 소양'을 좀더 닦으면 실제로 삶이 좀더 풍요로워지나?' 이런 물음을 스스로에게 묻는다는 겁니다. 맞춤법이나 문장을 다른 과 출신보다 좀더 정확하게 잘 쓰는 법을 가르치는 데 국문과의 목표를 맞춰야 되는가, 하는 의문도 들고요. 아까 이현우 선생님이 '민주주의 인문학' 얘기를 하셨는데요. 그래서 저도 오히려 역으로 대학 교육이란 게 민주주의 인문학이나 시민 인문학의 현장 내지는 전선이 아닌가 하는 생각도 합니다.

김영미 선생님은 역사학 연구자로서의 소명의식에 대해 이야기하셨는데, 제가 만나 본 사학자들 열 명이면 열 명 모두 그 같은 의식을 갖고 있는 것 같았습니다. 사학자치고 역사에 기여한다든지 인간을 위해 공부한다는 식의 의식을 갖지 않은 분은 거의 없는 듯합니다. 그러나 문학 연구자나 비평가는 분명 다를 듯합니다. 아마 아주 나이 든 축만……(웃음). 거기에도 어떤 철학적 배경이 있는 것일 텐데, 철학자로서의 자기의식이란 무엇인가에 대해 신지영 선생님께 듣고 싶습니다. 또 요새는 지젝이니, 랑시에르니…… 새로운 철학적·사상적 유행은 급속하게 퍼져서 대학원에 들어와 막 공부에 재미를 붙인 학생들마다 자신의 논문에 두서없이 인용할 정도로 영향력이 있습니다. 요새는 랑시에르를 언급하지 않고 쓰인 계간지 문학비평도 못 봤네요. 마치 독감과 황사처럼 왔다가 사라졌다 하는 것이지만, 그 영향력은 강하죠. 그 중 90년대 중반 이후의 프랑스철학이 핵심입니다. 물론 미국을 경유하는 경우가 대부분이지만요. 이런 현상에 대해서도 혹 하실 말씀이 있다면…….

신지영 철학은 여전히 다른 모든 응용학문의 참조대상이 되고 있고, 앞으로도 될 것 같구요. 그런 건 자연스러운 일인 것 같아요. 왜냐하면 철학이 하는 일은 개념들을 생산해 내는 일이고, 그 개념이 있어야 비평을 하든 새로운 체제를 구상하든 모든 응용이 가능해지기 때문이죠. 그런데 아까 말씀하셨듯이 유행과 같은 일들이 생기는데요. 이를테면 저 같은 경우는 들뢰즈를 하니까 들뢰즈를 예로 들어 보죠. 들뢰즈에게서 가장 남용되는 용어 중 하나는 '차이'이고, 다른 하나는 '유목민', 즉 노마드(nomad)예요. 제가 4년 전에 처음 한국에 와서 어떤 학회에 갔었는데, 사진작가에 관련한 발표를 들었어요. 발표문에 노마드에 관련된 들뢰즈의 어떤 구절이 인용되었는데요. 본문이 아니라, 본문이 시작되기 전에 영감을 주는 듯한 글 몇 줄 쓰는 식으로 인용한 거지요. 논문 내용은 들뢰즈와도 노마드와도 상관이 전혀 없었구요. 그 사진작가가 여행을 많이 다닌 사람일 뿐인 거예요. 이런 이야기는 웃으면서 해도 사실은 화가 나는데요. 그때 당시에는, 들뢰즈가 논문 꾸미는 장식이냐, 이런 생각을 하면서 굉장히 분개했던 기억이 나요. 그러한 유행이 이후로도 나아진 것 같지 않아요. 그런 철학자들 얘기가 많이 나오면 논문이 화려해 보이니까 이 사람 저 사람 가져다 쓰는데, 이 사람 저 사람의 사상이 서로 반목하는 것일 수도 있거든요. 그걸 모르고 같이 쓰면서 자기 주장을 지지하는 식이죠.

처음에는 이런 병리적 유행이 철학하는 사람의 책임이라는 쪽으로 많이 생각했어요. 사람들이 잘 모르면서 유목에 관한 들뢰즈의 글 두 줄 인용하는 멋을 부리는 것은, 들뢰즈 연구하는 사람 책임이라는 생각이지요. 그러나 지금은 양쪽 다 책임이 있단 생각이 들어요. 들뢰즈를 필요로 하는 철학 외부의 영역에서도, 적어도 들뢰즈의 글을 단 한 페이지만이라도 진지하게 읽고 생각을 해보면 좋겠는데 생각을 전혀 안 하는 면도 있는 것 같아요. 한 페이지만 읽고 그걸 곰곰이 씹어만 봐도 앞서와 같은 인용은 할 수 없거든요. 들뢰즈가 "유목민이란 움직이지 않는 사람들"이라고 말하는 부분도 있는데, 그게 무슨 뜻일까라는 생각을 한 번만이라도 하면 여행을 많이 다닌다고 거기다가 '유목민'이라는 말을 가져다 쓰지는 않을 거예요. 그래서 양쪽에 모두 책임이 있지 않나 합니다.

이현우 현실적으로는 들뢰즈 전공자 분들도 다 제각각의 들뢰즈 이야기를 하시거든요. 아시겠지만, 한국에서 대표적인 들뢰지언들 몇 사람이 번역을 많이 하는데요. 그 당사자들끼리 신랄한 논쟁이 벌어질 정도입니다. 일반 대중은 가령 원서로 공부하는 것도 아니고 번역이나 소개서를 통해서 들뢰즈 사상이 뭐다 생각하고 갖다 쓰는 건데요. 그래도 한 가닥 한다고 하는 사람들끼리 저렇게 의견이 분분하면 좀 곤란합니다(웃음). 위에서 먼저 교통정리가 되어야 하는 게 아닌가 하는 생각도 듭니다.

신지영 교통정리는 영원히 안 될 거 같아요. 왜냐하면 권위적인 해석이 있다는 그런 개념 자체가 해체됐거든요. 어떤 것이 정답이라고 말하기가 어렵죠.

이혜령 어쨌든 들뢰즈가 오해가 되었든 남용이 되었든 이게 상당히 오랫동안 지속된다는 것 자체를 하나의 현상으로 파악해 봐야 하지 않을까 해요. 들뢰즈에게서 그 이유를 찾을 수 있지만, 이론과 철학을 수용하는 한국의 특정한 상황과 관련된 컨텍스트가 있을 것 같거든요. 그럴 경우, 꽤 오래 지속되잖아요. 들뢰즈도 그렇고, 지젝도 그렇고요. '그것 자체에 의미를 부여하고 맥락화해야 하는 현상으로 생각해야 되는 것이 아닌가. 그건 도대체 왜일까?' 하는 문제의식이 필요한 것 같아요. 노마드라는 말이 왜 이렇게 획기적이었을까요? 심지어 오세훈도 책 쓰는 데 '잡노마드'(job nomad)라는 말로 자신의 정체성을 이야기하고 있더라구요.

김항 아까 신지영 선생님께서 '고민을 안 한다'라고 하신 말씀이 중요하게 다가옵니다. 저도 번역을 하고, 이론적인 작업을 하다 보면 "아감벤(Giorgio Agamben)을 어떻게 써먹을 수 있는 겁니까?"라는 질문을 받는데요. 제가 아감벤을 번역했을 때, 써먹는 거야 좋은데요. 이럴 때, 말하자면 아감벤이나 지젝이나 들뢰즈는 써먹는 사람이고, 가령 염상섭이나 이광수 같은 한국의 작가들 혹은 사상가들은 분석의 대상, 혹은 재료라는 거죠. 이 괴리가 저는 논문에서 단적으로 드러난다고 생각합니다. 이건 시쳇말로 굉장히 콜로니얼한 발상일 수도 있는데요. 단순히 콜로니얼하다거나 이제 이론을 걷어 버려야 한다거나 이런 상황 자체가 어딘가에 종속되어 있는 식민지적 학문의 방식이라거나 하는 이런 비판의 방식들보다는요, 말하자면 해방 후 한국의 인문학이라고 하는 게 어떤 관점을 취할 거냐가 중요한 문제였던 것 같아요.

김원 선생님이나 김영미 선생님이 하시듯이 민중사든 사회사든 현장에 가서 그 사람들의 목소리에 귀를 기울이고 거기서부터 이야기를 서술해 가는 방식보다는 세상을 어떻게 바라볼 것인가의 문제가 인문학적인 앎의 패러다임을 강하게 규정해 왔던 것 같습니다. 서구 이론의 형식이든 어떤 형식이든 간에, (현장보다는) '관점'(perspective)을 중요하게 여겨 왔다는 생각이 든다는 겁니다. 그 관점이라는 것들을 제공해 준 게 또한 90년대 이후, 조금 전에 나열된 고유명사들일 텐데요. 중요한 지점은 90년대 이후에 등장하는, 프랑스철학을 중심으로 한 고유명사들이 그런 관점을 제공해 주진 않는다는 거죠. 어긋나기 마련입니다. '맑시안 퍼스펙티브로 사회를 총체적으로 재구성한다' 이건 시대의 요청이기도 했고, 어떻게 보면 맑시안적 이야기가 사회를 재구성하는 틀이기 때문에 가능했던 것이기도 했겠죠. 하지만 아까 신지영 선생님 말씀처럼, 프랑스 현대철학이나 현대의 정치이론·문화이론이라는 게 사회를 재구성한다기보다는 기존에 실재한다고 믿어졌던 사회가 어떻게 구성되어 왔고, 또한 이게 구성된다는 한에서 굉장히 인위적인 것이기 때문에 얼마든지 조립과 해체가 가능하고 분절이 가능한 것임을 보여 주는 것이기 때문에 더 이상 관점이 앎을 규정해

주지 않는 것이죠.

이혜령 선생님 말씀은 이렇게 단편적인 인용방식이 생겨난 원인이 어디에 있는가에 관한 말씀인 거죠?

김항 예. 들뢰즈의 노마드를 그런 식으로 써먹을 수 있는 조건들이 제가 볼 때는 수용과정 안에 내재해 있었다고 생각이 되고요. 그런 의미에서 신지영 선생님은 (그렇게 써먹는 사람들이) 책을 보면서 고민을 안 했다고 말씀하셨는데요. 일단은 한국 인문학계 안에서 지성사나 사상사라고 하는 것에 대해 굉장히 부당한 취급이 있었다고 저는 생각합니다. 말하자면 들뢰즈면 들뢰즈, 벤야민이면 벤야민, 박치우면 박치우로 끝나는 것이죠. 어떠한 텍스트이든 간에 이 사람들이 성장해 온 역사적·사상적 맥락들이 존재하고, 이것들은 분명히 국경을 뛰어넘는 거죠. 박치우를 따지면, 일본의 미키 기요시(三木淸)라는 사람이 있고, 하이데거가 있고, 맑스가 있죠. 이거는 단순히 수용의 문제라기보다는 계보의 문제라는 겁니다. 따라서 사상사나 지성사의 문제는 일국사 안에서 파악될 수 없는 문제이기도 해요. 여태까지 철학 하시는 분이든 아니면 사상사를 하시는 분이든 이런 식의 감각을 갖고 작업을 해오지 않았기 때문에 이론이라든가 사상을 읽어 나갈 때에 우선은 선행돼야 될 역사적인 작업들이 취약하다고 말씀을 드릴 수 있을 것 같아요. 그런 부분들을 지금 앞으로 강화해 나가지 않으면 계속해서 새로운 고유명사가 들어올 때마다 "그래서 이 사람 뭐 하자는 거냐? 이 사람은 어떻게 써먹을 수 있냐?" 이런 질문이 반복될 것 같아요.

천정환 김항 선생님이 아까 국문학 예를 잠시 드셨는데, 거기는 그만큼 분석대상이 명확한 거죠. 한국 근대문학 100여 년. 반복적으로 해석해야 될 대상들이 존재하니까 그런 대상에 적용하여 소비하거나 소모할 이론들이 계속 요구되는 거죠. 그 인용의 맥락이 흥미로운데요. 전공자들이 보기에는 완전히 오용하고 있거나 오석(誤釋)을 한다 하더라도 계속 그런 일들이 벌어질 수밖에 없다고 보입니다. 그런 오석에 대해서 전공자나 소개자로서는 당연히 '이건 잘못된 거고 오해한 거다' 지적할 부분이 나오겠지만, 수용되는 한 오해가 생산되지 않을 수는 없는 그런 구조 같은 것이 있습니다.

신지영 오해는 하셔도 되는데, 장식으로 쓰는 건 좀…….

천정환 장식은 다른 문제죠.

신지영 열심히 생각을 했는데, 오해는 할 수 있을 것 같아요.

이현우 그만큼 영향력이 있다는 반증인데요. 들뢰즈가 파워가 없고, 인기가 없으면 그렇게 안 하죠.

신지영 그것도 어쩔 수 없는 부수현상 같은 걸로 봐야죠.

천정환 오세훈이 인용한다고 해도 어쩔 수 없는 거 같은데요.

이현우 오세훈 덕분에 뭔가 싶어서 들뢰즈를 더 볼 수도 있는 거죠. 적어도 시청 직원들은 사서 보지 않을까요?(웃음)

천정환 제도와 비제도의 문제, 연구자로서의 정체성 문제를 이야기하고 있었습니다. 쉽게 말하면 이 신자유주의 시대에, 그리고 21세기에, '직업으로서의 학문', '계몽자', '지식생산자' 이런 것들이 당최 무엇인가, 그런 큰 주제이고요. 그 속에서 386세대의 끝물이거나 혹은 그 다음 세대의 첫물인, 우리는 어디에 있는가? 이현우 선생님께 또 한 번 물을까요? 과연 '그냥 인문학자'란 누구인지?

제도와 자본, 그 안팎에서 인문학은

이현우 인문학자라는 건 통칭인데요. 이게 그렇게 유행어가 된 건 몇 년 되지 않은 것 같아요. 96년인가 인문학의 위기 담론 이후에 인문학이 사회적 이슈가 된 것 같고요. 그 이전에 제 개인적인 경험으로는 '인문대'라는 건 항상 교련하고만 연상되는 거였거든요. 인문대라고 모여서 교련 교육을 받고, 문무대와 전방부대에 같이 갔다 오고 해서 저한테 인문대란 그저 무슨 군부대 이름 비슷해요(웃음). 지금은 사정이 좀 달라졌어요. '인문학'이란 말이 일종의 유행어가 되면서 사회적·대중적 인지도도 높아졌지요. 러시아 문학자라고 하면 "뭐 하시는 거냐?"는 질문이 나올 수 있는데, '인문학자'라고 하면 대충 감을 잡거든요.

인문학의 제도/비제도를 말씀하셨는데, 사실 저로 말하자면 양다리를 걸치고 있는 형국이죠. 학진 연구교수로 지원도 받으면서 한편으론 대학 안팎의 강의도 나가고 있습니다. 문화센터나 백화점 강의도 나갑니다. 어떤 사람들이 관심을 갖고 오는지 조금 궁금하기도 했구요. 인문학에 대한 사회적 수요가 어느 정도 있다는 건 확실히 느끼겠어요. 온갖 군데서 다 만들거든요. CEO인문학부터 노숙자인문학, 교도소인문학도 있고, 지자체의 시민강좌도 있고, 백화점 문화센터에서도 인문학 강좌를 운영하죠. 장식으로라도 인문학 강좌가 하나 들어가 있어야 돼요. 사람들이 필요를 갖게 된 겁니다. 너나없이 인문학에 대해서 얘기들을 하니까 알아야 되는 거예요. 장식이긴 하지만, 필수적인 장식이 돼 버린 거예요. 이게 조금 특이한 현상인데요. 유료강좌에 시간을 내서 오시는 걸 보면, 자발적인 흥미도 작용하겠지만 뭔가 사회적 압력이 있는 거 같아요. 주변에서 인문학 얘기들을 하고 또 CEO가 인문학 강좌를 듣는다고 하는데, 뭔가 싶기도 할 테고요. 거기에 유행하는 고유명사들에 대해서 자기도 뭔가 알아야겠다는 압박감도 있는 게 아닌가 합니다. 인문학이라는 게 교양을 말하는 거지만, 절반은 생존 문제와 연결되어 있는 게 아닌가 하는 것이 제 개인적인 소감입니다.

그리고 비제도권 인문학에 대해 말씀드리면, 아까 김영미 선생님도 비용 말씀을 하셨는데, 저는 바람직한 긴장관계는 형성될 수 있을 거란 생각이 들어요. 가령, 철학이나 역사 쪽 강좌가 대학 외부에 많이 있는데, 상대적으로 저렴한 편이죠. 대학에서는 1년에 천만 원 가까운 등록금을 내고 배워야 하는 걸 다른 곳에서 훨씬 저렴하게 얻을 수 있다면 뭔가 달라져야 하겠죠. 대학의 콘텐츠가 질적으로든 성격에 있어서든 뭔가 변화해야 하지 않을까요. 그런 게 좋은 방향으로 서로에 대한 자극이 될 수 있을 거란 얘기죠. 어떻게 그런 관계를 설정할 것인가가 문제인 것 같아요. 그건 그냥 내버려둘 수 있는 문제가 아니라 연구자나 인문학자들이 적극적으로 개입을 해서 방향을 조정할 필요가 있는 그런 국면에 지금 와 있는 게 아닌가 생각합니다. 그런 관계설정의 문제는 인터넷 인문학에서도 마찬가지고요. 사실 인터넷 인문학 자체가 지금 실체나 내용이 규정돼 있는 건 아니거든요. 그걸 어떻게 사용할 건가, 어떻게 만들어 나갈 것인가의 문제는 아직 열려 있고요, 상당 부분은 저희가 결정할 수 있다고 생각해요. 가령, "인터넷은 수준 낮아"라고 하면 원래 인터넷이 그런 게 아니라, 수준이 낮은 글이 많이 올라오니까 그렇게 되는 거고요. 그 콘텐츠의 질을 조금 높여 놓으면 거꾸로 수준 높은 인문학 공간이 되는 것이죠. 때문에 인터넷 인문학은 아직 가능성의 영역이고, 조금 더 많은 관심과 참여가 필요하다는 생각을 해 봅니다.

천정환 인문학의 '현장'이 어딘가라는 것을 첨예하게 느끼시는 분으로서 정리를 잘 해주신 것 같아요. 노숙자인문학으로부터 CEO인문학에 이르기까지, 백화점에서부터 인터넷까지, 이런 개념을 잘 말씀해 주셨습니다. 말씀하신 내용으로 유추하면 한국사회의 주류가 이제 새로운 '인문학 스트레스'를 생산하고 있다는 거잖아요. 이제 김원 선생님 이야기로 옮기도록 하죠.

김원 저도 2007년부터 지식사회에서 제도와 비제도의 문제 같은 것들을 주변에 있는 친구들하고 많이 얘기를 했었는데요. 실제 그 시기를 즈음해서 과거 80년대식의 진보적인 학문공동체와 다른 성격의 비제도적인 학문공동체들이 많이 생겨났어요. 수유+너머라든가 다지원, 저도 직간접적으로 개입했던 지행네트워크라든지. 이런 공간들은 우리가 앞에서 얘기한 학진의 문제점이나 지식생산의 권력화 문제, 혹은 기존 학문공동체의 제도화와 관련된 문제 등 여러 가지에 대한 것에 대한 문제를 제기했습니다. 지금 현재 시점에서 객관화해서 평가하기는 어렵지만, 여러 가지 문제점을 인지하고 —— 약간씩 뉘앙스는 다르지만 —— 제도화 자체를 거부하는 경우도 있고요. 아니면 그것을 거부하지 않지만, 무엇인가 기존의 학문공동체와 다른 학문공동체를 만들려고 하는 실험적인 움직임이 다양한 방식으로 있었다고 생각이 듭니다. 아직 평가하기는 이르지만, 그 이후에 학문적 공동체라는 것들이 어느 정도의 성과를 냈을까, 그리고 그것의 현재 자리와 위치는 무엇일까에 대해 되돌이켜 보면 제도권 내에서 생겨나는 것 못지않게 비제도 내의 실험이 쉽지 않다는 것이 드러나고 있다고 판단이 됩니다.

사실, 각각의 비제도적인 학문공동체에서, 예를 들어서, 몇 년 전부터 유행처럼 번지고 있는 인문학 강좌를 한다든지 여러 가지 실험들이 있는데요. 사실, 직접적으로 재원의 문제라든가 그것과 결부되어 있는 연구자들 역시 완벽히 현실 제도로부터 자유롭기는 쉽지 않은 상황도 존재하고, 동시에 대전제에서는 동의를 하고 있지만, 실질적으로 비제도적인 사회적 실천을 조직해 가는 과정 속에서 어그러지는 여러 가지 경우가 상당 부분 존재했다고 생각이 들어요. 저도 제도와 비제도 지식공동체의 문제에 대해서 뭐라고 딱 자신 있게 얘기하기는 지금 상태 속에서 너무 어려워요. 기껏 얘기할 수 있는 것이란, 문제가 단순히 제도냐 비제도냐 하는 일종의 영역 구분 문제는 아니라는 거죠. 오히려 애시당초 그런 비제도적인 학문공동체가 만들어졌던 현실적인 근거가 제도 내에서, 거대한 대학이나 기타 거대한 조직 내에서 자신이 위치했을 때만 안정적인 삶을 유지하는 것이 가능하다는 집단적인 동조 압력 혹은 동화로부터 개인이나 집단이 자유롭고 새로운 대안을 모색하고자 하는 그런 실험이 아니었는가 생각이 들었는데요. '두 가지가 긴장관계다, 혹은 어느 정도의 역할 분담을 해야 된다' 이 말 자체는 쉬운데, 지금의 이 지형이라는 것이 쉽게 한두 마디 말로 정리될 수 있는 차원의 문제 같지는 않아요. 물론, 저도 제도에도 있고, 또 여러 비제도적인 공동체에도 동시에 이중적으로 속해 있지요. 그 양자 간의 역할 분담이나 긴장의 실체란 것들, 생활인으로서의 생존 문제와 조직구성원으로서의 존재감이 동시에 있는 거죠. 반면에 기존의 제도권과 거리를 두고자 하는 학자 내지 연구자로서의 정체성도 공존하는데, 이런 이중적이거나 다중적인 상황 속에서 과연 저 개인으로 봤을 때, 어떻게 위치를 지어 나갈 거냐? 더군다나 여기 계신 분들은 대부분 연배가 그렇게 차이가 나지 않지만, 이런 학문적·연령적 전환기에 있어서 저는 굉장히 불투명하게 얘기할 수밖에 없네요.

천정환 그렇습니다. 제도 대 비제도의 이분법만으로 생각할 건 아닙니다만, 지식생산자나 공부하는 사람들이 어떻게 존재하는가, 즉 개별자가 어떤 의식을 가진 존재인가 하는 문제에 더하여, 어떤 물질적·네트워크적 조건에 근거하는가 하는 지식생산의 조건이 아주 중요하다고 생각됩니다. 저희 세대는 80년대 '세미나의 시대'에 대학 내외의 자생적인 공간에서, '공동체적'·'정치적' 독서로써 지(知)의 삶을 시작했던 세대입니다. 지금은 압도적으로 제도와 제도학회 대 '개인'의 구도로 되어 있습니다. 원자화와 개인주의가 핵심이지요. 김원 선생님이 말씀하신 것처럼, 제도 바깥에서 연구자들의 공동체가 만들어진 건 90년대 말~2000년대 초의 일이었죠. 학진 체제가 완비되기 이전이었고, 인문학의 '재생산' 위기 같은 것이 감지되던 시점에서 대거 새로운 학술공동체가 만들어졌죠. 수유+너머, 철학아카데미, 왑 등등. 그로부터 대략 10년 정도가 지났고 그 주체들도 좀 나이가 들었지요. 내부의 한계나 새로운 가혹한 환경 때문에 대표적인 인문학 연구공간·단체 등이 다른 모습이 되거나 해체되는 상황이 벌어지고 있습니다. 과연 2010년대에 인문학자들이 어떤 자유로운 공동의 행동이나 연대의 틀을 만들 수 있을까요? 이게 정말 중요한 과제로 제기되는 것 같습니다. 슬슬 정리할 시점이 되고 있는데요. 자유롭게 선생님들의 의견을 덧붙여 주세요.

김영미 제 고민의 내용은요. 어떻게 보면 제가 시대적 전환기에 서 있는 역사학자라는 생각이 들어요. 제도권에서 생산된 역사학자, 그리고 내가 보는 역사적 실제가 사실이라고 사람들에게 계몽하는 위치에 서 있는 존재인 거죠. 이제 이게 변화되지 않을까요? 그러니까 아까 제가 말했던 『그들의 새마을운동』이 보통 사람들의 이야기와 어떤 특정한 다수 주체의 이야기를 나의 목소리를 빌려서 사회에 내놓고 있지만, 그들이 자신의 경험과 자신의 해석을 스스로 내놓을 수 있는 시대가 이미 왔고, 앞으로 더 그렇게 되어 갈 것이라는 거죠. 왜냐면 현재 대학진학률이 한국의 경우 거의 90퍼센트에 육박하고 있거든요. 일본보다 훨씬 교육 수준이 높습니다. 또, 언어적인 영역에서 현대어로 자료들을 정리하는 데에 많은 연구인력들이 배치되어 있어서 언어장애 때문에 사료를 읽지 못했던 시대와는 다른 시대가 되고 있어요. 그리고 인터넷이라는 막강한 매체가 도입되면서 자신의 지역 경험이든 가족의 경험이든 자기 개인의 경험들을 직접 서술할 수 있는 주체들이 등장하고 있다고 보는데요.

아직은 미숙한 모습을 보이고 있지만, 조금만 더 지나게 되면 정말 자신의 경험들을 직접 역사화하는 주체들이 등장할 거라고 봅니다. '그 시대에 역사학자의 임무는 무엇일까?' 그런 고민을 저는 많이 하게 되는데요. 현실적으로 현재도 많은 역사학자들이 사료를 정리하거나 그렇게 하는 쪽으로 많은 인력들이 배치되어 있어요. 그 다음에 결국 역사학자들이 자신의 시각에서 그것들을 해석하는 연구서들을 낼 수도 있지만, 또 한편으로 중요한 책무는 대중들이 스스로 자신의 경험들을 역사화할 수 있도록 도와주는 역할들을 많이 하게 되지 않을까 혹은 할 필요가 있지 않을까 하는 생각이 들어요. 최근에 나온 프로젝트들 중에서 그러한 생애사를 서술하는 프로그램이 있죠. 자기 가족의 이야기, 자신의 이야기들을 역사화함으로써 자신의 아픔이나 고통들이 사회적인 것이라는 점에서 객관화시켜 가면서 자기치유를 해나가는 프로그램들입니다. 역사학 민주화의 1단계가 '어려운 역사를 쉽게 풀어 주기'이고, 2단계가 '그들의 목소리를 역사가가 대변해 주기'라면, 그 다음 단계는 '그들이 직접 자신의 역사 경험을 역사화하는' 시대로 가는 게 아닌가 하는 생각이 듭니다.

천정환 신지영 선생님, 21세기의 철학자와 21세기 인문학으로서의 철학에 대해서 말씀해 주시죠.

신지영 이 집담회는 뭘 하려는 것일까, 하는 생각을 오기 전에 해봤는데요. 핵심은 패러다임의 변화였던 것 같아요. 그것과 관련해서 정리를 해보면 어떨까 하는 생각이 드네요. 지금 '후386'이라는 단어를 쓰셨는데, 386을 기점으로 전후를 나눠 봤을 때, 전의 권력이 이념에 있었다면 후의 권력은 자본으로 넘어갔다고 볼 수 있을 것 같아요. 이념이 자본에 의해 모두 해체된 거지요. 그것이 바람직하게 여겨지든 그 반대로 여겨지든 말이죠. 아까 우리가 여기 이렇게 모여 앉아서 이야기하는 것을 가능하게 한 것도 펀드였다고 말한 바 있는데, 이는 우리가 자본의 움직임에 따라 좌우된다는 이야기예요. 들뢰즈에 따르면, 자본은 두 가지 방향의 움직임이 있어요. 모든 걸 해체하는 운동과, 이와 동시에 다시 모든 걸 자본으로 환원하는 운동이죠. 모든 이념들의 가치를 해체해 버리면서 이를 동시에 돈으로 환산하는 것. '이건 얼마짜리'로요. 상품뿐만이 아니라 이념도 사람도 각자에게 고유한 것을 해체하면서 '얼마짜리'로 환원시키는 거죠. 그래서 들뢰즈는 자본주의를 분열증과 편집증 사이를 오가는 시계추라 불렀지요.

저는 강의를 학교에서도 했고, 비제도권에서도 했어요. 처음엔 학교가 답답했어요. 학생들이 정말로 순수하게 강의 내용에 몰입하다가도 나중에 시험 보고 점수받고 나면 내 점수가 왜 이러냐고 항의를 하죠. "나는 리포트며 뭐며 낼 거 다 내고, 진짜 열심히 했는데……. 학점이 잘 나와야 장학금을 받는데, 그래야 취직도 하는데……. 내 학점이 왜 이런가? 학점을 정정해 주면 좋겠다." 사유의 순수성이 이런 식으로 결국은 자본에 의해, 또는 완고한 자아에 의해 훼손되는 데 대한 회의가 있었거든요. 그래서 처음에는 비제도권 아카데미가 좋았어요. 거긴 학점도 없고, 당연히 구조도 다르고 자유로워 보였지요. 그런데 나중에 보니까 비제도권에 대해서도 회의적이 되더라고요. 조금 전에 이현우 선생님이 말씀하신 거랑 비슷한 건데요. 아카데미 같은 데 강의하러 들어가면 이런 태도들이 있어요. "어디한번 얘기해 봐라." 물론 모두가 그런 건 아니겠지요. 비제도권 수강생들은 제도권 학교의 학생들하고 입장이 또 달라요. 학교에서는 어쨌든 학점을 따야 하니까 학생으로서의 의무감이나 책임감이 있는데 아카데미 쪽은 그런 것이 전혀 없지요. 그렇게 되면 오히려 아카데미 강의가 순수하게 상품이라는 느낌이 강하게 들어요. 내가 팔 수 있는 상품이 수강생들의 사유에 진정한 영향을 미친다는 생각이 들면 괜찮은데, 마치 교양인이라면 와인의 종류에 대해 알아야 한다는 이상한 담론이 있듯이 오로지 현대의 몇몇 사상가의 이름이나 그들이 한 이야기들이 그 수준의 교양으로 필요할 뿐이라는 생각이 들면 답답해지는 거죠. 그래서 나중에는 제도권이든 비제도권이든 더 좋고 더 나쁜 쪽도 없이, 모두 자본에 포획되었다는 생각이 들었어요. 거기서 인문학이 할 수 있는 건 그 자본의 포획하는 힘, 편집증적인 힘으로부터 계속해서 도주하는 것일 뿐이죠. 돈을 따라가는 게 아니라 진실을 따라가는 거지요. 그게 지금 제가 생각하는, 권력이 자본으로 전환된 이후에 인문학이 가야 할 길이 아닌가 생각이 들어요.

이현우 제도권·비제도권 전부 회의적이라고 했는데, 그렇다면 어떤 방식을 이야기할 수 있을까요?

신지영 이런 식으로 얘기하면 "그럼 무엇이 있느냐? 제3의 것은 무엇이냐?" 이렇게 되묻는데요. 들뢰즈는 "이것도 나쁘고, 저것도 나쁘니까 제3의 이 길로 가자"고 주장하지 않아요. 제도권 교육이든 비제도권 교육 현장이든, 이러한 것들은 이미 현실적으로 존재하는 거란 말이에요. 현실적으로 있는 것이 갑자기 없어질 수도 없을뿐더러, 그걸 다 없애 버리자는 것도 아니에요. 무조건적인 부정과 저항이 선(善)인 것도 아니거든요. 오히려 그러한 주장만이 옳다고 하면 그때부터 이 역시 파쇼가 되는 거죠. 들뢰즈가 손금 이야기를 하는데 여기에 잘 맞아요. 손금들은 조금씩 바뀌지요. 굵은 선은 바뀌는 정도가 적지만, 가는 선은 생기기도 하고 없어지기도 해요. 가는 선들이 미시적인 흐름이죠. 그런 것들을 통해서 굵은 선들인 거대제도가 약간 흔들리기도 하고요. 아까 균열이라는 말도 쓰셨는데, 그렇게 되는 거죠. 갑자기 학교도 아카데미도 없어져라, 이런 건 아니고, 있는 것을 있는 것대로 존중하면서 그 안에서 자본의 요구로부터 도주하는 거죠.

이현우 말씀하신 탈주가 제가 생각하는 것과 유사한 방식이 될지는 모르겠는데요. 대학에서 학생들이 학점 때문에 앉아 있는 거, 물론 거래 관계가 있는 거죠. 등록금을 내고 학점이수하거나 졸업장 받는 거니까요. 비제도권도 다 마찬가지죠. 다 개인 돈을 내고 자기가 기대하는 지식이나 요즘 유행하는 말로 스펙을 쌓기 위해 앉아 있는 건데요. 그게 밖으로 가긴 말씀대로 어려운 거고, 저는 이용하는 방도를 찾아야 된다는 생각이 들어요. 제도에 우리가 다 포획되어 있고, 이 자리도 마찬가지로 포획되어 있지만, 그걸 핑계나 빌미로 우리가 이용할 수 있는 여지도 여전히 남아 있는 게 아닌가 하는 생각이 듭니다. 공무원들 근무하는 거 보면 아시겠지만 이용해 먹죠. 근무시간에 밖에 나가서 뭐 하다가 시간 맞춰서 퇴근할 수도 있는 거고요. 그런 방식을 포지티브하게 갖다 말하자면, 제도적인 여건에 우리가 구속받고 있지만, 거기에 완전히 예속된 상태는 아닌 거고, 그 제도를 이용해 우리가 역으로 갈취할 수도 있는 거죠. 그런 조건 자체에 대해서요. 적당히 스펙 쌓기 위해 앉아 있는 학생 중에 한두 명 걸려들어요. 나중에 대학원 오겠다고 그러고요. 근데 그건 지 팔자기 때문에 어쩔 수 없어요. 그럴 만한 여지는 조금 남아 있는 겁니다. 당사자한테 절망스럽더라도 그게 희망이라면 희망일 수도 있어요. 그런 걸 계속 만들어 나가야 되지 않을까 생각합니다.

천정환 잠깐 정리해 볼까요. 우선 금방 말씀하신 것과 관련되는 건데, 자본과 국가의 새로운 개입에 붙들린 대학, 특히 신자유주의 체제 내에서 대학사회의 모순은 상당히 심각한데요. 그게 학생들 사이에서는 학점경쟁으로 나타나죠. 학점경쟁은 단지 "좋은 학생이 되어야지, 엄마 말씀을 잘 듣는 학생이 되어야지"가 아니라 사회에 나가서 어떤 존재가 될 것인가의 문제입니다. 그 학생들 사이의 경쟁은 교수들 끼리 하는 경쟁(업적평가와 강의평가)과 학교들 사이의 서열경쟁에 연동되어 있지요. 너무 심각하기 때문에 어디서부터 손을 대어야 할지 모르겠습니다만. 그 경쟁 체제의 일부로 1년에 200~300퍼센트라는 '학진 등재지 논문 기준'이 있습니다. 학진에 등재지 자격 판정을 받은 학술지에 1년에 두세 편 이상 논문을 게재해야, 재임용과 승진심사의 대상이 될 자격을 얻죠. 한 대학의 교수들이 총 몇 편의 논문을 썼느냐는 대학평가의 중요기준 중 하나이죠. 어떻게 보면 상당히 비관적인 상황인데, 이 구조와 경쟁 체제를 어딘가에서부터 파열구를 내야 되는가가 문제의 관건이라 봅니다. 이현우 선생님 같은 경우, 오히려 그 속에서도 긍정적 가능성을 찾고 다른 지점들을 바라봐야 한다는 말씀을 많이 해주셔서 상당히 다른 느낌이 들었습니다. 흥미롭고요. 그런 상황 속에서 연대나 어떤 공동행동이 가능할 것인가는 여전히 남는 문제라서 선생님 말씀이 약간 추상적이라는 느낌도 듭니다만.

이제 정리를 해야 할 것 같습니다. 어쨌든 학진과 학과를 중심으로 한 거시적이고 미시적인 기존의 틀과 제도, 또 이 제도가 결코 다 끌어안을 수 없는 주변과 제도 바깥, 그리고 그것이 야기하는 실존적 상황…… 인터넷과 논문, 또 논문과 책 이런 상황에서 언제나 '양다리' 내지는 복합적인 '실천'을 해야 되고, 할 수밖에 없는 상황들에 저희 세대 연구자들이 처해 있는 듯합니다. '의식'을 가진 한, 그 사이의 모순을 살아 낼 수밖에 없는 거 같습니다. '후386' 연구자들의 세대의식을 몇 마디로 딱 규정적으로 말할 수는 없지만, 저희에게는 '87년'이나 '91년' 같은 키워드들이 중요했다는 점이 남아 있네요.

'민주주의 인문학'과 계몽주의, 혹은 연구의 공공성에 대한 이야기도 많이 나왔는데, 이전과 같은 방식의 계몽주의나 '지식인의 사명'과는 전혀 비교될 수 없고 동의하지도 않지만, 그럼에도 불구하고 '인문학의 사명'에 대한 생각들은 있었습니다. 새로운 버전의 계몽주의라 해도 될지는 모르지만, '민주주의'적인 가치를 연구를 통해서든 인터넷을 통해서든 공유하고자 한다는 공통적인 인식도 찾을 수 있었고요. 제도와 글쓰기의 면에서 다양하고 넓은 '인문학의 현장'을 실제로 누비고 접하고 있는 분들이라는 공통점이 선생님들에게 있었기 때문이겠지요. 그게 오늘 좌담에서 제가 가장 크게 느끼고 또 배운 부분입니다. 감사합니다. 이상으로 마치겠습니다.

이혜령 선생님들, 오늘 너무 고생 많으셨습니다.